Didaktik der Geographie
konkret

3. Neubearbeitung

Hartwig Haubrich
Günter Kirchberg
Ambros Brucker
Karl Engelhard
Wolfram Hausmann
Dieter Richter

Oldenbourg

Bildnachweise:
W. Baaske, München: S. 253 (Langer); F. Behrendt, Amstelveen: S. 267; Dr. A. Brucker, Gräfelfing: S. 315; epd-Entwicklungspolitik 18/94, Frankfurt/M.: S. 323 m.; KNA-Bild, Frankfurt/M.: S. 323 o.; W. Moog, Essen: S. 389; Dr. K.-D. Schmidtke, Melsdorf: S. 313; USIS, Bad Godesberg: S. 253.

Trotz entsprechender Bemühungen ist es nicht in allen Fällen gelungen, den Rechtsinhaber ausfindig zu machen. Gegen Nachweis der Rechte zahlt der Verlag für die Abdruckerlaubnis die gesetzlich geschuldete Vergütung.

Die Deutsche Bibliothek – CIP-Einheitsaufnahme
Didaktik der Geographie konkret / Hartwig Haubrich ... – München : Oldenbourg, 1997
ISBN 3-486-88029-2

1. Auflage 1997 R E
Druck 04 03 02 01 00 99
Die letzte Zahl bezeichnet das Jahr des Drucks.

Umschlagkonzept: Mendell & Oberer, München
Umschlagbild: Focus, Hamburg (Tom van Sant/Science Photo Library)
Lektorat: Manfred Rank, Brigitte Stuiber, Ingrid Voges
Herstellung: Christa Schauer
Grafiken: Achim Norweg, München, Eduard Wienerl, München, Lob & Partner, Kleindingharting
Satz, Reproduktion, Druck und Bindung: Druckerei Wagner GmbH, Nördlingen

ISBN 3-486-**88029**-2

Inhalt

1 Einführung

Autoren und Verlag freuen sich über die Möglichkeit nach dem erfolgreichen Start 1977 und den ebenso erfolgreichen Neubearbeitungen 1982 und 1988 wieder eine Aktualisierung der „Didaktik der Geographie – konkret" vornehmen zu können.
Die schnelle Entwicklung der neuen Informationstechnologien, aber auch die veränderten Lebensverhältnisse und Wertorientierungen der Gesellschaft bedürfen einer kritischen Analyse um ihre pädagogische Bedeutung einschätzen zu können. Es scheint Konsens darüber zu bestehen, dass das Pendeln zwischen wirtschaftlicher, gesellschaftlicher und ökologischer Prioritätensetzung von einer sowohl ökonomie- als auch ökologie- und sozialverträglichen, nachhaltigen Entwicklung abgelöst werden muss. Deshalb wird sich eine verantwortungsbewusste Didaktik der Geographie der Herausforderung stellen einen Beitrag zur Umsetzung des Prinzips einer zukunftsfähigen Entwicklung in reales Handeln zu leisten.
Auch diese Neubearbeitung verfolgt dieses Ziel, indem sie versucht

- Fortschritt und Kontinuität miteinander zu verbinden,
- die bewährte Grundkonzeption beizubehalten,
- die theoretischen Grundlagen auf den jüngsten Erkenntnisstand zu bringen,
- die konkreten Unterrichtsbeispiele, die die Theorie erläutern, noch gegenwarts- und zukunftsgerechter zu gestalten und
- einige Ausführungen mit dem Ziel der Veranschaulichung, Aktualisierung und Praxisorientierung hier zu ergänzen und dort zu straffen.

Ziele

Die „Didaktik der Geographie – konkret" will Hilfestellungen geben für einen zeitgemäßen, schülerorientierten, fachgerechten, engagierten und pädagogisch orientierten Geographieunterricht. Sie wendet sich an Leserinnen und Leser, die

1. einen Einblick in die Didaktik der Geographie gewinnen wollen,
2. sich einen Überblick über die Breite geographiedidaktischer Inhalte verschaffen möchten,
3. einen Zugang zu speziellen geographiedidaktischen Fragestellungen suchen,
4. sowohl Theorie- als auch Praxisnähe wünschen und
5. ein Buch suchen, das selbst nach didaktischen Gesichtspunkten gestaltet ist.

Leserinnen und Leser*

Damit sind vor allem folgende Adressaten angesprochen:

1. Studierende, die später Geographie unterrichten wollen,
2. Referendare und Lehrer, die in der Praxis auftretende Fragen reflektieren möchten,
3. Lehrerausbilder, die Anregungen zur Gestaltung ihrer geographiedidaktischen Veranstaltungen suchen,
4. Hochschullehrer und Fachseminarleiter, die über ein fachdidaktisches Mindestlehrangebot entscheiden müssen,
5. Prüfer, die repräsentative Fragen aus dem Bereich der Geographiedidaktik suchen,
6. praktizierende Lehrer, die sich weiterbilden und einen Überblick über die geographiedidaktische Entwicklung der letzten Jahre verschaffen möchten.

* Anmerkung: Die Autoren bekennen sich zur Gleichberechtigung der Geschlechter. Aus Platzgründen und um das Buch besser lesbar zu machen, wird in den folgenden Kapiteln die maskuline Form verwendet; es sei denn, es geht darum, geschlechtsspezifische Unterschiede zu behandeln.

Aufbau

Die Leser werden im vorliegenden Buch einem Aufbau begegnen, der das Studieren und Aneignen von Kenntnissen zu erleichtern sucht.

Die Bezeichnung „Didaktik der Geographie – konkret" entspringt der Absicht Inhalte und Aussagen so konkret wie möglich bzw. praxisorientierte Theorie in einem kombiniert induktiv-deduktiven Verfahren anzubieten. Jeder Abschnitt wird deshalb durch einen zentralen Begriff, der einen für Theorie und Praxis bedeutungsvollen Inhalt besitzt, gekennzeichnet. Diese Inhalte, Begriffe oder Gegenstände werden auf den linken Buchseiten theoretisch abgehandelt und auf den rechten Buchseiten in anschaulichen Beispielen konkretisiert. Bei jedem Thema finden sich ausgewählte Literaturhinweise, die einem vertieften Studium dienen können.

Das Didaktikverständnis der Autoren führte zu folgendem *Aufbau des Buches:*

Nach dieser *Einführung* beginnt das zweite Kapitel mit der *pädagogischen Orientierung* des Geographieunterrichts. Es stellt die Wozu-, d. h. die Sinn- bzw. Zielfrage, und versucht darauf Antworten zu geben.

Das dritte Kapitel behandelt *psychologische Aspekte* und antwortet auf die Frage „Für wen?". Es stellt den Schüler mit seinen Fähigkeiten und Interessen in den Mittelpunkt der Ausführungen.

Das vierte Kapitel enthält die *fachwissenschaftlichen Grundlagen.* Es betrachtet diejenigen fachwissenschaftlichen Theorien und Methoden, die für den Geographieunterricht von zentraler Bedeutung sind.

Das fünfte und sechste Kapitel beschäftigen sich mit dem Gegenstand des Geographieunterrichts. Sie beschreiben die *Lehrplanentwicklung und die Prinzipien der Gestaltung geographischer Lehrpläne.* Diese Lehrplantheorie wird wiederum mit Beispielen konkretisiert. Bei den folgenden Kapiteln steht die Schulpraxis im Zentrum der Betrachtung. Zunächst werden im siebten Kapitel die *Unterrichtsmethoden* bzw. Sozial- und Aktionsformen und die Möglichkeit der Organisation geographischer Inhalte aufgezeigt.

Daraufhin behandelt das achte Kapitel den *didaktischen Stellenwert und den methodischen Einsatz zahlreicher Medien.*

Wege der *Erfolgskontrolle und Leistungsbewertung* beschließen die analytischen Darstellungen. Während die vorangegangenen Kapitel vorwiegend Einzelelemente des Unterrichts analysieren, versucht das Kapitel über *Unterrichtsgestaltung* die Integration aller Unterrichtsfaktoren. Hier zeigt sich die Komplexität pädagogischer Arbeit, die immer wieder auch für den erfahrenen Praktiker eine neue Herausforderung darstellt.

Den Abschluss bilden Ausführungen über *Unterrichtsbeobachtung und -bewertung sowie über die geographiedidaktische Forschung.*

Trotz der Konkretisierungsbemühungen enthält das Buch keine einfachen Lösungen zur pädagogischen Alltagsbewältigung. Obwohl die berechtigte Hoffnung besteht, dass Studierende und Berufsanfänger durch die Lektüre der „Didaktik der Geographie – konkret" ihre unterrichtsmethodische Qualifikation anbahnen und Praktiker ihre pädagogische Handlungskompetenz erweitern können, muss man realistischerweise sehen, dass das Spannungsverhältnis von Theorie und Praxis nicht völlig aufgelöst, sondern nur entschärft werden kann.

Um dieses schwierige *Theorie-Praxis-Problem* bewältigen zu helfen und damit den Lesern dieser „Didaktik der Geographie – konkret" angemessen dienen zu können, hat sich ein Autorenkreis zusammengefunden, der Medien wie Schülerbücher, Atlaskarten, Filme, Dias, Transparente, Planspiele, Computerprogramme, Tests und Arbeitshefte entwickelt und in der Praxis erprobt hat, der in der 1., 2. und 3. Phase der Lehreraus- und -fortbildung tätig ist und der glaubt unter Berücksichtigung der nationalen und internationalen Entwicklung eine moderne geographiedidaktische Grundkonzeption zu vertreten.

Diese Grundkonzeption ist gekennzeichnet

a) durch Flexibilität, d. h. didaktische Offenheit und Vielfalt,
b) durch die Integration nationaler und internationaler Orientierungen,
c) durch ein klares Bekenntnis zu den Rechten von Mensch und Erde, d. h. zur „Universellen Erklärung der Menschenrechte“ und zur „Charta der Vereinten Nationen“.

Als Zeichen für die Verbindung von Einheit und Vielfalt wird nachfolgend die „Internationale Charta der geographischen Erziehung“ abgedruckt und damit die Solidarität der Autoren mit der internationalen Gemeinschaft der Geographiedidaktiker und Schulgeographen zum Ausdruck gebracht. Diese Charta enthält in Kurzform die wichtigsten Grundpositionen, die in den anschließenden Kapiteln über die Ziel-, Wert-, Schüler-, Fach- und Handlungsorientierung geographischer Bildung und Erziehung eine differenzierte Betrachtung und Entfaltung erfahren. Der (erste) Entwurf der Charta wurde in über 70 Ländern diskutiert, mehrmals revidiert und schließlich 1992 in Washington von der Internationalen Geographischen Union proklamiert. Mittlerweile ist sie in über 30 Sprachen übersetzt und bildet ein wichtiges Fundament für Reformen in Lehrerbildung und Schule. Möge geographische Bildung und Erziehung – wie es die Grafik zum Ausdruck bringt – einen Beitrag für eine bessere Welt leisten. *Haubrich*

Geographieunterricht für eine bessere Welt
(nach: Fien und Gerber 1986)

Internationale Charta der Geographischen Erziehung*

Die Kommission Geographische Erziehung der Internationalen Geographischen Union

ist überzeugt,
dass das Fach Geographie zur Bildung verantwortungsvoller und aktiver Bürger in der gegenwärtigen und zukünftigen Welt unersetzliche Grundlagen bietet,

glaubt,
dass Geographie ein informatives, qualifizierendes und interessantes Fach auf allen Bildungsstufen sein und zu einem lebenslangen, sachgerechten Engagement für unsere Welt beitragen kann,

weiß,
dass die Menschen über eine zunehmende internationale Kompetenz verfügen müssen um eine effektive Kooperation in einer breiten Palette wirtschaftlicher, politischer, kultureller und Umweltfragen in einer immer kleiner werdenden Welt zu gewährleisten,

ist besorgt,
dass die geographische Erziehung in einigen Teilen der Welt vernachlässigt wird bzw. dass ihr in anderen Teilen der Welt die Struktur und Durchgängigkeit fehlt,

ist bereit
den geographischen Analphabetismus in vielen Ländern beseitigen zu helfen,

unterstützt
die Prinzipien
- der Charta der Vereinten Nationen;
- der Universellen Erklärung der Menschenrechte;
- der Verfassung der UNESCO;
- der UNESCO-Empfehlung zur Erziehung für internationale Verständigung, Kooperation und Frieden;
- der Konvention der Rechte des Kindes;
- vieler nationaler Lehrpläne und Dokumente zur geographischen Erziehung

und empfiehlt deshalb diese Internationale Charta der Geographischen Erziehung allen Völkern der Erde.

---

* *Die Entwürfe der Charta wurden in über 70 Ländern veröffentlicht und von über 500 Mitgliedern der Kommission Geographische Erziehung der Internationalen Geographischen Union diskutiert und schließlich während eines Kongresses in Washington 1992 proklamiert. Mittlerweile liegen Übersetzungen in über 30 Sprachen vor. (Haubrich [Hrsg.] 1994)*

Herausforderungen und Antworten

Die Lösung der Hauptprobleme unserer Zeit erfordert das volle Engagement der gegenwärtigen jungen und erwachsenen Generation. Alle der folgenden Probleme haben eine starke geographische Dimension:

Bevölkerungsdynamik, Hunger und Ernährung, Verstädterung, sozioökonomische Disparitäten, Analphabetismus, Armut, Arbeitslosigkeit, Flüchtlinge und staatenlose Personen, Verletzung der Menschenrechte, Krankheit, Kriminalität, Ungleichheit der Geschlechter, Migration, Aussterben von Pflanzen- und Tierarten, Entwaldung, Bodenerosion, Ausbreitung der Wüsten, Naturkatastrophen, Gift- und Nuklearmüll, Wandel des Klimas, Luftverschmutzung, Wasserbelastung, Ozonloch, Grenzen des Wachstums, Landnutzung, ethnische Konflikte, Krieg, Regionalismus, Nationalismus, Globalisierung auf dem „Raumschiff Erde".

Die Konflikte, die diese Probleme und Fragen schaffen, stellen eine Herausforderung an alle geographischen Erzieher dar, deren Engagement darin liegt, allen Menschen die Hoffnung, das Vertrauen und die Fähigkeit für eine bessere Welt zu arbeiten, zu vermitteln.

Im Bestreben auf der einen Seite innerhalb von Völkern und zwischen Völkern Frieden zu schaffen und auf der anderen Seite Frieden mit der Natur herzustellen, gründen geographische Erzieher ihre Arbeit auf die **Universelle Erklärung der Menschenrechte** – und insbesondere auf:

Artikel 25

(1) „Jeder hat das Recht auf einen Lebensstandard, der seiner [ihrer] und seiner [ihrer] Familie Gesundheit und Wohlergehen angemessen ist – eingeschlossen Nahrung, Kleidung, Wohnung, medizinische und soziale Versorgung und das Recht auf Sicherheit im Falle der Arbeitslosigkeit, Krankheit, Behinderung, Witwenschaft, hohen Alters oder anderer nicht verschuldeter Behinderungen."

Artikel 26

(1) „Jeder hat das Recht auf Bildung …

(2) Bildung ist auf die volle Entwicklung der menschlichen Persönlichkeit und auf die Achtung der Menschenrechte und Grundfreiheiten ausgerichtet. Sie soll die Verständigung, Toleranz und Freundschaft unter allen Nationen, Rassen oder religiösen Gruppen sowie die Aktivitäten der Vereinten Nationen zur Erhaltung des Friedens fördern."

Angesichts der Menschheitsprobleme bedeutet das Recht auf Bildung auch das Recht auf eine fachgerechte geographische Bildung, die in eine ausgewogene regionale und nationale Identität und ein Engagement für eine internationale sowie globale Zusammenarbeit mündet.

Fragen und Konzepte der Geographie

Die Geographie ist die Wissenschaft, die die Eigenschaften von Orten und Räumen sowie die Verteilung von Menschen, Erscheinungen und Ereignissen auf der Erde zu erklären sucht.

Sie erforscht Mensch-Umwelt-Interaktionen im Kontext spezieller Orte und Räume. Besonders charakteristisch ist ihre Breite, ihre methodische Spannweite, ihre Synthese aus anderen Disziplinen der Natur- und Sozialwissenschaften sowie ihr Interesse an der Zukunftsgestaltung von Mensch-Umwelt-Beziehungen.

Geographen stellen die folgenden Fragen:

Wo ist es?
Wie ist es?
Warum ist es dort?
Wie geschah es?
Welchen Einfluss hat es?
Wie sollte es zum gegenseitigen Nutzen von Mensch und Natur gestaltet werden?

Die Antworten auf diese Fragen beschreiben und erklären die Lage, Situation, Interaktion, räumliche Verteilung und Differenzierung von Erscheinungen auf der Erde. Erklärungen gegenwärtiger Situationen kommen aus Geschichte und Gegenwart. Trends können dabei erfasst werden und mögliche Zukunftsentwicklungen aufzeigen.

Zentrale Konzepte geographischer Studien sind:

Lage und Verbreitung,
Ort und Raum,
Mensch-Umwelt-Beziehungen,
räumliche Interaktion,
Region.

Lage und Verbreitung:
Menschen und Orte befinden sich in einer unterschiedlichen absoluten und relativen Lage auf der Erde. Die Orte werden durch den Transport und die Mobilität von Gütern, Menschen und Ideen miteinander verbunden. Die Kenntnis der Lagebedingungen von Menschen und Orten ist die Voraussetzung für das Verständnis ihrer lokalen, regionalen, nationalen und globalen Abhängigkeit.

Ort und Raum:
Orte und Räume haben unterschiedliche natürliche und kulturelle Eigenschaften. Die Natur schafft Landformen, Böden, Klimate, Wasserkörper, Pflanzen, Tiere und menschliches Leben. Die Menschen schaffen verschiedene Kulturen, Siedlungsformen, sozioökonomische Systeme und Lebensformen gemäß ihres Glaubens bzw. ihrer Lebensanschauung. Die Kenntnis der natürlichen Faktoren von Orten und Räumen sowie der Wahrnehmung und des Verhaltens von Menschen ist die Grundlage für das Verstehen der Beziehungen zwischen Mensch und Raum.

Mensch-Umwelt-Beziehungen:
Die Menschen machen unterschiedlichen Gebrauch von ihren Umwelten. So schaffen sie verschiedene Kulturlandschaften durch ihre verschiedenen Handlungsmuster. Auf der einen Seite werden sie durch die natürlichen Gegebenheiten beeinflusst, auf der anderen Seite verwandeln sie ihre Lebensräume in verschiedene kulturelle Umwelten, Landschaften der Harmonie und Landschaften des Konflikts.
Die Kenntnis dieser komplexen Interaktionen innerhalb von Räumen schafft wichtige Voraussetzungen für verantwortungsvolle Umweltplanung, für Umweltmanagement und Umweltschutz.

Räumliche Interaktion:
Die Ressourcen sind ungleich über die Erde verteilt. Kein Land ist autark, Transport- und Kommunikationssysteme verbinden die verschiedenen Teile der Welt um Ressourcen und Informationen auszutauschen.
Einsicht in die räumlichen Interaktionen führt zum Verständnis der gegenwärtigen Kooperation der Völker durch den Austausch von Gütern und Informationen sowie durch die Migration von Menschen. Diese Kenntnisse legen auch die aktuellen Probleme offen und können zu Ideen zur Verbesserung der regionalen, nationalen und internationalen Zusammenarbeit führen.

Region:
Eine Region ist ein Gebiet, das durch ausgewählte Kriterien charakterisiert wird. Politische Kriterien bestimmen z. B. Staaten und Städte; physische Kriterien bestimmen Klima- und Vegetationszonen; sozioökonomische Kriterien definieren entwickelte und weniger entwickelte Länder. Regionen sind dynamisch in Raum und Zeit. Sie sind definierbare Einheiten zum Studium und zur Entwicklung von Umwelten. Geographen untersuchen Regionen unterschiedlichen Maßstabs – vom lokalen und nationalen zum kontinentalen und globalen Maßstab. Die Integration von regionalen Systemen führt zum Konzept eines planetarischen Ökosystems. Die Einsicht in die Struktur und Prozesse verschiedener Regionen innerhalb des globalen Systems ist die Grundlage zur regionalen und nationalen Identität von Menschen bzw. für ihre internationale Solidarität.

Der Bildungsbeitrag der Geographie

Geographie ist ein bedeutendes Bildungsfach sowohl in Anbetracht seiner Rolle für die Bildung des Individuums als auch besonders im Rahmen der internationalen und ökologischen Erziehung.

Geographie und die Bildung des Individuums
Obwohl Kenntnisse, Fähigkeiten und Einstellungen im ganzheitlichen Bildungsprozess zusammengehören, werden sie hier in drei Zielklassen gruppiert. Durch geographische Erziehung werden Schüler ermutigt Wissen und Erkenntnisse, Fähigkeiten, Einstellungen und Werte zu gewinnen. Sie entwickeln insbesondere

Kenntnisse und Verstehen
- von Orten und Räumen um nationale und internationale Ereignisse in einen geographischen Rahmen einordnen und grundlegende räumliche Beziehungen verstehen zu können;
- der wichtigsten natürlichen Systeme der Erde (Landformen, Böden, Wasserkörper, Klimate, Vegetation) um die Interaktion innerhalb und zwischen Ökosystemen zu verstehen;
- der wichtigsten sozioökonomischen Systeme der Erde (Landwirtschaft, Siedlung, Transport, Industrie, Handel, Energie, Bevölkerung u. a. m.) um Einsicht in Orte und Räume zu erhalten, d. h. den Einfluss natürlicher Bedingungen auf menschliche Aktivitäten einerseits und verschiedener Kulturen, Religionen, technischer, wirtschaftlicher und politischer Systeme auf verschiedenartige Umwelten andererseits zu verstehen;
- der Verschiedenheit der Völker und Gesellschaften auf der Erde um den kulturellen Reichtum der Menschheit schätzen zu können;
- der Strukturen und Prozesse in Heimatregion und Heimatland als dem täglichen Handlungsraum sowie
- der Herausforderungen und Chancen der globalen Abhängigkeit.

Fähigkeiten zur
- Nutzung verbaler, bildhafter, quantitativer und symbolischer Informationsformen wie Texte, Bilder, Grafiken, Tabellen, Diagramme und Karten;
- Anwendung solcher Methoden wie
  - Feldbeobachtung und -kartierung,
  - Interview,
  - Interpretation sekundärer Quellen,
  - Anwendung von Statistik;

- Anwendung von kommunikativen, Denk-, praktischen und sozialen Fähigkeiten um geographische Fragen lokalen bis internationalen Maßstabs zu beantworten. Ein derartig entdeckendes Verfahren ermutigt:
  - Fragen und Probleme zu erkennen,
  - Informationen zu sammeln und zu strukturieren,
  - Daten zu bearbeiten,
  - Daten zu interpretieren,
  - Daten zu bewerten,
  - Regeln zu erarbeiten,
  - Regeln anzuwenden,
  - Urteile zu fällen,
  - Entscheidungen zu treffen,
  - Probleme zu lösen,
  - sich in Teamsituationen kooperativ zu verhalten,
  - den Einstellungen und Einsichten entsprechend zu handeln.

Auf diesem Weg leistet die geographische Erziehung einen Beitrag zur Kommunikationsfähigkeit –
zu Kulturtechniken wie Lesen, Schreiben, Reden, Rechnen und graphische Gestaltung und ebenso zur Entwicklung der Persönlichkeit und der sozialen Kompetenz,
insbesondere bezogen auf die räumliche Dimension des täglichen Lebens vom lokalen bis zum globalen Maßstab.

Einstellungen, Werte und Verhalten
Geographieschüler/innen werden durch ihre geographischen Studien ermutigt:
- reges Interesse an ihrem Lebensraum und an der Vielfalt der natürlichen und kulturellen Erscheinungen auf der Oberfläche der Erde zu nehmen;
- die Schönheit der natürlichen Welt einerseits und die Verschiedenheit der Lebensbedingungen der Menschen andererseits zu schätzen;
- über die Qualität der Umwelt und den Lebensraum zukünftiger Generationen besorgt zu sein;
- die Bedeutung von Werten und Einstellungen bei Entscheidungsfindungen zu verstehen;
- bereit zu sein geographische Kenntnisse und Fähigkeiten im privaten, beruflichen und öffentlichen Leben angemessen zu nutzen;
- die Gleichberechtigung aller Menschen zu respektieren;
- sich für die Lösung lokaler, regionaler, nationaler und internationaler Probleme auf der Basis der „Universellen Erklärung der Menschenrechte" zu engagieren.

Geographie und internationale sowie entwicklungspolitische Erziehung (siehe vollständige Ausgabe in: Haubrich [Hrsg.] 1994)

Inhalte und Konzepte der geographischen Erziehung

Geographische Lehrpläne wurden überall in der Welt nach zwei Hauptprinzipien aufgebaut: als **regionale Studien** und als **thematische Studien.**

Bei einer sachgerechten Ausführung sind sowohl regionale als auch thematische Studien stark theorieorientiert. Im Bildungskontext haben Theorien die Aufgabe die Wirklichkeit verständlich zu machen. Bei diesen Studien werden die Schüler/ innen ermutigt fragende und entdeckende Verfahren anzuwenden, welche zur Erkenntnis und Anwendung von Regeln und Prinzipien führen.

Regionale Studien
Regionale Studien wählen aus folgenden Gebieten:
- Heimatort,
- Heimatregion,
- Heimatland,
- Heimatkontinent,
- andere Kontinente und räumliche Gruppierungen,
- die Welt,
- globale Strukturen.

Folgendes sind Prinzipien zur Auswahl von Regionen:
- *Dezentrismus:*
  Nah und Fern, d. h. ein ausgewogener Unterricht und Vergleich von nahen und fernen Gebieten um einen nationalen oder kontinentalen Zentrismus zu vermeiden.
- *Motivation:*
  Vom Nahen zum Fernen – nicht im Sinne der Entfernung, sondern im Sinne des Interesses und der Aktualität.
- *Maßstabswechsel:*
  D. h. Wechsel der Gebiete lokalen, nationalen, kontinentalen und globalen Maßstabs.
- *Verschiedenheit:*
  D. h. Auswahl kontrastierender Räume, verschiedener Naturräume, verschiedener kultureller Aktivitäten, Kulturen, sozioökonomischer Systeme, Entwicklungsstufen und Räume unterschiedlichen ökologischen Zustands.
- *Relevanz:*
  Für das private, Berufs- und öffentliche Leben, d. h. Qualifizierung für Leben im personalen Handlungsraum.
- *Verantwortung:*
  Räume sollten nach ihrer Eignung ausgewählt werden Verantwortungsbereitschaft für lokale und globale Probleme zu schaffen.

Regionale und nationale Identität und internationale Solidarität sind wichtige Ziele regionaler Studien. Sie sollten zu einem Engagement für die Heimatregion und das Heimatland, aber auch angesichts der Internationalisierung und Globalisierung zu einem Engagement für die Welt ermutigen.

Thematische Studien
Thematische Studien sollten immer eine regionale Basis besitzen.
Entsprechende Curricula können in den systematischen, den problemorientierten und systemtheoretischen Weg gegliedert werden:

1) Der **systematische Weg**
folgt den Teildisziplinen der physischen und Humangeographie.

Die **Physische Geographie** umfasst:
Geomorfologie, Hydrologie, Klimageographie, Biogeographie und Physische Ökologie.

Die **Anthropogeographie** umfasst:
Bevölkerungs-, Wirtschafts-, Stadt-, Sozial-, Kultur-, Agrar-, Politische Geographie, Historische Geographie und Humanökologie.

2) Der **problemorientierte Weg**
enthält das Studium aktueller Probleme aus dem Blickwinkel der Geographie. Diese können einen lokalen, regionalen, nationalen oder globalen Maßstab haben. Aktuelle Probleme, über die allgemein unterrichtet wird, umfassen:
Umweltqualität, sozialräumliche Disparitäten, Naturkatastrophen, Klimawandel, Bevölkerungswachstum, Verstädterung, Hunger in der Welt, Energiemanagement, Ungleichheiten (Rasse, Geschlecht, Religion usw.), Grenzen des Wachstums, Krisenregionen (soziale, natürliche, wirtschaftliche), Entwicklungsprobleme und -strategien, tragfähige Entwicklung etc.

3) Der **systemtheoretische Weg** enthält physische, soziale und Ökosysteme.

Physische Systeme umfassen:
geomorfologische Systeme, Bodensysteme, klimatische Systeme, hydrologische Systeme, biotische Systeme.

Soziale Systeme umfassen soziale und kulturelle Prozesse in menschlichen Organisationssystemen wie Agrarsysteme, Industrie- und Dienstleistungssysteme, Siedlungssysteme, Transport- und Handelssysteme, gesellschaftliche Systeme.

Ökosysteme
Die aktuelle Sorge gilt einer dauerhaften Entwicklung im ökologischen Gleichgewicht durch das Studium der Integration sozialer und natürlicher Systeme in einem umfassenden Ökosystem.

Auswahlprinzipien
Die vorherrschende Bildungsphilosophie bestimmt, ob die Wege kombiniert werden oder ob ein Weg vorgezogen wird. Welcher Weg auch gewählt wird, die Schüler sollten immer zu eigenen Fragen und Untersuchungen ermutigt werden. Grundsätzlich bleibt es von entscheidender Bedeutung, dass die Geographie einen Beitrag zur Lösung der aktuellen und zukünftigen Probleme leistet und eine bedeutende Rolle innerhalb der politischen, sozialen, ethischen, personalen, humanistischen, ästhetischen und ökologischen Erziehung spielt.

Prinzipien und Strategien zur Implementation

Fachlehrer/innen
Angesichts der Herausforderungen unserer Zeit und der vorher beschriebenen Ziele der geographischen Erziehung sollten Geographielehrer/innen nicht nur im Fach Geographie, sondern auch in der Geographiedidaktik qualifiziert werden.
Durch ein Programm der Lehrerausbildung der 1. und 2. Phase und der fortwährenden Weiterbildung sollten Geographielehrer/innen folgende Kenntnisse, Fähigkeiten und Einstellungen gewinnen:

Kenntnisse und Erkenntnisse über
- die sich wandelnde Disziplin Geographie,
- den sozialen Kontext von Erziehung und Bildung,
- die Bedürfnisse, Interessen, Erwartungen und Rechte der Schüler/innen,
- die Lernstile der Schüler/innen (kognitive, affektive, psychomotorische Dimension).

Fähigkeit zur
- Stunden-, Einheit-, Kurs- und Curriculumplanung,
- Anwendung geeigneter Beurteilungsmethoden,
- Motivierung der Schüler für eine Reihe von Lernerfahrungen,
- Auswahl und zum Gebrauch geeigneter Quellen und Medien,
- fortwährenden Kurserprobung und -revision.

Werte und Einstellungen für
- ein Engagement für den Bildungsbeitrag der Geographie,
- ein Engagement für die geographische Bildung ihrer Schüler/innen,
- ein Engagement für ein persönliches und berufliches Wachsen in der geographischen Bildung,
- ein Engagement für die gleichen Rechte aller Schüler auf eine effektive geographische Bildung.

Eigenständiges Fach
Um eine sachgerechte Vorbereitung auf die Zukunft zu gewährleisten, sollte Geographie zum Bildungskern der Primar- und Sekundarschul-Curricula zählen. Geographie bildet ein Bindeglied oder eine Brücke zwischen Natur- und Sozialwissenschaften. Geographische Fragen stehen mit vielen Wissenschaften in Beziehung.
Dort, wo das Curriculum für ein bestimmtes Alter oder eine Stufe kombinierte oder integrierte Studien vorsieht, sollte Geographie eine Schlüsselrolle im Lehrplan spielen, die den Aussagen dieser Internationalen Charta entspricht.

Obligatorischer und kontinuierlicher Unterricht
Es ist von wesentlicher Bedeutung, dass alle Schüler/innen durch alle Jahre der allgemeinen Schulbildung einen kontinuierlichen Geographieunterricht erhalten. Nur diese Voraussetzung macht es möglich, dass sowohl der Beitrag der Geographie zur Allgemeinbildung als auch ihr Anteil an der Vorbereitung für das private und öffentliche Leben gewährleistet werden kann.

Zeitbudget
Der Geographie sollte ein Zeitbudget zugebilligt werden, das den anderen Kernfächern des Curriculums entspricht. Die Stundentafel sollte regelmäßige Unterrichtsstunden das ganze Jahr hindurch vorsehen, aber auch die Möglichkeit größerer Zeitblöcke für Projekte und Geländestudien gewährleisten.

Geographie: ein Fach für alle
Geographie spielt eine bedeutende Rolle in der Bildung und Erziehung aller Menschen. Die Curriculumplaner sollten Schüler/innen mit besonderen Begabungen oder Behinderungen – ebenso den sich ändernden Interessen und Fähigkeiten in den verschiedenen Altersstufen – besondere Aufmerksamkeit schenken.
Während viele Aspekte der geographischen Erziehung allen Stufen gemeinsam sind, ändern sich die Akzente von der Primarstufe über die Sekundarstufe und Hochschule bis hin zur Berufs-, Erwachsenen- und Weiterbildung.

Primarstufe
Kinder lieben es, ihre Umgebung zu entdecken. Sie lernen im Tun und sind neuen Erfahrungen gegenüber sehr offen. Deshalb sollte auch der Unterricht über andere Kulturen, Lebensstile und Räume schon auf dieser Stufe beginnen. So trägt die geographische Erziehung zu den Grundideen der „Erklärung der Rechte des Kindes" bei, wo es heißt: „... Das Kind soll sich eines besonderen Schutzes erfreuen und die Möglichkeit erhalten, durch Gesetze und andere Maßnahmen abgesichert, sich körperlich, geistig, moralisch, kulturell in einer gesunden und normalen Weise und unter den Bedingungen von Freiheit und Würde zu entwickeln."

Sekundarstufe
Wenn die Schülerinnen und Schüler heranwachsen, steigt ihre Fähigkeit abstrakt zu denken. Praktische Erfahrung sollte jedoch mit der Zunahme abstrakter Informationsquellen verbunden bleiben.
Die Orientierung an der Zukunft der Weltgemeinschaft erfährt eine besondere Beachtung. Um die Trennung von Wissen und Verhalten zu überbrücken und zur Umweltkompetenz, zum regionalen und nationalen Engagement sowie zur multikulturellen und internationalen Solidarität zu führen, sind vermehrt Anstrengungen notwendig.

Hochschule
Viele derjenigen, die eine Hochschulbildung erfahren, werden später entscheidende Schlüsselrollen in der Gesellschaft übernehmen, die nationale und internationale Kenntnisse sowie eine angemessene Umweltkompetenz erfordern. Welches Fachgebiet auch immer, alle Hochschulstudien sollten Geographiekurse einschließen um die geographische Bildung der Graduierten sicherzustellen. Dies ist besonders für diejenigen wichtig, die beabsichtigen Lehrer zu werden. Für Geographielehrer ist es von Vorteil, eine zweite Sprache zu beherrschen.

Berufs-, Erwachsenen- und Weiterbildung
(siehe vollständige Ausgabe in: Haubrich [Hrsg.] 1994)

Geographiedidaktische Forschung

Geographiedidaktische Forschung hat die Funktion die geographische Erziehung in der Primar- und Sekundarstufe, in der Hochschule, der Berufs- und Erwachsenenbildung zu verbessern. Sie sollte auch zur Entwicklung allgemeiner Lehr- und Lerntheorien beitragen. Um dies zu erreichen, ist es notwendig, sowohl Grundlagenforschung als auch angewandte Forschung zu betreiben.

Grundlagenforschung beschäftigt sich mit der Entwicklung von Basistheorien der geographischen Erziehung. Ein Beispiel dafür ist den Zusammenhang zwischen geographischem Wissen einerseits und Einstellungen zu Problemen, Menschen und Umwelt andererseits zu analysieren.

Angewandte Forschung beschäftigt sich mit der Entwicklung einer geeigneten Praxis der geographischen Bildung um z. B. Lehrmethoden und -materialien für folgende Felder zu entwickeln:
neue Informationstechnologie, umwelt- und entwicklungspolitischer Unterricht, multikulturelle und globale Erziehung.
Eine enge Zusammenarbeit zwischen Forschenden, Lehrenden und Bildungsinstitutionen sollte die Auswahl der Forschungsfragen und -wege optimieren. Ebenso sollten neue Forschungsergebnisse eine angemessene Anwendung in der Praxis erfahren.

Methoden. Forschung ist ein wichtiger Aspekt der geographischen Erziehung auf allen Stufen. Während empirische Forschung vorwiegend durch Hochschulen und Universitäten durchgeführt wird, kann Handlungsforschung von Lehrer/innen einen Beitrag zur Entwicklung und Erprobung von Lehrprogrammen, Unterrichtsformen und Lehrmaterialien liefern. Eine breite Palette der qualitativen und quantitativen Forschungsmethoden steht zur Verfügung. Sie umfassen: Handlungsforschung, empirische Forschung und hermeneutische Forschung. Die Wahl der Methode ist abhängig von der Struktur der Forschungsthematik bzw. -frage.

Internationale Kooperation
(siehe vollständige Ausgabe in: Haubrich [Hrsg.] 1994)

Proklamation
Diese Internationale Charta wurde von der Kommission Geographische Erziehung der Internationalen Geographischen Union entworfen, mit geographischen Erzieher/innen aus allen Teilen der Erde diskutiert und während des 27. Internationalen Geographenkongresses in Washington, D. C., USA im August 1992 von der Generalversammlung der Internationalen Geographischen Union angenommen.
Auf dieser Grundlage proklamiert die Kommission Geographische Erziehung der Internationalen Geographischen Union diese Charta und empfiehlt sie allen Regierungen und Völkern der Erde als Basis für die Verwirklichung einer sachgerechten geographischen Erziehung in ihren Ländern.

2 Pädagogische Orientierung des Geographieunterrichts

Pädagogische Orientierung ist vor allem Zielorientierung bzw. die Antwort auf die Frage: Wozu?
Wenn auch die Diskussion über eine oft formalistisch missverstandene Zieltheorie fast verstummt ist, so bleibt doch die inhaltliche Zielorientierung in jeder historischen Situation von zentraler Bedeutung.

Nicht für die Schule, sondern für das Leben lernen wir!
So lautet – traditionell formuliert – das Postulat allgemeiner Menschenbildung.
Zeitgemäß formuliert heißt dies:
Schafft Qualifikationen zur Bewältigung von Lebenssituationen!
Jede Epoche beinhaltet eine neue Herausforderung zur Bestimmung pädagogischer Ziele. Auch an der aktuellen Internationalisierung und Globalisierung zahlreicher Entwicklungen muss eine gegenwartsgerechte und zukunftsfähige geographische Bildung mitwirken.

Deshalb bietet das folgende Kapitel
a) eine Darstellung der wechselnden Zielsetzungen des Geographieunterrichts in Deutschland seit der Jahrhundertwende,
b) einen Vergleich der Zielorientierungen des Geographieunterrichts im Ausland,
c) einen Überblick über erziehungswissenschaftliche Theorien als Grundlage einer Didaktik der Geographie,
d) eine Skizzierung von Ableitungsansätzen geographischer Lehr- und Lernziele,
e) Ausführungen über verschiedene Zielklassen sowie
f) Hinweise über die Bedeutung der Ziele in der täglichen Praxis des Geographieunterrichts.

Haubrich

2.1 Zielsetzungen des Geographieunterrichts in Deutschland seit der Jahrhundertwende

Studiert man die geographiedidaktische Literatur seit der Jahrhundertwende, so beobachtet man den schnellen Wandel in der Ziel- und Wertorientierung des Geographieunterrichts. Auf eine Kurzformel gebracht könnte man diese Entwicklung als einen Wechsel von der vaterländischen zur nationalsozialistischen, zur bildungstheoretischen, zur gesellschaftskritischen und schließlich zu einer mehr konservativen oder fachorientierten, wert- oder schülerorientierten Erdkunde bezeichnen.

Vaterländische Erdkunde. Die vaterländische Erdkunde spiegelt sich in folgendem Zitat von Heinrich Harms 1895 wider: „Man sagt uns Deutschen nach, dass wir das Fremdländische gar zu leicht höher schätzen als das Einheimische! Leiden auch wir als Geographielehrer an diesem nationalen Charakterfehler? Wenn ja, dann ist es wahrscheinlich Zeit, dass wir uns eines anderen besinnen, dass wir als deutsche Lehrer deutscher Kinder die deutsche Vaterlandskunde auf den Schild erheben! Das Vaterland hat uns dringend nötig. Nationale Interessen zu fördern, ist der Geographieunterricht durchaus imstande, darum versündigen wir uns am Vaterlande, wenn wir ihm unsere Kraft zugunsten ausländischer Verhältnisse entziehen. Hinaus mit dem fremdländischen Ballast! Das sei die Parole."

Nationalsozialistische Erdkunde. Es ist schwer zu beurteilen, ob die vaterländische Erdkunde neben anderem auch ein psychologischer Wegbereiter für den Ersten Weltkrieg war. Selbst die Folgen des Ersten Weltkrieges haben eine Neuauflage einer vaterländischen Erdkunde nicht verhindert, sondern zu ihrer Potenzierung in Form der nationalsozialistischen Erdkunde geführt. Franz Schnass schreibt 1935: „Im Bildungsganzen nationaler Volksschularbeit ist der Erdkundeunterricht nur so weit berechtigt, als er die politische Erziehung der Jugend zu deutschen Menschen, blutsbewussten und bodenständigen, volks- und staatsverbundenen Menschen, fördert und das Seine beiträgt zur Körperstählung, Charakterbildung und Geistesschulung."

Bildungstheoretisch orientierte Erdkunde. Analysiert man die Leitziele in den Nachkriegslehrplänen, so stößt man in den Fünfziger- und Anfang der Sechzigerjahre immer wieder auf so genannte *geographische Bildungsziele* wie Völkerverständigung und Europaidee – sicher eine Reaktion auf den Nationalsozialismus. Aber auch Achtung vor der Natur und Schöpfung und nicht zuletzt Heimatliebe zählten zu den zentralen Erziehungszielen. Häufiger ist vom geographischen Weltbild die Rede. Geographische Bildung wird in eine allgemeine Menschenbildung integriert.

Gesellschaftskritische Erdkunde. Die Ziele der Fünfziger- und frühen Sechzigerjahre wurden Anfang der Siebzigerjahre in der Regel durch „*Verhaltensdispositionen*" wie Emanzipation, Selbst- und Mitbestimmung und Kritikfähigkeit ersetzt. Im Lehrplan Welt/Umwelt von Bremen heißt es z. B. 1977: „Ziel des Faches ist den Schüler in die Lage zu versetzen ... seine Umwelt ... nicht als etwas Unveränderbares hinzunehmen, sondern alle sie prägende Faktoren auf ihre Legitimität und Notwendigkeit hin kritisch zu befragen. Nur so wird der Schüler langfristig dazu erzogen, seine eigenen Interessen zu erkennen, zu äußern und wahrzunehmen, ... eine qualifizierte Selbst- und Mitbestimmung setzt die Kenntnis von Strukturen gesellschaftlicher Wirklichkeit voraus."

Zur Zielsetzung des Geographieunterrichts

Alle Menschen beanspruchen die Erde zur Ernährung, zum Wohnen, zum Arbeiten, zur Verkehrsteilnahme, zur Erholung und für andere Bedürfnisse. In einer Zeit starken Wachstums der Weltbevölkerung mit ständiger Ausweitung und Intensivierung landwirtschaftlicher Nutzung sowie zunehmender Industrialisierung und Verstädterung wird der verfügbare Raum knapp. Landwirtschaft, die Nutzung der begrenzten Rohstoffe und der Flächenbedarf für Siedlungen, Industrie, Erholung und Verkehr führen zu sich ständig verschärfenden Problemen. Die vermehrte Inanspruchnahme von Landschaft zur Befriedigung menschlicher Bedürfnisse erfordert wirksame Maßnahmen um die Bewohnbarkeit der Erde zu erhalten.

Im Geographieunterricht erfährt der Schüler die Erde als eine nicht vermehrbare Lebensgrundlage, mit der verantwortungsbewusst umzugehen ist. Er gewinnt dabei Grundeinsichten und Kenntnisse über Wechselwirkungen zwischen Mensch und Raum. Diese werden sichtbar z. B. in der Auseinandersetzung des Menschen mit Naturfaktoren in verschiedenen Landschaften der Erde, und zwar sowohl in missglückten als auch in sachgerechten Nutzungsformen. Als Erwachsener trägt er später Mitverantwortung auch in den Fragen der Raumnutzung und Landschaftsgestaltung. Er muss deshalb befähigt werden entsprechende Entscheidungen nachzuvollziehen, daran verantwortlich teilnehmen und zur Verbesserung der Lebensqualität beitragen zu können.

Zahlreiche persönliche Verwendungssituationen, z. B. bei der Einschätzung von Wohnstandorten, der Freizeitgestaltung, der Berufswahl usw. sowie die Teilhabe am öffentlichen Leben und die Fähigkeit zur Einordnung von Informationen in ein geographisches Weltbild erfordern sowohl topographische als auch kategorial-geographische Kenntnisse.

Deshalb ist es notwendig, topographische Kenntnisse zu erarbeiten, die ständig an den behandelten Räumen wiederholt werden müssen. Topographisches Wissen kann allerdings weder Selbstzweck des Geographieunterrichts sein, noch darf es vernachlässigt werden. Dies wird durch die konsequente Verknüpfung des exemplarischen mit dem orientierenden Verfahren gesichert.

Die besondere Situation Deutschlands, die vielfältigen regionalen Probleme in den Staaten der Erde, die zunehmende Bedeutung der Beziehungen zwischen Staaten und Staatengruppen und die weltweite Verflechtung und Abhängigkeit unserer Wirtschaft und Politik weisen dem Geographieunterricht weitere Aufgaben zu. Es gilt das Wissen über Deutschland unter besonderer Berücksichtigung des Verhältnisses zu seinen Nachbarländern, über andere wichtige Staaten sowie weltweite Beziehungen und Abhängigkeiten zu vermehren und die Urteilsfähigkeit der Schüler zu entwickeln.

Dabei soll dem Schüler bewusst werden, dass der Mensch seinem Wesen nach zugleich Teil und Gestalter seines eigenen Lebensraumes ist. Raumabhängigkeit und Raumbezogenheit menschlichen Handelns sowohl im natur- als auch im gesellschaftswissenschaftlichen Sinn sind Gegenstand geographischen Unterrichts. Die Begegnung mit andersartigen Landschaften, Kulturen, Völkern und Staaten ermöglicht Verstehen fremder Lebensformen, Achtung gegenüber anderen Gruppen und Völkern, Völkerverständigung und Friedenssicherung.

(aus: Zentralverband der Deutschen Geographen [Hrsg.]:
Basislehrplan Geographie. 1980)

In der DDR wurde das Fach Geographie in der zehnklassigen Polytechnischen Oberschule (POS) von der Klasse 5 an durchgehend als selbstständiges Fach, bis auf Klasse 9, zweistündig unterrichtet, in der Erweiterten Oberschule (EOS) in den Klassen 11 und 12 einstündig. Sowohl in der Abschlussprüfung der POS als auch in der Abiturprüfung der EOS war Geographie obligatorischer Bestandteil der mündlichen Prüfung.
Das Fach hatte im Rahmen der Allgemeinbildung und der *„Persönlichkeitsentwicklung"* eine gleichberechtigte und gesicherte Position. Der Unterricht wurde auf der Grundlage eines einheitlichen Lehrplans erteilt. Das Ziel des Geographieunterrichts war „ein solides physisch-geographisches und politisches ökonomisch-geographisches Wissen über die gesamte Erde". Die Anordnung der Inhalte erfolgte nach dem regionalen Prinzip vom „Vaterland" DDR über Europa zu den anderen Erdteilen.

Stoffübersicht
Klasse 5: Die Erde (Oberfläche, Länder), die DDR.
Klasse 6: Europa (sozialistische Länder, kapitalistische Länder).
Klasse 7: Gradnetz, Zeitzonen, Beleuchtungszonen, UdSSR, Asien (Teil I).
Klasse 8: Tropisches Klima, Asien (Teil II), Afrika, Australien, Ozeanien, Antarktis.
Klasse 9: Amerika.
Klasse 10: Physische Geographie der Erde, Ökonomische Geographie der Erde, DDR.

Erdkunde heute: konservativ, fach-, wert- und schülerorientiert? Der gesellschaftskritische Ansatz führte nach und nach in allen westdeutschen Ländern zu stabilisierenden Reaktionen. So heißt es z. B. in den Richtlinien Erdkunde der Realschule Nordrhein-Westfalen 1978: „Bei ihrer Aussage zur Ebene der Erziehungsziele hat sich die Kommission auf die Artikel 2, 4, 5 und 20 des Grundgesetzes und die Artikel 6, 7 und 8 der Verfassung des Landes Nordrhein-Westfalen gestützt. Die daraus herzuleitende ‚Selbst- und Mitbestimmungsfähigkeit' wird als ideale Forderung angenommen."
Die genannten Artikel beinhalten das Recht zur freien Entfaltung der Persönlichkeit, der Gewissens- und Religionsfreiheit, der Meinungs- und Pressefreiheit, der Sozial- und Rechtsstaatlichkeit. Damit wurden Wertmaßstäbe gesetzt, die den Geographielehrern erlauben sozialräumliche Konfliktfelder im Spannungsverhältnis von Bewahren und Entwickeln auf der Basis der Grund- bzw. Menschenrechte zu betrachten. Während die Fachdidaktik *„Raumverhaltenskompetenz"* (Köck 1980), *„raumbezogene Handlungskompetenz"* (Thöneböhn 1995) als zentrales Ziel weitgehend im vereinigten Deutschland bejaht und damit eine stärkere Fachorientierung signalisiert, beziehen einige Lehrpläne ihre Konzepte aus den 50er-Jahren. Wie zu erwarten, wird diese Entwicklung hier als Rückschritt und dort als Bewahrung von fachlichem Erziehungsauftrag beurteilt.
Nach wie vor engagiert sich die Mehrheit der Geographielehrer für die Qualifizierung der Schüler zur Bewältigung ihrer Zukunftsaufgaben. Die Fähigkeit, in einer unübersichtlicher werdenden Welt und in einer risikoreicheren Gesellschaft zu leben, wird immer bedeutsamer.
Wahrscheinlich müssen bei der Diskussion über die gesellschaftlichen und pädagogischen Konsequenzen globaler Bedrohungen das *Prinzip „Vorsorge"* einerseits und das *Prinzip „Vertrauen"* andererseits die leitenden Handlungsprinzipien bleiben. Dem Prinzip „Vorsorge" würde ein problemorientiertes Curriculum gerecht. Das Prinzip „Vertrauen" verlangt jedoch nach Themen, die die Großartigkeit von Natur, Kultur und Schöpfung erkennen lassen um sie schätzen und schützen zu können.
(Kroß 1994a, Sander 1995, Schrand 1994, Schultze 1979) *Haubrich*

Aus- und Weiterbildung der Lehrer in der DDR

„Die Ausbildung von Lehrern erfolgt in der DDR einheitlich unter folgenden Gesichtspunkten:

- Im Fachlehrerstudium erwirbt jeder Student die Lehrberechtigung für zwei Fächer in den Klassen 5 bis 12. Damit kann er sowohl in der allgemein bildenden Oberschule als auch in der Erweiterten Oberschule eingesetzt werden ...

- Die Ausbildung ist in der gewählten Fachkombination gleichrangig für beide Fächer ...

- Die Fachlehrerausbildung ist ausschließlich auf Universitäten und die ihnen gleichgestellten Pädagogischen Hochschulen konzentriert. Für Geographie sind das die Humboldt-Universität in Berlin, die Ernst-Moritz-Arndt-Universität Greifswald, die Martin-Luther-Universität Halle und die Pädagogischen Hochschulen in Potsdam und in Dresden.

- Die Studienprogramme für die Geographie und für die Methodik des Geographieunterrichts werden von Fachkommissionen erarbeitet, in denen berufene Hochschullehrer an Universitäten und Pädagogischen Hochschulen ihre Auffassungen diskutieren. Die einheitlichen Programme werden von den Ministern für Volksbildung und für Hoch- und Fachschulwesen in Kraft gesetzt ...

- Die Ausbildung umfasst fünf Jahre ...

- Die Ausbildung umfasst die marxistisch-leninistische Grundausbildung, das Fachstudium, die pädagogisch-psychologische Grundausbildung sowie das Studium der Methodik des Geographieunterrichts. Vier Jahre studieren die Studenten an der Universität bzw. Pädagogischen Hochschule, das fünfte Studienjahr absolvieren sie in der Schulpraxis unter Anleitung von Mentoren und der Methodiklehrkräfte.

Fach- und Methodikausbildung erfolgen schulbezogen ... Die Methodikausbildung umfasst die Semester 6 bis 10. Vorlesungen, Übungen, Seminare und schulpraktische Übungen über zwei Semester an Schulen schaffen die Voraussetzungen, dass sich der Student im 5. Studienjahr an der Schule erfolgreich einarbeitet. Zwischen dem 9. und 10. Semester kehren die Studenten für drei Wochen an die Hochschule zurück um ihre schulpraktischen Erfahrungen zu diskutieren und theoretisch zu vertiefen."

(aus: Barth 1990)

2.2 Zielsetzungen des Geographieunterrichts im Ausland

Nicht nur in Deutschland, sondern auch im Ausland unterliegt die Wert- und Zielorientierung des Geographieunterrichts dem gesellschaftlichen Wandel. Wie unterschiedlich ein Schulfach „verwertet" werden kann, zeigen die folgenden Beispiele:

Italien: Die Hauptziele des Geographieunterrichts bezogen sich in den letzten Jahren in Italien auf die „humanistische und christliche Tradition, die die Menschenwürde und die Achtung vor Werten der Geistigkeit und Freiheit für eine grundlegende Bildung anerkennt".

Polen: Polen betrachtete den Geographieunterricht in seiner Funktion durch eine „rationale und kritische Einschätzung der Wechselbeziehungen zwischen Natur und Gesellschaft bzw. des Mensch-Umwelt-Systems" als eine „ausgezeichnete Arznei gegen Voluntarismus und nationale Megalomanie einerseits und gegen Minderwertigkeitskomplexe andererseits" zu wirken – weiter gegen „Chauvinismus und Rassenvorurteile bzw. zur Schaffung der psychologischen Voraussetzung für die Achtung und Verständigung zwischen Nationen und Gesellschaften".

CSSR: Geographen sozialistischer Länder sahen vor dem Zusammenbruch ihrer Systeme ihre Aufgabe im Rahmen einer „sozialistischen Menschenbildung". Auf dem dreizehnten tschechoslowakischen Geographenkongress 1977 wurde z. B. die politisch-ideologische Funktion der geographischen Erziehung hervorgehoben, die aufgrund ihrer speziellen Fragestellung das „sozialistische Menschenbild" zu gestalten bzw. einen Beitrag zu leisten habe „zum materialistischen Weltbild" durch die Beachtung des „dialektischen Verhältnisses von Natur und Gesellschaft", der „marxistischen Philosophie und politischen Ökonomie" um das „Verhältnis zu der sozialistischen Staatengemeinschaft, die Liebe zur Heimat, sozialistischen Patriotismus und Internationalismus" fortzuentwickeln.

UdSSR: Im Lehrplan der UdSSR hieß es 1986: „Im geographischen Schulunterricht werden folgende Aufgaben gelöst:

1. Bekanntschaft mit den Haupttendenzen der modernen Weltentwicklung, Erziehung zur Heimatliebe und zur internationalen Solidarität mit den Völkern der Welt, Ausarbeitung einer aktiven Lebensanschauung besonders bei den gegenwärtigen Verhältnissen des scharfen ideologischen Kampfes.
2. Bildung des geographischen Denkens, d. h. der dialektisch-materialistischen Auffassung der geographischen Hülle der Erde als der Umwelt der Menschen, der Bevölkerung als der Hauptproduktionskraft der Gesellschaft, ... des Wegs des sozialen und wissenschaftlichen Fortschritts und der prinzipiellen Unterschiede kapitalistischer und sozialistischer Systeme."

Mittlerweile hat sich die Demokratisierung der Bildungssysteme in den ehemaligen sozialistischen Ländern zumindest in der Theorie weitgehend nach westlichen Vorbildern vollzogen.

Indien: Indische Geographiedidaktiker rufen zur Brüderlichkeit auf und entwerfen dazu ein Bild, das symbolisch alle großen Gruppen der Menschheit zeigt, wie sie gemeinsam von der heiligen Kuh, der Mutter Erde, leben, aber im entsprechenden Schülerbuch bleibt diese Brüderlichkeit auf die Mitglieder der eigenen Nation beschränkt. Im Vorwort dieses nachkolonialen Schülerbuches von 1984 heißt es: „Indien ist mein Land. Alle Inder sind meine Brüder und Schwestern. Ich liebe mein Land und ich bin stolz auf seine reiche und vielfältige Kultur. Ich werde alles tun um ihrer würdig zu sein. Ich werde meinen Eltern, Lehrern und allen älteren

Erziehung zur Internationalen Brüderlichkeit

Diese symbolische Darstellung zeigt das Universum, den Planeten Erde, die Abhängigkeit der großen Bevölkerungsgruppen (hier Weltreligionen) von den natürlichen Ressourcen der Erde – symbolisiert durch die Kuh – die friedliche Nutzung der Erde – symbolisiert durch Felder und Brunnen – aber auch die Gefährdung der Menschheit, angedeutet durch eine Rakete.

(aus: Haubrich [Hrsg.] 1982, S. 117)

Dieses Mosaik hängt im Foyer einer Pädagogischen Hochschule in Uttar Pradesh und zeigt ein oberstes Bildungsziel indischer Schulen.

Menschen Respekt erweisen und jedem mit Höflichkeit begegnen. Meinem Land und Volk bin ich ergeben. In seinem Wohlergehen allein liegt mein Glück." Obwohl der Titel des Buches „Unsere Nachbarn. Unsere Welt" lautet, findet sich kein Wort über andere Nationen oder über die Menschheit. Die nationale Integration überschattet andere Wertorientierungen.

Israel: Völker in bedrängten Staatsräumen, wie z. B. Israel, entwickeln stark ausgeprägte patriotische Ziele, z. B. „stark emotionale Beziehung zum Heimatland zu entwickeln; ein Verständnis für seine Probleme und Notwendigkeiten, Verantwortungsbereitschaft für nationale Belange und Engagement für die Ziele, das eigene Land aufzubauen, zu entwickeln". In Israel ist Geographie weitgehend Heimatkunde.

Trends. Die große Mehrheit der Länder kennt das Schulfach Geographie nur als selbstständiges Fach. Dort, wo ein Fächerverbund besteht (Frankreich, Italien u. a.), bleibt Geographie ein eigenständiger Bestandteil mit einigen Möglichkeiten der Kooperation. Eine Integration von Geographie, Geschichte und Gemeinschaftskunde ist nirgends gelungen. In jüngster Zeit wurden in den USA, in England und Japan die „Social Studies" (Gemeinschaftskunde mit Geographie, Geschichte und Politik) aufgelöst, sodass dort Geographie wieder als selbstständiges Fach unterrichtet wird (In den USA und in England vom 1. Grundschuljahr bis zum Ende S II, in Japan in S I und S II). Ursache der Reform war ein durch die Vernachlässigung des Geographieunterrichts katastrophaler geographischer Analphabetismus, der in den USA über mehrere Jahre hindurch repräsentativ festgestellt wurde.
Ziel der Reform ist das Erreichen exakt definierter geographischer Bildungsstandards.

Für jede Schulstufe vom Kindergarten bis zum Abitur wurden in England *„attainment targets"* und in den USA *„geography standards"* in einem Spiralcurriculum bestimmt, an denen sich Lehrende orientieren können oder teilweise müssen, und die auch für Eltern formuliert wurden, damit diese sich über den Kenntnisstand ihrer Kinder informieren können.

Die Reformen bedienen sich folgender Maßnahmen:
1. Die amerikanische Regierung erklärte das Projektziel „educate 2000", in dem Geographie als obligatorisches Kernfach (core subject) festgelegt wurde.
2. Die englische Regierung definierte das Fach als Grundlagenfach (foundation subject) und machte es verpflichtend vom 1. Grundschuljahr an bis Ende S I.
3. Japan löste nach schlechten Erfahrungen die social studies auf und verlangte Lehrlizenzen für jedes einzelne Fach, d. h. nicht mehr für „social studies" als Fach, sondern für Geographie als eigenständiges Fach.

Mit den Reformen war in der Regel ein Zeitbudget von zwei Wochenstunden verbunden. Der A-level-Geographie (S II) in England stehen bis zu sieben Wochenstunden zur Verfügung. Japan ist zurzeit dabei eigene geographische Bildungsstandards zu vereinbaren. Die amerikanischen Standards sind nicht als obligatorisch zu erreichende Lehrziele misszuverstehen und sie entsprechen auch nicht einem nationalen Lehrplan. Sie bilden allerdings einen Rahmen mit Vorbildcharakter, an dem sich die Lehrpläne der einzelnen Staaten und damit auch die Lehrenden orientieren können.
(Ferras u. a. 1993, Geography Education Standards Project 1994, Giolitto 1992, Haubrich [Hrsg.] 1982 u. 1987, Haubrich 1997, Masson 1994, Popp/Wohlschlägl [Hrsg.] 1990, Rawling u. a. 1996)

Haubrich

Geographische Bildungsstandards – für Eltern formuliert: Was kann Ihr Achtklässler?

Kann Ihr Kind

- die Lage und einige natürliche und kulturelle Erscheinungen von Orten beschreiben, die in den Tagesnachrichten genannt wurden?
- für Besucher eine Karte zeichnen und darauf detaillierte Informationen geben, wie man von zu Hause zu einem bestimmten Punkt in der Gemeinde gelangen kann?
- aus dem Gedächtnis eine Weltkarte zeichnen und darin die Kontinente, Ozeane, die wichtigsten Gebirge, bedeutende Wüsten und Flusssysteme, aber auch wichtige Städte sowie den Nullmeridian und den Äquator einzeichnen?
- einen Brief an einen Partner im eigenen Land oder in der Welt schreiben und darin die natürlichen und kulturellen geographischen Eigenschaften der eigenen Gemeinde vorstellen?
- die Ursachen und Folgen der Jahreszeit jüngeren Geschwistern oder Freunden in der Nachbarschaft erklären?
- einen Straßenatlas oder andere Informationsquellen wie zum Beispiel Reiseführer usw. benutzen um eine Reise zu planen und dabei besonders interessante Reiseziele zu entdecken?
- die geographischen Aspekte einer Fernsehsendung oder eines Films mit Ihnen diskutieren?
- erklären, warum im Januar frische Früchte und frisches Gemüse aus der Südhemisphäre im Supermarkt angeboten werden?
- die Geschichte und Kulturlandschaft einer ethnischen Gemeinschaft in der eigenen Region beschreiben?
- über die Geographie verschiedener Orte und Räume, über die es in einem Buch gelesen hat, diskutieren?
- in wenigen Sätzen die Bedeutung verschiedenartiger Karten, Skizzen und Diagramme in der Zeitung, in einem Magazin oder in einem Lehrbuch erklären?
- die Fragen, die bei der National Geography BEE oder bei der International Geography Olympiad (öffentliches, geographisches Quiz für Schüler) gestellt wurden, beantworten?
- ein geographisches Lexikon oder andere Quellen benutzen um Informationen zu einem geographischen Thema zu finden (z. B. Bevölkerung, Temperatur, Bruttosozialprodukt in den Ländern, Kriminalitätsraten usw.)?
- umfangreiche Instruktionen geben über das, was eine Familie in einem Fall einer Naturkatastrophe (z. B. Hurrikan, Erdbeben, Erdrutsch, Feuer, Tornado, Blizzard und Überschwemmung) tun sollte?
- mit eigenen Worten beschreiben, womit sich Geographie beschäftigt?

(aus: Geography Education Standards Project; Washington 1994
übersetzt von Haubrich)

2.3 Erziehungswissenschaftliche Grundlagen des Unterrichtsfaches

Zur Legitimation des Unterrichtsfaches. Die Menschheit steht vor historisch einmaligen Herausforderungen: *Entwicklungs- und Umweltprobleme,* bedingt durch Armut einerseits und Wohlstand andererseits, bedrohen ihren Fortbestand. Bevölkerungsexplosion und Ressourcenverfügbarkeit sind an Grenzen gelangt, die auch moderne Hochtechnologie kaum noch verschieben kann (Strauch 1996). Es bedarf vielfältiger Anstrengungen, das in seinem Gleichgewicht durch den Menschen (als Nutzer) gestörte System Erde so zu korrigieren, dass die Lebensgrundlagen für die Menschheit nicht verloren gehen. Der Mensch steht nicht außerhalb dieses Ökosystems, er ist selbst darin eingebunden.
Um unsere Erde auch für künftige Generationen lebenswert zu erhalten, bedarf es grundlegender Veränderungen unseres Handelns sowohl gegenüber der Natur als auch im inner- und intergesellschaftlichen Rahmen. Schon seit langem gilt die Hinführung zu mündigem Verhalten im Sinne von sozial verantwortlicher Selbstbestimmung, Selbstverwirklichung und Solidarität als allgemein akzeptierte Aufgabe von Bildung und Erziehung (Klafki 1980b, S. 32 f.; v. Hentig 1993, 1996; Schulz 1980b; vgl. S. 33). Mit dem Bewusstwerden der globalen Gefährdungspotenziale (Bevölkerungsexplosion, inter- und innergesellschaftliche Disparitäten, Umweltkrise, atomare Selbstzerstörungspotenziale) erfährt diese Aufgabe eine Akzentuierung durch *gesellschaftliche Schlüsselprobleme* (Klafki 1985, 1991). Bildung und Erziehung unter dem Postulat von Mündigkeit ist der existenzbedeutsamen Aufgabe einer nachhaltigen sozial- und umweltverträglichen Entwicklung (sustainable development) verpflichtet. Legitimationsbasis dafür bilden neben den erziehungswissenschaftlichen Grundlagen (siehe unten)

- die Agenda 21 der UN,
- die Universelle Erklärung der Menschenrechte von 1948 und
- die Verfassungen der Bundesrepublik Deutschland und der Bundesländer.

In einer Zeit zunehmender Unübersichtlichkeit, Orientierungsunsicherheit und Informationsfülle ist die Schule verpflichtet sich auf die Auseinandersetzung mit *gesellschaftlichen Schlüsselproblemen,* die auch in der individuellen Lebenspraxis Entscheidungs- und Handlungsdruck ausüben, und auf die Vermittlung von Handlungsdispositionen (*Schlüsselqualifikationen*) und von Orientierungsmaßstäben zu konzentrieren. Schlüsselprobleme sind lebensbedeutsam, sie tangieren existenzielle Grunderfahrungen des Menschen, d. h. seine Einbindung in Raum, Zeit und Gesellschaft. Ihre Bewältigung erfordert entsprechende Handlungsfähigkeit. Im Handeln als zielgerichtetem Tun bilden Denken, Fühlen, Wollen, soziales und moralisches Verhalten einen interdependenten Zusammenhang; und Schlüsselprobleme als Probleme von Menschen greifen über die verschiedenen Fächer hinweg (Klafki 1985, S. 207; 1991).
Aufgrund der Einbindung des Menschen in den Raum ist die *„raumbezogene Handlungskompetenz"* (Thöneböhn 1995a, S. 98; Köck 1980 verwendet den Begriff *„Raumverhaltenskompetenz"*) ein „konstitutiver Bestandteil allgemeiner Handlungskompetenz". Raumbezogene Handlungskompetenz umfasst jene Qualifikationen, die den Menschen befähigen mit seinem Lebensraum und der Erde als Ganzem ökologisch und sozial verantwortlich umzugehen.

Erziehungswissenschaftliche Grundlagen. Die Vermittlung raumbezogener Handlungsfähigkeit in der Schule erstreckt sich auf Kinder und Jugendliche. Sollen sie erreicht werden, müssen ihre Erfahrungen, Interessen, Erkenntnis- und Handlungsmöglichkeiten ausfindig und für Lernprozesse nutzbar gemacht werden. Fachwissenschaftliche Kategorien und Systematiken eignen sich selten als didaktische Ansatzmöglichkeiten, weil sie der Lebenswirklichkeit

Die Notwendigkeit der Ausrichtung der Geographiedidaktik an erziehungswissenschaftlichen Grundpositionen

Plädoyer für eine aufklärungsorientierte Geographiedidaktik

- Solange es gesellschaftlich organisiertes Lernen in Form von Schulunterricht gibt, hat dieses immer auch die Aufgabe gehabt tradierte Normen, Wissens- und Kulturbestände zu sichern (= Reproduktionsfunktion der Schule) und die nachwachsende Generation in die sie jeweils umgebende gesellschaftliche Wirklichkeit einzuführen und zu integrieren (= Sozialisations- und Enkulturationsfunktion der Schule). Diese beiden Aufgaben müssen sich allerdings immer wieder rechtfertigen vor dem Anspruch des Einzelnen auf Mündigkeit im Sinne von Autonomie und Selbstbestimmung (= Personalisationsfunktion der Schule).

- Je größer die Unübersichtlichkeit und je größer der entsprechende individuelle Handlungs- und Entscheidungsdruck der Praxis, desto größer die Verpflichtung zur Orientierung.

- Mit der Bindung der Erziehungswissenschaften an den unbedingten Zweck menschlicher Mündigkeit wird all den Positionen eine Absage erteilt, die das postmoderne „anything goes" im Sinne von „alles ist möglich und gleichgültig" auslegen. Es ist doch zu fragen, ob die Antwort auf die Krise der Aufklärung Indifferenz gegenüber allen Normen, Prinzipien und Formen der Sinnstiftung bzw. Sinnvermittlung sein kann und ob wir uns das leisten können angesichts allerorts zunehmender Gewaltbereitschaft und der erstmalig in der Menschheitsgeschichte geschaffenen Möglichkeit der Selbstvernichtung. Es hilft uns nicht weiter, Prinzipienlosigkeit zum Prinzip zu erklären! ...

- Die Forderung den affektiven Dispositionen des Menschen, also Ängsten, Hoffnungen, Utopien, Fantasien mehr Platz in Schule und Gesellschaft einzuräumen, ist berechtigt, solange sie nicht in totale Vernunftkritik bzw. Vernunftfeindlichkeit umschlägt. Denn der Mut zum Irrationalen, die Vernachlässigung kritischer Reflexion, die Herabsetzung des Intellekts zugunsten der Emotionalität laufen stets Gefahr ins „deutsch Dunkle" abzugleiten, wie ein Blick in die deutsche Vergangenheit schnell deutlich macht ...

- Es ist jetzt zu fragen, ob und gegebenenfalls wie angesichts postmoderner Pluralisierung von Lebens- und Weltentwürfen Sinnstiftung und Sinnvermittlung noch möglich sind. Die Verlockung in eine modische Attitüde des Seinlassens, des Nichteingreifens zu verfallen, ist sehr groß. Doch darauf kann sich Schule als gesellschaftlich organisierte Form des Lernens und Lehrens nicht einlassen, wenn sie sich nicht als System aufgeben will ... Insofern muss die Aufklärung an zwei Fronten verteidigt werden: auf der einen Seite gegen die postmoderne „Anything-goes"-Mentalität und auf der anderen Seite gegen neokonservative Ideologiebildung ...

- Wenn man sich beispielsweise einmal darauf verständigt hat, dass nur das akzeptiert wird, was zwischen gesellschaftlichen Anforderungen und dem Recht des Schülers auf sein Selbstsein vermittelt, was also den „aufrechten Gang" des Schülers fördert oder zumindest nicht verhindert, dann erleichtert das nicht nur die Kommunikation, sondern hat auch heuristische und selektierende Funktion auf den verschiedenen Ebenen.

(aus: Schrand 1994)

der Kinder nicht entsprechen. Von der Lebenswirklichkeit der Schüler her erschließen sich umfassendere Lebenszusammenhänge, öffnen sich Ansätze zur Durchdringung unserer durch vielfältige Abhängigkeiten und Beziehungszusammenhänge geprägten Welt. Bei der Aufgabe, geographische Bildungsziele und -inhalte für den Unterricht umzusetzen und handlungswirksam zu machen, geht es um den *ganzen Menschen.* Damit wird die Erziehungswissenschaft zur zentralen Bezugsgröße.

Allgemeindidaktische Konzeptionen analysieren Voraussetzungen und Bedingungen des Unterrichts (unten, vgl. Kap. 10), beschreiben und begründen unterrichtliche Zielsetzungen, Inhaltsdimensionen, Prinzipien und Prozesse (vgl. Kap. 2.4, 7, 10). Ihre Erkenntnisse werden von der Fachdidaktik in einem wechselseitigen Nehmen und Geben unter facheigenen Aspekten differenziert, modifiziert, ergänzt, korrigiert und weiterentwickelt.
Die verschiedenen didaktischen Konzeptionen beruhen auf teilweise unterschiedlichen wissenschaftstheoretischen Voraussetzungen. Die Komplexität und Mehrdimensionalität von Unterricht zwingt nur bestimmte Faktoren zu thematisieren, andere dagegen auszublenden oder zu vernachlässigen. Die Festlegung auf ein Konzept wäre bedenklich. Für die Geographiedidaktik haben insbesondere die bildungstheoretische und die lehr-/lerntheoretische Didaktik und deren Weiterentwicklung zur kritisch-konstruktiven Didaktik sowie strukturtheoretische/wissenschaftsorientierte Ansätze nachhaltigen Einfluss (ausgeübt).

Die bildungstheoretische Didaktik stellt den Bildungsbegriff, von dem her Ziel- und Inhaltsperspektive des Unterrichts bestimmt werden, ins Zentrum. Bildung wird verstanden als doppelseitige Erschließung zwischen Mensch und geistiger Wirklichkeit. Sie geschieht „als Sichtbarwerden von allgemeinen kategorial erhellenden Inhalten auf der objektiven Seite und als Angehen allgemeiner Einsichten, Erkenntnisse, Erfahrungen auf der Seite des Subjekts" (Klafki 1975, S. 43). Bildung wird in diesem didaktischen Sinne als kategoriale Bildung verstanden. Tragende *Bildungskategorien* sind u. a.:
- die Lebensbedeutsamkeit für den jungen Menschen in Gegenwart und Zukunft,
- die exemplarische Bedeutung (das Elementare, Fundamentale, Repräsentative),
- die verschiedenen Perspektiven des Welt- und Selbstverständnisses,
- die innere Struktur und Schichtung der Bildungsinhalte.

Die lehr-/lerntheoretische Didaktik (Heimann/Otto/Schulz 1969) setzt, nicht zuletzt aus deren Kritik an der bildungstheoretischen Didaktik, an der *formalen* Struktur des Unterrichts an. Als den Unterricht aufbauende Entscheidungsfaktoren gelten (S. 23):
- die pädagogischen Zielsetzungen,
- die Unterrichtsinhalte/-gegenstände, mit denen die Zielsetzungen verfolgt werden,
- die Medien als Repräsentationsformen des Inhalts und zugleich als Mittel der Verständigung zwischen den am Unterricht Beteiligten,
- die Methoden, die zum Erreichen der Ziele in der Auseinandersetzung mit den entsprechenden Unterrichtsinhalten und -medien dienen.

Jede unterrichtliche Einzelentschädigung über ein Strukturelement hat Auswirkungen auf alle anderen.
Unterricht ist als Bestandteil der Lebenswirklichkeit darüber hinaus auch von situativ wirksamen Faktoren abhängig (vgl. Kap. 10.3, 10.4).
Schulz (1980b, 1981, 1988, 1990) entwickelte dieses Konzept zum „Hamburger Modell" weiter, indem er die Zieldimension durch die emanzipatorischen Richtziele *Kompetenz, Autonomie, Solidarität* festlegte und mit den Erfahrungsaspekten *Sach-, Gefühls- und Sozialerfahrung* verknüpfte (vgl. S. 33). Diese Matrix eignet sich als Suchinstrument für die Auswei-

Schlüsselprobleme und Schlüsselqualifikationen

Schlüsselprobleme mit geographischem Bezug:

- Umwelt- und Ressourcengefährdung und -sicherung,
- soziale Ungleichheit und globale Disparitäten,
- Friedenssicherung und Völkerverständigung,
- Herrschaft/Macht, Demokratisierung und Menschenrechte,
- Arbeit und Arbeitslosigkeit und ihre Bedeutung für Identitätsfindung,
- Perspektiven und Gefahren des naturwissenschaftlichen, technischen und wirtschaftlichen Fortschritts,
- Massenmedien, Individuum und Gesellschaft,
- Umgang mit Minderheiten.

Die Geographie kann insbesondere Qualifikationsbereiche kompetenten raumbezogenen Handelns abdecken.
Als solche gelten die Befähigung und die Bereitschaft (Köck 1993, S. 16ff.; Schmidt-Wulffen 1994, Thöneböhn 1995, S. 101 ff.):

- sich in seiner Umwelt und auf der Erde orientieren zu können;
- geographische Methodenkompetenz zu erwerben und zu lernen, räumliche Strukturen, Prozesse und Systeme sowie globale Zusammenhänge durch vernetztes Denken zu erfassen und handlungssteuernd zu nutzen;
- die natürlichen Ressourcen der Erde zu schonen und dazu beizutragen, dass sie ökologisch und sozial verantwortbar genutzt werden;
- sich mit den Menschen und ihren Problemen im eigenen Lebensraum und Lande zu identifizieren und die für die Entwicklung der eigenen Identität wichtigen wechselseitigen Beziehungen mit anderen Ländern, Kulturen und Völkern zu pflegen;
- an der Entwicklung des eigenen Lebensraumes unter Berücksichtigung regionaler, nationaler und globaler Erfordernisse verantwortlich mitzuwirken;
- zum Abbau von Disparitäten durch solidarisches Handeln beizutragen;
- raumbezogenes Handeln von ethischen Kategorien her zu steuern.

Auch die folgende Matrix bildet eine wertvolle Hilfe nicht nur für die Entwicklung von Geographielehrplänen, sondern auch für die Planung und Durchführung von Geographieunterricht (vgl. Kap. 10.5, 10.7, 10.8).

Intentionen (Absichten) / Themen (Erfahrungsaspekte)	I Kompetenz	II Autonomie	III Solidarität
Sacherfahrung 1	I/1	II/1	III/1
Gefühlserfahrung 2	I/2	II/2	III/2
Sozialerfahrung 3	I/3	II/3	III/3

Heuristische Matrix zur Bestimmung von Richtzielen emanzipatorisch relevanten, professionellen didaktischen Handelns (aus: Schulz 1980b, S. 83) sung und Gewichtung regulativer Lernziele und Themen im Rahmen der Perspektiv- und Umrissplanung (Kap. 10.5 f.).

Die kritisch-konstruktive Didaktik überwindet die Vernachlässigung der Schüler und unterrichtsmethodischer/-organisatorischer Aspekte durch die Wendung des idealistischen Bildungsbegriffs zu einer „kritischen und zugleich handlungsorientierten Kategorie" (Klafki 1980b, S. 32). Dies hat zu einer Aspektverschiebung der Bildungsziele geführt:
- Selbst- und Mitbestimmungsfähigkeit (emanzipatorische Kräfte mobilisieren),
- Kooperations- und Kommunikationsfähigkeit,
- Handlungs- und Solidarisierungsfähigkeit und Eintreten für mehr Humanität.

In diesem Sinne wird Bildung als Allgemeinbildung ausgelegt. „Allgemeinbildung bezeichnet die Fähigkeit eines Menschen kritisch, sachkompetent, selbstbewusst und solidarisch zu denken und zu handeln" (Jank/Meyer 1991, S. 139). Sie erschöpft sich aber nicht im Erwerb Kompetenz fördernden Wissens und der Fähigkeit zu seiner kritisch-argumentativen Anwendung, sie schließt immer auch „Empathie im Sinne der Fähigkeit eine Situation, ein Problem, eine Maßnahme aus der Lage der jeweils *anderen* Betroffenen sehen zu können" (reziprokes Lernen) mit ein (Klafki 1985, S. 23). Inhaltlich konzentriert sich Bildung auf die Auseinandersetzung mit „zentralen Problemen der gemeinsamen Gegenwart und der voraussehbaren Zukunft" (Klafki 1985, S. 20), d. h. mit konsensfähigen „Schlüsselproblemen". Einerseits wird damit die beliebige Auswahl der Unterrichtsinhalte eingeschränkt; andererseits fordert Klafki (1985, S. 24 ff.) – um die Gefahr der Blickverengung und mangelnde Offenheit sowie emotionale Überforderungen und Einschränkungen persönlicher Entwicklungsmöglichkeiten junger Menschen zu vermeiden – als Ergänzung Lernangebote mit angemessenen Lernanforderungen, die relativ frei wählbar sind und „Zugänge zu unterschiedlichen Möglichkeiten menschlichen Selbst- und Weltverständnisses und zu kulturellen Aktivitäten ... öffnen".
Aufgrund der – inzwischen – gleichen bildungstheoretischen Ausgangsposition bestehen kaum noch Unterschiede zwischen der kritisch-konstruktiven Didaktik und dem „Hamburger Modell". Als wesentliche Gemeinsamkeiten gelten:
- die Orientierung am dialektisch verstandenen Bildungsbegriff als humaner Leitidee;
- dass Bildung für Unterricht und Schule heuristische legitimierende, strukturierende und kritische Funktionen zu erfüllen hat (vgl. dazu Schulz 1988);
- Anerkennung des Primats der Zielentscheidungen im Verhältnis zu den anderen unterrichtlichen Entscheidungsdimensionen (Inhalte, Medien, Methoden) und des Implikationszusammenhanges zwischen den den Unterricht konstituierenden Faktoren;
- Anerkennung der Schüler als Lernsubjekte und angemessene Berücksichtigung ihrer Bedürfnisse, Interessen, Probleme (entdeckendes, sinnhaftes, handlungsorientiertes Lernen, Mitbeteiligung bei der Unterrichtsplanung/-gestaltung).

Der strukturtheoretische/wissenschaftsorientierte Ansatz verfolgt die Forderung nach Wissenschaftsorientierung der Lehr- und Lernprozesse. Seine Vertreter Wilhelm (1996), Bruner (1970) und v. Hentig (1970, 1974) verstehen Wissenschaftsorientierung jedoch nicht als verkürzte Übernahme fachwissenschaftlicher Erkenntnisse, Strukturen und Methoden in die Schule, sondern als Verfügbarmachen und Vernetzen wissenschaftlicher Erkenntnisse und Methoden zur „Aufklärung" der Alltagspraxis und zur Lösung von Problemen des täglichen Lebens; thematisiert werden Problemsituationen der Schüler.

Gegenüber den oben skizzierten Konzepten haben die *curriculare, lernzielorientierte Didaktik* (Robinsohn 1967, Möller 1973, 1980), die *kybernetisch-informationstheoretische Didaktik* (Frank 1969, v. Cube 1970, 1980) und die *kritisch-kommunikative Didaktik* (Schäfer/Schaller 1971, Winkel 1980, 1984) nur partielle Bedeutung für die Geographiedidaktik. *Engelhard*

Matrix zur Identifizierung unterrichtlicher Inhaltsbereiche, „die den Schülern die selbstständige Erschließung der Lebenswirklichkeit ermöglichen"

fachliche Erschließungs-dimensionen / Ausschnitte der Lebenswirklichkeit	Raumorientierung – Raumwahrnehmung			
	(1) Raumausstattung	(2) Raumverflechtung	(3) Raumbelastung	(4) Raumgestaltung
(1) Natur	Geofaktoren	Ökosysteme/Geozonen	Naturgefährdung	Naturschutz/ Landschaftspflege
(2) Ressourcen	Geopotenziale	Energieversorgung	Grenzen der Tragfähigkeit/ Überbevölkerung Globale Umweltgefährdung	Umweltverträgliches Wirtschaften/Ressourcenschutz
(3) Arbeit	Arbeitsstätten und Wirtschaftsbereiche/Standortgegebenheiten	Arbeitsteilung/Verkehr	Ökonomie-Ökologie-Konflikt	Wirtschaftsförderung/ Humanisierung der Arbeitswelt
(4) Versorgung und Konsum	Infrastruktur/Märkte	Stadt-Umland-Beziehungen/ Kern- und Ergänzungsräume	Landschaftsverbrauch	Rekultivierung/Renaturierung/ Konsumbegrenzung
(5) Freizeit	Freizeitpotenziale und Freizeiteinrichtungen	Quell- und Zielgebiete von Reisenden	Massentourismus	Sanfter Tourismus
(6) Zusammenleben	Wohn- und Begegnungsstätten/Bevölkerungsverteilung/ Siedlungsstrukturen	Funktionale, sozialräumliche Strukturen/Mobilität	Verdichtung und Zersiedelung	Humaner Städtebau/ Stadt-und Dorferneuerung
(7) Ungleichheiten	Erscheinungsformen räumlicher Disparitäten	Zentrum – Peripherie	Unterentwicklung	Raumordnung und Landesplanung Neue Weltwirtschaftsordnung
(8) Völker und Kulturen	Spezifische Lebens-/Wirtschaftsformen	Kulturelle Einflüsse	Segregationsformen	Kulturelle Identität/ Völkerverständigung
(9) Staaten	Politische und wirtschaftliche Strukturen	Bündnisse/Zusammenschlüsse	Grenzen/Grenzkonflikte	Raumentwicklungskonzepte
(10) Internationale Beziehungen	Merkmale unterschiedlich entwickelter Länder	(Welt)handelsströme	Nord-Süd-Konflikt	Grenzüberschreitende Kooperation/Entwicklungshilfe/ Friedenssicherung

(aus: KM des Landes Nordrhein-Westfalen: Richtlinien und Lehrpläne Erdkunde, Realschule. Frechen 1993, S. 56)

2.4 Ziele des Geographieunterrichts

2.4.1 Quellen geographischer Lehr- und Lernziele

Lehr- und Lernziele sind nicht a priori gegeben, sondern unterliegen einem zeitlichen Wandel und wechselnden Argumentationszusammenhängen. Sie sollten in einem demokratischen und partizipatorischen Verfahren vereinbart werden.

Ableitung aus gegenwärtigen und zukünftigen Lebenssituationen. Bei der Ableitung der Lernziele aus Situationen des Lebens (Robinsohn, in: Knab 1969) geht es um die Analyse der gegenwärtigen und zukünftigen Situationen im privaten, öffentlichen und beruflichen Bereich der Schüler und der daraus zu entwickelnden Qualifikationen, die notwendig sind um diese Situationen bewältigen zu können. Den Humanwissenschaften ist die Analyse der gegenwärtigen und zukünftigen Situationen mit einer zwingenden Deduktion nicht gelungen. Ohne die korrespondierende Berücksichtigung der Fachwissenschaften, die übrigens auch von Robinsohn gefordert, aber meist nicht beachtet wurde, und ohne die Einbringung von Normen zur Selektion der wünschbaren Qualifikationen ist dieses Ableitungsmodell nicht zwingend durchzuhalten.
Das Raumwissenschaftliche Curriculum-Forschungsprojekt des Zentralverbandes der deutschen Geographen (RCFP 1975 u. 1978) folgte in Tutzing bei einer Expertenbefragung dem Robinsohn'schen Ansatz. Wissenschaftler der Geographie und ihrer Nachbardisziplinen postulierten jeweils aus ihrer Sicht die notwendigen Qualifikationen für zukünftige Lebenssituationen. Aber auch die „Internationale Charta der Geographischen Erziehung" (Haubrich [Hrsg.] 1994) und die „Leipziger Erklärung zur Bedeutung der Geowissenschaften in Lehrerbildung und Schule" (Alfred-Wegener-Stiftung [Hrsg.] 1996) beginnen ihre Argumentationskette mit der Analyse historischer, gegenwärtiger und zukünftiger Situationen.

Ableitung aus den Ergebnissen der Wissenschaften. Ein zweiter Ansatz der Lernzielfindung schließt an die Tradition der alten Lehrpläne an, in denen man zwar in einer Präambel Bildungsziele in Form wünschbarer Normen artikuliert, jedoch daran Stoffpläne anschloss, die verkleinerte Fachwissenschaften darstellten und nicht mehr deutlich machten, wie die Bildungsziele operationalisiert, d. h. erreicht und überprüft werden könnten.
Eine Gegenbewegung gegen das Primat der Lernziele führte sogar so weit, dass einige Lehrplanautoren nicht mehr von Zielen, sondern nur von Inhalten, d. h. den Fachwissenschaften ausgingen, um Lehrpläne zu gestalten. Es wird dabei übersehen, dass bei diesem Konzept doch ein Ziel entscheidend ist, nämlich Einsichten in die Inhalte und Strukturen von Wissenschaften zu vermitteln. Bruner (1970) ging in seinem „Strukturansatz" von Begriffen bzw. Prinzipien der wissenschaftlichen Disziplinen aus, die in den verschiedenen Bereichen des menschlichen Denkens von zentraler Bedeutung sind.

Ableitung aus den gesellschaftlichen Normen. In älteren Lehrplänen stößt man immer wieder auf so genannte geographische Bildungsziele wie Heimatliebe, Europaidee, Völkerverständigung, Achtung vor der Natur und Schöpfung. Bildungs- oder Erziehungsziele wurden in den späten Sechziger- und frühen Siebzigerjahren in der Regel durch so genannte Verhaltensdispositionen wie Emanzipation, Selbst- und Mitbestimmung und Kritikfähigkeit ersetzt.
Dieser gesellschaftskritische Ansatz wird nun wiederum in jüngster Zeit häufiger durch den Hinweis auf das Grundgesetz mit den Grenzen und Entfaltungsmöglichkeiten einer demokratischen Gesellschaft korrigiert. Der Fähigkeit zur Selbstverwirklichung wird verstärkt die Fähigkeit zur Solidarität zugefügt.

Werteerziehung im Geographieunterricht
Entscheidungstraining

Die folgenden Ausführungen zeigen nicht nur, wie Normen Lehrpläne gestalten, sondern auch, wie sie Gegenstand von konkretem Unterricht werden können.
Fien und Slater (1981) fassen das bekannte Instrumentarium der Werterziehung in folgenden Handlungsanweisungen kurz zusammen:

- Bringe dem Schüler ein Problem so motivierend nahe, dass er dazu seine Gedanken, Gefühle und Urteile zu äußern bereit ist!
- Lasse die Schüler für sich ihre privaten Entscheidungen treffen und mindestens drei Begründungen aufschreiben!
- Bilde Zweiergruppen von Schülern, die sich gleich entschieden haben, und lasse sie eine gemeinsame Liste ihrer überzeugendsten Argumente erstellen!
- Bilde Vierergruppen aus zwei Befürwortern und zwei Gegnern. Lasse sie miteinander diskutieren und gemeinsam in jeder Liste über die zwei stärksten Argumente dafür und dagegen entscheiden!
- Lasse jede Gruppe prüfen, welche Werte den letzten vier Argumenten zugrunde liegen, z. B. Menschenwürde, Gerechtigkeit, Gleichheit, Recht auf freie Entfaltung der Persönlichkeit, Eigeninteresse oder Gemeinwohl!
- Führe nun ein Gespräch mit der ganzen Klasse über die einzelnen Werte und halte diese in einer geordneten Liste fest!
- Lasse die Schüler – individuell und privat – die Werte in eine eigene Rangordnung bringen!
- Lasse die Schüler mindestens drei Werte als Argumente für oder gegen die konkret anstehende Entscheidung nennen!
- Lasse die Schüler ihre ursprüngliche Entscheidung und deren Begründung mit einer erneuten vergleichen und überlegen, warum sie sie geändert haben oder nicht!
- Lasse sie in Übereinstimmung mit den Eltern handeln, damit der wichtige Zusammenhang zwischen Schule und Leben gewahrt ist!

Selbstbeurteilung

Fien und Slater entwickelten auch eine Checkliste, mit der jeder einzelne Schüler die Qualität seiner Wertanalyse prüfen kann:

1. Hast du deine Werte nach einer gründlichen Betrachtung der Pro- und Kontra-Gründe und der Konsequenzen ausgewählt?
2. Hast du aus Alternativen ausgewählt?
3. Hast du deine Wahl frei getroffen?
4. Bist du stolz auf deine Bewertung?
5. Hast du anderen Leuten über deine Bewertung etwas gesagt?
6. Hast du entsprechend deiner Wertung gehandelt?
7. Handelst du immer nach diesem Wert, auch in anderen Lebenssituationen?

(nach: Fien/Slater 1981, in: Slater 1993 [übersetzt von Haubrich])

Ableitung aus den Bedürfnissen und Fähigkeiten der Schüler. Aus Bedürfnissen und Fähigkeiten von Schülern Lernziele abzuleiten, ist das schwierigste und deshalb am wenigsten gewählte Verfahren der Lernzielfindung (vgl. Kap. 3). Hinsichtlich der Schülermotivation wurde das alte Prinzip „Vom Nahen zum Fernen“ in seiner distanziellen Bedeutung durch das gleiche Prinzip, allerdings in seiner psychologischen Bedeutung, zumindest in der Theorie ersetzt. Hinsichtlich der Fähigkeit der Schüler ist der Weg „Vom Einfachen zum Komplexen“ allgemein anerkannt. Ansonsten dominiert – trotz Untersuchungen zur Feststellung von Schülerpräferenzen bzw. unterschiedlichen Interessen von Jungen und Mädchen (Voigt 1980, Hemmer/Hemmer 1996a u. b, vgl. Kap. 3.11) – die Anschauung: „Motive werden erlernt!“ Das bedeutet aber auch, dass die Ableitung von Lernzielen aus Schülerinteressen vor Ort in einer konkreten Klasse und Situation zur Entfaltung kommen muss. Auch der Diskussion über das offene Curriculum liegt diese Einsicht und pädagogische Intention zugrunde.

Ableitung aus der didaktischen Situation und Tradition. Viele Lehrpläne wurden aus Teilen alter Lehrpläne mit einigen neuen Ansätzen erstellt. Steuernd hinzu kamen neue Schulbücher sowie andere Medien und Unterrichtsmodelle. Manche Kultusministerien gaben ihren Lehrplankommissionen den Auftrag alle Lehrpläne der Bundesländer zu sichten und daraus neue Pläne zu entwickeln, ohne von einer völlig neuen theoretischen Konzeption auszugehen. Eine Lernzielfindung ohne Rücksicht auf die didaktische Situation, d. h. Ausstattung und Organisation der Schule, ist wirklichkeitsfremd. Eine ahistorische Lernzielableitung beraubt sich der Erfahrungen der Vergangenheit.
Noch immer interessant dürfte das Ergebnis einer Befragung der Projektgruppen des Raumwissenschaftlichen Curriculum-Forschungsprojekts des Zentralverbandes der deutschen Geographen (RCFP 1978) sein, die anzugeben hatten, welche der folgenden Ansätze zur Lernzielfindung sie benutzt hätten:

1. Herleitung aus der gesellschaftlichen Situation,
2. Analyse der einschlägigen Wissenschaften,
3. Analyse didaktischen Materials,
4. empirische Erhebung von Lernbedürfnissen bei relevanten Gruppen,
5. Analyse von psychologischen Strukturen und Verhaltensweisen,
6. Ableitung aus allgemeinen Wert- und Zielvorstellungen.

Neun von zwölf Gruppen nannten die Herleitung aus der gesellschaftlichen Situation, zwei die Analyse von psychologischen Strukturen und Verhaltensweisen und eine Gruppe die Ableitung aus allgemeinen Wert- und Zielvorstellungen an erster Stelle. An zweiter Stelle wurde die Analyse der einschlägigen Wissenschaften am häufigsten genannt. Zehn Gruppen bezeichneten ihre Verfahren als approximativ bzw. pragmatisch, d. h. die Lernziele wurden einer mehrmaligen Revision unterzogen. Diese Mischmethode – allerdings mit unterschiedlichen Gewichtungen der einzelnen Ansätze – scheint auch die gegenwärtige Situation zu kennzeichnen.

Schlussfolgerungen. Es ist wohl falsch, allein von einer der oben genannten sechs Variablen ausgehend Lernziele bestimmen zu wollen. Im Gegenteil, es ist legitim, mit jeder Variablen zu beginnen. Jedoch müssen alle Berücksichtigung finden: die Lebenssituationen, die Normen, die Wissenschaften, die Adressaten und die didaktische Situation und Tradition. Alle Variablen sind in einem dialektischen Prozess und integrativen Verfahren zur Ableitung von Lernzielen zu gewichten und zu berücksichtigen.
Zielentscheidungen bleiben Wertentscheidungen. Sie sollten grundsätzlich transparent und bewusst gemacht werden.
(Hasse 1988, 1994a, Hennings 1992, Köck 1980, 1993, Marsden 1995, Rawling u. a. 1996, Schrand 1994)
Haubrich

Zielebenen einer umfassenden geographischen Erziehung

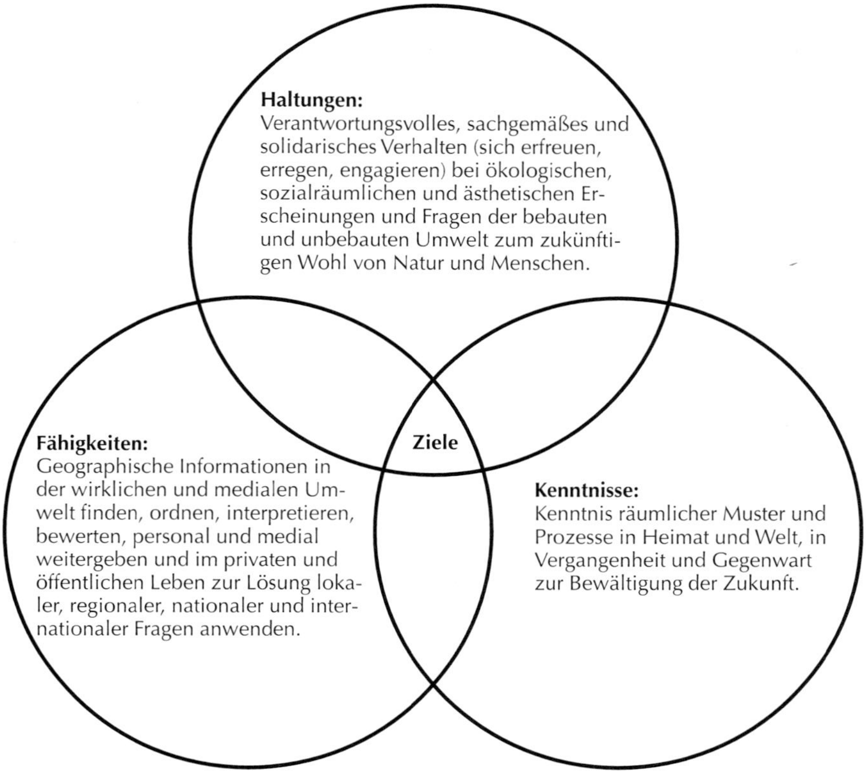

Haltungen:
Verantwortungsvolles, sachgemäßes und solidarisches Verhalten (sich erfreuen, erregen, engagieren) bei ökologischen, sozialräumlichen und ästhetischen Erscheinungen und Fragen der bebauten und unbebauten Umwelt zum zukünftigen Wohl von Natur und Menschen.

Ziele

Fähigkeiten:
Geographische Informationen in der wirklichen und medialen Umwelt finden, ordnen, interpretieren, bewerten, personal und medial weitergeben und im privaten und öffentlichen Leben zur Lösung lokaler, regionaler, nationaler und internationaler Fragen anwenden.

Kenntnisse:
Kenntnis räumlicher Muster und Prozesse in Heimat und Welt, in Vergangenheit und Gegenwart zur Bewältigung der Zukunft.

Die drei Zielebenen bilden eine Einheit. In Wirklichkeit sind sie eng ineinander verwoben. Nur aus systematischen Gründen werden sie in ein Scheibenmodell zerlegt.

(aus: Haubrich 1984)

2.4.2 Zielklassen

Die Vielfalt der Zielarten verlangt nach einer Ordnungstheorie bzw. nach einem Klassifikationsschema. Inzwischen ist es üblich, in der Geographie zwischen kognitiven, affektiven, instrumentalen, sozialen und affirmativen Zielen zu unterscheiden.
Kognitive Ziele sind auf Kenntnisse, Erkenntnisse und intellektuelle Fähigkeiten gerichtet (Begriffsbilden, kreatives Denken).
Instrumentale Fähigkeiten zielen auf einen angemessenen Umgang mit geographischen Instrumenten wie Karten, Diagrammen, Luftbildern, aber auch Befragungs- und Zähltechniken.
Affektive und soziale Ziele meinen die soziale und emotionale Kompetenz, d. h. die Verinnerlichung von Werthaltungen.
Affirmative Ziele umschreiben das geographische Fundamentum, bestehend aus Grundbegriffen, Ordnungsvorstellungen, topographischem Basiswissen und Grundfertigkeiten.

Kognitive Ziele. Bloom (1972) hat unter dem Gesichtspunkt zunehmender Komplexität die folgende Ordnung kognitiver Ziele entwickelt:

- Die 1. Kategorie „Wissen“ meint zunächst die Reproduktion gelernter Information – zuerst Faktenwissen, dann Methodenwissen und schließlich Theoriewissen.
- Die 2. Kategorie „Verstehen“ umfasst die Fähigkeit Mitteilungen auch durch Symbole zu verstehen, Zusammenhänge zu interpretieren und daraus Folgerungen abzuleiten.
- Die 3. Kategorie „Anwendung“ beschreibt die Fähigkeit der Anwendung von Methoden und Theorien in konkreten Situationen.
- Die 4. Kategorie „Analyse“ betrifft die Fähigkeit zur Analyse von Elementen, deren Beziehungen und des zugrunde liegenden Ordnungsgefüges.
- Die 5. Kategorie beinhaltet die Fähigkeit zur „Synthese“, die zu neuen Gebilden führt. Sie beginnt mit der Qualifikation Gedanken zu ordnen und verständlich vorzutragen, einen Plan vorzuschlagen und endet mit der Fähigkeit ein System bzw. eine Theorie vorzustellen.

Die umfassendste Kategorie gipfelt in der „Bewertungs- und Kritikfähigkeit“. Diese hat alle vorhergenannten Kategorien zur Voraussetzung.

Affektive Ziele. Krathwohl (1964) hat nach dem Grad zunehmender Verinnerlichung von Werten ein Ordnungsschema affektiver Ziele entwickelt (vgl. S. 41):

- Nach der Kategorie „Aufnehmen“ pendelt die Kategorie „Antworten“ zwischen passiver Reaktion und spontaner Aktivität.
- Bei fortschreitender Internalisierung entstehen Haltungen, die eine Bandbreite von der Billigung bis zum Einsatz für Werte aufweisen.
- Der Aufbau einer Werthierarchie verlangt zunächst kognitive Leistungen um ihre Integration in ein internalisiertes Wertsystem zu ermöglichen. Schließlich mündet das Wertsystem in eine Weltanschauung, die das Gesamtverhalten eines Menschen charakterisiert.

Insbesondere Einstellungen und Haltungen bedürfen eines steten konsequenten und langfristigen pädagogischen Engagements. Will die Geographie einen Beitrag zur Sachkompetenz und sozialen und affektiven Kompetenz der Schüler leisten, muss sie die komplizierten Zusammenhänge bei der Vermittlung von Kenntnissen und Erkenntnissen und beim Aufbau von Einstellungen und Haltungen berücksichtigen.

Entwicklung von Kenntnissen und Erkenntnissen

(nach: Bloom 1972)		**Beispiel: Fußgängerzone (nach Haubrich)**
1	*Wissen*	
1.1	Wissen von Einzelheiten	Geschäfte einer Straße nennen können
1.2	Methodisches Wissen	sagen, wie eine Funktionskarte entsteht
1.3	Abstraktes Wissen	die Funktionen einer Straße aufzählen
2	*Verstehen*	
2.1	Übersetzung	den Zusammenhang zwischen Funktionen und
2.2	Interpretation	Verkehr aufzeigen
2.3	Extrapolation	mögliche Änderungen des Verkehrs und die Funktionen begründen
3	*Anwenden*	Kenntnisse über die Geschäftsstraße als Argumente benutzen
4	*Analyse*	
4.1	von Elementen	Strukturen der Straße beschreiben
4.2	von Beziehungen	den Zusammenhang zwischen Verkehr und Funktionen in der Straße erklären
4.3	von Ordnungsprinzipien	funktionale Differenzierung verschiedener Straßen in der Stadt begründen
5	*Synthese*	
5.1	individuelle Kommunikation	in einem Planspiel Kenntnisse über Geschäftsstraßen in einen neuen Zusammenhang bringen
5.2	Erstellung eines Plans	den Plan einer Fußgängerzone entwickeln
5.3	Erstellung eines Systems abstrakter Beziehungen	den Begriff Geschäftsviertel erklären
6	*Bewerten*	
6.1	nach innerer Evidenz	den Plan einer Fußgängerzone nach seiner logischen Begründung bewerten
6.2	nach äußeren Kriterien	Meinungen in Medien über die Schaffung einer Fußgängerzone prüfen und bewerten

Entwicklung von Einstellungen und Haltungen

(nach: Krathwohl 1964)		**Beispiel: Landschaftsschutz (nach Haubrich)**
1	*Aufnehmen*	
1.1	Gewahrwerden	Informationen über Landschaftsschutz aufnehmen
1.2	Wille zum Aufnehmen	sich mit Landschaftsschutz beschäftigen wollen
1.3	Kontrollierte Aufmerksamkeit	gezielt Informationen über Landschaftsschutz suchen
2	*Antworten*	
2.1	Bereitschaft zum Antworten	bereit sein Informationen über Landschaftsschutz weiterzugeben
2.2	Wille zum Antworten	spontan Informationen über Landschaftsschutz geben wollen
2.3	Befriedigung bei Antworten	mit begeistertem Einsatz Informationen über Landschaftsschutz geben
3	*Werten*	
3.1	Billigung eines Wertes	den Schutz der Landschaft billigen
3.2	Bevorzugung eines Wertes	Landschaftsschutz wirtschaftlichem Wachstum vorziehen
3.3	Einsatz für einen Wert	sich für den Landschaftsschutz einsetzen
4	*Aufbau einer Werthierarchie*	
4.1	Begriffliche Fassung	gleichwertige Entwicklung aller Regionen
4.2	Integration der Werte	Chancengleichheit in der Demokratie

Instrumentale und affirmative Ziele. Die Geographie kennt eine Fülle von Methoden zur Datenerhebung, wie Beobachtung, Zählung, Kartierung und Befragung, zur Datendarstellung, wie Karte, Diagramm, Falschfarbenbild und Statistik, und zur Datenauswertung, wie Karteninterpretation und Luftbildauswertung. Die Beherrschung der Instrumente der Datenerhebung, -darstellung und -auswertung wird in den instrumentalen Lernzielen zum Ausdruck gebracht.

Affirmative Lernziele werden in der Forderung nach einem Grundwissen postuliert und oft in Grundbegriffen (Böhn [Hrsg.] 1990) konkretisiert. Es gibt nur vage Beschreibungen eines Basiswissens und -könnens. Eine in Zeitabständen von einigen Jahren zu wiederholende Revision in Anpassung an die veränderten gesellschaftlichen Bedürfnisse könnte durch Gruppenentscheidungen zur Vereinheitlichung der Klarheit eines geographischen Fundamentums dienen. Der Basislehrplan „Geographie" für die Sekundarstufe I des Zentralverbandes der deutschen Geographen enthält eine Vereinbarung über Basiswissen und -können. Ebenso verlangt die Öffentlichkeit immer wieder nach einem abgesicherten Grundwissen. Auch die *„geography standards"* in Japan und in den USA sowie die *„attainment targets"* in England beschreiben Basiswissen und Basiskönnen.

Die Fülle der geographischen Methoden – d. h. der in der Geographie angewandten, aber nicht ausschließlich geographischen Methoden – ist in hervorragender Weise geeignet dem regulativen Ziel der Schule „Das Lernen zu lehren" zu dienen. Der ständige Umgang mit Kartensymbolen befähigt die Schüler z. B. die schnell zunehmende Symbolsprache des Alltags zu verstehen. Der ständige Umgang mit Karten und Atlanten gibt ihnen die Möglichkeit sich auch später eigenständig weltkundliche Informationen zu verschaffen. Die Arbeit mit der Fülle geographischer Diagramme entwickelt in ihnen die Fähigkeit die zunehmende Zahl von Diagrammdarstellungen in den Massenmedien zu interpretieren. Eigene Befragungen, Kartierungen, Zählungen und Erhebungen qualifizieren dazu, statistische Angaben in wissenschaftlichen und nichtwissenschaftlichen Verlautbarungen kritisch zu hinterfragen. Ständige Quellentextanalysen sensibilisieren gegen Manipulationsabsichten in Funk, Fernsehen und Presse.

Im handlungsorientierten Unterricht („learning by doing", durch Selbsttätigkeit zur Selbstständigkeit) üben die Schüler zahlreiche Verfahren und Methoden. Sie verhalten sich nicht rezeptiv, sondern werden durch den Umgang mit den vielfältigen Instrumenten aktiv. Die Einübung der geographischen Methoden trägt dazu bei, die Schüler für ihre private, berufliche und gesellschaftliche Existenz handlungsfähig zu machen. Oft stehen Lehrende und Schüler bei der Erarbeitung einer Fragestellung vor dem Problem, dass notwendige Instrumente vorher nicht gelernt wurden – z. B. kann beim Thema „Tropischer Regenwald" die Fähigkeit, ein Klimadiagramm zu lesen, fehlen. Dann ist es notwendig, einen instrumentalen Exkurs einzuschalten. Dieser Kurs dient aber der Ausgangsfrage. Die Ansicht, isolierte Kurse zur Kartenkunde usw. vorzusehen, ist in der Regel wegen der fehlenden Einsicht in deren Funktion abzulehnen und statt dessen eine Anbindung an geographische Problemstellungen zu befürworten.
Die obere Abbildung auf Seite 43 zeigt, wie Fähigkeiten über Fertigkeiten zu Gewohnheiten bei abnehmenden kognitiven Anstrengungen entwickelt werden können. Die anschließende Matrix kann dazu dienen, entweder bei der Verteilung der Datenverarbeitungs- und Datendarstellungsformen in einen Jahresplan zu helfen oder in einem Jahresprotokoll festzuhalten, welche Medien eingesetzt und welche Methoden geübt worden sind.
(Bailey/Fox 1996, Birkenhauer 1988b, Brucker 1991, Bruner 1970, Gross 1994, Havelberg 1990, Köck 1980, 1993, Marsden 1995, RCFP 1975, 1978) *Haubrich*

Entwicklung von Fähigkeiten und Fertigkeiten

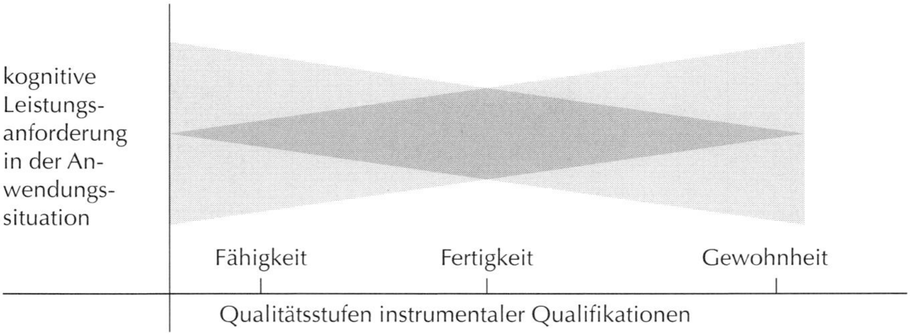

kognitive Leistungsanforderung in der Anwendungssituation

Fähigkeit — Fertigkeit — Gewohnheit

Qualitätsstufen instrumentaler Qualifikationen

(nach: Wellenhofer 1975)

Matrix zur Entwicklung von Datenverarbeitungsfähigkeiten

Datenverarbeitungsformen		**Datendarstellungsformen**					
		Wort	Bild	Grafik	Tabelle	Karte	Diagramm
Fragen u. Probleme definieren	Fragen finden u. klären						
	Daten sammeln u. ordnen						
Daten erstellen	Daten interpretieren						
	Daten analysieren						
	Daten bewerten						
Generalisierungen finden und abwenden	generalisieren						
	Probleme lösen						
	Werturteile fällen						

(aus: Slater 1982, nach: Piper 1976, von Haubrich überarbeitet)

2.4.3 Hierarchie geographischer Ziele

Während die Einteilung in kognitive, affektive, soziale und instrumentale Ziele als ein horizontales Klassifikationsschema angesehen werden kann, stellt das Ordnungsschema der regulativen Ziele (Verhaltensdispositionen), Richt-, Grob- und Feinziele ein rein vertikales Einteilungssystem dar.
Im Gegenstandsbereich eines Faches machen die Richtziele die übergeordneten Ziele aus. Darunter folgen die zwischengeschalteten Grobziele und an der Basis stehen die Teil- oder Feinziele.
Wenn es auch zahlreiche Versuche gibt mehrstufige Lernzielsysteme mit weiteren Mittelzielen zu schaffen, so hat sich doch das dreistufige System von Möller (1975) weitgehend durchgesetzt.

Regulatives Ziel: An der Spitze dieser Qualifikationspyramide stehen die Verhaltensdispositionen, die häufig mit „Mündigkeit", „Selbstbestimmung", „politische Sensibilität", „Mitverantwortung" usw. umschrieben werden. Diese regulativen Ziele können auch als Unterrichtsprinzip verstanden werden.

Richtziel: Möller (1975) definiert die Richtziele als Lernziele auf dem Abstraktionsniveau III mit einem sehr geringen Grad an Eindeutigkeit und Präzision und mit weiten, unspezifischen Formulierungen. Das Lernzielbeispiel „Die räumlichen Bezüge der Grundfunktionen Wohnen, Arbeiten usw. darlegen" hat eine Inhaltsdimension, die den gesamten Bereich der Sozialgeographie umfasst, d. h. es hat eine sehr große Reichweite.

Grobziel: Grobziele liegen sowohl in ihrer Eindeutigkeit als auch in ihrer inhaltlichen Vielfalt und unterrichtlichen Funktion zwischen den Richt- und Feinzielen. Möller definiert Grobziele als Lernziele auf dem Abstraktionsniveau II mit mittlerem Grad an Eindeutigkeit und Präzision; sie zeigen zwar noch eine vage Beschreibung des Endverhaltens, schließen aber schon zahlreiche alternative Interpretationen aus. Das Lernziel „Die Infrastruktur eines Wohngebietes bewerten" macht deutlich, dass im Vergleich zu dem Richtziel nur noch ein Teil des vom Menschen gestalteten Raumes angesprochen ist. Damit erhält das Grobziel eine mittlere inhaltliche Reichweite und einen mittleren Grad an Eindeutigkeit.

Feinziel: Feinziele befinden sich nach Möller auf dem Abstraktionsniveau I und besitzen im Vergleich zu den anderen den höchsten Grad an Präzision. Sie schließen alternative Deutungen – wenn auch nicht absolut – weitgehend aus.

Hierarchie: Während die regulativen Richtziele ständige Perspektiven zum Aufbau von Grundhaltungen, mindestens für eine Unterrichtseinheit, darstellen und die Grobziele in der Regel zur Abgrenzung einer Stunde oder einer kleineren Einheit dienen, strukturieren die Feinziele die einzelnen Lernschritte oder Stufen einer Unterrichtsstunde.
Das hierarchische System der Lernzielstufen darf nicht als Deduktions- oder Ableitungsschema missverstanden, sondern muss als ein formales Ordnungsschema angesehen werden, bei dem die Inhalte von den über- zu den untergeordneten Zielen in kleinere Teile zerlegt werden bzw. kleinere „Bausteine" zu größeren „Gebäuden" zusammengefügt werden. Die Hierarchie geographischer Lehr- und Lernziele ist nicht als ein obligatorischer Katalog von Direktiven, sondern als ein analytisches Instrument zur Erhellung komplexer Ziel- und Inhaltsdimension zu verstehen.
(Alfred-Wegener-Stiftung [Hrsg.] 1996, Daum 1985, H. Meyer 1975a, Thiel 1973) *Haubrich*

Lernzielpyramide

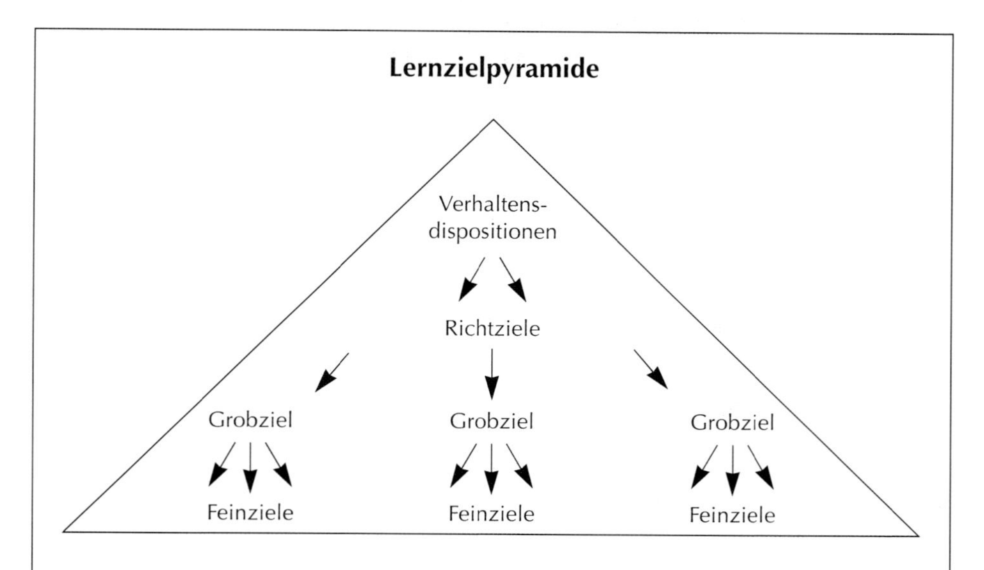

Lernzielniveaus

Lernzielart	LZ-Beispiele	Formulierung	Merkmale	Funktion
Richtziel Abstraktionsniveau III	Die räumlichen Bezüge und Probleme der Grundbedürfnisse erkennen	Angabe von Grundperspektiven und Intentionen	geringster Grad an Eindeutigkeit	Perspektivplanung zum Aufbau von Grundhaltungen
Grobziel Abstraktionsniveau II	Die Infrastruktur eines Wohngebietes bewerten	vage Bestimmung des Endverhaltens ohne Angabe des Bewertungsmaßstabes	mittlerer Grad an Eindeutigkeit, größere Reichweite	Grobplanung einer Unterrichtseinheit
Feinziel Abstraktionsniveau I	Mithilfe von Kartenskizzen dreier Verkehrsnetze eines Wohngebietes wenigstens zwei auf ihre Eignung für den Ziel-, Quell- und Durchgangsverkehr richtig beurteilen	eindeutige Bestimmung des beobachtbaren Endverhaltens mit Angabe des Bewertungsmaßstabes	hoher Grad an Eindeutigkeit, geringste Reichweite	Feinplanung einzelner Lernschritte einer Unterrichtsstunde

(nach: Möller 1975)

2.5 Lernziele in der Praxis

Alle Lernzielklassen haben Einfluss auf die Schulpraxis.

Ein Beispiel (vgl. S. 47): Das geographische Richtziel „Erscheinungen, Ursachen und Folgen der Wasserbelastung erklären und Schutzmaßnahmen beurteilen“ dient z. B. der Planung eines mehrwöchigen Kurses und die Verhaltensdisposition „Sich für einen intakten Lebensraum einsetzen“ erhält eine durchgehende Bedeutung als stets zu berücksichtigendes Prinzip. Insofern bleibt dieses oberste Ziel ein regulatives, d. h. nicht endgültig abschließbares und überprüfbares Lernziel. Die drei Operatoren „Erklären, Beurteilen und Einsetzen“ entsprechen einer Qualifikationspyramide. Diese Aktionswörter sollten nicht beliebig und formalistisch gebraucht, sondern reflektiert und gezielt in eine Lernzielformulierung aufgenommen werden, denn ein Engagement für eine Sache ist erst nach einer gründlichen Analyse und Beurteilung sinnvoll. Es ist nicht möglich, sofort die höchste Lernzielstufe zu erreichen.

Kernstück der Planung einer ein- oder zweistündigen Unterrichtseinheit sind in der Regel die kognitiven Grob- und Feinlernziele. Während das Grobziel das Problem oder den Gegenstand einer gesamten Unterrichtsstunde umschreibt, gliedern die kognitiven Feinziele die Unterrichtsstunde in einzelne Lernschritte. Wenn die Feinziele mit den Lernschritten korrespondieren, ist mit der Lernzielabfolge auch die Verlaufsstruktur der Stunde gegeben. Um aber den Schüler an der Steuerung des Lernprozesses aktiv beteiligen zu können, ist das System der Feinziele als ein flexibles Baukastensystem anzusehen, dessen Bausteine zwar klar umrissen sind, dessen Aufbau aber zu einem logischen System verwandelt werden kann.
Damit ist die inhaltliche Komponente der Feinziele, aber nicht die operative angesprochen. Die Operation, d. h. der Umgang mit den Inhalten, wird bestimmt

1. durch das Medienangebot, d. h., ob z. B. der Inhalt aus Luftbildern, Karten oder Diagrammen ablesbar ist;
2. durch die Sozial- und Aktionsformen, d. h., ob der Inhalt in Einzelarbeit schriftlich wiederzugeben, in Partnerarbeit in eine Skizze umzuwandeln, in Gruppenarbeit zu Referaten umzuformen oder in Planspielen in Argumenten anzuwenden ist.

Instrumentale Ziele haben meistens dienende Funktion, indem sie Fähigkeiten zur Erschließung von Informationen anstreben.
Affektive Ziele werden nicht in einzelnen Lernschritten angegangen und auch nicht überprüft. Sie beschreiben Einstellungen, deren Eintreten nur erhofft, aber nicht erzwungen werden kann.

Bei den vorherigen Lernzielformulierungen fehlt die Angabe der Bedingungen und des Beurteilungsmaßstabes. Solche Lernzielformulierungen – wie z. B. „wenigstens zwei Stufen einer dreistufigen Kläranlage mithilfe eines Querschnittes erklären“ – sind in der Regel nur für die Erstellung von Tests relevant. Den Publikationen gegen Lernzielformulierungen (z. B. H. Meyer 1975b, Daum 1985) kann nur dann Recht gegeben werden, wenn eine Lernzieltheorie täglich „Formulierungskünste“ zur Unterrichtsplanung verlangt und in Wirklichkeit nur extrinsische Lehrziele enthält. Zu einem schülerorientierten Unterricht setzen sich Lehrer und Schüler gemeinsam ihre Ziele, am Anfang eines Jahres, einer Unterrichtseinheit und einer Unterrichtsstunde.

Haubrich

Lernziele in der Praxis

Zielklassen beim Thema Wasser – ein Beispiel:
1 Verhaltensdisposition
Sich für die Erhaltung eines intakten Lebensraumes einsetzen wollen.
2 Richtziel
Erscheinungen, Ursachen und Folgen der Wasserbelastung erklären und Schutzmaßnahmen beurteilen.
3 Grobziel
Die mit der Wasserversorgung und Abwasserentsorgung in Zusammenhang stehenden Umweltprobleme erklären.
4 Feinziele
4.1 kognitive
4.1.1 Das natürliche Wasserangebot der Bundesrepublik Deutschland, Verdunstung, Abfluss, Versickerung und Verbrauch der Pflanzen angeben.
4.1.2 Die Gefährdung des Wassers durch Pestizide, Düngung, Quecksilber, Öl, Krankheitserreger, Schmutz- und Wärmelast aufzählen.
4.2 instrumentale
Karten und Diagramme zur Wasserbelastung lesen und interpretieren.
4.3 soziale und affektive
Nicht selbst gedankenlos zur Wasserverschmutzung beitragen, Wasser als ein kostbares Gut für das Leben von Pflanzen, Tieren und Menschen betrachten, sich für den Schutz des Wassers, auch insbesondere für die notwendigen internationalen Maßnahmen einsetzen.

Ein Selbsttest
Schreiben Sie A, B und C an die richtige Stelle der Spalte „LZ-Beispiel" und schreiben Sie die Ziffern 1, 2 und 3 in die Spalte „Funktion"!
A) Die räumlichen Bezüge der Grundbedürfnisse erkennen.
B) Die Infrastruktur eines Wohngebietes bewerten.
C) Mithilfe von Kartenskizzen dreier Verkehrsnetze eines Wohngebietes wenigstens zwei auf ihre Eignung für den Ziel-, Quell- und Durchgangsverkehr richtig einschätzen.
1. Perspektivplanung zum Aufbau von Grundhaltungen.
2. Planung einer Unterrichtsstunde oder kleineren Einheit.
3. Planung einzelner Lernschritte einer Unterrichtsstunde.

Lernzielart	LZ-Beispiel	LZ-Formulierung	Merkmale	Funktion
Feinziel	________	nähere Bestimmung des beobachtbaren Endverhaltens, Angabe des Bewertungsmaßstabes	hoher Grad an Eindeutigkeit, tiefstes Abstraktionsniveau	________
Grobziel	________	offene Formulierung des Endverhaltens ohne Angabe von Hilfsmitteln und Bewertungsmaßstab	mittlerer Grad an Eindeutigkeit, schließt jedoch zahlreiche Alternativen aus	________
Richtziel	________	allg. Beschreibung von Grundperspektiven und Intentionen	größtes Abstraktionsniveau, geringster Grad an Eindeutigkeit	________

2.6 Geographieunterricht – wohin?

Trotz bekannter Trends bleibt unsere Zukunft grundsätzlich ungewiss. Wir können uns jedoch vergewissern, *welche* Zukunft wir mitgestalten möchten.
Wie diskutieren wir aber über unsere Zukunft – resignierend-fatalistisch oder kreativ-optimistisch?
Nicht eine rückwärts gerichtete oder „aussteigende“, sondern eine nach vorne gewandte, kompetente geographische Erziehung kann dazu beitragen, der jungen Generation die Hoffnung, Verantwortung und Befähigung zur Gestaltung ihrer zukünftigen Welt zu vermitteln. Nur wer davon ausgeht, dass es eine Zukunft gibt, d.h. eine globale Katastrophe verhindert werden kann, bietet die Voraussetzung an der Zukunft mitzuwirken, damit sie zunehmend mehr Frieden, Freiheit, Sicherheit, Menschlichkeit und Wohlbefinden für alle Bürger der Erde bringt. Die Hauptprobleme der Gegenwart und Zukunft wie z.B. Arbeitslosigkeit, Rüstung, Krieg, Ressourcenverknappung, Umweltbelastung, Bevölkerungswachstum und Nord-Süd-Konflikt sind der Lehrerschaft voll bewusst. Wie steht es aber mit den Zukunftschancen? Werden sie vielleicht verpasst oder werden sie zur Fortentwicklung unseres Menschseins genutzt?
Könnte nicht bald die Stunde einer umfassenden geographischen Erziehung und Bildung schlagen?
Darauf zu warten, wäre sicher falsch. Ein kleines Rädchen des gesamten Uhrwerks in Gang zu bringen, würde aber zeigen, erkannt zu haben, was an der Zeit ist.
Alles sollte jedoch mit Bedacht geschehen, d.h. mit Bedenken neuer bzw. teils wieder aktuell werdender Perspektiven und Inhalte der Fachwissenschaft, aber auch Methoden, Medien und Ziele der Fachdidaktik, die sich international abzeichnen und als zukunftsrelevant eingeschätzt werden können.
Warum sollte es nicht möglich sein, sofort der alten pädagogischen Weisheit gerecht zu werden „Kopf, Herz und Hand“ (Pestalozzi) umfassend zu bilden und dabei ein lebensbegleitendes Lernen vorzubereiten, eine Grundbildung zu schaffen, die im Leben mehrmals eine Spezialbildung erlaubt und erleichtert und zusammen mit einer kognitiv-wissenschaftlichen auch der affektiven, ästhetischen und sozialen Dimension der geographischen Erziehung eine angemessene Entfaltung einräumt?
Die in diesem Buch abgedruckte „Internationale Charta der Geographischen Erziehung“ hat mittlerweile bei der Reform der Curricula in Südafrika und vielen vormals sozialistischen Ländern zu erfreulichen Erfolgen geführt. Sie war außerdem eine wesentliche Grundlage für die Renaissance der geographischen Bildung in den USA, in Großbritannien und in Japan. Nicht nur Ernst Ulrich von Weizsäcker (1990) und Al Gore (1994) meinen, wir wären auf dem Weg aus einem Jahrhundert der Ökonomie in ein Jahrhundert der Ökologie. Auch viele Geographen glauben, das nächste Jahrhundert würde ein Jahrhundert der Erde und damit der Erdkunde werden. Diese Hoffnung könnte Mut machen. Warum sollte sie nicht zu einer „self-fulfilling prophecy“ werden?

Haubrich

3 Psychologische Aspekte des Geographieunterrichts

Aus psychologischen Fragestellungen können nicht direkt Handlungsanweisungen für den Geographieunterricht abgeleitet werden. Aber sie erschließen Zugänge zum besseren Verständnis der Lehr- und Lernvorgänge:

Sebastian hat Lernschwierigkeiten. Eigentlich macht ihm der Geographieunterricht Spaß, aber er kommt mit Karten überhaupt nicht zurecht. Nur mühsam lernt er sich zu orientieren. Der Lehrer versucht ihm zu helfen, indem er ihn immer wieder dazu anregt, selbst erlebte Lagebeziehungen zu versprachlichen.

Lernpsychologische Aspekte
(Kap. 3.3–3.7)

Barbara hat als Beifahrerin beim Autofahren immer die Karte auf dem Schoß. Mit großem Vergnügen verfolgt sie die Strecken. „Ich weiß doch sonst gar nicht, wo ich bin“, sagt sie. Ihre kleine Schwester kann mit Karten gar nichts anfangen. Für sie sind auf der Karte nur Linien und bunte Flecken, die sie am liebsten übermalt.

Entwicklungspsychologische Aspekte
(Kap. 3.8–3.9)

Geographisches Lehren und Lernen

Sozialpsychologische Aspekte
(Kap. 3.10–3.13)

Mustafa fürchtet sich davor, im Unterricht an die Wandkarte zu müssen. Schon zweimal haben ihn seine Mitschüler ausgelacht, weil er nicht zeigen konnte, wo seine Heimat, die Türkei, liegt. Dabei kennt er sich im Atlas sehr gut aus, besonders in Vorderasien. Aber an der Türkei haben die anderen sowieso kein Interesse.

Testpsychologische Aspekte
(Kap. 9.1–9.5)

Anne macht sich beim Kartenzeichnen immer besondere Mühe. Sie kann stundenlang Atlaskarten auf stumme Karten übertragen, malt sie bunt aus und beschriftet sauber. Aber wenn sie dann in der schriftlichen Lernkontrolle eine stumme Karte beschriften soll, macht sie immer wieder sehr viel falsch.

Kirchberg

3.1 Pädagogische Psychologie und Geographieunterricht

Psychologische Faktoren haben einen vielfältigen Einfluss auf Lehr- und Lernprozesse. Pädagogische Psychologie greift aber über Schule und Unterricht hinaus und bezieht sich auf alle pädagogischen und erzieherischen Fragen (vgl. Mietzel 1993, S. 21 ff.). Objekte pädagogisch-psychologischer Betrachtung sind Kinder, Schüler, Lehrer und Erzieher sowohl als Einzelpersonen als auch in ihrem wechselseitigen Miteinander. Sie bleibt nicht nur auf das Klassenzimmer beschränkt, sondern wirkt in alle weiteren Lebensbereiche hinein.

Als Problemstellungen und Teilgebiete der Pädagogischen Psychologie gelten vor allem:

- *Die Entwicklungspsychologie* befasst sich mit dem Verlauf und den Bedingungen der Entwicklung des Kindes bzw. des Jugendlichen; sie will Antwort geben auf die Frage nach dem richtigen „Wann“ für eine spezifische Lernaktivität.
- *Die Lernpsychologie* setzt sich mit den Strukturen des Erwerbs von Begriffen, Kenntnissen und Fertigkeiten auseinander; sie will dazu beitragen, Lernprozesse schülergemäß zu gestalten.
- *Die Sozialpsychologie* versucht die Einflüsse zu erfassen, die sich über Umwelt und Wahrnehmung für die Sozialisation ergeben; auch die sozialen Einflüsse z. B. der Familie, des Freundeskreises, der Klasse oder des Lehrers sind für den Unterricht relevant.
- *Die Testpsychologie* will bestimmte Fähigkeiten möglichst objektiv erfassen und dabei gewonnene Diagnosen vorrangig zur pädagogischen Betreuung und Beratung verwenden (vgl. Kap. 9).

Das Lehren und Lernen im Geographieunterricht muss sich dieser psychologischen Fragestellungen und Forschungsergebnisse annehmen (vgl. Gold 1995/96). Dies geschieht schon seit jeher, wenngleich oft nur auf vage Erfahrungen, Meinungen oder Vorahnungen gestützt. Die Übernahme pädagogisch-psychologischer Theorien bereitet dagegen gewisse Schwierigkeiten. Einmal deshalb, weil es für die Didaktik der Geographie noch wenig Grundlagen von der Pädagogischen Psychologie her gibt: „Aus psychologischer Richtung liegen kaum Untersuchungen vor, die Probleme aufgreifen, die den Didaktiker oder Lehrer der Geographie interessieren“ (Schrettenbrunner 1979, S. 33; vgl. auch Birkenhauer 1980, Heilig 1986). Zum anderen, weil viele der allgemeinen Erkenntnisse nicht ohne weiteres und schon keinesfalls rezeptartig auf konkrete Unterrichtssituationen übertragbar sind.

Die Schulrelevanz psychologischer Ergebnisse besteht in ihrer helfenden Funktion, und zwar als

- *Entscheidungshilfe* (z. B.: Mit welcher Lehrform lassen sich bestimmte Lernziele am einfachsten/schnellsten/nachhaltigsten erreichen? Welche Gegenstände und Inhalte sind für den Geographieunterricht in den einzelnen Klassenstufen altersgemäß?),
- *Instruktionshilfe* (z. B.: Welche Fähigkeiten und Fertigkeiten entsprechen dem Entwicklungsstand einer Lerngruppe? Welche Motivationsmöglichkeiten kann ich im Geographieunterricht bei Lernschwierigkeiten einsetzen?),
- *Reflexionshilfe* (z. B.: Welche Erklärungsmöglichkeit gibt es für das Entstehen einer besonders kritischen Erziehungssituation? Welche Einstellungen haben die Schüler gegenüber dem Fach Geographie?).

Kirchberg

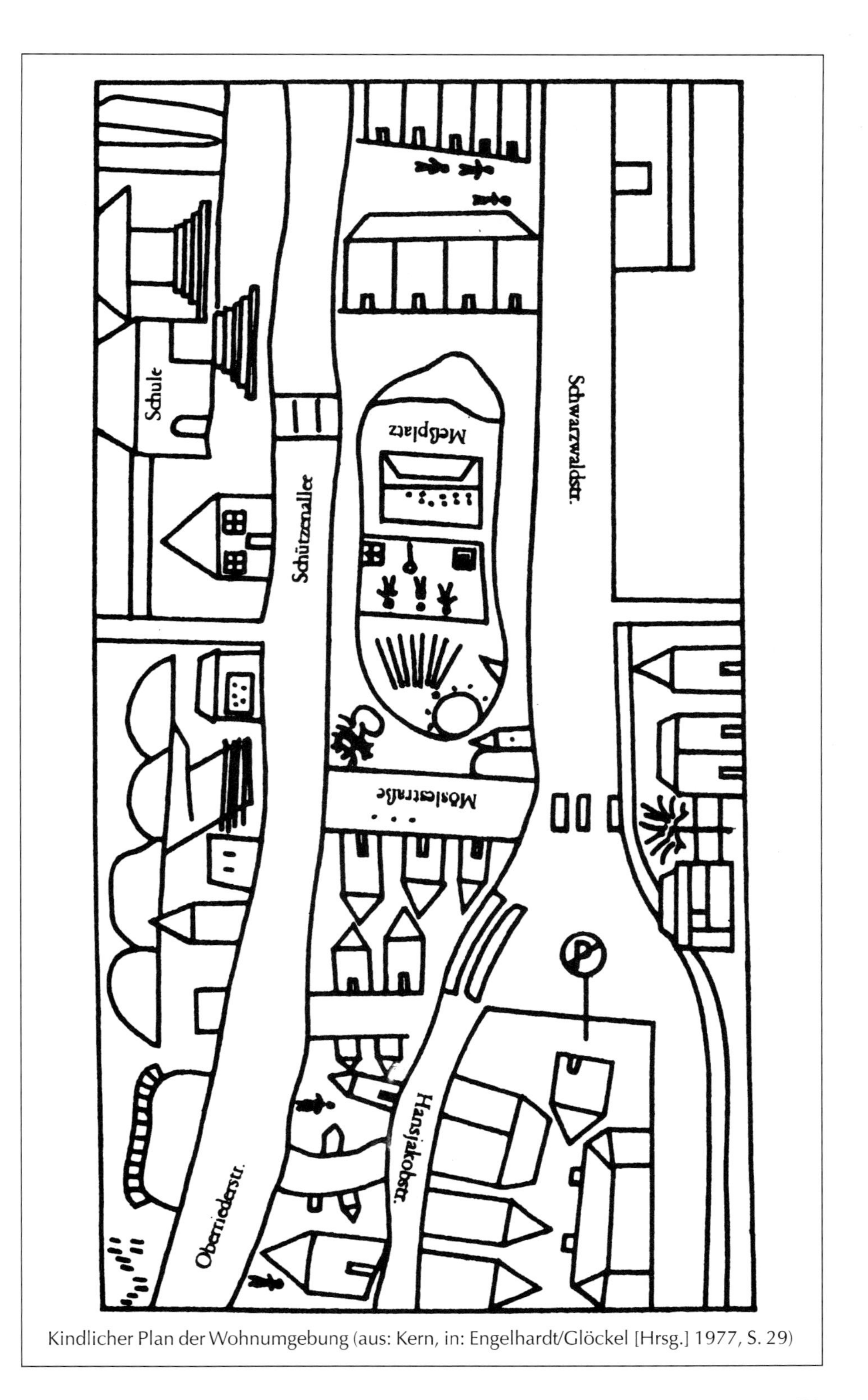

Kindlicher Plan der Wohnumgebung (aus: Kern, in: Engelhardt/Glöckel [Hrsg.] 1977, S. 29)

3.2 Veränderte Jugend – eine Herausforderung

Kinder und Jugendliche zeigen heute – nicht nur in der Schule – deutliche Verhaltensänderungen gegenüber der Zeit von vor 10–20 Jahren (vgl. z. B. Fölling-Albers 1995, Jank 1994, Rolff/Zimmermann 1997 u. a.):

- Kinder und Jugendliche sind heute erheblich *konzentrationsschwächer, weniger ausdauernd und unruhiger.* Sie lassen sich leichter ablenken, das Zuhören und Stillsitzen fällt schwer. Zudem brauchen und fordern sie sofortige, individuelle Rückmeldung für ihr Tun.
- Sie stellen sich *stärker ichbezogen* dar als früher. Oft sind sie auch *weniger hilfsbereit,* zumindest *weniger rücksichtsvoll.* Zugleich hat ihre Fixierung auf den Lehrer zugenommen, von dem immer mehr individuelle Aufmerksamkeit und Zuwendung erwartet wird.
- Sie sind *stärker und früher leistungsorientiert.* Nicht mehr Lob allein reicht ihnen für eine erbrachte Leistung aus, sondern sie fordern Noten oder zumindest einen Vergleich mit den Mitschülern. Zugleich überschätzen sie oft ihre eigene intellektuelle Leistungsfähigkeit.
- Sie bringen zunehmend *heterogene Voraussetzungen und Verhaltensweisen* mit. Während früher v. a. schichtspezifische Ungleichheiten dominierten, sind heute größere Unterschiede in der biologischen und psychologischen Entwicklung und Reife festzustellen.

Die Beschreibung solcher Veränderungen erweckt den Eindruck, als sei dieser Wandel nur negativ zu sehen. Zugleich sind jedoch die heutigen Schüler wesentlich selbstständiger und aufgeschlossener, auch deutlich interessierter und informierter. Sie bringen sich durchaus selbstbewusst in den Unterricht ein, wollen ihn aktiv und ideenreich mitgestalten.

Als Ursache für diese Veränderungen gelten unter anderen:

- *Wandel der Familienstruktur:* Obwohl auch heute noch nahezu 90% aller Kinder unter 18 Jahren in der herkömmlichen Kernfamilie aufwachsen (vgl. Bellenberg 1995, S. 314, Nave-Herz 1994, S. 15), verändern sich die sozialen Strukturen unserer Gesellschaft. Mit dem Trend zur Kleinfamilie, zur Ein-Kind-Familie, zu Schlüssel- und Scheidungskindern, allein erziehenden Elternteilen und nichtehelichen Lebensgemeinschaften ist ein wichtiger Teil der kindlichen Erfahrungswelt betroffen.
- *Verändertes Spiel- und Freizeitverhalten:* Die früher größeren und altersgemischten Spielgruppen sind kaum noch anzutreffen. Damit ist die soziale Erfahrungswelt erheblich ärmer geworden. Ohnehin ist Freizeit oft schon bei Kindern eine verplante Zeit. Viele haben einen mit Sport, Musik und/oder Nachhilfe gefüllten Terminplan. So bleibt – neben den Hausaufgaben – wenig Zeit für ungebundenes, spontanes Spielen.
- *Verlust an Eigentätigkeit:* Schon das Spielzeug von heute reduziert die Tätigkeit der Kinder oft auf Bedienung. Auch die räumliche Umwelt lässt häufig wenig konstruktive Eigentätigkeit zu, besonders in der Stadt, aber auch im Dorf (siehe S. 53). Thiemann (1995; s. a. ders. 1990) stellt die „Enteignungen" in der räumlichen Organisation des Kinderlebens eindrucksvoll dar.
- *Ersatzwelt Fernsehen:* „Neun- bis dreizehnjährige Kinder sehen heute im Durchschnitt knapp zwei Stunden täglich fern" (Jank 1994, S. 17). Die Spitzenwerte liegen erheblich darüber, die Tendenz ist steigend. Dieser Fernsehkonsum nimmt viel Zeit in Anspruch, die für Eigentätigkeit verloren geht. Er verändert die Art und Weise der Weltaneignung grundlegend (vgl. Wagner 1997). Die echt und unmittelbar wirkenden Bilder der Fernsehwelt werden leicht für die Wirklichkeit gehalten.
- *Verändertes Raumerleben:* Früher erkundeten Kinder – von der eigenen Wohnung ausgehend – nach und nach die weitere Umgebung, sie eigneten sich den Raum in konzentrischen Kreisen an. Heute sind diese „Streifräume" erheblich erweitert. Sie „haben allerdings eine vollkommen neue Form angenommen, die am ehesten noch als Leben auf mehreren

Veränderungen des Kindseins auf dem Dorf

Vergleichskriterium	**1950–1970**	**1980 bis heute**
Ökologische Bedingungen	Freie, unbebaute Flächen, auch im Ortskern	Dichte Bebauung
	Vielzahl unkontrollierter Räume und Plätze	Kaum mehr vorhanden
	Natürliche Umwelt als Spielressource	Nur noch marginal bedeutsam
	Eingeschränkte Infrastruktur	Breit ausgebaute Infrastruktur, insbesondere auch im Sport- und Freizeitbereich
Sozialstruktur im Alltagsleben	Starke Altersmischung	Starke Alterssegregation
Erziehungsformen und Erziehungsnormen	Strenge und praktische Permissivität	Behütung, Diskurs
Soziale Kontrolleure	Autoritätspersonen: Lehrer, Pfarrer, aber im Prinzip auch andere Erwachsene	Bedeutung von Erwachsenen aus dem Dorf abnehmend
Alltagsleben (nach der Schule)	Weitgehend unbeaufsichtigt, im Verbund mit anderen Kindern und Jugendlichen	Tendenz: individualistisches Handeln, Zweier- und Dreier-Freundschaften
Spektrum der Aktivitäten	Sehr viel eigenbestimmte „kindliche" Handlungsformen	Tendenz zu einem geplanten, teilweise an übergeordneten Zielen orientierten Tätigkeitsablauf
	Längerer Aufenthalt im „Dorf" und der natürlichen Umgebung	Trend zu spezialisierter Raumnutzung

(aus: Lange 1996, S. 82)

„Inseln zu beschreiben ist“ (Rolff/Zimmermann 1997, S. 136). Der Raum zwischen den Inseln wird zum erlebnisarmen Zwischenraum, der nur überbrückt wird.

Einige Konsequenzen für den Geographieunterricht. Auf die veränderten Einstellungen, Erfahrungen und Lebensgewohnheiten muss auf vielfältige Weise reagiert werden (vgl. Hasse 1990, Kirchberg 1994, 1998):

1. *Schülerorientierung* (vgl. z. B. Bastian 1992): Entscheidungen über unterrichtliche Inhalte und Vorgehensweisen richten sich stärker als bisher an den Interessen, Erfahrungen und Bedürfnissen der Schüler aus. Ihre Erfahrungswelt und ihre Fragen können – wo immer möglich – der Ausgangs- oder Bezugspunkt sein. Im Nahraum, in der Heimat erlebt der Schüler Geographie persönlich, hier kann er Geographie auch anwenden. Der Unterricht „muss über den Status quo hinausführen, neue Sichtweisen lehren, Verengungen lockern, Informationserwerb unterstützen“ (Otto 1995, S. 11).
2. *Handlungsorientierung* (vgl. z. B. Gudjons 1992, Volkmann 1992; Kap. 7.2.5): Lange genug beschränkte sich der Geographieunterricht auf die Vermittlung von Daten und Fakten. Heute ist er als handelndes Aneignen konzipiert. Die Lerntheorien sagen übereinstimmend: Wer konkret handelt, wer aktiv ausprobiert, wer eigenständig Lösungswege sucht, der lernt mehr und nachhaltiger. Neben Inhaltlich-Fachlichem lernt er auch Methoden und Strategien. Handeln ist also nicht nur als manuelle Aktivität zu verstehen, sondern als zielgerichtete intellektuelle Tätigkeit, deren Ergebnis Wissen, Können und Erfahrungen erweitert.
3. *Ganzheitliches Lernen* (vgl. z. B. Daum 1988, Engelhardt 1991): Ein Geographieunterricht, der dem Schüler Entfaltung ermöglicht, beschränkt sich nicht auf das Lesen, Schreiben und Denken. Obwohl die Möglichkeiten für sinnliche Wahrnehmungen begrenzt sind – ein Merkmal der Schule generell –, gibt es doch viele Ansatzpunkte die Sinne im Geographieunterricht aufzuwerten: z. B. durch Sehen und Tasten, durch Bauen und Zeichnen, durch Darstellen und Spielen, gelegentlich auch durch Riechen und Schmecken. Solche Sinneseindrücke aktivieren Gefühle, sie verbinden den Kopf mit dem Körper und verankern nachhaltig das Erfahrene.
4. *Offener Unterricht* (vgl. z. B. Nauck [Hrsg.] 1993, Wallrabenstein 1993; Kap. 7.2.6): Im offenen Geographieunterricht sind – z. T. im vorgegebenen Rahmen – Inhalte und/oder Methoden wählbar. Die Schüler haben die Freiheit Zielsetzungen selbstständig zu realisieren. Individuelle Lernphasen werden abgelöst von gemeinsamen und von angeleiteten Phasen. Entsprechende Formen sind u. a. die Freiarbeit, die Arbeit nach Wochenplänen und der Projektunterricht. Sie ermöglichen individuelle Lernwege, die der Lerngeschwindigkeit, der Auffassungsfähigkeit und auch den Interessen des einzelnen Schülers gerecht werden. Zugleich wird soziales Lernen gefördert.
5. *Außerschulische Lernorte* (vgl. z. B. Birkenhauer [Hrsg.] 1995, Kroß 1991, Schrand 1992): Der Geographieunterricht öffnet sich vielfältig für außerschulische Lebensbereiche, z. B. zur Arbeitswelt, zum Wohnumfeld, zum Museum, zum Bauernhof, zum Steinbruch, zum Planungsamt usw. Solche Lernorte tragen dazu bei, die Entfremdung schulischen Lernens zu verringern und zugleich für die Schüler Erfahrungsräume zurückzugewinnen. Voraussetzung dafür ist, dass die Schüler am außerschulischen Lernort selbst aktiv werden dürfen.
6. *Perspektivenwechsel* (vgl. z. B. Rhode-Jüchtern 1996a u. b): Einen Raum, ein Thema oder ein Problem im Geographieunterricht nur aus einer Perspektive zu betrachten – und damit meist aus unserer gewohnten –, wäre eine unzulässige Verengung des Blickfelds. Ein Perspektivenwechsel hingegen führt die Schüler zu anderen Sichtweisen, zwingt zum Sich-damit-Auseinandersetzen und zum Stellung beziehen. Vielperspektivität macht nicht orientierungslos, sondern offen für andere Auffassungen und Meinungen. *Kirchberg*

Modelle kindlicher Lebensräume nach Zeiher

Modell des „einheitlichen" Lebensraums (früher)

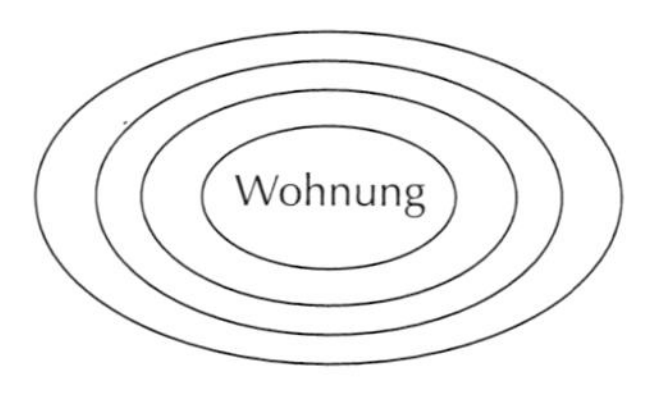

Modell des „verinselten" Lebensraums (heute)

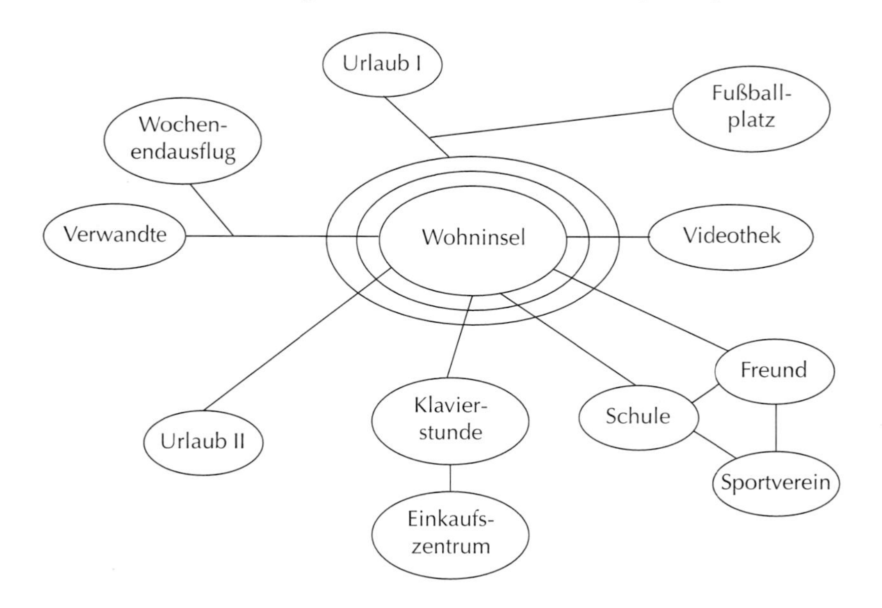

(nach: Rolff/Zimmermann 1993, S. 128; von Kirchberg überarbeitet)

3.3 Allgemeine lernpsychologische Aspekte

Der Mensch ist ein lernbedürftiges Wesen, zugleich aber auch das lernfähigste. Der Hauptzweck der Schule ist das zielgerichtete Lernen. Dabei sieht die heutige Didaktik „den Unterricht primär vom *Lernen des Schülers,* nicht – wie ehedem – vom Lehren des Lehrers bestimmt" (Steindorf 1991, S. 50). Zum Lernen gehört deshalb auch die Neugierde, die Freude, der Spaß.

Definition von Lernen: Unter Lernen versteht man einen Prozess, „der zu relativ stabilen Veränderungen im Verhalten oder im Verhaltenspotenzial führt und auf Erfahrung aufbaut. Lernen ist nicht direkt zu beobachten. Es muss aus den Veränderungen des beobachtbaren Verhaltens erschlossen werden" (Zimbardo 1995, S. 263).

Lerntheorien versuchen den Lernprozess selbst hypothetisch zu beschreiben. Es lassen sich grob zwei Gruppen unterscheiden:

1. Die *Assoziationstheorien* erklären Lernen als Verbindung psychischer Vorgänge. Sie basieren auf Untersuchungen vor allem mechanischer Lernprozesse, wobei Reizreaktionen im Mittelpunkt stehen (Stimulus-Response, deshalb auch S-R-Theorien).
2. Die *kognitiven Theorien* begreifen Lernen als Prozess des Aufbauens und Ordnens von Zusammenhängen. Neue Informationen werden aufgenommen, verarbeitet und angewandt, kognitive Strukturen werden dadurch als Wissen und Einsicht aufgebaut.

Vier Formen des kognitiven Lernens haben für den Geographieunterricht besondere Bedeutung, nämlich das Begriffslernen, das Strukturlernen, das entdeckende Lernen und das Problemlösen. Mit diesen Formen hat sich die Fachdidaktik in jüngerer Zeit zunehmend befasst (z. B. Birkenhauer [Hrsg.] 1983, Hasse 1984a, Kaminske 1993, Köck [Hrsg.] 1984a).

Die Anwendung lerntheoretischer Erkenntnisse auf die Praxis geographischen Unterrichts bedarf der Beachtung der verschiedenen Lernarten (z. B. Gagné 1980). Es lassen sich u. a. folgende Grundsätze ableiten (vgl. Mietzel 1993, Lefrançois 1994, Schiefele/Ulich 1976, Steindorf 1991):

Prinzipien aus Reiz-Reaktions-Theorien (S-R-Theorien):

- Der Lernende muss aktiv sein;
- Fertigkeiten werden durch Wiederholungen gelernt;
- richtiges Lernverhalten muss bekräftigt werden;
- falsches oder unerwünschtes Verhalten verschwindet nicht durch Bestrafen;
- das Lernen ist in veränderten Zusammenhängen zu wiederholen um ein weites Anwendungsfeld zu erreichen.

Prinzipien aus kognitiven Theorien:

- Die Begriffsstruktur, mit der ein Problem entwickelt wird, muss verständlich sein;
- Motivation wirkt als Bekräftigung des Lernprozesses;
- einsichtig Gelerntes wird länger behalten und ist leichter übertragbar;
- eine vorangestellte Einordnungshilfe hilft das Lernen zu strukturieren und fördert das Behalten;
- konvergentes Denken führt zu logisch konkreten Antworten;
- daneben muss divergentes Denken ermöglicht werden, das neue Probleme aufdeckt und zu kreativem Verhalten anregt;
- Reflexion über das Vorgehen beim Lernen fördert die Möglichkeit die Lernstrategien bewusst und selbstständig einzusetzen.

Kirchberg

Konsequenzen lernpsychologischer Untersuchungen für die konkrete Unterrichtsgestaltung im Fach Geographie

„Ein Spezifikum des Geographieunterrichts stellt das Gewicht dar, das der *Erwerb von räumlichen Repräsentationen* und das Operieren mit ihnen besitzt. In ... Untersuchungen kommt dies durch die zunehmende Bedeutung zum Ausdruck, die das anschauungsgebundene Denken im Rahmen der Schullaufbahn eines Kindes für das erfolgreiche Abschneiden im Fach Welt- und Umweltkunde gewinnt. Einen je breiteren Raum z. B. das Verständnis von Karten und Globen oder das Umgehen mit komplexeren Schemazeichnungen im jeweiligen Curriculum einnimmt, desto gewichtiger wird dieser Bereich. Es lohnt sich daher den Aufbau der entsprechenden Kompetenzen systematisch in den Unterricht einzubeziehen ...

Die einfachste Stufe stellt das Erlernen von *Orientierungspunkten* (Landmarks) dar. Sie bilden den Ausgangspunkt für die weiteren Lernprozesse. Im Weiteren nehmen diese Orientierungspunkte den Charakter von Entscheidungspunkten für den Aufbau von Verbindungslinien zwischen ihnen an (Route Learning). Langsam entstehen *Netzwerke,* die zum nächsten Stadium hinführen, dem „Musterlernen" (Pattern Learning). Erst in diesem Stadium werden die Zwischenräume zwischen den durch die Routen abgesteckten Bereichen gefüllt. Charakteristisch ist, dass zunächst mehrere räumlich stärker gegliederte „Inseln" entstehen, die sich zum Teil auch widersprechen können, wenn sie verschiedenen Bezugssystemen angehören. Ein Beispiel dafür ist die bekannte Größenüberschätzung des eigenen geographischen Standortes (Wohnort, Bezirk, Land) im Verhältnis zu anderen Gebieten. Erst wenn ein objektiver Bezugsrahmen sicher aufgebaut ist, ist die Basis für realistische Operationen innerhalb des dadurch abgesteckten *Systems* gegeben. Beispiele dafür wären Übersetzungen von einem Maßstab in den anderen bei gleichzeitiger Berücksichtigung der Konsequenzen etwa für das Festlegen von Routen innerhalb eines Gebietes, dem Abschätzen der Gewichtigkeit einer Region, z. B. im wirtschaftlichen Zusammenhang, u. Ä. In jedem Fall sind gedankliche Manipulationen innerhalb des gegebenen Rahmens (Verschieben des Standortes, Vergrößerungen, Verkleinerungen, Visualisieren erdgeschichtlicher Veränderungen u. a. m.) mit besonderen Schwierigkeiten verbunden und setzen ein entwickeltes System räumlicher Repräsentationen voraus ...

Der zweite große Inhaltsbereich ist durch *verbal-begriffliche Kategorien* bezeichnet. Hierbei handelt es sich um Lernvoraussetzungen, die nicht spezifisch für den Geographieunterricht sind, wiewohl sie für ihn ... umso mehr an Bedeutung gewinnen, je breiteren Raum das Verständnis geographischer Begriffe und das Operieren mit ihnen im Curriculum einnimmt ... Bei der Neueinführung von Lehrstoff der verbal-begrifflichen Kategorie ist eine sorgfältige Analyse der erforderlichen *Begriffe* und der *Operationen,* die mit ihnen ausgeführt werden sollen, eine wichtige Voraussetzung der Planung. Eine kurze Definition genügt nur in Ausnahmefällen um die Kenntnis eines Schlüsselbegriffs zu vermitteln."

(aus: Rollett 1978, S. 51 ff.)

3.4 Begriffslernen

Das Erlernen von Begriffen wird in der Lernpsychologie als wichtige Voraussetzung für das Problemlösen angesehen. Begriffe sind Bausteine des Wissens und Denkens, sie sind Vorbedingung für intelligentes Verhalten. Ohne Begriffsbildung würde sich der Mensch angesichts der außerordentlich vielfältigen Welt, in der selten zwei Objekte oder Ereignisse vollkommen gleich sind, hoffnungslos in Einzelheiten verlieren. „Begriffe sind folglich Kategorien, die benutzt werden um Gegenstände, darüber hinaus aber auch Ideen, Ereignisse usw., zu klassifizieren" (Mietzel 1993, S. 126).

Das Lehren von Begriffen erfolgt auf der Grundlage klarer Beispiele, die als sog. Prototypen gespeichert werden. Durch Auseinandersetzung mit Beispielen und Nicht-Beispielen eines bestimmten Begriffs wird die Fähigkeit zu Generalisierung und Diskriminierung entwickelt. Begriffsarbeit im Unterricht bedarf deshalb einer sorgfältigen Analyse, z. B. der Begriffshierarchien, der relevanten Merkmale, der repräsentativen Beispiele.
Im Unterricht sind nach Mietzel (1993, S. 132 ff.) u. a. folgende Bedingungen für das Begriffslernen förderlich:

- *Eine Definition:* Sie unterstützt das Erlernen eines Begriffs erheblich, v. a. wenn sie alle relevanten Merkmale betont. Dem Schüler müssen die dabei verwendeten Begriffe natürlich bekannt sein.
- *Das Hervorheben relevanter Merkmale:* Begriffe lassen sich schneller erlernen, wenn man den Schüler zu Beginn eines Begriffslernprozesses mit Beispielen konfrontiert, die möglichst wenig irrelevante Merkmale aufweisen.
- *Eine ausreichende Anzahl von Beispielen:* Sie bieten Gelegenheit zur Anwendung und zur Erweiterung von Begriffen. Zudem differenzieren sie die mit dem Begriff verknüpften Vorstellungen.
- *Gelegenheit zum Üben und Anwenden:* Das verhindert ein Nachreden leerer Begriffe ohne dass ihr Inhalt verstanden worden ist. Begriffe, die zwar gelernt, aber nicht mehr angewendet werden, sind totes Wissen.

Für den Geographieunterricht ist der Aufbau eines schülerorientierten und in sich stimmigen Begriffssystems eine besondere Herausforderung, mit der sich insbesondere Dorn/Jahn (1966), Köck (1984b), Birkenhauer (1995b, 1996, [Hrsg.] 1983) und Kaminske (1993a, 1993b, 1994) befasst haben. Die Verwendung von Fachbegriffen in der Fachwissenschaft Geographie ist ausgesprochen disparat, wie Birkenhauer (1996) an Begriffen zum Bereich Stadtgeographie belegt. Ähnliches zeigt sich bei der Analyse von Schulbüchern und Lehrplänen (Kaminske 1993b). Der Arbeitskreis der bayerischen Geographiedidaktiker hat für die Klassenstufen 5 bis 9 einen Vorschlag von Überbegriffen zu sieben Themenfeldern erarbeitet, der sowohl als plausibler Kompromiss als auch als wertvolle Anregung für die Schulbuch- und Lehrplanarbeit angesehen werden kann (Birkenhauer 1996).
Für die konkrete Begriffsarbeit im Geographieunterricht gibt es u. a. folgende Anregungen (z. T. nach Birkenhauer 1995b):

- Der Lehrer muss sich seiner Aufgabe als „Übersetzer" von Begriffen bewusst werden. Das hat Konsequenzen auch für die Lehrersprache.
- Sprache und Begriffe müssen – zumindest in der Sekundarstufe I – so nah wie möglich an den konkreten Beispielen bleiben.
- Fachsprache ist überlegt und dosiert einzuführen. Überlegungen zur Hierarchie von Begriffen und zur Abfolge ihrer Anordnung gehören zur Unterrichtsplanung. *Kirchberg*

Begriffslernen beim Thema „Steigungsregen“

Theoriebezug des Begriffs	Geltungsbereich des Begriffs (Dimension)	eng ← → weit		
		Einzelbegriff	Erweiternder Begriff	Allgemeiner Begriff
wahrnehmungsnah (konkret) ↕ theorienah (abstrakt)	bestimmend	Regen, Hagel, Schnee, (Tau, Nebel)	Kondensierter und sublimierter Wasserdampf in der Luft, (Wassergehalt)	Aggregatzustand des Wassers in der Luft, Zusammensetzung der Atmosphäre
	einordnend	Lufttemperatur, Luftfeuchtigkeitsgehalt	Vorgang der Kondensation bei Luftaufstieg, Abkühlung der Luft mit Zunahme der Höhe	Sättigungsgrenze der Luftfeuchtigkeit, adiabatische Temperaturgradienten der Luft in Abhängigkeit von Höhe und Luftfeuchtigkeit
	zuordnend	Luftdruckausgleich durch Luftbewegung, (Föhn, Mistral, Bora)	Passate und ITC, thermische Aufwinde	Atmosphärische Zirkulation, Monsunregen
	erklärend	Niederschlag bei Übersättigung der relativen Luftfeuchtigkeit, Luvlage, Leelage	Richtung, Stärke und Dauer der Luftbewegung und des damit verbundenen Niederschlags	Luftumlenkung in der Vertikalrichtung mit Folge von Abkühlung und Kondensation
	chorologisch ordnend	Konkretes Gebirge als Beispiel für Räume mit Luftaufstieg aufgrund von Reliefunterschieden (Schwarzwald, Harz, Alpen usw.)	Äquatoriale Tropen mit Zenitalregen (thermische Aufwinde); Stauniederschläge am Gebirge (Luftdruckausgleich als Motor)	Advektive Niederschläge, Konvektive Niederschläge
Zuordnung zu den Jahrgängen		Klasse 5/6	Klasse 7/8/(9)/(10)	Klasse 11/12/13

(aus: Kaminske 1993b, S. 203)

3.5 Induktion und Deduktion

Das Lernen ist ein Erkenntnisprozess. Ziel ist dabei im Unterricht nicht wie in der Wissenschaft primär die Wahrheitsfindung, sondern die Verfügbarkeit dieser Erkenntnisse.

Die Lernwege lassen sich in induktives und deduktives Vorgehen unterscheiden. Im geographischen Unterricht wird im Allgemeinen dem **induktiven Verfahren** der Vorzug gegeben (vgl. z. B. Birkenhauer 1986a, S. 95 f.; Kroß 1988, S. 8 f.). Ausgehend von anschaulichen Einzeltatsachen und konkreten Beobachtungen werden allgemeine und abstraktere Erkenntnisse vorwiegend auf dem Weg des Vergleichs abgeleitet. Das induktive Verfahren setzt beim Raumindividuum an, daran werden exemplarische Sachverhalte erfahren; erst im zweiten Schritt erfolgt die Verallgemeinerung und damit der Übergang zum Raumtyp, zur räumlichen Regelhaftigkeit (vgl. S. 61: induktiver Lernweg). Ein solches Vorgehen ist ein Lernweg, der entdeckendes Lernen leicht macht (vgl. Mietzel 1993, S. 215) und damit auch methodisch legitimiert ist.

Das deduktive Lernen geht im Gegensatz dazu von allgemeinen Erkenntnissen aus und leitet aus diesen konkrete oder spezielle Tatsachen ab. Im Unterricht ist ein solches Vorgehen allenfalls auf höheren Klassenstufen mit ausgeprägter Lernerfahrung möglich. In der Regel handelt es sich nicht um eine echte Deduktion, sondern eher um eine „Sekundärinduktion" (Köck 1980, S. 157; ferner Köck 1981; vgl. S. 61: Primär- und Sekundärinduktion): Die an einem Raumbeispiel erkannten Typusmerkmale werden anderen individuellen Raumbeispielen zugeordnet. Der Lernfortgang besteht hier in einer quasideduktiven Erschließung von nicht bekannten Einzelfällen desselben Typus. Dies wäre z. B. auch das Vorgehen bei einem Transfer (vgl. Kap. 3.6).

Das kombinierte Vorgehen. Bauer (1976, S. 144 ff.) hat – in Anlehnung an Popper – für die Geographiedidaktik deutlich gemacht, dass das rein induktive Verfahren von einem lerntheoretisch falschen Ansatz ausgeht. Beim Lernvorgang werden die neuen Erkenntnisse nicht wie in einem – zuvor leeren – „Kübel" gesammelt. Vielmehr ist beim Schüler bereits eine kognitive Struktur vorhanden, die durch sein Vorwissen, seine Vorerfahrungen geprägt ist; für geographische Inhalte ist dieses „außerschulische Lernen" von großer Bedeutung (vgl. Kroß 1991). Entsprechend der „*evolutionären* Erkenntnistheorie" Poppers erschließt sich der Schüler die Unterrichtsgegenstände nicht vom Nullpunkt aus, sondern er begegnet ihnen schon mit bestimmten Interessen, Erwartungen, Spekulationen, die aus früheren Lernerfahrungen stammen.
Aus der Überprüfung und Erweiterung solcher Hypothesen „erlernt" er ein neues Denkmodell, das dann wiederum durch aktive Wahrnehmung verändert wird. Diese „Scheinwerfertheorie" (vgl. S. 61: evolutionärer Lernweg) legt für den geographischen Unterricht somit ein *kombiniert induktiv-deduktives Vorgehen* nahe.

Die lernpsychologischen Konsequenzen sind:
- Der Unterricht muss an den Erwartungen und Interessen der Schüler anknüpfen und ihre Vorkenntnisse zur Entfaltung bringen und aufgreifen.
- Das Lernen muss als aktives, bewusst aufnehmendes und verarbeitendes Erleben gestaltet werden; rezeptiv Gelerntes kann nur schwer verinnerlicht werden.

Kirchberg

Induktiver Lernweg

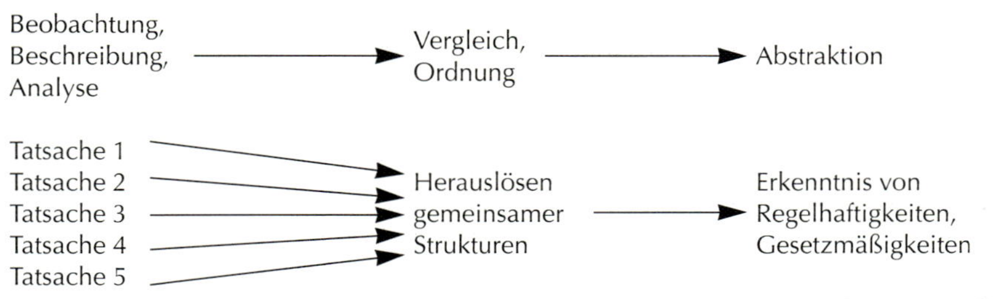

(nach: Bauer 1976)

Primär- und Sekundärinduktion

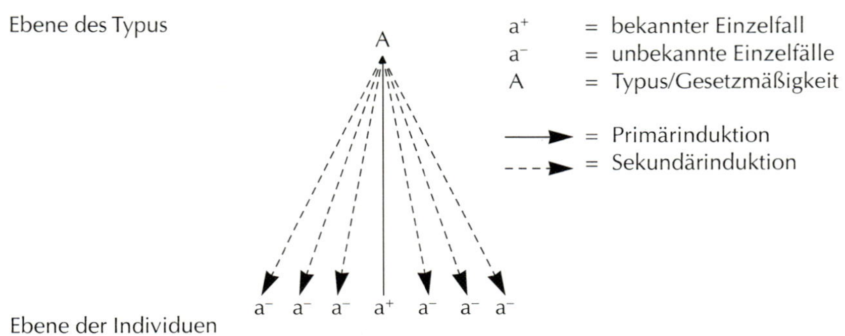

(aus: Köck 1980, S. 157)

Evolutionärer Lernweg

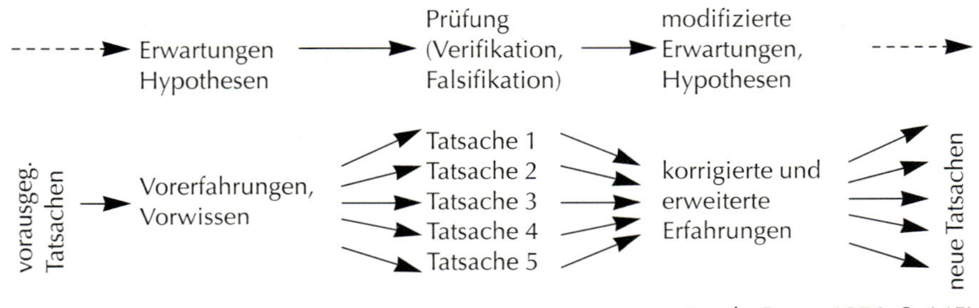

(nach: Bauer 1976, S. 145)

3.6 Transfer

Unterricht soll den Schüler nicht nur befähigen Gelerntes wiederzugeben, sondern er will für das Bewältigen von Lebenssituationen qualifizieren. Das setzt voraus, dass sich die Schule solcher Lebensprobleme annimmt (vgl. Kap. 2 u. 5) und dass darüber hinaus Verhalten durch vorausgegangene Lernerfahrungen beeinflussbar ist. Letzteres bezeichnet man als „Lernübertragung" oder *Transfer* (auch Translation). „Die lernpsychologische Konzeption, die hierbei als Voraussetzung fungiert, ist die der Übertragbarkeit von Erfahrungswissen, das anhand bestimmter Gegebenheiten in spezifischen Situationen gewonnen wurde, auf andere Gegebenheiten und andere Situationen" (Schröder 1974, S. 96).
Ein Großteil des schulischen Lernens stützt sich auf die Annahme eines solchen positiven Übertragungseffektes, wie etwa die Diskussion um den exemplarischen Unterricht (vgl. Kap. 5.2) zeigt.

Transferformen. Transfer ist grundsätzlich denkbar als
- Lernübertragung durch die Ähnlichkeit der Lernaufgaben,
- Lernübertragung durch die Einsicht in Regeln und Strukturen,
- Lernübertragung durch den Erwerb von Lernmethoden.

Für den Geographieunterricht unterscheidet Kroß (1988, S. 8)
- „das Wiedererkennen identischer Elemente" als einfachste Transferleistung,
- „die analoge Organisation von Materialien", die identische Methoden bei der Informationsverarbeitung voraussetzt, und
- „die Wiederentdeckung identischer Regeln und Prinzipien an einem neuen Fall", die schwierigste Form des Transfers.

Lernübertragung im Geographieunterricht darf also nicht nur als *räumlicher Transfer* gesehen werden. Die Ausrichtung auf übertragbare Einsichten und exemplarische Raumbeispiele macht dies zwar besonders wichtig, aber ebenso geht es um den *inhaltlichen Transfer* und um den *Transfer von Verhaltensweisen* (vgl. S. 63).

Transferfördernde Lernverfahren im Geographieunterricht müssen vor allem zu „einsichtigem Lernen" anregen. Dabei verdienen folgende Gesichtspunkte Beachtung (vgl. auch Mietzel 1993, S. 160; Steindorf 1991, S. 70):
- *Strukturiertes Material* wird nicht nur besser behalten, das verständnismäßige Erfassen struktureller Züge ist bezüglich des Transfers und damit der Anwendbarkeit dem reinen Stoffwissen überlegen.
- Das *entdeckende Lernen* ermöglicht es besonders, Verfahrensregeln und Strategien des Fragens und Denkens zu entwickeln bzw. zu stärken, die für die Lernübertragung von Bedeutung sind.
- Um echte Lernübertragung zu gewährleisten, genügt nicht der mechanische Einsatz von Lösungsmethoden (die Anwendung von „Patentrezepten"); es muss auch gelernt werden, *wann und wo welche Vorgehensweisen* angebracht sind.
- Das Lernen an einer *Vielfalt von Beispielen* und dabei das Verknüpfen von Bekanntem mit Neuem ist eine wichtige Bedingung für den Transfer des Gelernten auf neue Situationen.
- Transfer stellt sich nicht zwingend oder mechanisch von selbst ein, sondern muss *mitgelernt* und *geübt* werden.

Kirchberg

Transferformen im Geographieunterricht

Transferform	Beispiel	Zielsetzung
Räumlicher Transfer	Übertragung des Phänomens „Slumbildung in Rio de Janeiro" auf andere Städte	Wiederentdecken ähnlicher/ identischer Elemente
Inhaltlicher Transfer	Übertragung von Erkenntnissen aus dem Thema „Ursachen der Landflucht in Brasilien" auf „Stadtentwicklung in Brasilien"	Übertragen kognitiver Erkenntnisse auf andere, damit zusammenhängende Themen
Transfer von Vorgehensweisen	Übertragung der Ergebnisse einer Statistikauswertung „Außenhandel Brasiliens" in ein Kartogramm	Anwenden von Methoden, Fragen und Handlungen auf neue Fragestellungen

(Entwurf: Kirchberg)

Einige Aussagen zum Transferproblem im Geographieunterricht

„Sicher ist der Hinweis auf den *mangelnden Transfereffekt* gerade bei der Erdkunde berechtigt; aber dem Mangel kann entgegengearbeitet werden, wenn aufgrund des exemplarischen Vorgehens nun Zeit bleibt auch das Vergleichen zu üben und die für das Vergleichen (und dann für den Transfer) identischen Elemente der Objektive bzw. Situationen aufzusuchen und bewusstzumachen" (Birkenhauer 1975, Bd. 2, S. 51).

„Allgemeine Geographie lässt sich durch die Übertragbarkeit ihrer Objekte geradezu definieren und der Doppelbegriff „allgemeingeographisch-exemplarisch" ist nichts anderes als eine tautologische Verstärkung. Die von Meyer u. Oestreich (1973) geäußerten *Zweifel an den Möglichkeiten des Transfers* können, so gewiss es geographische Kategorien gibt, für den allgemeingeographischen Ansatz nicht gelten." (aus: Schultze, in: Schultze [Hrsg.] 1976, S. 16).

3.7 Motivation

Motivation ist die notwendige Voraussetzung dafür, dass Lernen zustande kommt; Motivierung ist die Anstoßphase im Lernprozess. Insbesondere geht es darum, den Gegenstand in den Fragehorizont des Schülers zu bringen, bei ihm also Neugier, Interesse und Freude am Lernen zu wecken.
Jeder Lehrer sucht und nutzt Möglichkeiten der *Motivierung.* Dabei bleibt die Verwendung der Motivationsverstärkung aber oft rein erfahrungsbestimmt und damit kaum bewusst oder zumindest recht unkontrolliert. Die Motivationspsychologie besitzt aber viele Einsichten in die Beweggründe des Verhaltens, in das Wesen der Antriebserlebnisse, die didaktisch und methodisch nutzbar gemacht werden können (vgl. z. B. Schiefele 1978; Heckhausen in: Roth [Hrsg.] 1974, S. 193 ff.; Mietzel 1993, S. 244 ff.; Meister 1977).
„Eine *Lernmotivierung* ergibt sich ... aus relativ überdauernden Bedürfnissen, die das Individuum in die Situation mitbringt, und aus situationsabhängigen Anregungsvariablen" (Roth [Hrsg.], 1974, S. 32). Als wichtigste persönlichkeitsabhängige Variable gilt die *Leistungsmotivation,* die weitgehend die Lernaktivität eines Schülers bestimmt. Sie ist beim Einschulungsalter schon erheblich durch Elternhaus und vorschulische Erziehung vorgeprägt.

Die schulische Lernmotivation wird darüber hinaus durch situationsabhängige Anreize bestimmt. Hierzu gehören „sachbereichsbezogene Anreize" (etwa eines Faches oder Themas), „Aufgabenanreize" (die sich aus Schwierigkeit und Erreichbarkeit einer Aufgabe ergeben) und Anreize durch den „Neuigkeitsgehalt" eines dargebotenen Lernstoffs. Diese Faktoren machen zusammen mit der Leistungsmotivation jenen Anteil der Lernmotivation aus, den man *intrinsisch* nennt; sie sind unmittelbar sachbezogen und autonom.
Weit häufiger muss die schulische Lernmotivation erst *extrinsisch* geschaffen werden: Der Schüler wird durch sachfremde Anreize aktiviert, z. B. durch sein Bedürfnis nach Geltung oder Zustimmung, durch seine Furcht vor Strafe usw. In der Regel besteht Lernmotivierung aus einem Wechselspiel intrinsischer und extrinsischer Anreize, wobei dem individuellen Unterrichtsstil des Lehrers große Bedeutung zukommt.
„Die Lernmotivation bestimmt die Zielrichtung, Intensität und Dynamik schulischen Lernens. Sie ist ein *geistig-emotionales Bezugssystem,* das den Lernenden aktiviert und steuert. In diesem Bezugssystem befinden sich unterschiedlich ausgeprägte Beweggründe (Neugier, Wettbewerb, Interesse, Anerkennung, Geltung, Meidung, Gesellung, Selbstverwirklichung, Sinnfindung). Deren Wirkungsweise ist nicht isoliert, sondern netzwerkartig und ihre Wirkung auf das Erleben und Verhalten weniger spezifisch als vielmehr global" (Keller 1985, S. 15).

Im Unterricht kann keinesfalls davon ausgegangen werden, dass sich eine hohe Motivation zwangsläufig und für alle ergibt. Sie gewinnt nur dann für den Schüler Aufforderungscharakter, wenn sie mit seinen Motiven korrespondiert. Deshalb genügt es auch nicht, nur am Beginn einer Unterrichtsreihe oder -stunde einen Motivationsakzent zu setzen. Sowohl beim Einstieg als auch bei der Erarbeitung, bei der Sicherung und selbst bei der Lernkontrolle sind motivierende Anreize notwendig (vgl. die Beispiele bei Winkler 1977 u. Schmidtke 1987; vgl. auch S. 65–67).

Kirchberg

Motivation durch identifikationsfördernde Themenkreise

1. Erlebniswelt des Schülers
(real oder fiktiv; ggf. durch Vergleich des Fremden mit der eigenen Erlebniswelt)

- Gestaltung eines Spielplatzes
- Freizeit am Wochenende
- Wetter und Freizeit
- Wie Menschen anderswo wohnen
- Reisen
- Wohnumfeld

2. Physisch-geographische Themen mit anthropogenen Bezügen

- Die „Geburt" eines Vulkans
- Erdbeben: Eine Stadt wird vernichtet
- Sturmflut auf einer Hallig
- Menschen im Sandsturm
- Durch den tropischen Regenwald
- Sommer am Mittelmeer
- Föhnkopfschmerzen

Identifikation

3. Sozialgeographische Themen
z. T. mit provokativem Inhalt

- Bevölkerungsexplosion
- Tragfähigkeit der Erde
- Die Ernährung der Menschheit
- Unter- und Mangelernährung
- Teufelskreis der Armut
- Wirtschaft und Werbung
- Flucht und Vertreibung

4. Umweltprobleme
Belastung von Atmosphäre und Biosphäre

- Schädlingsbekämpfung
- Entwaldung der Erde
- Saurer Regen
- Treibhausseffekt
- Smog
- Flüsse als „Kloake"

(nach: Schmidtke 1987, S. 43/44)

Motivation durch Kontraste

1. Visuelle Kontraste, z. B.
- Großferienzentrum – mondäner Badeort
- Kiefernforst – Urwald
- Schulhütte in Kamerun – Schulhaus bei uns
- Priel bei Hochwasser – und bei Niedrigwasser

2. Verbale Kontraste, z. B.
- In der Sahara ertrinken mehr Menschen, als dort verdursten.
- Die Wüste ist eine kalte Landschaft, in der es sehr heiß wird.
- Eskimos werden Bauern – Der Kohlkopf liebt die Arktis.

(nach: Schmidtke 1987, S. 53 ff.)

Anregungen zur Aktivierung und Förderung der Lernmotivation im Unterricht

Alle Faktoren des Motivations-Handlungs-Modells bieten Ansatzpunkte für die Beeinflussung der Motivation schulischen Lernens (vgl. Meister 1977, S. 90 ff.; ferner Joerger 1980, Heiland 1979).
Die hier vorgestellten Anregungen sind leicht auf den Geographieunterricht übertragbar. Sie verdeutlichen die Wichtigkeit solcher Überlegungen für die Unterrichtsplanung.

1 Die Gestaltung der Anregungen

1.1 Gestalten Sie den Unterricht so, dass er *von der Sache her* motiviert. Hierzu gehört insbesondere das Anknüpfen an die Interessen und die Neugier der Schüler. „Es ist die in Wiss- und Lernbegierde umwandlungsfähige ‚ursprünglich-vitale menschliche Neugier', die eine Haupttriebfeder alles Lernens darstellt" (Roth 1976, S. 230).

1.2 Ordnen Sie das Motivieren *nicht nur dem Einstieg* zu. Alle Lernphasen – vom Anstoß über die Erarbeitung bis zu Ergebnissicherung und Übung – brauchen anregende Anreize. Der „Motivationsgag" zu Beginn schafft kein überdauerndes Lernmotiv (vgl. v. a. Grell/Grell 1979; siehe auch Stein [Mod.] 1981; Löttgers 1979).

1.3 Knüpfen Sie – wo immer möglich – an die *Lebenswelt* und *Alltagsbedürfnisse* der Schüler an. Nur so sind Motive wie „Betroffenheit" und „Selbstbestimmung" zu aktivieren und intrinsisches Lernen zu fördern.

1.4 *Informieren* Sie Ihre Schüler über das, was Sie mit ihnen vorhaben. Schüler sind jedenfalls eher bereit eine Lernanstrengung auf sich zu nehmen, wenn sie den Kontext sehen und wenn sie wissen, wofür sie etwas tun sollen.

1.5 *Beteiligen* Sie die Schüler an der Unterrichtsplanung und am Unterricht. Eine Mitsprache z. B. an der Schwerpunktsetzung oder bei der Gestaltung des Lernwegs wird zwar nicht immer möglich sein, stärkt aber die Mitarbeitsbereitschaft über das Selbstverantwortungsmotiv und Identifikation.

1.6 Orientieren Sie das Niveau Ihrer Anforderungen an einen *mittleren Erreichbarkeitsgrad.* Von den Theoretikern der Leistungsmotivation wird das als das bedeutendste Mittel der Schule zur Steigerung der Lernmotivation angesehen (z. B. Heckhausen in Roth [Hrsg.] 1974: das „Prinzip der optimalen Passung"). Für schwächere Schüler ist ein zu hohes Lernniveau demotivierend, für leistungsstärkere Schüler Unterforderung ausgesprochen selten.

1.7 Gestalten Sie den Unterricht *anschaulich, interessant* und *abwechslungsreich.* Die schlimmsten Feinde von Motivation sind Langeweile und Routine. Wechsel der Themen, Methoden, Medien, Vorgehensweisen usw. sind nicht nur wegen der Variation zu empfehlen, sondern auch, weil von den verschiedenen Zugriffen jeweils andere Schüler angesprochen werden.

1.8 Nutzen Sie die Möglichkeiten auch an *Sozialmotive* anzuknüpfen. Partner- oder Gruppenarbeit ist schon deshalb anregend, weil die veränderte Sozialform andere Verhaltensanreize als der Frontalunterricht bietet.

1.9 Ermöglichen Sie *angstfreies Lernen.* Wenngleich Angst durchaus ein Antrieb für menschliches Handeln sein kann, ist ihr Einsatz als Anregungsmittel pädagogisch und moralisch abzulehnen. Angst provoziert Fehlverhalten und Persönlichkeitsstörungen.

1.10 Seien Sie selbst *genügend motiviert:* für die Unterrichtsthemen, für das methodische Vorgehen, für Ihre Schüler. Die anregende Wirkung von Unterricht hängt in hohem Maße davon ab, ob und inwieweit sich der Lehrer mit seinem Tun identifiziert.

2 Die Gestaltung der Tätigkeiten

2.1 Wechseln Sie die *Aktions- und Sozialformen.* Nur dann können die Schüler ihre verschiedenen Fähigkeiten und Eigenschaften in den Unterricht einbringen und als gewinnbringend erleben.

2.2 Lassen Sie die Schüler in hohem Maß *selbst tätig* sein. Solche Handlungsorientierung bringt nicht nur mehr Freude, sondern ist dem nur rezeptiven Lernen auch hinsichtlich der Lernwirkungen überlegen. Nutzen Sie die Wechselwirkung von Spannung, Entdeckenwollen und Forschungsdrang.

2.3 Stärken Sie durch *Arbeitsteilung* auch soziale Motive wie Verantwortung, Rücksichtnahme oder Hilfsbereitschaft. Schüler wollen auch Verantwortung übernehmen und soziale Erfahrungen machen.

2.4 Schaffen Sie *offene Lernsituationen,* deren Ergebnis nicht von vornherein feststeht und in die sich der Schüler selbst einbringen kann. Solche offenen Lernfelder mit breiten Mitwirkungsmöglichkeiten bieten z. B. Spiele oder Projekte.

2.5 Achten Sie auf *Binnendifferenzierung* und *Individualisierung.* Selbst im Frontalunterricht ist es möglich, auf die Lernbedürfnisse und -interessen Einzelner einzugehen. Bei Blockierungen, aufkommenden Ängsten und Gegenmotivierungen muss der Lehrer helfend eingreifen.

3 Die Gestaltung der Folgen

3.1 Zeigen Sie dem Schüler die *Bedeutung seines Lernens.* Sinnvolles Lernen setzt voraus, dass ein Sinn- oder Verwendungszusammenhang erkannt wird. Das ist nicht bei jedem Lerninhalt und in jeder Stunde möglich; aber ein zielloses Lernen kann nicht dauerhaft motivieren.

3.2 Nutzen Sie die vielfältigen Möglichkeiten der *positiven Bekräftigung* für Lernschritte und Lernergebnisse. Besonders das angemessene Loben ist unentbehrlich, denn nicht jede Unterrichtseinheit kann intrinsisch motivieren.

3.3 Sorgen Sie für *informative, baldige Rückmeldung* von Leistungsergebnissen. Selbst bei Fehlleistungen fördert sachliche Information eine bejahende Einstellung gegenüber folgenden Lernaufgaben und erhöht die Anstrengungsbereitschaft.

3.4 Verringern Sie die *Wahrscheinlichkeit von Misserfolg* durch angemessene Aufgabenstellung. Lernkontrollen haben nicht nur die Funktion der Zensierung, sondern sie befriedigen auch Bedürfnisse nach Anerkennung und Erfolg.

3.5 Entziehen Sie einem Schüler mit schlechten Leistungen nicht Ihre *Zuwendung.* Der Lehrer muss auch Misserfolge der Schüler akzeptieren, ohne dass der pädagogische Bezug darunter leidet. Ein sachliches Gespräch kann hilfreich sein.

Kirchberg

3.8 Allgemeine entwicklungspsychologische Aspekte

Es ist ein beachtlicher Entwicklungsprozess, der aus dem hilflosen Neugeborenen einen erwachsenen Menschen werden lässt, der z. B. die Fähigkeit besitzt „Probleme in seiner Umwelt zu erkennen, sie zu durchdenken und zu bewältigen. Wie diese Veränderungen im Verlauf der Entwicklung zustande kommen, ist bis heute Gegenstand intensiver Diskussionen" (Mietzel 1993, S. 63). Die psychische und physische Entwicklung eines Menschen ist jedenfalls von Reife- und Lernprozessen abhängig; insofern ist sie Grundlage und Aufgabe von Unterricht zugleich.

Die früheren Phasenlehren hatte man v. a. in der deutschen Entwicklungspsychologie erarbeitet. Sie folgten dem auch pädagogisch begründeten Interesse die Einzelbefunde zu ganzheitlichen Bildern von aufeinander folgenden Entwicklungsstufen zu ordnen und zusammenzufassen (z. B. Remplein 1957). Lehrplanaufbau und „stufengemäße" Unterrichtsprinzipien leiteten sich von dieser Stufung ab. Inzwischen ist man von einer solch engen Festlegung von Entwicklungsphasen abgekommen. „Sie legen nämlich naive Überzeugungen nahe, die sich als unzutreffend herausgestellt haben:

- Sie stellen einzelne Leitgesichtspunkte der Betrachtung ungebührlich in den Vordergrund;
- sie lassen die Entwicklung in einem Phasenabschnitt einheitlicher erscheinen, als sie tatsächlich ist;
- sie machen künstliche Einschnitte in den Entwicklungsverlauf;
- sie bleiben zu sehr in der Beschreibung hängen und klären zu wenig die Bedingungen für das Auftreten neuer Entwicklungsschritte;
- sie führen zu Zirkelschlüssen über die Lebensaltersgebundenheit von Entwicklungsständen;
- alles in allem vermitteln sie den fälschlichen Eindruck, Entwicklung sei bereits in allen Schritten vorprogrammiert wie ein quasibiologisches Wachstum"

(Heckhausen, in: Weinert u. a. 1976, Teil 2, S. 3 f.).

Die heutige Entwicklungspsychologie leugnet nicht etwa die Existenz einer Entwicklungsdynamik, aber sie sieht diese überwiegend als *Folge von Lernprozessen.* „Der Mensch selbst wird als Gestalter seiner Entwicklung betrachtet. Er wird als ein erkennendes und selbstreflektierendes Wesen aufgefasst, das ein Bild von sich und seiner Umwelt hat und beides im Zuge der Auswertung neuer und vorausgegangener Erfahrungen modifiziert ... Seine Entwicklung ist auch nicht nur durch biologische Reifung bestimmt, er handelt ziel- und zukunftsorientiert und gestaltet damit seine eigene Entwicklung mit" (Montada, in: Oerter/Montada [Hrsg.] 1995, S. 8; vgl. auch Zimbardo 1995).

Das Lebensalter kann also nur ein grober Anhaltspunkt für den jeweils erreichten Entwicklungsstand sein. Damit hat eine Festlegung von Stufen oder Phasen, wie sie auf Seite 69 beispielhaft wiedergegeben ist (vgl. auch Bauer 1965 oder Birkenhauer 1975), nur eine fragwürdige Ordnungsfunktion für geographisches Denken und Lernen. Das gilt zumal, weil hier Ergebnisse des Lernprozesses als Voraussetzungen des Lernens missverstanden werden können. Entsprechungen zwischen Altersstufe und bestimmten Vorlieben sind nichts naturhaft Präformiertes, sondern auch gesellschaftliches und pädagogisches Ergebnis. Lernen kann zwar daran anknüpfen (z. B. Slater 1976), muss aber z. T. auch entgegenwirken. *Kirchberg*

Stufen im Zugang des Schülers zum geographischen Verständnis

***I. Stufe* (3.–5. Schuljahr); 8–11 Jahre**
Wir sahen, dass das Erlebnis der Landschaft noch vorwiegend emotional ist. Das Kind steckt noch im Subjektiven, es erlebt Erkundliches als seine nahe Umwelt. Der allgemeine Drang zur Lebenserweiterung ist die Grundlage für den Sammeltrieb und für das Ausgreifen über den Nahraum. Stückrath (1968) hat gerade für diese Stufe gezeigt, dass die Orientierung noch gebunden ist an die so genannte dynamische Ordnung (im Laufraum!); d. h. das Verständnis für Raumordnung ergibt sich aus der jeweiligen Situation des Kindes, durch seine subjektiven Bedürfnisse. Nur das, was subjektive Bedeutsamkeit enthält, wird in der Orientierung erfasst und wird zum Merkmal der Orientierung. Die personale Umwelt wird vom Vorbild her erfasst und die gegenständliche Welt wird noch nicht als ein Gegenüberstehendes, sondern als ein Mitseiendes erlebt. Ebenso werden Tier, Pflanze und Klima inne seiend erlebt.

***II. Stufe* (5.–7./8. Schuljahr); 11–13/14 Jahre**
Hier wird die Orientierung, also der Raum, schon als gegenständliche Ordnung erlebt. Die Merkdinge der Umwelt geben die Hilfe für die räumliche Orientierung. Es ist schon ein Abrücken vom rein subjektiven und emotionalen Erleben vorhanden. Das Gleiche gilt nun auch für das Erlebnis der Landschaft. Es treten Einzelmerkmale in den Vordergrund. Aber diese Sachmerkmale werden noch additiv zusammengesetzt und nicht in ein abstrakt übergreifendes System eingeordnet. Es erfolgt jetzt – aber allmählich – ein Umschlag vom inne seienden Erleben der Landschaft und des Raumes zu einem gegenüberstehenden. Auch die personale Welt wird nun als gegenüberstehend erkannt.

***III. Stufe* (9.–13. Schuljahr); 13–19 Jahre**
Jetzt kann in der Raumorientierung von den konkreten Merkdingen abstrahiert werden (figurale Ordnung; nach: Stückrath 1968); eine Landschaft wird im Überblick erfasst. Es kann nun mit anderen Worten in diesem Sachgebiet strukturiert werden. Es ist außerdem jetzt möglich, überindividuelle Ordnungen, Staatswesen, Klimakunde, auch abstrakte Überschau wie Gradnetz, wirtschaftliche Zusammenhänge usw. zu erfassen.

(aus: Küppers 1976, S. 8)

3.9 Entwicklung des räumlichen Denkens

Die Intelligenzdimension „Raumvorstellung“ ist eine der sieben Primärfaktoren im Intelligenzmodell von Thurstone. Zugleich ist sie eine sehr komplexe Fähigkeit, die verschiedene, psychologisch zu unterscheidende und auch unabhängige Komponenten umfasst (z. B. die bildhafte Vorstellung von zwei- und dreidimensionalen Objekten, das Verständnis von Lagebeziehungen, die Einordnung der eigenen Person zu Orientierungspunkten im Raum u. a.; vgl. Rost 1977, S. 20 f.). Raumvorstellung ist nicht nur eine Wahrnehmungs-, sondern auch eine geistige Fähigkeit, weshalb Piaget und Inhelder (1971) auch lieber vom *„räumlichen Denken“* sprechen.

Wie Schrettenbrunner (1978, S. 56) betont, ist aber zu beachten, dass der Begriff „räumliches Denken“ in Geographie und Psychologie unterschiedlich verwendet wird. Gemeinsam ist das Denken in dreidimensionalen Lagebeziehungen. Als geographischer Terminus kann „räumliches Denken“ aber darüber hinaus auch das Erkennen von genetischen, kausalen und funktionalen Bezügen im Raum bedeuten.

Die Entwicklung des räumlichen Denkens wird in mehreren Forschungen zur Raumvorstellung analysiert (vgl. Rost 1977, Kosmella 1979, Schäfer 1984). Während die Untersuchungen von Hansen (1965) nur bis zum 10. Lebensjahr gehen, beschreibt Stückrath (1968) auch die weitere Entwicklung des Raumerlebens:

1. Stufe (6–8 Jahre): Das Raumerleben beschränkt sich auf einzelne Plätze, die noch nicht in einem erlebten Zusammenhang miteinander stehen. Es fehlen deshalb die Voraussetzungen für ein planmäßiges Orientieren.

2. Stufe (9–11 Jahre): Der Raum gewinnt einen vom erlebenden Subjekt unabhängigen Bestand. Ein Weg erscheint jetzt als Bahn im Raum, kann aber noch nicht von einem Standort außerhalb eingeordnet werden.

3. Stufe (12–15 Jahre): Eine Überschau über einen Weg ist möglich und damit eine geistig-räumliche Distanzierung. Die Schüler sind in der Lage ihre egozentrische Betrachtungsweise aufzugeben.

Entwicklungsniveaus nach Piaget/Inhelder. Die umfassendste *Theorie einer Entwicklung* des räumlichen Denkens haben Piaget und Inhelder (deutsch 1971) aufgestellt (vgl. dazu Albrecht 1987, Birkenhauer 1987c, Nebel 1992, Rauch 1976, Rost 1977, Schrettenbrunner 1979). Sie beruht auf experimentellen Beobachtungen. Dabei zeigte sich, dass das Kind nicht bloß als junger Erwachsener betrachtet werden darf. Seine Denkweisen auf den verschiedenen Altersstufen unterscheiden sich erheblich.

Raumvorstellung und räumliches Denken empfängt das Kind nicht einfach passiv aus der Wahrnehmung der Dinge im Raum. Sie werden vielmehr Schritt für Schritt aktiv als kognitive Operationen aufgebaut, kontinuierlich entwickelt und qualitativ verändert. Eine bindende Zuordnung zu Altersstufen ist dabei nicht möglich, zumal die Denkweisen früherer Etappen bis ins Erwachsenenalter weiterwirken.

Dennoch lassen sich nach Piaget/Inhelder (1971) *Entwicklungsniveaus* des räumlichen Denkens erkennen, die ontogenetisch durchlaufen werden und die durch den Erwerb jeweils erweiterter Fähigkeiten gekennzeichnet sind:

- In der Periode der *„sensomotorischen Intelligenz“* (0–2 Jahre) liegt erst denkähnliches Verhalten vor. Denken und Handeln bilden noch eine Einheit. Der Raum wird handelnd *(enaktiv)* erlebt (z. B. Greifraum, Laufraum).

Die Entwicklung von Raumverständnis und Raumerkenntnis nach Piaget

	Stufen des räumlichen Denkens	Arten des räumlichen Denkens	Darstellungsweisen	Bezugssysteme	Typen der topographischen Darstellung
Merkmale	Raumverständnis im Hinblick auf die Stufen der kognitiven Entwicklung nach Piaget	Stufen im Verständnis der Anordnung von Objekten im Raum (Piaget/Inhelder 1948/1971)	Vorherrschende Art der Repräsentation räumlicher Sachverhalte (Bruner 1970)	Typen der Bezugnahme beim räumlichen Verknüpfen (Piaget/Inhelder 1948/1971)	Charakteristisches auf kindlichen Kartenbildern (Hart/Moore 1973)
Lebensalter ab 11/12	Periode der formalen Operationen		symbolisch	koordiniert	Überblick (d. h. echte Karten)
7–11/12	Periode der konkreten Operationen	euklidisch	ikonisch (bildlich)	fixiert (Ich und Welt getrennt)	
2–7	Präoperationale Periode	projektiv	enaktiv (handelnd)	egozentrisch	Wege, Strecken
0–2	Sensomotorische Periode	topologisch			

(nach: Naish 1982; von Kirchberg überarbeitet)

- In der *„präoperationalen Phase“* (2–7 Jahre) entwickelt das Kind allmählich einfache Begriffsebenen. Es eignet sich Namen für Dinge an und baut sich über Relationsbegriffe (z. B. größer, näher, älter) eine gewisse Kategorisierung auf. Das äußert sich auch in einem vorwiegend *topologischen* Raumverständnis. Das Kind verwendet nichtmetrische Relationen wie z. B. neben, über, in, draußen.
- In der Periode der *„konkreten Operationen“* (7–11 Jahre) löst sich das Denken aus seiner Anschauungs- und Handlungsgebundenheit. Das räumliche Denken wird zunehmend *projektiv*, d. h. es erfasst auch allmählich Perspektiven, die vom Ich unabhängig sind. Diese Periode ist bereits schulisch relevant und verdient für den geographischen Anfangsunterricht besondere Bedeutung. Das gilt etwa für das In-Beziehung-Setzen der Perspektiven, welches in dieser Periode recht lange durch einen „räumlichen Egozentrismus“ erschwert ist (Piaget/Inhelder 1971, S. 249 ff.). Nur 50% der Zwölfjährigen können etwa eine Landschaftsaufgabe lösen, bei der aus mehreren Bildern zunächst dasjenige herauszufinden ist, das der eigenen Blickrichtung entspricht, anschließend diejenigen, die den Blickrichtungen einer Puppe entsprechen, die verschiedene Standorte einnimmt.
- In der Phase der *„formalen Operationen“* (ab etwa elf Jahren) löst sich das Denksystem allmählich von der Orientierung an konkreten Gegenständen und wird auch hypothetisch. Dabei wird der Schritt von der statischen Erfassung des wahrgenommenen Raums zum vorgestellten Raum eines Erwachsenen getan. Erst jetzt entwickelt sich eine *euklidische* Raumvorstellung, d. h. es werden mit Proportionen und Entfernungen auch komplexere metrische Relationen erfasst und verarbeitet. Logische Operationen mit Perspektiven sind nun möglich.

Über die Weiterentwicklung des räumlichen Denkens und damit zu einer zentralen Frage geographischen Unterrichts liegen bisher wenig Erkenntnisse vor (vgl. aber Birkenhauer 1985/86, Hasse 1984a, Preis 1984, Kap. 3.2). Gesichert ist, dass Aufgaben zum Raumverständnis in allen Altersstufen Mädchen größere Schwierigkeiten bereiten als Jungen (vgl. z. B. Birkenhauer 1985/86, Rost 1977, Schrettenbrunner 1979).

Die Geographiedidaktik erörtert die Entwicklung des räumlichen Denkens vorwiegend im Zusammenhang mit der Frage der *Einführung in das Kartenverständnis* (z. B. Bollmann 1992, Engelhardt/Glöckel [Hrsg.] 1977, Nebel 1992, Rauch 1976, Schrettenbrunner 1978 u. 1979), obwohl für diese Fähigkeit noch weitere Faktoren eine Rolle spielen (z. B. Abstraktionsvermögen, Maßstabsrechnen).
Von den Untersuchungen Stückraths oder Piagets ableiten zu wollen, es könne frühestens ab der 5. Klasse mit Karten gearbeitet werden, wäre sicherlich nicht zulässig (vgl. Engelhardt 1977a). Es handelt sich im Sinne der modernen Entwicklungspsychologie nicht um starre zeitgebundene Stufen, sondern um Orientierungsgesichtspunkte im Aufbau von Denk- und Handlungsstrukturen.
Der Unterricht in der Grundschule zeigt, dass das Arbeiten mit Plänen und Karten bereits früher leistbar ist; es ist primär nicht an Reife-, sondern an Lernsequenzen gebunden. Mit den dazu erforderlichen Abstraktionsschritten hat sich Sperling (1972) eingehend befasst. Auch seine Untersuchungen zeigen, dass die Gefahr der „Verfrühung“ kaum gegeben ist bzw. dass sie methodisch bewältigt werden kann. *Kirchberg*

Die Entwicklung kindlicher Kartenbilder

Stufe nach Piaget	Kartenstil	Erläuterung
Topologisch	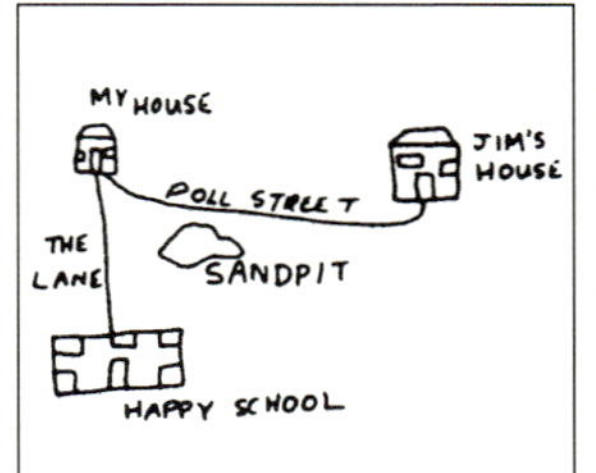	Völlig egozentrisch; bekannte Plätze mit dem Zuhause verbunden; nur bildhaft; ohne Orientierung, Ordnung, Distanz und Maßstab; unkoordiniert
Projektiv I	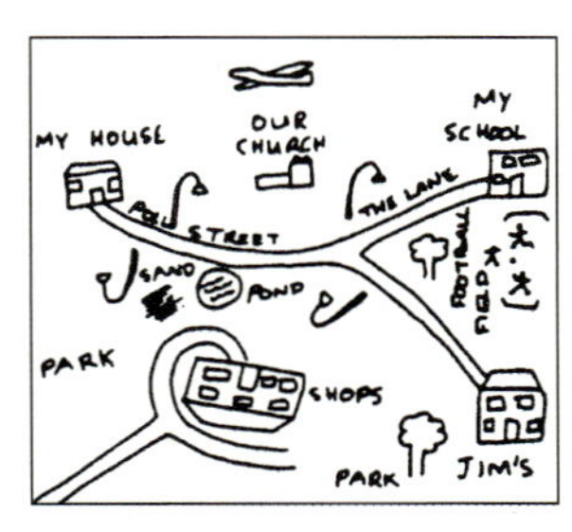	Noch im wesentlichen egozentrisch; teilweise koordiniert und mit Verbindung der bekannten Plätze; Richtung genauer, aber Maßstab und Entfernungen ungenau; Straßen wie auf Plänen, Gebäude noch bildhaft; Perspektive kaum entwickelt
Projektiv II	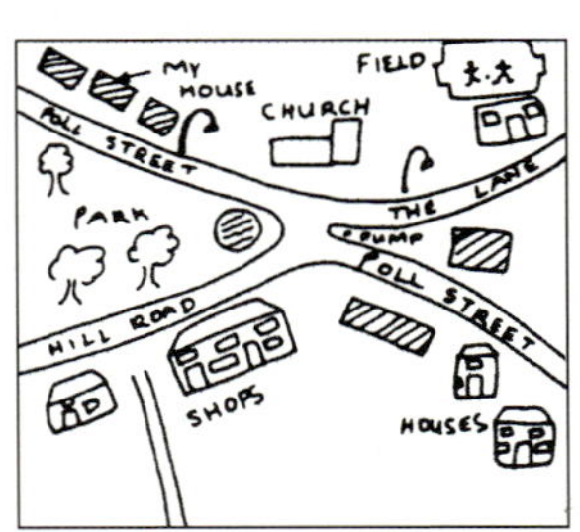	Detaillierter und differenzierter; bessere Koordination; Straßen verbunden und durchgehend; einige Gebäude wie auf Plänen; Orientierung, Ordnung, Distanz und Maßstab verbessert; Perspektive besser
Euklidisch	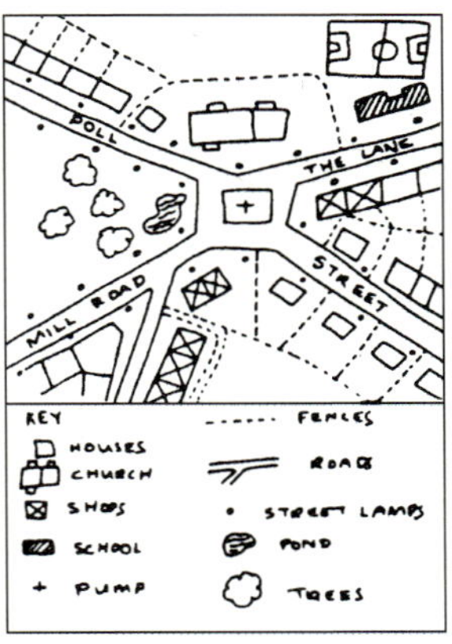	Abstrakt koordinierte und hierarchisch zusammengefügte Karte; genau und detailliert; Orientierung, Anordnung, Entfernung, Form, Größe, Maßstab etwa genau; Karte völlig als Plan; keine nur bildhaften Symbole, deshalb Legende notwendig

(nach: Cattling 1978, in: Graves [Hrsg.] 1982, S. 45)

3.10 Allgemeine sozialpsychologische Aspekte

Sozialisation. Lehren, Lernen und Entwicklung werden psychologisch auch unter dem Blickwinkel der Sozialisation gesehen. Darunter versteht man die sozial beeinflusste Übernahme von Verhaltensnormen, Werten, Rollen und Positionen.
Wenngleich Sozialisation lebenslang andauert, ist dennoch der Einfluss der Schule gewichtig. Die Schule soll dem Schüler *Verhaltensdispositionen* vermitteln, sie geht also von einer Veränderlichkeit und Prägbarkeit von Einstellungen aus: Geographieunterricht darf nicht nur Stoffvermittlung sein, sondern muss auch auf die Übernahme von Rollen, Normen und Werten zielen. Darunter ist aber nicht unreflektierte Übereinstimmung des individuellen Verhaltens etwa mit gesellschaftlichen Normen zu verstehen. „Soll Konformität als Ergebnis der Sozialisation pädagogisch akzeptierbar sein, dann muss sie Unabhängigkeit, Spielräume opponierender Selbstbestimmung einschließen" (Schiefele/Ulich 1976, S. 22).

Die räumliche Umwelt ist von besonderer Bedeutung für die alltäglichen Sozialisationserfahrungen. „Zur Erfassung der Umwelt werden wir weder informell noch systematisch erzogen. Wir eignen uns die Umwelt selbstständig an und deshalb wird diese Art des Lernens weit weniger mit dem Lernvorgang verknüpft als alle anderen Formen des Lernens ... Umwelterfahrung ist ein interaktiver Vorgang. Sie kann nicht völlig ohne direkte Erfahrung im Umgang mit Objekten der Umwelt oder ihren Entsprechungen oder mit sich selbst im Raum entstehen" (Downs/Stea 1982, S. 292 u. 294).
Bisher liegen nur wenige Erkenntnisse darüber vor, wie Kinder ihre räumliche Umwelt wahrnehmen und von welchen Faktoren diese Wahrnehmungen geprägt sind (vgl. Birkenhauer 1985/86, Kaminske 1996). Die Untersuchung von Kreibich (1977) zur Sozialisation der Umweltwahrnehmung in einem städtischen Wohnumfeld ermittelt beispielhaft Elemente des von Neun- bis Fünfzehnjährigen erlebten Raumes. Dabei zeigt sich – wie auch in ähnlichen Arbeiten (z. B. Hard u. a. 1984, Kreibich u. a. 1979) – dass das Wahrnehmungsverhalten deutlich schichtspezifisch differenziert und stark fixiert ist.
Zugleich hängt es aber auch von vielen, einander beeinflussenden Faktoren ab (z. B. Vertrautheit, Erkennbarkeit, Zugänglichkeit, Durchschaubarkeit, Veränderbarkeit des Realmilieus, vom Wissen und Problembewusstsein, vom Wahrnehmungsstandort u. a.). Hier liegt ein „umweltpsychologisches" Forschungsfeld, das interessante Impulse für Ansatzpunkte geographischen Unterrichts geben kann (vgl. Hard 1988, Weixelbaumer 1989, Rhode-Jüchtern 1996).

Praktische Konsequenzen für Inhalte und Verfahren des Unterrichts sind u. a.:
- Themen, die direkt an die Interessen, Bedürfnisse oder Raumerfahrungen der Lerngruppe anknüpfen, sind hinsichtlich eines Sozialisationseffekts besonders wertvoll (vgl. Jüngst u. a. 1976).
- Der Unterricht muss auf Handeln, auf Rollenübernahme vorbereiten; dazu gibt es besonders geeignete Unterrichtsverfahren (vgl. Kap. 7).
- Geographischer Unterricht darf sich in gesellschaftlichen Fragen nicht abstinent verhalten.
- Zwischen Wahrnehmungsgeographie und Umwelterziehung besteht ein enger wechselseitiger Zusammenhang (vgl. Hasse 1980).
- Die affektiven und sozialen Ziele (Kap. 2.4), die auf Wertungen und Einstellungen zielen, dürfen nicht vernachlässigt werden.

Kirchberg

Was Schüler aus der Großstadt über das Land wissen

Auftrag: Schreibe alles auf, was dir zum Land einfällt und was dir bemerkenswert erscheint. Schreibe am besten so eine Art Aufsatz zu dem Thema: Auf dem Land ist alles anders als in der Stadt.
Ergebnis (Auszug):

Topoi	Affektive Besetzung	Zahl der Nennungen
Dimension Landwirtschaft:		
1 „auf dem Land gibt es mehr *Tiere*“	+	109
2 „werden Früchte angebaut“ *(Produkte)*		31
3 „werden *Maschinen* benötigt, Traktor ...“		40
4 „ernten, mühen, melken ...“ *(Tätigkeiten)*		58
5 „*Misthaufen,* Kuhfladen“		41
„man hält es fast nicht aus“	–	27
„ist nur der feine Mistgeruch“	+	14
Dimension Landschaft:		
6 „schöne *Landschaft*“	+	55
7 „schöne Bauern*höfe*“	+	43
8 „viel mehr *Felder* als in der Stadt“		46
9 „schöne weiche *Wiese,* ganz grün“	+	43
10 „große *Wälder,* in denen man Ruhe findet“	+	57
11 „*keine Hochhäuser* und Betonklötze“	+	31
12 „keine Einengung (Platzangst)“, *Freifläche*	+	24
Dimension Umweltqualität:		
13 „ist die *Natur* noch schöner als in der Stadt“	+	36
14 „himmlische Ruhe, *weniger Lärm*“	+	72
15 „die *Luft* ist viel besser als in der Stadt“	+	189
16 „frische Milch und Butter“	+	48
17 „kein Stress, natürliches Leben“	+	32
Dimension Raumstruktur:		
18 „Häuser sind nicht so nahe zusammen“	±	38
19 „nicht so viele Autos“	+	86
20 „schlechte Verbindungen mit Bus und Bahn“	–	27
21 „Geschäfte, Kino, Ärzte, Schulen weit weg“	–	57
22 „fast keine Fabriken“	±	31
Dimension subjektive Erlebnisqualitäten des Landes:		
23 „viel schöner als in der Stadt“ *(Identifikation)*	+	53
24 „mehr *Freiheit*“	+	30
25 *Kontaktmöglichkeiten* für Kinder		20
„Kinder sind einsamer“	–	–
„Feste, bei denen auch Kinder hindürfen“	+	3
26 „man kann mehr Spiele machen“ *(Freizeit)*	+	35
27 „man kann tolle *Wanderungen* machen“	+	28
28 „wir konnten bessere *Spiele* machen“ (Blasrohr, Tannenzapfenschlacht ...)	+	38
29 *Erlebnismöglichkeiten* für Kinder (im Heu schlafen, Geister spielen, Esel reiten ...)	+	58
30 „mal aufs Land um sich zu *erholen,* keine Schularbeiten“	+	52

(Ergebnis einer Befragung von 223 Münchner Kindern durch Ortner; aus: Kreibich u. a. 1979, S. 18/19)

3.11 Schülerinteressen und -einstellungen

Meinungen und Vorstellungen der Schüler zum Schulfach Geographie/Erdkunde beeinflussen als emotionale Komponente den Unterricht. Sie sind Ausdruck einer vorhandenen Lernmotivation (vgl. Kap. 3.3).

Für den Geographieunterricht liegen mehrere Befragungen vor, die diese Schülerinteressen und -einstellungen zu verschiedenen Zeitpunkten zu erfassen versuchen, z. B.:

- *Küppers* (1967, veröffentlicht 1976) stellt im 6. und 8. Schuljahr ein überwältigendes Interesse für den Geographieunterricht fest, das sich insbesondere auf „fremde Länder“ bezieht.
- *Schrettenbrunner* (1969) ermittelt, dass Erdkunde zwar keines der absoluten Lieblingsfächer ist, aber doch für etwa ein Viertel aller Schüler zu den drei beliebtesten Fächern zählt. Zur Oberstufe hin nimmt diese Beliebtheit sehr stark ab. In allen Stufen richtet sich das Interesse besonders auf ferne Länder, während die weitere Heimat nicht hoch eingeschätzt wird.
- *Bauer* (1969b) teilt ähnliche Ergebnisse mit und macht auf geschlechtsspezifische Differenzierungen aufmerksam: Das Interesse der Mädchen an Erdkunde ist deutlich geringer als das der Jungen.
- *Leusmann* (1976, 1977 u. 1979) stellt bei Schülern die Tendenz fest Erdkunde als gut, brauchbar und interessant, aber auch als leicht einzustufen. Dabei bewerten die Schüler der 9. Klasse das Fach am schlechtesten. Hinsichtlich der Themen zeigt sich eine deutliche Präferenz für die Gruppe „Bevölkerung – Umweltschutz – Städte – Planung“, als zweitwichtigster Bereich lässt sich die Kombination „Klima – Vegetation“ erkennen. Der Komplex „Böden“ stößt dagegen in allen Stufen auf Ablehnung. Auch das – allerdings unspezifische – Interesse an „fremden Ländern“ wird bestätigt.
- *Fürstenberg/Jungfer* (1980) haben im Rahmen des RCFP (vgl. Kap. 5.4) die Unterrichtsvoraussetzungen von 7237 (!) Schülern untersucht. Auch hier bestätigt sich das allgemein große Interesse für den Geographieunterricht. Selbst wenn es nicht Lieblingsfach ist, wird es dennoch überwiegend als notwendig und brauchbar empfunden.
- *Köck* (1984a) stellt mittels Fragebogen fest, dass bei Schülern der Mittelstufe das Interesse an objektlogischer Betrachtungsweise signifikant größer ist als an der chorologischen Perspektive.
- *Hemmer* (1995) gibt einen Überblick über den Stand der Diskussion zur geschlechtsdifferenzierten Betrachtung. Mädchen zeigen durchschnittlich weniger Interesse am Geographieunterricht und mit Einschränkungen auch schwächere Leistungen im Bereich Topographie, im Umgang mit Karten und in Lernerfolgstests.
- *Hemmer/Hemmer* (1995, 1996a u. b, 1997; vgl. S. 77) befragen 2657 Schüler. Dabei ergibt sich, dass eine Reihe von Themen, denen die Kinder und Jugendlichen großes Interesse entgegenbringen, im Unterricht kaum aufgegriffen werden (z. B. Umweltthemen). Das Interesse am Erdkundeunterricht generell ist in der 5. Klasse sehr hoch, sinkt dann aber ab.

Solche Schülerinteressen und -einstellungen (vgl. Heilig 1984, Voigt 1980) ergeben sich teils aus affektiven Voreinstellungen und altersbezogenen Vorlieben. Zum größeren Teil sind sie aber nicht die Voraussetzung, sondern das Ergebnis von Unterrichtserfahrungen.

Aus diesen Untersuchungen ergeben sich viele Fragen, z. B.: Worin liegt die Abnahme der Beliebtheit mit wachsender Klassenstufe begründet? Oder: Wie kann das Interesse der Mädchen erhöht werden?

Kirchberg

Was interessiert Jungen und Mädchen im Erdkundeunterricht?

Methode

1995 wurden 2657 bayerische Schüler aus Hauptschule, Realschule und Gymnasium der Jahrgangsstufen 5 bis 11 befragt. Die Befragten sollten den Grad ihres Interesses jeweils auf einer fünfstufigen Skala einschätzen („interessiert mich sehr" = 1, bis „interessiert mich gar nicht" = 5).

Einige Ergebnisse:

a) Themen (Einzelitems und Mittelwerte)

... mit besonderem Interesse	... mit geringstem Interesse
(in abfallender Reihenfolge)	
Naturkatastrophen (1.76)	Stadt-/Raumplanung (3.34)
Weltraum/Planeten/Sonnensystem (1.86)	Bevölkerungswanderung (3.36)
Entdeckungsreisen (2.06)	Verstädterung (3.37)
Entstehung der Erde (2.11)	Industrie (3.57)
Waldsterben (2.16)	Wirtschaftliche Zusammenarbeit in Europa (3.57)

b) Regionen

Nordamerika/USA (1.91)	Südosteuropa (3.17)
Australien (2.09)	Russland/Nachfolgestaaten (3.26)
Arktis/Antarktis (2.39)	Ostmitteleuropa (3.26)
Südeuropa (2.39)	Die deutschen Mittelgebirge (3.27)
Westeuropa (2.41)	Die neuen Bundesländer (3.34)

c) Mittelwerte der Themengruppen/Subskalen

Umweltprobleme (2.39)	Topographie (2.88)
Physische Geographie (2.51)	Anthropogeographie (3.18)
Menschen und Völker (2.58)	(Siedlung, Wirtschaft, Verkehr)
Regionale Geographie (2.78)	

d) Arbeitsweisen

Experimente (1.49)	Arbeit mit Säulen/Kreisdiagrammen (3.36)
Arbeiten mit Filmen (1.52)	Arbeit mit Texten (3.34)
Exkursionen (1.71)	Arbeit mit dem Schulbuch (3.62)

e) Geschlechterdifferenzierung

In der Gesamtstichprobe zeigen

Mädchen	*Jungen*
u. a. ein signifikant höheres Interesse bei den Themen	
Armut und Hunger	Forschungsprojekte
Leben der Kinder in fremden Ländern	Vergleich von Großmächten
Leben der ausländischen Mitbürger	Weltraum
	Naturkatastrophen
	Treibhauseffekt
	Industrie

(nach: Hemmer/Hemmer 1996, 1997)

3.12 Räumliche Vorstellungsbilder

Die gedankliche Vorstellung von Räumen ist nicht identisch mit deren Wirklichkeit. Deshalb zeigen sich bei der zeichnerischen Darstellung räumlicher Vorstellungsbilder durchweg Verzerrungen. Solche *„mental maps"* (Höllhuber 1975) oder *„kognitiven Karten"* (Downs/Stea 1982, Steiner 1988) sind nicht aufgrund mangelnder topographischer Fähigkeiten oder Kenntnisse fehlerhaft, denn das Orientierungsvermögen ist dadurch nicht beeinträchtigt. Vielmehr spiegeln diese gedanklichen Kartenbilder eine erfahrungsgeprägte subjektive Vorstellung von Lage, Distanzen und Größe geographischer Objekte wider. Selbst die Raumausstattung wird abweichend von der Realität wiedergegeben (vgl. z. B. Fichtinger 1974, Heineken/Ollesch 1992, Saarinen/MacCabe 1990).

Die Entstehung solcher Vorstellungsbilder ist wahrnehmungspsychologisch begründet und insofern *fachunabhängig* (vgl. z. B. Engelhardt 1977b, Hard 1988, Mai 1991, Strittmatter/Riemann 1990, Zingelmann 1977). Haubrich (1996b) macht deutlich, dass Wahrnehmung zweiseitig als selektiver Prozess gesehen werden muss: In das Wahrnehmen werden Vorwissen, Erfahrungen und Werthaltungen, aber auch Wünsche eingebracht, weshalb es zu einer jeweils eigenen „Weltanschauung" kommt. Zum anderen sind die Vorstellungsbilder nur zum geringen Teil von der eigenen unmittelbaren Anschauung, sondern mehr von den vermittelnden Medien und Informationsträgern geprägt. Unsere Vorstellungsbilder erscheinen damit „von äußeren Unwägbarkeiten stark beeinflussbar" (Haubrich 1996b, S. 6).
Zugleich ist das Phänomen aber auch *fachspezifisch,* denn es umfasst die geographische Raumvorstellung. In der Verschiedenheit z. B. von geographischen Weltbildern spiegeln sich sowohl Kenntnisdefizite als auch Vorurteile, aber auch aktuelle Ereignisse wieder (vgl. Haubrich 1992, 1996b; Beispiele siehe S. 79).

Geographischer Unterricht muss versuchen „im Sinne einer Versachlichung auf das Vorstellungsbild einzuwirken" (Fichtinger 1974, S. 59). Es geht dabei zunächst darum, lückenhafte Raumvorstellungen zu ergänzen und Fehlinformationen zu korrigieren. Schon allein dadurch können Vorurteile positiv beeinflusst werden (Engelhardt 1977b, S. 155).
Darüber hinaus müssen den Schülern aber ihre subjektiven Raumvorstellungen und individuellen Raumbewertungen bewusst gemacht werden. Auf spielerischen Wegen kann man die Unterschiede im Orientierungs- und Bewertungsraum ermitteln und auch Klischees der Raumvorstellung mit der Wirklichkeit vergleichen (vgl. Kap. 3.13).
„Es sollte dabei nicht um eine bessere Geographie, einen besseren Geographieunterricht, eine bessere Geographiewahrnehmung (in Öffentlichkeit und Schule) gehen; es geht vielmehr um eine bessere Welt-, Selbst- und Fremdwahrnehmung der Schüler. Es geht also auch nicht darum, dass der Unterrichtende mittels der mental maps seiner Schüler seine Schüler und deren spontanen Interessen besser wahrnehmen lernt ... Wichtiger noch ist, dass die Schüler selbst ihre eigenen mental maps (wie die der anderen) wahrnehmen lernen – um sich selbst, ihre Mitschüler und ihre Umwelten besser kennen zu lernen" (Hard u. a. 1984, S. 159; vgl. auch Hard 1988, Kroß 1991, Weixelbaumer 1989).

Auch der geographische Unterricht vermittelt keine einwandfreien Vorstellungsbilder. Selbst die mental maps eines studierten Geographen stimmen nicht mit der Wirklichkeit überein.

Kirchberg

Weltkarte eines zehnjährigen norwegischen Schülers während der Falklandkrise

(aus: Overjordet 1984, in: Haubrich 1992, S. 7)

Eine mit „poor“ bewertete kognitive Weltkarte eines Lehrers

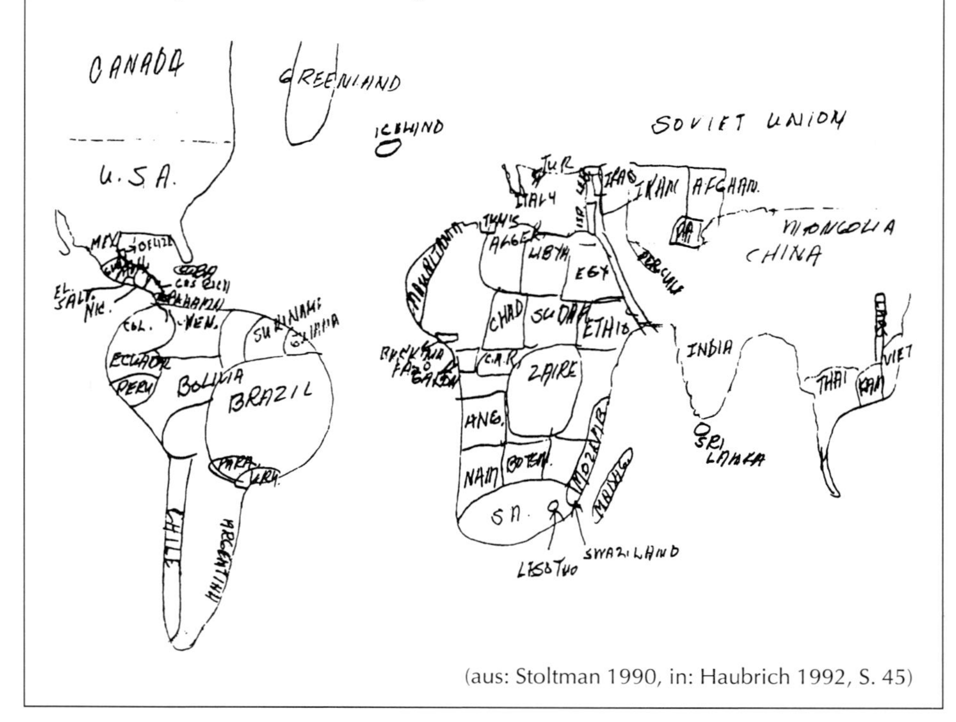

(aus: Stoltman 1990, in: Haubrich 1992, S. 45)

3.13 Selbst- und Fremdbilder

Unsere Vorstellungen von Menschen und von geographischen Räumen sind durchweg von Einstellungen gefärbt (vgl. z. B. die Studie zur Europawahrnehmung Jugendlicher von Haubrich/Schiller 1996). Einstellungen sind erlernte Haltungen. Sie umfassen (nach: Zimbardo 1995, S. 709) drei Komponenten: Meinungen (Urteile darüber, was wahr ist und welche Zusammenhänge wahrscheinlich sind), Affekte (Gefühle der Anziehung oder der Ablehnung) und Verhaltensdispositionen (Absichten für Handlungen).

Stereotyp. Mit diesem Begriff bezeichnen Sozialpsychologen „ein vereinfachtes und standardisiertes Bild einer Fremdgruppe bzw. eine vorgefasste Idee über die Merkmale einer Gruppe" (Auernheimer 1995, S. 140). Kennzeichen von Stereotypen sind (nach: Weber 1993, S. 15 ff.) die häufig inkorrekte Generalisierung des Wahrgenommenen, die Urteilsverzerrung infolge von Kategorisierung sowie eine nachhaltige Resistenz gegenüber Änderungen. Die Bildung von Stereotypen hat eine vorwiegend „denkökonomische Funktion" (Kattmann 1977, S. 402). Der Mangel an Kapazität, sämtliche kognitiven und affektiven Informationen zu verarbeiten, erfordert eine Reduktion von Komplexität. Auf die Reizfülle der Umwelt reagiert der Einzelne mit Generalisierung und Kategorisierung. Auch das Selbstbild weist stereotype Merkmale auf.

Vorurteile haben die Struktur von Stereotypen. Oft werden diese Begriffe synonym benutzt, andere Autoren betonen, dass das Vorurteil „zusätzlich an gesellschaftlichen Normen orientiert ist, mit denen das im Vorurteil enthaltene Stereotyp bewertet wird" (Kattman 1977, S. 402; siehe auch Auernheimer 1995). Vorurteile sind meist negative oder gar ablehnende Einstellungen gegenüber einem Menschen oder einer Menschengruppe. Sie werden gefällt ohne sie anhand der Tatsachen zu überprüfen. Dem liegt ein Bedürfnis nach mehr Verhaltenssicherheit und Orientierung zugrunde. Ursächlich besteht auch ein Zusammenhang mit Gruppenkonstellationen, z. B. im *Ethnozentrismus:* Die Weltwahrnehmung erfolgt vom Einzelnen oder von der Gruppe aus. Fremdgruppen werden als feindlich oder minderwertig empfunden. Angst vor Überfremdung oder vor Benachteiligung lässt objektive Wahrnehmung nicht mehr zu.

Die Ausbildung von Stereotypen im Kindes- und Jugendalter folgt nach sozialpsychologischen Analysen bestimmten Etappen (vgl. Kattmann 1977, S. 404 ff.; Kroß 1989, S. 44; Weber 1993, S. 18 ff.), ohne dass damit eine starre Abfolge mit deutlichen Trennungen zwischen den Stufen festgelegt wäre:

a) *Wahrnehmung eigener und fremder Gruppenzugehörigkeit (2–5 Jahre):* Bereits in diesem Alter entsteht das Bewusstsein einer bestimmten Menschengruppe anzugehören.
b) *Bewertung eigener und fremder Gruppenzugehörigkeit (4–8 Jahre):* Sie ist vor allem an der positiven Bewertung der Eigengruppe ausgerichtet, geäußerte Bewertungstendenzen haben noch kaum Einfluss auf das Verhalten.
c) *Aneignung einfacher Stereotypen (7–12 Jahre):* Sie werden zunächst von den Erwachsenen übernommen. Schrittweise wird die überproportional positive Bewertung der Eigengruppe schwächer. Zugleich wächst die Offenheit und Toleranz gegenüber Fremdgruppen. In diesem Alter wird das Maximum an Fremdenfeindlichkeit erreicht.
d) *Differenzierung und Integration der gebildeten Stereotypen (10–16 Jahre):* Die Übernahme der Erwachsenenstereotypen setzt sich fort. Sie werden stabilisiert und in ein Gesamtgefüge von Wertvorstellungen und Einstellungen eingebaut. Mit dieser Verfestigung nimmt die Aufgeschlossenheit wieder ab, kollektive Stereotypen werden weitgehend wieder akzeptiert.

Die Afrikawahrnehmung unserer Schüler

„An den allgemeinen Tendenzen der in einer empirischen Untersuchung (Tröger 1993) festgestellten Afrikawahrnehmung lässt sich belegen, dass sich die Mehrzahl der Schülerinnen und Schüler primär an Werten wie Sauberkeit, Ordnung, Fleiß und Leistung orientiert. Diese sozial anerkannten Verhaltensregeln und Gütestandards wurden von ihnen während ihrer Sozialisation gelernt. In der Ausdehnung des Gültigkeitsanspruchs dieser Regeln und Standards auf Afrika zeigen die Jugendlichen, dass sie diese Werte (noch) nicht bewusst als Regeln des Zusammenlebens ihrer eigenen, spezifischen sozialen Gruppe verstehen. Sie verabsolutieren sie zu „Selbstverständlichkeiten", die dann ohne Einschränkung als Maßstab auf die Menschen in Afrika übertragen werden. Die Lernenden tendieren zu einer Verallgemeinerung der eigenen kulturellen Erfahrungen, die eine Offenheit gegenüber dem Fremden be- und verhindert."

Einzelne Aussagen:

„Die Kinder gehen nicht in eine normale Schule. Sie haben kein Schulgebäude und auch keine Tische und Stühle. Einem Afrikaner wird nur das Wichtigste beigebracht. Wenn man einen fragen würde, was eine lineare Funktion ist, würde er sicherlich nur doof gucken."
(Mädchen, 13 Jahre, Klasse 8)

„Die Afrikaner arbeiten meistens in der Landwirtschaft, weil das keine geistige Anstrengung benötigt."
(Mädchen, 14 Jahre, Klasse 8)

„Die Afrikaner wohnen in Hütten, wo alles irgendwie durcheinander im Haus und draußen rumsteht, und alle Hütten stehen auf einem Fleck dicht zusammen. Die Hütten sind weit weg von der Zivilisation."
(Mädchen, 14 Jahre, Klasse 8)

„Die Afrikaner haben Holzhütten und hungern. Da stinkt es und liegt alles rum."
(Mädchen, 12 Jahre, Klasse 5)

„Das Bild mit der Großstadt sollte wohl als Witz gedacht sein."
(Junge, 13 Jahre, Klasse 8)

„Die Kinder essen mit den Händen. Bei uns ist das Essen mit Messer und Gabel üblich und wir nennen es unmanierlich, wenn jemand mit den Händen ist."
(Mädchen, 10 Jahre, Klasse 5)

(aus: Tröger 1994, S. 6)

Interkulturelles Lernen. Das Bild von Fremden ist im Kern immer ein Eigenbild. Hier setzt interkulturelle oder internationale Erziehung an (vgl. Auernheimer 1995, Engelhard 1994). Sie zielt darauf ab, fremdkulturelle Orientierungssysteme zu verstehen und dabei das eigene Orientierungssystem zu reflektieren, im günstigsten Fall auch Vorurteile abzubauen. Es kreist um Fragen wie „Wie sehe ich mich?“ *(Eigenbild)*, „Wie sehen sich die anderen?“, „Wie sehen die anderen mich?“ *(Fremdbild)*, „Wie reagieren die anderen auf mein Fremdbild?“, „Wie reagiere ich auf das Bild der anderen von mir?“ (vgl. Rohwer 1996, S. 5).
Interkulturelles Lernen ist die pädagogische Antwort auf Ausländerfeindlichkeit, Rassismus, Intoleranz und Gruppenegoismus. Um sich in einem Alltag orientieren zu können, der von ethnischer, sprachlicher, religiöser und sozialer Heterogenität bestimmt ist, müssen die Kinder und Jugendlichen lernen mit dieser Vielfalt umzugehen und in ihr einen eigenen Platz zu finden.

Einige Schlussfolgerungen für den Geographieunterricht. Verständnis für fremde Menschen und Kulturen ist auch ein Leitziel des Geographieunterrichts. Geographie ist somit ein Schulfach mit großer Nähe zur interkulturellen Erziehung (vgl. z. B. Coburn-Staege 1995, Flath/Fuchs [Koord.] 1994, Haubrich 1988 u. 1995a, Hölscher [Hrsg.] 1994, Ittermann 1989, Kroß/Westrhenen [Hrsg.] 1992, Rohwer 1996, Rother 1995, Wimmer 1994).
Wertvoll für die Gewinnung dieser Perspektive können u. a. sein:

- *Abkehr von exotischen Darstellungen über das Fremde* (z. B. Rother 1995, S. 7): Sie vergrößern die Distanz zwischen der Vorstellungswelt der Schüler und den realen Lebensumständen des Fremden und sie verhindern wirkliches Verstehen.
- *Kulturoffene Lernsituationen* (z. B. Ittermann 1989, S. 8): In den meisten Schulen und Klassen begegnen sich deutsche und ausländische Schüler. Das Miteinander innerhalb und außerhalb des Unterrichts kann so gestaltet werden, dass es zum Vorurteilsabbau beiträgt.
- *Informationen* (z. B. Rother 1995, S. 8): „Nichtinformation fördert wie Falschinformation die Entwicklung von Vorurteilen.“ Dennoch sind Vorurteile durch das Vermitteln von Kenntnissen offensichtlich nicht völlig zu beseitigen. Interkulturelle Erziehung vollzieht sich eher im sozialen und emotionalen Lernen.
- *Perspektivenwechsel* (z. B. Tröger 1994, S. 25; vgl. Kap. 3.2): Nur wenn die Lebenssituation des Fremden an der eigenen Situation gespiegelt wird, kann der Schüler sein Welt- und Selbstverständnis erweitern. „Das Lernen über fremde Lebenswelten ... wird so zu einem Lernen über sich selbst“ (Tröger 1994, S. 8).
- *Alltagsorientierung* (z. B. Rohwer 1996, S. 8; Böhn 1992a): Eigene und fremde Alltagserfahrungen geben dem Unterricht eine emotionale Nähe. Fremde Lebenswelten rücken dadurch näher, die Vielschichtigkeit kultureller Zusammenhänge wird deutlicher, Menschen und Situationen werden leichter verstehbar.
- *Einblick in eigene und fremde Vorurteile* (z. B. Haubrich 1988, 1995a): Mit Fragebögen lassen sich Selbst- und Fremdbilder analysieren und daran Vorurteile und Stereotypen diskutieren. Auch Aufsätze von Jugendlichen über ihr Land oder über Deutschland sind aufschlussreich und schülernah.
- *Begegnungen* (z. B. Ittermann 1989, S. 8): Begegnungen mit Fremden sind die wertvollsten Ansatzpunkte für interkulturelles Lernen. Austausch von Informationen und von Ideen beim gemeinsamen Spielen, Arbeiten, Feiern, bei der Zusammenarbeit in einem Projekt u. a. ermöglichen ein nachhaltiges Annähern an das fremde Denken, Fühlen und Handeln.
- *Wertfreiere Darstellung* (z. B. Rother 1995, S. 8/9): Wir sollten die Fremden als rational handelnde, entscheidungsfähige und -bereite Wesen zeigen, die im Rahmen ihrer Lebensumstände zu überaus angepassten und intelligenten Lösungen gelangen – und nicht vorrangig unter Problem- und Defizitkategorien (vgl. z. B. die Schulbuchanalyse von Stöber 1996).

Kirchberg

Eigenschaftsprofil „Wie ich ein Land sehe"

Anmerkung: Die Schüler können mit diesem Bogen ihr subjektives Eigenschaftsprofil eines Landes erstellen, es dann miteinander vergleichen und die Gründe für Gemeinsamkeiten/Unterschiede diskutieren. Aufschlussreich ist auch das Profil mehrerer Länder vergleichend zu analysieren (z. B. das Selbstbild von Deutschland mit dem anderer Länder).

1. Wähle das eigene oder ein anderes Land um es zu charakterisieren!
2. Beurteile jedes Eigenschaftspaar einmal von 1 bis 7!
3. Verbinde deine einzelnen Kreuze zwischen den Eigenschaftspaaren in einer Kurve von oben nach unten!

Das Land ______________________ **ist:**

	1	2	3	4	5	6	7	
groß	___	___	___	___	___	___	___	klein
gefährlich	___	___	___	___	___	___	___	sicher
offen	___	___	___	___	___	___	___	geschlossen
effizient	___	___	___	___	___	___	___	ineffizient
ruhig	___	___	___	___	___	___	___	laut
hässlich	___	___	___	___	___	___	___	schön
uninteressant	___	___	___	___	___	___	___	interessant
leicht erreichbar	___	___	___	___	___	___	___	nicht leicht erreichbar
reich	___	___	___	___	___	___	___	arm
modern	___	___	___	___	___	___	___	unmodern
schmutzig	___	___	___	___	___	___	___	sauber
gut für Touristen	___	___	___	___	___	___	___	schlecht für Touristen
gesund	___	___	___	___	___	___	___	ungesund
gewöhnlich	___	___	___	___	___	___	___	ungewöhnlich
sollte verändert werden	___	___	___	___	___	___	___	sollte nicht verändert werden
erstklassig	___	___	___	___	___	___	___	zweitklassig
	1	2	3	4	5	6	7	

(aus: Haubrich/Schiller 1996, S. 185)

3.14 Konsequenzen psychologischer Aspekte für die Stoffanordnung

Ansatzpunkte für die Stoffanordnung sind von der neueren *Entwicklungspsychologie* kaum im geographischen Unterricht zu erhalten. Die früher betonte Korrespondenz bestimmter Inhalte zu bestimmten Klassenstufen hat mit der Ablehnung der Phasenlehre ihre Gültigkeit verloren. Die Frage der Stufengemäßheit ist daher mit entwicklungspsychologischen Erkenntnissen allein nicht zu beantworten.
Die „kühne Hypothese" von Bruner (1970, S. 44), dass „auf jeder Entwicklungsstufe jeder Lerngegenstand in einer intellektuell ehrlichen Form gelehrt werden" könne, wird immer wieder als Indiz für diese fehlende Orientierungsfunktion der Entwicklungspsychologie zitiert. In Wirklichkeit wird diese Aussage von der *Lernpsychologie* her begründet. Sie zielt nicht auf eine Beliebigkeit in der Anordnung der Inhalte, sondern sie ist eingebettet in die Argumentation, dass ein strukturelles Lernen notwendig sei. Wenn es gelingt, die Lernprozesse und -sequenzen entsprechend dem Lernniveau der Schüler *und* nach den „fundamental ideas" der Fachdisziplin zu strukturieren, dann ist die Gefahr einer Verfrühung von Lerngegenständen nicht gegeben.
So bleibt als Kern aller psychologischer Überlegungen die Aufforderung die Inhalte und Ziele als *lernprozessbezogene Abfolge* zu strukturieren. „Sequenzen werden heute mehr als aufeinander aufbauende sachabhängige Lernfolgen interpretiert und weniger abhängig von physiologisch bedingten Reifeereignissen" (Roth, in: Roth [Hrsg.] 1974, S. 29).

Die konkrete Lehrplanarbeit kann hier ansetzen, indem sie versucht die Lernprozesse aufbauend zu gliedern und ausgehend von einfacheren Strukturen hin zu immer komplexeren Zusammenhängen zu stufen. Als Ordnungsgesichtspunkt liefern psychologische Überlegungen damit den der *zunehmenden Komplexität* (vgl. z. B. Köck 1984b, Kirchberg 1992a). Themen mit elementareren Raumphänomenen stehen wegen ihrer leichteren Durchschaubarkeit am Beginn, verflochtenere Beziehungen und abstraktere Betrachtungsweisen am Ende des Lehrgangs. Progression ergibt sich durch eine entsprechende Auswahl von Inhalten und Räumen sowie durch die Art der Betrachtung und Fragestellung.

Die Zentralbegriffe für einen lernpsychologisch fundierten Lehrplanaufbau lauten *Rampenstruktur* und *Lernspirale* (Kirchberg 1980a; vgl. auch Kap. 6.1). Der Begriff der Rampe betont die Notwendigkeit von Einschnitten: Der Lehrplan muss deutlich konturierte Schritte im Sinne von Lernetappen vorgeben. Der Begriff Lernspirale stellt die Notwendigkeit der Kontinuität und des Wiederaufgreifens von Themen und Zielen in einer aufsteigenden Linie heraus. Beide sind kein Gegensatzpaar, sondern sich ergänzende Aspekte, die dazu beitragen, aus der Stoffanordnung keine Addition von Inhalten, sondern einen schülerorientierten Lehrgang zu machen.

Das Prinzip „Vom Nahen zum Fernen" ist immer noch umstritten. Es gibt divergierende Auffassungen dazu, ob das Vorgehen in konzentrischen Kreisen den lern-, entwicklungs- und sozialpsychologischen Erkenntnissen entspricht (vgl. S. 85; vgl. auch Sperling 1992). Die Alternative ist ohnehin nicht *„Vom Fernen zum Nahen"*, sondern in allen Klassenstufen *ein nebeneinander von Ferne und Heimat,* von Welt und Umwelt. *Kirchberg*

Einige kontroverse Aussagen zum Prinzip „Vom Nahen zum Fernen"

„Der synthetische Lehrgang geht von der Heimat des Schülers aus, schreitet vom Nahen zum Entfernten, vom Bekannten zum Unbekannten, vom geographisch Ähnlichen zum Andersartigen, von der Heimat zum Vaterland, zu Europa und den anderen Erdteilen fort und endet mit der Betrachtung der Erde als Weltkörper inmitten des Weltalls ... Diese Stoffanordnung entspricht den methodischen Grundsätzen, ist psychologisch begründet, kindgemäß und daher für die Volksschule geeignet" (Adelmann 1962, S. 63).

„Gegliedert wird nicht nach dem Motto ‚Vom Nahen zum Fernen'; für alle Schuljahre werden Nah- und Fernstoffe angesetzt und häufig miteinander verknüpft. Gegliedert wird auch nicht nach der Größe der Objekte, etwa: Einzelbilder – Länder – Weltübersichten; Arbeit am Detail im Sinne der ‚Case Studies' gehört in alle Schuljahre. Es wird vielmehr eine Gliederung versucht nach Stufen der Schwierigkeit und Komplexheit der Gegenstände, nach Stufen des Aufbaus geographischer Kategorien" (Schultze 1970, S. 8).

„Das Vorgehen ‚Vom Einfachen zum Komplexen' berücksichtigt die zunehmende Verständnisfähigkeit des Kindes mehr als ein Nacheinander von Räumen nach dem Grad der Entfernung. Das Prinzip ‚Vom Nahen zum Fernen' hat an Bedeutung verloren. Gerade den jüngeren Schülern steht Fernes psychologisch wesentlich näher, während räumliche Nähe nicht identisch ist mit leichter durchschaubarer Raumstruktur" (Kirchberg 1992a, S. 2).

„Gerade wegen der schrittweisen, kindgemäßen Erschließung ist das Prinzip ‚Vom Nahen zum Fernen' für die Abfolge der Inhalte in den Lehrplänen eher wieder bedeutsam geworden ... Dass es wieder stärker angewendet wird, hat seine Begründung zunächst auch darin, dass die Grundaufgabe des Fachs Erdkunde schlechthin, nämlich eine zureichende weltweite Orientierung, auf diese Art und Weise am besten erreicht werden kann" (Birkenhauer 1992a, S. 198).

„Das Prinzip ‚Vom Nahen zum Fernen' ... ist heute wieder im Kommen, weil sich kein anderes Gliederungsprinzip des Gesamtlehrgangs als ähnlich praktikabel erwiesen hat. Losgelöst von der alten Länderkunde ist es in der Lage auch einen modernen Unterricht ... zu strukturieren und den Vorstellungen der Öffentlichkeit vom Raumfach Erdkunde wieder mehr entgegenzukommen" (Newig 1993, S. 75).

„Die geforderte Eigenreflexivität der Betrachtung von Menschen in fernen Ländern hebt die bisher vollzogene Trennung zwischen dem Unterricht über den Nahraum und dem Unterricht über ferne Länder auf. Unterricht über das ferne Fremde sollte immer zugleich auch Unterricht über das nahe Eigene im Sinne einer Reflexion eigener lebensweltlicher Erfahrungen und Wertigkeiten sein" (Tröger 1994, S. 8).

„Es bleibt die Frage an die Geographiedidaktik: ‚Brauche ich nicht das Fremde um das Eigene/die Nähe besser zu begreifen?' Wenn dem so ist, dann kann die Folgerung für den Geographieunterricht nicht in der regionalen Abfolge liegen: zuerst (Klasse 5) der Aufbau einer räumlichen/regionalen Identität, später die Themen/Beispiele zur Fremde. Diese Trennung müsste abgelöst werden durch eine Verschränkung von Nähe und Ferne auf allen Jahrgangsstufen" (Kroß 1994, S. 69).

3.15 Offene Fragen

Die Fülle psychologischer Aspekte darf nicht verdecken, dass wir über die Grundlagen des Denkens und Lernens wenig wissen. „So wäre es zwar hochwillkommen, wenn der Geographieunterricht tatsächlich auf einer soliden Basis gut bewährter wissenschaftlicher Lerntheorien aufbauen könnte. Leider aber ist eine solche wissenschaftliche Grundlage erst in Ansätzen erkennbar – oder besser gesagt: Es gibt so viele widerstreitende Theorien, dass es einem schwer fällt, an ihre Validität zu glauben" (Heilig 1986, S. 191).
Somit stützen sich psychologische Aussagen zum Geographieunterricht vorwiegend auf praktische Erfahrungen, die naturgemäß subjektiv und divergent sind. Auch die geographiedidaktische Forschung hat bisher wenig zur Beantwortung grundlegender Fragen beigetragen:

- Was empfindet ein Jugendlicher als psychologisch nah?
- Wie baut sich das räumliche Weltbild eines Kindes auf?
- Welche Informationsquellen sind dabei in welchen Phasen besonders wirksam?
- Welche Raumvorstellungen verbinden Schüler verschiedenen Alters mit Karten?
- Welche Methoden sind für die Vermittlung welcher geographischer Sachverhalte wirkungsvoller?
- Kann sich ein Kind mit elf Jahren ein erdräumliches Kontinuum überhaupt vorstellen?

Meine Erdkarte

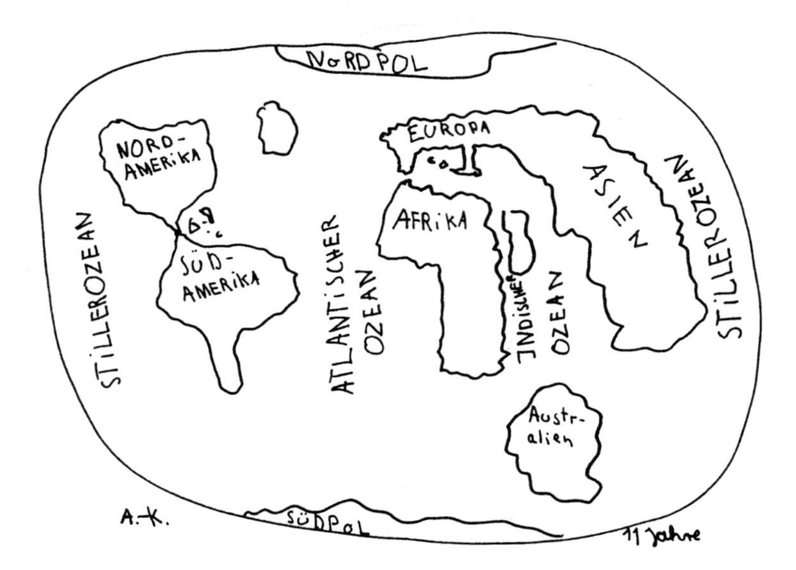

Auf solche Fragen müssten wir eigentlich Antworten haben um psychologisch fundiert Geographie zu unterrichten. Aber es wäre ohnehin falsch, von solchen Antworten schon direkte Handlungsanweisungen zu erwarten.
Unterrichten erfordert eine gewaltige Portion Mut. *Kirchberg*

4 Fachwissenschaftliche Grundlagen des Geographieunterrichts

Geographieunterricht ist kein Abbild von Wissenschaften, aber der Unterricht ist auf fachwissenschaftliche Grundlagen angewiesen. Geographie erschließt die räumliche Wirklichkeit menschlicher Lebensverhältnisse, da das „Wirkungsgefüge Mensch – Umwelt Gegenstand des Faches ist“ (Heinritz/Wießner 1994, S. 7).

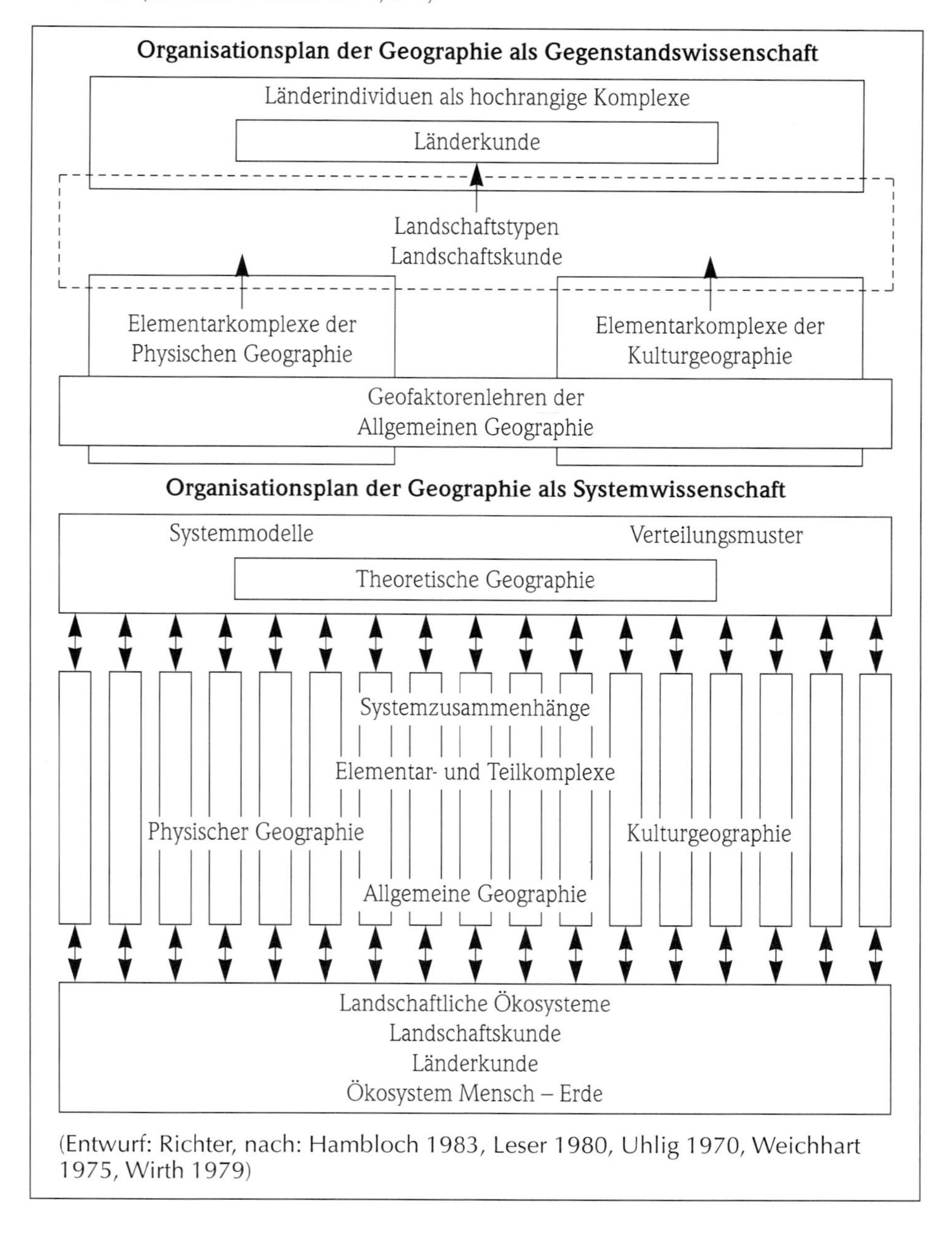

(Entwurf: Richter, nach: Hambloch 1983, Leser 1980, Uhlig 1970, Weichhart 1975, Wirth 1979)

4.1 Fachtheorien

Geographie ist eine Erfahrungswissenschaft. Diese *methodologische Aussage* gilt als unbestritten. Indessen wird seit den 60er-Jahren kontrovers diskutiert, ob die Geographie eine einheitliche Wissenschaft sei. Die Geographie erforscht die Erdoberfläche. Da sich mit diesem Realobjekt auch andere Wissenschaften befassen, ist zu einer hinreichenden Abgrenzung die Festlegung eines *Erkenntnisobjektes* notwendig, mittels dessen das Realobjekt nach bestimmten Grundsätzen und Problemstellungen untersucht wird.
Bobek, Schmithüsen, Uhlig, Schöller, Wirth, Leser u. a. betonen die *Einheit der Geographie* als Wissenschaft und Lehre und sehen ganzheitlich das *Ökosystem Mensch – Erde* in seinen unterschiedlichen Maßstabsdimensionen als Erkenntnisobjekt der Disziplin an. Demgegenüber treten u. a. Bartels, Hard, Giese und Bahrenberg entschieden für die Spaltung der Geographie in eine naturwissenschaftliche und eine sozialwissenschaftliche Disziplin ein. Danach definiert sich die Geographie nicht mehr aufgrund ihres Erfahrungsobjektes, sondern von spezifischen Fragestellungen her.
Letztlich geht der wissenschaftstheoretische Streit auf einen dem Fach innewohnenden *doppelten Dualismus* zurück. Gemeint ist einerseits die Gliederung der Geographie in *Allgemeine Geographie* und *Länderkunde* und die Dichotomie von *Physischer Geographie* und *Kulturgeographie* andererseits. Während in den Disziplinen der Allgemeinen Geographie die Objekte mit *nomothetischen* Betrachtungsweisen untersucht werden, geschieht dies beim länderkundlichen Ansatz unter *idiographischen* Erkenntnisabsichten. Zweifellos stehen die beiden Zweige der Physischen und Kulturgeographie bezüglich ihrer Fragestellungen und Methoden entweder den Naturwissenschaften oder den Kulturwissenschaften bzw. Wirtschafts- und Sozialwissenschaften nahe. Insofern lässt sich der Standort der Geographie nicht genau erfassen.
Als *Angewandte Geographie* verfolgt das Fach in der Praxis die querschnittsorientierte Umsetzung raumrelevanter Erkenntnisse und Methoden in Wirtschaft und Politik.

Der Raum ist der zentrale Begriff der Geographie. Den Raumbegriff bezieht man jedoch in unterschiedlicher methodologischer Auslegung in die Forschungsansätze der Geographie ein. Zwar hat schon Hettner die Geographie als „die Wissenschaft von der räumlichen Anordnung auf der Erde" (1927, S. 117) definiert, er verfolgte aber diesen Ansatz nicht konsequent. Vielmehr setzte sich noch unter seinem Einfluss die Hinwendung zur „dinglichen Erfüllung" des Raumes in Gestalt der Landschaft durch.

Im Organisationsplan der Geographie als Gegenstandswissenschaft bildet die Allgemeine Geographie die Basis. Durch Integration der Elementarkomplexe in höhere Stufen der Landschaften und Länder wurde die *Länderkunde* zur „Krönung" der Wissenschaft.

Als Systemwissenschaft wird Geographie seit den 70er-Jahren aufgefasst. Das führt nach Wirth (1979) zur Umkehrung im Organisationsplan des Faches. Ausgehend von der Landschafts- und Länderkunde kommt man durch Auswahl individueller Sachverhalte zu einer ersten Stufe der Abstraktion, die durch die Arbeitsweisen der Allgemeinen Geographie verstärkt wird und in die Systemmodelle und Verteilungsmuster der Stufe der *Theoretischen Geographie* einmündet (vgl. Hambloch 1983, S. 8). „Charakteristisches Merkmal der Geographie in heutiger Sicht ist die *räumliche Betrachtungsweise.* Geographie ist demzufolge die Wissenschaft von den räumlichen Strukturen und Strukturmustern, von den räumlichen Verknüpfungen und Beziehungsgefügen sowie von den räumlichen Prozessen im Bereich der erdräumlichen Dimension." (Wirth 1979, S. 60) *Richter*

Das traditionelle System der Geographie

Geographie als Gegenstandswissenschaft

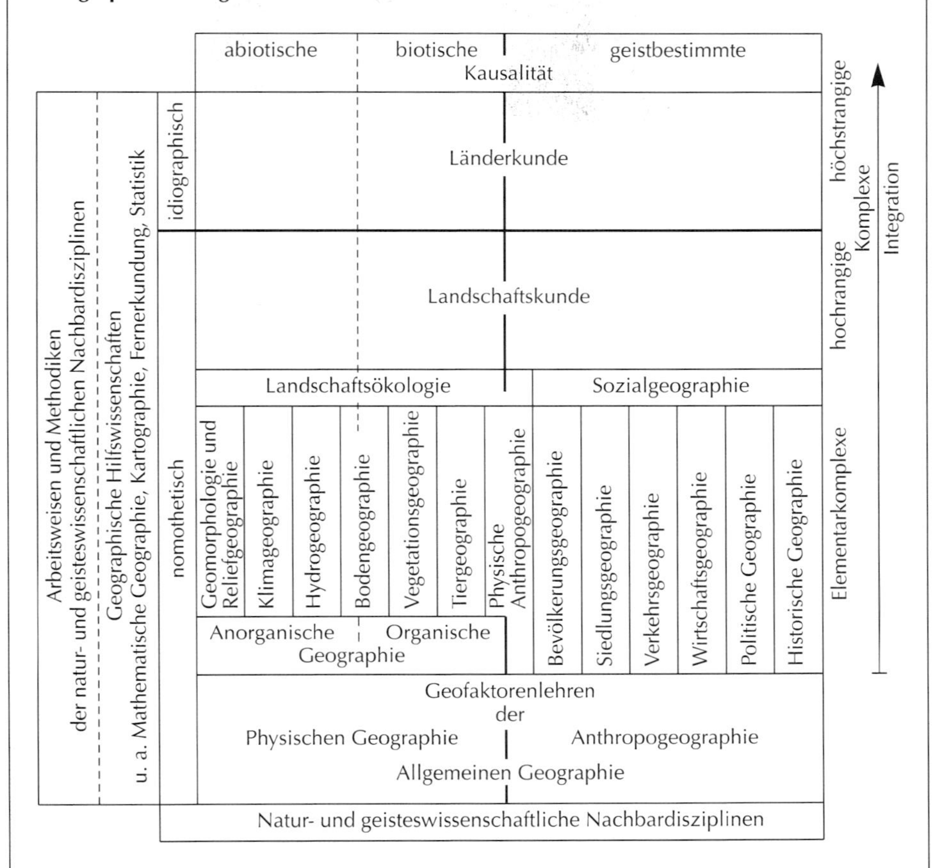

„Die Geographie ist im Vergleich zu anderen Wissenschaften eine besonders breit gefächerte Disziplin, dies wird schon aus der Tatsache deutlich, dass Geographie … sich sowohl mit natur- als auch mit sozial- und wirtschaftswissenschaftlichen Fragestellungen beschäftigt … Die beiden Hauptzweige der Geographie (sind) die Physiogeographie, die das Schwergewicht auf der Erforschung der Umwelt legt, und die Anthropogeographie, die den Menschen in seiner Beziehung zur Umwelt fokussiert" (Heinritz/Wießner 1994, S. 7/8).

„Setzen wir ‚die Geographie' als einen monolithischen Block voraus, werden wir irregeführt. Vielmehr zerfällt die Forschungspraxis heute unverkennbar … in Geographie des Menschen und Physische Geographie – wobei die Physische Geographie eine Subdisziplin der naturwissenschaftlichen Geodisziplinen ist und die Geographie des Menschen sich an ihren Wachstumsspitzen als eine Subdisziplin der Sozial- und Wirtschaftswissenschaften versteht" (Hard 1974, in: Schultze 1976).

Die Konzeptionen der Geographie sind vielfältiger Art. Nach Schöller (1977), Leser (1980) und Hambloch (1983) lassen sich unter Berücksichtigung von Dominanten folgende *Betrachtungsweisen* in ihrer zeitlichen Abfolge unterscheiden.

1. Die naturwissenschaftlich-kausale Konzeption untersucht physische Gesetzmäßigkeiten räumlicher Erscheinungen, insbesondere geologisch-geomorphologische Sachverhalte. Der Mensch wird nur randlich in die Betrachtung einbezogen, weil er sich als handelndes Wesen der Kausalanalyse entzieht.

2. Phase der beziehungswissenschaftlich-deterministischen Konzeption: Sie setzt unter Rezeption der deterministischen Sichtweise des Positivismus und des Darwinismus mit Ratzel (1882/89) ein. Der Mensch wird in seiner „doppelten Beziehung zwischen Naturwelt und Kulturwelt" (Hambloch 1983, S. 3) in die Betrachtung einbezogen. Im Vordergrund stehen zunächst die Wirkungen der Erdnatur auf die Kultur des Menschen. Solche Beziehungen werden hauptsächlich in außereuropäischen Wirtschaftsräumen geringer sozioökonomischer Entfaltungsstufe untersucht. In der nordamerikanischen Geographie entwickelt sich der *Environmentalismus.* In pseudowissenschaftlicher Überspitzung wurde der geographische *Determinismus* geopolitisch missbraucht.

3. Die ökologische Anpassungskonzeption hat noch deterministische Züge. Ihre stärkste Entfaltung findet sie in der amerikanischen *human ecology.* Der Forschungsansatz geht davon aus, dass sich jeweils der sozioökonomischen Entfaltungsstufe entsprechend Anpassungsformen der menschlichen Gesellschaft an die Natur einstellen.

4. Mit der Hinwendung zur Landschaftskonzeption werden deterministische Ansätze aufgegeben. Der Mensch wird nun als *Gestalter der Naturlandschaft,* die er in eine *Kulturlandschaft* umwandelt, gesehen (Schlüter 1906). Die Landschaft wird als real gegebene räumliche Ganzheit betrachtet, die es, vom visuell Wahrnehmbaren ausgehend, formal, funktional und genetisch zu erfassen und auszugliedern gilt. Im Blick auf gesellschaftliche Einflussfaktoren greift dieser Ansatz zu kurz. Gleichwohl hat die Landschaftskonzeption die Geographie bereichert: Die funktionale Betrachtungsweise führt zur Methodik der Landschaftsökologie. Schmithüsen (1970b, S. 432) definiert *Landschaft* als „räumliches Wirkungssystem (Synergie)".
In der *Landschaftskunde* will man den doppelten Dualismus der Geographie überwinden.

5. Dagegen begünstigt die Kulturraumkonzeption die Tendenzen zur Teilung des Faches. Über die Betrachtungsweise sagt Giese (1978, S. 94), „dass die Kulturraumforschung die Verbreitung, Verteilung und Ausbreitung ausgewählter kultureller Phänomene zum Verständnis der räumlichen Struktur eines Raumes bzw. raumwirksamer historischer Vorgänge in einem Raum untersucht." In der geosphärischen Dimension führt der Ansatz zum Begriff der *Kulturerdteile.*

6. Die sozialgeographische Konzeption stellt die Raumwirksamkeit der Verhaltensweisen und Entscheidungen sozialer Gruppen in den Mittelpunkt der Betrachtung.

7. Die Ökosystemkonzeption wird unter Rezeption des Ökosystemmodells aus der Naturlandschaftsforschung entwickelt. Der Schritt zur *Ökogeographie* wird vollzogen, weil die allgemeine Systemtheorie die Geographie in die Lage versetzt „sich wieder vermehrt dem komplexen Gegenstand Landschaft einschließlich der Prozesse und Kräfte zuzuwenden" (Leser 1980, S. 25).

Paradigmenwechsel der Geographie

Der phasenhaften Entfaltung geographischer Fragestellungen können für die Konzeption eines hierarchischen Lehrplanaufbaus konstruktive Anstöße entnommen werden.

Wissenschaftstheoretischer Ansatz

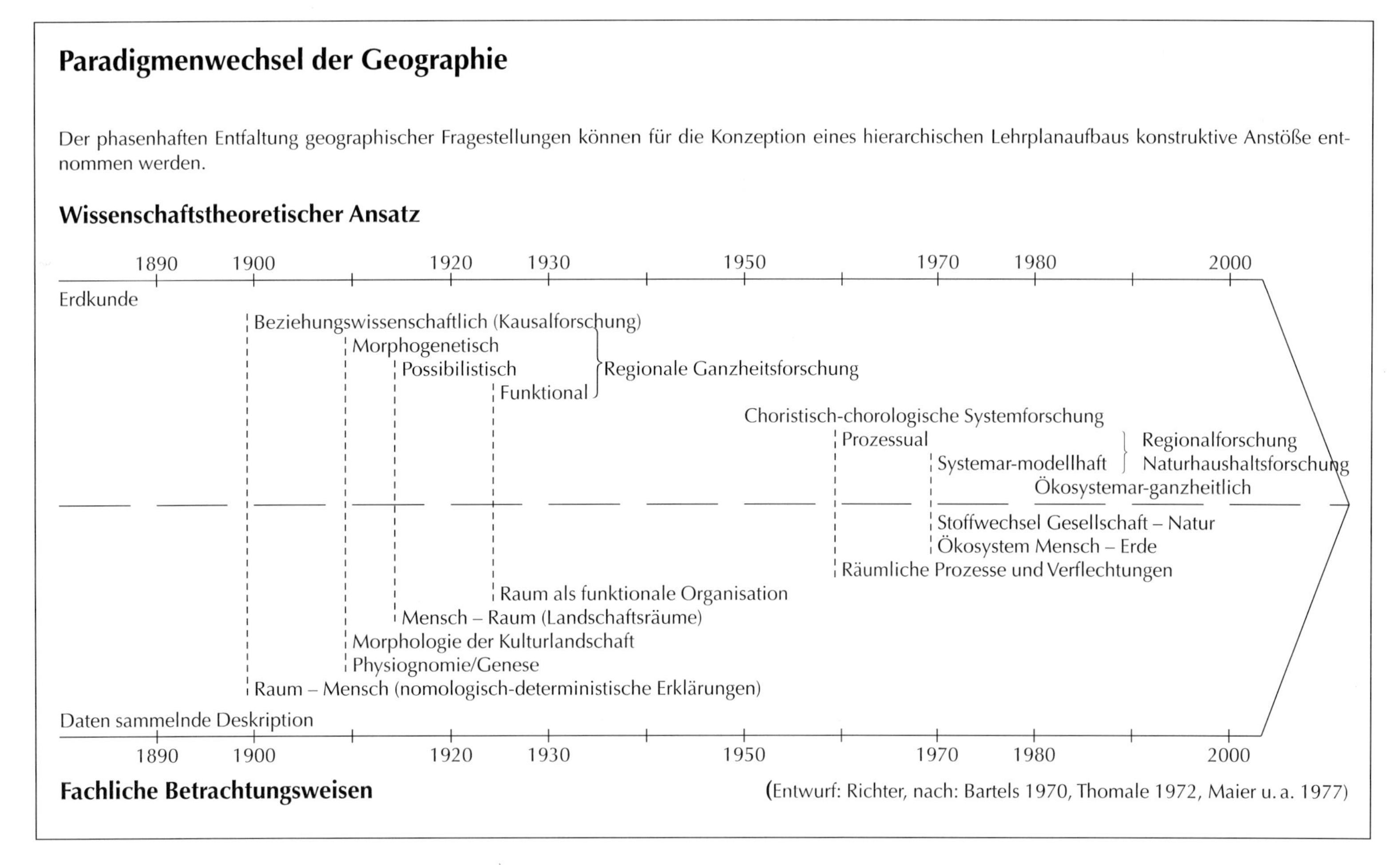

Fachliche Betrachtungsweisen

(Entwurf: Richter, nach: Bartels 1970, Thomale 1972, Maier u. a. 1977)

In der Ökogeographie (Humanökologie) gewinnt die Geographie ein gewichtiges Erkenntnisziel, das Ökosystem Mensch–Erde in den Dimensionen aller geographischen Maßstabsbereiche (vgl. u. a. Neef 1967, 1969, Weichhart 1975, Hambloch 1982, 1983, Bätzing 1991). Mit der Rückbesinnung auf die zentrale Fragestellung von „Stoffwechsel zwischen Gesellschaft und Natur" (Neef 1969) greift die Geographie die „ökologisch motivierte Kritik an der extremen Spezialisierung" (Bätzing 1991, S. 106) der „Umweltwissenschaften" auf. Im Brückenschlag von Physischer Geographie und Anthropogeographie können Problemstellungen der Humanökologie bearbeitet werden, nämlich der Lebensraum des Menschen sowie dessen Nutzung und Belastung durch die Gesellschaft im Sinne der Tragfähigkeit der Geosysteme.

Die Bündelungskompetenz der Ökogeographie mindert Isolierungstendenzen der Teildisziplinen der Allgemeinen Geographie. Die Ökogeographie wäre jedoch überfordert, wollte man an sie den Anspruch stellen die Aufgaben einer normativen Leitwissenschaft im Horizont humanökologischer Problemstellungen zu übernehmen. Sie bildet insofern das Modell einer integrativen Wissenschaft, als sie eine ganzheitliche Betrachtungsweise und die Verbindung von naturwissenschaftlichen und sozial- und wirtschaftswissenschaftlichen Fragestellungen verfolgt und die Spaltung zwischen Theorie und Praxis überwindet, wenn sie sich der Landschaftssphäre zuwendet.

Die Landschaftssphäre umfasst nicht nur die vom Menschen beeinflussten naturräumlichen Struktureinheiten, die Landschaften, sondern auch die von ihm entwickelte Soziosphäre mit deren räumlichen Struktureinheiten, den Wirtschafts- und Sozialräumen. Die Geschichte des Menschen ist dadurch gekennzeichnet, dass er dank seiner geistigen und handwerklichen Fähigkeiten bestrebt war, die natürlichen Energie- und Stoffsysteme der Geosphäre zu seinem Vorteil zu nutzen. Die Triebfeder seines Tuns war stets das Streben nach einer Verbesserung der Lebensbedingungen über die bloße Existenzsicherung hinaus. Durch seine wirtschaftliche Tätigkeit löst der Mensch nicht nur sozioökonomische Prozesse aus, er schafft auch Raumsysteme, indem er die Geosphäre einem Bewertungs- und Inwertsetzungsprozess unterwirft. Die Ökogeographie stellt somit Basiswissen für einen sachgerechten Umgang mit der landschaftsökologischen Wirklichkeit menschlicher Lebensverhältnisse bereit.

Das Wechselspiel zwischen Landschaftssphäre, Technik, Wirtschaft und Gesellschaft folgt in der marktwirtschaftlichen Ordnung der Logik des Kapitals. Seit der Industrialisierung und mit der Globalisierung sozioökonomischer Prozesse wachsen Zahl und Umfang der Eingriffe in den Naturhaushalt derart, dass die Belastung der Geosysteme zu wirtschaftlichen Krisen führen kann. Diese politische Dimension gebietet es, den allgemein steigenden Ansprüchen einer dynamischen Weltgesellschaft an die Landschaftssphäre das Prinzip der Nachhaltigkeit entgegenzusetzen. Mit der Veröffentlichung des Brundlandt-Reports (1987) wendet sich die Umweltdiskussion: „sustainable development" bedeutet die zukunftsorientierte Entwicklung und Inwertsetzung der Landschaftssphäre. Zukunft kann weder durch blindes Vertrauen in den technischen Fortschritt noch durch kompromisslosen Rückzug in vermeintliche ökologische Nischen gewonnen werden. Nachhaltige Nutzung der Geosysteme setzt ökologisch angepassten Umgang mit der Technik voraus.

An diesem Wendepunkt in der Entfaltung der menschlichen Gesellschaft ist erneut ein wissenschaftlicher Paradigmenwechsel angezeigt. Die „quantitative Revolution" (Fliedner 1993, S. 142) der zweiten Hälfte des 20. Jh. trug zur Diffamierung integrativer Ansätze zwischen Natur- und Geisteswissenschaften bei. Die Geographie könnte mit der nicht unkritischen Hinwendung zur klassischen Landschaftskonzeption, insbesondere zum ganzheitlichen Ansatz der Wechselwirkungen und Systemzusammenhänge zwischen den Geosphären und der soziosphäre, somit der Konzentration ihres wissenschaftlichen Potenzials auf den ökogeographischen Ansatz, der Politik Entscheidungshilfen auf relevanten Feldern an die Hand geben. *Richter*

Komplexe Geographie

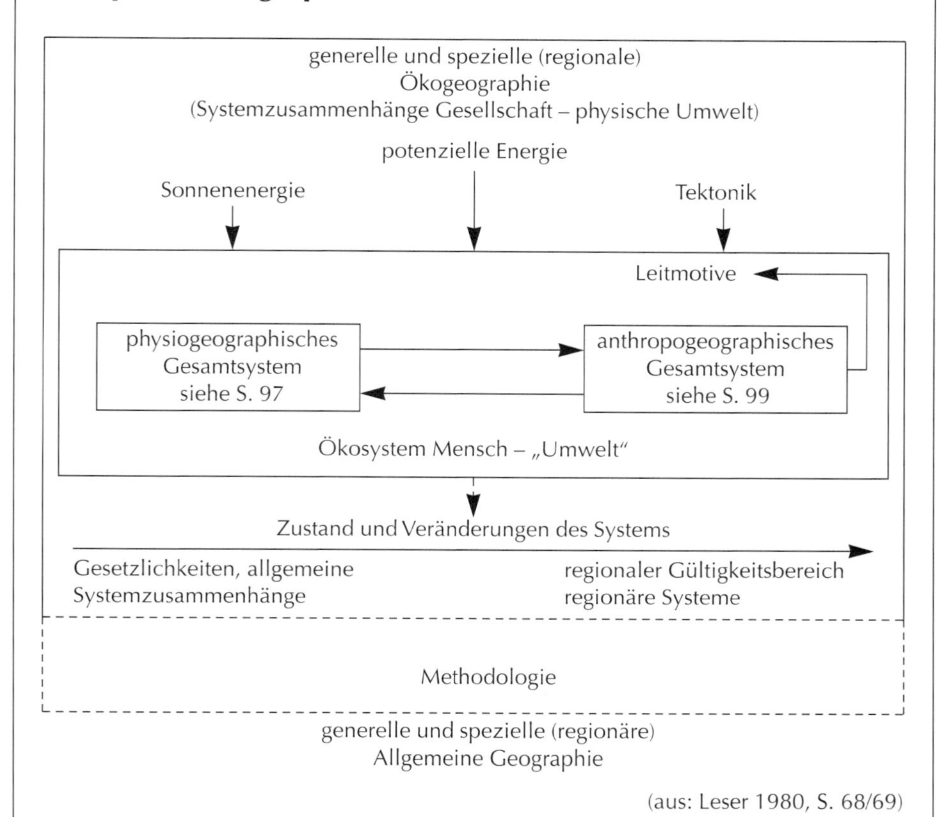

(aus: Leser 1980, S. 68/69)

„Gegenstand der Geographie als integrativer Umweltwissenschaft wäre also die Analyse der Wechselwirkungen zwischen Mensch und Natur in ihrer räumlichen Interaktion. Dabei kommt der Verbindung zwischen Physischer und Kulturgeographie als Brückenschlag zwischen Natur- und Sozialwissenschaften die fundamentale Bedeutung zu, denn in beiden Bereichen spielen sich völlig unterschiedliche Prozesse ab (Prozesse in der Natur – Handlungen des Menschen), die unterschiedliche Methoden erfordern: hier Naturgesetze/Determination/‚Erklären' – dort Handlungen/Freiheit/‚Verstehen'/Hermeneutik, und die komplizierte Dialektik der menschlichen Umweltbeziehungen und ihrer Störungen kann man nur dann verstehen, wenn man beide Seiten gleichermaßen berücksichtigt, dies ist aber nur möglich, wenn man keine additive, sondern eine problemorientierte Verbindung zwischen ihnen sucht, nämlich als Frage nach demjenigen menschlichen Verhalten in Wirtschaft und Gesellschaft, das seine natürlichen Lebensgrundlagen nicht vernutzt, sondern bewusst reproduziert. Bei dieser inhaltlich wie methodisch äußerst schwierigen Verbindung zwischen Physischer und Kulturgeographie steht die Geographie noch am Anfang ...

Wenn die Geographie diese Erfahrung vertieft und systematisch weiterentwickelt und dabei die extreme Spezialisierung ihrer Teildisziplinen durch bewusste Einbindung in diesen Rahmen aus ihrer Vereinzelung löst, dann kann die Geographie als integrative Umweltwissenschaft eine wichtige Aufgabe bei der Lösung der gegenwärtigen Umweltprobleme übernehmen" (Bätzing 1991, S. 107/108).

4.2 Fachmethoden

Im Gegensatz zu *fachspezifischen Forschungsansätzen,* die Wissenschaften gegeneinander abgrenzen, gibt es allgemeine Methoden wissenschaftlichen Arbeitens. Deshalb ist es legitim, dass die Geographie *fächerübergreifende Arbeitsweisen,* nämlich sowohl natur- als auch sozial- und wirtschaftswissenschaftliche Methoden, einsetzt. Hauptsächlich in den 60er- und 70er-Jahren vollzog sich, von der Öffentlichkeit kaum wahrgenommen, „sukzessive ein Wandel der geographischen Arbeitsweisen ..., der mit dem systemorientierten Ansatz radikal verstärkt wurde, der zunächst die Physiogeographie und rund zehn Jahre später auch die Anthropogeographie des deutschen Sprachraums erfasste" (Leser 1980, S. 97).

Die konventionellen Arbeitsweisen der Geographie sind qualitativer Art. Sie umfassen, ausgehend von der Fragestellung, die Beobachtung, Beschreibung und Deutung bzw. Wertung der Sachverhalte. Dabei werden die benötigten Unterlagen aus den Daten der Zwischenergebnisse bezogen und „durch gedankliche Arbeit zueinander in Beziehung" (Boesch 1977, S. 146) gebracht. Die Darstellung der Untersuchungsergebnisse erfolgt in textlicher, kartographischer und bildlicher Form. Vorteilhaft wirkt sich aus, dass durch Erfahrung und Beurteilungsvermögen des Forschers ständig an den Teilergebnissen und am methodischen Vorgehen korrigiert werden kann. Außerdem werden frühzeitig Zusammenhänge erkannt und Wesentliches vom Unwesentlichen unterschieden. Allerdings kann die subjektive Anwendung der Methoden bei verschiedenen Bearbeitern zu unterschiedlichen Ergebnissen führen. Dadurch wird die Vergleichbarkeit der Ergebnisse beeinträchtigt.

Techniken der Feldarbeit wie das Beobachten, Bestimmen, Messen, Zählen, Befragen und Kartieren gehören aufgrund des Forschungsgegenstandes zu den zentralen Arbeitsweisen der Geographie. Dabei kommen bei der physisch-geographischen Geländearbeit andere Erfassungstechniken zur Anwendung als bei der anthropogeographischen Erkundung. Andere unverzichtbare fachspezifische Arbeitsweisen sind die Bildauswertung, Labortechniken und Karteninterpretation.

Mit der Hinwendung zur Quantifizierung werden mathematisch-statistische Verfahren und Modelle angewandt. Diese Verfahren wie Klassenbildung, Dispersionsmessung, Stichprobenziehung, Korrelations- und Regressionsrechnung sind vor allem Hilfsmittel der Empirie. Sie ermöglichen die intersubjektive Überprüfbarkeit und helfen die Informationsfülle zu reduzieren und zu ordnen (vgl. Hantschel/Tharun 1980, S. 194). Hinzu kommen Methoden der Datenverarbeitung, zumal dadurch die Korrelation und Integration von Daten in kürzester Zeit möglich wird. Diese Methoden gestatten es, stärker als zuvor an Modellen räumlicher Prozesse zu arbeiten und dabei die Zahl der Variablen und Dimensionen von Geosystemen zu erweitern und vom Beziehungsdenken zum Systemdenken überzugehen.

Als komplexe geographische Arbeitsweisen kommen vor allem zur Anwendung die regionale und globale Raumbeobachtung (geographisches Monitoring sozialgeographischer und umweltbezogener Prozesse), die Ökosystem- und Regionalstrukturanalyse sowie raumbezogene Bewertung (Kategorisierung raumbezogener Phänomene, Landschaftsanalyse und -bewertung), die Geographischen Informationssysteme (GIS), die Fernerkundung, die geoökologische Geländeaufnahme und -erkundung, die Erstellung von Plänen, die Politikberatung und das Regionalmanagement im Feld der Stadt- und Regionalplanung sowie Regionalentwicklung (vgl. Rauschelbach 1994, S. 5).

Richter

Ablauf des Erkenntnisgewinns empirisch-analytischer Wissenschaften

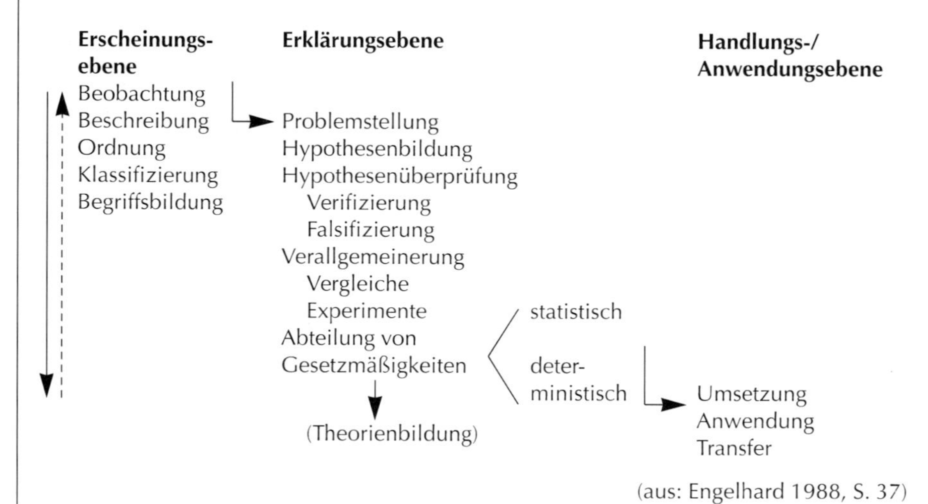

(aus: Engelhard 1988, S. 37)

Thesen zur qualitativen Forschung

„Im Allgemeinen wird zwischen qualitativer und quantitativer Forschung unterschieden … Der Begriff ‚qualitativ' bezieht sich insbesondere ausgrenzend auf nichtstandardisierte Verfahren und impliziert einem Untersuchungsgegenstand offen und angemessen gegenüberzutreten. Es finden weniger quantitative, erklärende Vorgänge Bedeutung als solche, die auf das ‚Wie' des Beforschten gerichtet sind. Qualitative Forschung will die Beschaffenheit unbekannter, auch nicht vermuteter Beziehungen aufdecken: Sie erforscht Relationen, Verbindungen und Wechselbeziehungen …
Qualitative Forschung hebt hervor:
- Die Wirklichkeit ist eine soziale Konstruktion.
- Der Mensch muss Ausgangspunkt und Ziel von Untersuchungen sein.
- Der Untersuchungsgegenstand kann aufgrund seiner Komplexität niemals ganz offen liegen. Er kann nur mittels Interpretation erschlossen werden.
- Der Forschungsgegenstand hat Explorationsfunktion. Auf Hypothesenbildung ex ante wird verzichtet.
- Es besteht eine Prozesshaftigkeit bezüglich des Beforschten und des Forschungsprozesses selbst.
- Forschungsschritte werden expliziert um einen kommunikativen Nachvollzug zu ermöglichen.
- Jede Bedeutung ist kontextgebunden und jedes Zeichen Index eines umfassenden Regelwissens. Verständlichkeit kann nur durch den Rekurs auf den Kontext möglich werden.
- Induktives Vorgehen ist erlaubt. Es bildet die Grundlage für die Bearbeitung von Einzelfällen.
- Das Bemühen um Offenheit gegenüber Personen, Situationen und Methoden einer Untersuchung ist notwendig."

(aus: Koch/Gretsch 1994, S. 26/27).

4.3 Physische Geographie

Die allgemeine Physische Geographie befasst sich mit der Untersuchung von Struktur, Funktionsweise und Dynamik der natürlichen Gegebenheiten der Geosphäre. Der Naturraum der Geosphäre ist jener erdumspannende Systemzusammenhang, der sich aus der Durchdringung von Atmosphäre, Hydrosphäre, Lithosphäre und Biosphäre ergibt. Jede Sphäre wird durch *Elementar-* und *Teilkomplexe* der Geofaktoren geprägt. Sie werden zunächst von den Teildisziplinen der Physischen Geographie untersucht.

Diese Geofaktorengeographien, wie *Klima-*, *Vegetations-*, *Boden-*, *Hydrogeographie* und *Geomorphologie,* verwenden spezielle wie allgemeine Arbeitsweisen, die ihrerseits durch entsprechende Methoden in den Grund- bzw. Elementarwissenschaften Meteorologie, Botanik, Hydrologie und Geologie vorgegeben sind oder aus ihnen entwickelt wurden.

Die Klimageographie ist „eine Betrachtungsweise der Klimatologie, die in ihren Ansätzen innerhalb des Klimasystems raumzeitliche Komponenten und Oberflächenstrukturen als Einflussgrößen hervorhebt“ (Frankenberg 1987, S. 245). Nach Frankenberg (1987) kennzeichnet die „Klimaforschung geographischen Aspekts“ Folgendes:

- Das Klima wird als Bestandteil des Ökosystems definiert und in raumzeitlichen Dimensionen betrachtet.
- Neue Methoden erfassen die Klimaelemente physikalisch exakter.
- Statistische Verfahren werden zur Aufbereitung der Messwerte verwandt und in Modell- bzw. Systemanalysen eingebracht. Genetische Gesichtspunkte werden zur Erklärung der statistisch aufbereiteten klimatischen Raum-Zeit-Muster einbezogen.
- Ökologische Gesichtspunkte zwingen zur Anwendungs- und Planungsorientierung.

Die Vegetationsgeographie untersucht die Wechselbeziehungen zwischen Pflanzengemeinschaften und Erdräumen. Die Geobotanik analysiert Florenelemente in ihrer Verbreitung und Abhängigkeit von Umweltbedingungen. Die Vegetation ist nicht nur physiognomisch ein wesentlicher Bestandteil der Landschaft, sondern auch zur vollständigen Erfassung des Landschaftshaushaltes notwendig.

Die Bodengeographie befasst sich mit der räumlichen Anordnung von Böden in ihrer Bedeutung für die Gliederung der Geosphäre. Hier liegt der trennende Forschungsansatz zur Bodenkunde: „Der Geograph braucht sie für das bessere Verständnis der räumlichen Gliederung der Erdoberfläche“ (Semmel 1984, S. 318).

Die Hydrogeographie hat sich als eine selbstständige Disziplin neben der Hydrologie entwickelt. Diese befasst sich mit den natürlichen Eigenschaften des Wassers in seinen räumlich getrennten Vorkommen und den dadurch auf der Erde hervorgerufenen Wirkungen.

Die Geomorphologie als Wissenschaft von den Oberflächenformen der Erde ist unter den Geofaktorenlehren neben der Klimageographie eindeutig eine geographische Disziplin geblieben. Ihre Aufgabe ist es, Grund- und Leitformen der Oberflächengestaltung zu erkennen, die Gesetzmäßigkeiten ihrer Verbreitung, Entstehung und Umwandlung zu ermitteln. Sie berücksichtigt die endogenen und exogenen Kräfte, Vorgänge und Formen und schließt die klimageomorphologische Betrachtungsweise ein. *Richter*

Systemzusammenhänge der physischen Faktoren

generelle und spezielle (regionale) Physische Geographie

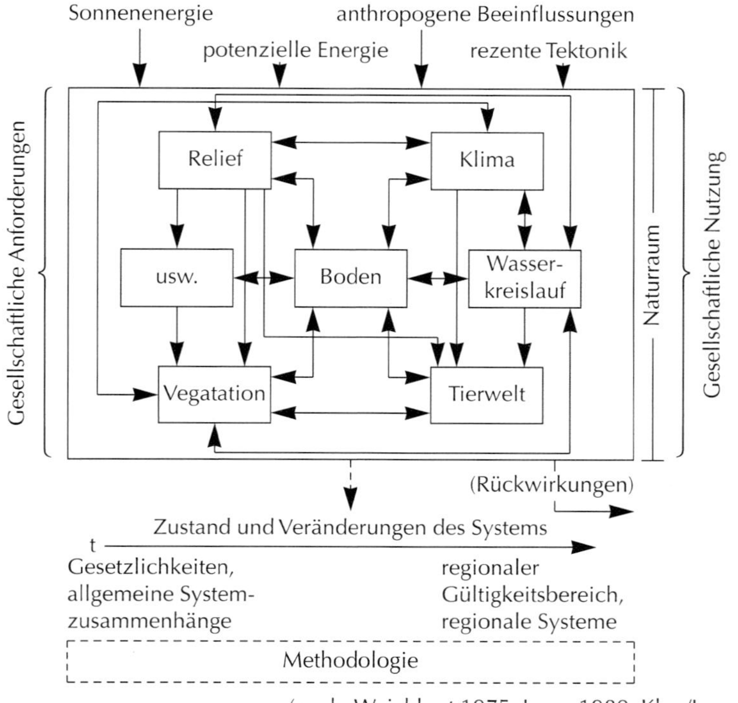

(nach: Weichhart 1975, Leser 1980, Klug/Lang 1985)

Subsystem der Physischen Geographie

Didaktischer Ort: Sekundarstufe II

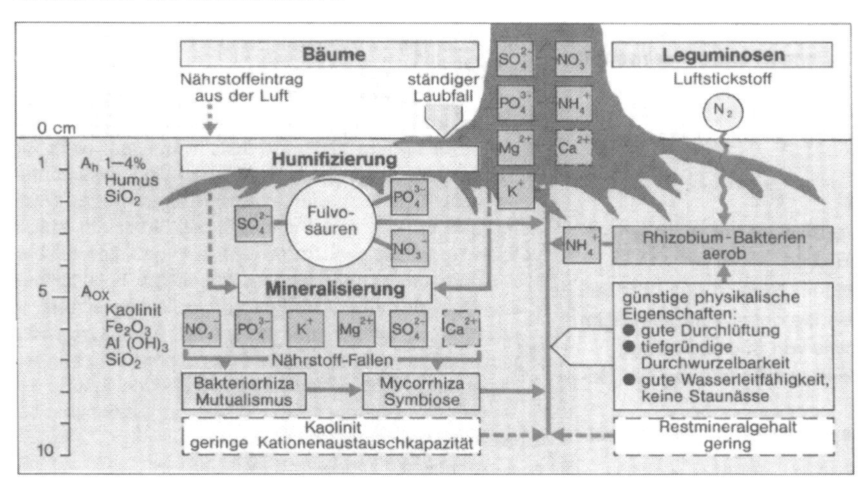

Mineralstoffhaushalt in ferralitischen Böden (Entwurf: Richter)

4.4 Anthropogeographie

Zu den Termini Anthropogeographie (Kulturgeographie, Humangeographie) bzw. Wirtschafts- und Sozialgeographie stellt Wirth (1979, S. 28) fest, „dass die stets gegenwärtige, unauflösbare Dreiecksbeziehung Person – Kultur – Gesellschaft die ... Termini ... als in jeder Hinsicht gleichberechtigt erscheinen lässt." Welchen Begriff man bevorzugt, hängt davon ab, ob der Mensch als Kulturwesen mit historisch-genetischen Wurzeln oder als handelndes Individuum gesehen wird oder der Begriff dazu dient, die Bindungen zu den vermeintlich fundierteren Wirtschafts- und Sozialwissenschaften herauszustellen.

Im traditionellen System der Geographie (vgl. Uhlig 1970, Weichhart 1975, Leser 1980) haben die Teildisziplinen der *Anthropogeographie* ihren logischen Ort, weil „die Klammer für die Objekte der Anthroposphäre nur die Sozialgeographie im Sinne einer Kräftelehre sein kann" (Hambloch 1982, S. 7). Damit ist ein Wesenszug der Sozialgeographie herausgestellt. Sie kann wegen ihres integrativen Charakters keine Teildisziplin der Anthropogeographie sein. Stattdessen durchdringt sie, ähnlich der Landschaftsökologie, die Bereiche der allgemeinen Anthropogeographie, weil sie das räumliche Verhalten sozialer Gruppen analysiert und die Kräfte aufzeigt, welche die Kulturlandschaft in ihrer unterschiedlichsten Art ausprägen.
Ruppert und Schaffer (1969) sehen die *Sozialgeographie* als eine methodische Neuerung der Anthropogeographie (Schaffer 1970, S. 454). Der Raum dieser sozialgeographischen Betrachtungsweise ist ein Aktionsraum, in dem soziale Gruppen Schöpfer räumlicher Strukturen und Träger Raum gestaltender Prozesse sind. Die Gruppen gestalten den sozialgeographischen Raum als Träger der raumrelevanten *Daseinsgrundfunktionen,* die Partzsch (1964, S. 3) vorstellt und unterscheidet. In dieser Sicht stellt sich die Kulturlandschaft als ein komplexes Reaktionsreichweitengefüge von Gruppen als Träger der Daseinsgrundfunktionen und die Landschaft als „Registrierplatte sozialgeographischer Vorgänge" (Hartke 1959) dar.

Im modifizierten Organisationsplan der Geographie (Leser 1980, S. 63) stehen die Geofaktorenlehren der kulturgeographischen Einzeldisziplinen einer komplexen Anthropogeographie gegenüber. In der Anthropogeographie und ihren Teildisziplinen werden Systemzusammenhänge „zwischen den sozialen Gruppen und den geistbestimmten Geofaktoren sowie den daraus resultierenden wirtschaftlichen und politischen Kräften" (Leser 1980, S. 77) untersucht. Diese raumbezogenen Systemzusammenhänge werden in Erdräumen unterschiedlicher Größenordnungen und Kategorien (Industrieländer, Entwicklungsländer, Ballungsraum, ländlicher Raum usw.) erforscht.

Eine sozialwissenschaftliche Regionalforschung (Regionalwissenschaft) findet in einem Organisationsplan der Geographie, der die Einheit des Faches postuliert, aus methodologischen Gründen keinen Platz. Bahrenberg (1979, S. 60) gewinnt den Eindruck, „als sei die Entwicklung zur Regionalforschung auf halbem Wege zum Stillstand gekommen." Nach seiner Beschreibung sollte Regionalforschung eine „Erklärung und Gestaltungsmöglichkeiten der räumlichen Organisation der Aktivitäten (einschließlich ihrer materiellen Manifestationen) von Individuen, Haushalten, sozialen oder verhaltenshomogenen Gruppen, privaten und öffentlichen Organisationen" (Bahrenberg 1979, S. 61) umfassen. Wirtschafts- und sozialwissenschaftliche Regionalforschung ist außerhalb der Anthropogeographie an den Aufgaben der räumlichen Planung und Regionalpolitik, an der Erarbeitung politischer Länderkunden und von Länderanalysen sowie an der Theoriebildung beteiligt. Rohr (1990, S. 28) warnt „vor zuviel Aufwand in der Differenzierung raumbezogener Disziplinen".

Systemzusammenhänge Technik – Gesellschaft – Wirtschaft – Politik

generelle und spezielle (regionale) Anthropogeographie

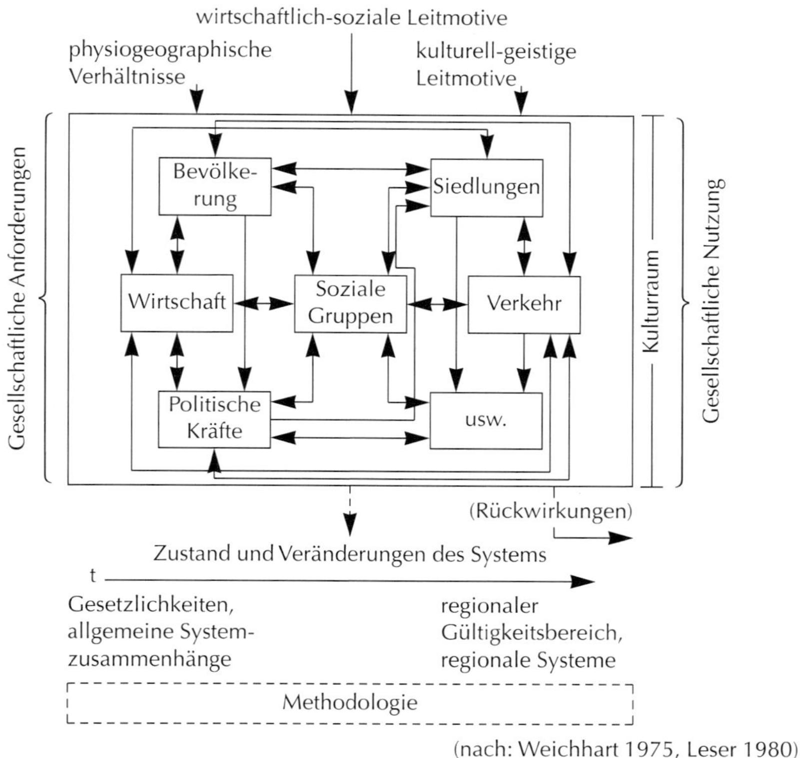

(nach: Weichhart 1975, Leser 1980)

Subsystem der Anthropogeographie

Didaktischer Ort: Jahrgangsstufe 5/6

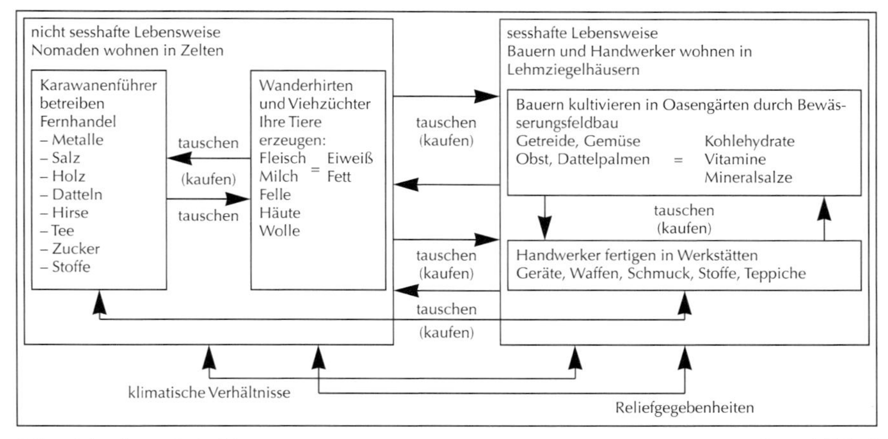

Frühere Lebensformen in der Sahara (Entwurf: Richter)

In der Bevölkerungsgeographie standen zunächst die Verbreitung und Verteilung der Menschheit im Vordergrund. Heute dominieren Untersuchungen zur Bevölkerungsdynamik in ihrer räumlichen Differenzierung. Die Disziplin verfolgt also raumrelevante Mobilitätsprozesse. Theorien und Modelle der Bevölkerungsgeographie werden in drei Theorieebenen entwickelt, so das Modell des demographischen Übergangs und die Theorie der Mobilitätstransformation, Gravitationsmodelle, Push-Pull-Methode, verhaltens- und wahrnehmungsorientierte Konzepte (vgl. Bähr 1988, S. 6).

Die Siedlungsgeographie stellt menschliche Siedlungen nach Physiognomie, Lage und Verteilung, Funktion und Genese, in Abhängigkeit vom Naturraum, von Wirtschaftsformen und vom Kulturraum dar. Ein Zweig der Siedlungsgeographie ist die *Stadtgeographie,* wobei die Stadtforschung vor allem Großstadtforschung ist und die kulturhistorische Ausrichtung heute vielfach zu Unrecht infrage gestellt wird (vgl. Lichtenberger 1986).

Die Wirtschaftsgeographie befasst sich mit der räumlichen Ordnung der Wirtschaft im Systemzusammenhang Mensch – Raum und sie stellt den Einfluss des Menschen auf den Natur- und Wirtschaftsraum heraus. Mit dem Eingang quantitativer Verfahren in die Wirtschaftsgeographie wurden neue Forschungsansätze entwickelt: „der funktionale Ansatz, der raumwirtschaftliche Ansatz in einem engeren Sinne, der verhaltens- und entscheidungstheoretische Ansatz, der ‚Wohlfahrts'-Ansatz einer ‚engagierten' Geographie" (Schamp 1983, S. 74).

Die Agrargeographie ist nach Otremba (1976) „die Wissenschaft von der durch die Landwirtschaft gestalteten Erdoberfläche". Dieser Auffassung folgt Arnold (1985), indem er „die Darstellung räumlicher Produktionssysteme der Landwirtschaft (Agrarsysteme), also die Verbreitung landwirtschaftlicher Aktivitäten im Agrarraum, ihre Interaktionen und deren Dynamik im zeitlichen Ablauf" betont. Sick (1983) erweitert das Konzept um die „ökologische und soziale Struktur" des Agrarraums.

Die Sozialgeographie sieht sich nicht in demselben Sinne wie die vorher genannten Teildisziplinen als einen Teilbereich der Anthropogeographie, sondern sie will die verbindende Kräftelehre sein, die das räumliche Verhalten der sozialen Gruppen analysiert, die die Kräfte aufzeigt, die kulturgeographische Erscheinungen der unterschiedlichsten Art hervorrufen.

Die Ökumene ist in der geosphärischen Dimension der *zentrale Begriff* der Anthropogeographie. In der Ökumene liegen dispers-punkthafte Raummuster der Standorte des Wohnens und der wirtschaftlichen Tätigkeiten im sekundären und tertiären Sektor, hinzu kommen Linienmuster der Verkehrsnetze und kontinuierlich-flächenhafte Raummuster der Landnutzung im primären Wirtschaftssektor (vgl. Hambloch 1983, S. 44). Die Daseinsbewältigung und Daseinsvorsorge des Menschen sowie der Gang der Kultur über die Erde (vgl. Hettner 1929), also die gesellschaftliche und wirtschaftliche Entfaltung des Menschen in unterschiedlich strukturierten und dimensionierten Erdräumen sind somit *fundamentale Aufgabenfelder der Anthropogeographie.*
In der *urbanisierten Gesellschaft* der Gegenwart wird der Mensch aber zunehmend zum Störfaktor im Ökosystem. Daraus entstehen Ängste um die Zukunft der Menschheit und Fragen nach dem Sinn menschlicher Existenz. In dieser *kulturhistorischen Grenzsituation* darf die anthropogeographische Forschung und Lehre in der um sich greifenden Praxis immer enger gefasster Spezialuntersuchungen nicht den geosphärischen Zusammenhang eines geographischen Weltbildes aus dem Blick verlieren. *Richter*

Modelle zur Anthropogeographie

Didaktischer Ort: ab Jahrgangsstufe 10
Der Mensch lebt in einer komplexen Wirklichkeit. Dieser Vielfalt von verworrenen und verwirrenden Erscheinungen ist unser Bewusstsein ohne geeignete Hilfsmittel nicht gewachsen. Denkmodelle sollen helfen die Distanz zwischen Wirklichkeit und Bewusstsein zu verringern oder sie durch Abbildung der Wirklichkeit wenigstens in Teilbereichen zu überspringen.

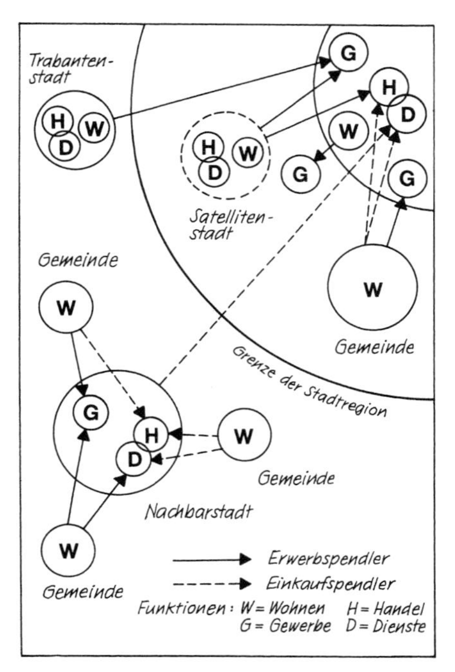

Stadt-Umland-Beziehungen
(Entwurf: Richter)

Einzelhandelsbetriebe
Güter des gehobenen
Bedarfs
Branche A
Branche B
Branche C
Zentraler Ort
Wohnort des
Nachfragers

Konkurrenzballung bei Gütern des gehobenen Bedarfs (Entwurf: Richter)

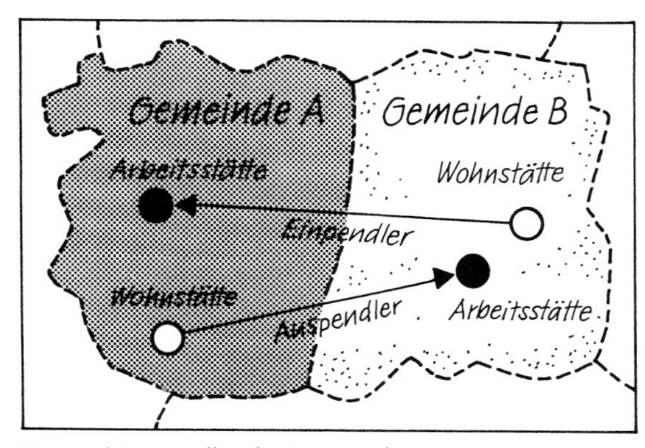

Ein- und Auspendler der Gemeinde A
(Entwurf: Richter)

4.5 Humanökologie

Die Humanökologie ist ein *interdisziplinärer Fachbereich* zwischen Wirtschafts- und Sozialwissenschaften sowie Bio- und Geowissenschaften (vgl. Leser [Hrsg.] 1994, S. 209). Der Mensch kann heute als ein Systemglied von hohem Wirkungsgrad derart in landschaftliche Ökosysteme eingreifen, dass er den natürlichen Systemzusammenhang nachhaltig zu seinem Nutzen verändert. Er kann aber auch zeitweilig oder irreversibel Degradierungsprozesse auslösen. Deshalb ist zu fragen, in welchem Umfang die Ökosysteme Belastungen durch das Systemglied Mensch egalisieren. Finke (1986, S. 48) stellt zu Recht fest: „Gerade dieses typisch landschaftsökologische Interesse am Gesamtzusammenhang der landschaftlichen Ökosysteme macht die Landschaftsökologie für die Praxis so wichtig, wo es beim heutigen Stand des Umweltbewusstseins stets darum geht, das mit dem Eingriff in die Landschaft verbundene ökologische Risiko vorher abzuschätzen."

Die Geosystemforschung hat ihre Wurzeln in der *Landschaftsforschung,* denn sie wurde durch Passarges Arbeiten zur „Landschaftskunde (1919/1920) und „Vergleichenden Landschaftskunde" (1921–1930) begründet. Über die Vegetationsgeographie fanden Troll (1939) und Schmithüsen (1942) zur ökologischen Landschaftsforschung. In den 50er-Jahren stand das Problem der Hierarchie von Raumeinheiten im Forschungshorizont der naturräumlichen Gliederung Deutschlands im Vordergrund. Heute geht man vom *Ökotop* aus.

Die geoökologische Forschung untersucht den inneren Aufbau und die räumlichen Strukturen des gesamten naturlandschaftlichen Geofaktorenkomplexes. Daraus ergeben sich zwei Aufgabenstellungen: 1. Geoökologische Erkundung an kleinflächigen Objekten: Sie dient der Analyse des Systemzusammenhangs, der Bilanzierung des Landschaftshaushalts und der Ermittlung von kleinsten Raumeinheiten, den Ökotopen. 2. Landschaftschorologische oder naturräumliche Erkundung als ein Beitrag zur Landschaftsforschung: Dabei werden die Gesetzmäßigkeiten der räumlichen Differenzierung der Geofaktorenkomplexe ermittelt und die ausgewiesenen Raumeinheiten inhaltlich gekennzeichnet.
Das Ziel der geoökologischen Forschung ist die vertiefte Kenntnis der Systemzusammenhänge des Landschaftshaushalts und „eine quantifizierte inhaltliche Kennzeichnung der naturräumlichen Einheiten" (Leser 1978, S. 2). Da die Arbeiten aus der Schule E. Neefs zeigen, „dass naturwissenschaftlich exakte Aussagen über den Landschaftshaushalt und seine konstituierenden Geofaktoren (bisher) nur für relativ kleine Untersuchungsgebiete möglich sind" (Finke 1986, S. 23), muss eine Methode entwickelt werden, „wie über Teilkomplexe des Landschaftshaushalts möglichst dessen gesamtes Funktionsgefüge erfasst werden kann" (Finke 1986, S. 26).

Biologische und geographische Fragestellung zur Ökologie lassen sich aus methodologischen Gründen nicht klar voneinander trennen. Biologen stellen den Begriff „Landschaftsökologie" in Schulbüchern häufig verkürzt dar, teilweise ignorieren sie den Sachverhalt. Störend wirkt jedenfalls der bestehende Begriffswirrwarr. Ein Modell zur eindeutigen inhaltlichen Abgrenzung von Begriffen zur Ökologie stellt Leser (1984) zur Diskussion. Er verwendet die Begriffe *Geoökologie* für den geographischen und *Bioökologie* für den biologischen Schwerpunkt. Die geographischen Begriffe Geoökologie und Landschaftsökologie sind nicht mehr synonym. Somit wäre die Abgrenzung zwischen einem raumwissenschaftlichen und einem biologischen Fachbereich der Ökologie im integrativen Feld der Humanökologie möglich. Die Landschaftsökologie wäre jener Fachbereich, der anthropogene Kräftekomplexe und Systemzusammenhänge zusammenzuführen hätte.

Richter

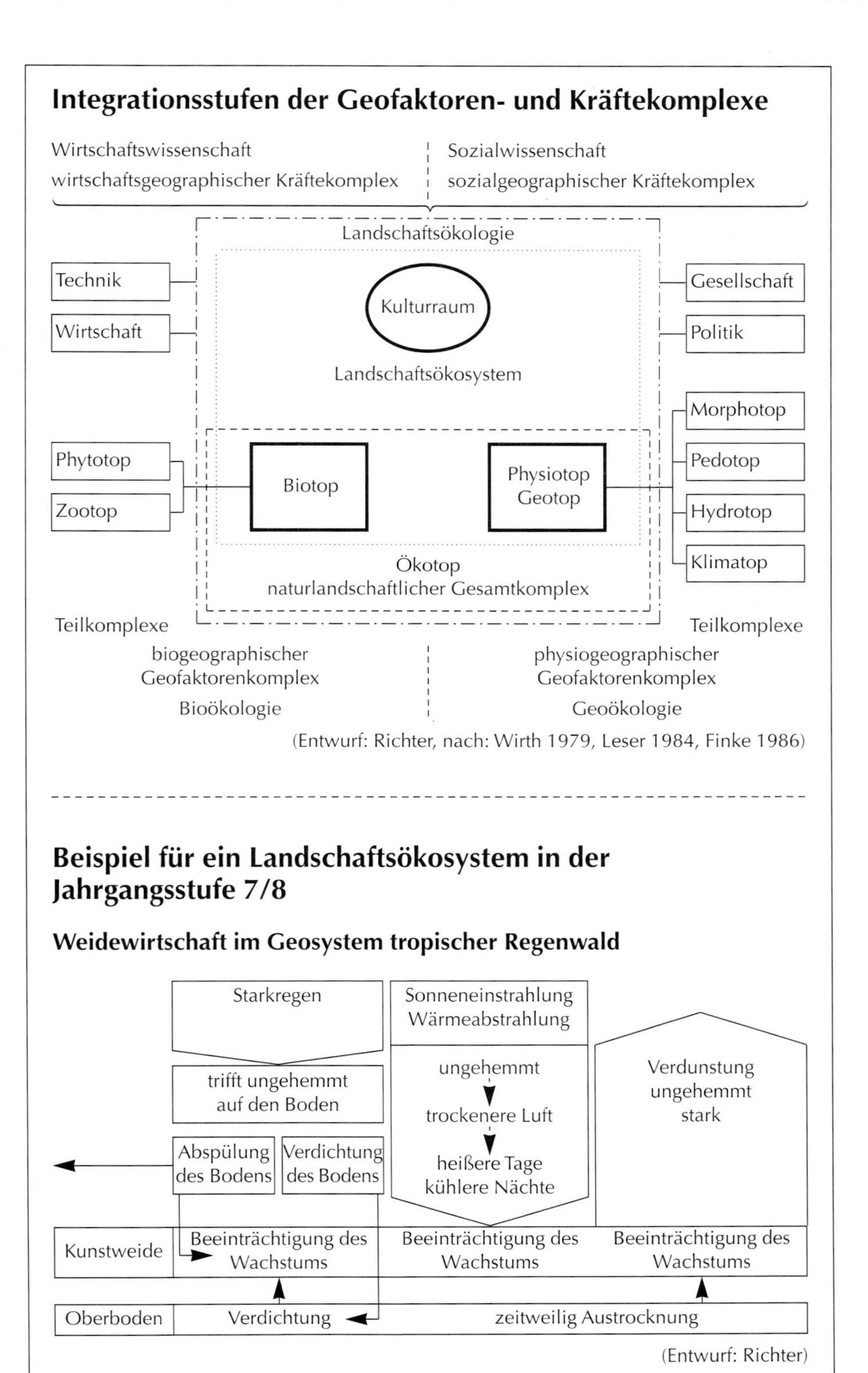
Integrationsstufen der Geofaktoren- und Kräftekomplexe
Wirtschaftswissenschaft
wirtschaftsgeographischer Kräftekomplex
Sozialwissenschaft
sozialgeographischer Kräftekomplex
Landschaftsökologie
Technik
Wirtschaft
Kulturraum
Gesellschaft
Politik
Landschaftsökosystem
Morphotop
Phytotop
Zootop
Biotop
Physiotop
Geotop
Pedotop
Hydrotop
Klimatop
Ökotop
naturlandschaftlicher Gesamtkomplex
Teilkomplexe
Teilkomplexe
biogeographischer
Geofaktorenkomplex
Bioökologie
physiogeographischer
Geofaktorenkomplex
Geoökologie
(Entwurf: Richter, nach: Wirth 1979, Leser 1984, Finke 1986)
Beispiel für ein Landschaftsökosystem in der Jahrgangsstufe 7/8
Weidewirtschaft im Geosystem tropischer Regenwald
Starkregen
trifft ungehemmt auf den Boden
Abspülung des Bodens
Verdichtung des Bodens
Sonneneinstrahlung
Wärmeabstrahlung
ungehemmt
trockenere Luft
heißere Tage
kühlere Nächte
Verdunstung
ungehemmt
stark
Kunstweide
Beeinträchtigung des Wachstums
Beeinträchtigung des Wachstums
Beeinträchtigung des Wachstums
Oberboden
Verdichtung
zeitweilig Austrocknung
(Entwurf: Richter)

4.6 Regionale Geographie

Der Regionalen Geographie geht es im Unterschied zur Allgemeinen Geographie „um die synoptisch-integrative Zusammenschau der Strukturen und Funktionen von Räumen unterschiedlichen Maßstabs, die idiographisch als Individuen erfasst werden“ (Mayr 1996, S. 99). Zugleich wird die Regionale Geographie als problemorientierte Länderkunde in raumzeitliche Systembetrachtungen einbezogen. Nach Kilchenmann (1973) dient Regionale Geographie auch der Hypothesenbildung und Ableitung komplexer Raummodelle. Jonas (1970, S. 21) definiert geographische Räumlichkeit als „1. das so und nicht anders geartete Zusammengesetztsein des Raumes, 2. das so und nicht anders geartete Aufeinanderbezogensein seiner Teile und der Menschen und Dinge in ihnen, 3. die spezifische Art seines Gewordenseins und 4. die spezifische Art seiner Veränderlichkeit (Struktur und Lage, Funktionalität, Genese, Dynamik).“

Länderkunde und Landschaftskunde sind Teilbereiche der Regionalen Geographie. Als Begründer der wissenschaftlichen Länderkunde gilt Ritter (1779–1859). Seither werden die Länder der Erde *idiographisch,* d.h. als einmalig in Raum und Zeit auftretende Individuen erforscht und dargestellt. Länder als Ausschnitte aus dem Landkontinuum der Erdoberfläche waren lange Zeit der unumstrittene Gegenstand der Geographie. Nach Schmithüsen (1970a, S. 11) handelt es sich um „konkrete Erdräume aller Größenordnungen, die geographisch von Belang sein können“, wobei „die Geosphäre als Ganzes“ das „größte Land“ ist.
Methodisch wurde bis Ende der 40er-Jahre nach dem *„länderkundlichen Schema“* gearbeitet, das nach Hettner auch als *Hettner'sches Schema* bekannt ist. Das Ergebnis dieser Arbeiten waren enzyklopädische Darstellungen von Ländern verschiedener Maßstabsstufen, deren Bedeutung hier nicht herabgesetzt werden soll. Stewig (1977, S. 16) kennzeichnet allerdings das länderkundliche Schema als enzyklopädisch, topographisch, additiv, statisch, idiographisch, deskriptiv, physiognomisch und monodisziplinär.
Andererseits zeichnet sich Länderkunde durch raumstrukturelle und raumfunktionelle Darstellungen regionalgeographischer Probleme aus. Sie forderte immer „in Fühlung mit dem Ganzen zu bleiben und sich nicht im Vereinzelten und in überflüssigen Kleinigkeiten zu verlieren“ (Gerling 1965, S. 41).
Nach dem *Deutschen Geographentag 1969* in Kiel war die Länderkunde umstritten. Sie wurde von Studenten als unwissenschaftlich und „bürgerlich“, das heißt System erhaltend, verworfen und von namhaften Geographen (vgl. Hard 1973, Bartels/Hard 1975) infrage gestellt. Die Kritik basierte auf methodologischen Überlegungen der analytischen Wissenschaftstheorie des *„kritischen Rationalismus“.* Dabei waren auch Forderungen nach „gesellschaftlicher Relevanz“ der Forschung im Spiel. Nach heutiger Auffassung stellt Länderkunde (heute wird der Begriff der „Regionalen Geographie“ bevorzugt), unabhängig von der gesellschaftlichen Nachfrage, eine von vielen Möglichkeiten geographischer Forschung und nicht mehr deren „Krönung“ dar.
Nach Schöller (1978a) zählt zu den Aufgaben heutiger Länderkunde „Länder und Völker, Kulturen und Gesellschaften in ihrer spezifischen Lebenswirklichkeit zu begreifen und sie aus den Bedingungen ihrer eigenen raumbezogenen Entwicklung verstehen und achten zu lernen.“ Die Kenntnis der Eigenart geographischer Räume, Länder und Landschaften, das Wissen um die Mannigfaltigkeit vieler Erscheinungen und Vorgänge, die Notwendigkeit des orientierenden Überblicks, „überhaupt Wesentliches zu sehen, zu deuten und offenbar zu machen“ (Gerling 1965, S. 41) sind *Qualifikationen zur Lebensbewältigung* in Politik, Wirtschaft und im persönlichen Bereich.

Betrachtungsweisen der Geographie nach dem länderkundlichen Schema

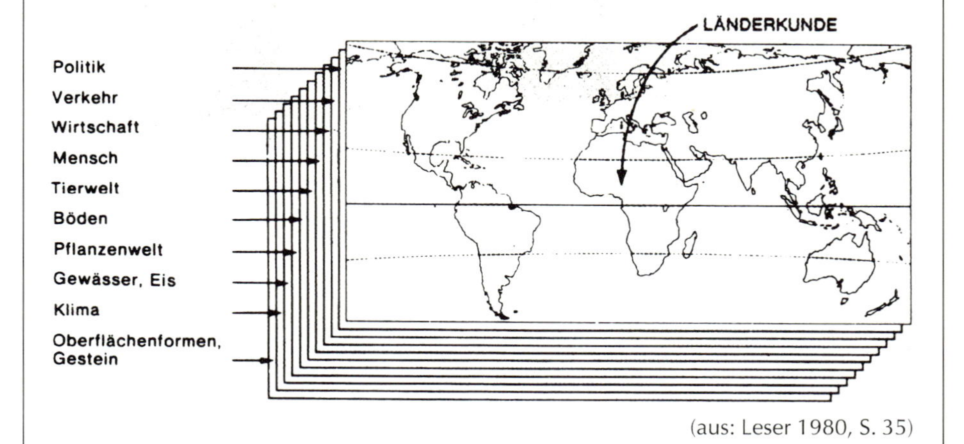

(aus: Leser 1980, S. 35)

Problemorientierte Länderkunde und raumzeitliche Systembetrachtung

Problemorientierte Länderkunde
oder besser problemorientierte Regionale Geographie
oder einfach Regionale Geographie

↑ Zurückfließen der Erkenntnisse der Theoretischen Geographie in die Regionale Geographie, wo sie zum Tragen kommen sollen.

Geographische (räumliche, raumzeitliche) Theorien		Darstellung erfolgt in den Fachgebieten der Theoretischen Geographie, z. B.
Soziale Systeme	→	Sozialgeographie
Wirtschaftssysteme	→	Wirtschaftsgeographie
Kulturelle Systeme	→	Kulturgeographie
Ökologische Systeme und ihre gegenseitige Beeinflussung	→	Ökogeographie

(nach: Kilchenmann 1975, Leser 1980)

Mayr (1996, S. 102) nennt folgende Zielgruppen regionalgeographischer Inhalte und Darstellungsweisen:

- „die wissenschaftliche Fachöffentlichkeit im In- und Ausland,
- Politiker sowie Dienststellen von Bund, Ländern, Gemeinden und Verbänden,
- Lehrer im In- und Ausland als Gestalter des geographischen Unterrichts und als Schulbuchautoren sowie Schüler in Leistungskursen,
- die landeskundlich interessierte Öffentlichkeit von national, regional und lokal tätigen Gruppierungen aus Wirtschaft und Kultur bis hin zur weiteren Nachfragegruppe der Reisenden."

In den letzten Jahrzehnten sind eine Reihe ansprechender Länderkunden erschienen, wie z. B. die „Wissenschaftlichen Länderkunden" oder die „Fischer Länderkunde". Aus der vergleichenden Betrachtung inhaltlicher Konzeptionen von Länderkunden wird die Bandbreite schöpferischer Interpretation deutlich.

Einen Gesamtüberblick der Geographie legt Haggett 1983 vor. Er wendet sich gegen die Teilung der Geographie in Teildisziplinen der Physischen und Anthropogeographie. Sein Zugriff führt zur Darstellung von Schnittmengen des ökologischen Systems, „das die Menschen und ihre Umwelt untereinander verbindet" mit dem räumlichen System, „das die einzelnen Regionen miteinander in einem komplexen Austausch von Strömen verbindet" (Haggett 1983, S. 17).

Die Landschaftskunde ist im Gegensatz zur idiographischen Betrachtungsweise der *nomothetische* oder *normative* Zugriff auf die landschaftlichen Ökosysteme. Damit soll generalisierend auf Gesetze und Regeln der räumlichen Organisation abgehoben werden. Lautensach (1953, S. 9) unterscheidet für die regionalgeographische Forschung zwischen *„Raumtypen* und *Raumindividuen".* Er postuliert also eine konzeptionelle Trennung zwischen den Erkenntnisobjekten der Landschaftskunde und der Länderkunde. Einerseits soll die Landschaftskunde *Landschaften (Ökotope) als Raumtypen* erfassen, andererseites soll die Länderkunde *Länder als Raumindividuen* darstellen. Zweifellos ist die angestrebte Trennschärfe zwischen beiden Raumkategorien nicht zu erreichen, denn auch den „länderkundlichen Aussagen" lässt sich ein „nomothetischer Charakter" (Leser 1980, S. 37) zuweisen. Diese Erkenntnis formulieren insbesondere Schmitthenner (1951) und Neef (1967).
Die Diskrepanz zwischen der nomothetischen Arbeitsweise der generellen Allgemeinen Geographie und der idiographisch orientierten Länderkunde, deren enzyklopädische Dimension von (noch zu beschreibenden und bereits beschriebenen) Länderindividuen eingeschlossen, führt mit dem Konzept der Landschaftskunde zum Brückenschlag zwischen beiden geographischen Betrachtungsweisen. Aus dem von Passarge (1919/1920, 1929) begründeten *System der Landschaftskunde* entfaltete sich die Betrachtungsweise einer Vergleichenden Länderkunde (Maull, 1936: Allgemeine Vergleichende Länderkunde; Krebs 1952: Vergleichende Länderkunde).

Staaten sind Länder, „die von politischen Grenzen umschnitten sind und innerhalb dieser Grenzen potenziell durch politische Akte zu eigener kulturlandschaftlicher Entwicklung kommen können" (Schwind 1972, S. 1). Insofern ist die *Staatengeographie* eine spezielle Fragestellung der Länderkunde. Während für Schwind die Staatengeographie „sich stofflich weithin mit der überlieferten *Politischen Geographie*" deckt, aber in der Zielsetzung unterscheidet – „Die Staatengeographie will Kulturgeographie sein, keine Lehre über den Staat" – hält Ante (1981, S. 10) dem entgegen, „dass Politische Geographie als umfassenderer Bereich gewertet wird." Staatengeographie enge die Blickrichtung ein, denn „das Staatliche ist Teil des Politischen".

Richter

Landschaftliches Ökosystem Amazonien

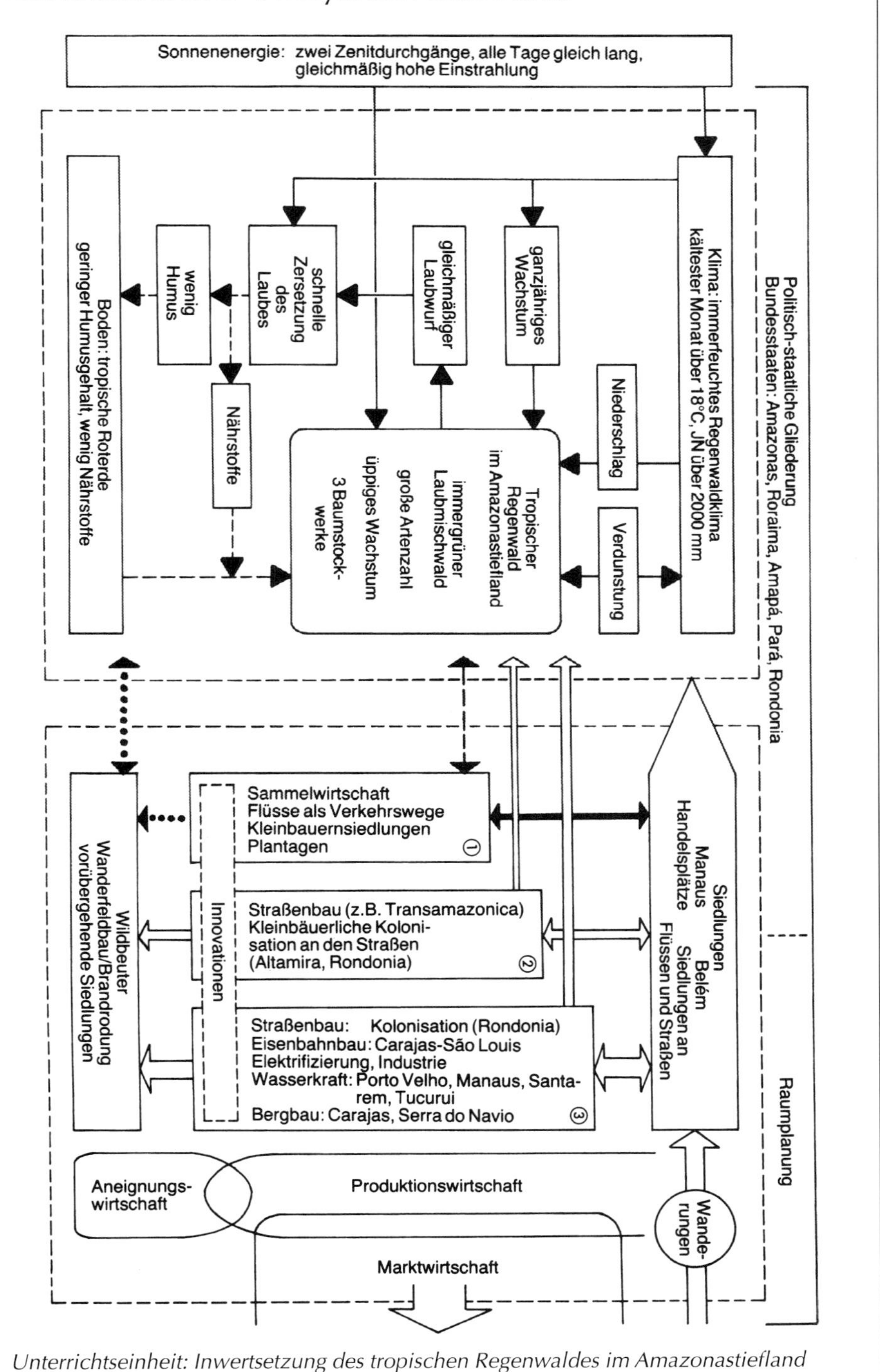

Unterrichtseinheit: Inwertsetzung des tropischen Regenwaldes im Amazonastiefland (Jahrgangsstufen 11 – 13) (Entwurf: Richter)

4.7 Wissenschaftsorientierung

Seit Anfang der Siebzigerjahre enthalten die Richtlinien aller Schularten und -stufen die (teilweise missverstandene) Forderung nach *Wissenschaftsorientierung* des Unterrichts. Grundlage ist die Feststellung des Deutschen Bildungsrates im Strukturplan für das Bildungswesen (1970, S. 33): „Die Bedingungen des Lebens in der modernen Gesellschaft erfordern, dass die Lehr- und Lernprozesse wissenschaftsorientiert sind." *Wissenschaftsorientierung* bedeutet jedoch nicht Vorverlagerung fachwissenschaftlicher Studiengänge in die Schule, sondern ist auf die „Bedeutung der Wissenschaften für die Vermittlung eines angemessenen Wirklichkeits- und Selbstverständnisses sowie einer entsprechenden *Handlungsfähigkeit* des (jungen) Menschen in der modernen, in zunehmendem Maße von Wissenschaft bestimmten ... Welt gegründet, sekundär (für die Sekundarstufe II) mit der Ermöglichung einer allgemeinen Studienreife" (Klafki 1985, S. 112). Damit fällt dem wissenschaftsorientierten Unterricht die Aufgabe zu die immer komplexer werdende individuelle und gesellschaftliche Alltagswirklichkeit der Schüler aufzugreifen, sie mithilfe einschlägiger wissenschaftlicher Erkenntnisse und Verfahrensweisen versteh- und durchschaubar zu machen und Urteils-, Kritik- und Handlungsfähigkeit zur Bewältigung der persönlichen Lebenswirklichkeit aufzubauen/zu steigern (vgl. Engelhard/Hemmer 1989, Hemmer 1992, Heunsen 1996).
Weil wissenschaftsorientiertes Lernen auf Vermittlung von Orientierungen und Maßstäben zur Wahrnehmung von individuellen und gesellschaftlichen Möglichkeiten und zur Bewältigung von Lebensaufgaben zielt, ist es über die Analyse der gegenwärtigen Lebenswelt der Schüler hinaus auch auf zukünftige Lebensmöglichkeiten und -aufgaben gerichtet. Indem es den Schüler und seine Lebenswelt in lebensgeschichtliche und übergeordnete gesellschaftliche und räumliche Zusammenhänge stellt, erfährt die *Schülerorientierung* die notwendige Ergänzung durch die *Gesellschaftsorientierung.*

Wissenschaftliche Erkenntnisprozesse und wissenschaftsorientierte Lernprozesse weisen eine *formale* und eine *materiale* Seite auf, die aufeinander bezogen sind. *Formal* ist Wissenschaft ein Verfahren methodisch betriebener Erkenntnis, *material* gilt sie als (überlieferter) Inhaltsbestand des von ihr hervorgebrachten Wissens. Naturwissenschaften decken kausale Zusammenhänge auf (Erklärung der Natur), Geisteswissenschaften versuchen den Sinn aller menschlichen Lebensäußerungen zu verstehen (vgl. Jank/Meyer 1991, S. 112). Daraus ergeben sich *drei Grundaspekte wissenschaftsorientierten Lernens*:

- Vermittlung von der Lernfähigkeit angemessenen *wissenschaftlichen Verfahrens- und Erkenntnisweisen,* die es Schülern ermöglichen, von situativ bedingten subjektiven Aussagen über ihre Lebenswirklichkeit zu intersubjektiv allgemein gültigen Aussagen zu gelangen um ihre Urteils- und Handlungsfähigkeit zu verbessern;
- Heranführen an *wissenschaftliche Frageperspektiven* (Erkenntnisobjekt; vgl. dazu Weichhart 1975, Wirth 1979) und *fachliche Grundorientierungen,* die Lösungspotenziale für Lebensaufgaben bereitstellen;
- Bewusstmachen der Voraussetzungen, Möglichkeiten, Folgen und Grenzen wissenschaftlicher Erkenntnis und Einübung wissenschaftlicher Haltungen.

Wissenschaftsorientierung ist didaktisches Prinzip, das sich nach gestuften Schwierigkeitsgraden auf alle Schulstufen erstreckt. Wissenschaftspropädeutik in der Sekundarstufe II stellt eine vertiefende Form der Wissenschaftsorientierung dar (vgl. Engelhard 1987a, c, d, 1988); sie ist kein Vorgriff auf akademische Studiengänge, sondern eine exemplarische Einführung in die Grundformen wissenschaftlichen Arbeitens und in fach(bereichs)spezifische Zugriffsweisen auf die Wirklichkeit.

Engelhard

Methodische Aspekte der Wissenschaftsorientierung/-propädeutik

Geisteswissenschaften arbeiten bei ihrer Suche nach dem Sinn von Lebensäußerungen mit *hermeneutischen Methoden* (nicht analytische Vorgehensweise), *Naturwissenschaften* sind empirisch-analytisch orientierte Wissenschaften. Sie untersuchen nur die „Tatsachen", das, was wirklich gegeben, in der „Empirie" (Erfahrung) vorfindbar ist. Dabei bedienen sie sich analytischer Erkenntnismethoden (Rationalismus, Induktion, Deduktion). Normative Aussagen gelten für sie nicht als Gegenstand wissenschaftlicher Erkenntnis.
Popper hat erkannt, dass reine Beobachtung nicht frei von Vorannahmen, Vorurteilen, Interessen ist. Er hat den Rationalismus zum *kritischen Rationalismus* weiterentwickelt.
Zu den nicht analytischen Vorgehensweisen zählen auch *dialektisch orientierte Ansätze* (vgl. dazu Jank/Meyer 1991, S. 105 ff. u. 235 ff.; Hemmer 1992, S. 34 ff.).

Stufenbezug von Wissenschaftsorientierung

Sachunterricht der Primarstufe
Lerngegenstand sind Ausschnitte aus der Lebenswirklichkeit der Kinder, die sie subjektiv erfahren, erleben und handelnd durchdringen. Lernen zielt darauf ab, subjektive Eindrücke und Erfahrungen zu objektivieren, d. h. ihren Wahrheitsgehalt herauszufiltern, indem das Allgemeingültige, Gesetzmäßige darin aufgedeckt wird. Dabei orientiert sich unterrichtliches Lernen an den Verfahrens- und Erkenntnisweisen der Wissenschaften. Es lassen sich den Wissenschaften entlehnte Verfahrensweisen anbahnen: das Beobachten und Beschreiben, Ordnen und Klassifizieren des Beobachteten, Bilden von Begriffen zur Benennung des Klassifizierten, die Ableitung von Fragen aus Beobachtungen, die Bildung von Hypothesen und deren Überprüfung, die Verallgemeinerung gewonnener Erkenntnisse und ihre Anwendung. Wenn damit der Aufbau lebenspraktischer Handlungsfähigkeit unterstützt werden soll, dürfen sich Erkenntnis fördernde Verfahrensweisen jedoch nicht verselbstständigen, sie müssen immer im Zusammenhang mit der Erschließung von Phänomenen der Alltagswirklichkeit Anwendung finden, damit ihr Sinn erkannt werden kann.

Sekundarstufe
Die im Sachunterricht grundgelegten Verfahrensweisen müssen im Fachunterricht der SI im Rahmen fachlicher Themen weiter ausgebaut, verfeinert und vertieft werden. Besonderes Gewicht erhält die Gliederung der Unterrichtsinhalte nach Erscheinungs-, Erklärungs- und Urteils-/Handlungsebene. Damit keine verzerrten Vorstellungen aufgebaut werden, darf keinesfalls der Zusammenhang von Erscheinungen – Ursachen – Folgen/Wirkungen auseinander gerissen und auf Jahrgangsstufen verteilt werden. Vielmehr müssen die grundlegenden Komplexität ausmachenden Elemente im Lernprozess von Anfang an signifikant in Erscheinung treten und in einen Beziehungszusammenhang gestellt werden. Nach Klafki (1985) soll er grundlegende Verfahrens- und Erkenntnisweisen vermitteln, wissenschaftliche Attitüden bewusst machen sowie den Gesellschaftsbezug aller wissenschaftlicher Theorie und Praxis aufdecken.

Sekundarstufe II
In der Sekundarstufe II soll der Unterricht wissenschaftspropädeutisch ausgerichtet sein, d. h. direkter und in einem anspruchsvolleren Sinne als in den vorangehenden Schulstufen bis an Erkenntnisse, Denk- und Arbeitsweisen moderner Wissenschaften heranführen.

(aus: Engelhard/Hemmer 1989, S. 30 f.)

Wissenschaftsorientierte unterrichtspraktische Vorschläge finden sich z. B. bei Hagel (1985), Hemmer (1992), Hennings (1987), Köck (1983), Popp (1986). Popp (1996) und Hemmer (1992) liefern darüber hinaus empirische Befunde zur Effektivität eines solchen Unterrichts.

4.8 Geographie als Zentrierungsfach

Als Zentrierungsfach vertritt und vernetzt Geographie in der Schule Geowissenschaften, Wirtschaftswissenschaften, Sozialwissenschaften und Kulturwissenschaften. Von sach- und lernlogischen Erfordernissen ausgehend kann geographische Bildung und Umwelterziehung auf die *Brückenfunktion* des Faches zwischen Physischer Geographie und Anthropogeographie nicht verzichten, denn Raumabhängigkeit und Raumbezogenheit menschlichen Handelns sind die Gegenstände des geographischen Unterrichts und sie sind im Kontinuum der Landschaftssphäre den abiotischen, biotischen und geistbestimmten Seinsbereichen zugeordnet. Da die Geofaktorenlehren der Physischen Geographie Wissensbestände und Betrachtungsweisen der Geowissenschaften beinhalten, ist eine Zentrierung dieser Wissenschaften auf den Geographieunterricht evident. Nach Bartels und Hard (1975, S. 325) ist die Physische Geographie denn auch „für die Schule vermittelte und konzentrierte Summe der Geowissenschaften – das auf die Schule orientierte ‚naturwissenschaftliche Wissen von der Erde'". Dem Geographieunterricht kommt also die Aufgabe zu in geowissenschaftliche Sachverhalte und Probleme einzuführen um bei den Schülern sachlich fundiert ein ökologisches Bewusstsein anzubahnen. Die Geographie in der Schule übernimmt die Funktion eines *geoökologischen Zentrierungsfaches.*

Wendet sich der Geographieunterricht den Akzenträumen im sozialräumlichen Horizont zu, dann übernimmt er Aufgaben eines wirtschaftsgeographischen und kulturgeographischen Zentrierungsfaches. In der Regionalen Geographie schließlich lernen die Schüler Ausschnitte der Landschaftssphäre als raumzeitliche Systeme zu betrachten. Räumliche Ordnung sowie die Vernetzung von Natur- und Kulturfaktoren werden in der chorologischen Dimension der Staatsräume erfasst. Nun befinden wir uns in der didaktischen Mitte geographischer Betrachtung. Es wird deutlich, in welchem Maß Geographieunterricht, der Regionen, Länder und Staaten als Raumindividuen analysiert, Sachverhalte und Fragestellungen von Bezugswissenschaften aufgreift, die überwiegend in der Schule nicht durch entsprechende Fächer vertreten sind.

Will Geographieunterricht aber auch kategoriale und orientierende Bilder der Erde vermitteln, so ist der geosphärische Zusammenhang im Raumkontinuum der Erde hinreichend zu thematisieren. Inhaltlich bedeutet dieser Zugriff die Aneignung globaler Raster, allgemeingeographisch-kategorialer Gliederungen des Raumkontinuums. Fragt man, inwieweit zur Kenntnis und Erklärung dieser räumlichen Ordnungen über die Geographie hinaus Sachverhalte anderer Wissenschaften notwendig sind, so werden die integrativen und zentrierenden Leistungen des Geographieunterrichts wiederum belegbar.

Methodologisch ist Geographie eine *Querschnittsaufgabe,* denn die geographische Betrachtungsweise ist ganzheitlich (die Gegenstände sind komplex), zentrierend/integrierend (die Gegenstände erfordern die Berücksichtigung von Bezugswissenschaften aus den Bereichen der Geo- und der Kulturwissenschaften) und orientierend (Weltkenntnis und Weltverständnis in unterschiedlichen Dimensionen) ausgerichtet.

Wirkt der Unterricht sowohl im geoökologischen als auch im sozialräumlichen Horizont des lernenden Zugriffs auf ein Umfeld von Bezugswissenschaften zentrierend und integrierend, so stellt er ein geoökologisches und sozialgeographisches (wirtschafts- und kulturgeographisches) Zentrierungs- und Integrationsfach dar. Insgesamt kann der Geographieunterricht demnach als *erdwissenschaftliches Zentrierungsfach* gelten (vgl. Birkenhauer 1990, Köck 1992, Richter 1993).

Fachübergreifenden Unterricht realisiert das erdwissenschaftliche Zentrierungs- und Integrationsfach Geographie durch Verknüpfung von Inhalten der Geo-, Natur-, Kultur-, Wirtschafts- und Sozialwissenschaften.

Fächerverbindendes Lernen integriert Fächer zu Lernbereichen. Das didaktische Prinzip setzt Fachunterricht zur fachlichen Qualifikation voraus. *Richter*

Geographie als Zentrierungs- bzw. Integrationsfach

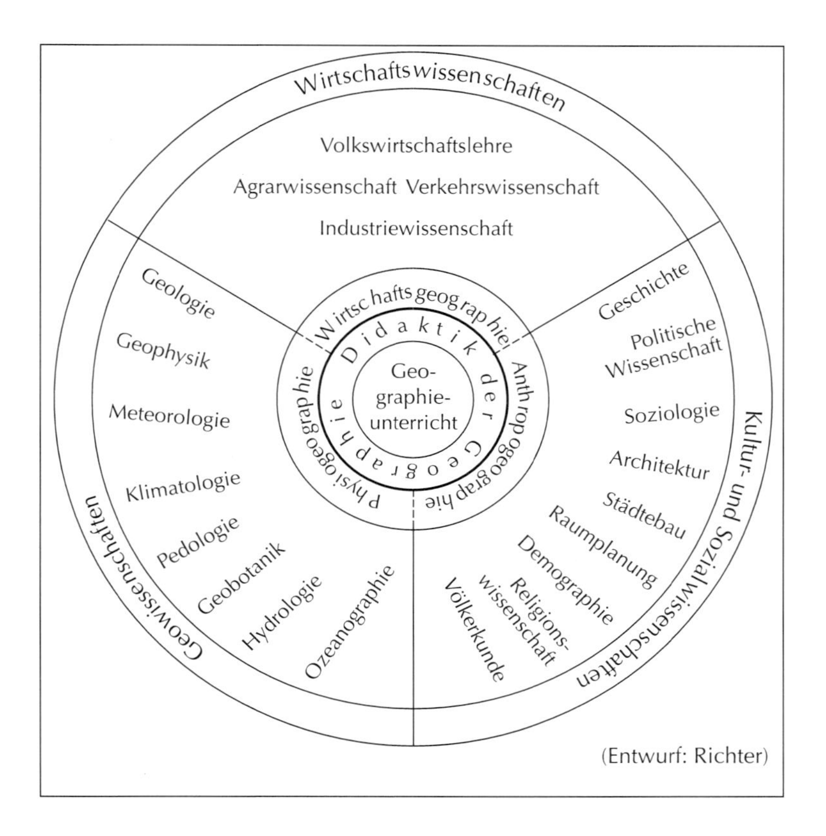

„Die Wirklichkeit der menschlichen Lebensverhältnisse ist der Gegenstand der drei Fächer: Zeit, Raum und Polis – Letzteres im Sinne der Gesamtheit des Gemeinwesens. Nur durch die Gesamtschau der drei Fächer kommt die Sicht auf die menschliche Wirklichkeit zustande; nur durch ihr Zusammenwirken vermitteln sie den je spezifischen Blick auf die Welt. Eine angemessene Sicht der komplexen Wirklichkeit gewinnen Schülerinnen und Schüler durch alle drei Fächer gemeinsam, denn Raum kann nicht ohne Zeit wahrgenommen werden, Polis nicht ohne Raum und Zeit, Zeit, Raum und Polis aber konstituieren Lebenswirklichkeiten."
(aus: „Würzburger Erklärung" des Verbandes Deutscher Schulgeographen e. V., des Verbandes der Geschichtslehrer Deutschlands e. V., der Deutschen Vereinigung für Politische Bildung e. V. 1995)

4.9 Forderungen an die Lehrerbildung

Das Fremdbild vom Geographieunterricht stellt sich nach einer Untersuchung durch Köck (1996, S. 40) „wesentlich positiver, vor allem aber differenzierter und objektiver, als es innerhalb des Faches angenommen wird", dar. Eine Reihe von Klischees scheint sich nicht zu bestätigen, z. B. „im Geographieunterricht ginge es hauptsächlich um Topographie", „Geographieunterricht sei geistig anspruchslos", „im länderkundlichen Geographieunterricht bis etwa 1970 habe man mehr gelernt". Leistung und Bedeutung des Geographieunterrichts werden also überwiegend positiv beurteilt.
Dessen ungeachtet bleibt das Bild der Geographie in der Öffentlichkeit vage. Nach Leser (1980, S. 12) reichen die Gründe dafür, dass das Fach „aus dem Bewusstsein der Öffentlichkeit geriet", von der Abwertung des Faches durch die Geographen selbst über die Massenmedien, die zunehmend Informationsfunktionen der Geographie – allerdings nicht immer fehlerfrei – übernommen haben, bis zur unzureichenden methodologischen Schulung. Bei aller Kritik dürfen und können jedoch die Leistungen der Geographen in der Grundlagenforschung wie in der angewandten Forschung, in der Lehre wie in der Praxis nicht übersehen werden. Seit über einhundert Jahren hat sich das Fach bemerkenswert entfalten können. Nehmen heute Außenstehende Kenntnis von der Vielfalt der Objekte und Methoden des Faches, so fragen sie oft: „Das alles soll Geographie sein?" (Hambloch 1983, S. 1). Mit dem Raum verbindet die Öffentlichkeit vielfach nicht die Geographie, eher Soziologie, Architektur, Geschichte, Geologie oder Ökologie.
Ähnliche *Identitätsprobleme* wie die Geographie haben vergleichbare Disziplinen wie Geschichte oder Biologie nicht. In beiden Fächern und in der Gesellschaft gibt es einen Minimalkonsens darüber, dass Geschichte für alle Gegenstände des zeitlichen Ablaufs und die Biologie für alle Lebensvorgänge zuständig sei.

Der Geographieunterricht ist es, der im Wesentlichen das *Image des Faches* prägt. So kann mit Kroß (1986, S. 10) gesagt werden: „Nicht durch immer neue programmatische Entwürfe zur Stoffstruktur des Geographieunterrichts werden wir unser Fach aus der Defensive hinausführen, sondern nur durch eine überzeugende Unterrichtsarbeit ‚vor Ort'." Eine Grundvoraussetzung „überzeugender Unterrichtsarbeit" ist neben den pädagogischen Befähigungen vor allem die Sach- und Methodenkompetenz des Lehrers. Das Zentrierungs- und Integrationsfach Geographie erfordert den *kompetenten Generalisten,* das heißt, die Lehrerbildung an Hochschulen und Seminaren bedarf der erforderlichen Breite und Tiefe in der fachlichen wie in der didaktischen Qualifizierung. Sie muss solide auf die vielseitigen Bedürfnisse der Schule hinarbeiten.

Deshalb ist es angemessen zu fragen, ob die Ausbildung der Geographielehrer den Aufgabenstellungen in der Schulpraxis gerecht wird, und zwar in der wissenschaftstheoretischen sowie fachdidaktischen und fachmethodischen Grundlegung (z. B. in methodologischen Fragen, geographischen Betrachtungs- und Arbeitsweisen), in allen Teildisziplinen der Allgemeinen Physischen und der Anthropogeographie, in der Regionalen Geographie, in den Hilfswissenschaften Geologie, Bodenkunde, Geobotanik, Meteorologie, Völkerkunde, Volkswirtschaftslehre, Geschichte, Soziologie und Politische Wissenschaft. Von nicht minderer Bedeutung ist in diesem Zusammenhang die Fächerkombination des Geographielehrers. Da die Zuwahl von „Kurzfächern" wie Biologie, Geschichte und Sozialkunde/Politik vernünftig ist, wäre ein Drei-Fach-Studium zu erwägen.
Richter

5 Die Entwicklung der Geographielehrpläne

In diesem Kapitel wird zunächst die Entwicklung vom „länderkundlichen Durchgang" in den alten Lehrplänen bis zu den lernzielorientierten Curricula aufgezeigt. Nur so ist der grundlegende Wandel zu verstehen, den die Schulgeographie zu Beginn der Siebzigerjahre unseres Jahrhunderts vollzog.
In den Achtzigerjahren wurden in den Lehrplänen wieder stärker die topographische Orientierung, die regionale Zuordnung der Raumbeispiele und die Erarbeitung globaler Raster betont und gefordert. So kommt es zu einem „thematisch-regionalen Ansatz", der den jetzigen Lehrplänen weitgehend zugrunde liegt. Freilich fehlt es nicht an neuen Impulsen, die aber erst allmählich Eingang in die Lehrpläne finden werden.

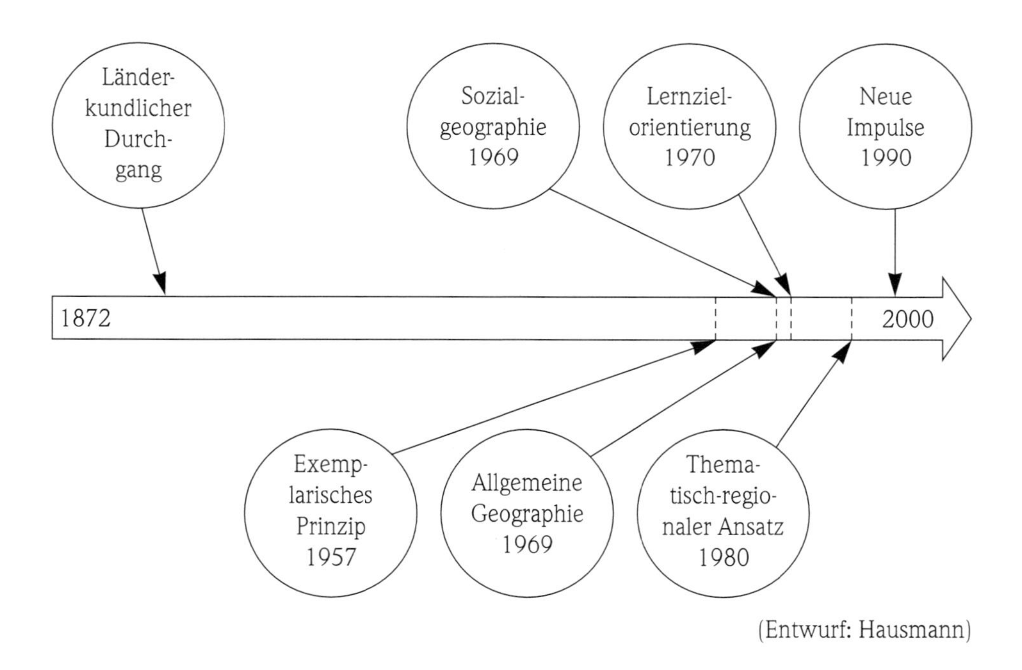

(Entwurf: Hausmann)

5.1 Länderkundlicher Durchgang

Definition: Der Begriff „Länderkunde“ wird in mehrfacher Beziehung gebraucht:

- Länderkundlicher Durchgang (Kontinuum) als Anordnungsprinzip (i. A. „vom Nahen zum Fernen“) = enzyklopädische Betrachtung der Erde;
- Länderkunde i.e.S. (häufig synonym mit „Landeskunde“; heute z. T. als Regionale Geographie bezeichnet): beschreibt die Länder der Erde idiographisch als Individuen, d. h. als einmalig vorkommende Ausschnitte der Geosphäre;
- Länderkundliches Schema (nach Hettner 1932) als methodisches Prinzip beim Stundenaufbau (vgl. Kap. 4.5 u. 7.3.1).

In diesem Kapitel geht es allein um den erstgenannten Begriff.

Entwicklung. Die Anfänge erdkundlichen Unterrichts gehen mindestens bis ins 16. Jahrhundert zurück. Aber erst durch Rousseau (1762) und Pestalozzi (1801) gewann der Unterricht System, wobei der synthetische Gang – ausgehend von der heimatlichen Anschauung – empfohlen wurde: vom Nahen zum Fernen, von den Einzellandschaften zum Erdganzen, vom Bekannten zum Unbekannten. Dieser Kanon ist nach dem „Prinzip der konzentrischen Kreise“ aufgebaut. In dieser Form wurde 1872 Erdkunde selbstständiges Schulfach (vgl. S. 114).
Zu Beginn der zweiten Hälfte des „Schulgeographischen Jahrhunderts“, also in den Zwanzigerjahren, setzten sich Reformen durch. Es wurden Schwerpunkte verlangt, Dominanten herausgearbeitet. H. Spethmann hat 1928 mit seiner „Dynamischen Länderkunde“ entscheidende Anstöße gegeben (vgl. Spethmann 1931). Die Lehrpläne verlangten aber weiterhin den länderkundlichen Durchgang.
In der Zeit des Nationalsozialismus (1933 – 1945) wurde die Schulerdkunde gänzlich politisch ausgerichtet (siehe Quelle auf S. 115 von 1938).
Nach 1945 waren die Lehrpläne zunächst weiterhin vom länderkundlichen Durchgang bestimmt. Bald zeichnet sich aber immer mehr eine „thematische Länderkunde“ ab, andererseits werden aber auch Anliegen allgemeingeographischer Art verfolgt, z. B. die „Abhängigkeit des Menschen von der Natur“ (Wocke 1958).
Am Schluss dieser Entwicklung steht somit eine Schulerdkunde, deren Stoffe im länderkundlichen Durchgang behandelt werden; aber innerhalb des länderkundlichen Rahmens kommen alle Varianten zwischen rein orientierendem Verfahren und der durch Schwerpunkt- und Typenbildung sowie durch allgemeingeographische Kategorien gekennzeichneten thematischen Länderkunde zur Behandlung.

Der länderkundliche Durchgang bietet für den Geographieunterricht viele Möglichkeiten, er hat aber auch entscheidende Nachteile. Er

- ist auf Vermittlung eines umfangreichen Wissens angelegt;
- soll dabei die Wesenszüge der einzelnen Räume zeigen;
- wiederholt in seiner Aufeinanderfolge immer wieder gleiche Aspekte (Behandlung von Landesnatur, Wirtschaftskraft, Bevölkerungsfragen);
- lähmt dadurch das Interesse der Schüler;
- ist in seiner Komplexheit schwierig;
- bietet kaum Transfermöglichkeiten;
- führt mit Dominanten und Leitlinien zu subjektiver Betrachtung;
- hat additiven Charakter;
- flacht häufig zur „Erwähnungsgeographie“ ab.

Hausmann

Lehrplanbeispiele zum „länderkundlichen Durchgang“

Die Allgemeine Verfügung über Einrichtung, Aufgabe und Ziel der Preußischen Volksschule von 1872: Drei Stoffgebiete: Heimatkunde, Vaterlandskunde (nach 1885 einschließlich der deutschen Kolonien!) und allgemeine Weltkunde, d. i. Länderkunde Europas und die der übrigen Erdteile sowie die Allgemeine Erdkunde und die Lehre von der Stellung der Erde im Weltall. Unterrichtsaufgaben: die bedeutendsten Staaten und Städte der Erde, die größten Gebirge und Ströme.

Richtlinien zur Aufstellung von Lehrplänen von 1922 (Preußische Volksschule): Der Unterricht hat, auf dem in der Grundschule gelegten Grunde weiter bauend, zunächst Vaterlandskunde, darauf die Länderkunde Europas und der übrigen Erdteile zu betreiben; dabei sind vorwiegend die Länder zu behandeln, in denen Deutsche leben und' zu denen Deutschland bedeutsame Beziehungen unterhält.

Erziehung und Unterricht in der höheren Schule (Amtliche Ausgabe des Reichs- und Preußischen Ministeriums für Wissenschaft, Erziehung und Volksbildung), **Berlin 1938**, S. 105: Er (der Schüler) erfasst die Folgen unserer politischen Lage innerhalb der Staaten Europas, lernt die Leistungen unserer Väter in der Schaffung, Verteidigung und Ausweitung der deutschen Kulturlandschaft achten, sieht die natürliche Gunst und Ungunst unserer wehrgeographischen Lage und kann den Grad der wirtschaftlichen Verflechtung des deutschen Reiches mit der übrigen Erde ermessen.
So ist die Erdkunde in erster Linie mitberufen die Jugend der höheren Schulen zu ganzen Deutschen und ganzen Nationalsozialisten zu erziehen.

Stoffplan für die vierstufe Mittel-(Real-)schule (Jg. 7 – 10) in Bayern von 1961: Auszug aus der Präambel: Aufgabe der Schulerdkunde ist es, Kenntnis und Erkenntnis des Erdraums zu vermitteln und dabei zum rechten Verständnis der Zusammenhänge zwischen dem Naturgegebenen und der menschlichen Kulturleistung zu führen. Das geographische Weltbild der Gegenwart darzulegen ist deshalb ihr vornehmstes Ziel.
7. Klasse (als Beispiel des Planes):
Europa ohne europäische UdSSR. Überblick – Lage Europas im Gradnetz. Gliederung. Bodenaufbau und Klima. Die Großlandschaften Europas.
Das Mittelmeerbecken als Übergangsraum zwischen Asien, Afrika und Europa.
Südeuropa: Die Brückenhalbinseln Griechenland, Italien und Spanien.
Mitteleuropa einschließlich der östlichen Nachbarn. Die Alpen, die Schweiz und Österreich. Wiederholender Überblick über die drei deutschen Großlandschaften.
Westeuropa. Übersicht. Frankreich, Belgien, Luxemburg, Niederlande, Großbritannien und Irland.
Nordeuropa. Übersicht. Dänemark, Norwegen, Schweden, Finnland. Die nordatlantischen Inseln.
Die *Übergangsländer nach Osteuropa*. Polen und Tschechoslowakei.
Südosteuropa. Übersicht. Die Donau, Ungarn, Jugoslawien, Rumänien, Bulgarien, die europäische Türkei.

5.2 Exemplarisches Prinzip

Der Begriff des „Exemplarischen“ wird in der Schulerdkunde seit langem verwendet. Er hat dabei mehrfach seine Bedeutung verändert.

In seiner alten Form war das Exemplum innerhalb des länderkundlichen Durchgangs ein Land oder eine Landschaft, die einen „Typ“ darstellt, der für andere gleichartige Beispiele steht. Das „Individuum Sahara“ z. B. wurde ausführlich behandelt und stieg damit zum „Typ Wüste“ auf, sodass die anderen Individuen (z. B. Arabien, Atacama) nur noch kursorisch behandelt werden mussten. Das Begriffspaar „Typ und Individuum“ bildete also *eine erste Stufe exemplarischen Arbeitens.*

Eine zweite Stufe kann als „Pars-pro-toto-System“ gekennzeichnet werden: Italien wird als typisches Mittelmeerland behandelt, deshalb brauchen Spanien und Griechenland nicht mehr oder höchstens kursorisch besprochen zu werden. Diese auch als „pseudoexemplarische Methode“ bezeichnete Unterrichtsart kam der Aufforderung zum „Mut zur Lücke“ nach (vgl. Knübel 1957).

Der heutige Begriff des „Exemplarischen“ wurde 1951 neu gefasst (vgl. Hausmann 1961). Man befasste sich auf einer Tagung in Tübingen mit der Gefahr, in die das geistige Leben an unseren Schulen durch die Fülle des Stoffes oder der Stoffe gekommen war, und forderte die Beschränkung auf exemplarische Stoffe. „Exemplarisch ist ein Stoff erst dann, wenn er die ursprünglichen Phänomene der geistigen Welt am Beispiel eines einzelnen, vom Schüler wirklich erfassten Gegenstandes sichtbar macht“. Es muss das im Besonderen ruhende Allgemeine – also das Elementare – als das eigentlich Bildende erkannt werden. Die exemplarische Methode verlangt deshalb eine Arbeit, die zu Einsichten in eine besondere Problemsituation führt, die aber modellhaft und gleichzeitig erschließend ist. Anhand des besonderen Inhalts gewinnt der Lernende über das „Elementare“ Zugang zu Grundprinzipien, Gesetzen, Regeln, Grundeinsichten, Grunderfahrungen, Methoden und Arbeitsweisen, also zum „Fundamentalen“ im Sinne Klafkis (1961, 1964).
Diese in Tübingen aufgestellte These bedeutet, wenn sie konsequent befolgt wird, für die Schulerdkunde das Abrücken von der Länderkunde und die Hinwendung zur Allgemeinen Geographie.

Elemente sind die in einem Bereich auftretenden allgemein gültigen Begriffe und Tatsachen (z. B. Wüste, Oase, Trockenklima, Föhneffekt in Leelagen von Gebirgen).
Fundament meint eine tiefere Schicht: die Zusammenhänge zwischen den Elementen, Gesetze, Prinzipien und Kategorien – in der Geographie z. B. die Wechselbeziehungen zwischen Mensch und Raum, etwa im Lernbereich „Wüste“ oder „Stadt“, also gerade das existenziell Bedeutsame.
Das im exemplarischen Lernen gewonnene Wissen ist also „arbeitendes Wissen“, mit dem strukturverwandte Inhalte erschlossen werden können. Im Gegensatz zum länderkundlichen Durchgang strebt Unterricht im Sinne des Exemplarischen in die Tiefe, nicht in die Breite. Seinen Sinn bekommt exemplarisches Arbeiten erst dadurch, dass gewonnene Erkenntnisse und Methoden, in neuen Zusammenhängen angewandt, auf verwandte Situationen transferiert werden.

Hausmann

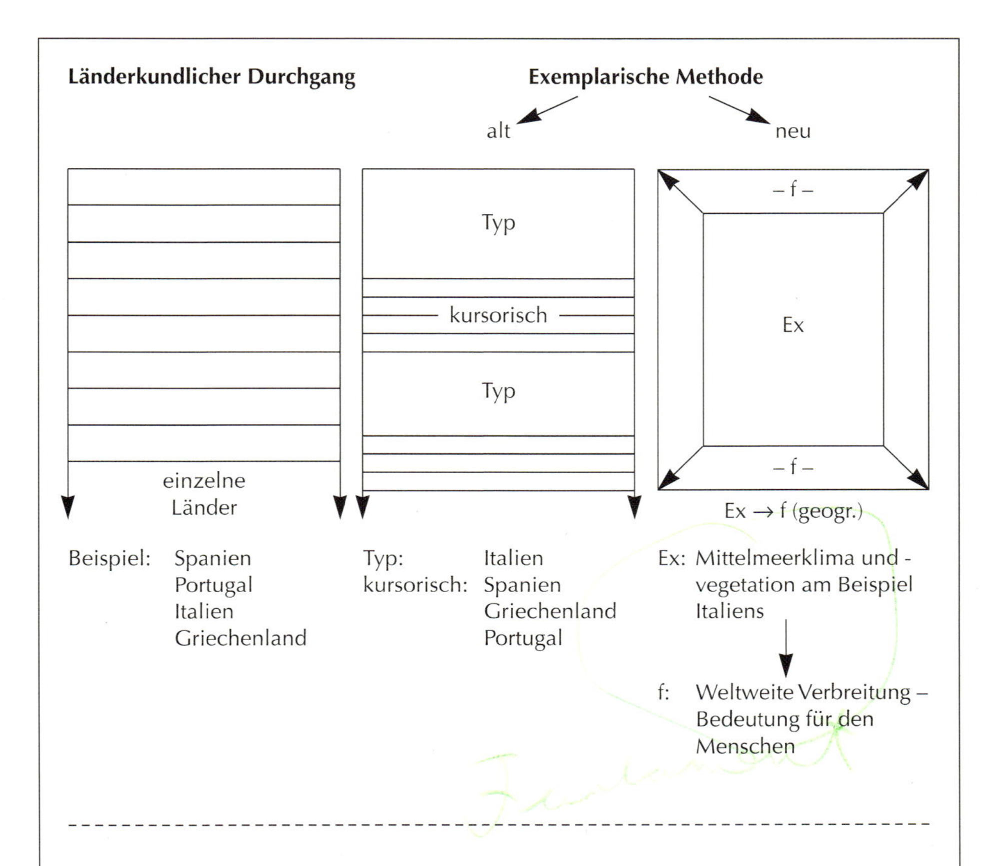

Der „alte" Begriff des Exemplarischen bezieht sich auf eine bestimmte Landschaft und hebt im länderkundlichen Durchgang die „Typen" heraus.

Der „neue" Begriff des Exemplarischen verlangt die Herausarbeitung von Elementen und Fundamenten an einem Beispiel. Aber das stoffliche Beispiel ist nicht mehr Selbstzweck, sondern Mittel zum Zweck, Mittel zum Erreichen einer „geographischen Funktion". Beispielhaft ist also jetzt nicht mehr das Stoffgebiet als Landschaftstyp, sondern *beispielhaft ist dieses Stoffgebiet dafür, dass an ihm bestimmte geographische Grundbegriffe und Regeln bzw. geographische Funktionen erarbeitet werden.* Die Realisierung dieser Methode hätte bereits in den Fünfzigerjahren zur Loslösung von den länderkundlichen Lehrplänen und zur Aufstellung von Funktionsplänen führen können.
Wenn man anstelle des Begriffes „Funktion" den der „Qualifikation" und anstelle von „Funktionszielen" den Begriff „Lernziele" verwendet, dann zeigt sich die Parallelität zwischen der exemplarischen Methode und der Lernzielmethode. Oder anders ausgedrückt: Die exemplarische Methode ist Vorgängerin des curricularen Ansatzes. Sie hat gleichzeitig der Hinwendung zur Allgemeinen Geographie die Wege geebnet, sodass sich die weitere Entwicklung des Geographieunterrichts zwangsläufig aus dem exemplarischen Prinzip ergab.

5.3 Allgemeingeographischer Ansatz

Erste Impulse. Nach den „Exemplarikern" haben erstmals Schwegler (1968) und Geipel (1969) neue Impulse für die Gestaltung der Lehrpläne gegeben. Stärker beachtet wurden jedoch die auf dem Deutschen Geographentag in Kiel 1969 erhobenen Forderungen die Länderkunde „abzuschaffen", sie zumindest zugunsten der Allgemeinen Geographie zurückzudrängen. Dabei wurde der Begriff „Länderkunde" immer wieder in der zweifachen Bedeutung als „Landschaftskunde" und „länderkundlicher Durchgang" verstanden.

„Allgemeine Geographie statt Länderkunde!" Mit diesem Schlagwort fordert v. a. Schultze (1970) eine grundlegende Veränderung der Schulgeographie und der Lehrpläne. Die *Kritik an der Länderkunde* (vgl. Bauer 1969a, Geipel 1969) folgt verschiedenen Argumenten (nach: Kirchberg 1990a):

- Länder können nur für sich stehen. Sie ermöglichen keine übertragbaren Einsichten. „Länderkunde muss dem jeweiligen Land gerecht werden und führt damit in die Sackgasse des Singulären; es gibt keine exemplarische Länderkunde" (Schultze 1970, S. 8).
- Länderkunde ist vor allem beschreibende Geographie. Der Schüler kann nichts anderes tun als Vorgegebenes übernehmen und wiederholen. Deshalb ist länderkundlicher Unterricht für ihn langweilig und wenig ergiebig.
- Länderkunde bietet keine Ansatzpunkte für eine schülergemäße Lehrplanabfolge. Der Land-für-Land-Unterricht reiht gleichartige Größen horizontal aneinander, ohne Progression und Hierarchie.

Der allgemeingeographische Ansatz als Alternative. Schultze fordert stattdessen einen Geographieunterricht, der sich an den Kategoriengruppen der „Allgemeinen Geographie" ausrichtet: „Die Stoffauswahl orientiert sich nicht mehr an Regionen, sondern an *geographischen Strukturen* (Einsichten)" (Schultze 1970, S. 7). Als solche Strukturen nennt er:

1. Natur-Strukturen (z. B. „Höhenstufen des Klimas")
2. Mensch-Natur-Strukturen (z. B. „Braunkohlentagebau")
3. Funktionale Strukturen (z. B. „Stadt als zentraler Ort")
4. Gesellschaftlich-kulturell bedingte Strukturen (z. B. „Agrarreformen in verschiedenen Staaten").

Sein Konzept eines Geographieunterrichts als „Allgemeine Geographie" setzt die Diskussion um das exemplarische Prinzip fort. An die Stelle der Länder tritt keine systematische Allgemeine Geographie, sondern Themen, die *übertragbare Struktureinsichten* ermöglichen. Im Unterricht sollen diese durch – in allen Klassenstufen weltweite – „Fallbeispiele" vertreten sein. Ein entsprechender Lehrplan sollte folgenden Aufbau haben:

- *5./6. Klasse:* Wir entdecken die Welt (z. B. „Am Meer", „Im Gebirge", „In der Wüste", „Im tropischen Regenwald", „Schätze der Erde" u. a.)
- *7./8. Klasse:* Große natürliche Ordnungen (z. B. „Tektonik", „Klima- und Vegetationsgürtel", „Eiszeit", „Arbeit des Wassers" u. a.)
- *9./10. Klasse:* Raumstrukturen der modernen Gesellschaft und Wirtschaft (z. B. „Weltwirtschaft, Probleme der Entwicklungsländer", „Städte und Verstädterung" u. a.)

Auswirkungen. Diese Vorschläge waren zunächst sehr umstritten (z. B. Birkenhauer 1970). Sie haben dennoch die Neugestaltung des Fachs ganz entscheidend geprägt und wirken heute noch in vielen Lehrplänen der alten Bundesländer nach, indem deutliche thematische Schwerpunkte ausgewiesen werden. *Hausmann/Kirchberg*

Beispiel für einen thematischen Lehrplan mit weltweitem Vorgehen

(Rahmenrichtlinien Niedersachsen für das Gymnasium 1982; Ausschnitt)

Klassen 7/8, 2. Themenbereich: Nutzung vom Räumen unterschiedlicher Naturausstattung durch den wirtschaftenden Menschen

	Themen/Inhalte	Räume
	2.1 Umwertung von Naturlandschaften durch landwirtschaftliche Nutzung Zeitrichtwert: ca. 8 Stunden	
	Entstehung von Kulturlandschaften durch Bewässerung in Trockengebieten – Wassergewinnungs- und Bewässerungsmethoden – Trockengrenze, Trocken- und Bewässerungsfeldbau – Gefahren bei falsch angelegter Bewässerung (z. B. Bodenversalzung)	Vorderasien, Südasien, Nordafrika
	Entstehung von Kulturlandschaften durch Neulandgewinnung in Wald- und/oder Steppenlandschaften – intensiver tropischer Feldbau in Pflanzungen und Plantagen	Südostasien, Lateinamerika
Z!	– Rinderweidewirtschaft im tropischen Regenwald und/oder in natürlichen Graslandschaften	
	2.2 Umwertung durch Industrieansiedlung, Verkehrsanbindung und Verstädterung Zeitrichtwert: ca. 10 Stunden	
	Industrialisierung in Europa – Standortfaktoren, Rohstoff- und Energiegrundlagen – Veränderungen der Wirtschafts-, Siedlungs- und Sozialstruktur	Europa; z. B. Mittelengland, Ruhrgebiet, Mitteldeutschland, Unterelbe
	Industrialisierung in einem Entwicklungsland – Industrialisierungsgrad, Standortbedingungen – Auswirkung auf Raum, Wirtschaft und Infrastruktur	z. B. Lateinamerika, Südasien, Afrika
Z!	**2.3 Umwertung durch Erschließung für den Fremdenverkehr**	Europa; z. B. Nord-/Ostseeküste, Mittelmeerküste
Z!	**2.4 Wirtschaftliche Passivräume**	Strukturschwache Räume der EG

Z! = nicht verbindliche Zusatzstoffe

5.4 Sozialgeographischer Ansatz

Die Entwicklung der Sozialgeographie hatte in Frankreich ihren Ausgangspunkt und wurde im deutschsprachigen Bereich zuerst von Bobek (1948) und Hartke (1959) vertreten. Die deutsche Schulgeographie wurde 1969 nach einem Aufsatz von Ruppert und Schaffer (1969) auf den sozialgeographischen Ansatz aufmerksam.

Ruppert und Schaffer definieren: „Die *Sozialgeographie* ist die Wissenschaft von räumlichen Organisationsformen und Raum bildenden Prozessen der Daseinsgrundfunktion menschlicher Gruppen und Gesellschaften." Diese Aktivitäten äußern sich in den sieben Daseinsgrundfunktionen, wodurch Raum bildende Prozesse ausgelöst werden (vgl. S. 121).
Der Raum wird also nicht mehr allein als Ausschnitt der Erdhülle, sondern als Prozessfeld sozialer Gruppen betrachtet. Der Raum wird damit zur „Registrierplatte menschlicher Aktivitäten".

Das Prozessuale wird nunmehr stark betont. Prozesse haben einen historischen Aspekt: die Entwicklung und Veränderung der Landschaft unter der Einwirkung des Menschen – aber nicht nur in einem Blick zurück, sondern auch in einer Vorausschau. Damit werden Probleme der Planung und der Raumordnung für die Schulgeographie relevant. Die gleichartige Ausprägung einer Landschaft durch menschliche Aktivitäten hat dort ihre Grenze, wo das „Gleichverhalten" sozialer Gruppen endet. Die Reichweite des Gleichverhaltens bestimmt also im Sinne der Sozialgeographie die Abgrenzung eines Raumes (z. B. Agrarlandschaft, Industrielandschaft, Stadtlandschaft).

Die Schulgeographie hat die Anthropogeographie schon immer stark in das Unterrichtsgeschehen einbezogen. Dennoch wurde vielfach ein Determinismus in dem Sinne vertreten, dass die physische Ausstattung einer Landschaft weitgehend das menschliche Handeln bestimme.
Die Sozialgeographie verlangt einen anderen Ausgangspunkt und eine andere Blickrichtung: Die Natur ist nicht mehr allein als Voraussetzung menschlichen Wirkens zu sehen, sie wird vielmehr zunehmend das Objekt menschlichen Handelns (Anpassung der sozialen Gruppen an die natürlichen Gegebenheiten und deren Veränderungen durch den Menschen).

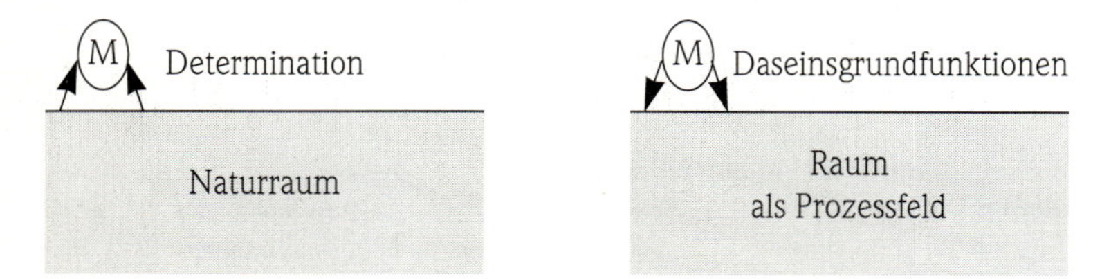

Die Sozialgeographie tritt innerhalb der Schulerdkunde nicht als neues Teilgebiet auf, sondern als unterrichtlicher Ansatz mit einer veränderten Blickrichtung: der Mensch nicht als „Produkt" des Raumes, sondern als dessen Gestalter. Eine besondere Bedeutung für die Lehrpläne hatten dabei die Daseinsgrundfunktionen (vgl. Kap. 4.4, Birkenhauer 1974). *Hausmann*

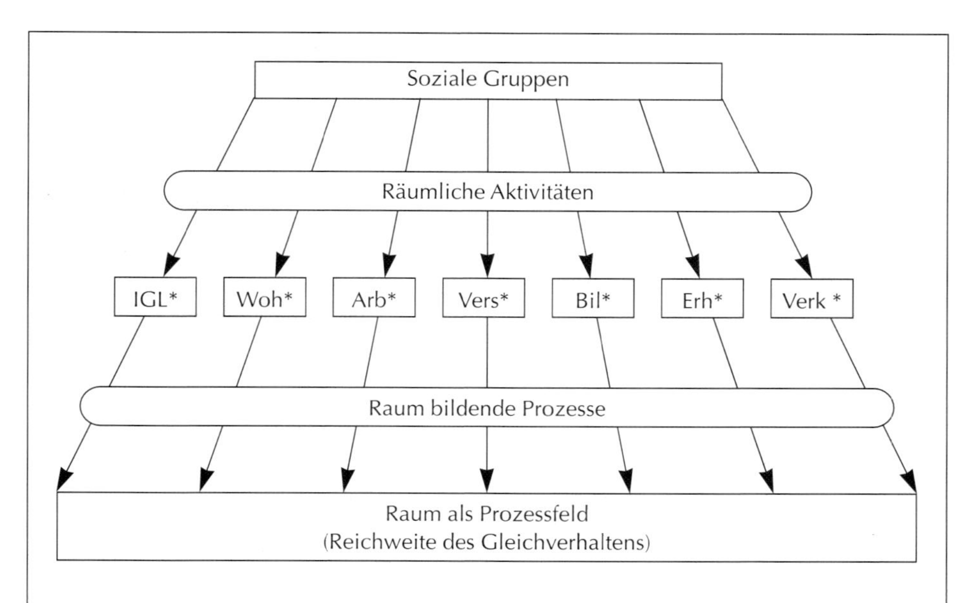

* Die sieben Daseinsgrundfunktionen

IGL	= In Gemeinschaft leben	Bil	= Sich bilden
Woh	= Wohnen	Erh	= Sich erholen
Arb	= Arbeiten	Verk	= Verkehrsteilnahme
Vers	= Sich versorgen		

(nach: Ruppert/Schaffer 1969)

Beispiel für den sozialgeographischen Ansatz in einem Lehrplan

Grobziele	*Beispiele*
1. Menschen müssen wohnen	Verschiedene Häuser, Lage der Wohnung, neue Wohnviertel
2. Menschen müssen arbeiten	Verschiedene Arbeitsplätze, Lage der Arbeitsplätze, Rohstoffe und Energie, Industrie, Landwirtschaft
3. Menschen brauchen Erholung	Spielplätze, Erholungsplätze am Ort und in der Region, Umweltschutz
4. Verkehr und Verkehrswege	Schulweg, Verkehrswege am Ort und in der Region, Verkehrsträger
5. Das Zusammenleben erfordert Verwaltung	Gemeinde, Landkreise in ihren Grenzen und räumlichen Gliederungen
6. Orientierung im Raum	Orientierung, Symbole der Darstellung, Relief, Bild, Zeichnung, Plan, Karte, Höhendarstellung
7. Der Mensch fragt nach dem Wetter	Beobachtungen, Geräte, Wetterstation, Tabellen, Diagramme, Klima der Region

(aus: Bayerischer Lehrplan für die Grundschule (1–4) 1971)

5.5 Lernzielorientierung

Ausgangspunkt Schüler. Geographieunterricht kann nicht dazu dienen, fachwissenschaftliche Inhalte und Stoffe zu vermitteln. Der Schüler lernt nicht um der Räume und der Themen willen Erdkunde, sondern es geht dabei um ihn selbst! Primäres Anliegen muss es sein, ihm diejenigen Fähigkeiten zu vermitteln, die er für seine Daseinsbewältigung benötigt, ihn also mit einem (geographischen) Verhaltensrepertoire auszustatten. Geographieunterricht soll nicht nach Fachstrukturen, sondern nach *Qualifikationen* strukturiert werden (vgl. Ernst 1970, Hendinger 1970).

Curriculumforschung. Damit wurde der Ansatz der Curriculumtheorie aufgegriffen (Robinsohn 1967). Während man vorher zunächst Stoffpläne erstellte und diesen dann in einer Präambel relativ allgemeine Zielsetzungen zuordnete, wird nun das Verfahren der Lehrplanerstellung mit einem neuen *Dreischritt* auf den Kopf gestellt:

1. Welche Lebenssituationen hat der Schüler als Bürger heute und zukünftig zu erwarten?
2. Welche Qualifikationen hat das Schulfach Geographie zur Bewältigung dieser Lebenssituationen beizutragen?
3. Welche Lerninhalte eignen sich dafür? Wie kann das dem Schüler vermittelt werden?

Diese Fragekette zeigt, dass ein begründeter Zusammenhang von Lernziel-, Lerninhalts- und Lernorganisationsentscheidungen gefordert wird. In solchen lernzielorientierten Konzepten gibt es weder einen Primat der Regionen/Länder noch einen der Inhalte/Themen. Ansatzpunkte sind allein die erforderlichen Verhaltensziele in der Gesellschaft und Welt von heute. Vor allem Ernst (1970) und Hendinger (1970) analysieren solche Zielfelder und Verwendungssituationen, Arbeitsgruppen des Verbandes Deutscher Schulgeographen erstellen Arbeitsmaterialien zu neuen Lehrplänen (Ernst [Hrsg.] 1971) und im so genannten „Raumwissenschaftlichen Curriculumforschungsprojekt“ werden entsprechende Lehrplanbausteine erarbeitet (RCFP 1975, 1978, Geipel [Hrsg.] 1975).
Köck (1980) baut später eine „Theorie des zielorientierten Geographieunterrichts“ darauf auf; er wählt dafür als Zentralbegriff den der *„Raumverhaltenskompetenz“*, der auf Börsch und Lorenz (1977) zurückgeht. Aufgabe des Geographieunterrichts ist es, „den Schüler als Schüler und späteren Erwachsenen dazu zu befähigen, vom Raum und seinen Erscheinungen her sein gegenwärtiges und (zu)künftiges Dasein rational zu gestalten, die räumliche Dimension des Daseins also adäquat zu strukturieren“ (Köck 1980, S. 25).

Lernzielorientierte und curriculare Lehrpläne. Die in den Siebzigerjahren entstandenen Lehrpläne bezeichnen sich durchweg als *„lernzielorientiert“*. Sie sind zwar nicht im Sinne Robinsohns aus einer überfachlichen Analyse von Lebenssituationen entstanden und auch nicht aus übergeordneten Qualifikationen abgeleitet. Aber sie geben – anders als die früheren Lehrpläne – nicht nur Inhaltskataloge, sondern sie machen darüber hinaus Festlegungen, mit welchen Zielsetzungen ein Thema behandelt werden soll, welche Einsichten und Erkenntnisse der Schüler am jeweiligen Inhalt gewinnen soll.
Die Inhalte sind stark sozialgeographisch geprägt, weil sich hier – entsprechend den Verwendungssituationen in der Gesellschaft – Ansatzpunkte ergeben, an denen sich Qualifikationen orientieren können (vgl. das von Hausmann ab 1972 herausgegebene Unterrichtswerk „Welt und Umwelt“). Die Regionale Geographie tritt dagegen stark zurück. Nur in wenigen Bundesländern werden die Themen regional „angebunden“, d. h. auch Räume festgeschrieben.

Hausmann/Kirchberg

Beispiel für einen lernzielorientierten Lehrplan mit weltweitem Vorgehen

(Vorläufige Richtlinien Nordrhein-Westfalen für das Gymnasium 1978; Ausschnitt)

Klassen 7/8, Inwertsetzung und Wertwandel von Räumen (Raumbeispiele: Außereuropa)

Lernziel I. Ordnung	Lernziel II. Ordnung	Grundbegriffe	Themenbeispiele
Den Einfluss von Naturbedingungen bei der Inwertsetzung von Räumen durch den Menschen erkennen.	Die Bedeutung von Klima, Bodenbeschaffenheit und Oberflächenformen für die landwirtschaftliche Erschließung erläutern	Niederschlagsverteilung, Regenzeit, Trockenzeit, Wachstumsperiode, Regenfeldbau, Trockenfeldbau, Ökumene, Anökumene, Oase, Fremdlingsfluss, Bewässerung, Bodenfruchtbarkeit, Exposition, Hangneigung, Terrassierung	Regenzeiten und Trockenzeiten in Afrika Die Niloase Bewässerung im Negev Neulandgewinnung in Kasachstan Höhenstufen in den Anden Polargrenzen des Ackerbaus in Kanada
	Die Bedeutung von Bodenschätzen bei der industriellen Inwertsetzung erklären	Lagerstätte, Standort, Rohstoffreserven	Erdöl aus der Wüste Die industrielle Erschließung Sibiriens
	Die Bedeutung von Naturfaktoren bei der Verkehrsentwicklung von Räumen erläutern	Verkehrsgunst, Verkehrsungunst	Die Transamazonica Die Alaska-Pipeline Die Transsibirische Eisenbahn und Baikal-Amur-Magistrale
	Gunst und Ungunst von Räumen aus dem Zusammenwirken von Naturfaktoren erklären	Gunst-, Ungunstraum	Reisanbau auf Java Zitrusfrüchte aus Kalifornien Der Sertão: ein Dürregebiet Mali – ein Binnenland im Sahel Der industrielle Ballungsraum im NO der USA

5.6 Thematisch-regionaler Ansatz

Einwände gegen die Lehrpläne der Reformzeit. Der recht radikale Paradigmenwechsel in Lehrplänen seit etwa 1970 fand nicht überall ungeteilte Zustimmung. Die sehr starken Veränderungen fordern von Anfang an auch Gegenstimmen heraus. Vor allem die Abkehr von der Regionalen Geographie war umstritten. Es zeigten sich v.a. drei Argumentationslinien (vgl. Kirchberg 1990a):

1. Die Forderung nach mehr Länderkunde. Viele Lehrpläne hatten damals auf eine Festschreibung der ganzheitlichen Betrachtung von Ländern verzichtet. Die Ablehnung der Regionalen Geographie in Form der Länderkunde ging sogar so weit, dass in manchen Bundesländern noch nicht einmal eine geschlossene Behandlung Deutschlands im Geographieunterricht vorgesehen war. Schon 1970 forderte deshalb Birkenhauer (vgl. Birkenhauer 1982) eine erneuerte „Länderkunde", die nicht im Sinne einer enzyklopädischen Darstellung von Staaten, sondern als *„Problemländerkunde"* den Schülern räumliche Abhängigkeiten und Zusammenhänge verdeutlichen kann. Auch Länder sind nicht nur Raumindividuen, sondern auch Typen, die übertragbare Einsichten ermöglichen.
Inzwischen ist unumstritten, dass auch Länder unverzichtbar Gegenstand der Geographielehrpläne sein müssen. Diese neue Art Regionaler Geographie stellt allerdings nicht mehr deskriptiv und schematisch (z. B. nach dem „länderkundlichen Schema" von Hettner) das Inventar eines Landes dar, sondern analysiert Staaten als kulturell und politisch geprägte, vernetzte Raumsysteme. Diese *moderne Regionalgeographie* hat auch einen berechtigten Platz in den Lehrplänen.

2. Die Wiederbetonung des Regionalen. Nach Schöller ist es Ziel heutiger Länderkunde, „Länder und Völker, Kulturen und Gesellschaften in ihrer spezifischen Lebenswirklichkeit zu begreifen und sie aus den Bedingungen ihrer eigenen raumbezogenen Entwicklung verstehen und achten zu lernen" (1978a, S. 296). Damit ist die Frage des Eigenwerts von Raumindividuen angesprochen (vgl. Fick 1978, Böhn 1988). Reicht es aus, Räume nur als Raumtypen zum Erkennen von allgemeingeographischen Raumstrukturen zu behandeln? Landschaften, Regionen, Staaten, Kulturräume sind jeweils ausgeprägte Raumindividuen mit ganz bestimmter physischer, historischer, kultureller, wirtschaftlicher und/oder politisch-gesellschaftlicher Ausstattung – auch das sollte der Schüler erfahren.
Auf den Lehrplan übertragen heißt das, dass dieser nicht nur austauschbare Raumbeispiele unter eingrenzenden allgemeingeographischen Fragestellungen vorgeben darf, sondern auch *Raumindividuen.* „Regionalgeographisches Arbeiten im Erdkundeunterricht ist unerlässlich, weil die einzelnen allgemeingeographischen Aspekte synoptisch verflochten werden müssen. Der Schüler muss erkennen, dass durch die Verflechtung allgemeingeographischer Strukturen neue Akzente gebildet werden" (Böhn 1988, S. 11).

3. Die regionale Abfolge. Mit der Lehrplanreform nach 1970 wird das den Geographieunterricht nahezu 100 Jahre lang beherrschende Prinzip *„Vom Nahen zum Fernen"* zunächst aufgegeben (vgl. Kap. 3.14). Der Verzicht auf das Vorgehen in konzentrischen Kreisen blieb nicht unwidersprochen. Manche sahen die Schüler überfordert durch die große Sprungweite zwischen den Raumbeispielen und sprechen von „Tupfengeographie", von „unzumutbaren globalen Rösselsprüngen" (vgl. Fick 1978). Andere ermittelten topographische Defizite bei den Schülern und führten dies auf den häufigen Wechsel der Räume im Unterricht zurück. Auch die Öffentlichkeit forderte immer häufiger eine Rückkehr zu dem populären Prinzip „Vom Nahen zum Fernen".

Beispiel für einen thematisch-regionalen Lehrplan mit regionalem Zuschnitt

(Rahmenplan Mecklenburg-Vorpommern Gymnasium 1995; Ausschnitt)

Klassen 7/8, Thema 2: Der Kontinent Asien
Lerneinheit 3: Ausgewählte Räume und Staaten

Lerninhalte	Hinweise
Naturkatastrophen in Asien Ursachen, Auswirkungen, Maßnahmen	Raum-/Fallbeispiele (Auswahl): Ost/Südostasien – Erdbeben, Vulkanausbrüche, Überschwemmungen; Taifune Südasien – Monsun, Sturmfluten (Japan, Indonesien, China, Bangladesch)
Bevölkerungsentwicklung und -probleme	China/Indien – Bevölkerungsentwicklung/-wachstum, Familienplanung Wachstum der Weltbevölkerung
Einfluss der Religionen auf die Lebensweise der Menschen	Indien, Südwestasien
Wirtschafts- und sozialräumliche Disparitäten	Industrielle Wachstumsregionen/ Strukturschwache Räume (z. B. Ostchina/Westchina, Singapur)
Bedeutende Bodenschätze und ihre Entstehung, Lagerung, Förderung und Nutzung	Erdöl – Westsibirien, Arabisch-Persischer Golf
Ökologische Problemräume – Ursachen Maßnahmen	Aralsee, Westsibirien
Konfliktregionen	Naher Osten (Israel, Türkei)
Begriffe:	Taifun, Tsunamis, Dammuferfluss, Schwemmlöss; Wachstumsrate, Bevölkerungsexplosion, Familienplanung, Geburtenkontrolle, Bevölkerungspyramide, Kasten, Großfamilie; Moschee, Basar; Wachstumsregion, Disparitäten, primärer, sekundärer, tertiärer Sektor, arbeitsintensiv, kapitalintensiv, Wirtschaftssonderzone, ASEAN; Kulturpflanzen, Plantagen, Nassreisanbau; „Schwarzes Gold", Off-shore, Pipeline; „Heiliges Land", Kibuz
Topographischer Merkstoff:	Java, Bangladesch, Brahmaputra, Shanghai, Bombay, Kalkutta, Mekka, Honschu, Hokkaido, Südkorea, Seoul, Thailand, Bankok, Hongkong, Philippinen, Irak, Iran, Kuwait, Persischer Golf, Jerusalem, Libanon, Syrien, Jordanien

Daraufhin gingen immer mehr Bundesländer dazu über, wieder eine regionale Abfolge als ordnendes Element in ihren Lehrplänen festzulegen, oft wieder im traditionellen Dreischritt Heimatraum – Deutschland – Welt. Die regionale Anbindung der Jahrgangsstufen legt in den Lehrplänen inzwischen fast überall wieder konkrete Bezugsräume fest.

Das thematische-regionale Lehrplankonzept. In den heutigen Lehrplänen haben sowohl die Themen der Allgemeinen Geographie als auch die regionale Betrachtung ihren Platz. Die Diskussion der Reformphase haben zu einer fruchtbaren Synthese geführt. Manche Möglichkeiten einer thematischen Abfolge zunehmender Komplexität sind durch die regionalen Festlegungen erschwert, andererseits kann im Rahmen von regionalgeographischen Überschriften durchaus auch allgemeingeographisch gearbeitet werden. Dabei ist eine bessere Synthese von Regionaler und Thematischer Geographie möglich als beim heftig diskutierten Vorschlag von Newig u. a. (1983) zu einer „Allgemeinen Geographie am regionalen Faden" entlang der Kulturerdteile. „Die Zuordnung allgemeingeographischer Strukturen zu bestimmten Räumen ist dabei recht willkürlich, das Konstrukt Kulturerdteile wissenschaftstheoretisch umstritten" (Böhn 1988, S. 12; vgl. auch Kirchberg 1983).
Die *gültigen Lehrpläne der einzelnen Bundesländer* sind aber durchaus verschieden akzentuiert. In den alten Bundesländern sind stärker thematische und zielbezogene Elemente zu erkennen, während die Lehrpläne der neuen Bundesländer – entsprechend der DDR-Tradition (vgl. Barth 1990a) – stärker länderkundlich geprägt und eher stofforientiert sind (vgl. S. 125 u. 127).

Der Zusammenhang von Thematischer und Regionaler Geographie. Hinter der dargestellten Lehrplandiskussion steht der alte Dualismus der geographischen Wissenschaft: Einerseits ist sie als Regionale Geographie auf Individualisierung angelegt, andererseits zielt sie auf Typenbildung und somit auf Allgemeine Geographie (vgl. Lautensach 1953). Wie Engelhard (1987b) deutlich macht, sind heute beide Teilgebiete eher komplementär zu sehen. Allgemeine und Regionale Geographie „sind Komplementärbegriffe"; nomothetische und ideographische Betrachtungsweise sind „korrelate Denkweisen" (Engelhard 1987b, S. 359).
Diesen engen Beziehungszusammenhang verdeutlichen auch die heutigen Lehrpläne. Sie sind auf die Behandlung von Räumen ausgerichtet, – sonst wäre es keine Geographie. Zugleich gehen sie mit allgemeingeographischen Fragestellungen vor – sonst würden sie den Unterricht mit Singularitäten überfordern. Weder die Region noch Themen sind für den Schüler einfach oder komplex, sondern allein die gewählten Zugänge.

Orientierung als alter und neuer Lehrplan-Leitbegriff. Den Lehrplänen der Reformzeit wurde vorgeworfen, sie vernachlässigten die topographischen Kenntnisse. Die neueren Lehrpläne greifen deshalb diesen Lernbereich unter dem Begriff „Orientierung" (vgl. Kirchberg 1980b, 1988) verstärkt auf. Dabei versteht man unter dem orientierenden Verfahren im Lehrplan dreierlei:

1. *Die topographische Orientierung i. e. S.* (vgl. Kap. 6.5): Von den Schülern werden von der Öffentlichkeit solide und umfassende Kenntnisse erwartet (vgl. Birkenhauer 1987b, Kroß 1986).
2. *Die regionale Zuordnung der Raumbeispiele* (vgl. Kap. 6.7): Jahrgangsstufen werden konkreten Räumen zugeordnet, damit die topographischen Kenntnisse entsprechend sicher gefestigt werden können.
3. *Die Erarbeitung globaler Raster:* Nach Richter (1977) sind das „allgemeingeographisch-kategoriale Gliederungen des Raumkontinuums" (z. B. der Raster der Klima- und Vegetationszonen).

Hausmann/Kirchberg

Beispiel für einen thematisch-regionalen Lehrplan mit thematischem Zuschnitt

(Lehrplan Rheinland Pfalz Gymnasium 1992; Ausschnitt)

Klasse 8: Gestaltung von Räumen durch den wirtschaftenden Menschen
Regionaler Schwerpunkt: Amerika und Asien
8.1 Thema: Erschließung und Umwertung von Räumen

Zeitrichtwert: 20

Im Vordergrund stehen die Erschließung und Umwertung von Räumen. Dabei werden sowohl Motive und Maßnahmen als auch positive und negative Auswirkungen im Zusammenhang mit 8.2 (Naturhaushalt) betrachtet. Zusammenhänge mit Vorgängen im Naturhaushalt müssen hergestellt werden.

Lernziele	Grundbegriffe (kräftig gedruckt = verbindlich)	Hinweise
Kenntnis, dass der wirtschaftende Mensch Räume gestaltet		
8.1.1 Kenntnis, wie Räume für landwirtschaftliche Nutzung verändert werden	**Kultivierung** Bewässerung, Rodung, Neulandgewinnung	Mögliche Raumbeispiele: Rinderfarm in Amazonien/Bewässerung am Indus/Obstanbau in Kalifornien/o.a. Im Zusammenhang mit 8.2 (Eingriffe in den Naturhaushalt)
8.1.2 Kenntnis, wie Räume durch die Gewinnung von Bodenschätzen oder durch Industrieansiedlung verändert werden	**Industrialisierung** Bergbau, Verkehrserschließung, Energiegewinnung, Verstädterung	Mögliche Raumbeispiele: Industrieansiedlung in Sibirien/Baikal-Amur-Magistrale/Tennessey-Valley-Project/o.a. Im Zusammenhang mit 8.2 (Eingriffe in den Naturhaushalt)
8.1.3 Einblick in den unterschiedlichen Entwicklungsstand von verschiedenen Regionen	Naturlandschaft, Kulturlandschaft; Entwicklungsland, Industrieland;	Im Zusammenhang mit 8.1.1 und 8.1.2 (Veränderung von Räumen). Hinzuführung zu 10.3.2 (Nord-Süd-Gegensatz, Entwicklungshilfe)

5.7 Neue Impulse

Die Siebzigerjahre waren eine Umbruchphase, in der sich die Lehrpläne und Schulbücher rasch und mehrfach änderten und in der die Entwicklung in den Bundesländern immer mehr auseinander lief (vgl. Haubrich 1979). In den Achtzigerjahren hatte die Lehrplandiskussion – insbesondere durch den Basislehrplan (Zentralverband ... 1980) – wieder eine gemeinsame Grundlage gefunden. Dieser von vielen akzeptierte thematisch-regionale Ansatz (vgl. Kap. 5.6) liegt den meisten der heute gültigen Lehrpläne zugrunde. Dennoch steht die Entwicklung nicht still, denn es haben sich viele neue Impulse und Anregungen ergeben, die erst allmählich Eingang in die Lehrpläne finden werden (vgl. S. 129, dazu ausführlicher Kirchberg 1998b). Mit der „Internationalen Charta der Geographischen Erziehung" (Haubrich [Hrsg.] 1994, vgl. auch Kommission ... 1993) ist zudem eine wertvolle internationale Orientierungshilfe erschienen.

Länderkunde. Die Diskussion um das Verhältnis von Regionaler und Thematischer Geographie setzt sich fort. Insbesondere durch die neuen Bundesländer hat dabei die regionale Geographie – und hier besonders in Form einer erneuerten Länderkunde – wieder verstärkt Eingang in Lehrpläne gefunden. Das gilt zunächst besonders für die Lehrpläne in den neuen Ländern selbst (vgl. Colditz 1992, Köhler 1994, Meincke 1995a, Raum 1993), wo an die DDR-Lehrpläne und die entsprechenden Erfahrungen (vgl. Barth 1990b) angeknüpft werden konnte und musste. Aber auch in einigen alten Bundesländern wurde die regionale Komponente verstärkt. So charakterisiert z. B. Huber (1995) das bayerische Lehrplankonzept als „regional-thematisch", in deutlicher Distanz zu eher allgemeingeographisch akzentuierten Vorgehensweisen wie z. B. in Nordrhein-Westfalen (vgl. Schrand 1995a, Thöneböhn 1995a u. b).

Geowissenschaften. Als Erbe der sozialgeographischen Orientierung wurde in manchen Lehrplänen die physische Geographie vernachlässigt, was bis heute noch nachwirkt (vgl. Richter 1996b). Geographie aber nur als Teilbereich einer „Gesellschaftslehre" zu sehen, ist eine Verkennung der Brückenfunktion des Fachs zwischen Natur- und Geisteswissenschaften. Mit der *Leipziger Erklärung zur Stärkung der Geowissenschaften in Hochschule und Schule* (Alfred-Wegener-Stiftung [Hrsg.] 1996; vgl. auch Haubrich [Red.] 1996) wurde ein neuer Impuls zur Betonung der naturwissenschaftlichen Geograpie in den Lehrplänen gesetzt.
Diese Erklärung (vgl. S. 131) folgt der *Agenda 21* der UN-Umweltkonferenz in Rio 1992 (Der Bundesminister für Umwelt ... 1993). Sie erreicht Konsens darüber, dass die Trennung von Physischer und Humangeographie vermieden werden sollte und stattdessen physische Systeme und Humansysteme in Ökosystemen zusammen zu betrachten sind. In den Lehrplänen können z. B. Umwelt- und Entwicklungsfragen miteinander verbunden werden.

Europa. Mit der fortschreitenden europäischen Integration hat das Thema Europa entscheidend an Bedeutung gewonnen (vgl. Kirchberg 1991, 1995, 1997). Lehrpläne müssen sichern, dass die Schüler – aufbauend auf einer breiten Kenntnisbasis – Europa als eigene Zukunftsherausforderung erkennen und annehmen. Es geht nicht um einen Enthusiasmus für Europa, sondern – über das Informieren hinaus – um das Ermutigen zu einem aktiven, ideenreichen und zuversichtlichen Mitgestalten.

Interkulturelles/internationales Lernen. Der Abbau von Fremdenfeindlichkeit und Nationalismus ist eine Erziehungsaufgabe, zu der der Geographieunterricht vieles beizutragen hat (vgl. Kap. 3.13). Das sachliche Informieren über das Fremde reicht zwar nicht aus, um Vorurteile wirkungsvoll zu beseitigen, aber es hilft, Überheblichkeit und Einseitigkeiten im Selbstbild

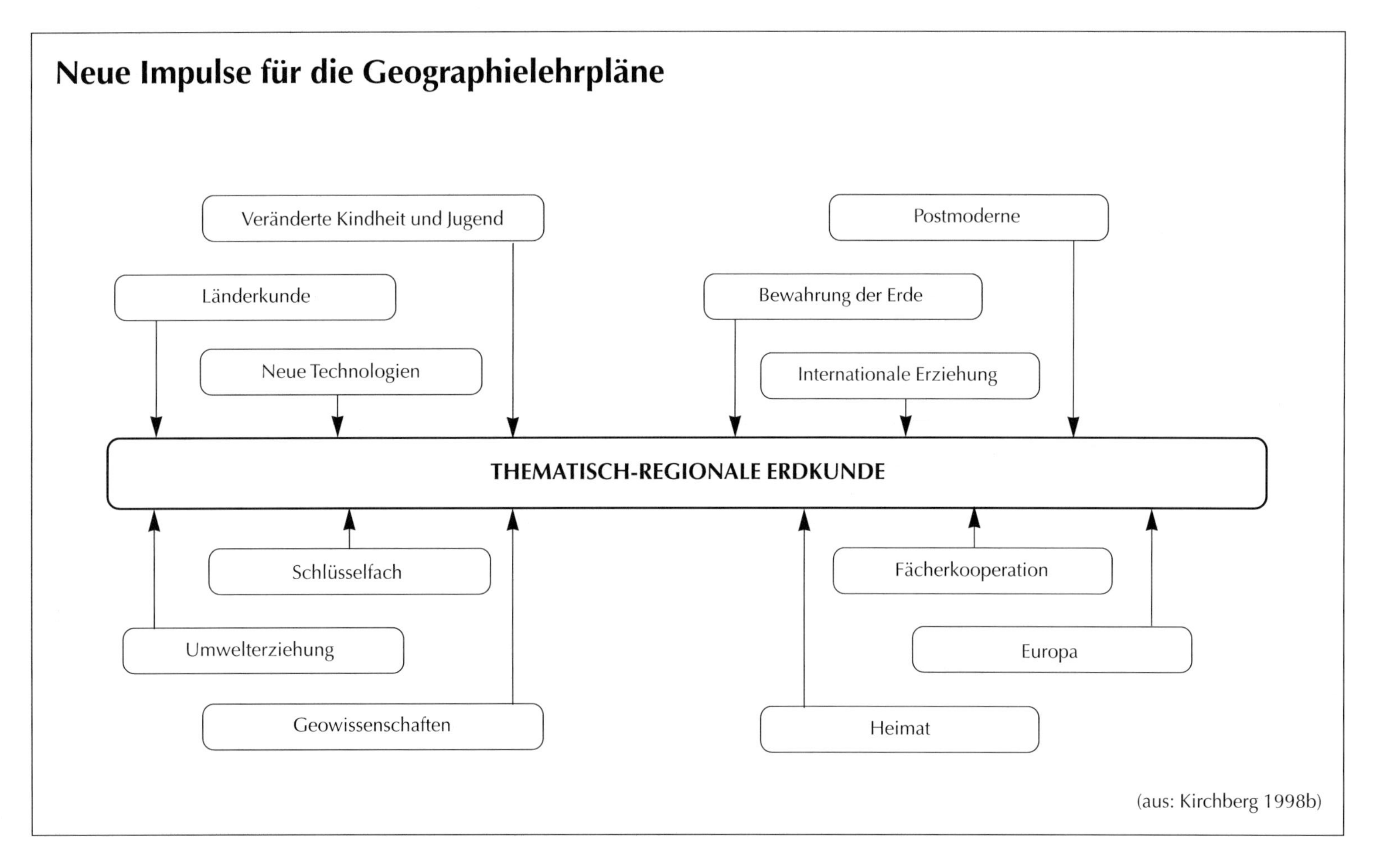
Neue Impulse für die Geographielehrpläne
Veränderte Kindheit und Jugend
Postmoderne
Länderkunde
Bewahrung der Erde
Neue Technologien
Internationale Erziehung
THEMATISCH-REGIONALE ERDKUNDE
Schlüsselfach
Fächerkooperation
Umwelterziehung
Europa
Geowissenschaften
Heimat
(aus: Kirchberg 1998b)

zu relativieren (vgl. Haubrich 1988, 1995a, Engelhard 1994, Flath/Fuchs [Koord.] 1994 u. a.). Solche Zielsetzungen sind in den Lehrplänen einzubinden in eine *geographische Werteerziehung.* Dazu bietet Haubrich (1994d) mit seinen Gedanken über eine globale Ethik und Solidarität eine philosophisch-pädagogische Grundlegung.

Schlüsselfach. Schmidt-Wulffen (1994) zeigt *„Schlüsselprobleme"* auf, für die Geographielehrpläne vorbereiten sollen. Köck (1993b) liefert mit seinem Konzept der *„raumbezogenen Schlüsselqualifikationen"* einen „fachimmanenten Beitrag des Geographieunterrichts zum Lebensalltag des Einzelnen und Funktionieren der Gesellschaft" (vgl. S. 131). Dabei soll die Bewältigung von Lebenssituationen in hochkomplexen Gesellschaften nicht mehr ein reflexhaftes Reagieren auf äußere Reize darstellen, sondern auch und vor allem ein „reflektiertes, zielorientiertes, interessegeleitetes Verhalten" einschließen (Köck 1993b, S. 14).

Globale Probleme/Bewahrung der Erde. *Globales Lernen* ist ein Motto, mit dem Kroß (1994, 1995) auf neue Perspektiven hinweist: „Der Atomunfall von Tschernobyl, die Vergrößerung des Ozonlochs, der Treibhauseffekt oder die Zerstörung der Tropenwälder drängen uns endlich aktiv zu werden und persönlich durch Veränderungen unseres Verhaltens einen Beitrag zur Bewahrung der Erde zu leisten." Auf eine Formel gebracht: „Zum globalen Lernen gehören weltweite geographische Kenntnisse plus die Fähigkeit in größeren Dimensionen Mitverantwortung zu sehen und zu übernehmen" (Kroß 1995, S. 8). Dazu ist auch eine Werteerziehung notwendig.

Fächerkooperation. Geographie darf und kann nicht isoliert unterrichtet werden, denn die Welt und das Leben sind nicht in Fächer unterteilt. Diese ganzheitliche Zugangsweise findet in den Lehrplänen mehr und mehr Eingang, indem die Fachlehrpläne die Verbindungslinien und Verknüpfungen zu anderen Fächern deutlicher aufzeigen. Auch Anregungen zu fächerübergreifenden Projekten werden aufgenommen.
Kirchberg (1993) erläutert in diesem Zusammenhang in Weiterführung von Köck (1992) die *Dienstleistungsfunktionen* des Schulfachs Geographie. Er verdeutlicht, dass „Geographieunterricht für zahlreiche andere Schulfächer Leistungen erbringt, die von diesen nicht eigens erarbeitet werden, die diese aber gleichwohl als Service bzw. Dienstleistung in Anspruch nehmen müssen" (Kirchberg 1993, S. 29).

Postmoderne. Hasse (1991, S. 39 ff.) propagiert im Rahmen einer postmodernen Didaktik „die Wiederentdeckung der Sinne, die neue Verknüpfung von Rationalität und Emotionalität, von Verstand und Gefühl, die Interpretation von Lebenswelten, die Reduzierung der kognitiven Dimension des Lernprozesses zugunsten von Freiräumen für das Unerwartete, Ungeplante, Subjektive; für assoziative, spontane, ungeordnete, ja sogar spielerische Annäherung und Aneigung ..." (vgl. Schmidt-Wulffen 1991, Rhode-Jüchtern 1996). Dazu Schrand (1994, S. 5): „So zupackend und plausibel wie die Analyse der gesellschaftlichen Realität bei Hasse in der Regel ausfällt ..., so unscharf und unbestimmt bleibt die programmatische bzw. pragmatische Wendung auf die konkrete Situation der Geographie in der Schule." Auch Birkenhauer (1993) setzt sich kritisch mit der Postmoderne auseinander.

Weitere Impulse. Darüber hinaus gibt es vielfältige weitere Impulse, die auf die Lehrplanarbeit einwirken (vgl. Friese 1994, Hoffmann 1995, Kirchberg 1998b), z. B. die notwendige Umwelterziehung, die Betonung der Lebenswelt des Schülers („Heimat") oder die neuen Technologien. Die herausragende Herausforderung sind die veränderten Kinder und Jugendlichen (vgl. Kap. 3.2, ausführlicher Kirchberg 1998a). *Hausmann/Haubrich/Kirchberg*

Grundlegende raumbezogene Schlüsselqualifikationen

1. Räumliche Orientierungsfähigkeit (topographisches Wissen, erdräumliche Lagebeziehungen und sich daraus ergebende Lagestrukturen);
2. Denken und Handeln in räumlichen Strukturen (in Bezug auf das jeweilige räumliche Gefüge der relevanten Lebensbedingungen, Lebensäußerungen, Lebensvollzüge);
3. Denken und Handeln in räumlichen Prozessen (ständige Bewegung und Veränderung räumlicher Strukturen = räumliche Prozesse);
4. Denken und Handeln in Geoökosystemen (Wirkungsgesamtheit in systemischer Vernetzung);
5. Denken und Handeln in weltweiten Zusammenhängen („Global denken, lokal handeln"; vgl. Kroß 1995);
6. Denken und Handeln in Raumgesetzen und -modellen (z. B. Verdichtungsräume, Stadt-Umland-Systeme und -Modelle);
7. Denken und Handeln in raumethischen Kategorien (Anerziehung des Wollens und der Bereitschaft zu kompetentem Raumverhalten). (nach: Köck 1993)

Leipziger Erklärung zur Bedeutung der Geowissenschaften in Lehrerbildung und Schule (Auszug)

Die „**Leipziger Erklärung**" ist das Ergebnis einer Alfred-Wegener-Konferenz im Institut für Länderkunde in Leipzig vom 28. bis 30. Oktober 1996.

Wir, die Teilnehmer der Alfred-Wegener-Konferenz 1996, erfüllen unsere staatsbürgerliche Pflicht, indem wir in dieser Erklärung auf für eine zukunftsfähige Entwicklung der Erde unverzichtbare geowissenschaftliche und geographische Kenntnisse, Fähigkeiten und Einstellungen hinweisen ...

Wir tun dies aus tiefer Sorge um die Zukunft der Erde und um die notwendige Befähigung der Gesellschaft für eine nachhaltige Entwicklung.

Wir beklagen das Defizit der geowissenschaftlichen und geographischen Bildung unserer Gesellschaft und die unzureichenden Entfaltungsmöglichkeiten der Geowissenschaften im Geographieunterricht der Schule sowie in der Ausbildung der Geographielehrerinnen und -lehrer an der Hochschule.
Die Menschheit steht in Gegenwart und Zukunft vor Herausforderungen, die sowohl die natürliche Ausstattung der Erde als auch ihre gesellschaftlichen Entwicklungen betreffen.

Die Erde – ihre Nutzung und Bewahrung durch eine nachhaltige Entwicklung
Nachhaltigkeit (Sustainability) ist spätestens seit der Konferenz der Vereinten Nationen für Umwelt und Entwicklung 1992 in Rio de Janeiro zu einem auch allgemein anerkannten Leitprinzip der Entwicklung der Erde geworden ...
Die nachhaltige Entwicklung und Gestaltung bedürfen neben der geowissenschaftlichen und geographischen Forschung eines qualifizierten Engagements aller Mitglieder unserer Gesellschaft auf der Basis angemessener geowissenschaftlicher und geographischer Kenntnisse, Fähigkeiten, Einstellungen und Verhaltensweisen. Der damit verbundene Auftrag an die Schule kann nur erfüllt werden, wenn außer den traditionellen Inhalten des Geographieunterrichts auch grundlegende Ergebnisse der Geowissenschaften in die Lehrpläne aufgenommen werden. (nach: Alfred-Wegener-Stiftung [Hrsg.] 1996)

5.8 Welche Zukunft haben die Lehrpläne?

Als Ergebnis der dargestellten Entwicklung haben die meisten heutigen Geographielehrpläne in Deutschland sowohl eine thematische als auch eine regionale Struktur, in der die Allgemeine und die Regionale Geographie miteinander verschränkt sind. Der „Land-für-Land-Unterricht" früherer Zeiten ist überwunden. Die Lehrpläne sind auch viel stärker auf die Schüler bezogen, sowohl auf deren Lebensraum als auch auf deren Bedürfnisse und Interessen. Nicht zuletzt sind die Lehrpläne offener geworden, lassen somit mehr Freiheiten bei der Auswahl von Themen und Räumen bei der Schwerpunktsetzung.

Zugleich sind die *Lehrpläne der Bundesländer und der Schularten* erheblich verschieden. In manchen Punkten lässt sich das mit regionalen Traditionen und Erfahrungen oder mit unterschiedlichen Stundentafeln rechtfertigen. Doch die Abweichungen gehen weit darüber hinaus. Offensichtlich gibt es keinen bundesweiten Konsens darüber, wie der Lehrgang Geographie in der Schule zu strukturieren ist. Deshalb bedarf der *Basislehrplan* von 1980 (Zentralverband ... 1980) dringend einer Erneuerung um der zukünftigen Lehrplanentwicklung eine allgemein anerkannte Orientierungshilfe zu geben. Das Kapitel 6 „Lehrplangestaltung" enthält dazu viele Anregungen.

In manchen Bundesländern ist zudem die *Selbstständigkeit des Fachs Geographie* bedroht oder bereits verloren gegangen. Geographische Inhalte und Themen tauchen stark verkürzt in Integrationsfächern auf, deren Lehrpläne nach völlig anderen Gesichtspunkten konzipiert und gestaltet sind. Geographische Bildung kann sich überall dort nicht mehr entfalten, wo die fachlichen Eigengesetzlichkeiten nicht mehr Eingang in die Lehrplangestaltung finden können. Auch wenn im Mittelpunkt eines Lehrplans der Schüler stehen muss: Der fachbezogene und wissenschaftsorientierte Zugang ist unverzichtbar um sich in der Schulzeit und später fundiert, kompetent und kenntnisreich die Welt zu erschließen.

Die radikalste Zukunftsfrage lautet: *Brauchen wir überhaupt noch Lehrpläne?* Diese Frage steht insbesondere im Zusammenhang mit der Zukunft der Schule überhaupt. Die Schule muss sich künftig stärker als bisher auf ihre spezifischen Schüler und auf ihre eigenen Bedingungen einstellen. Die einzelne Schule wird dazu sicherlich mehr Autonomie erhalten um ihr Erziehungs- und Bildungsprofil selbst stärker mitzubestimmen. Vielleicht sind die vielen Geographielehrpläne tatsächlich zu umfassend, zu detailliert, zu inhaltsreich, zu präskriptiv, um selbst verantwortetes und selbst bestimmtes Lehren zu ermöglichen. Bei dieser Diskussion sollte man aber nicht übersehen, dass Lehrpläne auch eine große Hilfe sein können: Sie bieten einen allgemein gültigen Rahmen und erfordern nicht bei jedem Lernschritt neue Grundsatzentscheidungen und Rechtfertigungen.

Die Zukunft auch der Geographielehrpläne liegt somit bei *schlankeren und offeneren Rahmenplänen.* Sie könnten einerseits allgemeine Zielvorgaben und Inhaltsfestlegungen thematischer und regionaler Art enthalten, andererseits aber weit mehr Gestaltungsspielraum bieten als die derzeitige Lehrplangeneration. Freilich besteht dann die Gefahr, dass wieder die Schulbücher die Funktion der Lehrpläne übernehmen. *Kirchberg*

6 Lehrplangestaltung

Lehrplandeterminanten

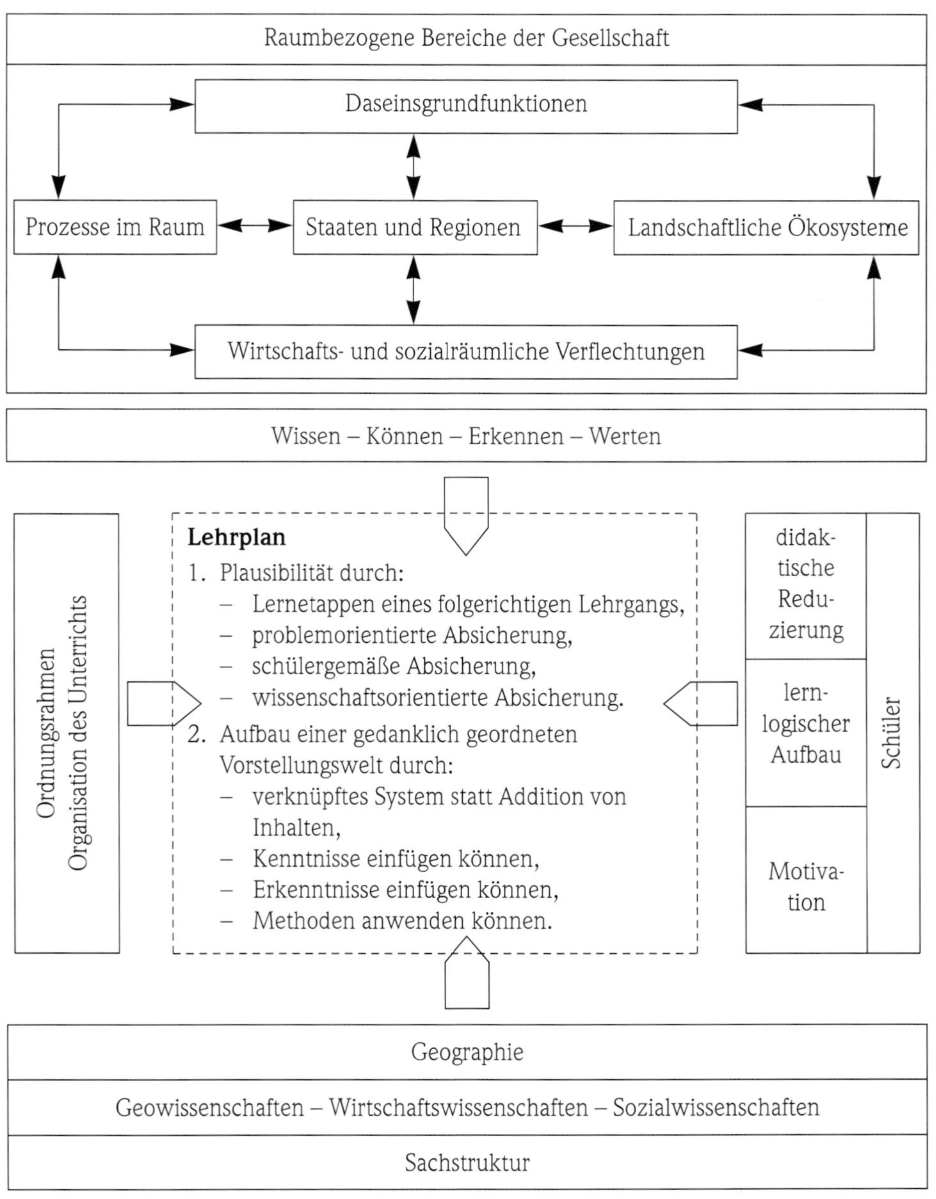

(Entwurf: Richter)

6.1 Lehrplanaufbau

Der Lehrplan muss mehr sein als eine additive Aneinanderreihung von Inhalten und Zielsetzungen. Er muss vielmehr eine verknüpfte Struktur bieten, über die der Schüler durch Unterricht eine gedanklich geordnete Vorstellungswelt aufbaut. Die Abfolge der Problemstellungen und Inhalte (Lernzielorientierung) bedarf einer schülergemäßen, logischen und wissenschaftsorientierten Absicherung (vgl. Kirchberg 1980a, 1982b u. 1992).

Das Spiralmodell stellt einen Zugriff dar, den zielorientierten Geographieunterricht nach dem „Simplex-Komplex-Prinzip" als Lehrgang zu organisieren und eine „durchgehende lernlogische Gesamtkonzeption" (Geipel 1968, S. 41) als notwendige und hinreichende Voraussetzung eines kontinuierlichen geographischen Bildungsgangs zu entfalten. Es sind vor allem lernpsychologische Überlegungen, die als Ordnungsgesichtspunkt den der zunehmenden Komplexität bereitstellen. Strukturelemente des Spiralmodells sind die Lernplateaus, die Lehrplansäulen und die Lernspirale (vgl. Hahn 1974, Kirchberg 1980a, Köck 1980, Hendinger/ Schrand 1981, Geiger 1986b).

Die Lernplateaus (*Rampenstruktur*, Geipel 1968, S. 43) „müssen sich trennscharf voneinander abheben" (Kirchberg 1980a, S. 258) um den Lernerfolg optimieren zu können. Das verlangt nach Eindeutigkeit in der Zielorientierung und Schwerpunktsetzung. Deshalb wird der Lehrgang in Lernzielstufen gegliedert, denen Inhalte und Begriffe der Lehrplansäulen zugeordnet sind. Weitere Kriterien der Stufung ergeben sich aus der Logik geographischer Strukturen und den fachspezifischen Betrachtungsweisen in ihrer vertikalen Hierarchie von simplex nach komplex.

Die Lehrplansäulen bilden überwiegend die Fachlogik ab (vgl. Hoffmann 1971b, Hendinger 1973, Bauer 1976, Richter 1976, 1978). Sie ermöglichen es, aus der Fülle fachwissenschaftlich Sachverhalte zielorientiert herausgefiltertes unterrichtsrelevantes Wissen und Können in *logischen Abfolgen* den Lernzielstufen zuzuordnen.
Diese *Lernstoffsequenzen* bestimmen „als aufeinander aufbauende sachabhängige Lernfolgen (Roth 1974, S. 29) die Lernstruktur des Geographieunterrichts. Dabei ist zu fragen, über welche Informationen (Wissen) und Operationen (Können) der Schüler am Ende des geographischen Lehrgangs angesichts der anzustrebenden raumbezogenen Qualifikationen und Verhaltensdispositionen (*Raumverhaltenskompetenz*, Köck 1980) verfügen sollte.

Die Lernspirale (Bruner 1970) symbolisiert den kontinuierlichen Prozess des Lernens über alle Jahrgangsstufen und verbindet die Lernplateaus untereinander. Dabei wird der Vorrat an Inhalten und Begriffen sowohl schrittweise erweitert als auch stetig gefestigt und vertieft *(Prinzip der curricularen Wiederholung)*. Dem *Prinzip der Schülerorientierung* folgend, können die Lernwege schulformenspezifisch und schulintern variiert werden.
Die Lernschritte ergeben sich aber nicht aus der den Teildisziplinen der Allgemeinen Geographie folgenden Systematik der Lernstoffreihen in den Lehrplansäulen. Der geographische Lehrgang orientiert sich vielmehr an problem- und schülerorientierten Themenstellungen. Die Themen schneiden Realisierungsebenen senkrecht zu den Lehrplansäulen heraus (Hendinger 1973, S. 91). Sie verbinden zwei oder mehrere Lehrplansäulen miteinander, indem jeweils bestimmte Inhalte und Begriffe abgerufen werden. Die Lernspirale stellt somit die zielorientiert gefügte und schülerorientiert gestufte Abfolge von Themenbereichen und Unterrichtsthemen dar.

Richter

Aufbau eines Lehrplans nach dem Spiralmodell

Lernplateaus: Schwerpunkte der Lernzielstufen	Geographische Strukturen		vorherrschende Betrachtungsweisen	Lehrplansäulen	Lernspirale
5 Mensch-Raum-Beziehungen 6 Grundlegende Einsichten in	Elemente linear-kausale Zusammenhänge zwischen Raumfaktoren	**Phänomene Bilder**	physiognomisch Hinführung zum Analysieren Einführung in geographisches Beobachten und Beschreiben	Betrachtungs- und Arbeitsweisen Physische Geographie Anthropogeographie Humanökologie Regionale Geographie Topographie – Globale Raster	Kontinuität des Lernweges durch: – Neben- und Nacheinander regulativer Lernziele, – Neben- und Nacheinander geographischer Strukturen und Betrachtungsweisen – gefügte Abfolge von Unterrichtsthemen, – schrittweise Erarbeitung des Wissens und Könnens (Arbeitsweisen), der Erkenntnisse (Probleme) und Einstellungen.
7 Analyse raumwirksamer Faktoren 8 Gestaltung von Räumen durch die Natur und den Menschen 9 Staaten und Regionen in ihrem politischen und	Gefüge Wirkungsgefüge und ihre Faktoren komplexe Gefüge	**Strukturen**	analytisch-genetisch Einübung analysierender, kausaler und genetischer Betrachtung Festigung geographischer Beobachtung und Beschreibung		Schülerorientierung des Lernweges durch: – Verbindung der Lehrplansäulen, – Beachtung der Komplementarität nomothetischer und idiographischer Betrachtungsweise (Engelhard 1987), – gestufte Abfolge von Unterrichtsthemen, – Festigung und Reaktivierung, Vertiefung und Systematisierung der Inhalte und Begriffe.
wirtschaftlichen Zusammenhang		**Raumfunktionalität**	Einführung in die raumfunktionale und modellhafte Denkart		
10 Auseinandersetzung mit Gegenwartsfragen und -aufgaben	Staaten als raumzeitliche Systeme	**Prozesse**	Festigung analytischer, kausaler und genetischer Betrachtung Vertiefung geographischer Beobachtung		
11 Welt und Umwelt als Lebenssituation 12 Erhaltung von 13 Partizipation an der Gestaltung	Störfelder des Wirkungszusammenhangs	**Systeme** **Modelle**	funktional-systemar-modellhaft Vertiefung und Anwendung geographischer Arbeitsweisen		

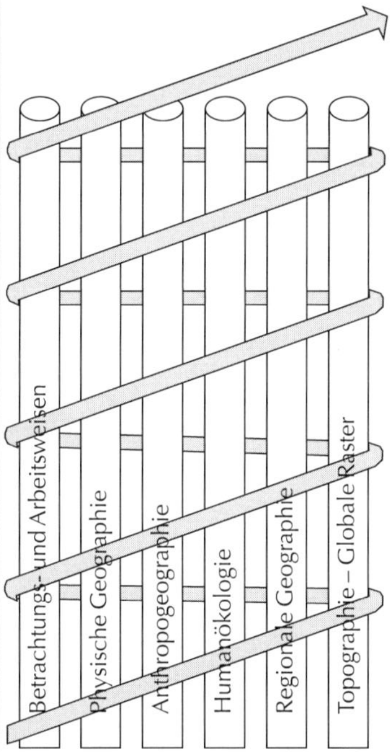

(Entwurf: Richter)

6.2 Lehrplansäulen der „Physischen Geographie"

Lehrplansäule „Mathematische Geographie". Zum Verständnis des Gesetzes der Zonalität u. a. sind Informationen über die Planetennatur der Erde notwendig.
Zu den elementaren Folgen der Kugelgestalt der Erde und ihrer Bewegungen (Rotation, Revolution, Schiefe der Ekliptik) gehören wechselnde Beleuchtungen durch die Sonne (Tag und Nacht, Beleuchtungszonen). Aus der Planetennatur resultieren auch die Gezeiten. Unverzichtbare Orientierungsmöglichkeiten bieten das Gradnetz der Erde und die Himmelsrichtungen.

Lehrplansäule „Klimatologie". Von allen Geofaktoren betreffen die Auswirkungen von Wetter und Klima die Wirklichkeit der menschlichen Lebensverhältnisse nicht nur unmittelbar, sie sind auch grundlegende Bedingungen menschlicher Existenz. Weitgehend hängen Prozesse in den abiotischen und biotischen Seinsbereichen sowie das gesellschaftliche Geschehen mit meteorologischen Wirkungen zusammen. Das Lernfeld „Wetter und Klima" beinhaltet vier didaktische Leitlinien (vgl. Richter 1996, S. 73):

1. Wechselwirkungen Klima – Mensch in der chorologischen Dimension,
2. klimaökologische Gefüge in ihrer Bedeutung für den Menschen in der topologischen und geosphärischen Dimension,
3. klimatisch bedingte Naturkatastrophen und anthropogene Klimaänderungen,
4. Beleuchtungs- und Klimazonen als globale Raster.

Der Schauplatz des Wettergeschehens ist die Troposphäre als unterste Schicht der Atmosphäre. Zu den unterrichtsrelevanten Wetter- und Klimaelementen gehören Lufttemperatur und -feuchtigkeit sowie Luftdruck. Das Wissen um die Kausalbeziehungen zwischen diesen Elementen führt zu den Wettererscheinungen (Wärme und Kälte, Wolken, Niederschlag, Luftströmungen). Mit dem zentralen Begriff der Luftmasse sind die Voraussetzungen zum Einblick in das Wettergeschehen (Wetterlagen, Wetterkarte) geschaffen (vgl. Schönwiese 1994).
Gleichermaßen wichtig sind Kenntnisse über die klimatische Gliederung der Erde und Fähigkeiten zur Klimabeschreibung. Aus den Beleuchtungszonen werden Temperatur- und Klimazonen hergeleitet, ihnen werden Klimatypen zugeordnet. Ein grundlegendes Arbeitsmittel zur Erläuterung von Klimabedingungen ist das Klimadiagramm.

Lehrplansäule „Ozeanographie". Mit zunehmendem Wissen über die Meeresräume und ihrer wachsenden Bedeutung für die Gesellschaft wird sich der Unterricht stärker als bisher der „Landschaftskunde der Meere" zuwenden müssen um Informationen über Stoffkreisläufe und Nutzungsmöglichkeiten des Meeres zu vermitteln (vgl. Dietrich 1970).

Lehrplansäulen „Geomorphologie und Geologie". Es kann nicht Ziel des Unterrichts sein, möglichst viele Formen der Landoberfläche zu kennen. Eine Eingrenzung des Betrachtungshorizontes auf wenige Grundformen (Tief- und Hochland, Ebene, Hügel, Berg, Kerb-, Kerbsohlen- und Muldental) und Formengruppen (Flach-, Hügel-, Mittelgebirgs- und Hochgebirgsland) sowie einige Beispiele der Genese (glaziale Serie, Bruchschollengebirge, Stufenland, Faltengebirge, Gezeitenflachküste, Förden-, Haff-, Nehrungs- und Ausgleichsküste) ist geboten. Hinzu kommen Informationen zum Bau und zur Entwicklungsgeschichte der Erde. Sie umfassen Kenntnisse über Plattentektonik, Vulkanismus, Erdbeben und Gesteinsbildung. Insgesamt soll die azonale Großgliederung der Erde in den Fragehorizont der Schüler gehoben werden (vgl. German 1979, Leser 1995). *Richter*

Lehrplansäule „Klimatologie“

	Sequenz „Wetter“	Sequenz „Klima“
Stufe	**Wissen/Können**	**Wissen/Können**
5/6	Einblick in die Bestimmung von Temperaturmittelwerten Einblick in die Niederschlagsmessung Einblick in die Entstehung von Wolken und Niederschlag (Wasserkreislauf)	Kenntnis der Jahrestemperaturkurve Kenntnis der Jahresniederschlagsdiagramme Kenntnis des Klimadiagramms Fähigkeit Klimadiagramme zu zeichnen
7/8	Einblick in die Entstehung von Luftdruckunterschieden und Luftbewegungen (Hoch, Tief, vertikale Luftbewegungen, Wind, Windrichtung, -stärke) Einblick in die Entstehung lokaler Winde in Abhängigkeit vom Relief (Land-Seewind, Berg-Talwind) Überblick über die Entstehung von Wolken, Niederschlag und anderen Wettererscheinungen (Wirkung von Luv und Lee: Steigungsregen, Föhn; Wolkenarten, Landregen, Gewitter)	Überblick über Temperatur- und Klimazonen Kenntnis von Klimatypen nach ihren Merkmalen (Tundren-, Nadelwald-, Laubwald-, Steppen-, Mittelmeer- wüsten-, Savannen-, Regenwaldklima) Fertigkeit im Umgang mit dem ökologischen Klimadiagramm Einblick in die globale Druckverteilung sowie die thermische Erklärung von Teilbereichen des planetarischen Windsystems (Passatkreislauf, tropischer Monsun, Westwindzone)
9/10	Einblick in das Wirkungsgefüge der Wetterelemente (Luftmassen, Wetterlagen, Witterungsregelfälle) Fähigkeit zu einfachen Wetterbeobachtungen und zur Benutzung einfacher Wetterkarten Einblick in die Tätigkeit des Wetterdienstes (Wetterstation, -satellit, -vorhersage)	
11	Kenntnis vom Wirkungsgefüge der Wetterelemente Fertigkeit in der Benutzung von Wetterkarten	Kenntnis vom Aufbau der Atmosphäre Vertrautheit mit dem planetarischen Windsystem und der Klimagliederung der Erde

(Entwurf: Richter)

6.3 Lehrplansäulen der „Anthropogeographie"

Im Feld der Mensch-Raum-Beziehungen müssen „die Motivationen der regelhaften Verhaltensweisen menschlicher Gruppen und Gesellschaften" (Hambloch 1982, S. 3) beachtet werden. Dieser Fachlogik entsprechend kann die Abfolge der Lernstoffe in den Säulen nicht dem Kausalitätsprinzip unterliegen. Vielmehr lassen sich die Lernstoffe des *wirtschafts- und sozialräumlichen Horizonts* überwiegend nach Sinnzusammenhängen zu Lernstoffsequenzen fügen.

Lehrplansäule „Wirtschaftsgeographie". Sie wird der Fachlogik folgend in die Sequenzen „Handel" und „Verkehr" (tertiärer Wirtschaftssektor = Geographie des Handels, Verkehrs und der Dienstleistungen), „Bergbau und Energiewirtschaft und verarbeitende Industrie" (sekundärer Wirtschaftssektor = Industriegeographie) und „Bodennutzung" (primärer Wirtschaftssektor = Agrargeographie) ausdifferenziert.
Lernrelevante Sachverhalte sind u. a.: städtische Funktionen des Handels und der Dienstleistungen, Güteraustausch und Weltwirtschaftsordnung, Verkehrsnetze sowie Funktionen der Verkehrsträger, Rohstoff- und Energiegewinnung sowie Industriezweige, Standortprobleme und Industrialisierung, Formen der landwirtschaftlichen Produktion und natürliche Grenzen des Anbaus, agrarsoziales Gefüge in Staaten, Wirtschaftsstufen und -formen der Menschheit, Wirtschaftsformationen der Erde (vgl. Arnold 1985, Schätzl 1993, Sedlacek 1994, Sick 1993, Wagner 1994).

Lehrplansäule „Siedlungsgeographie". Ländliche und städtische Siedlungen sind die „Bausteine der Ökumene" (Hambloch 1982, S. 43). In ihr gestalten die Menschen je nach Lebensformen und sozioökonomischen Bedingungen den Siedlungsraum (Formen ländlicher und städtischer Siedlungen in den Kulturerdteilen, Stadtstrukturmodelle). Die Standorte des Wohnens, Arbeitens und Sichversorgens bilden überwiegend den Aktionsraum der Menschen. Insofern sind sie von den räumlichen Prozessen im Siedlungsraum (Mobilität, Migration, Citybildung, Stadt-Land-Beziehungen, Strukturwandel, Städtesystem) betroffen. Zugleich führt die weltweite Verstädterung zu einer ständigen Ausbreitung städtischer Lebensformen (vgl. Gaebe 1987, Hahn 1976, Hofmeister 1994, Lichtenberger 1991, Ruppert 1982, Temlitz 1985).

Lehrplansäule „Geographie des Freizeitverhaltens". Reisen und Erholen sind aufgrund des wachsenden Bedürfnisses nach Freizeit als Ausgleich zu den Zwängen der Arbeitswelt zu notwendigen Lebensformen der industriellen Gesellschaft geworden (Naherholungsraum, Fremdenverkehrsraum). Die wirtschaftlichen Strukturwandlungen in den Fremdenverkehrsräumen, die Wirkungen des Fremdenverkehrs im Verkehrssektor und die Versorgungs- und Entsorgungs- sowie Landschaftsschutzaufgaben sind heute gewichtige Wirtschaftsfaktoren und Bereiche der Daseinsvorsorge.

Lehrplansäule „Bevölkerungsgeographie". Rasches Wachstum der Weltbevölkerung, dessen regionale Unterschiede und eine ungleichmäßige Verteilung der Weltbevölkerung erfordern nicht nur Überlegungen zur Tragfähigkeit der Erde. Probleme und Konflikte können sich auch zwischen Völkern und Religionen ergeben. Die Mobilität der Bevölkerung hat vielerlei Formen, Ursachen und Folgen (vgl. Bähr 1992).

Lehrplansäule „Politische Geographie". Für die Zukunft der Menschheit ist Raumordnung eine Aufgabe von existenzieller Bedeutung (vgl. Ante 1981, Boesler 1982, 1983, Seifert 1985).

Richter

Lehrplansäule „Wirtschaftsgeographie"

Stufe	Sequenz „Bodennutzung"
5/6	Kenntnis von Bodennutzungssystemen (Fruchtwechselwirtschaft, Sonderkulturen, Milchviehhaltung, Almwirtschaft, Nomadismus) Einblick in grundlegende Möglichkeiten der Bodennutzung (Wildbeuter: sammeln, jagen, fischen; Bauer: hacken, pflügen; Nomaden und Viehhalter: weiden, züchten, Sammelwirtschaft, Produktionswirtschaft) und von Stufen der Wirtschaft (Selbstversorgungs-, Marktwirtschaft)
7/8	Überblick über die Verbreitung von Wirtschaftsformen im primären Sektor über die Erde Einblick in die Genese von Bodennutzungssystemen: geregelter Flächenwechsel (Feld-Gras- und Feld-Wald-Systeme), Getreidewechselsysteme (Dreifelderwirtschaft), Fruchtwechselsysteme Kenntnis von Betriebsformen der Landwirtschaft (Regenfeldbau, Bewässerungsfeldbau) und Bodennutzungssystemen (Regenfeldbau mit Dauerfrucht- und Strauchkulturen, Wanderfeldbau) Einblick in naturbedingte Möglichkeiten und Grenzen agrarischer Nutzung (Kältegrenze, kontinentale und äquatoriale Trockengrenze, Höhengrenzen)
9/10	Kenntnis von Betriebstypen der Landwirtschaft und deren Arbeits- und Lebensbedingungen (Familienbetrieb, Agrargenossenschaft, Farmbetrieb, Latifundium, Ranchbetrieb, Agrobusiness) Einblick in agrarsoziale Gefüge von Staaten (Regionen) und deren Wandel durch Agrarpolitik (Betriebsstruktur, Sozialbrache, Agrarkrise, Produktivität, Intensivierung) Fähigkeit Agrarräume nach ihren prägenden Merkmalen zu klassifizieren
11	Überblick über Bodennutzungssysteme Kenntnis der Verbreitung von Wirtschaftsformen im primären Sektor über die Erde
12/13	Vertrautheit mit Betriebssystemen der Landwirtschaft und deren Arbeits- und Lebensbedingungen Überblick über agrarsoziale Gefüge von Staaten (Regionen) Fertigkeit in der Klassifizierung von Agrarräumen nach ihren prägenden Merkmalen

(Entwurf: Richter)

6.4 Lehrplansäule „Humanökologie“

Die didaktischen Leitlinien der Humanökologie sind geoökologisches Denken, ökonomisches Denken und historisch-genetisches Denken. Durch die Verbindung der drei Denkarten in der chorologischen, regionischen und geosphärischen Maßstabsdimension leistet der Geographieunterricht einen unverzichtbaren Beitrag zur globalen und ökologischen Erziehung.

Geoökologisches Denken zielt auf Kenntnis landschaftszonaler Ökosysteme. Informationen zum raumwirksamen Faktor Vegetation und dessen kausalen Verflechtungen mit den Faktoren Klima, Wasserhaushalt und Boden kommen in den Blick. Dabei bilden die klimatischen Vegetationsformationen der Klimazonen einen Schwerpunkt der Betrachtung. Es genügt jedoch, charakteristische Erscheinungsformen der Vegetation wie baumlose Kraut- und Grasformationen der Tundren und Steppen, Strauch- und Baumformationen der Savannen und Baumformationen der tropischen Regenwälder, der Hartlaub- und Loorberwälder sowie der sommergrünen Laubmisch- und borealen Nadelwälder zu erfassen. Überblicke über Prozesse der Bodenbildung in den Klimazonen und den Wasserhaushalt in humiden wie ariden Klimaten erweitern das geoökologische Denken (vgl. Finke 1994, Klink/Mayer 1996, Leser 1978, Müller-Hohenstein 1981, Semmel 1977, Wilhelm 1993). Der geographische Lehrgang führt schrittweise und kontinuierlich in die systemare Betrachtungsweise ein und die Schüler gewinnen mehr Sicherheit in der Ansprache von landschaftlichen Ökosystemen.

Ökonomisches Denken zielt auf Nutzungsvorgänge und Inwertsetzungsprozesse der landschaftlichen Ökosysteme. In den Blick kommen die anthropogen und anthropogen-technogen veränderten Geoökosysteme, die Agrarlandschaften sowie Stadt-, Bergbau- und Industrielandschaften. Herauszuarbeiten sind klimaökologische Rahmenbedingungen des Wirtschaftens. Geschichte wird nicht nur von ökonomischen Verhältnissen geschrieben. Geoökosysteme unterschiedlicher Maßstabsstufen beeinflussen ihrerseits Systemzusammenhänge von Technik, Gesellschaft, Wirtschaft und Politik. Zusammenhänge von Ökonomie und Ökologie werden bewusst: anthropogene Klimaänderungen, Tragfähigkeit der Geoökosysteme (lokal, regional, global), Landschaftsdegradation, Belastungen terrestrischer und mariner Räume durch Ressourcennutzung.

Historisch-genetisches Denken wendet sich dem Phänomen zu, dass die Erde eine Geschichte hat, die „nicht weniger wichtig (ist) als die Geschichte der Menschheit“ (Deklaration von Digne-les-Bains 1994). Es gilt die Einmaligkeit der Erde zu begreifen um tektonisch-geomorphologische Rahmenbedingungen menschlicher Lebensverhältnisse erkennen zu können. Grenzen und Entscheidungsspielräume der Weltgesellschaft ergeben sich nicht nur durch die Naturgesetzlichkeit der Zonalität, sondern auch aus der Naturgesetzlichkeit der Azonalität, der Dynamik von Mantel und Kruste des Planeten Erde.

Umwelterziehung im Nahraum wendet sich der topologischen Maßstabsdimension zu. In dieser Dimension verwischen die Gegenstände von Geographie- und Biologieunterricht, fächerverbindendes Lernen bietet sich an. Geographische Geländearbeit verbindet Schüler-, Handlungs- und Werteorientierung, denn sie will eine ganzheitliche Persönlichkeitsbildung, die „Kopf, Herz und Hand“ zusammenführt, und sie ist in die Lebenswirklichkeit der Schüler eingebettet (vgl. Schmiedecken 1980, Stein 1994). Hard, Jessen, Schirge (1984) wenden sich der Umwelt durch „Spurensuche“ zu. *Richter*

Didaktische Struktur der geoökologischen Bildung

Jahrgangsstufe 5: Vermittlung von Anfangswissen
Themenbereich: Wohnen und Versorgen in Landschaften mit extremen und unterschiedlichen Naturbedingungen
Raumeinheit: Raumbeispiele der topologischen Maßstabsdimension (Einzelbilder/Lebensräume)
Zielsetzung: Einblick in linear-kausale Beziehungen: Wärme – Niederschlag – Pflanzenwuchs

Jahrgangsstufe 7: Vermittlung von Grundwissen
Themenbereich: klimaökologische Großräume in ihrer Bedeutung für den Menschen
Raumeinheit: Raumbeispiele der topologischen und chorologischen Maßstabsdimension (Fallbeispiele)
Systematisierung in der geosphärischen Maßstabsdimension
Zielsetzung: Kenntnis von Wirkungsgefügen der Geozonen: Beleuchtungsverhältnisse – Wärmehaushalt – Wasserhaushalt – Pflanzenformation

Jahrgangsstufe 11: Vermittlung vertieften Grundwissens
Themenbereich: natürliche Grenzen des Wirtschaftens in den Geozonen
Raumeinheit: Raumbeispiele und Regionen der chorologischen und regionischen Maßstabsdimension
Zielsetzung: Vertrautheit mit Systemzusammenhängen der Geozonen: Tektonik – Relief – Klima – Wasserhaushalt – Boden – Pflanzenformation

Didaktische Struktur der humanökologischen Bildung

Jahrgangsstufe 7: Vermittlung einführender Erkenntnisse
Themenbereich: Eingriffe in den Landschaftshaushalt
Raumeinheit: Raumbeispiele der topologischen und chorologischen Maßstabsdimension (Fallbeispiele)
Zielsetzung: Kenntnis der Auswirkungen von Eingriffen in den Landschaftshaushalt
Bewusstsein der Notwendigkeit von Landschaftsschutz

Jahrgangsstufe 9/10: Vermittlung weiterführender Erkenntnisse
Themenbereich: Stadt-, Bergbau- und Industrielandschaften
Umweltbelastung und Umweltschutz
Raumeinheit: Regionen und Staaten in Europa
Zielsetzung: Einsicht in die Notwendigkeit von Landschaftspflege und Umweltschutz

Jahrgangsstufe 11: Vermittlung vertiefter Erkenntnisse
Themenbereich: Umweltprobleme in den Geozonen
Raumeinheit: Raumbeispiele und Regionen der chorologischen und regionischen Maßstabsdimension
Zielsetzung: Vertrautheit mit Systemzusammenhängen der Landschaftsökosysteme und ihrer Störfelder: Tektonik – Relief – Klima – Wasserhaushalt – Boden – Pflanzenformation – Gesellschaft – Wirtschaft – Technik – Politik

(Entwurf: Richter)

6.5 Lehrplansäule „Sich orientieren"

Im länderkundlichen Durchgang hatte Topographie als „das Einmaleins der Länderkunde" (Wagner 1955, S. 94) seinen unbestrittenen Platz. Mit der Abkehr von diesem didaktischen Konzept war ein „Verlust an Selbstverständlichkeit, an gewohnheitsmäßiger Sicherheit über den didaktischen und methodischen Ort der Topographie" (Fuchs 1983, S. 379) verbunden. Anfangs war man von der unerwarteten Reaktion der Schulpraxis überrascht. Hatten doch Schultze (1970), Hendinger (1970) und Ernst (1970) die Bedeutung der Topographie nachdrücklich herausgestellt.

Heute wissen wir, dass die Unsicherheit um den Stellenwert der Topographie auf den mit der „neuen" Geographie verbundenen *Maßstabswechsel* zurückzuführen ist. Sperling (1980, 1992) greift die Maßstabstheorie von Neef (1967) und seinem Schüler Haase auf. Wir unterscheiden vier *Maßstabsdimensionen:*

- die topologische oder mikrogeographische,
- die chorologische oder mesogeographische,
- die regionische oder makrogeographische und
- die geosphärische/planetarische oder megageographische Dimension.

Die im Unterricht nach dem länderkundlichen Durchgang behandelten Räume lagen also überwiegend in der chorologischen Dimension. Daraus folgert Sperling zu Recht, „dass das Denken allein in dieser Dimensionsstufe kein zureichendes ‚geographisches Weltbild' vermittelt". Nach Sperling hat „die ‚länderkundliche Brille' die Betrachtungsweise der gesamten Schulgeographie verengt" (1980, S. 27).

Der Lernbereich „Sich orientieren" ist ein grundlegender und deshalb unverzichtbarer Bestandteil geographischer Bildung. Der didaktische Zugriff erfolgt unter Berücksichtigung aller Maßstabsdimensionen über vier *Lernfelder*:

- dem Orientierungsraster der Grobtopographie
- dem Orientierungsraster der signifikanten Raumbeispiele
- der Topographie der behandelten Staaten (Lehrplansäule „Topographie") und
- der Anordnung der globalen Orientierungsraster und Ordnungssysteme (Lehrplansäule „globale Raster") (vgl. Kirchberg 1977a, Richter 1977b).

Die kontinuierliche Bearbeitung der genannten Lernfelder führt am Ende des geographischen Lehrgangs in der Sekundarstufe I zu einem orientierenden Überblick über das *Raumkontinuum* der Erde (vgl. Löffler, Haubrich, Kaminske und Köck, in: Köck [Hrsg.] 1984b). Dieses Lernziel, die Fähigkeit zur Orientierung auf der Erde, lässt sich vom *planetarischen Axiom* (Neef 1967) ableiten. Der implizierte, sich wiederholende Wechsel in der Maßstabsdimension hat den Vorzug, dass die räumlichen Betrachtungen in der topologischen Dimension nicht wie früher auf den Nahraum oder Deutschland beschränkt bleiben. Der Schüler wird darüber hinaus auch weltweit exemplarisch mit der topologischen Dimension in Gestalt von Fallbeispielen konfrontiert.

Topographie umfasst einen Grundkanon begrifflichen Wissens. Es soll auch an dieser Stelle betont werden, dass sich topographisches Wissen und Können weder von selbst noch beiläufig einstellen, im Gegenteil, der Unterricht muss sich dieser Aufgabe in „Topographiestunden" gezielt annehmen. Der Kern des topographischen Arbeitens besteht im Dechiffrieren der Karteninhalte durch Verbalisieren seitens der Schüler. Dieses übende Lernen erfordert vom Lehrer methodische Kompetenz zur Karteninterpretation, Geduld und Konsequenz sowie einen erheblichen Teil der Unterrichtszeit (vgl. Kirchberg 1984, 1988).

Lernfelder des „Sichorientierens“

	Topographie als „Fähigkeit zur Orientierung“	
Topographisches Orientierungswissen (affirmativer Bereich)	Räumliche Ordnungsvorstellungen (kognitiver Bereich)	Topographische Fähigkeiten und Fertigkeiten (instrumentaler Bereich)
Grundkanon der Grobtopographie z. B. Kontinente und Meere, Großlandschaften der Erde, Staaten usw.	*Orientierungsraster und Ordnungssysteme* z. B. Klima- und Vegetationszonen, Ökumene/Anökumene, Bevölkerungsverteilung usw.	*Orientierung als selbstständiges Handeln* z. B. Atlasarbeit, Verwendung der Karte, Zurechtfinden im Gelände usw.

(aus: Kirchberg 1980b)

Wissen und Können zur Grobtopographie von Europa

Europa ist ein stark gegliederter Erdteil. Die Gliederung wird durch Nebenmeere hervorgerufen, die vor allem im Norden (Nordsee, Ostsee) und im Süden (Mittelmeer, Schwarzes Meer) tief in das Festland hineinreichen.
Nordeuropa besteht aus Inseln und Halbinseln. Island und die Skandinavische Halbinsel sind die größten von ihnen. Das Skandinavische Gebirge erreicht die Höhe eines Hochgebirges. Sein Hauptmerkmal sind jedoch besonders im Osten weit gedehnte Hochflächen. In Mittel- und Südschweden sowie in Finnland überwiegen Berg- und Tiefländer.
Die britische Hauptinsel erreicht in den Schottischen Hochlanden und im Bergland von Wales die größten Höhen.
Das festländische Westeuropa sowie Mittel- und Osteuropa weisen eine ähnliche Oberflächengestalt auf. Im Norden erstreckt sich das Europäische Tiefland. Es reicht vom Französischen Tiefland mit der Garonne, Loire und Seine über das Norddeutsche Tiefland mit Rhein, Ems, Weser, Elbe, Oder und Weichsel bis zum fächerförmig ausgreifenden Osteuropäischen Tiefland mit den Stromgebieten des Dnjepr und der Wolga. Südlich schließt sich das Europäische Mittelgebirgsland an. Es setzt sich aus zahlreichen Einzelgebirgen zusammen.
Südeuropa ist in die Pyrenäen-, Apenninen- und Balkanhalbinsel gegliedert. Hier und in Südosteuropa prägen Hochgebirgszüge (Pyrenäen, Alpen, Apenninen, Karpaten, Balkan, Dinarisches Gebirgsland) die Oberfläche. Im Inneren der Gebirgsbögen liegen große Tiefländer (Poebene, Alföld/Große Ungarische Tiefebene, Walachei/Rumänisches Tiefland). Nur die Pyrenäenhalbinsel ist weniger stark gegliedert. Über die Hälfte wird von der spanischen Meseta, einem um 800 m hohen Hochland, eingenommen. Kantabrisches Gebirge, Kastilisches Scheidegebirge, Sierra Morena und Sierra Béticas sind im Norden, in der Mitte und im Süden als west-ost-streichende Gebirge aufgesetzt.

Topographiestunden sind Bestandteile von Unterrichtseinheiten wie z. B. „Waldindianer am Amazonas" in der Stufe 5/6. In diesem Rahmen wäre die Grobtopographie von Südamerika zu erlernen um das Raumbeispiel einordnen zu können. Die Feintopographie des Raumbeispiels, hier das Amazonastiefland, wird man im Unterrichtszusammenhang erarbeiten. Es ist notwendig, die topographischen Begriffe (Amazonas, Amazonastiefland) in einen größeren topographischen Zusammenhang einzubetten oder mit anderen geographischen Bildungsgehalten zu verknüpfen, andernfalls blieben sie beziehungsloses Einzelwissen (Hoffmann 1971b, Fuchs 1977, 1983, Richter 1977, Kirchberg 1980b, 1984, 1988). Außerdem kann in einem thematisch orientierten Geographieunterricht „die regionale Aufeinanderfolge nicht mehr Ordnungsprinzip sein", deshalb stellen „die regionale Einordnung der signifikanten Raumbeispiele und ihre Sicht in einem größeren Zusammenhang" (Hausmann/Richter 1980, S. 26) stets ein übergeordnetes Ziel dar.

Globale Raster sind *allgemeingeographisch-kategoriale Gliederungen* des Raumkontinuums. Sie erleichtern die Orientierung auf der Erde, denn Topographie lernen kann heute nicht mehr auf eine flächendeckende Vollständigkeit zielen. Erst die Kenntnis und der Umgang mit globalen Rastern ermöglichen erdumspannende topographische Orientierung durch eine Gliederung des Raumkontinuums nach unterschiedlichen Gesichtspunkten wie Großrelief der Erde, Klima- und Vegetationszonen, Wirtschaftsformen, Bevölkerungsverteilung, Staaten und Staatengruppen sowie Kulturräumen. Die Einzelbilder, Fallstudien, Raumbeispiele und Planungsaufgaben werden in diese Raster eingeordnet. So erhalten sie ihren Ort im Kontinuum. In ihrer Vernetzung ergeben die globalen Raster im Zusammenhang mit den bearbeiteten Raumbeispielen und Staaten ein mehrperspektivisches Weltbild.

Kirchberg (1977, S. 28) unterscheidet zwischen Orientierungsrastern und Ordnungssystemen. Sie sind nicht als synonym zu betrachten:

Orientierungsraster gliedern den geographischen Raum nach Raum prägenden Faktoren. Die Lernleistung des Schülers besteht im Wissen um die Gestaltung der Rasterelemente, den Verlauf ihrer Grenzlinien oder -säume, ihrer Verteilung über die Erde und der Zuordnung zu anderen Rastern. Für diese Qualifikation sind Kenntnis und Beherrschung der Grobtopographie der Kontinente und Ozeane (makro- und megageographische Dimension) *unumgängliche* Voraussetzung.

Ordnungssysteme stellen gegenüber den Orientierungsrastern höhere Ansprüche an den Schüler, weil über das Wissen hinaus auf die Stufe der Erkenntnis abgehoben wird. Der Schüler soll Kriterien der Gliederung und Abgrenzung und damit den Systemcharakter erkennen. Deshalb sind Begründungen für die Gliederung zu erarbeiten.

In der Stufe 5/6 wird mit dem topographischen Grundwissen von der Erde ein grob- bis mittelmaschiger Orientierungsraster erarbeitet. Er umfasst die Topographie der Kontinente und Ozeane. Der Aufbau des Gradnetzes muss den Schülern vertraut werden. Das heißt, sie sollen die Kriterien der Gliederung nach Breiten- und Längenkreisen kennen und sicher damit umgehen können. Weitere Raster werden angebahnt: die Grobgliederung der Erde in kalte, gemäßigte und heiße Gebiete (Temperaturzonen) und die Gliederung der Erde in Staaten.
In der Stufe 7/8 wird eine Gliederung des geographischen Raumes in erdumspannender Sicht angestrebt. Vertiefend werden die Raster der Geozonen, des Großreliefs und der Kulturerdteile als Ordnungssysteme betrachtet. Schließlich sollen die Schüler in der Stufe 9/10 über die erarbeiteten Raster verfügen können. *Richter*

Lehrplansäule „Sich orientieren“

	Lehrplansäule „Topographie“			Lehrplansäule „globale Raster“
Stufe	**Grobtopographie**	**Raumbeispiele**	**Topographie von Staaten**	**Orientierungsraster** und **Ordnungssysteme**
	Maßstabsdimensionen chorologisch-regionisch	topologisch-chorologisch	chorologisch	geosphärisch/planetarisch
5/6	– Überblick über die staatliche Gliederung Europas – Kenntnis der Grobtopographie von Europa und Südamerika oder Afrika	Deutschland, Europa und Südamerika oder Afrika bzw. Australien	Einblick in die Topographie von Deutschland: Oberflächengestalt, politische Gliederung, Verkehrsnetze	– Einblick in die Planetennatur der Erde sowie in Beleuchtungs- und Temperaturzonen – Kenntnis des Gradnetzes als Orientierungshilfe – Überblick über die Gliederung der Erde in Kontinente und Ozeane
7	– Vertrautheit mit der Grobtopographie von Europa – Kenntnis der Grobtopographie von Afrika	Deutschland, Europa, Afrika	Kenntnis der Oberflächengestalt von Deutschland	– Kenntnis des Großreliefs der Erde – Kenntnis der Klima- und Vegetationszonen der Erde – Überblick über die zonierenden Auswirkungen der Planetennatur der Erde
8	– Vertrautheit mit der Grobtopographie von Afrika und Südamerika – Kenntnis der Grobtopographie von Asien	Südamerika, Afrika, Süd- und Ostasien	Überblick über die Topographie von Staaten ausgewählter Kulturräume	– Überblick über die politisch-staatliche Gliederung der Erde – Überblick über die Verteilung der Entwicklungsdisparitäten der Erde
9/10	– Vertrautheit mit der Grobtopographie von Europa – Kenntnis der Grobtopographie von Nordamerika	Deutschland und anderen Industriestaaten	Kenntnis der Topographie von Deutschland und anderen Industriestaaten	– Überblick über Weltverkehrsströme – Überblick über die wirtschaftsgeographische Gliederung der Erde – Überblick über die Kulturerdräume
11–13	– Vertrautheit mit der Grobtopographie der Kontinente	Einblick in die Feintopographie ausgewählter Raumbeispiele	Vertrautheit mit der Topographie von Deutschland, USA, Russland, Japan, Australien und ausgewählter Entwicklungsländer	Vertrautheit mit den Orientierungsrastern und Ordnungssystemen

(Entwurf: Richter, z. T. nach: Kirchberg 1977)

6.6 Lehrplansäule „Betrachtungs- und Arbeitsweisen"

Der Bildungsauftrag fordert vom Geographieunterricht nicht nur Kenntnisse zu vermitteln, sondern auch das Können zu schulen. Die zu entwickelnden allgemeinen und speziellen Operationen sind Fähigkeiten und Fertigkeiten des Beobachtens geographischer Erscheinungen, der geistigen Durchdringung geographischer Sachverhalte und ihrer Darstellung (vgl. Fliri 1972, Riedwyl 1975). Neben dem kognitiven Bereich der Gefüge und Vernetzungen sind als gleichrangige didaktische Kategorien Methoden, fachspezifische Betrachtungsweisen sowie Arbeitsweisen zu integrieren. Unter dieser Vorgabe ist ein Ganzheitsanspruch zu erheben: Geographieunterricht als Ganzheit von inhaltlicher und methodischer Ausbildung.

Der Entwicklung des Könnens muss der Geographieunterricht aus folgenden Gründen besondere Aufmerksamkeit widmen:

1. Die Beherrschung bestimmter fachspezifischer Arbeitsweisen stellt eine notwendige Voraussetzung dar um raumbezogene Sachverhalte zu verstehen, miteinander zu verbinden und in Zusammenhänge einordnen zu können. Außerdem soll sich der Schüler Kenntnisse über Räume und räumliche Zusammenhänge zunehmend selbstständig erarbeiten – das gilt insbesondere in der Sekundarstufe II – und dabei fachspezifische Arbeitsweisen, die eingeführt und geübt worden sind, nutzen.
2. Das im Geographieunterricht vermittelte Können wird auch in anderen Unterrichtsfächern, insbesondere in Geschichte, Sozialkunde/Gemeinschaftskunde und Biologie, angewendet (Dienstleistungsfunktion des Faches) (vgl. Kirchberg 1993).
3. Die fachspezifischen Arbeitsweisen stellen Kulturtechniken und somit einen wichtigen Baustein zur allgemeinen und politischen Grundbildung der Heranwachsenden dar. Die Beherrschung geographischer Arbeitsweisen befähigt zur Wahrnehmung und Analyse gesellschaftlicher Fragestellungen und fördert ein problembewusstes Weltverständnis. Geographisches, räumlich integratives Denken vermittelt Distanz- und Lagebewusstsein, Raumvorstellungen sowie das Wissen um Flächenqualitäten.
4. Die Arbeitsweisen des Faches geben Anlass zur Methodenvielfalt und ihrer Reflexion und leisten somit einen Beitrag zur Studierfähigkeit. Dazu gehören sowohl das Lernen von Methoden als auch methodisches Handeln. Die Schüler sollen lernen selbstständig, kritisch und methodenbewusst die (geographischen) Medien zu bearbeiten. Das erfordert selbstständiges Lernen, wissenschaftspropädeutisches Arbeiten, Kommunikationsfähigkeit und Wertung. Im Einzelnen gehören dazu folgende Ziele:
   - Reflexions- und Urteilsfähigkeit auf der Grundlage soliden Wissens (z. B. Einordnen neu erworbener Kenntnisse in bekannte Sachzusammenhänge beim Überprüfen von Zielen und Verfahren der eigenen Arbeit);
   - Fähigkeit und Bereitschaft eine Aufgabe möglichst vorurteilsfrei und geistig beweglich aufzugreifen und zu bearbeiten (z. B. bei der Problemfindung und bei der Suche und Beurteilung von Lösungsansätzen);
   - Fähigkeit zu planvollem und zielstrebigem Arbeiten auch über längere Zeit (z. B. beim Planen von Arbeitsvorhaben, beim Durchführen von Arbeitsvorgängen, bei der Lektüre und Durcharbeitung von Ganzschriften, etwa in Leistungskursen);
   - Fähigkeit wissenschaftliche Arbeitsvorgänge und Ergebnisse darzustellen;
   - Verständnis für wissenschaftstheoretische Fragestellungen.

Bei der Entwicklung dieses Könnens sind die Anforderungen an den Schüler so zu bestimmen, dass der Schwierigkeitsgrad der zu lösenden Aufgabe zwar schrittweise, aber auch kontinuierlich gesteigert werden kann (vgl. Köck 1980, Birkenhauer 1988b). *Richter*

Modelle im Geographieunterricht

„Geographische Modelle als idealisierte, vereinfachte Bilder räumlicher Gefügeordnungen haben heuristischen Wert, weil sie einerseits zu Hypothesen, Versuchen und Prognosen anregen, andererseits können sie bereits das Abbild einer räumlichen Regelhaftigkeit sein."

(Hambloch 1982, S. 178)

Methodenlernen und Lernen von Methoden durch Geographie

1. Methodenbezogene Fähigkeiten

- Fähigkeit erfahrene und medial vermittelte geographische Sachverhalte zu beschreiben, zu erklären, zu beurteilen;
- Fähigkeit erfahrene und medial vermittelte geographische Zusammenhänge (räumliche Gefüge und Geosysteme) unter Verwendung geeigneter Betrachtungs- und Arbeitsweisen angemessen darzustellen;
- Fähigkeit das eigene methodische Vorgehen zu reflektieren.

2. Geographische Betrachtungsweisen

- Fähigkeit zu physiognomischer, analytischer, kausaler, raumfunktionaler, systemarer und modellhafter Betrachtung erfahrener und medial vermittelter geographischer Sachverhalte, Zusammenhänge und Problemstellungen.

3. Geographische Arbeitsweisen

- Fähigkeit Karten als topographische Orientierungshilfe zu nutzen;
- Fähigkeit zum Umgang mit dem Atlas;
- Fähigkeit zur Verbalisierung quantitativer Vorstellungen bei der Auswertung von Zahlenmaterial;
- Fähigkeit geographische Sachverhalte unter Heranziehung zweier oder mehrerer geographischer Arbeitsmittel zu erklären;
- Fähigkeit Karte und räumliche Vorstellung untereinander zu verbinden;
- Fähigkeit zur Auswertung von Satellitenbildern;
- Fähigkeit zur Erschließung von Texten;
- Fähigkeit zur Anwendung einfacher Methoden der Erhebung und Darstellung geografischer Informationen.

Methodisches Handeln, z. B. geographisch relevante Fragen und Probleme der aktuellen Politik erkennen; aufgrund methodischer (und sachlicher) Kompetenz aktuelle Informationen interpretieren und bewerten, sich in Teamsituationen kooperativ verhalten; sich an einer Bürgerinitiative kompetent und konstruktiv beteiligen; Manipulationen durchschauen und Ängste abbauen helfen; vorurteilsfrei und verantwortlich handeln; ganzheitliche Zusammenhänge und damit auch die eigene geographische Situation verstehen und bewältigen.

(Entwurf: Richter)

6.7 Lehrplansäule „Regionale Geographie"

Regionale Geographie wird für den Geographieunterricht in drei Formen bestimmend:

1. Als *signifikanter Lerngegenstand*, der als *Raumbeispiel* für die Erarbeitung geographischer Strukturen und Funktionen gewählt wird. Damit ist die Typen bildende (nomothetische) Eigenschaft der Raumbeispiele gemeint. Solche Raumbeispiele durchsetzen als signifikante Lerngegenstände insbesondere die Stufen 5–8 des Lehrplans.
2. Als „auf regionalgeographische Fragestellungen und auf eine Untersuchung der geographischen Strukturproblematik mit ihren bisherigen, heutigen und auch zukünftigen Entwicklungsmöglichkeiten eines Landes" (Mensching 1972, S. 62) abzielend. Hierbei handelt es sich um Regionale Geographie, die Raumindividuen von durchweg komplexer Struktur idiographisch untersucht.
3. Als *Staatengeographie*.

Unter Berücksichtigung der Lehrplansäule „Regionale Geographie" wird sich der Geographieunterricht kontinuierlich mit Erdteilen, Großräumen und Staaten befassen. Damit steht fest, dass „Lernzielorientierung und Regionalbezug" ebenso wenig Gegensätze darstellen wie „thematische und regionale Geographie" (vgl. Kirchberg 1980a, S. 263), vielmehr ist Regionale Geographie ein integraler Bestandteil lernzielorientierter Schulgeographie. Allerdings wird der Lehrplanaufbau zu Recht nicht mehr allein von der regionalen Abfolge bestimmt, sondern durch eine „sachlich-thematische Kontinuität" (vgl. Kirchberg 1980a, S. 257) geprägt.

Welche Staaten sollen oder müssen aber betrachtet werden? Das allgemeingeographisch-exemplarische Verfahren stößt als Suchinstrument hier an seine Grenzen. Um aus der Fülle individueller Staatsräume eine Auswahl treffen zu können, muss entsprechend dem lernzielorientierten Ansatz nach der jeweiligen Bedeutsamkeit des Staates für den Schüler und späteren Erwachsenen gefragt werden. Friese (1979, S. 6) stellt deshalb zu Recht fest: „Die Gründe, die zur Ablösung des Prinzips, ‚von der Nähe zur Ferne' geführt haben, sind nach wie vor gegeben. Deutschland muss nicht deshalb intensiver behandelt werden als andere Regionen, weil es ‚nah' liegt, sondern weil es sich um eine Region handelt, in der und für die der Schüler als künftiger Staatsbürger besondere Verantwortung trägt." Die Signifikanz von Staaten ist demnach wesentlich politisch bestimmt. Es bleibt eine unverzichtbare Aufgabe des Geographieunterrichts, wenigstens einige der gegenwärtig und in naher Zukunft bedeutendsten Staaten in geschlossener regionalgeographischer Gesamtsicht dem Schüler zu vermitteln (vgl. Barth 1973, Schöller 1978b, S. 12). Deshalb sollten wegen ihrer Bedeutung Deutschland, dessen Nachbarländer, die Weltmächte, China, Japan und je ein Entwicklungsland aus verschiedenen Kulturräumen in den Kanon der zu behandelnden Staaten aufgenommen werden.
Nach Wirth (1970, S. 448) erfordert die Länderkunde „kritische Prüfung, Ausgewogenheit der Wertungen, Distanz zu den betrachteten Objekten sowie eine Menge methodischer Fähigkeiten". Welcher zehn- oder dreizehnjährige Schüler könnte hier auch unter Zubilligung einer seinem Alter gemäßen Darstellungsweise mithalten? Die Meisterung eines solchen Anspruchsniveaus ist erst möglich, nachdem in den vorausgegangenen Lernschritten Kenntnisse, Fähigkeiten und Fertigkeiten dergestalt erarbeitet wurden, dass abschließend die Kategorie der Raumfunktionalität in den Betrachtungshorizont gehoben werden kann. Der didaktische Ort einer Geographie von Staaten wird deshalb aus sachstrukturellen und lernpsychologischen Gründen in die Stufe 9/10 verwiesen. Damit wird in der Lernspirale der Sekundarstufe I ein oberstes Lernplateau erreicht. *Richter*

Modell der Lehrplansäule „Regionale Geographie"

Jahrgangsstufen	Formen regionalgeographischer Betrachtung		
	Dimensionen nomothetisch	idiographisch	
	Raumbeispiele als signifikante Lerngegenstände	Regionen als signifikante Raumindividuen	Staaten als individuelle Raumausschnitte
5			
6			
7			
8			
9			
10			

(Entwurf: Richter)

Vernetzende Verfahren im Geographieunterricht

„Regionale Geographie
In der Regionalen Geographie lernen Schülerinnen und Schüler die Teilbereiche der Geographie in ihrer Vernetzung zu sehen. Räumliche Ordnung, naturgeographische und kulturgeographische Gefüge werden in ihren regionalen Zusammenhängen erfasst. Einsichten in die regionale Vielfalt menschlicher Lebensverhältnisse sind Voraussetzungen des Verständnisses der unterschiedlichen Bedingungen, Auffassungen und Formen individuellen und gesellschaftlichen Lebens und damit der Gewinnung eines sinnvollen und realistischen Weltbildes. Sie dienen zudem im besonderen Maße einem Hauptziel allgemeiner und politischer Bildung: der Erziehung zu Toleranz und Friedensbereitschaft."

(Verband Deutscher Schulgeographen e. V. 1995, S. 9)

Suchinstrumente zum Finden eines Beispielraumes als signifikanter Lerngegenstand

1. Er soll eine dem Alter der Schüler entsprechende einfache, einsichtige Struktur aufweisen um das Lernziel besonders deutlich werden zu lassen.
2. Er soll entwicklungs- und lernpsychologischen Bedingungen gerecht werden, damit unser Bemühen nicht den Adressaten verfehlt.
3. Er soll mustergültig und repräsentativ für das Fach stehen.
4. Er soll beispielhaft für andere Räume und Phänomene stehen können.
5. Er soll vielschichtig sein und eine starke innere Problematik aufweisen.
6. Er soll den gesellschaftlichen Bezug der Geographie aufzeigen.
7. Er soll Gelegenheit zu übungsmäßiger Anwendung typisch geographischer Arbeitsweisen geben.

(nach: Brucker/Hausmann 1972, S. 37 f.)

6.8 Prinzipien geographischer Bildung und Umwelterziehung

Unsere Zeit belastet eine tiefe Sinnkrise der bürgerlichen Gesellschaft, in der die Rahmenbedingungen für Schule und Unterricht durch veränderte Lebens- und Alltagswelten von Kindern und Jugendlichen und durch Herausforderungen der Moderne gekennzeichnet sind. Die Lebenswelt heutiger Jugendlicher wird in entscheidendem Maße von der „Alltagskultur" geprägt, von deren Lebensstilen, Orientierungsmustern, Wahrnehmungsgewohnheiten, Moden und Medien. Jugendliche selbst sind Träger und Vermittler dieser Kultur, die alle Lebensbereiche umfasst. Eine große Breite von selbstverständlichen „Freiheiten" wird angeboten. Das Problem ist nicht das Durchsetzen von Freiheiten, sondern die Wahl zwischen den verschiedenen Optionen. Demgegenüber hat die traditionelle „Hochkultur" ihren Geltungsanspruch vorwiegend bei Angehörigen jüngerer Generationen verloren, sie ist eine Teilkultur geworden. Der Schulunterricht darf sich deshalb nicht auf eine Hereinnahme der Alltagskultur beschränken. Er muss sich gleichwohl den pädagogischen Horizonten der Kontinuität, der Orientierung und der Identität zuwenden, denn die Herausforderungen der Moderne stehen im Kontext der Orientierungskrise einer pluralistischen Gesellschaft: ökologische Krise der Wohlstandsgesellschaft, soziale Krise der egalitären Gesellschaft, kommunikative Krise der multikulturellen Gesellschaft. Sie ist mit wachsenden Zweifeln am gesellschaftlichen Nutzen der traditionellen Kultur verbunden. Schließlich ist mit dem Zusammenbruch des Sowjetimperialismus und dem Globalisierungsprozess eine Zeitenwende verbunden.

Als Herausforderung sind anzuführen: die Entwicklung der Weltbevölkerung, die Globalisierung, die europäische Integration und die Deutsche Einheit. Sie erfordern, insbesondere durch politische Bildung, ein verstärktes Bemühen um globale Erziehung, Europaerziehung, Deutschlanderziehung, internationale Erziehung und ökologische Erziehung. Darin eingeschlossen ist die Vermittlung von Schlüsselqualifikationen, also die Fähigkeit ein Subjekt in einer zivilisierten Welt zu sein sowie die Fähigkeit Orientierungslosigkeit beantworten zu können. Das setzt Erfahrungskompetenz, Deutungskompetenz und Orientierungskompetenz im Umgang aller Menschen untereinander und im Umgang der Menschen mit der Erde voraus.

Geographische Bildung und Umwelterziehung führt aufgrund ihrer lebensbedeutsamen Inhalte und Methoden im ethischen Bereich der Einstellungen und des Wertens zu Verhaltensweisen wie Toleranz und Verantwortung *(Verantwortungsethik*, vgl. Jonas 1979). Wertevermittlung und Handlungsorientierung, also Raumverhaltenskompetenz und ethisches Raumverhalten (vgl. Köck 1980, 1993, Haubrich 1994d), sind übergeordnete Ziele des Geographieunterrichts. Sie umfassen das Bemühen um die Bewahrung der Erde (vgl. Kroß 1992), um Zukunftsfähigkeit sowie um territoriale Identität. Ethisches Raumverhalten trägt bei zur Verantwortung in der Einen Welt, zu geosystemar angepasstem Verhalten im Horizont der Gerechtigkeit im Umgang mit der Nord-Süd-Disparität.

Allgemeine und politische Bildung bliebe ohne geographische Erziehung ein Torso, da sich einerseits gesamtgesellschaftliche Tätigkeiten des Menschen in der Landschaftssphäre des erdräumlichen Kontinuums vollziehen und andererseits „die räumlichen Verhältnisse der Erde eine Grundvariable des menschlichen Lebens konstituieren (Leben – Raum – Axiom)" (Köck 1986, S. 170). Der Geographieunterricht vermittelt ein wissenschaftlich fundiertes geographisches Bild von der Erde und den Wechselwirkungen zwischen Mensch und Raum und er versetzt die zukünftigen Staatsbürger in die Lage sich verantwortungsbewusst an der Bewältigung von Gegenwartsproblemen und Zukunftsaufgaben zu beteiligen. *Richter*

Veränderte Rahmenbedingungen für Schule und Unterricht im Hinblick auf Bildung und Erziehung

Herausforderungen der Moderne

Die Eine Welt = Globalisierung:
- Einbeziehung aller Regionen in globale Systeme von Information, Migration, Güteraustausch, Rohstoff- und Abfallwirtschaft, Tourismus.
- Trotz zunehmender Vernetzung verschärfen sich regionale und globale Disparitäten.

Gefordert sind: globale Erziehung – ökologische Erziehung

Das ganze Europa = europäische Integration:
- Nach dem Ende von Jalta ist Europa wieder in den Dimensionen des Kulturgroßraumes wahrzunehmen.
- Ein neues Spannungsverhältnis baut sich auf: ökonomische und politische Integration einerseits, wachsende Bedeutung der Regionen andererseits (Zentralismus – Föderalismus – Regionalismus).

Gefordert ist: Europaerziehung

Die neue Bundesrepublik Deutschland = Deutsche Einheit:
- Das vereinte Deutschland kennzeichnen Unsicherheiten mit seiner nationalen Identität, die mit der deutschen Geschichte sowie mit der Vielgestaltigkeit der deutschen Länder und Regionen einhergehen („Einheit in der Vielheit").
- Den sozialen, wirtschaftlichen und ökologischen Aufgabenstellungen des Einigungsprozesses wird sich Deutschland noch viele Jahre zuwenden müssen.
- Bei anhaltender Migration aus Europa und anderen Kulturgroßräumen gewinnt der Umgang mit fremden Kulturen an Bedeutung.

Gefordert sind: Deutschlanderziehung – ökologische, internationale Erziehung

(nach: Richter 1996c, S. 169)

Aktuelle Aufgaben – Wege zu einem Curriculum

„Die geographiespezifische und fachkonstituierende Leitqualifikation muss sich auf den Raum beziehen und im Umfeld von ‚Raumkompetenz' formuliert werden. Wenn an der Formel ‚Raumverhaltenskompetenz' festgehalten werden soll, muss der Begriff ‚Verhalten' seine enge behavioristische Bedeutung im Sinne von Reaktion hinter sich lassen und ausdrücklich das bewusste, zielgerichtete Handeln mit einschließen. Insofern ist zu überlegen, ob man sich nicht besser auf raumbezogene Handlungskompetenz bzw. raumbezogene Handlungs- und Verhaltenskompetenz als oberste Zielformel verständigen sollte.
Unterhalb dieser Leitqualifikation sind wenigstens folgende Qualifikationen vermutlich konsensfähig:
- Fähigkeit zur Orientierung im Raum und über den Raum,
- Fähigkeit und Bereitschaft zu ökologisch bewusstem Handeln,
- Fähigkeit und Bereitschaft zu global solidarischem Handeln.

In diesen Qualifikationen sind die aktuell diskutierten Forderungen ‚Bewahrung der Erde' und ‚Lokal handeln – global denken' aufgehoben."

(Schrand 1995a, S. 24)

6.9 Regionaler und thematischer Ansatz

Geographie erschließt die Wirklichkeit der menschlichen Lebensverhältnisse erstens unter *ganzheitlichen Betrachtungsweisen* und vernetzenden Verfahren geowissenschaftlicher, wirtschaftswissenschaftlicher und kulturwissenschaftlicher Horizonte, zweitens in *unterschiedlichen räumlichen Dimensionen*, nämlich den Maßstäben von Heimat, Region und Nation, im Maßstab Europa und anderer Kulturräume der Erde und im globalen Maßstab der Geosphäre. Der sachlich-inhaltliche Bereich der Wirklichkeit menschlicher Lebensverhältnisse, der geographische Stoff (Meincke 1995, S. 15), lässt sich folgenden Lernfeldern zuordnen:

- räumliches Orientierungswissen (Topographie in verschiedenen Maßstabsdimensionen, kategoriale Gliederungen der Geosphäre);
- geographisches Grundwissen aus Wirtschaft, Verkehr, Bevölkerung, Siedlung, Bau und Geschichte der Erde, Relief der Erde und Boden, Wetter und Klima, Wasserhaushalt und Vegetation, Meereskunde;
- Länderkunde (Deutschland in Europa, Industrie-, Schwellen- und Entwicklungsländer in unterschiedlichen Natur- und Kulturräumen);
- Umwelt (geoökologische und landschaftsökologische Wirkungsgefüge, Raumordnung, Stadt- und Regionalplanung, Regionalpolitik);
- Methodenlernen und Lernen von Methoden (fachspezifische Betrachtungsweisen, fachspezifische Arbeitsweisen, methodisches Handeln).

Aufgabe der Geographiedidaktik ist es, der Zielorientierung geographischer Erziehung entsprechend (vgl. u. a. Köck, 1980: „Raumverhaltenskompetenz", Schrand 1990: „raumbezogene Handlungskompetenz", Verband Deutscher Schulgeographen 1995, Haubrich [Hrsg.]: Internationale Charta 1992) und unter Berücksichtigung der methodologischen Konstellation des doppelten Dualismus der Geographie als Gegenstandswissenschaft (vgl. S. 160), einen folgerichtigen geographischen Lehrgang zu konzipieren. Es ist anzumerken, dass es „immer noch keine wissenschaftlich legitimierten Kriterien (gibt), wie Lernziele und -inhalte auszuwählen und im Sinne eines Lehrgangs anzuordnen sind" (Kirchberg 1980a, S. 256), und „dass Lehrplaninhalte aus allgemeinen Zielsetzungen stringent und eindeutig nicht ableitbar sind" (Göller/Leusmann 1989, S. 43).

Regionaler und thematischer Ansatz sind die beiden grundsätzlichen konzeptionellen Zugriffe der Geographiedidaktik um einen Lehrplan zu entfalten. *Der regionale Ansatz* beschreibt den Lernweg nach dem Prinzip der räumlichen Kontinuität. Die zu behandelnden Länder und Landschaften werden von der Jahrgangsstufe 5 an überwiegend idiographisch ganzheitlich betrachtet. Protze (1996, S. 113f.) benennt und begründet Methodenkompetenz, politische Bildung, interkulturelles Lernen, Umweltbildung und -erziehung als „wesentliche Aufgabenfelder der Regionalen Geographie in der Schule". *Der thematische Ansatz* folgt dem Grundsatz der sachlich-thematischen Kontinuität. Er setzt unter Anwendung des exemplarischen Verfahrens anhand von Raumbeispielen in der Jahrgangsstufe 5 vorwiegend nomothetisch-kategorial an. Beide Ansätze wurden in der BRD zwischen 1969 und 1990 kontrovers diskutiert, während in der DDR konsequent das regional-thematische Konzept vertreten wurde. Aufgrund guter Erfahrungen und unter Bewahrung von Kontinuität sind in den Ländern Mecklenburg-Vorpommern, Brandenburg, Sachsen-Anhalt, Sachsen und Thüringen die Lehrpläne seit 1990 weiterhin regionalgeographisch geprägt (vgl. Colditz 1992, Friese 1994, Hoffmann 1990, 1995, Huber 1995, Kirchberg 1982b, 1983, 1990, 1992a u. b, Köhler 1995, Newig u. a. 1983, Protze/Colditz 1991, Raum 1993, Schrand 1989, 1990, 1995a u. b).

Freistaat Bayern Lehrplan Gymnasium 1992 (Auszug)	**Freistaat Sachsen** Lehrplan Gymnasium 1992 (Auszug)
Jahrgangsstufe 5	
1 Unser Heimatraum – Orientierung 2 Topographische Grundmuster in Bayern bzw. in Deutschland 3 Entstehung der Oberflächenformen Süddeutschlands 4 Landwirtschaftlich genutzte Räume in Deutschland 5 Unsere Städte und ihr Umland	1 Unser Planet Erde 2 Orientierung in Deutschland 3 Mensch und Natur im Tiefland 4 … im Mittelgebirgsland 5 … im Hochgebirgsraum 6 Wirtschaftliche Gliederung und Verkehrswesen Deutschlands 7 Unser Freistaat Sachsen
Jahrgangsstufe 6	
1 Industrie in Deutschland 2 Erholungsräume in Mitteleuropa 3 Der deutsche Küstenraum	1 Europa im Überblick 2 Nordeuropa 3 Westeuropa 4 Der Alpenraum 5 Östliches Mitteleuropa und Osteuropa 6 Südosteuropa 7 Südeuropa 8 Europa im Wandel
Jahrgangsstufe 7	
1 Der Erdteil Europa – ein Überblick 2 Im Süden Europas 3 Im Westen Europas 4 Im Norden Europas 5 In Ostmitteleuropa und Südosteuropa 6 Europa im Wandel	1 Die Bewegungen der Erde 2 Asien – größter Kontinent der Erde 3 Der Aufbau des Erdkörpers und die Dynamik der Lithosphäre 4-7 Teilräume Asiens 8 Australien, Ozeanien, Polargebiete
Jahrgangsstufe 8	
1 Tropen und Subtropen – der Naturraum im Überblick 2 Indien als Beispiel eines Entwicklungslandes 3 Kulturerdteile und ihre raumspezifischen Probleme 4 Der „Nord-Süd-Konflikt"	1 Klima- und Vegetationszonen Afrikas 2 Ausgewählte Räume und Länder Afrikas 3 Der Doppelkontinent Amerika 4 USA und Kanada 5 Lateinamerika 6 Probleme der Entwicklungsländer
Jahrgangsstufe 9	**Jahrgangsstufe 10**
1 Japan – ein moderner Industriestaat 2 USA – Sowjetunion/Nachfolgestaaten: Entwicklung in politisch unterschiedlich geprägten Räumen 3 Australien – Bedeutung, Stellung im pazifischen Raum 4 Die Welt als Wirtschaftsraum	1 Die geographischen Zonen der Erde 2 Die Veränderung der Erde durch natürliche Prozesse 3 Die Weltmeere und ihre Nutzung 4 Probleme der Raumnutzung 5 Das Werden der heimatlichen Kulturlandschaft

Der regional-thematische Ansatz unterscheidet sich inhaltlich von der Länderkunde, wie sie vor der didaktischen Wende um 1970 in der Bundesrepublik Deutschland unterrichtet wurde. Außerdem wird das Prinzip des „länderkundlichen Durchgangs in konzentrischen Kreisen" nicht mehr zur Stufung des Lehrplans verwendet. Verschiedene Strukturierungszugriffe werden seither erörtert und zeitweise praktiziert, so z. B.: die Formel „Dreimal um die Erde" (Grotelüschen/Schüttler), der Kulturerdteilansatz (Newig u. a. 1983), das Postulat „Themen der Allgemeinen Geographie in festgeschriebener regionaler Ordnung" (vgl. Huber 1995, Fachlehrplan Erdkunde für das bayerische Gymnasium 1992). Der bayerische Lehrplan folgt somit der Definition von Böhn (1990), der unter dem regional-thematischen Ansatz eine thematische Geographie in regionaler Anordnung versteht, die Themen aus der Allgemeinen Geographie zu einer regionalen Abfolge verbindet.

In den „neuen" Ländern wird der Geographieunterricht unter das komplexe Ziel „der Herausbildung eines geographischen Bildes von der Erde" (Raum 1993, S. 118) gestellt. Raum verbindet damit folgende Lernfelder: räumliche Wechselbeziehungen zwischen Mensch/Gesellschaft – Natur, Weltprobleme (also gesellschaftliche Schlüsselprobleme), Raumgestaltung, menschliches Zusammenleben auf der Erde. Colditz (1992, S. 346) unterstützt den „regionalstrukturierten Lehrgangsaufbau" durch drei Argumente: 1. Durch Umsetzung des Prinzips des Maßstabswechsels wird eine Länderauswahl ermöglicht. 2. Die ausgewählten Länder sind nach den den Raum besonders prägenden Merkmalen darzustellen *(problemorientierte Länderbehandlung)*. 3. Immanent werden auch allgemeingeographische Kenntnisse vermittelt *(Einheit von Regionaler und Allgemeiner Geographie)*.
Meincke (1995a, S. 16) präzisiert das Ziel des Geographieunterrichts. Er soll die Schüler befähigen „sich ein wissenschaftlich fundiertes Bild von der Erde und von den Wechselbeziehungen zwischen Mensch und Raum zu erarbeiten und sich verantwortungsbewusst an der Bewältigung der Gegenwartsprobleme und Zukunftsaufgaben zu beteiligen". Zur Gewinnung eines lebensnahen und anschaulichen geographischen Bildes von der Erde sollen topographische, physisch-geographische, soziale, ökologische und kulturgeschichtliche Aspekte einbezogen werden. Dieses „Bild von der Erde" umfasst die Teilaspekte Raumorientierung, Raumkenntnis und Raumverständnis, Raumverhältnis und Raumverhalten sowie globales Raumverständnis (vgl. Kap. 6.8). Daraus folgt, dass der Gegenstand des Geographieunterrichts „der Raum in seiner natürlichen Ausprägung und als Bedingung und Ausdruck menschlichen Handelns" ist (Meinecke 1995a, S. 19).
Fünf didaktische Prinzipien sollen die Umsetzung des Lerngegenstandes „geographischer Raum" in den regional-thematischen Lehrplan beeinflussen (Meinecke 1995a, S. 19/20):

1. Das Prinzip der Einheit allgemeingeographischer und regionalgeographischer Betrachtungsweise: gemeint ist „eine richtige Relation zwischen Vermittlung und Aneignung einzelner Geofaktoren aus dem Bereich der Allgemeinen Geographie und komplexer Strukturen und Prozesse einzelner Räume herzustellen".
2. Das Prinzip der physisch-geographischen und kulturgeographischen Betrachtungsweise: gemeint ist, dass „die Räume, Zonen, Geofaktoren und anderen Bestandteile des geographischen Stoffes sowohl unter physisch-geographischen als auch unter kulturgeographischen Aspekten zu betrachten" sind.
3. Das Prinzip der strukturellen und prozessual-genetischen Betrachtungsweise: gemeint ist, dass „geographische Objekte auch in ihrer Entwicklung zu untersuchen" sind.
4. Das Prinzip des Maßstabswechsels: gemeint ist, dass „der jeweils gewählte Maßstab die Konkretheit der Aussage bestimmt".
5. Das heimatkundliche Prinzip: gemeint ist „eine intensive Behandlung der Heimat" und „vielfache Rückbeziehung auf die Heimat".

Richter

Regional-thematischer Lehrplanbaustein

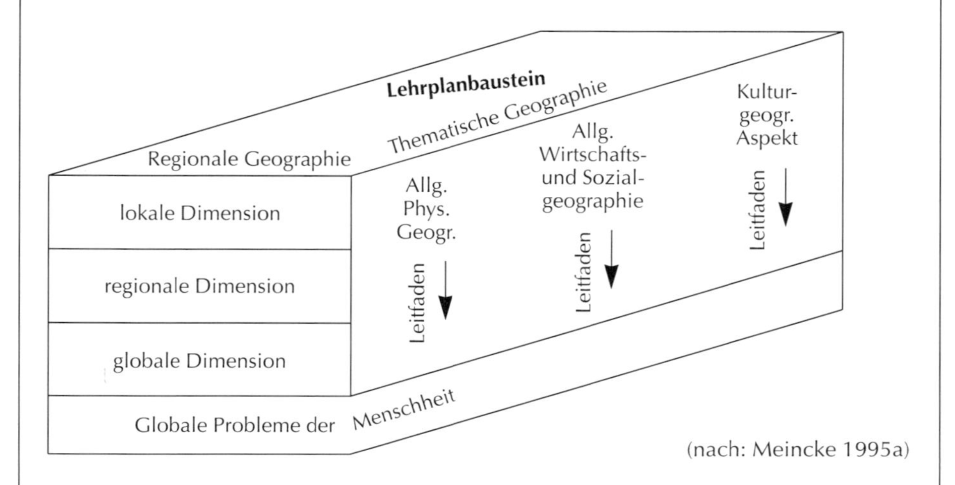

(nach: Meincke 1995a)

Leitziel des Geographieunterrichts: geographisches Bild von der Erde

1. Raumorientierung	Kenntnis des topographischen Grundgerüstes, Gewinnen von Lage- und Raumvorstellungen, weltweite Orientierungsfähigkeit.
2. Raumkenntnis und Raumverständnis aus lokaler und regionaler Sicht	Kenntnis geographischer Strukturen (Geofaktoren, Zusammenhänge) und der Genese von Räumen unterschiedlicher Dimensionen, geographische Räume als Existenzräume der Menschen, die heutige Ausstattung als Ergebnis des Wirkens der Menschen.
3. Raumverhältnis und Raumverhalten	Verständnis und Achtung für die Lebensweise in verschiedenen Räumen, Raum als Lebensgrundlage für die Menschen, Raum als Tätigkeitsbereich des Menschen.
4. Globales Raumverständnis	Ergreifen erforderlicher Maßnahmen um die Bewohnbarkeit der Erde zu erhalten, Erdraum als eine nicht vermehrbare Lebensgrundlage, mit der verantwortungsbewusst umzugehen ist (einschließlich tellurischer Grundlagen).
5. Geographische Denk- und Arbeitsweisen	Raumstrukturen und -prozesse in der wirklichen und medialen Umwelt beobachten, beschreiben, analysieren, vergleichen und bewerten, Entnehmen und Verarbeiten von Informationen aus geographischen Darstellungsformen.

(nach: Meincke 1995a)

6.10 Fach oder Lernbereich

In der Primarstufe wird aus pädagogischen Erwägungen im Horizont der Strukturen von Fächern abgesehen. Spätestens ab der Jahrgangsstufe 7 bedarf der Vermittlungsprozess im Unterricht jedoch der Fächer um das Prinzip der „primären Sozialisation" überwinden zu können und eine Distanzierung von unmittelbaren Lebenssituationen zu ermöglichen. Erst dadurch wird die Hereinnahme von Außenwelt in den Horizont schulischen Lernens möglich. Seit Mitte der 60er-Jahre werden um die Neuordnung der Inhalte und Zielsetzungen im gesellschaftswissenschaftlichen Aufgabenfeld drei Konzepte kontrovers diskutiert: 1. das *Integrationsmodell*, bei dem die Fächer Geographie, Geschichte und Sozialkunde/Politik durch ein Schulfach Gemeinschaftskunde/Gesellschaftslehre ersetzt werden sollen, 2. das *Kooperationsmodell*, bei dem diese Fächer zwar unter dem gemeinsamen Dach erhalten bleiben, jedoch eng aufeinander bezogen sind und 3. das *Koordinationsmodell*, bei dem die Fächer in einem Aufgabenfeld unter facheigenen Zielsetzungen arbeiten.

Das Integrationsmodell wurzelt einerseits im Führungsanspruch der Sozial- und Politikwissenschaften im Horizont der politischen Bildung (vgl. Roloff 1972, S. 32). Andererseits wird postuliert, dass die Komplexität gesellschaftlich-politischer Gegebenheiten in einer didaktischen Konzeption ihren Niederschlag finden müsse, damit „Schülerinnen und Schüler ganzheitliche Zusammenhänge und ihre eigene gesellschaftliche Situation besser verstehen und bewältigen" können (Niedersächsischer Kultusminister 1993, S. 10). Folgerichtig orientiert sich diese emanzipatorisch, kritisch aufklärerische Didaktik an den auf sozialwissenschaftliche Fragestellungen gerichteten Schlüsselproblemen Klafkis (1990, S. 302).
Nun kann nicht bestritten werden, dass die Sozialwissenschaften auch der Geographie Impulse gegeben haben. Es wäre jedoch fragwürdig, daraus einen Führungsanspruch herzuleiten, zumal die „wissenschaftstheoretischen Grundlagen, Theoriebegriffe und Forschungsansätze der Sozialwissenschaften allgemein und der Politikwissenschaften im Besonderen" unterschiedlich sind und es „keine wissenschaftliche Instanz (gibt), die den Vorrang einer Theorie für die Curriculumentwicklung verbindlich konstatieren könnte" (Sutor 1974, S. 13). Zugleich würde man übersehen, dass die Geographie mit ihrem methodologischen Zugriff über sozialwissenschaftliche Frageansätze hinaus die Wirklichkeit der menschlichen Lebensverhältnisse beleuchtet.

Das Paradigma der Rahmenrichtlinien Gesellschaftslehre für Integrierte Gesamtschulen zeigt den Grad der Verkürzung geographischer Perspektiven zur Erschließung der Wirklichkeit in aller Deutlichkeit. Es wird auch belegt, dass ein Zentrierungsfach wie Geographie nicht in ein Überfach zu zwängen ist. Das Fach wäre didaktisch nicht strukturierbar, von Schülern nicht leistbar und von Lehrern ohne Abstriche in der wissenschaftlichen Grundlegung nicht verantwortbar.

Die drei Fächer Geographie, Geschichte und Politik haben unverzichtbare Orientierungsfunktionen und Perspektiven zur Erschließung von Wirklichkeit. Sie schließen mit je eigenen Arbeitsweisen die Wirklichkeit auf und entwickeln je eine spezifische Methodologie, die den Schülern zu vermitteln und deren Reichweite ihnen bewusst zu machen ist. Weil die perspektivischen Zugriffe jeden Faches in Bezug auf die Lebenswelt unverzichtbar sind, ist keines der Fächer verzichtbar. Fächerverbindendes Lernen erscheint im gesellschaftswissenschaftlichen Aufgabenfeld sinnvoll, wenn ihm Fachunterricht zur fachlichen Qualifikation vorausgeht, andernfalls integriert es Fächer zu Lernbereichen. Fachübergreifender Unterricht setzt aber die Bindung an ein Fach voraus (vgl. Kap. 4.8).

Richter

Lernbereich „Gesellschaft“

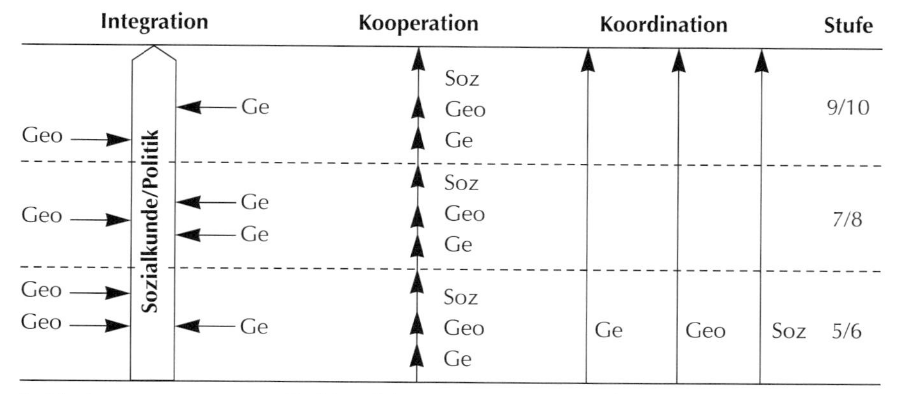

Leitfach	*Fachbereich*	*Einzelfächer*
Situationsbezogenes kursorisches Lernen	Lernen in Epochen Lehrgänge werden unterbrochen	Kontinuierliches Lernen Lernen in Lehrgängen

(Entwurf: Richter)

Argumente für und gegen den Fachunterricht

Dafür:

- Die These von der ungegliederten, ganzheitlichen Auffassungsweise konnte bislang nicht nachgewiesen werden und ist kaum noch zu halten, weil empirische Forschungen eher den Schluss zulassen, dass analysierende und synthetisierende Prozesse beim Lernvorgang gleichzeitig verlaufen. Insofern kann einer sachimmanenten Entfaltungslogik eher zugestimmt werden.
- Es ist zwar ein uralter Wunschtraum der Menschheit, die Welt in ihrem Allzusammenhang als Ganzheit zu erfassen, aber es muss ein Traum bleiben: Unsere Aufmerksamkeit ist punktuell, unsere Beobachtung selektiv. Aufnahme- und Verarbeitungsmöglichkeiten sind begrenzt.

Dagegen:

- Ein Unterricht, der vom Kinde aus organisiert wird, darf nicht gefächert sein, denn der Ersteindruck von einem Gebilde ist, sobald es der Wahrnehmung entgegentritt, ganzheitlich. Am Anfang jeglicher Gestaltauffassung steht ein diffuses Ganzes, die Teile treten erst später als Teile in Erscheinung. Die Begegnung des Menschen mit den verschiedenen Sachbereichen vollzieht sich nicht von vorneherein in fachlichen Ordnungen, sondern vorfachlich unmittelbar … Die Fähigkeit zur Aufgliederung entwickelt sich erst allmählich …
- Nicht nur von der subjekten, sondern auch von der objektiven Seite der Bildung her ist der gefächerte Unterricht nicht angemessen. Die Welt ist mehr als eine Summe von Teilen, sie ist ein Ganzes, gekennzeichnet als Gestalt. Sie wird durch die Fächer unzulässig zerstückelt, in die Form eines systematischen Lehrgangs gepresst und dem Schüler häppchenweise gereicht.

(aus: Schrand 1978a, S. 12/13)

6.11 Primarstufe

Fachorientierte Konzepte des Sachunterrichts

Mitte der Sechzigerjahre setzte heftige *Kritik* am Heimatkundeunterricht ein. Sie richtete sich gegen eine unrealistische Welt- und Wirklichkeitsrepräsentation, die Vernachlässigung natur- und sozialwissenschaftlich-technischer Unterrichtsinhalte, einen ideologisch beladenen Heimatbegriff und das methodische Prinzip des Gesamtunterrichts (vgl. dazu Beck/Claussen 1976, Kaiser 1995, Lauterbach 1992).
Den entscheidenden Anstoß zur Entwicklung von der Heimatkunde zum Sachunterricht gab der Strukturplan des Deutschen Bildungsrates 1970. Seine Forderungen nach Grundlegung der Befähigung zu lebenslangem Lernen (S. 32), Einbeziehung der außerschulischen Erfahrungswelt (S. 48), Orientierung des Lernens an den Wissenschaften (S. 33), zielorientiertem Lernen und Überwindung der Fächergrenzen (S. 66-83) sowie bis in die Einzelheiten festgelegte Curricula (S. 140/141) (vgl. Beck/Clausen 1976) haben den Entwicklungsgang des Sachunterrichts seit 1970 entscheidend beeinflusst. Bezeichnend ist, dass die verschiedenen Konzepte des Sachunterrichts jedoch diesen Zielkatalog nicht als eine geschlossene Einheit aufgefasst, sondern Teile daraus isoliert und zur Grundlage erhoben haben.

Der fachorientierte Ansatz gründete sich auf den Aspekt der Wissenschaftsorientierung. Er fand seine Ausprägung in dem von Katzenberger (1972, 1973, 1975) herausgegebenen Werk „Der Sachunterricht in der Grundschule" und in den Lehrplänen für den Sachunterricht der Bundesländer Nordrhein-Westfalen (1973) und Bayern (1971). Die Integration verschiedener Fachaspekte wurde Lehrern und Schülern auferlegt.

Der struktur- und verfahrensorientierte Ansatz im integrierten Curriculum Naturwissenschaften fasst fachliche Sachverhalte zu Aspekten oder Bereichen zusammen. Der inhaltliche Aufbau erfolgt nach fächerübergreifenden Gesichtspunkten (Basiskonzepte) (Kaiser 1995, S. 74-77).

Im integrierten Curriculum Sozialwissenschaft sind der mehrperspektivische Ansatz (Giel u. a. 1974), das situationsbezogene Konzept und fachdidaktische Neuansätze, insbesondere der sozialgeographische Ansatz, ebenso vertreten wie der Ansatz des politisch-sozialen Lernens (vgl. Beck/Claussen 1976, Gümbel 1977). Die Eigenständigkeit der Fächer ist weitgehend aufgehoben.

Erfahrungs- und handlungsorientierte Neuansätze

Die Ansätze der 70er-Jahre führten zu einer Fehlentwicklung, weil die Forderungen des Strukturplanes (Deutscher Bildungsrat [Hrsg.] 1970, S. 37) nach „einer stärkeren Pädagogisierung der Schule", die auf *Kindorientierung* zielte, sowohl in den Lehrplänen der Bundesländer als auch in den Sachunterrichtsbüchern vernachlässigt wurde. „Die Folge waren eine stoffliche Überfrachtung der Lehrpläne und eine Vorverlegung des späteren Fachunterrichts in die Grundschule und … eine missverständliche Auslegung des Prinzips der Wissenschaftsorientierung auf Kosten des Prinzips der Kindorientierung" (Neuhaus-Simon 1987, S. 10; vgl. Lauterbach/Marquardt 1982, Einsiedler/Rabenstein 1985, Kaiser 1995, Schreier 1994a, 1994b).
Seit Beginn der Achtzigerjahre erfährt der Sachunterricht eine Korrektur zugunsten einer Orientierung an der Lebenswelt der Kinder. Inhalte/Erkenntnisse, Strukturen und Methoden der Fächer sind nur insoweit von Bedeutung, wie sie der Ordnung und Erhellung/Erklärung kindlicher Erfahrungen dienen (vgl. Schreier 1994a u. b, Beck/Soll 1988, Meiers 1994, Kaiser 1995).

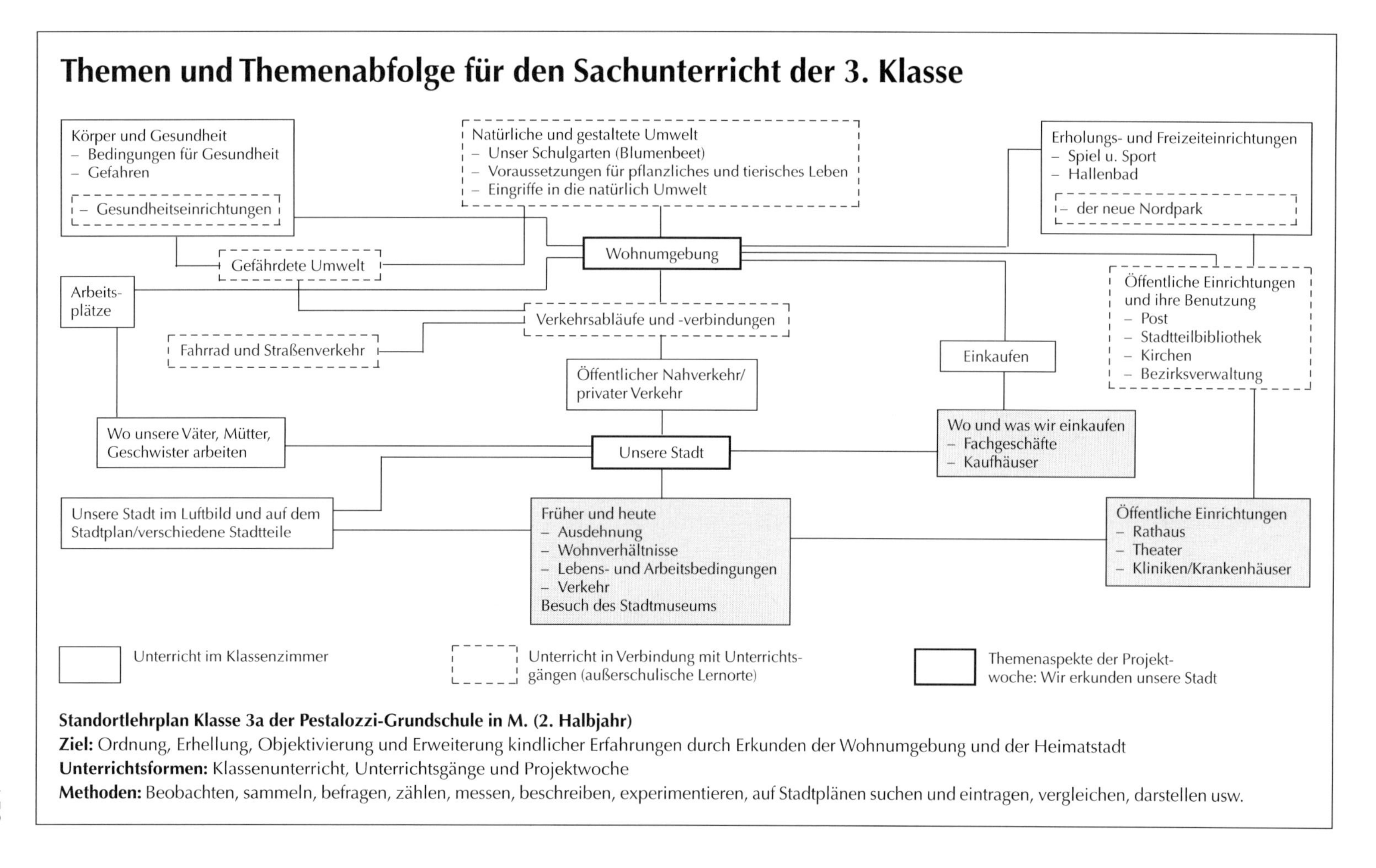

Standortlehrplan Klasse 3a der Pestalozzi-Grundschule in M. (2. Halbjahr)
Ziel: Ordnung, Erhellung, Objektivierung und Erweiterung kindlicher Erfahrungen durch Erkunden der Wohnumgebung und der Heimatstadt
Unterrichtsformen: Klassenunterricht, Unterrichtsgänge und Projektwoche
Methoden: Beobachten, sammeln, befragen, zählen, messen, beschreiben, experimentieren, auf Stadtplänen suchen und eintragen, vergleichen, darstellen usw.

Diese Korrektur bedeutet jedoch nicht den Austausch von „Wissenschaftsorientierung" gegen „Kindorientierung". Wissenschaftsorientierung und Kindorientierung sind keine Alternativen (Tütken 1981), sondern aufeinander bezogene, sich ergänzende Aspekte von Bildung.

Wissenschaftsorientierung zielt auf Erschließung der kindlichen Lebenswirklichkeit, indem der Unterricht *Lebenssituationen*, Erfahrungen und Probleme der Kinder aufgreift, sie durchleuchtet und dabei aufgeworfene Fragestellungen angeht. Subjektive Lösungswege der *Alltagspraxis* werden behutsam durch kindgemäße wissenschaftsorientierte Lösungsschritte und Erkenntnisse ergänzt und weiterentwickelt (vgl. Kap. 4.7).

Kindorientierung bedeutet:

1. Berücksichtigung der Lebenswirklichkeit der Kinder, ihrer Erfahrungen, Erlebnisse, Interessen, Gefühle, Sorgen und Bedürfnisse, damit ihnen Einsichten in ihre Lebens-, Handlungs- und Umweltzusammenhänge eröffnet werden, die ihre Handlungsmöglichkeiten und -fähigkeiten verbessern helfen können.
2. Anknüpfen an den sachstrukturellen Entwicklungsstand der Kinder, d. h. Sachverhalte so aufgreifen, wie sie Kinder wahrnehmen, erfahren und sich handelnd erschließen, um sie verarbeiten und kindliches Lernen weiterentwickeln zu können.
   Kinder lernen, indem sie beobachten, probieren, experimentieren, sammeln, erkunden, konstruieren usw.

Erfahrungs- und Handlungsorientierung (vgl. Kap. 7.2.5) sind Kind- sowie Sach- und Wissenschaftsorientierung unterstützende *Unterrichtsprinzipien.* Erfahrungs-, handlungs-, sach- und wissenschaftsorientierter Sachunterricht ist in dem Maße kindorientiert und auf Stärkung des kindlichen Selbstbewusstseins angelegt, wie es ihm gelingt, Kinder zu befähigen:

- sich in ihrer Lebenswirklichkeit zurechtzufinden, sie in ihren Erscheinungen, Vorgängen und Beziehungen mehr und mehr zu verstehen und zu deuten,
- sie zunehmend differenzierter wahrzunehmen und auszuweiten, sie handelnd zu erschließen und sich mit ihr und in ihr auseinander zu setzen.

Das bedeutet auch, „dass das Kind von seinen anfänglich egozentrischen Interpretationen sozialer Beziehungen und Konfliktlösungen zu solchen findet, die rational verantwortbar sind. Damit ist die Wissenschaftsorientierung auch an die Problematik der Verantwortung im sozialen Bereich und der nicht personalen Wirklichkeit gegenüber gekoppelt" (Soostmeyer 1985, S. 439). Dadurch lernen Kinder nach Sinn und Bedeutung sozialer Gruppierungen, gesellschaftlicher und politischer Einrichtungen zu fragen und sie nach ihrem Wert für den Einzelnen und für die Gesellschaft zu beurteilen. Die Erfüllung der schülerorientierten Zielsetzungen des Sachunterrichts erfordert neben der Ausrichtung des Unterrichts an den Handlungsmöglichkeiten und -fähigkeiten der Kinder Maßnahmen der *Differenzierung*, das Aufsuchen *außerschulischer Lernorte* und *fächerübergreifendes Arbeiten* (vgl. Meiers 1994, Schreier 1994, Kaiser 1995).

Maßnahmen der *Differenzierung* ermöglichen an den Lernvoraussetzungen der einzelnen Kinder anzuknüpfen und allen Lernanreize zu bieten und Lernprozesse in Gang zu setzen. *Außerschulische Lernorte*, die im Erfahrungs- und Handlungsbereich der Kinder liegen, bieten sinnvolle Möglichkeiten durch konkrete Anschauung, persönliches Erleben und handelndes Umgehen in der Wirklichkeit klare Vorstellungen, Einblicke in Zusammenhänge und Vergleichsmaßstäbe zu gewinnen. Lernen „vor Ort" weckt Wissbegierde und Interesse. Folglich müssen Sachunterrichtslehrpläne standortorientiert angelegt sein. *Fächerübergreifendes* Lernen vermittelt den Kindern unterschiedliche Zugriffsweisen auf die Wirklichkeit.

Engelhard

Zugänge zu regionalen Bezügen im Rahmen eines schulnahen, lebensweltbezogenen Curriculums im Sachunterricht

	1. Zugang	2. Zugang	3. Zugang	4. Zugang
	Kinder erobern sich ihre Umwelt durch Bewegung im Raum (motorische Raumerfahrung und Wahrnehmung einzelner Merkmale)	Kinder stellen eigene Raumerfahrungen dar (Entwicklung von und Kommunikation über Raumvorstellungen)	Kinder finden sich in Raumabbildungen zurecht (Reaktualisierung und Festigung von Raumvorstellungen)	Kinder benutzen Raumdarstellungen, um sich in der Umwelt zu orientieren (Anwendung von Fähigkeiten und Kenntnissen in neuen Zusammenhängen)
1. Schuljahr	– Schulweg/Klassenraum – Wege im Schulgebäude – Spiele auf dem Schulhof – Unterrichtsgänge	– Schulweg/Klassenraum zeichnen – Schulweggeschichten erzählen – Wege im Schulgelände zeichnen – Wandertag zeichnen	– Bilderbücher – Brettspiele – Klassenplan – Wandzeitung	– Schatzsuche im Klassenzimmer – Geländespiel mit Suchaufgaben
2. Schuljahr	– Puppenhaus bauen – Zoobesuch – Spiele im Gelände – Unterrichtsgänge	– verschiedene Ansichten zeichnen – Wege beschreiben – Grundrisse herstellen – Modelle herstellen	– Bilderbücher – Brettspiele – Bildvergleich (früher-heute) – Zooplan	– Zooplan – Schatzsuche im Gelände – Suchspiel mit Plan
3. Schuljahr	– Erkundungen – Geländespiele – Landschulheim – Unterrichtsfahrten (Freilichtmuseum)	– thematische Karten herstellen – Ortsplan herstellen – Detailansichten zeichnen, fotografieren – Herstellen von Stadtplan-Spielen	– Schrägbildpläne lesen – thematische Karten lesen – Ortsplan lesen – Bilder zu Plänen zuordnen	– Erkundungen mit Plan – Wandertag – Klassenfahrt – Landschulheim
4. Schuljahr	siehe 3. Schuljahr	siehe 3. Schuljahr – Herstellen von Landschaftsspielen	siehe 3. Schuljahr, außerdem – Luftbilder lesen – Karten aller Art – Messtischblätter – Atlas, Globus	siehe 3. Schuljahr, außerdem: – neue Landschaft erkunden (nur über Karten, Bilder ...)

(aus: Beck, in: Beck/Soll [Hrsg.] 1988, S. 112 f.)

6.12 Sekundarstufe I

6.12.1 Thematisch-regionaler Lehrplan

Die didaktische Konzeption eines thematisch-regionalen Geographielehrplans hat einerseits Wurzeln in der *Pädagogischen Psychologie* und in der *Methodologie der Geographie*, andererseits ergibt sie sich als Konklusion *fachdidaktischer Forschungen und Diskussionen* (vgl. u. a. Barth 1973, Bauer 1969a, Engelhard 1987b, Ernst 1970, Fick 1978, Friese 1978, Geiger 1986, Hahn 1974, Haubrich 1979, 1984, Hendinger 1970, 1973, Hendinger/Schrand [Hrsg.] 1981, Kirchberg 1977, 1980a, 1990a u. b, 1992, Köck 1980, Köck [Hrsg.] 1984a, 1986b, Kroß 1979, 1986, Richter 1976, 1980b, Schrand 1995b, Schultze 1970, Thöneböhn 1995a u. b, Verband Deutscher Schulgeographen 1975, 1982, Volkmann 1990, Zentralverband der Deutschen Geographen 1980).
Wir wissen heute, dass es in der Entscheidung, ob Länderkunde oder Allgemeine Geographie den Lehrplan prägen, kein Entweder – Oder geben kann, sondern dass sie zum Sowohl – Als-auch führen muss (vgl. Birkenhauer 1987b, S. 8). Ein thematisch-regionaler Zugriff verbindet beide Betrachtungsweisen der Erd- und Lebenswirklichkeit hinreichend.
Sowohl angesichts der gesellschaftlicher Bedürfnisse als auch der Sachstruktur des Faches erfüllt Geographie in der Schule eine *Brückenfunktion*. Die Geographiedidaktik muss sich einem fachimmanenten doppelten Dualismus stellen, der einerseits zwischen *nomothetischer* (Allgemeine Geographie) und *idiographischer* (Länder- und Landschaftskunde) *Betrachtungsweise* sowie andererseits zwischen den naturwissenschaftlichen Disziplinen der *Physischen Geographie* und den geisteswissenschaftlichen Disziplinen der *Anthropogeographie* besteht. Außerdem erwartet die Öffentlichkeit, dass das Fach *Orientierungsfunktionen* übernimmt.

Die nomothetische Dimension zielt generalisierend auf Regeln, Gesetzmäßigkeiten und Typenbildung. Ihre Lerngegenstände sind die signifikanten Raumbeispiele. An ihnen erarbeitet der Schüler Kenntnisse über Raum prägende Elemente und er gewinnt Einblick in geographische Teilstrukturen. Die Raumbeispiele strukturieren vorwiegend die Jahrgangsstufen 5 bis 7 des geographischen Lehrgangs (vgl. Kap. 6.12.2). Als Aufbaueinheiten vermitteln sie Grundwissen und Grundfertigkeiten. Dieser Ansatz führt zugleich zu einer „Ökonomisierung der geographischen Raumkognitation“, denn „gleichartige erdräumliche Sachverhalte (werden) nun nicht mehr wieder und wieder … zudem ohne jeden Erkenntniszuwachs“ (Köck 1985, S. 34) behandelt.

Zieleinheiten, die der idiographisch-länderkundlichen Dimension zugeordnet sind, vermitteln im Anschluss an das in den Aufbaueinheiten erworbene Wissen und Können Erkenntnisse und sie führen zu Einstellungen über Natur- und Kulturlandschaften, Wirtschaftsräume und Staaten als komplexe Gefüge. Ebenso kann sich die Befähigung zur raumfunktional-modellhaften Betrachtung nur in Abhängigkeit von gediegenem, anwendbarem Grundwissen und -können herausbilden (vgl. Kap. 6.7).

Die orientierende Dimension kann nicht alle Lücken des Raumkontinuums Erde füllen, die bei einem zielorientierten Ansatz notwendigerweise entstehen. Dreierlei wird bezweckt: die *topographische Orientierung* in der chorologischen und regionischen Dimension (Grobtopographie), die regionische *Zuordnung der Raumbeispiele* und die *Erarbeitung globaler Raster* in der geosphärischen Dimension (vgl. Kap. 6.5). *Richter*

Thematisch-regionaler Lehrplan: Übersicht

Stufe	Stufeninhalt	Thematischer Schwerpunkt Themenbereiche	Globale Raster	Regionaler Schwerpunkt
5/6	Grundlegende Einsichten in Mensch-Raum-Beziehungen	Orientierung auf der Erde Wohnen, Wirtschaften und Versorgen in unterschiedlichen Lebensräumen	Kontinente und Ozeane Gradnetz der Erde (1) Temperaturzonen der Erde	Welt Deutschland Nahraum
7	Analyse von Raum prägenden und Raum verändernden Faktoren	Auseinandersetzung mit Naturbedingungen – Das Relief der Erde in seiner Bedeutung für den Menschen – Klimaökologische Großräume und Eingriffe in den Landschaftshaushalt	Großrelief der Erde (1) Gradnetz der Erde (2) Geozonen der Erde (1)	Deutschland Europa Afrika Welt
8		Gestaltung von Kulturräumen – Orient – Indien, Südostasien, China – Afrika südlich der Sahara – Lateinamerika	Kulturräume der Erde	Asien Afrika Südamerika Welt
9	Raumgefüge in Industriestaaten in ihren politischen und wirtschaftlichen Zusammenhängen	Industriestaaten: USA/Russland/Japan/Australien – Regionen, Wirtschaftsräume und Staaten in Europa	Staaten der Erde	Nordamerika Europa Nord- und Ostasien Australien Welt
10		– Deutschland in Europa Weltwirtschaft/Globale Disparitäten	Wirtschaftsräume der Erde (1) Bevölkerungsverteilung auf der Erde	Europa Deutschland Welt

(Entwurf: Richter)

6.12.2 Jahrgangsstufen 5 und 6

Bei vorherrschend punktueller und beschreibender, von den Erscheinungsformen ausgehender Betrachtungsweise werden in den Klassen 5 und 6 vor allem lineare, durch kurze Kausalketten gekennzeichnete Zusammenhänge einbezogen. Auf dieser Stufe wird deshalb der geographische Raum als ein *Verfügungsraum von Gruppen* angesprochen. Wir fragen, welche Möglichkeiten der Lebensbewältigung der Raum dem Menschen bietet.
In anschaulichen *Einzelbildern* und *Fallstudien* werden verschiedene menschliche Daseinsformen und Situationen auf der Erde betrachtet. Eine großmaßstäbige Betrachtung der Lebensräume anhand von *Raumbeispielen* geringer Größe und/oder überschaubarer Art sowie nach der Naturausstattung und nach dem wirtschaftlichen Entwicklungsstand unterschiedlicher bzw. kontrastierender Art (Zentralverband ... 1980, S. 9), die der topologisch-mikrogeographischen Dimension entnommen sind, unterstützt die anschauliche, lebensnahe und konkrete Betrachtungsweise.
Lerngegenstände von einfachem Problem-, jedoch hohem Erlebnisgehalt sind Raumbeispiele am Rande der Ökumene („Reliktgeographie"), „da sie nicht von den komplexen Funktionszusammenhängen und Wirkungsgefügen im Binnenraum der Ökumene betroffen werden" (Brucker/Hausmann 1972, S. 37).

Die Daseinsgrundfunktionen (vgl. S. 128) ermöglichen motivierende Ansätze und Akzentsetzungen. Sie liefern für diese Stufe ein didaktisches Auswahlprinzip, weil „grundlegende Bedürfnisse des Menschen angesprochen" (Birkenhauer 1974, S. 500) werden.
Die Daseinsgrundfunktion „Sich versorgen" wird schwerpunktartig herausgestellt, denn sie lässt eine Grundfrage menschlicher Existenz erkennen und andere Daseinsgrundfunktionen wie „Wohnen", „Arbeiten" und „Am Verkehr teilnehmen" bezieht sie mit ein. Die Daseinsäußerung „Sich erholen" greift „erlebte oder zu planende Begegnungen mit fremden Räumen" (Lehrplan Erdkunde/Orientierungsstufe, Rheinland-Pfalz Kultusministerium, S. 16) und den Nahraum der Schüler auf. An diesem Themenkomplex können auch geographische Arbeitsweisen in originaler Begegnung geübt werden und geographische Arbeitsmittel zur Anwendung kommen (vgl. Kirchberg 1980a). Ähnliche Möglichkeiten zur originalen Begegnung bietet der Daseinsbereich „Stadt", bei dem schwerpunktmäßig die Raumwirksamkeit der Daseinsfunktion „Wohnen" untersucht wird. Hier können Beobachtungen im eigenen Wohnumfeld der Schüler oder in Schulnähe angestrebt werden.

Die zentrale Fragestellung nach der regionalen Zuordnung der Raumbeispiele wurde und wird insbesondere für die Stufe 5/6 kontrovers behandelt. Gegner einer weltweiten Verteilung der Raumbeispiele reden von *„Tupfengeographie"* oder gar *„Aleatorik"* (Fick 1978).
Für einen Anteil von etwa 40% der Raumbeispiele aus aller Welt spricht:

1. Das räumlich Ferne findet bei den Kindern ein lebhaftes Interesse, zumal über die Medien täglich Bilder aus aller Welt auf sie einwirken. Dieser „Inkongruenz von physischen und psychischen Distanzen" (Friese 1981) muss der Lehrplan begegnen.
2. Dem Stufenschwerpunkt kann der Unterricht nur gerecht werden, wenn er auch über Raumbeispiele außerhalb Deutschlands verfügen kann. Deshalb bilden, dem exemplarischen Prinzip folgend, großmaßstäbige Ausschnitte der Landschaftssphäre in weltweiter Streuung die Lerngegenstände.
3. Durchdringungsintensität und Lernerfolg nehmen zu, wenn das Sosein des einen das Anderssein des anderen erhellt (Prinzipien des Kontrasts und des Vergleichs). Nur durch die weltweite Streuung der Raumbeispiele ist von Anfang an das Prinzip des Vergleichs realisierbar.

Richter

Lehrplankonzept Klasse 5 und 6

Themenbereiche und Themen (Zeitrichtwerte in Stunden)

1 Entdeckung und Erforschung der Erde (14)
Beispiele für Themen:
- Kolumbus sucht einen Seeweg nach Indien
- Magellans Weltumseglung
- Stanley durchquert Afrika

2 Menschen versorgen sich in unterschiedlichen Lebensräumen der Erde

2.1 Lebensformen und Lebensmöglichkeiten in (40):

feucht-heißen Regionen:
- Waldindianer am Amazonas
- Papua auf Neuguinea

trocken-heißen Regionen:
- Nomaden und Oasenbauern in der Sahara
- Steinzeitjäger in Australien

kalten Regionen:
- Samen in Skandinavien
- Inuits in Grönland

gemäßigten Regionen:
- Viehwirtschaft in der Marsch
- Almwirtschaft in den Alpen
- Ackerbau in der Magdeburger Börde
- Sonderkulturen am Oberrhein
- Holzverarbeitung im Erzgebirge

2.2 Arbeiten in Bergbau- und Industriegebieten (16)
- Steinkohlenbergbau im Ruhrgebiet
- Eisenerz aus Brasilien
- Eisen und Stahl aus dem Ruhrgebiet
- Automobilindustrie in Wolfsburg
- Braunkohle und Energiegewinnung in der Niederlausitz

2.3 Bedeutung des Verkehrs für die Versorgung (12)
- Gütertransport auf Schiene, Straße und Binnenwasserstraße
- Rhein-Main-Flughafen Frankfurt
- Hamburg – Welthafen an der Elbe
- Rostock – Seehafen

3 Orientieren in einer Stadt (18)
- Ortsplan des Schulortes
- Städte haben verschiedene Viertel
- Städtebilder, z. B.: Hannover und Leipzig, München und Dresden

4 Erholungs- und Fremdenverkehrslandschaften (12)
- Erholung in der Umgebung des Schulortes
- Die Alpen als Erholungsgebiet
- Ferien im Elbsandsteingebirge

5 Die Bundesrepublik Deutschland (8)
- Großlandschaften Deutschlands
- Berlin – die Hauptstadt Deutschlands
- Politisch-staatliche Gliederung Deutschlands

(Entwurf: Richter)

6.12.3 Jahrgangsstufen 7 und 8

Bei vorherrschend kausaler und genetischer, von der Analyse Raum prägender und Raum verändernder Faktoren ausgehender Betrachtungsweise werden in der Klasse 7 zunehmend *Wirkungsgefüge* in den Betrachtungshorizont einbezogen. Die Kausalzusammenhänge raumwirksamer Faktoren werden in ihrer Mehrstufigkeit aufgedeckt und in Ordnungssysteme eingebracht. Dabei sollen Gesetzmäßigkeiten räumlicher Ordnungen, wie die aus der Planetennatur der Erde abzuleitenden Naturgesetze der Klimazonen und Höhenstufen und der azonalen Großgliederung mit ihren endogenen und exogenen Abläufen ermittelt werden. Die Schüler werden mit der Geschichtlichkeit der Erde bekannt gemacht.

Das zu entwickelnde Raumverständnis geht über das Lernplateau der Jahrgangsstufe 5/6 hinaus: Der Raum wird in der Jahrgangsstufe 7/8 vor allem als *Verflechtungs- und Strukturgefüge* erfahren. Dieser Zugriff entspricht der morphogenetischen Phase des Raumverständnisses. Lerngegenstände sind einerseits Raumbeispiele der topologischen Dimension in Europa und Afrika, insbesondere jedoch in Deutschland, sowie Teilräume von Geozonen und Kontinenten in der chorologischen Dimension. Andererseits kommt auch die geosphärische Dimension stark in den Blick, da auf dieser Stufe Gliederungen der Erde erarbeitet werden sollen.

In der Jahrgangsstufe 7 steht der Unterricht unter dem Leitthema „*Auseinandersetzung des Menschen mit Naturbedingungen*“, was die Analyse physischer Faktoren einschließt. Das Ziel des Lernens kann es aber nicht sein, „Naturstrukturen um ihrer selbst willen“ (Ernst 1971, S. 108) zu unterrichten, sondern es sind „möglichst viele der fachlich zu vermittelnden Inhalte unter der Sicht des didaktischen Prinzips ‚vom Menschen aus‘ anzugehen“ (Birkenhauer 1974, S. 503). Es gilt offen zu legen, dass der Mensch sich mit den gegebenen Bedingungen auseinandersetzen muss.

Die Jahrgangsstufe 8 wendet sich dem Lernzielbereich „Staaten und Regionen in ihrem wirtschaftlichen und politischen Zusammenhang“ zu (Verband Deutscher Schulgeographen 1982, S. 534). Schwerpunkt der Betrachtung ist nun der Mensch als der *Gestalter von Erdräumen.* Hier bietet sich als strukturierender Zugriff der anthroposphärische Raster der Kulturerdteile (vgl. Hettner 1929, Kolb 1963, Hofmeister 1982, 1996) an, denn im Gegensatz zu den inhomogenen Naturerdteilen liegt es „im Wesen von Kulturerdteilen, dass sie im unterrichtsträchtigen kulturgeographischen Bereich über eine Mindesthomogenität verfügen“ (Pollex 1987, S. 60). Diese Einheitlichkeit zeigt sich „im individuellen Ursprung ihrer Kultur, in der einmaligen Verbindung von Landschaft gestaltenden Natur- und Kulturelementen, in dem historischen Zusammenhang der Entwicklung ihrer wirtschaftlichen und sozialen Ordnung, in ihrer gegenwärtigen weltpolitischen Stellung und in ihrer Bedeutung als Handelspartner“ (Hambloch 1982, S. 168).
Die Begriffe Kulturerdteil, Kulturraum, Kulturgroßraum und Kulturerdraum können als synonym gelten. Gleichwohl wäre mit dem Begriffspaar Erdteil und Kulturraum auf die substanzielle Verschiedenheit beider Raster hinreichend verwiesen.
Im strukturierenden und orientierenden Horizont der Kulturerdteile haben signifikante Raumbeispiele der topologischen Dimension dreierlei didaktische Funktionen: sie repräsentieren das Wesen der Kulturerdteile, sie wirken komplexitätsmindernd (vgl. Pollex 1987, S. 60; Köck [Hrsg.] 1984, S. 120) und sie sind wegen ihrer anschaulich-konkreten Lernstruktur der Lernstufe angemessen.

Richter

Lehrplankonzept Klassen 7 und 8

Themenbereiche und Themen (Zeitrichtwerte in Stunden)

Klasse 7

6 Oberflächenformen der Erde in ihrer Bedeutung für den Menschen

6.1 Exogene Kräfte formen die Erdoberfläche (12)
- Wasser zerstört und baut auf
- Eis schafft Landschaften
- Das Meer formt die Küste

6.2 Endogene Kräfte formen die Erde (12)
- Ursachen und Wirkung von Vulkanismus und Erdbeben
- Entstehung von Kontinenten, Ozeanen, Gebirgen
- Einfluss des Reliefs auf die Verkehrserschließung
- Kreislauf der Gesteine und Bodenarten

7 Einfluss der zonalen Gliederung auf die Kulturlandschaftsentwicklung

7.1 Kalte Zone: borealer Nadelwald und Tundra (8)
- Polare Siedlungs- und Anbaugrenzen
- Holzwirtschaft in Schweden/Finnland

7.2 Gemäßigte Zone: sommergrüner Laubwald und Steppe (10)
- Klimatische Gunst- und Ungunstfaktoren der Landnutzung
- Kontinentale Siedlungs- und Anbaugrenzen

7.3 Subtropische Zone: mediterrane Hartlaubvegetation und Wüsten (6)
- Regenfeldbau mit Dauerkulturen und Feldbrachesystemen
- Bewässerungsfeldbau und Gefahr von Bodenversalzung
- Entstehung von Kulturlandschaften in der Niloase

7.4 Tropische Zone: Savannen und tropischer Regenwald (12)
- Klimatisch gebundener Weideflächenwechsel
- Regenfeldbau an der Trockengrenze und auf Brandrodungsfeldern
- Höhenstufen am Kilimandscharo

Klasse 8

8 Gestaltung von Räumen in Entwicklungs- und Schwellenländern

8.1 Der orientalische Kulturraum (10)
- Funktions- und Strukturwandel der orientalischen Stadt
- Wirtschaftsräumlicher Wandel eines Golfküstenstaates

8.2 Afrika südlich der Sahara (10)
- Stammeskulturen und Europäisierung in Afrika
- Konflikte zwischen Bevölkerungsgruppen aus ethnischen Gründen

8.3 Der indische Subkontinent und Südostasien (14)
- Klima und Nahrungsspielraum
- Das indische Dorf
- Entwicklung durch Industrialisierung
- Ethnische und kulturelle Vielfalt in Südostasien

8.4 Volksrepublik China (12)
- Bevölkerungsverteilung und -probleme
- Naturraum und Landwirtschaft
- Industrialisierung

8.5 Lateinamerika (14)
- Die lateinamerikanische Stadt
- Zwei Staaten in Lateinamerika (z. B.: Brasilien, Peru)

(Entwurf: Richter)

6.12.4 Jahrgangsstufen 9 und 10

In den Jahrgangsstufen 9 und 10 erfolgt eine *Auseinandersetzung mit Gegenwartsfragen und -aufgaben* in ihren räumlichen Dimensionen. Der Raum wird nun vorwiegend als *Prozessfeld sozialer und politischer Gruppen* betrachtet. Der geographische Lehrgang erreicht somit bei besonderer Beachtung der *prozessualen und funktionalen Betrachtungsweise* der Mensch-Raum-Beziehungen ein abschließendes Lernplateau.
Jetzt werden auch Interessengegensätze in der Raumnutzung, wobei die Kategorie der *Raumkonkurrenz* zum Lernschwerpunkt wird, thematisiert. Dem Schüler begegnet der geographische Raum dabei in den vier Maßstabsdimensionen (vgl. Kap. 6.5) als eine zu gestaltende und zu bewahrende Lebensgrundlage.

Die Staatsräume von Industrieländern werden als *raum-zeitlich-gesellschaftliche Systeme* betrachtet. Der Schüler gewinnt Einblick in raumrelevante Wesenszüge einer Reihe von Staaten, die für sein Selbst- und Weltverständnis Bedeutung haben. Dieses Lernziel kann aber nicht durch das allgemeingeographisch-thematische Prinzip vergleichender Betrachtungen ausgewählter Wirtschaftsbereiche, z. B. der Landwirtschaft unter dem Thema „Naturbedarf oder Politik – was bestimmt die Landwirtschaft in Europa?“ (vgl. Rahmenrichtlinien für das Gymnasium in Niedersachsen 1994) erreicht werden. Solche Themenbeispiele „überspringen den Einblick in den individuellen gesellschaftlichen Zusammenhang eines Staatsraumes“ (Birkenhauer 1982, S. 2).

Die USA, Russland und Japan erfordern ihrer weltpolitischen Bedeutung wegen einen Schwerpunkt im Unterricht. Russland ist aufgrund des räumlichen Gefüges in Europa ein bedeutender Nachbar Deutschlands in Vergangenheit, Gegenwart und Zukunft, ebenso erfordert die Führungsmacht USA eine differenzierte Betrachtung. Die Signifikanz beider Staatsräume für geographische Bildung ist wesentlich gesellschaftlich und politisch, diejenige Japans vorrangig wirtschaftlich begründet.

Europa bildet einen weiteren Lernschwerpunkt, denn für die Zukunft des Kulturraumes sind zwei Voraussetzungen zu schaffen: die Kompetenz, aber auch die Bereitschaft seiner Bürger Europa mitzugestalten. Dieser geographische Bildungsauftrag entspricht dem Verfassungsgebot eines vereinten Europa. Deshalb stellt der Geographieunterricht „Europa in seinen Gemeinsamkeiten und Differenzierungen dar und macht den Schülern die sich daraus ergebenden Folgen bewusst“ (Friese 1981, S. 168; vgl. auch KMK-Empfehlung „Europa im Unterricht“ vom 7.12.1990, Kirchberg 1990d, 1991, 1997).

Deutschland wird unter zwei didaktischen Leitlinien behandelt: Einerseits wird eine orientierend-ganzheitliche Betrachtung des Staatsraumes angestrebt. Andererseits werden unter problemorientierten Fragestellungen ausgewählte Regionen behandelt. Sie sollen räumliche Disparitäten der Lebenswirklichkeit in Deutschland in ihren historisch-genetischen, wirtschaftlichen und politischen Zusammenhängen sowie die Wirkungen raumbezogener Staatstätigkeit in Vergangenheit und Gegenwart sichtbar werden lassen.

Auf die geosphärische Dimension der Mensch-Raum-Beziehungen wird gegen Ende des geographischen Lehrgangs erneut der Blick gerichtet. Internationale Beziehungen und globale Disparitäten stehen in einem Spannungsverhältnis zueinander. Die Frage der *Tragfähigkeit*, die sich aus der Endlichkeit der Landschaftssphäre ergibt (*planetarisches Axiom*, Neef 1956), ist auch eine Frage der Verteilung von Nahrungs-, Rohstoff- und Energiepotenzialen und der Welthandelsordnung.

Richter

Lehrplankonzept Klasse 9 und 10

(Vorschlag für einen Themenplan für Deutschland)

Themenbereiche und Themen (Zeitrichtwerte in Stunden)

Klasse 9

9	Industriestaaten	
9.1	USA	(12)
9.2	Russland/GUS	(12)
9.3	Japan	(6)
9.4	Australien	(4)
9.5	Großbritannien	(5)
9.6	Frankreich	(5)
9.7	Polen	(5)
9.8	Tschechien	(5)
9.9	Europa	(6)

Klasse 10

10 Bundesrepublik Deutschland (50)

10.1 Orientierend ganzheitliche Betrachtung

Der Naturraum: naturräumliche Gliederung, Klima, Böden

Der Staatsraum: Entwicklung der politisch-staatlichen Gliederung
Raumbeispiele zur Genese der Kulturlandschaft

Der Agrarraum: Bodennutzung

Der Industrieraum: Industriegebiete im Überblick
alte und junge Industriegebiete

10.2 Aktuelle geographische Strukturen und Prozesse

Wandel der Agrarstruktur, Agrarpolitik

Ländliche Räume und Verdichtungsräume, Regionalpolitik, Raumordnung

Städtebau und Stadtplanung

Landschaftspflege und Umweltschutz

11 Internationale Beziehungen / globale Disparitäten (10)

11.1 Bevölkerungswachstum und Welternährung

11.2 Rohstoff- und Energiepotenziale der Erde

11.3 Bevölkerungs- und Wirtschaftsstruktur von Staaten im geosphärischen Vergleich (Nord-Süd-Gefälle)

11.4 Weltwirtschaftsordnung und Welthandel

Die räumlichen Schwerpunkte entsprechen Beziehungsgefügen, die das gegenwärtige und künftige Leben der Schüler beeinflussen: die Industriestaaten, Europa und Deutschland sowie der Weltwirtschaftsraum.
In den vier Gebietskategorien begegnen den Schülern Lebenswirklichkeiten, die sie selbst betreffen; diese Teilhabe soll ihnen bewusst werden.
Geographische Bildung trägt zur Identifikation mit Europa bei, fördert den Prozess der deutschen Vereinigung und führt zu einer kategorialen Weltsicht unter besonderer Berücksichtigung des eigenen Standorts in der Welt. Geographie qualifiziert für eine sachbezogene Teilnahme an den gesellschaftlichen Gegenwartsfragen und Zukunftsaufgaben.

(Entwurf: Richter)

6.13 Gymnasiale Oberstufe

Etappen der Geographie in der gymnasialen Oberstufe. Mit der *„Rahmenvereinbarung zur Ordnung des Unterrichts auf der Oberstufe des Gymnasiums"* von 1960, der 1962 anlässlich der Saarbrückener Tagung der Kultusministerkonferenz der Länder der Bundesrepublik Deutschland (KMK) *„Rahmenrichtlinien für die Gemeinschaftskunde in den Klassen 12 und 13 der Gymnasien"* (Saarbrückener Rahmenvereinbarung) folgten, wurde Gemeinschaftskunde auf dieser Stufe zum verbindlichen Unterrichtsfach erklärt und hinzugefügt: „Insbesondere Geschichte, Geographie und Sozialkunde; es geht hier nicht um den Anteil der Fächer an Stundenzahlen, sondern um übergreifende geistige Gehalte." Ausschlaggebend war nun, wie die Rahmenvereinbarung von den Kultusbehörden der Länder ausgelegt wurde. Die nachfolgenden Verordnungen ergaben wenig Gemeinsamkeiten in den Auffassungen des Faches Gemeinschaftskunde. Sie beschränkten sich bezeichnenderweise auf allgemeine Aussagen wie die Übernahme der Bezeichnung Gemeinschaftskunde und den Hinweis auf die Notwendigkeit einer engen Zusammenarbeit der beteiligten Fächer. In einigen Ländern wurde der Geschichte eine Pilotfunktion zugewiesen. Der Ansatz von Saarbrücken, ein fächerübergreifendes Fach der politischen Bildung zu schaffen, scheiterte.
Die KMK setzte ihre Bemühungen um die Reform der Oberstufe mit der *„Vereinbarung zur Neugestaltung der gymnasialen Oberstufe in der Sekundarstufe II"* vom 7. Juli 1972 fort. Die bisherigen Gymnasialtypen wurden zugunsten von Aufgabenfeldern und eines Kurssystems, das Grund- und Leistungskurse unterscheidet, aufgegeben. Die Unterrichtszeit wurde in halbjährige Einheiten mit Themenangeboten und Lehrerwahl eingeteilt. Diese neue Organisationsform hätte, wenn die Reform in Bezug auf Gemeinschaftskunde über den Ansatz von Saarbrücken hätte hinausführen sollen, mit einer didaktischen Abklärung der Gemeinschaftskunde sowie ihrer Stellung zu den Fächern Geographie und Geschichte sowie Sozialkunde/Politik als Kernbereich der politischen Bildung im gesellschaftswissenschaftlichen Aufgabenfeld verbunden sein müssen. Die Kontroverse, ob Gemeinschaftskunde ein auf Integration angelegtes Fach oder eine Klammer für die drei Fächer Geschichte, Geographie und Sozialkunde/Politik ist, konnte bis heute nicht ausgeräumt werden. 1972 wurden die Weichen eher in Richtung Fachunterricht gestellt und in den meisten Ländern konnte sich Geographie als eigenständiges Fach in Grund- und Leistungskursen durchsetzen. Allerdings war die Geographie den Sozialwissenschaften zugeordnet worden, was in einigen Ländern zu Verkürzungen geowissenschaftlicher Fragestellungen beitrug (vgl. Kap. 6.10).
Auf der Grundlage von Thesen der Westdeutschen Rektorenkonferenz zur *„Weiterentwicklung der neu gestalteten Oberstufe"* (1972) verabschiedete die KMK am 1.10.1987 einen *„Entwurf zur Weiterentwicklung der Oberstufe"*, wonach die Geographie zwar Prüfungsfach sein kann, ihre Gleichstellung mit den Fächern Geschichte und Gemeinschaftskunde (Sozialkunde/Politik) im gesellschaftswissenschaftlichen Aufgabenfeld aber nicht mehr in allen Ländern gegeben war.
Im Bemühen um eine abermalige „Neuordnung" setzte die KMK 1995 eine Expertenkommission ein. In deren Bericht wird an der Trias von vertiefter Allgemeinbildung, Wissenschaftspropädeutik und Sicherung der Studierfähigkeit festgehalten. Folgerichtig sollen Unterrichtsfächer beibehalten werden, aber fachübergreifende Themen und fächerverbindender Unterricht komplementär hinzutreten. Diesen Empfehlungen folgt die KMK mit einer *„Richtungsentscheidung zur Weiterentwicklung der Prinzipien der gymnasialen Oberstufe und des Abiturs"* vom 3.12.1995. Diese *„Weiterentwicklung"* wird nicht ohne Auswirkungen auf die Geographie bleiben. Deren Entfaltungsmöglichkeiten werden je nach den Ausführungsverordnungen in den Ländern ungleich bleiben.

Übersicht über Lehrplanthemen Erdkunde/ Geographie der gymnasialen Oberstufe einiger Länder der Bundesrepublik Deutschland

Bayern (1992/93/94)
Jg. 11: Deutschland / Exkurs: Geowissenschaftliche Theoriebildung / Strukturanalyse des Heimatraumes / Exkursion: Lernen und Anwenden vor Ort
Jg. 12: Europa/USA/Kanada – Sowjetunion/Nachfolgestaaten
Jg. 13: „Dritte Welt" / Asiatisch-pazifischer Raum – Entwicklungsbedingungen und Entwicklungswege

Berlin (1994)
1. Kurshalbjahr: Weltstädte – ihre innerstädtischen Strukturen und ihre Beziehung zum Umland
2. Kurshalbjahr: Deutschland und Europa
3. Kurshalbjahr: Entwicklungsländer
4. Kurshalbjahr: Weltwirtschaftsgeographie (unter besonderer Berücksichtigung des asiatisch-pazifischen Raumes)

Niedersachsen (1994)
Jg. 11: Geoökologie und Umweltfragen
Rahmenthemen für die Kursstufe und das Kurssystem
Rahmenthema 1: Räumliche Disparitäten in Deutschland und Europa
Rahmenthema 2: Räume und Staaten unterschiedlichen Entwicklungsstandes: Wandel und Verflechtungen
Rahmenthema 3: Aktionsraum Erde

Nordrhein-Westfalen (1981)
Lernbereich I: Naturgeographische Strukturen und landschaftsökologische Prozesse
Lernbereich II: Raumstrukturen und deren Veränderungen unter dem Einfluss wirtschaft lichen Handelns
Lernbereich III: Raumstrukturen und ihre Veränderungen unter dem Einfluss sozialer, kultureller und demographischer Faktoren
Lernbereich IV: Raumstrukturen und ihre Veränderungen unter dem Einfluss politischen Handelns

Mecklenburg-Vorpommern (1995)
Grundkurs 11/2: Die Welt im Wandel – unter Berücksichtigung der Entwicklungsländer
Grundkurs 12/1: Wirtschaftsräumliche und soziale Bezüge der Raumordnung und Landesplanung
Grundkurs 12/2: (Wahlkurs I): Räume und Staaten unterschiedlichen Entwicklungsstandes

Thüringen (1993)
11.1: Die geographischen Zonen der Erde
11.2: Entwicklungsländer – Strukturen und Probleme
12.1: Mineralische Ressourcen, ihre Entstehung, Verbreitung, Nutzung und Verfügbarkeit
12.2: Europa – räumliche Entwicklung und Verflechtung

Anforderungen an den Geographieunterricht (vgl. Kirchberg/Richter 1982): Der Geographieunterricht muss sich den *Zielsetzungen der gymnasialen Oberstufe* – vertiefte Allgemeinbildung, Wissenschaftsorientierung, Studierfähigkeit und Persönlichkeitserziehung – stellen. Die Geographie vermittelt unter den Leitbegriffen Raumkenntnis, Raumwahrnehmung, Raumbewertung, Raumbewusstsein und Raumverantwortung ein gefügtes Bild des Lebensraumes Erde. Dazu müssen im Unterricht über die Vielfalt geographischer Forschungsergebnisse hinaus Sachverhalte und Problemstellungen weiterer Wissenschaften berücksichtigt werden. Das Zentrierungsfach Geographie leistet somit den notwendigen und hinreichenden Beitrag zur wissenschaftsorientierten Grundbildung (vgl. Kap. 6.8). Geographieunterricht fördert die Studierfähigkeit und Persönlichkeitserziehung durch Wertevermittlung und Handlungsorientierung (Raumverhaltenskompetenz, ethisches Raumverhalten, vgl. Kap. 6.8). Studierfähigkeit erfordert sprachliche Ausdrucksfähigkeit. Sie wird durch selbstständigen, kritischen und methodenbewussten Umgang mit den vielfältigen geographischen Medien ausgeformt.

Anforderungen in den Grund- und Leistungskursen: Geographie in der gymnasialen Oberstufe unterscheidet sich weder inhaltlich noch in den Methoden grundsätzlich wenig von der Sekundarstufe I. Alle Problemkreise werden in den Jahrgangsstufen 5 bis 10 angesprochen, kein Unterrichtsverfahren bleibt nur diesem Abschnitt des Lehrgangs vorbehalten, keines wird in der Sekundarstufe II ausgeschlossen. Die *Grund- und Leistungskurse* unterscheiden sich nicht grundsätzlich, sondern graduell, wobei Grundkurse „auf komplexerem Niveau den Geographieunterricht der Sekundarstufe I" fortsetzen (Kirchberg, in: Kirchberg/Richter [Hrsg.] 1982, S. 56). Jeder Themenkreis kann sowohl im Grund- als auch im Leistungskurs behandelt werden. Die Unterschiede liegen im Anspruchsniveau und in den Arbeitsweisen, entsprechend der lern- und entwicklungspsychologischen Situation der Schüler.

Grundkurse dienen vorwiegend der *vertieften Allgemeinbildung* im Sinne allgemeiner Orientierung. Es werden „übergreifende geistige Gehalte" angesprochen und fachübergreifende Sachverhalte behandelt. Somit tragen Grundkurse zur politischen Bildung bei. Jenseits der Verwissenschaftlichung und Spezialisierung soll Verständigung und Orientierung in Bezug auf die Wirklichkeit und damit der Entfaltung der Persönlichkeit ermöglicht werden. Außerdem sind grundlegende wissenschaftliche Verfahrensweisen zu vermitteln. Die Methoden selbstständigen Lernens sind an enger begrenzten Aufgaben als in Leistungskursen zu lernen.

Leistungskurse vermitteln *vertieftes wissenschaftspropädeutisches Verständnis und erweiterte Spezialkenntnisse*. Das Betrachtungsfeld wird eingegrenzt um eine vertiefte Durchdringung der Thematik und eine gesteigerte Auseinandersetzung mit den Problemstellungen zu ermöglichen. Grundkurse dienen im besonderen Maße der allgemeinen Studienvorbereitung, indem sie in wissenschaftliche Methoden und Fragestellungen einführen und den Schüler anleiten über längere Zeit selbstständig zu arbeiten. Das erzeugt einen größeren (und zugleich differenzierteren) Bedarf an exogenen Materialien (Arbeitsmitteln) als bei Grundkursen.
Aus diesen Gründen wird der Unterricht in den Leistungskursen ausschließlich fachspezifisch orientiert sein müssen. Friese (1973) formuliert zur Steuerung geographischer Leistungskurse vier Hauptlernziele: „1. Fähigkeit geographische Fragestellungen und Methoden sinnvoll selbstständig zu erkennen und anzuwenden. 2. Fähigkeit Grundzüge der Geographie (und der Geowissenschaften, Richter) als Wissenschaft, einige ihrer Fragestellungen und ihre Bedeutung für die Gesellschaft zu erfassen. 3. Fähigkeit zum Erkennen und Vergleichen geographischer Sachverhalte und Probleme in verschiedenen Räumen und Epochen. 4. Fähigkeit allgemeingeographische Erscheinungen und Probleme und deren verschiedene Ausprägungen in unterschiedlichen Regionen zu verfolgen sowie Transfermöglichkeiten zu beurteilen."

Ziele geographischer Bildung

Raumorientierung

Entwicklung des Orientierungsvermögens:
- topographische Grundbegriffe im Sinne eines topographischen Grundgerüsts kennen, diese in Ordnungssysteme einordnen und auf unterschiedlichen kartographischen Darstellungen lokalisieren können;
- Gewinnen von Lage- und Raumvorstellungen zu geographischen Objekten.

Raumverständnis

Entwicklung von Raumverständnis ist auf folgende Ziele konzentriert:
- Kenntnis der geographischen Strukturiertheit und Genese von Räumen (Zonen, Landschaften, Wirtschafts- und Lebensräumen und anderen);
- Wiedererkennung allgemeiner Strukturmerkmale in geeigneten regional modifizierten Beispielen;
- die verschiedenartigen geographischen Räume als Existenzräume der Gesellschaft betrachten sowie ihre Ausstattung und ihre Probleme als Ergebnis des Wirkens von Generationen bei der Nutzung der Naturbedingungen erfassen.

Raumverhalten

Ausprägung von Raumverhalten und eines Wertverhältnisses zum Raum heißt:
- Bereitschaft und Fähigkeit geographisches Wissen und Können verantwortungsbewusst und sachgerecht im Leben anzuwenden und
- Verständnis und Toleranz für die Lebensweise in verschiedenen Erdräumen zu gewinnen sowie geographische Räume als Lebensgrundlage für die Menschen und als zu schützenden Wert zu erfassen und achten zu lernen.

(Thüringer Kultusministerium [1993]: Vorläufiger Lehrplan für das Gymnasium: Geographie, S. 4f.)

Gesichtspunkte bei der Methodenwahl

- *Ziel- und Inhaltsbezug:* Für topographische Arbeit wird man andere Unterrichtsformen einsetzen als für ein problembeladenes Thema. Tendenziell sind kommunikative Sozialformen und selbstständige Aktionsformen vorzuziehen. Damit sind aber andere Arbeitsweisen nicht ausgeschlossen oder unangemessen.
- *Kurs- und Schülerbezug:* Man wird die Vorkenntnisse der Schüler (auch im Hinblick auf die instrumentalen Fähigkeiten) ebenso berücksichtigen wie z. B. die Gesprächsbereitschaft einer Lerngruppe.
- *Lehrerbezug:* Nicht jeder Lehrer kann jedes Unterrichtsverfahren gleich gut anwenden. Je nach Lehrerpersönlichkeit und Vorerfahrungen wird man bestimmte Arbeitsweisen bevorzugen und andere zurückstellen, ohne dass dadurch eine Beeinträchtigung des Lernerfolgs entstehen muss. Dass Oberstufenunterricht aber ein hohes Maß an Offenheit, Flexibilität und Fachkompetenz erfordert, ergibt sich aus dessen didaktischen Prinzipien.
- *Situationsbezug:* Methodenentscheidungen für den Unterricht sind immer auch abhängig von äußeren Faktoren, z. B. der zur Verfügung stehenden Zeit, den vorhandenen Materialien oder den räumlichen Möglichkeiten.

(nach: Kirchberg, in: Kirchberg/Richter [Hrsg.] 1982, S. 43)

Die Frage der Kursfolge blieb bisher ungeklärt. Offensichtlich „gibt (es) keine zwingende sachlogische Abfolge von Kursthemen, weder unter inhalts- noch unter methodenbezogenen Aspekten" (Kultusminister Nordrhein-Westfalen [Hrsg.] 1981, S. 37). Nach den bisherigen Erfahrungen verfahren die Länder unterschiedlich. Einige Kultusverwaltungen legen eine bestimmte Abfolge fest, andere wiederum geben Lernbereiche oder Rahmenthemen vor, die anhand beigegebener Themenbeispiele durch die Fachkonferenz bzw. individuell vom unterrichtenden Lehrer in eine Themenfolge umgesetzt werden können. Gleichwohl sollte auf eine Progression in der Kursfolge nicht verzichtet werden. Sie lässt sich „im Rahmen der vom Fachlehrer oder der Fachkonferenz entwickelten Kurssequenz durch wachsende Abstraktion, Komplexität und Selbstständigkeit ermöglichen" (Kirchberg, in: Kirchberg/Richter [Hrsg.] 1982, S. 34).
Bei der Sichtung der Lehrpläne der Länder ist dann auch eine breit gestreute Palette von Möglichkeiten des inhaltlichen Zugriffs festzustellen. Dabei folgen die Richtlinien intern entweder dem regional-thematischen oder dem thematisch-regionalen Ansatz. Grundsätzlich muss die Verschränkung allgemeingeographischer und regionalgeographischer Ansätze möglich sein. Allerdings sollte die Zahl der Raumbeispiele zumindest in den Grundkursen beschränkt bleiben, denn „viele verschiedene Raumbeispiele würden die immer wieder neue Bereitstellung von Grundinformationen nötig machen. Was Vertiefung sein sollte, liefe dann auf Summierung hinaus" (Börsch 1977, S. 106).
Dessen ungeachtet bestehen inhaltlich Gemeinsamkeiten, die es ermöglichen, einen Katalog von Problemkreisen bzw. Themenbereichen zusammenzustellen. Sicherlich besteht eine Korrelation zwischen den Forschungsfeldern der Geographie und denjenigen der Geowissenschaften einerseits und den raumbezogenen Problemkreisen im Horizont der Mensch-Raum-Beziehungen andererseits, das heißt, didaktisch geht es um Wissenschaftsorientierung, also um eine stärkere Nähe zur Wissenschaft Geographie und den Geowissenschaften bei geringerer didaktischer Reduktion als in der Sekundarstufe I.
Das Finden solcher Problemkreise und die Setzung und Auswahl von Themen bleiben jedoch, unter Wahrung der Wissenschaftsorientierung, einem heuristischen Verfahren überlassen. Insgesamt kann die Lernzielstufe der gymnasialen Oberstufe unter den Schwerpunkt „Partizipation an der Gestaltung und Erhaltung von Welt und Umwelt als Lebenswirklichkeit" (vgl. Kap. 6.8) gestellt werden. Methodisch betreibt der Geographieunterricht auf dieser Stufe konsequent Raumanalysen und Raumbewertungen. Zur Strukturierung von Sequenzen können auch die Kategorien „Handlungsorientierung/Umwelt" und „Weltoffenheit/Welt" herangezogen werden. Sie ermöglichen entweder das Bearbeiten der Landschaftssphäre in der topologischen und chorologischen Dimensionsstufe, wobei die Arbeit im Nahraum mit der Möglichkeit der originalen Begegnung in den Vordergrund tritt, oder die Behandlung von Raumausschnitten der Landschaftssphäre in der regionischen und geosphärischen Maßstabsdimension. Mit der Mischung beider Verfahren wäre dem Prinzip des Maßstabswechsels Genüge getan.

Mit dem Konzept der Schlüsselprobleme bietet Klafki (1985, S. 20; 1990, S. 302) ein Suchinstrument an, zu Inhalten zu finden, die „epochal typische Strukturprobleme" thematisieren sollen. Solche Schlüsselprobleme wären: die Friedensfrage, die Umweltfrage, die gesellschaftlich produzierte Ungleichheit, die Gefahren und die Möglichkeiten der neuen technischen Steuerungs-, Informations- und Kommunikationsmedien, die Erfahrung der Liebe, der menschlichen Sexualität, des Verhältnisses zwischen den Geschlechtern oder gleichgeschlechtlicher Beziehungen. Klafki spricht damit zwar gegenwärtige Fragestellungen an, sie greifen aber in Bezug auf die Territorialität als Lebenswirklichkeit des Menschen, auch als Strukturierungsprinzip der vertieften Allgemeinbildung wie der politischen Bildung im gesellschaftswissenschaftlichen Aufgabenfeld der gymnasialen Oberstufe, zu kurz (vgl. Kap. 6.10). *Richter*

Herausforderungen des Ökosystems Mensch – Erde als Suchinstrument für Rahmenthemen des Geographieunterrichts der gymnasialen Oberstufe

Gesellschaftlicher Aspekt	Leitfragen der Raumverhaltenskompetenz (Köck) (des kompetenten Verhaltens im Raum) (Schrand)	Rahmenthemen des Geographieunterrichts
Bewahrung der Erde (Kroß) Versorgung der wachsenden Menschheit Gleichheit und Ungleichheit Menschenbild und Weltverständnis	– Systemzusammenhänge der physischen Faktoren – Belastbarkeit des Ökosystems Mensch – Erde – Bau und Tektonik der Erde – Begrenztheit der Ressourcen – Bevölkerungsdynamik – Tragfähigkeit der Erde – Ökonomie – Ökologie – Regionale Disparität – Globale Disparität – Raumbewertung und regionale Mobilität – Weltwirtschaftsordnung – Sozioökonomische Entfaltungsstufen – Daseinsgrundfunktionen – Territorialität – Identität – Aggression – Kulturräume und Staaten unterschiedlichen Entwicklungsstandes – Raumwahrnehmung und Weltverständnis	– Geoökologie und Umweltfragen (Landschaftsökologie) – Bevölkerungswachstum und Tragfähigkeit der Erde – Regionale Disparitäten und Verflechtungen in Europa und Deutschland – Globale Disparitäten und Verflechtungen zwischen Staaten unterschiedlicher Natur- und Kulturräume – Ökologie des Menschen: Raumgestaltung durch Landnahme, Siedlung, Inwertsetzung und Raumplanung

Globalisierung – Regionalisierung – Lokalisierung | **Territorialer Aspekt**

Herausforderungen der Moderne im Horizont des Ökosystems Mensch – Erde

(Entwurf: Richter)

6.14 Lehrplan in der Praxis

Lehrplanentscheidungen. In der freiheitlich rechtsstaatlichen Ordnung der Bundesrepublik Deutschland entscheidet die Gesellschaft in ihren Gruppierungen durch Willensbildung und Konsensfindung mehrheitlich über die Bildungspolitik und die Festsetzung von Bildungszielen. Die Parlamente der Länder bzw. die Kultusverwaltungen legen fest, welche allgemeinen Qualifikationen und fachspezifischen Lernziele anzustreben sind. Diese Festlegung erfolgt bei konkurrierender Willensbildung nach sorgfältiger Abwägung der Argumente aller Seiten in Richtlinien.
Dabei können bildungspolitisch prekäre Situationen entstehen, wenn die Länder zu kontroversen Lösungen gelangen. Das gilt für den Geographieunterricht sowohl im Blick auf die Stundenanteile wie auch in der zentralen Frage der regionalen Abfolge.

Die Richtlinien geben teils verbindliche, teils als Anregungen gedachte Vorgaben für die inhaltliche und methodische Gestaltung des Unterrichts. Im Gegensatz zu den früheren Lehrplänen sind heute die Vorgaben meist nicht mehr reine Stoffkataloge, sondern die vorgeschriebenen Themenkreise sind in Lernzielen inhaltlich und nach Intentionen entfaltet und festgelegt.

Die Umsetzung eines Lehrplans in Planung und Verlauf von konkretem Unterricht unterliegt gänzlich anderen Bedingungen als die Lehrplanerstellung. Die Praxis des Unterrichtens mit Lehrplänen verläuft deshalb nicht immer spannungsfrei (vgl. Rauin u. a. 1996, Tillmann [Mod.] 1996). Jedem Lehrplanbenutzer sollte bewusst sein, dass einem Lehrplan eine bestimmte hypothetische Vorstellung von Unterricht zugrunde liegt, die nicht immer seine eigene ist und die auch nicht immer mit dem Lehrplantext vermittelt werden kann. Dennoch haben Lehrpläne den Charakter von Rechtsanordnungen, denen aus Gründen der Vergleichbarkeit entsprochen werden muss.
Für den Lehrer ist es wichtig, sowohl die *Inhalts-* als auch die *Verhaltenskomponente* der Lehrplanziele zu berücksichtigen. Um die Verhaltenskomponente der Lernziele nicht dem subjektiven Sprachgefühl des Lehrers auszuliefern, erweist sich ein Definitionsraster als sinnvoll. Es ist müßig, über die taxonomische Trennschärfe von Operatoren wie „Einblick" und „Überblick" zu streiten, viel folgenschwerer für die Praxis des Unterrichts ist die Einsicht, dass hiermit die Funktion eines Lerninhalts für den Schüler beschrieben wird.
Die meisten Geographielehrpläne lassen *Spielraum* für Differenzierung, Schwerpunktsetzung, Auswahl der Raumbeispiele und alternative Unterrichtsgestaltung. Meist wird ein „pädagogischer Freiraum" ausgewiesen, der in der Praxis nur selten wirklich zur Verfügung steht. Verbindlichkeit der Lehrpläne kann aber nicht bedeuten, dass der Lehrer sie rücksichtslos „durchpeitschen" muss. Was für die eine Lerngruppe spielend leistbar ist, kann für eine andere überfordernd sein.

Das Schulbuch (vgl. Kap. 8.6.3) ist als *„heimlicher Lehrplan"* ein wirkungsvoller Konkurrent zum offiziellen Lehrplan. Das ist insofern gefährlich, als dem Buch die Offenheit des Lehrplans fehlt. Insbesondere beim „Durchnehmen" von Buchkapiteln im Sinne starrer Unterrichtsprogramme besteht die Gefahr, dass die Freiheiten des Lehrplans zu wenig berücksichtigt werden. Die gegen die neuen Lehrpläne gerichteten Vorwürfe wie z. B. „Stofffülle", „Überforderung", „mangelnde Berücksichtigung der Topographie", „Vernachlässigung des Heimatraumes" sind oft auf unreflektiertes Arbeiten mit dem Geographieschulbuch zurückzuführen. *Kirchberg/Richter*

Ebenen der Lehrplanentscheidungen in der Bundesrepublik Deutschland

Grundgesetz der Bundesrepublik Deutschland
Art. 7: Das gesamte Schulwesen steht unter der Aufsicht des Staates.
Art. 70 (1): Die Länder haben das Recht der Gesetzgebung, soweit dieses Grundgesetz nicht dem Bunde Gesetzgebungsbefugnisse verleiht.
Art. 91b: Bund und Länder können aufgrund von Vereinbarungen bei der Bildungsplanung … zusammenwirken.

Länder der Bundesrepublik Deutschland

Verfassungen der Länder
z. B. Niedersächsische Verfassung
Art. 4 (1) Jeder Mensch hat das Recht auf Bildung

Regierungen der Länder | **Parlamente der Länder**

Schulgesetze der Länder (z. B. Niedersächsisches Schulgesetz)

Mitwirkung von Interessenverbänden und gesetzlichen Vertretungen beim Kultusminister

Niedersächsisches Schulgesetz (1991)
§ 2 Bildungsauftrag der Schule (Auszug)

Die Schülerinnen und Schüler sollen befähigt werden
- die Grundrechte für sich und jeden anderen wirksam werden zu lassen, die sich daraus ergebende staatsbürgerliche Verantwortung zu verstehen und zur demokratischen Gestaltung der Gesellschaft beizutragen;
- nach ethischen Grundsätzen zu handeln sowie religiöse und kulturelle Werte zu erkennen und zu achten;
- den Gedanken der Völkerverständigung, insbesondere die Idee einer gemeinsamen Zukunft der europäischen Völker, zu erfassen und zu unterstützen und mit Menschen anderer Nationen und Kulturkreise zusammenzuleben;
- ökonomische und ökologische Zusammenhänge zu erfassen;
- für die Erhaltung der Umwelt Verantwortung zu tragen und gesundheitsbewusst zu leben;
- Konflikte vernunftgemäß zu lösen, aber auch Konflikte zu ertragen, sich umfassend zu informieren und die Informationen kritisch zu nutzen.

Aufstellung von Richtlinien für den Unterricht

Lehrplankommission und Experten

Jugendverbände
Kirchen
Politische Parteien
Elternverbände
Verbände der Wissenschaft
Vertretungen beim Kultusminister Landesschulbeirat
Fachverbände der Lehrer
Wirtschaftsverbände
Gewerkschaften
Umweltverbände
sonstige Gruppierungen

Mitwirkung von Interessenverbänden und gesetzlichen Vertretungen beim Kultusminister

(Entwurf: Richter)

6.15 Kriterien zur Gestaltung eines praxisgerechten Lehrplans

Ob Lehrpläne den Geographieunterricht nachhaltig beeinflussen, hängt entscheidend davon ab, inwieweit der Lehrer diese Richtlinien akzeptiert und sie als hilfreich und anregend empfindet. Dazu müssen bestimmte formale und inhaltliche Kriterien erfüllt sein (z. T. nach: Brüggelmann, in: Haenisch 1982, S. 87; vgl. Tillmann [Mod.] 1996):

Legitimation: Es ist offen gelegt, von welchen Annahmen die Autoren ausgehen und welche bildungspolitischen und pädagogischen Vorentscheidungen die Vorgaben des Lehrplans bestimmt haben. Dabei wird auf die klassischen Quellen der Lehrplanentwicklung (Schüler – Gesellschaft – Wissenschaft bzw. Kultur) Bezug genommen.

Orientierung: Der Lehrplan setzt einen verbindlichen Bezugsrahmen, der die Grundrichtung für alle Ziel- und Inhaltsentscheidungen festlegt und damit zugleich den überfachlichen, an einer Bildungsidee orientierten Zusammenhang zwischen den Fächern gewährleistet. Die allgemeinen Bildungs- und Erziehungsziele sind aus der Verfassung und den Aufgaben der Schule abgeleitet oder auf sie bezogen. Die fachlichen Richtziele orientieren sich an der fachlichen und fachdidaktischen Diskussion.

Stimmigkeit: Der Lehrplan stuft den Unterricht im Sinne eines folgerichtigen Lehrgangs. Dieser bietet mehr als nur eine additive Aneinanderreihung von Inhalten und Zielsetzungen. Er umfasst vielmehr ein *vertikal verknüpfendes System*, über das der Schüler durch entsprechenden Unterricht eine gedanklich geordnete Vorstellungswelt aufbauen kann. Ein Geographielehrplan weist dazu eine plausible regionale und thematische Abfolge auf (vgl. Kirchberg 1992a). Darüber hinaus hat der Lehrplan eine *horizontale Stimmigkeit* durch eine inhaltliche Trennschärfe der Jahrgangsstufen und durch eine Verknüpfung zwischen den verschiedenen Fächern einer Jahrgangsstufe.

Umsetzbarkeit: Sein Anforderungsniveau und die verbindliche Stoffmenge sind realistisch. Aus den Lehrplanvorgaben lassen sich konkrete Unterrichtsvorschläge entwickeln und begründen. Der Lehrplan gibt durch Hinweise auf Materialien und Methoden anregende Hilfen für die Konkretisierung seiner Intentionen im Unterricht.

Offenheit: Der Lehrplan ermöglicht eine situationsbezogene Unterrichtsplanung, z. B. durch die Angabe von Wahlmöglichkeiten, durch das Markieren einer Bandbreite für verschiedene thematische und/oder methodische Varianten, durch Ausgrenzen eines zeitlichen Freiraums (der dann auch wirklich gegeben ist).

Verständlichkeit: Eine alltagsnahe Sprache macht den Lehrplan auch für Außenstehende verständlich, präzise Formulierungen ermöglichen eine griffige Information. Eine praxisgerechte Gliederung erleichtert die Orientierung, zusammenfassende Übersichten veranschaulichen das Gesamtkonzept. Verbindliche Vorgaben sind deutlich getrennt von Hinweisen und Anregungen.

Kirchberg

7 Unterrichtsmethoden und -organisation

Unterricht ist ein Interaktions- und Kommunikationsprozess.
Lehrer und Schüler sind die Akteure in einem sozialen Netz.
Eine gezielte Unterrichtsgestaltung hat eine soziale, methodische und inhaltliche Dimension und Organisation.
Deshalb werden in diesem Kapitel die folgenden Teilthemen abgehandelt:

1. Die **Sozialformen** beschreiben die Beziehungen zwischen den Akteuren, d.h. den Lehrenden und Lernenden,
2. die **Aktionsformen** umfassen den Zeichenverkehr, d.h. die Gestik, Sprache und Handlungen der Akteure und
3. die **Organisationsformen der Unterrichtsinhalte** kennzeichnen die fachwissenschaftliche und fachdidaktische Strukturierung und Ordnung des Unterrichtsgegenstandes.

Die Organisation der Sozial- und Aktionsformen sowie der Unterrichtsinhalte sind die Eckpunkte bzw. Dimensionen des Unterrichts, die im Folgenden zwar getrennt betrachtet werden, aber stets in einem engen Zusammenhang stehen.

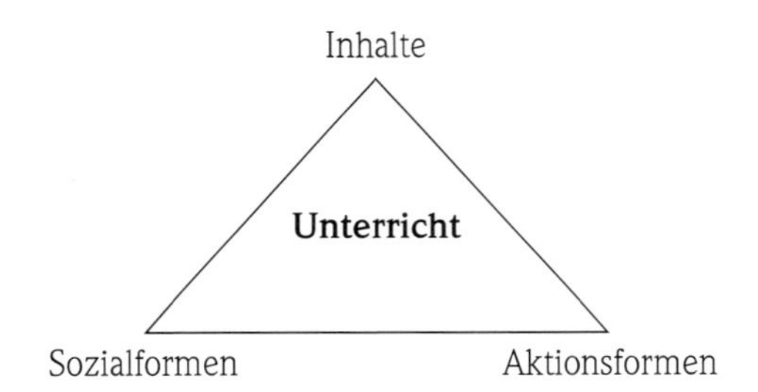

Haubrich

7.1 Sozialformen

7.1.1 Allein- und Partnerarbeit

Alleinarbeit. Aus einer internationalen Untersuchung (Haubrich 1997) geht hervor, dass Alleinarbeit in der Schulpraxis eine bedeutend größere Rolle spielt als die Partner- und Gruppenarbeit. Die Bevorzugung der individuellen Leistung vor der Teamleistung mag als Erklärung dienen. Es bleibt eine stete *pädagogische Herausforderung*, die Balance zwischen persönlicher Qualifizierung und sozialer Kompetenz anzustreben.
Die Reformpädagogen forderten die Alleinarbeit des Schülers viel stärker, als es heute in der Praxis zu beobachten ist. Die Begründung wurde darin gesehen, dass Alleinarbeit einen viel größeren Spielraum in den Lernaktivitäten des Schülers zulässt. Sie erlaubt unterschiedliches Arbeitstempo und unterschiedliche Aufgabenstellungen. Damit ist die Alleinarbeit als Instrument der Individualisierung nach Interesse und Leistungsfähigkeit hoch zu bewerten.
Alleinarbeit wird in Zukunft von immer größerer Bedeutung. *Computerunterstütztes Lernen* fordert vor allem Einzelarbeit, wenn es auch andere Sozialformen nicht völlig ausschließt. Der Fernunterricht und die berufliche Weiterbildung und Umschulung, die häufig durch *Selbstlernsysteme* gestaltet werden, fordern Alleinarbeit. Allerdings ist auch bekannt, dass „Vereinsamungseffekte" zu Lernminderungen führen können.
In Kombination mit der Gruppenarbeit und dem Klassenunterricht sollte die Alleinarbeit zur Individualisierung und Differenzierung des Unterrichts eingesetzt werden, sodass die Differenzierung nach Interesse, nach Fähigkeiten und nach Leistungen individuell und sozial von größerer pädagogischer Effektivität sein kann.

In der Partnerarbeit sind jeweils zwei Schüler für kurze Zeit in einem gemeinschaftlichen Tun miteinander verbunden. Um *Konkurrenzdenken* abzubauen, sollte die Zusammensetzung der Partnergruppen öfter geändert werden. Die Leistungs-, Motivations- und Sozialunterschiede dürfen jedoch nicht zu groß sein.
Die Partnerarbeit kann aber auch als Helfersystem verstanden werden. Partnerarbeit kann selbstverständlich auch von Schülern selbstbestimmt werden und Bestandteil aller anderen Sozialformen vom Klassenunterricht bis zum Projekt darstellen.
Das geographische Beispiel auf Seite 181 zeigt folgende Merkmale einer Partnerarbeit:

1. Alle Schüler beginnen sofort mit der Arbeit.
2. Es setzt in der Regel ein gewisser Gruppenwettbewerb ein.
3. Zwei Schülern fällt immer mehr ein als nur einem.
4. Partnerarbeit bringt Abwechslung.
5. Das Zusammentragen der Ergebnisse erzeugt eine gewisse Spannung, da die einzelnen Schüler wissen möchten, was die anderen herausgefunden haben.
6. Das Abhaken der einzelnen Punkte durch alle verschafft auch den schwachen Schülern das Gefühl einen Beitrag geleistet zu haben.
7. Die inhaltlichen Ergebnisse zeichnen sich durch eine meist überraschende Fülle aus.
8. Die Inhalte tauchen mehrmals auf: einmal wenn der Schüler sie selbst findet, einmal wenn er sie mit seinem Partner bespricht und einmal wenn sie vor der Klasse vorgetragen werden. Dieser Wiederholungseffekt dient der Lernsicherung.
9. Der Lehrer kann sich im Sinne einer individualisierenden Betreuung während der Partnerarbeit mit einzelnen Schülern beschäftigen.

(Bailey/Fox [Hrsg.] 1996, Coppes 1970, Haubrich 1996d, Kösel 1973, Nuhn 1995)

Haubrich

Ablauf einer Partnerarbeit

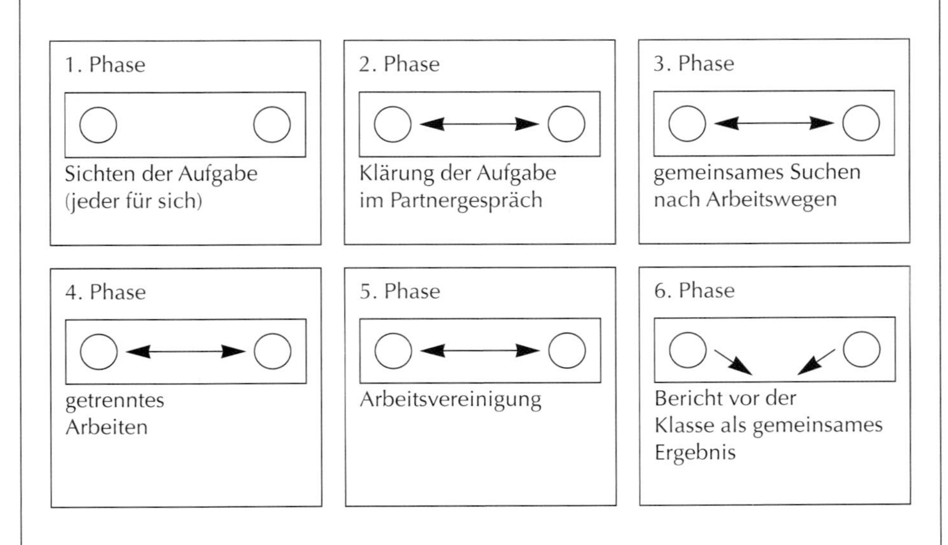

Beispiel: *Wiederholung in Einzelarbeit*

Lehrer: Wir haben in den vergangenen Stunden die Ursachen und Folgen der Wasserverschmutzung behandelt. Bevor wir über die möglichen Schutzmaßnahmen nachdenken, wollen wir zunächst das Gelernte wiederholen. Wer beginnt?
Schüler: Von 30 Schülern melden sich zwölf. Einer erhält das Wort und berichtet. Anschließend können noch vier einen kurzen Beitrag leisten. Die anderen hätten z. T. auch das berichten können, was die Mitschüler gesagt haben. Jetzt wissen sie nichts mehr, zumal sie durch lautes Sprechen der Vortragenden am Nachdenken gestört werden. Andere sind froh, dass sie nicht drankommen.

Beispiel: *Wiederholung in Partnerarbeit*

Lehrer: Wir haben in den vergangenen Stunden die Ursachen und Folgen der Wasserverschmutzung behandelt. Bevor wir über die möglichen Schutzmaßnahmen nachdenken, wollen wir zunächst das Gelernte in Partnerarbeit wiederholen. Ihr habt fünf Minuten Zeit. Je zwei Nachbarn schreiben Merkwörter auf einen Zettel und tragen nachher das Ergebnis der Klasse vor.
Schüler: Alle 30 Schüler beginnen sofort mit der Arbeit. Der Lehrer geht durch die Klasse und verschafft sich einen Überblick über die Leistungen. Dann beginnt ein Schüler mit dem Vorlesen des Ergebnisses. Die anderen Partnergruppen haken das Genannte ab. Wer noch etwas Neues weiß, darf es sagen. Fehlen bei einigen Partnergruppen wichtige Begriffe, so vervollständigen sie ihren Zettel. Alle Schüler sind aktiviert und können durch ihren Partner Hilfe erwarten bzw. ihrem Partner helfen.

7.1.2 Gruppenarbeit/Gruppenunterricht

Erfahrungen zeigen einerseits die *hohe theoretische Akzeptanz*, andererseits aber auch die *geringe praktische Anwendung* des Gruppenunterrichts im Schulalltag. Eine Lösung dieser anachronistischen Situation liegt nur in der behutsamen, d. h. langsamen, kontinuierlichen und sachgerechten Einführung des Gruppenunterrichts.

Formen des Gruppenunterrichts. Im Gruppenunterricht wird eine Klasse für eine bestimmte Zeit in *mehrere Kleingruppen* aufgeteilt. Diese arbeiten an einer selbst- oder vom Lehrenden gestellten Aufgabe und bringen ihre Ergebnisse in den gesamten Klassenverband ein.
Bei einem *themengleichen Gruppenunterricht* bearbeiten alle Gruppen das gleiche Thema. Die Ergebnisse ähneln sich bzw. konkurrieren miteinander.
Beim themenverschiedenen Gruppenunterricht bearbeiten die einzelnen Gruppen Unterthemen des Gesamtthemas. Es ist darauf zu achten, dass die Unterthemen nicht zu weit auseinanderliegen. Bei einer länderkundlichen Betrachtung von Indien würde zum Beispiel eine Verteilung von Unterthemen auf eine Klimagruppe, eine Landnutzungsgruppe, eine Bevölkerungsgruppe, eine Kastengruppe usw. zu weit gestreut sein um eine anschließende Arbeitsvereinigung zu gewährleisten. Bei diesem Beispiel arbeiten praktisch alle Gruppen an verschiedenen Themen, obwohl sich diese auf ein gemeinsames Land beziehen.
Eine arbeitsteilige Aufteilung eines engeren Themas auf verschiedene Gruppen wie zum Beispiel das Thema „Indiens Bevölkerung“ auf Unterthemen wie Bevölkerungsentwicklung, Bevölkerungsverteilung, Kastenwesen, Religionen, Familienplanung usw. erleichtern prinzipiell die Integration der Teilergebnisse zum Thema „Indiens Bevölkerung“ bzw. die Beantwortung zum Beispiel der Frage „Welche Ursachen beeinflussen die Bevölkerungsentwicklung in Indien?“.
Bei *methodengleichem Gruppenunterricht* arbeiten alle Gruppen mit den gleichen Methoden, zum Beispiel mit Karteninterpretation oder Textanalyse.
Beim *methodenverschiedenen Gruppenunterricht* wenden die Gruppen verschiedene Methoden an, wie zum Beispiel Quellenkritik, Zeitungsanalyse, Kartierung, Zählung, Interview, Bildinterpretation, Kartenarbeit usw.
Letztere Form ist gleichzeitig eine Form des *quellenverschiedenen Gruppenunterrichts.* Ein *quellengleicher Gruppenunterricht* arbeitet mit einer Quelle, zum Beispiel mit dem Atlas. Ein ausgesprochen quellenverschiedener Gruppenunterricht nutzt nicht nur verschiedene Methoden und Medien, sondern ganz gezielt verschiedene Quellen, zum Beispiel Zeitungs- und Zeitschriftenartikel verschiedener politischer und weltanschaulicher Provenienz zum gleichen Thema. Der quellenverschiedene Gruppenunterricht gewährleistet, dass alle das gleiche Thema – aber aus unterschiedlichen Perspektiven – bearbeiten.

Verlaufsstruktur des Gruppenunterrichts. Gruppenunterricht kann verschiedene Verlaufsformen zeigen. Je stärker die Selbstbestimmung der Klasse und Gruppen, umso weniger vorhersehbar sind die inhaltliche und formale Ausgestaltung der Gruppenarbeit.
Im Allgemeinen gliedert sich der Gruppenunterricht mindestens in die drei folgenden Phasen:
1. Arbeitsplanung
2. Arbeitsdurchführung
3. Arbeitsvereinigung

Zu Beginn der ersten Phase wird die Klasse mit einem Problem oder einer Aufgabe konfrontiert. Voraussetzung für eine engagierte Mitarbeit ist die Motivation der Schüler. Ihr Interesse wird in der Regel durch aktuelle und existenziell bedeutsame Ereignisse geweckt.

Verlaufsstruktur einer Gruppenarbeit

1. Motivation
2. Problemanalyse
3. Arbeitsteilung
4. Strategieplanung
5. Kleingruppenarbeit
6. Arbeitsvereinigung
7. Ergebnissicherung

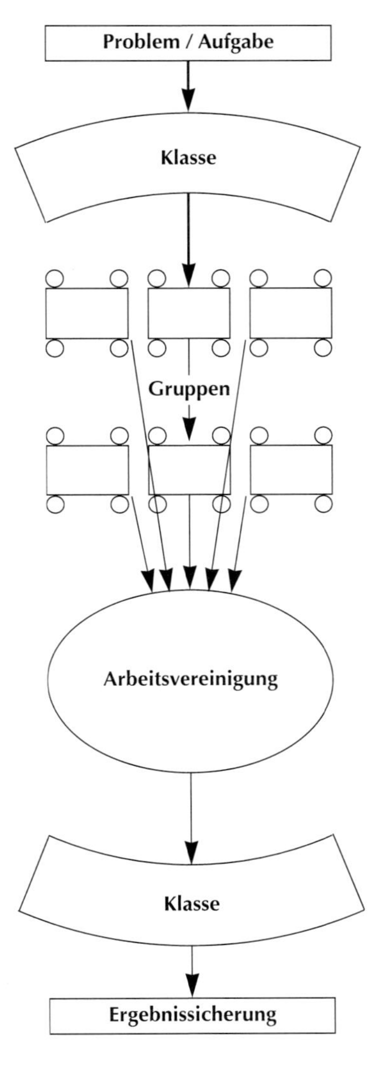

I. Phase

Erkennen eines Problems

Analysieren eines Problems in Teilprobleme

Gruppen bilden

Arbeit verteilen

Vorgehen planen

II. Phase

in Gruppen arbeiten

Informationen erschließen

Lösungen diskutieren

Ergebnisse formulieren

III. Phase

Vortragen und Vereinigen der Gruppenarbeit

Verbessern und Vervollständigen der Ergebnisse

Formulieren der Ergebnisse

Lernen der Ergebnisse bis zum sicheren Besitz

(nach: Vogel 1975)

Die Zusammensetzung der Gruppenmitglieder kann sozialen oder Leistungskriterien folgen. Sozial orientierte Kriterien sind zum Beispiel Sympathie, Freundschaft, Hilfsbedürftigkeit oder Hilfsbereitschaft. Leistungsgruppen können bei Aufgaben sehr unterschiedlichen Schwierigkeitsgrades gebildet werden. Der themen-, methoden- und quellenverschiedene Gruppenunterricht trifft in der Regel auf unterschiedliches Interesse, sodass es nahe liegt, Interessengruppen zu bilden. Alle genannten Kriterien spielen bei der Gruppenbildung eine bewusste oder auch teilweise unterbewusste Rolle und führen oft zu Mischformen der Gruppenzusammensetzung. Entscheidende Voraussetzung für den Erfolg der Gruppenarbeit ist die Entwicklung einer fachlich und sozial funktionierenden Gruppenkohärenz.

Das Beispiel auf der rechten Seite beginnt mit einem solchen aktuellen Ereignis, d.h. mit einem Bericht über gewaltsame Auseinandersetzungen zwischen Moslems und Hindus.

Nach einem motivierenden Einstieg erfolgt die *Problemanalyse*. In unserem Beispiel dient ein Brainstorming der Klasse der Aufschlüsselung der Bevölkerungsthematik oder -problematik in Erscheinungen, Ursachen und Folgen der Bevölkerungsentwicklung, in Fragen nach Entwicklung, Verteilung und Aufbau der Bevölkerung, nach sozialen Schichten, Einkommensklassen, nach den Rechten von Mann und Frau, nach Land-Stadt-Wanderung, Verelendung usw. Eine Ordnung dieser Gedankensplitter in Themengruppen schließt die inhaltliche Planung ab.

Ein optimaler Gruppenunterricht zeichnet sich durch eine anschließende Suche nach Quellen und Methoden zur Beantwortung der gestellten Fragen aus. Erst nach der *inhaltlichen und methodischen Planung* erfolgt die Gruppeneinteilung und Arbeitsverteilung.

Die geschilderten Schritte der ersten Phase der Arbeitsplanung sind sehr komplexer Natur und verlangen viel Zeit. Wird diese Zeit bei der ersten Einführung nicht gewährt, um schneller zu Arbeitsergebnissen zu kommen, ist der erste Schritt für ein Scheitern des gesamten Gruppenunterrichts getan. Zumindest werden die Schüler in die Rolle der Befehlsempfänger und Ausführenden gedrängt, statt bei der Findung der Fragen und methodischen Wege mit entscheiden zu lernen. Trotz der knappen Zeit sollten solche sozialintegrativen und partizipatorischen Formen der Planung wenigstens vor jeder großen Unterrichtseinheit berücksichtigt werden. Eine anschließende arbeitsteilige und engagierte Arbeit bringt in der Regel wieder Zeitgewinn.

Die zweite Hauptphase des Gruppenunterrichts ist die *Phase der Arbeitsdurchführung* in Kleingruppen. Das Beispiel zeigt, wie Diagramme, Karten, Zeitungsberichte, Schulbuchtexte, statistische Tabellen und Erlebnisberichte einen themen-, quellen- und methodenverschiedenen Unterricht tragen. Der kritische Umgang mit den genannten Quellen muss – wenn er qualifiziert sein soll – vorher gelernt sein. Die Kleingruppen klären ihre Frage oder Aufgabenstellung, suchen oder sichten ihre Quellen und Materialien, verteilen die Arbeiten auf ihre Gruppenmitglieder, arbeiten einzeln oder in Partnergruppen, klären auftretende Schwierigkeiten, fertigen Gruppenberichte an, die unter Umständen durch Medien ergänzt werden, und bestimmen den oder die Gruppensprecher.

Die dritte Phase des Gruppenunterrichts ist die *Phase der Arbeitsvereinigung*. Sie ist besonders schwierig. Häufig denken die einzelnen Gruppen nur an ihre Arbeit und hören nicht auf die anderen Arbeitsberichte. Gute Gruppenvorträge verlangen pädagogische Fähigkeiten des Verbalisierens und Visualisierens, die Schüler oft noch nicht besitzen. Ohne ein Aufeinanderhören, eine gemeinsame Diskussion und Verarbeitung der Gruppenberichte mit Querverbindungen zu den einzelnen Gruppenergebnissen ist eine echte Arbeitsvereinigung nicht zu leisten. Ihr muss große Aufmerksamkeit geschenkt werden um aus der Addition der Gruppenberichte eine Integration der Gruppenarbeiten zu gewährleisten.

Gruppenunterricht ist eine der schwierigsten Unterrichtsformen. Nur wer von den in ihr schlummernden Möglichkeiten überzeugt ist, wird sich durch ein häufigeres Scheitern nicht entmutigen lassen und immer wieder von Neuem beginnen.

(Birkenhauer 1991, Gold 1991, Haubrich 1996d, Marsden 1995, E. Meyer 1981, H. Meyer 1993)

Haubrich

Unterrichtsbeispiel zum Gruppenunterricht

Thema: Bevölkerungsentwicklung in Indien

Stufe	Inhalt	Aktions- und Sozialformen	Quellen/Medien
Einstieg	Ereignis: Straßenkämpfe zwischen Moslems und Hindus	Textanalyse im Klassengespräch	Zeitungsbericht
Problemstellung	Bevölkerungsstruktur u. -entwicklung in Indien – Bevölkerungsentwicklung – Bevölkerungsverteilung – Bevölkerungsschichten – Bevölkerungspolitik	Brainstorming im Klassenverband	Tafel
Arbeitsplanung Arbeitsverteilung	Quellen und Methoden Gruppenbildung		
Erarbeitung	Gruppe 1: Bevölkerungsentwicklung Altersstruktur	Gruppenunterricht arbeitsteilig 2 x 4 Gruppen à 3 – 4 Schüler	Kurvendiagramm Balkendiagramm
	Gruppe 2: Bevölkerungsverteilung Bevölkerungswanderung		Dichtekarte Migrationsbericht
	Gruppe 3: Kastenwesen u. Religion Stellung von Mann u. Frau		Karte: Kastenviertel Schulbuchtext über Islam und Hinduismus Erlebnisbericht eines Entwicklungshelfers
	Gruppe 4: Familienplanung Bevölkerungspolitik		Statistik über Geburten-, Sterbe- und Wachstumsraten, Regierungsbericht über Bevölkerungspolitik
Lösungsphase a) Arbeitsvereinigung	Bevölkerungsentwicklung, -verteilung, -schichten u. -politik in Indien	Gruppenberichte: Zusammenfassung im Klassenverband	Schülerfolien
b) Ergebnissicherung	Bevölkerungsstruktur und -entwicklung in Indien	Einzelarbeit	Lückentext

(Entwurf: Haubrich)

7.1.3 Klassen- und Frontalunterricht

Klassenunterricht. Klassengröße und -struktur bzw. die Selbst- oder Fremdbestimmung der Gruppenzusammensetzung oder des Unterrichtsthemas sind unter anderen entscheidende Faktoren gruppendynamischer Prozesse.
Schulklassen und Schülergruppen sind sekundäre und keine primären Gruppen wie zum Beispiel die Familie. Sie sind auch keine informellen Gruppen wie Cliquen, sondern *formelle Gruppen*, d. h. sie sind in Klassenverbänden formal und juristisch zusammengeführt und selbst die Gruppen des Gruppenunterrichts sind häufig von den Lehrenden bestimmt. Oft herrscht das rationale Element bei der Klassen- und Gruppenbildung vor. *Informelle Gruppen* sind dagegen durch gemeinsame Gefühle, Werte, Normen, durch ein Wir-Bewusstsein ausgezeichnet. Diese Überlegungen führen zu dem pädagogischen Rat Klassen- und Gruppenunterricht, wenn irgend möglich, auf informellen „Freundesgruppen" aufzubauen. Erst eine längere Gruppenfähigkeit und gemeinsame Reflexion über Gruppenprozesse erlaubt einen erfolgreichen Wechsel von Gruppenzusammensetzungen und eine optimale Kommunikation.
In Schulklassen bilden sich unterschiedliche Rollen und Hierarchien heraus. Neben dem Leader gibt es häufig den Mitläufer oder Außenseiter. Einerseits soll eine Klasse in der Lage sein schwache Mitglieder mittragen zu können, andererseits sollen alle Schüler ihren eigenen Beitrag zum gemeinsamen Werk einbringen. Die unterschiedlichen *gruppendynamischen Prozesse* erlauben oder verhindern die Entwicklung von Ich-Stärke, Kommunikations-, Interaktions- und Handlungskompetenz. Die Reflexion über die eigenen gruppendynamischen Prozesse ist die Basis für ihre Optimierung. Bei auftretenden Störungen hat deren Analyse Vorrang und nicht etwa das inhaltliche Ergebnis des Unterrichts. Die Entwicklung und Verbesserung des Klassen- und Gruppenunterrichts bedarf einer regelmäßigen und geduldigen Analyse aller Beteiligten und nicht zuletzt der Zusammenarbeit eines ganzen Schulkollegiums. Ein Lehrer allein mit wenig Stunden in einer Klasse wird ohne die Mitwirkung der anderen Kollegen kaum Fortschritte im sozialen Lernen erwarten können.

Frontalunterricht. Die Abbildung auf Seite 187 zeigt, wie Lehrende im Frontalunterricht alle Fäden fest in der Hand haben. Der Lehrer fragt. Der Schüler antwortet. Selten wagen die Schüler eine eigene Meinung zu vertreten oder eine Frage zu stellen. Der Lehrer bestimmt die Kommunikation und Interaktion, dem Schüler verbleibt die Reaktion. Einheitliche Arbeitsformen, Arbeitszeiten und Arbeitsziele bestimmen den Lernprozess.
„Durch die relativ straffe Führung werden neben den Vorteilen (rasche und gleiche Informationen für alle Schüler, weniger Vorbereitung für den Lehrer, größere Übersicht, geringere Disziplinprobleme für den Anfänger, kulturelle Muster aus eigenen Erfahrungen als Schüler, raschere Ausübung von Macht und Autorität) Ziele vernachlässigt, die andererseits von einer mobilen Gesellschaft immer mehr gefordert werden: Aktivität, Beteiligung, Problemlösen, Kreativität, Selbstständigkeit, gedankliche Wendigkeit und Fähigkeit des Operierens (Aebli 1970), Kooperation, Fähigkeit Entscheidungen zu treffen und zu revidieren, zu koordinieren, zu protestieren, zu akzeptieren, zu ermutigen usw." (Kösel 1973, S. 9). Der *Nivellierungseffekt* des lehrerzentrierten Frontalunterrichts ist mit einer sozialen und personalen Egalisierung verbunden und deshalb durch Methoden der inneren Differenzierung zu ergänzen.
Trotz der zahlreichen negativen Effekte hat der Frontalunterricht eine gewisse Berechtigung, denn der Schüler muss auch die Fähigkeit des Zuhörenkönnens, des sachgerechten Reagierens, des Schweigens und des Nachvollziehens erwerben. In Kombination mit sozialintegrativen Formen wie Partner- und Gruppenarbeit hat der lehrerzentrierte Frontalunterricht zur Erreichung bestimmter Teilqualifikationen seine Berechtigung.
(Haubrich 1994a, Kent u. a. 1996, E. Meyer 1983, H. Meyer 1993) *Haubrich*

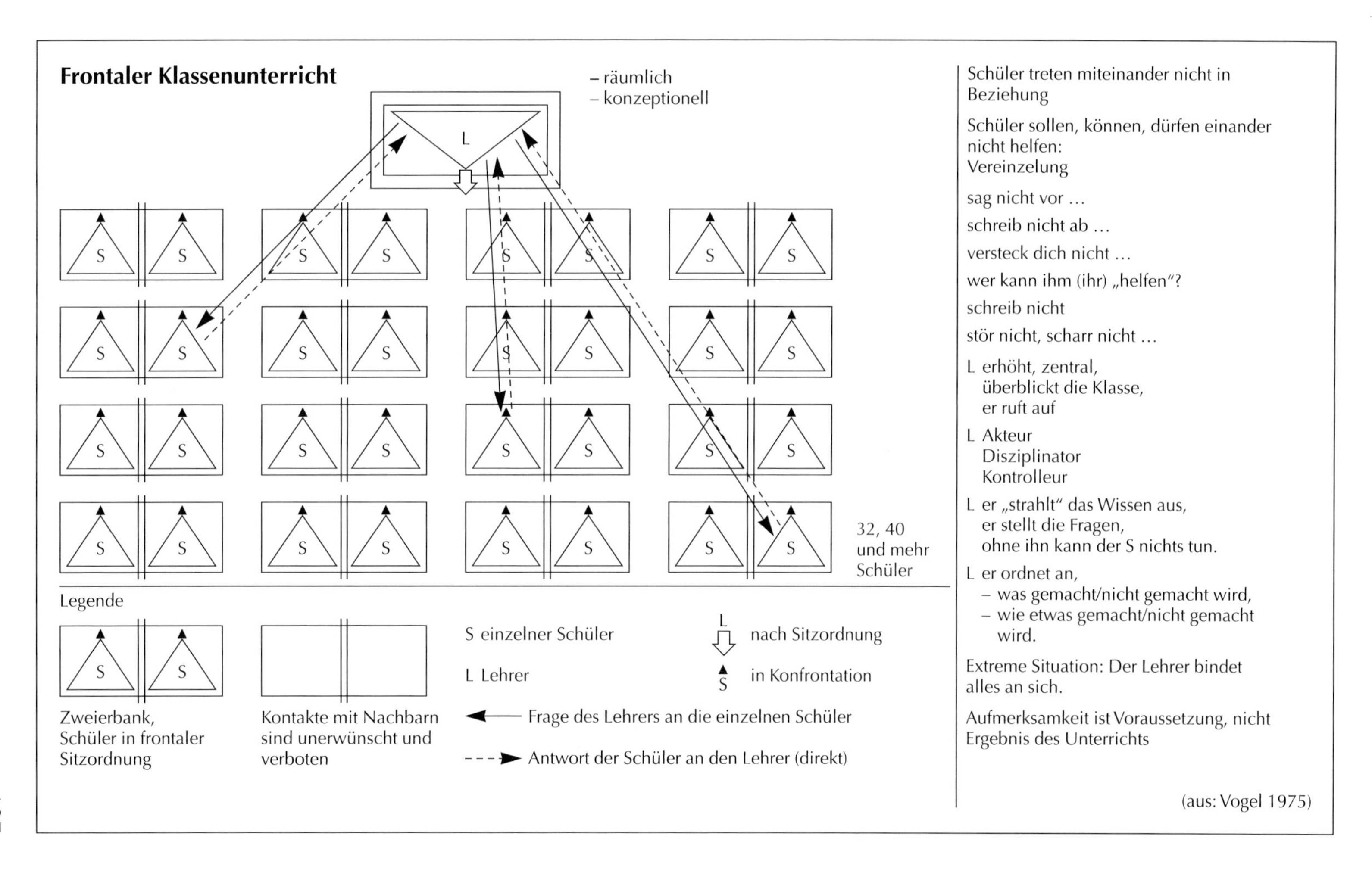

Frontaler Klassenunterricht
– räumlich
– konzeptionell
L
S
32, 40
und mehr
Schüler
Legende
Zweierbank,
Schüler in frontaler
Sitzordnung
Kontakte mit Nachbarn
sind unerwünscht und
verboten
S einzelner Schüler
L Lehrer
nach Sitzordnung
in Konfrontation
Frage des Lehrers an die einzelnen Schüler
Antwort der Schüler an den Lehrer (direkt)
Schüler treten miteinander nicht in Beziehung
Schüler sollen, können, dürfen einander nicht helfen:
Vereinzelung
sag nicht vor …
schreib nicht ab …
versteck dich nicht …
wer kann ihm (ihr) „helfen“?
schreib nicht
stör nicht, scharr nicht …
L erhöht, zentral,
überblickt die Klasse,
er ruft auf
L Akteur
Disziplinator
Kontrolleur
L er „strahlt“ das Wissen aus,
er stellt die Fragen,
ohne ihn kann der S nichts tun.
L er ordnet an,
– was gemacht/nicht gemacht wird,
– wie etwas gemacht/nicht gemacht wird.
Extreme Situation: Der Lehrer bindet alles an sich.
Aufmerksamkeit ist Voraussetzung, nicht Ergebnis des Unterrichts
(aus: Vogel 1975)

7.1.4 Spiele

Echtes Spiel ist primär durch Selbstzweck und Selbstbestimmung – also durch Freiheit und Selbstverwirklichung – und nicht zuletzt durch Glück im Augenblick des Spiels ausgezeichnet. In der Schule wird jedoch Selbstbestimmung oft durch Fremdbestimmung ersetzt. Ein Spiel, mit dem ein Lehrer ein bestimmtes Ziel verfolgt, bleibt jedoch für den Schüler ein echtes Spiel, solange es ihm ganz um den spannenden Spielverlauf geht und sei er noch so anstrengend. Spiele werden zwar grundsätzlich von der Lehrerschaft für „schulische Zwecke" akzeptiert, finden jedoch paradoxerweise in der Praxis nicht die nötige Anwendung. Dabei könnten sie mithelfen

1. die „kognitive Dominanz" der Schule durch die Integration von Kognitivem, Affektivem und Psychomotorischem zu mildern,
2. die „Verwissenschaftlichung" der Schule durch kindgemäße Handlungsformen zu pädagogisieren,
3. auftretende disziplinäre Verkrampfungen zwischen Lehrenden und Schülern durch die Therapie des Spiels zu lockern,
4. den erzwungenen Leistungsdruck der Schule durch spontane, intensive und freiwillige Leistungen in didaktischen Spielen zu ersetzen.

Spieltheorien. Freuds *psychoanalytische Spieltheorie* hebt vor allem die kompensatorische Funktion des Spiels auf der Basis des Lust-Unlust-Prinzips hervor. Das Kind verarbeitet eine Erfahrung im Spiel mit einem Inhalt, der ihm Lust verschafft. So kann es Wunscherfahrungen „vorspielen". Andererseits ist das Kind aber auch in der Lage Angsterlebnisse spielend nachzuvollziehen. Das Spiel ermöglicht ihm ein reales Angsterlebnis, das es in der Realität nicht gleich überwinden und aufarbeiten könnte, so oft „durchzuspielen", bis es das Angsterlebnis neutralisiert hat.
Heckhausens *motivationspsychologische Spieltheorie* beschreibt vor allem das Aktivierungspotenzial des Spiels, das durch den Wechsel von Spannung und Entspannung gekennzeichnet ist. Neuigkeit, Wechsel, Überraschung, Verwicklung, Konflikte und Ungewissheit des Spiels schaffen Spannung und Anregung und führen zur Aktivierung. Die Diskrepanz zwischen der bisherigen Erfahrung und Erwartung einerseits und dem unverhofften Erleben andererseits schafft Spannung; Spiellösungen, also Bedingungen von Spielphasen oder des ganzen Spiels, bringen die Entspannung.
Auf diese Weise hat das Spiel zwei wichtige Effekte, es schafft Verhaltensdispositionen der Motiviertheit und Handlungswilligkeit und hilft Erlebnisse zu bewältigen.
Nach der *entwicklungspsychologischen Spieltheorie* von Piaget ist das Spiel ein wichtiger Faktor bei der Herausbildung der Intelligenz. Diese entwickelt sich:

1. durch Assimilation, das heißt das Einfügen von Umweltreizen in die bereits vorhandene intellektuelle Struktur einer Person;
2. durch Akkomodation, das heißt durch die Anpassung an Umweltstrukturen.

Das Spiel fördert dabei das Zusammenwirken von Akkomodation und Assimilation zur Entwicklung der Intelligenz. Das Kind ist gezwungen sich an die Umwelt und an Menschen anzupassen, deren Regeln es noch kaum versteht. Im Spiel baut das Kind die Wirklichkeit symbolisch so um, dass es sie assimilieren kann. Piaget unterscheidet mehrere Spielkategorien. Übungsspiele beginnen schon im ersten Lebensjahr und prägen die sensomotorische Intelligenz. Symbolspiele setzen im zweiten Lebensjahr ein und führen zu vorbegrifflichem Denken, Regelspiele beginnen ab dem 5./6. Lebensjahr und fördern die Denkentwicklung in Form von Planungen und Überlegungen.

Orientierungsspiel

Beispiel:
Städtereisen / Gebirge erwandern

Ziel: Ausgewählte Städte und/oder Landschaften der eigenen Heimat in ihrer topographischen Lage einprägen.

Voraussetzungen: Nachdem einige Erscheinungen von Städten betrachtet und wenige Städte der Heimat in der Karte aufgesucht und eine Kartenskizze der Städte in das Arbeitsheft eingetragen wurden, kann das Kartenrätsel angeschlossen werden. Ähnliches gilt für das Kartenrätsel „Gebirge erwandern", dem auch eine inhaltliche Betrachtung einer Gebirgslandschaft vorausgeht.

Verlauf: Jeder Schüler hat ein leeres Raster wie in der Abb. (ohne die Einzeichnung!). Die Klasse wird in zwei oder mehrere Gruppen aufgeteilt. Der Lehrer gibt der *Gruppe 1* eine Folie mit dem Kartenrätsel wie z. B. in der Abb. für den Overheadprojektor. Die Schüler der *Gruppe 2* wenden sich vom Overheadprojektor weg und schauen auf die Rückwand der Klasse. Einzelne Schüler der *Gruppe 2* benennen dann hintereinander Felder der Kartenskizze und markieren ihre genannten Felder. Ein Schüler der *Gruppe 1* steht am Overheadprojektor und gibt jeweils eine Antwort auf eine Nennung. Zum Beispiel: Du bist in Freiburg, du bist auf dem Neckar, du bist im Schwarzwald.

Eine Stadt braucht nur einmal und eine Landschaft muss viermal getroffen werden. Nach vier Treffern ist die Ausbreitung der gesamten Landschaft anzugeben und zu markieren.

Um das Spiel zu beschleunigen, können z. B. nur wenige Städte und wenige Landschaften vorher zum Erraten festgelegt werden.

Diejenige Spielergruppe, die mit den wenigsten Treffern alle Städte/ Landschaften „bereist" hat, hat gewonnen.

(aus: Haubrich [Mod.] 1983)

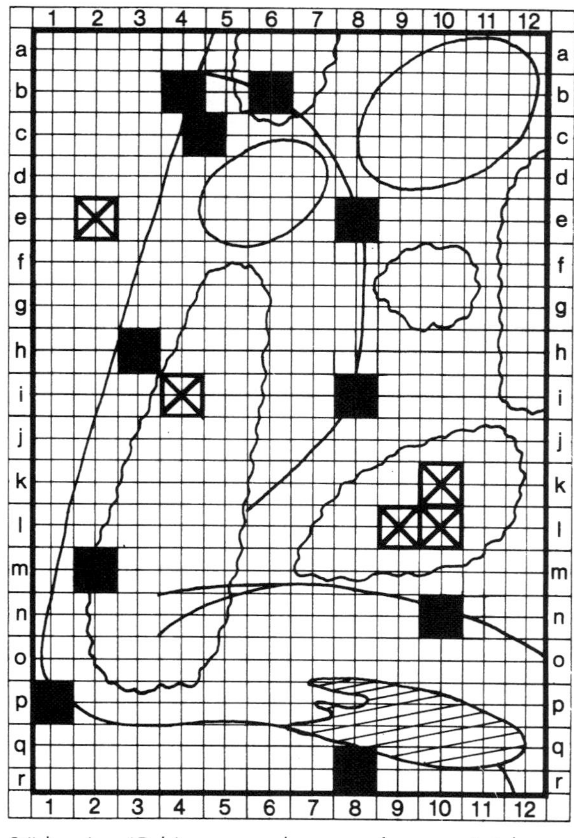

Städtereisen/Gebirge erwandern; angefangenes Spiel: Treffer bei i/4 k/10 usw.

Spielformen. Die gegenwärtigen Spieltheorien heben vor allem zwei Eigenschaften von Unterrichtsspielen hervor, und zwar ihre *Offenheit* und ihre *Symbolfähigkeit.* Die Spieloffenheit bietet entsprechend der Kreativitätstheorie einen großen Variationsreichtum möglichen Denkens und Verhaltens und entsprechend sozialer Theorien ein Feld sozialen Experimentierens und Erfahrens. Symbolfähigkeit bedeutet, dass Spiele Umwelt, das heißt natürliche und soziale Bereiche des Lebens simulieren, die gleichzeitig Gegenstände schulischer Bildung und Erziehung darstellen. Dazu gehören:

- Aufnehmen und Verarbeiten von Informationen,
- Einfühlen und Handeln in Rollen,
- Abwägen und Treffen von Entscheidungen,
- Kommunizieren und Handeln in sozialräumlichen Situationen.

Diese Inhalte und Handlungen sind mit unterschiedlichen Möglichkeiten und Akzenten die Grundintentionen der Hauptgruppen von Spielformen, nämlich der Lernspiele, Rollenspiele und Planspiele.

Lernspiel. Die Lernspiele werden vor allem zum Erwerb und zur Verarbeitung von Informationen und zum Einüben von Regeln und Fähigkeiten eingesetzt. Daten und Beziehungen zwischen diesen Daten bestimmen die Inhaltsstruktur der Spielmaterialien (Spielbrett, Karten, Puzzle, Quartett, Würfel). Die Wiederholung des Lernspiels führt zum erwünschten Lern- und Einübungseffekt. Die Sorge um die Erhaltung der Offenheit von Spielen hat in den letzten Jahrzehnten Rollen- und Planspiele favorisiert und die Möglichkeit der vor allem in der Reformpädagogik weit entwickelten Lernspiele in Vergessenheit geraten lassen. Neben dem autonomen und kreativen Spielen, dem Denken und Handeln muss notwendigerweise auch ein unter Anstrengungen vollzogenes und unter äußeren Regeln verlaufendes Lernen, Einprägen und Üben in Schularbeit und Schulspiel stehen.

Rollenspiel. Um in der gegenwärtigen Gesellschaft bestehen zu können, sind (nach: Krappmann 1973) vier Grundfähigkeiten notwendig:

- die Fähigkeit sich in einen Partner hineinzuversetzen um dessen Bedürfnisse einschätzen zu können (Empathie),
- die Fähigkeit sich widersprechende Bedürfnisse und Erwartungen von Partnern erdulden zu können (Ambiguitätstoleranz),
- die Fähigkeit das eigene Rollenverhalten der jeweiligen Situation anzupassen (kommunikative Kompetenz).

Es besteht die Hoffnung, dass solche Fähigkeiten in Rollenspielen erworben werden können. Sie geben dem Schüler die Möglichkeit soziale Interaktionen in wirklichkeitsnahen Spielsituationen zu versuchen ohne dabei sofort bei entsprechendem Fehlverhalten Strafen befürchten zu müssen. Die Folgen seines Verhaltens werden ihm an den Reaktionen der Mitspieler deutlich.

Rollenspiel kann also als soziales Experimentieren bezeichnet werden. Da der Schüler eine Rolle übernimmt, kann er als Person nicht diffamiert werden. Er gewinnt bei der Realisierung einer Rolle Einsicht in seine eigenen Wertmaßstäbe und erhält Gelegenheit diese eventuell zu korrigieren. Er hat sogar die Möglichkeit seine Rolle aufzugeben, eine andere zu übernehmen und dabei eine Vielzahl von Verhaltensmustern kennen zu lernen. Der Schüler wird aufmerksam auf sein eigenes Tun, gewinnt Abstand von seinem eigenen Rollenverhalten. Indem er erkennt, wie die Interessen anderer Rollenträger seinen eigenen Aktionsradius einengen, lernt er die Entstehung von Konfliktsituationen zu erkennen und durch entsprechendes Entscheidungstraining und soziales Verhalten deren Lösung wenigstens anzubahnen.

Planspiel: Flurbereinigung

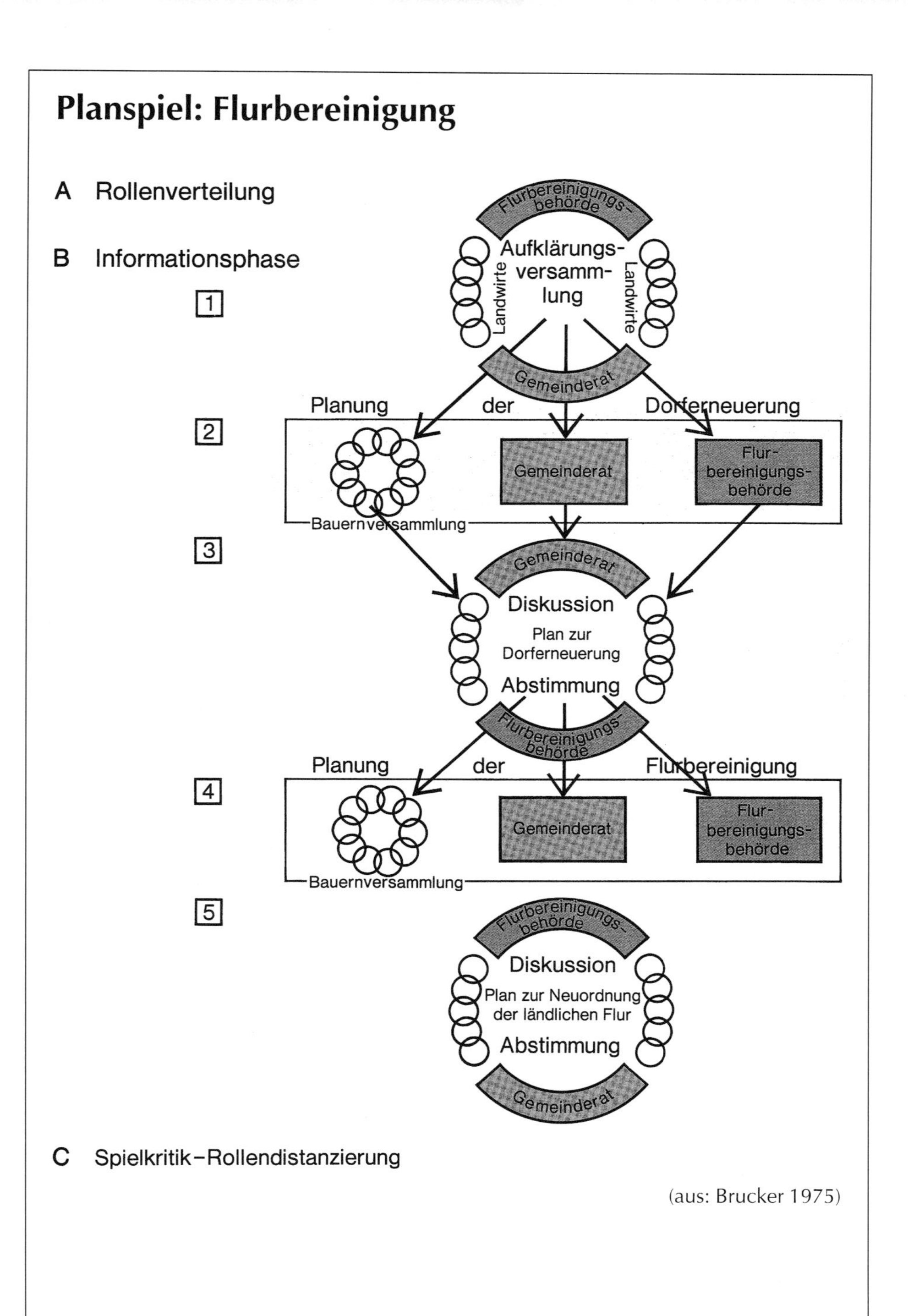

(aus: Brucker 1975)

Plan- und Simulationsspiele. *Planspiele* sind durch die Simulation von Planungsprozessen mit Zukunftsorientierung, Einbeziehung wissenschaftlicher Planungsinstrumente und -arbeit ausgezeichnet. Ebenso wie im Rollenspiel Planungselemente enthalten sein können, können im Planspiel Rollen simuliert werden. Die Bezeichnung richtet sich nach dem jeweiligen Akzent. *Simulationsspiele* im engeren Sinne haben die Aufgabe räumliche Prozesse auf Spielbrettern zu simulieren und dabei Regeln anzuwenden, aber auch den Zufall (Würfel, Zufallstafel ...) mit ins Spiel zu bringen.

Planspiele sind grundsätzlich didaktisch offen. Trotzdem kann man wenigstens drei Phasen unterscheiden. Die *Vorbereitungsphase* dient dazu, die Problemlage darzustellen, den Spielverlauf mit entsprechenden Spielregeln zu klären und die Rollenverteilung nach Schülereignung, Schülerneigung oder Zufall vorzunehmen.

In der *ersten Spielphase* finden in der Regel die Kleingruppengespräche statt. Diese dienen dem Rollenstudium, der Informationsanalyse, der Zielprojektion und Strategieplanung.

Die *zweite Spielphase* wird im Großgruppengespräch gestaltet. Die Statements der einzelnen Interessengruppen, die Präsentation der einzelnen Anträge und Ziele und die Debatte über die verschiedenen Lösungsalternativen beherrschen die *zweite Spielphase* bis zur abschließenden Entscheidung.

Die Phasen 1 und 2 können sich je nach Bedarf wiederholen. Im Anschluss an das eigentliche Spiel erfolgt die *Spielkritik*. Sie dient der Analyse und Bewertung der Interaktionen, Normen und Planungsentscheidungen. Eine besondere Bedeutung muss dem anschließenden Vergleich des eigenen Plans mit der Realität beigemessen werden. Rehm unterscheidet vier Methoden des Planspiels:

1. die Konferenzmethode, bei der eine Gruppe eine Konferenz simuliert und frei über eine Problematik diskutiert;
2. die Fallmethode, bei der die notwendigen Unterlagen und Informationen zum Diskussionsstand zur Verfügung gestellt werden;
3. die Vorfallsmethode, bei der die erforderlichen Informationen und Sachverhalte selbst ermittelt werden;
4. die Projekt- oder Syndikatmethode, bei der eine praktische Aufgabe gelöst wird.

Je nach Spielsituation können die Informationen entweder gleichmäßig auf alle Schüler oder ungleichmäßig, also gruppenspezifisch verteilt werden. Die letzte Methode dient zur Belebung gruppendynamischer Prozesse. Die Sachinformationen können auf die Beschreibung eines Ist-Zustandes beschränkt bleiben, dann bleibt die Planung ganz dem Spieler überlassen, sie können aber auch schon zum Soll-Zustand Anregungen bieten. Zusammenfassend lassen sich bei Plan- und Simulationsspielen folgende Ziele unterscheiden:

1. Ein Bewusstsein sozialräumlicher Probleme zu entwickeln,
2. Struktur und Funktionen geographischer Räume zu beschreiben,
3. Beeinträchtigung menschlicher Lebensräume zu bewerten,
4. Forderungen verschiedener Interessengruppen an den Raum einzuschätzen,
5. Strategien zur Entwicklung von Zielprojektionen zu entwerfen, durch die die räumliche Existenz der Menschen humaner gestaltet werden soll,
6. dazu geographisches Informationsmaterial auszuwerten,
7. mit geographischen Kenntnissen in Diskussionen zu argumentieren,
8. das Recht und die Pflicht politischer Partizipation zu bejahen.

(Haubrich 1978, 1980, Haubrich [Mod.] 1983, Kaminske/Höllhuber 1979, Klippert 1996, Klingsiek 1997, Meinke 1995b, Walford 1996)

Haubrich

Simulationsspiel

Simulationsspiel: Stadtentwicklung
Durch zweimaliges Drehen einer Scheibe mit Ziffern von 1 bis 25 wird – ähnlich wie beim Roulette – ein Feld per Zufall ausgelost. Vorher festgelegte Regeln bestimmen, ob an diesem Standort (z. B. in Zone I, II oder III von der Stadtmitte oder an einer Straße bzw. Eisenbahnlinie) gebaut wird oder nicht.

Spieltafel (Grundkarte) – Ausgangssituation für das Simulationsspiel
Sie stellt in vereinfachter Form eine Stadt und umliegende Dörfer in der Mitte des 19. Jahrhunderts mit zusammen 65 000 Einwohnern dar.

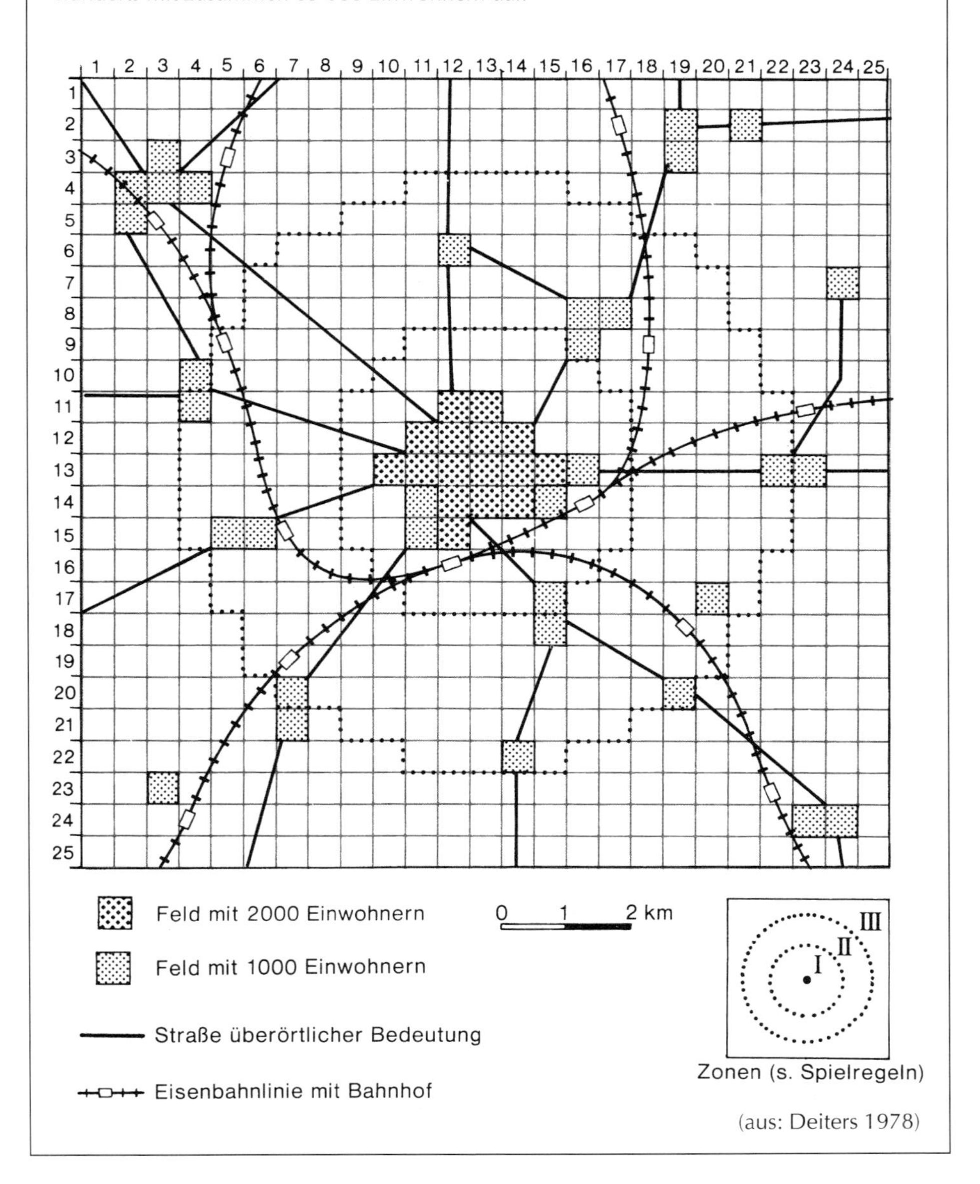

(aus: Deiters 1978)

7.1.5 Projekte

Zurzeit sind Projekte nicht nur obligatorischer Bestandteil fast aller Lehrpläne, sondern auch im Schulalltag gut eingeführt und beliebt. Projektwochen und Projekttage geben Anlass Projektmethoden einzusetzen. Einfacher und von geringerem Aufwand sind *Lernprojekte* in vier bis zwölf Stunden innerhalb des normalen Stundenplans.

Kurzcharakterisierung. Hauptmerkmal der Projektmethode ist ihre Offenheit. Projekte nehmen Rücksicht auf die Interessen der Projektmitglieder und bearbeiten in der Regel eine lokale, soziale oder aktuelle Situation. Trotz Offenheit kennzeichnen die folgenden Merkmale die *Projektmethode*. Um diese Merkmale nicht nur deskriptiv aufzulisten, werden sie gleich in Handlungsanregungen umgewandelt:

1. Greifen sie eine Projektinitiative von Schülern, Lehrern, Eltern, Außenstehenden usw. zu einem Tagesereignis, Problem, Faktum oder beliebigem Interessengebiet der Projektmitglieder auf!
2. Verständigen Sie sich auf gewisse Umgangsformen miteinander!
3. Entwickeln Sie die Projektinitiative zu einem sinnvollen Betätigungsgebiet mit den Beteiligten!
4. Legen Sie einen begrenzten zeitlichen Rahmen fest!
5. Informieren Sie sich gegenseitig in gewissen Abständen über gegenseitige Aktivitäten, Arbeitsbedingungen und Arbeitsergebnisse!
6. Lassen Sie das Betätigungsfeld relativ offen und flexibel!
7. Arbeiten Sie individuelle oder soziale, emotionale Erscheinungen auf!
8. Setzen Sie sich bestimmte Arbeitsziele in einem bestimmten Arbeitsrahmen!
9. Versuchen Sie die gesetzten Ziele zu erreichen!
10. Achten Sie auf die persönlichen und Gruppeninteressen im Verlauf eines Projektes und versuchen Sie Konflikte auszugleichen!
11. Verstehen Sie die Durchführung eines Projektes als pädagogisches Probehandeln!
12. Befassen Sie sich mit Situationen und Gegenständen, die im realen Leben vorkommen!
13. Setzen Sie sich mit aktuellen und Sie selbst betreffenden Fragen auseinander!
14. Erzielen Sie ein Ergebnis!
15. Machen Sie allen Projektmitgliedern klar, dass die Projektmethode folgende Ziele verfolgt:
    - sich mit der realen Welt auseinander zu setzen;
    - möglichst viele Methoden der Informationsfindung, -darstellung und -auswertung zu erlernen;
    - beim Handeln auf den Nächsten zu achten;
    - durch Selbsttätigkeit zur Selbstständigkeit, d. h. zur Autonomie, Verantwortung und Solidarität zu gelangen.

Projektablauf

Projektinitiative. Die folgenden Themen könnten z. B. zu Projektinitiativen führen: ein Verkehrsunfall, eine Wahl, ein aktuelles Ereignis, eine Umweltkatastrophe, eine soziale Frage, eine internationale Herausforderung (z. B. Erweiterung der EU), die heimatliche Erdgeschichte, die Erstellung eines Stadtführers oder Wanderführers, die Vorbereitung einer Ausstellung, eine Verkehrszählung, die Durchführung einer Leserbriefaktion usw. Wesensmerkmal eines Projektes ist nicht so sehr sein Inhalt, sondern seine Offenheit und sein methodisches Instrumentarium. Die Projektinitiative kann von überall herkommen, d. h. von Schülern, Lehrern, von Außenstehenden, aus dem Lehrplan bzw. im Gespräch während des Unterrichts gewonnen werden.

Projektskizze. Während im ersten Schritt Projektvorschläge gesammelt wurden, werden sie in der zweiten Phase aufgelistet und auf ihre Bedeutung und Machbarkeit hin überprüft. Schüler und Lehrer wählen gemeinsam ein Thema aus der Projektinitiative aus, nachdem sie sich eine konkretere, wenn auch noch skizzenhafte Vorstellung zur *Durchführung der einzelnen Projektideen* gemacht haben. Das Ergebnis der zweiten Phase ist eine skizzenhafte Vorstellung über Fragen, Betätigungen, Zeit, Gruppierungen, Methoden, Umgangsformen, Entscheidungen, Ergebnisse usw. Die Projektskizze bleibt offen und liefert eine Fülle von Rohmaterial für die Erstellung eines konkreteren Projektplans. Dieses Rohmaterial wird am besten stichwortartig in einem Protokoll festgehalten.

Projektplan. Projektplan heißt *Arbeitsplan.* Dieser wird nicht vorgegeben, sondern gemeinsam erarbeitet. Die Schüler äußern ihre Wünsche, begründen Ihre Wünsche, bilden Arbeitsgruppen, begründen die Gruppierung, finden Argumente für ihre Arbeitsziele und Arbeitsmethoden. Nicht immer sollte der beste Sprecher die Ergebnisse vortragen, der beste Zeichner die Ergebnisse illustrieren und der beste Praktiker ein Modell erstellen. Reflektierte und diskutierte Antworten zu den Fragen „Wer macht was, wie, warum, wann und wo?“ sind ebenso bedeutsam wie die Qualität des Projektergebnisses. Die Betonung der Projektverfahren wird durch die Maxime „Das Lernen zu lernen“ begründet.
Die Seiten 196/197 geben einen Überblick über den idealtypischen Ablauf eines Projektes.

Projektausführung. Nicht die Produktorientierung, sondern die Prozessorientierung steht im Vordergrund eines Projektes. Deshalb sollen die Lernprozesse weitgehend selbst gesteuert werden, d. h. die Projektmitglieder finden ihre Ziele, Methoden und Lösungen selbst. Sie erproben ihre eigenen Wege, überprüfen sie, d. h. reflektieren über Verfahren und Ergebnisse. Der Lehrer leistet nur begleitende Hilfestellung. Die Projektausführung ist gekennzeichnet durch die Anwendung von Methoden wie Feldbeobachtung und -kartierung, Interview (vgl. Kap. 7.2.4).
Der Projektplan gibt ein systematisches Vorgehen vor, das mit der Beobachtung und Wahrnehmung eines Problems beginnt, dieses definiert, Hypothesen formuliert, zur Fragestellung Daten ermittelt und analysiert, Hypothesen überprüft, schließlich den Fragenkomplex bewertet und eine allgemeine Erklärung (Theorie) sucht und sich nicht für eine bestimmte Antwort oder Lösung entscheidet, bevor neben der geographischen Sachanalyse auch eine geographische Wertanalyse der an der Fragestellung beteiligten Gruppen im Detail abgeschlossen ist.

Projektergebnis. Folgendes sind Beispiele für Projektergebnisse:
Leserbriefe, Plakataktionen, Modellbauten, Unterschriftensammlungen, Kartenentwürfe, Bildkollagen, Ausstellungen usw.
Ein vorweisbares Ergebnis wirkt in der Regel motivierend. Nicht die Qualität des Ergebnisses hat höchste Priorität, sondern die Durchführung. Projektmitglieder können sich Fehler leisten. Sie sollten aber wissen, dass die Projektdurchführung eine Lernchance war und dass fehlerhafte Produkte Anlass zur Reflexion über Verbesserungsmöglichkeiten geben und nicht zur Frustration über eigene Fehlplanungen und Fehlhandlungen führen müssen.

Manöverkritik (Metainteraktion). Die abschließende Phase des Projektes hat die Aufgabe die eigenen Erfahrungen zu analysieren und zu bewerten.
Hauptmerkmale eines Projektes sind Offenheit und Prozessorientierung. Sie führen in der Regel zu konkreten, originalen Ergebnissen und vermitteln vor allem Qualifikationen nicht nur im kognitiven, sondern auch im instrumentalen, sozialen und affektiven Bereich.
(Birkenhauer/Flath 1993, Frey 1992, Hasse 1989, H. Meyer 1993, Naish 1982, Ringel 1993)

Haubrich

Projekt

Beispiel: Wir lernen unsere Stadt (Gemeinde) kennen*

Lernziele

a) *kognitive:* Die Schüler sollen wichtige Einrichtungen, Funktionen, Prozesse und Probleme sozialer Gruppen ihrer Stadt (Gemeinde) erkennen.
b) *instrumentale:* Die Schüler sollen Beobachtungs-, Kartierungs-, Zähl- und Interviewtechniken zur Beobachtung und Analyse ihrer eigenen Stadt (Gemeinde) anwenden können.
c) *affektive:* Die Schüler sollen bereit sein am Leben der eigenen Heimatstadt (Gemeinde) Anteil zu nehmen und Probleme lösen zu helfen.

Projektablauf

1. Problemanalyse

Durch einen Vorfall (Verkehrsunfall, fehlende Spielplätze und Ähnliches mehr) werden die Schüler motiviert ein Problemfeld zu analysieren, z. B.: Wir wollen unsere Gemeinde untersuchen oder wir wollen den besten Standort für einen neuen Spielplatz in unserem Schulbezirk ausfindig machen.

2. Ziel und Arbeitsplanung

a) Grobplanung im Klassenverband, z. B.: Wir wollen in unserer Stadt (Gemeinde) untersuchen:
   - wie die Menschen sich versorgen,
   - wie sie am Verkehr teilnehmen usw.
b) Feinplanung in Kleingruppen, z. B.: Die Gruppe „Versorgen" entschließt sich eine Geschäftsstraße zu untersuchen und verteilt einzelne Aufgaben auf je 1 – 2 Schüler.
   Die Gruppe „Schaufenster und Reklame" übernimmt folgende Aufgaben:
   - Schaufensterfronten und deren Unterbrechungen in eine Karte einzutragen,
   - Schaufensterpassagen einzutragen,
   - besonders auffallende Reklame bzw. Einrichtungen, die die Aufmerksamkeit der Passanten auf sich lenken sollen, in einer Karte zu vermerken, dazu Notizen auf einen Notizblock machen und eine auffallende Reklame abzubilden.

Die Gruppe „Käuferverhalten" übernimmt die Aufgabe ein kleines Interview mit Käufern durchzuführen, die gerade in ein Geschäft hineingehen wollen oder aus einem Geschäft herauskommen. Zur Aufnahme des Interviews können die Schüler einen Rekorder mitnehmen. Zur Vorbereitung dieser instrumentellen Fähigkeit der Interviewtechnik sollten die Schüler in Deutschstunden mehrmals unter sich „Reporter" spielen.

---

* Anmerkung: Hier wird die breite Palette der Möglichkeiten, ein Projekt in einer Gemeinde durchzuführen, aufgezeigt. In der Regel beschränkt man sich auf einen Teilaspekt.

3. Projektdurchführung und Datendarstellung

Die örtlichen Probleme, die an den Schulstandorten bei Projektarbeit vor Ort immer auftreten, sind selbstverständlich vom Klassenlehrer zu berücksichtigen. Selbst in Großstädten dürften aber die räumlichen Verhältnisse nicht dazu führen, überhaupt keine Untersuchungen vor Ort zu wagen. Der Erzieher, der von dem Vorzug das Lernen zu lehren überzeugt ist, wird einen Weg für seine eigene Lage finden, der sowohl für die Schüler ungefährlich als auch pädagogisch fruchtbar ist. Auftretende Schwierigkeiten sollten jedoch dabei nicht übersehen werden.
Feldarbeit ist in der Regel immer mit Überraschungen und Schwierigkeiten verbunden. Gerade diese Tatsache macht Projekte so fruchtbar und so motivierend. Um auf solche plötzlich auftretenden Ereignisse sachgemäß reagieren zu können, ist es notwendig, schon in der Planungsphase ein flexibles Reagieren einzukalkulieren. Während die Erfassung der Daten vor Ort geschieht, wird ihre Darstellung in Protokollen, Karten, Diagrammen usw. in der Schule vorgenommen. Dafür muss genug Zeit eingeplant werden.

4. Projektsynthese (Arbeitsvereinigung)

Beispiel: Ein Sprecher der Gruppe „Kaufen“ könnte seine Ergebnisse an der Tafel, einem Plakat oder am Overheadprojektor erläutern und z. B.

a) ein Reklamebeispiel demonstrieren und erklären, dass die Geschäfte mithilfe der Reklame versuchen auf ihre Waren aufmerksam zu machen,
b) berichten, dass die Schaufensterpassagen mehr Ausstellungsflächen bieten und Passanten anziehen usw.

Wichtig und unerlässlich ist die an die Feldarbeit anzuschließende Phase der Arbeitsvereinigung, in der die einzelnen Gruppen vor der gesamten Klasse ihre Untersuchungsergebnisse verbal und visuell demonstrieren. Es darf dabei nicht bei der Deskription der Phänomene bleiben, sondern es muss nach den Ursachen gesucht werden. Außerdem darf nicht nur die Einzelgruppe ihre Ergebnisse kennen, sondern die ganze Klasse muss über die Arbeit und die Ergebnisse der anderen informiert sein.

5. Aktion

Am Ende eines Projektes steht nicht nur die Analyse eines Problems, sondern auch die Diskussion alternativer Modelle zur Lösung des Problems. Schließlich sollte sich die Klasse auf ein Lösungsmodell einigen und selbst ernsthafte Schritte unternehmen, die zur Lösung des Problems beitragen.
Sollte z. B. eine größere Kindergruppe nicht über einen Spielplatz verfügen, so könnte die Klasse einen geeigneten Standort suchen, eine Planskizze mit einem Vorschlag zur Gestaltung des Spielplatzes anfertigen und einen Brief mit einer sachgemäßen Darlegung des Problems, einer Begründung für den Standort, einer Planskizze für die Ausstattung und möglicherweise einem Versprechen eigener Mithilfe an den Stadt- oder Gemeinderat schicken. Ein derartiges Problem muss nicht immer ein Schüler-, sondern kann auch ein Erwachsenenproblem sein. In jedem Falle sollte aber ein Projekt in eine Aktion münden, die den Schüler an sein Recht und seine Pflicht zur Partizipation und Mitverantwortung gewöhnt.

7.2 Aktionsformen

Aktionsformen des Unterrichts beschreiben Handlungen des Lehrens und Lernens bzw. der Lehrenden und Lernenden.

7.2.1 Darbietendes Verfahren

Da Verstehen auf verschiedenen Niveaus erfolgt, kann auch Darbieten und Erklären durch eine unterschiedliche Tiefe, Höhe und Breite gekennzeichnet sein. Zum Erklären gehört immer jemand, der erklärt, etwas, das erklärt wird, und jemand, dem etwas erklärt wird. Erklären ist also abhängig von der Kompetenz der Lehrenden, von der Komplexität der Lerninhalte und von den Fähigkeiten und Interessen der Lernenden.

Methodische Schritte zur Vorbereitung, Durchführung und Analyse von Vorträgen und Erklärungen: Erfolgreiches Vortragen und Erklären erfordert eine gute Vorbereitung, die durch folgende Schritte gekennzeichnet ist:

1. Treffen Sie eine exakte Entscheidung über das, was Sie Ihrer Lerngruppe erklären möchten! Ihre Entscheidung wird erleichtert, indem Sie sich zunächst ganz einfache Fragen stellen wie zum Beispiel: Wo ist ...? Was ist ...? Warum ...? Wie sind ...? Warum sind ...? Wer hat den Nutzen? Wer hat den Schaden?
Überlegen Sie dann, was Ihre Lerngruppe möglicherweise schon über das Thema weiß und was sie möglicherweise an diesem Thema interessant findet. Danach treffen Sie ihre Entscheidung und formulieren zu Ihrem Thema eine einfache und verständliche Frage wie zum Beispiel: Wie sind die Landschaftsformen in der Wüste entstanden?
Dieser Schritt lenkt ihre Aufmerksamkeit sehr scharf auf das, was Sie erklären und vortragen möchten, und macht Ihnen den Kenntnisstand und die Interessenlage Ihrer Lerngruppe deutlich.

2. Suchen Sie Schlüsselbegriffe zu Ihrer Thematik! Das Thema „Landschaftsformen der Wüste" wird ausdifferenziert, d. h. es ist zu entscheiden, ob Begriffe wie Hamada, Erg, Serir und Denudation von Bedeutung sind. Alle Themen können durch derartige Schlüsselbegriffe, die einerseits Typen, andererseits Prozesse darstellen, strukturiert werden. Es ist also notwendig, eine Begriffssammlung zu erstellen und daraus eine Auswahl vorzunehmen.

3. Wenn Sie eine Entscheidung über die Schlüsselbegriffe herbeigeführt haben, ist es sinnvoll, Schlüsselsätze zu formulieren! Diese Schlüsselsätze sind die Hauptaussage eines jeden Abschnittes der Erklärung. Jeder Abschnitt eines Vortrages sollte in diesen Schlüsselsatz münden bzw. dieser Schlüsselsatz sollte mehr oder weniger eine Zusammenfassung oder einen Merksatz des Abschnittes darstellen.
Anfänger sollten ihren Vortrag mindestens in die folgenden Abschnitte gliedern:
a) in eine Einleitung, Einführung oder Hinführung,
b) in eine Abfolge von Abschnitten mit einer jeweiligen zentralen Aussage und
c) in eine Zusammenfassung.
Jeder Abschnitt enthält zentrale Begriffe, möglicherweise mit Beispielen, Illustrationen und Analogien. Die Zusammenfassung sollte noch einmal alle Hauptpunkte, -informationen oder -einsichten in einer Gesamterkenntnis auflisten.

Verhaltensweisen beim darbietenden Verfahren

Funktionale	Disfunktionale
So lange warten, bis die gesamte Lerngruppe fertig und bereit ist auf Ihren Vortrag zu hören	Schon beginnen, wenn einige wenige still und bereit sind auf Sie zu hören
Den Einstieg in die Erklärung in einer freundlichen und sehr persönlichen Weise gestalten	
Auf die Zuhörenden schauen und ihre Reaktionen wahrnehmen	Auf Fenster oder Wände und nicht auf Zuhörer schauen
Mit Gesten wichtige Schlüsselideen hervorheben	Gleichförmig und unbewegt sprechen
Wenn Sie das Bedürfnis haben, bewegen Sie sich langsam hin und her	Im Raum herumwandern
Visualisierungen gut erkennbar gestalten	Mit dem Rücken zu den Zuhörern stehen
Verbindungen zwischen den einzelnen Abschnitten aufzeigen	Verwirrende und irrelevante Nebensächlichkeiten vortragen
Erklärungen und Beispiele kurz, präzise und interessant gestalten	Komplexe Sätze und unnötige technische Begriffe benutzen
Vor einem wichtigen Punkt eine kurze Pause einlegen	Die Stimme senken und wegschauen, wenn Sie etwas Wichtiges sagen
Vortragsgeschwindigkeit und Vortragsart wechseln	Gleichförmig, langsam oder schnell sprechen

4. Strukturieren Sie nun Ihre Hauptabschnitte! Schreiben Sie zunächst Ihr Thema in einer einfachen Frageform auf. Dann schreiben Sie für jeden Abschnitt die zentrale Aussage in einem einfachen Statement.
Es ist stets angebracht, zu schwierigen Aussagen und Erklärungen geeignete Beispiele und Illustrationen heranzuziehen. Diese sollten jedoch kurz und eindeutig sein: Bilder, einfache Diagramme, Skizzen, Analogien, aber auch „sprechende Hände" können Erklärungen erleichtern. Ebenso sinnvoll ist es, nach jedem Abschnitt mit anderen Worten noch einmal eine kurze Zusammenfassung des Erklärten anzubieten. Der Wechsel der Formulierungen oder der Abfolge der Darstellung liefert einen Transfer und fordert oft ein vertieftes Verständnis.

5. Fassen Sie noch einmal alle wichtigen Punkte zusammen und kommen Sie dabei zu einer abschließenden Einsicht und Zusammenfassung, d.h. zu einer kurzen Beantwortung der im Thema gestellten Hauptfrage! Diese Zusammenfassung könnte wie folgt eingeleitet werden: „Lassen Sie uns (lasst uns) noch einmal die Hauptpunkte zusammenfassen ..." oder „Wir können nun unsere Frage wie folgt beantworten: Erstens, zweitens, drittens usw."
Die Zusammenfassung ist also eine Liste von Schlüssel- oder Merksätzen. Sie ist wesentlich für eine effektive Lehre sowie ein erfolgreiches Lernen.

6. Treffen Sie nun eine Entscheidung über Ihre Einführung, Hinführung oder Ihren Einstieg in Ihren Vortrag!
Es mag eigentümlich erscheinen, dass nun erst über den ersten Teil des Vortrags entschieden wird. Aber erst nachdem die Inhalte und die Abfolge der Erklärung festgelegt sind, kann eine entsprechende Einleitung auf diese Inhalte bezogen werden. Die Inhalte bestimmen die Form von Einstieg und Hinführung und nicht die Hinführung die folgenden Inhalte. Funktion der Einleitung ist es, zur Hauptfragestellung, d.h. zum Inhalt zu führen und für diesen Inhalt zu motivieren und zu interessieren. Dazu ist aber die Kenntnis und Entscheidung über die Vortrags- und Erklärungsinhalte Voraussetzung. Nützliche Konzepte, einen Einstieg zu gestalten, sind z.B. die Folgenden:
a) Mit den Erfahrungen und Einstellungen der zuhörenden Lernenden beginnen.
b) Klar zum Ausdruck bringen, was Sie in den nächsten Minuten zu tun beabsichtigen.
c) Mit einer überraschenden, ungewöhnlichen oder provokativen Frage beginnen.
d) Die Erklärung mit einer kurzen Anekdote einführen.
e) Einen nicht alltäglichen Gegenstand oder ein Bild an den Anfang stellen.

7. Skizzieren Sie nun schriftlich das Design Ihres Vortrags!
Schreiben Sie nur skizzenhaft das Wichtigste auf, aber vergessen Sie nicht die Schlüsselbegriffe und Schlüsselsätze und die Verbindung zwischen ihnen. Ihr Design sollte folgenden Aufbau haben:
- Thema als Frage,
- Einleitung, Hinführung oder Einstieg,
- Abschnitte mit Schlüsselbegriffen und Schlüsselsätzen,
- Zusammenfassung mit Merksätzen,
- Parallel dazu Illustrationen.

Diese sieben Schritte sind hilfreich einen Vortrag mit einer schwierigen Erklärung gut vorzubereiten, d.h. die Inhalte angemessen zu elementarisieren und ebenso angemessen auf die Lerngruppe auszurichten.
(Bailey/Fox [Hrsg.] 1996, Grell/Grell 1979, Haubrich 1995c, H. Meyer 1993) *Haubrich*

Checkliste zur Analyse eines Vortrags

Folgende Sätze können qualitativ mit Sätzen oder quantitativ mit Gewichten oder Noten beantwortet werden.

Einleitung
1. Die Einleitung erzeugte Aufmerksamkeit.
2. Die Einleitung führte zum Thema bzw. zur Fragestellung.

Hauptteil
1. Der Hauptteil war klar gegliedert.
2. Die Beispiele waren geeignet.
3. Die Beispiele waren interessant.
4. Die Bewertung wurde klar zum Ausdruck gebracht.
5. Jeder Abschnitt hatte eine klare Zusammenfassung.
6. Anfang und Ende eines jeden Abschnittes wurden klar hervorgehoben.

Zusammenfassung
1. Die Zusammenfassung beinhaltete eine Liste der wichtigsten Schlüsselsätze mit Schlüsselbegriffen.
2. Die Zusammenfassung beinhaltete eine klare Antwort auf die Frage des Vortragsthemas.

Checkliste zur Beurteilung der Vortragsweisen:
1. Gestik
2. Augenkontakt
3. Medieneinsatz
4. Sprachfluss
5. Vokabular
6. Sprechpausen
7. Verständlichkeit
8. Strukturierung des Vortrags
9. Interessantheit der Präsentation
10. Verständlichkeit für die Lerner

Erklärungsniveaus:

Nach Bruner (1970) lässt sich alles allen – jedoch auf verschiedenen Niveaus – erklären. Hier einige Beispiele aus dem Geographieunterricht:

Thema: Landschaftsformen der Sahara.
Für 10- bis 12-jährige könnten die folgenden Schlüsselbegriffe die Abfolge von Statements zur Erklärung der Landschaftsformen in der Sahara ausmachen: Felsen, Sonneneinstrahlung, Verwitterung, kantiges Gestein, Niederschlag, Transport, Geröll, Sand, Staub, Sturm, Düne.
Für 14- bis 16-jährige könnte die Erklärung ein höheres Niveau wie z. B. in der folgenden Sequenz von Termini anstreben: anstehendes Gestein, Insolation, mechanische Verwitterung, Hamada, Denudation, Serir, Erg, Wadi, Erosion, Staubsturm, Barchan, Verdunstung, Salztonebene.
Für Studierende könnte das Erklärungsniveau noch etwas angehoben werden – wie es beispielhaft die folgenden Begriffe signalisieren: Ausdehnungskoeffizient verschiedenartiger Kristalle, Tafoni, Wüstenlack usw.

7.2.2 Entwickelndes und entdecken lassendes Verfahren

Sprechen ist bekanntlich das wichtigste Kommunikationsmittel des Unterrichts und damit auch im Geographieunterricht. Die verbale Kommunikation zu schulen, ist nicht allein Aufgabe des Deutschunterrichts, sondern jeden Schulfachs. Erst wenn ein geographischer Gegenstand und Zusammenhang angemessen verbalisiert werden kann, ist er auch begriffen.

Das entwickelnde Verfahren reicht von *Frage-Antwort-Ketten* bis zu zwar vom Lehrer initiiertem, jedoch vom Schüler selbstständig durchgeführtem forschenden Lernen.
In der primitiven Form des fragend-entwickelnden Verfahrens lösen kurzphasige Lehrerfragen und Schülerantworten sich gegenseitig ab. Der Lehrer dominiert, der Schüler ist fremdgesteuert und rezeptiv. *Schüler-Schüler-Interaktionen* fehlen völlig. Das Ergebnis ist vom Lehrer vorprogrammiert. Ein Ausbrechen aus dem Lernprozess ist unmöglich. Der Schüler hat nur die Aufgabe die Lehrerinformationen entsprechend der Frage zu reproduzieren.
In der fortentwickelten Form des Impulsunterrichts lösen Denkanstöße und Impulse die Lehrerfragen z. T. ab. Dadurch sind statt einer meist mehrere Schülerantworten möglich und der Schüler kann das vom Lehrer Vorherbedachte wegen seiner logischen Struktur kurze Schritte weiterdenken. Der Lernprozess bleibt aber noch von außen durch die Kunst der Mäeutik (Platon; dt.: „Hebammenkunst“) gesteuert.

Das entdecken lassende Verfahren bahnt dagegen in einem ersten Schritt das *forschende Lernen* an. Der Lehrer geht zunächst in einer kurzen Lernphase von seiner beherrschenden Stellung ab und überlässt dem Schüler zeitlich und konzeptionell die Planung und Durchführung eines Unterrichtsabschnittes.
Diese Form schafft eine reduzierte Abhängigkeit des Schülers vom Lehrer, eine erste soziale und verbale Kommunikation der Schüler untereinander, selbstverantwortliches Problemlöseverhalten und ein Gefühl von Emanzipation. Dieses entdecken lassende oder forschende Lernen kann sich in Alleinarbeit, Partnerarbeit, Gruppenarbeit, Schülerdiskussionen, Rollen- und Planspielen, Projekten und Freiarbeit entwickeln. Für kürzere Phasen können die Schüler völlig allein agieren, in der Regel ist aber wieder ein Dialog zwischen Lehrer und Schüler geboten. Dieses dialogische Verfahren bedeutet die Integration von Lehrer und Schüler, d. h. ein gemeinsames Sicheinlassen in einen Lernprozess, z. B. der Lehrer beginnt mit den Schülern ein Projekt und kennt selbst noch nicht das Ergebnis. Als Arrangeur, als Fachmann für Methoden, aber nicht als Wissender mit großem Informationsvorsprung geht er mit seiner Lerngemeinschaft an die Lösung des Problems.
Neben Planspielen und Projekten eignen sich auch Schülerwanderungen und Schullandheimaufenthalte ganz besonders für solche Formen des *sozialen, dialogischen und forschenden Lernens.* Zur Personalisation und Sozialisation ist die ganze Palette der angesprochenen Aktionsformen auf jeweils eigenen Funktionsfeldern anwendbar.
Will der Geographieunterricht nicht im didaktischen Materialismus ersticken, so ist er aufgerufen durch forschendes und soziales Lernen im Gruppenunterricht bei Schülerdiskussionen, Planspielen, Projekten, Freiarbeit und Exkursionen im Dialog zwischen Lehrer und Schüler die soziale, kommunikative und fachliche Kompetenz anzustreben.

(Grell/Grell 1979, H. Meyer 1993, Potthoff 1992, Vogel 1974, 1975) *Haubrich*

Lehrstrategien unterschiedlichen Steuerungsgrades

Die folgenden Beispiele zeigen, wie Lehren und Lernen eng gelenkt, aber auch immer mehr frei gestaltet werden können.

Beispiele zu Lehrerfragen aus einer Frage-Antwort-Kette

Bei einer Luftbildinterpretation in Falschfarben: Was bedeutet die grüne Farbe? Die rote Farbe? Die blaue Farbe? Die graue Farbe? Wo liegt das Kernkraftwerk? In welcher Farbe erscheint das Wasser? Welche Form hat die partielle Wasserverfärbung? Was kann man aus dem Wasser neben dem Kernkraftwerk ablesen? Warum habe ich euch die Falschfarbenaufnahme gezeigt?

Beispiele für Impulse und Denkanstöße

a) *verbale Impulse*
   Die Farben scheinen mir einiges anzudeuten!
   Sucht einen Zusammenhang zwischen dem Kernkraftwerk und seiner Umgebung herauszufinden!
b) *visuelle Impulse*
   Der Lehrer zeigt auf die partielle Verfärbung im Wasser neben dem Kernkraftwerk, formuliert jedoch keine Frage!
   Der Lehrer projiziert ein Falschfarbenbild, stellt jedoch keine Frage, sondern lässt die Schüler sich frei und spontan dazu äußern.
   Die Schüler erkennen die Wärmefahne im Fluss neben dem Kernkraftwerk nicht. Der Lehrer zeigt mit der Hand auf die Stelle, nimmt Kreide und zeichnet die Umrisse der Wärmefahne auf die Tafel, formuliert jedoch keine Frage, sondern wartet auf eine Schüleräußerung.

Kurzphasiger Verlauf einer Frage-Antwort-Kette

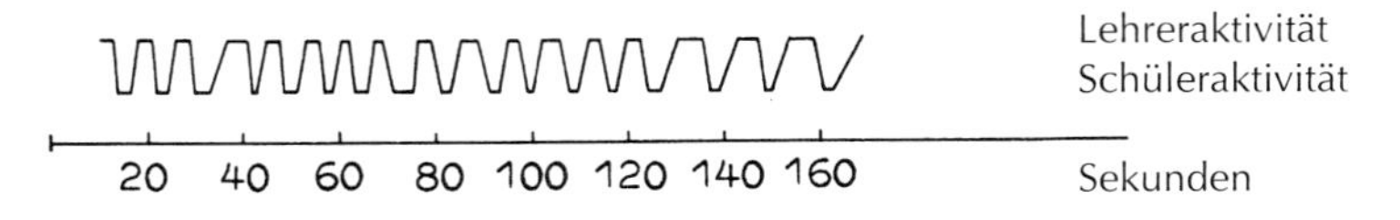

Mittelphasiger Verlauf eines Impulsunterrichts

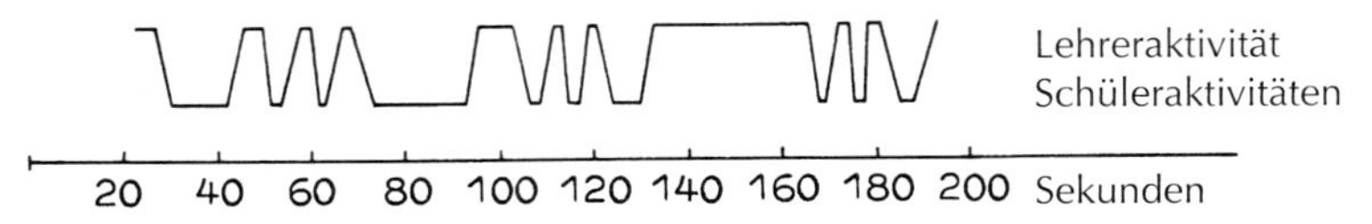

7.2.3 Experiment

Nach einer internationalen Untersuchung (Haubrich 1996) werden Experimente nur sehr selten im Geographieunterricht durchgeführt. Ihre pädagogische Bedeutung sollte jedoch schwerer wiegen als die organisatorischen Hürden.

Formen. Nach der *Versuchsanordnung* können unterschieden werden:
a) Modellexperimente,
b) Naturexperimente.

Modellexperimente, die an Nachbildungen (Modellen) der Natur durchgeführt werden, erfordern eine Analogie, d. h. Rückschlüsse auf die Natur.
Die *Naturexperimente*, die in der Natur ablaufen, stellen häufig Übergangsformen zu Experimenten, d. h. nicht experimentelle Messungen dar. So kann man z. B. in mehrere Bohrlöcher in einer Talaue farbiges Wasser hineingeben um die Strömungsrichtung und -geschwindigkeit des Grundwassers zu messen.
Nach ihrer *methodischen Anlage* kann man unterscheiden:
a) *Demonstrationsexperimente:* Sie sind gut sichtbar und arbeiten mit großen Apparaten vor der Klasse mit dem Ziel optimaler Veranschaulichung.
b) *Schülerexperimente:* Sie verfolgen das Ziel durch Selbsttätigkeit zu bestimmten Fertigkeiten und Einsichten zu gelangen.

Nach *inhaltlichen Kategorien* lassen sich die Experimente gliedern in Experimente zu: Umweltthemen, Geologie und Geomorphologie, Klimageographie, Bodengeographie, Hydrogeographie usw.

Funktionen. Experimente erfüllen im lernzielorientierten Geographieunterricht die folgenden Funktionen (Niemz 1979):
„a) Experimente vermitteln dem Schüler am konkreten, dreidimensionalen und auf das Wesentliche beschränkten Objekt sichere Kenntnisse, klare Einsichten und anschauliche Vorstellungen über Ablauf und Ergebnisse vor allem naturgesetzlich gesteuerter Prozesse. Damit werden viele Erscheinungen in der Umwelt des Schülers in ihren Ursachen, ihrer Genese, ihren Formen und Eigenschaften sowie ihren Auswirkungen verständlich.
b) Experimente erlauben die Nachahmung naturgesetzlich verlaufender Prozesse in verkleinertem Maßstab und unter starker Zeitraffung sowie die Variierung einzelner Faktoren. Dadurch wird die Möglichkeit geschaffen im Gelände ablaufende und dort aus räumlichen oder zeitlichen Gründen nicht beobachtbare Prozesse im Klassenraum bzw. auf dem Schulgrundstück zu wiederholen, die Wirkung einzelner Faktoren zu isolieren und auf diese Weise möglichst optimale Faktorenkombinationen bei erforderlichen Eingriffen in die Umwelt herauszufinden …
…
f) Experimente führen den Schüler durch klare Problemstellung zu kausalem, funktionalem und auch abstrahierendem Denken.
g) Experimente fördern kreatives Denken, indem bestimmte, z. T. nicht erklärbare Versuchsergebnisse oder neue Fragestellungen eine Änderung der Versuchsanordnung bzw. ganz neue Versuche notwendig machen.
h) Experimente bieten bei ihrer Vorbereitung und Durchführung vielseitige Möglichkeiten zu manueller Tätigkeit und zur Gemeinschaftsarbeit, auch außerhalb der Unterrichtsstunden.

Experimente mit dem stummen Globus

Veranschaulichung unterschiedlicher Tages- und Nachtlängen, von Polartag und Polarnacht

Im verdunkelten Klassenzimmer wird der stumme Globus mit dem Diaprojektor angestrahlt. Es wird die Tag-Nacht-Grenze festgestellt.

1. In der Nord-Winter-Stellung weist die Erdachse von der Sonne weg. Das Gebiet innerhalb des Nördlichen Polarkreises wird von der Sonne nicht beschienen. In den Mittleren Breiten sind die Tage kürzer als die Nächte. Der Tagbogen wird mit Kreide in etwa 56 °N auf dem Globus eingezeichnet.

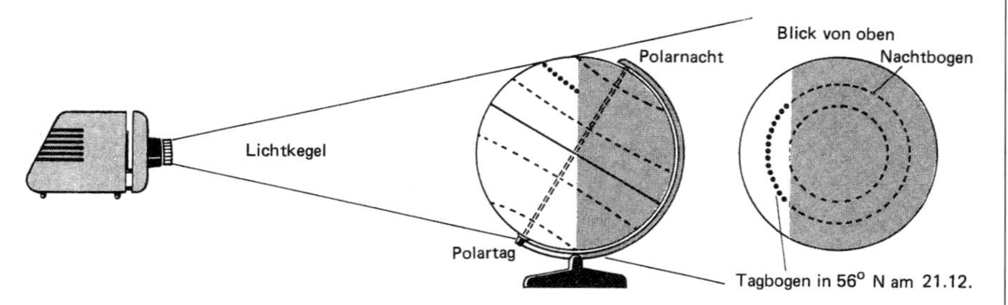

2. Der Lehrer „wandert" mit dem stummen Globus einen Viertelkreis entgegen dem Uhrzeigersinn im Klassenzimmer weiter. Die Sonne (Diaprojektor) scheint nun senkrecht auf den Äquator. Tag und Nacht sind gleich. Der Tagbogen wird auf dem Globus in farbiger Kreide eingetragen.

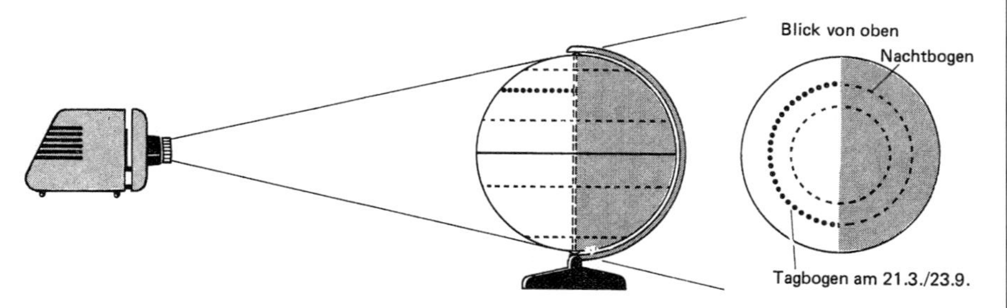

3. Der Lehrer „wandert" einen weiteren Viertelkreis weiter. In der Nord-Sommer-Stellung weist die Erdachse zur Sonne hin. Das Gebiet innerhalb des Nördlichen Polarkreises wird ganztägig von der Sonne beschienen. In den Mittleren Breiten sind die Tage länger als die Nächte. Der Tagbogen wird mit andersfarbiger Kreide verlängert.

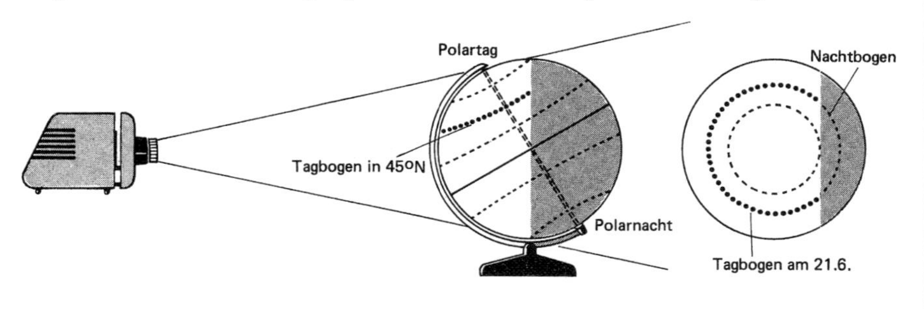

i) Experimente dienen aufgrund des vom üblichen Geographieunterricht völlig abweichenden Verfahrens, der vielseitigen Möglichkeiten zur Selbsttätigkeit und der sich ergebenden Problemstellungen in starkem Maße der Motivation und der Weckung von Interesse.
j) Experimente erweisen sich als sehr geeignet zur Sicherung von Kenntnissen, Erkenntnissen, Fertigkeiten und Fähigkeiten, weil sie ein im Geographieunterricht nicht sehr häufig angewandtes Unterrichtsverfahren darstellen, weil sie eindrucksvoll sind und zu einem weit stärkeren Engagement der Schüler beitragen."

Verlauf

Ausgangsfrage: Zu Beginn eines Experiments steht ein praktisches Problem, zu dessen Erhellung entweder schon eine wissenschaftliche Theorie zur Verfügung steht oder Hypothesen von den Schülern geäußert werden.

Hypothesen: Zur Fortentwicklung einer Erkenntnis bzw. zur Lösung des Problems werden die Hypothesen oder Vermutungen über den unerforschten Sachverhalt durch ein Experiment verifiziert oder falsifiziert. Da Erscheinungen und Vorgänge in der Natur nicht von unkontrollierbaren Einflüssen frei sind, muss die zu erforschende Frage bzw. das zu erhellende Problem aus dem natürlichen Zusammenhang herausgenommen und isoliert werden.

Experimentanordnung und -durchführung: Die Aufnahmefähigkeit der Schüler verlangt außerdem eine Vereinfachung bzw. Elementarisierung der Frage und der Versuchsanordnung. Mit der Isolierung des Problems wird die Wirklichkeit modellhaft nachgebildet und der experimentelle Vorgang beobachtbaren und mehrmals veränderbaren Bedingungen unterworfen.

Interpretation: Das Experiment gibt aber noch keine Antwort auf die Ausgangsfrage, sodass das Experimentergebnis zu interpretieren ist. Sowohl die Ausgangsfrage als auch die Hypothesen beeinflussen die Versuchsanordnung, das Beobachtungsinteresse und die Interpretation des Experimentergebnisses. Dieser Implikationszusammenhang muss dadurch zur Kenntnis gebracht werden, dass veränderte Hypothesen veränderte Versuchsbedingungen und damit neue Experimentergebnisse schaffen. Diese naturwissenschaftliche Methode lässt nur Fragen zu, die einer experimentellen Überprüfung unterworfen werden können, andere bleiben damit ausgeschlossen. Die Wahrheit bzw. Objektivität des experimentellen Nachweises beschränkt sich demnach auf den isolierten Aspekt des Experiments. Das Versuchsergebnis wird schließlich in den Zusammenhang der Ausgangsfrage gestellt um sodann auch praktische Lösungen zu diskutieren, z. B.:

Frage: Warum gibt es heute so oft ein katastrophales „Fischsterben" in unseren Gewässern?

Experiment: Beeinflussung des Sauerstoffgehaltes des Wassers durch dessen Nachweis unter verschiedenen Bedingungen mit Hilfe eines Oxymeters.

Beantwortung der Ausgangsfrage/praktische Maßnahmen: Verhinderung von Überdüngung, Wärme- und anderer Schmutzbelastungen des Wassers.

Zusammenfassend lässt sich sagen, dass Experimente sich auszeichnen durch handelndes Lernen, forschendes Lernen, schlussfolgerndes Denken, hohe Motivation und längeres Behalten selbst erarbeiteter Erkenntnisse.
(Lehmann 1964, Niemz 1979, Niemz [Mod.] 1983, Salzmann 1981, Schmidtke 1995, Stein 1979).

Haubrich

Experimente zur Sonneneinstrahlung

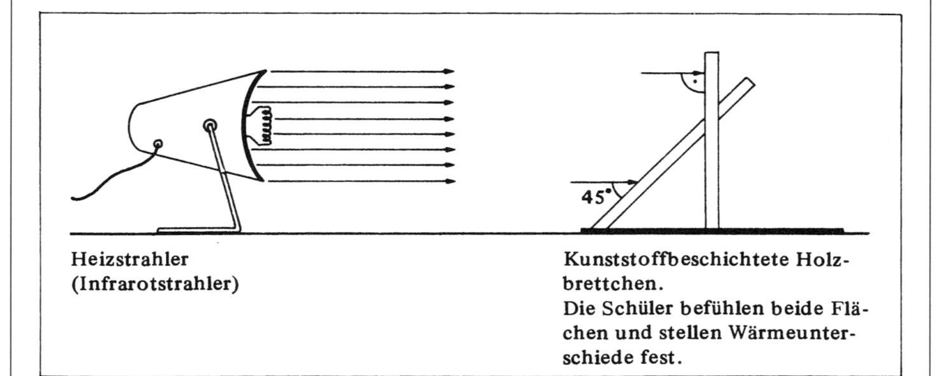

Heizstrahler
(Infrarotstrahler)

Kunststoffbeschichtete Holzbrettchen.
Die Schüler befühlen beide Flächen und stellen Wärmeunterschiede fest.

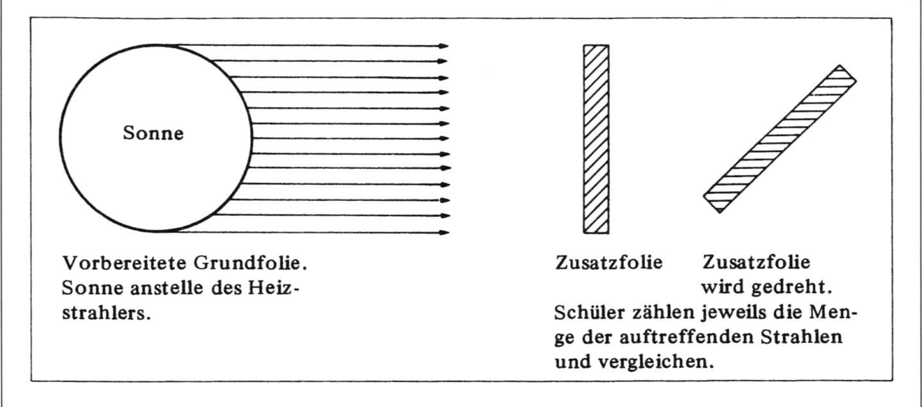

Vorbereitete Grundfolie.
Sonne anstelle des Heizstrahlers.

Zusatzfolie — Zusatzfolie wird gedreht.
Schüler zählen jeweils die Menge der auftreffenden Strahlen und vergleichen.

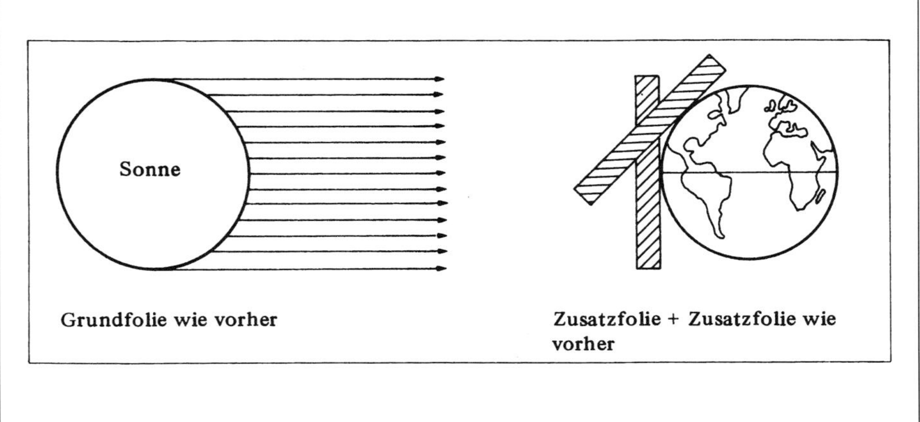

Grundfolie wie vorher

Zusatzfolie + Zusatzfolie wie vorher

(nach: Martus/Sauerwein 1979)

7.2.4 Außerschulisches Lernen

Exkursion – Geländeuntersuchung – Schullandheimaufenthalte. Als originale Begegnung wird im Erdkundeunterricht der außerschulische Unterricht im Gelände verstanden. Gelände bedeutet nicht nur die offene, naturnahe Landschaft, sondern auch der bebaute, städtische oder dörfliche Raum. Der außerschulische Unterricht findet in Form von mehrstündiger Lerngänge, ein- bis mehrtägiger Exkursionen und Schullandheimaufenthalten statt.

Ziele. Während die *Übersichtsexkursionen* in darbietender Form durch den Lehrer, ähnlich touristischer Führungen, immer mehr, zumindest theoretisch, in Verruf geraten und „Fahrten ins Blaue" vorwiegend gemeinschaftsbildende Funktionen haben, sind *geographische Geländeuntersuchungen* in Begegnung mit der originalen Natur- und Kulturlandschaft samt ihren Menschen zunehmend wichtiger werdende Formen des entdeckenden Lernens. Wenn Schule für das Leben vorbereiten will, dann ist grundsätzlich eine originale Begegnung mit der realen Welt erforderlich. Die neuen Informationstechnologien und die neuen Medien werden den Menschen immer mehr in die Medienwelt einbinden. Seine Informationen sollte er aber nicht nur gefiltert durch Massenmedien und Informationssysteme, sondern auch aus erster Hand durch die originale Begegnung mit Menschen und Welt erhalten. Eine personale Kommunikation und Informationsbeschaffung bei Nachbarn, Journalisten, Planern, Natur- und Landschaftsschützern, Arbeitnehmern, Arbeitgebern, Bauern, Architekten und Interessengruppen ist eine wichtige Grundlage eines humanistisch orientierten Geographieunterrichts.
Originale Begegnung wird nicht als l'art pour l'art betrieben. Unmittelbare Lernerfahrungen im Gelände bringen dem Geographieschüler bedeutsame personale Erfahrungen und erhöhen sein Interesse an räumlichen Aspekten seiner Umwelt. Während die meiste Arbeit im Geographieunterricht auf Medien, also Sekundärquellen wie Fotos, Texten, Diagrammen, Karten basiert und daran vor allem Interpretationsfähigkeiten entwickelt werden, hat die direkte Begegnung mit dem „Original" das Ziel Beobachtungsfähigkeiten am „realen Objekt" zu entwickeln. Die Schüler können bei Felduntersuchungen aktiv beobachten, protokollieren, kategorisieren und interpretieren. Diese Tätigkeiten beziehen sich aber nicht auf vermittelte Daten, sondern auf aus erster Hand erforschte Phänomene. Diese originalen Geländeuntersuchungen dienen mehreren Zielen:

1. Informationen werden durch unmittelbare Beobachtung, teilnehmende Beobachtung oder Interview aus erster Hand ermittelt.
2. Die gesammelten Daten werden in Form von Fotos, Skizzen und Sammelgegenständen gespeichert. Alle diese Daten und Gegenstände bilden dann in der Klasse die Basis für weitere Lernerfahrungen.
3. Die gesammelten Informationen werden mit anderen Medien verglichen, d. h. zum Beispiel mit Schulbuchkapiteln, mit Filmen, Bildern. Dieser Vergleich dient dazu, die Genauigkeit der Informationsbeschaffung kritisch zu prüfen.
4. Erfassen die gesammelten Informationen ein Problemfeld, so können mit ihrer Hilfe auch hypothetische Lösungsmodelle diskutiert werden.
5. Geländeuntersuchungen können sowohl unstrukturierte Formen des entdeckenden Lernens erfassen, aber auch gezielte, gut strukturierte Aktivitäten im Sinne eines Projekts beinhalten.

Arbeitsplan einer Geländeuntersuchung: Das Beispiel zur Geländeuntersuchung (vgl. S. 209) veranschaulicht den Arbeitsplan einer anspruchsvollen Geländearbeit. Diese unterscheidet zwischen einer *geographischen Analyse und einer Wertanalyse.* Die Auseinandersetzung mit einem originalen Phänomen oder Problem beginnt mit einer Beobachtung oder einer

Geländeuntersuchung

Dieses didaktische Konzept unterscheidet zwischen einer Sachanalyse und einer Wertanalyse. Erstere entspricht dem Anliegen der klassischen Geographie „Wirklichkeit" zu erklären, letztere sucht die kognitive Geographie in den Köpfen von Menschen als Entscheidungen beeinflussenden Faktor zu erfassen.

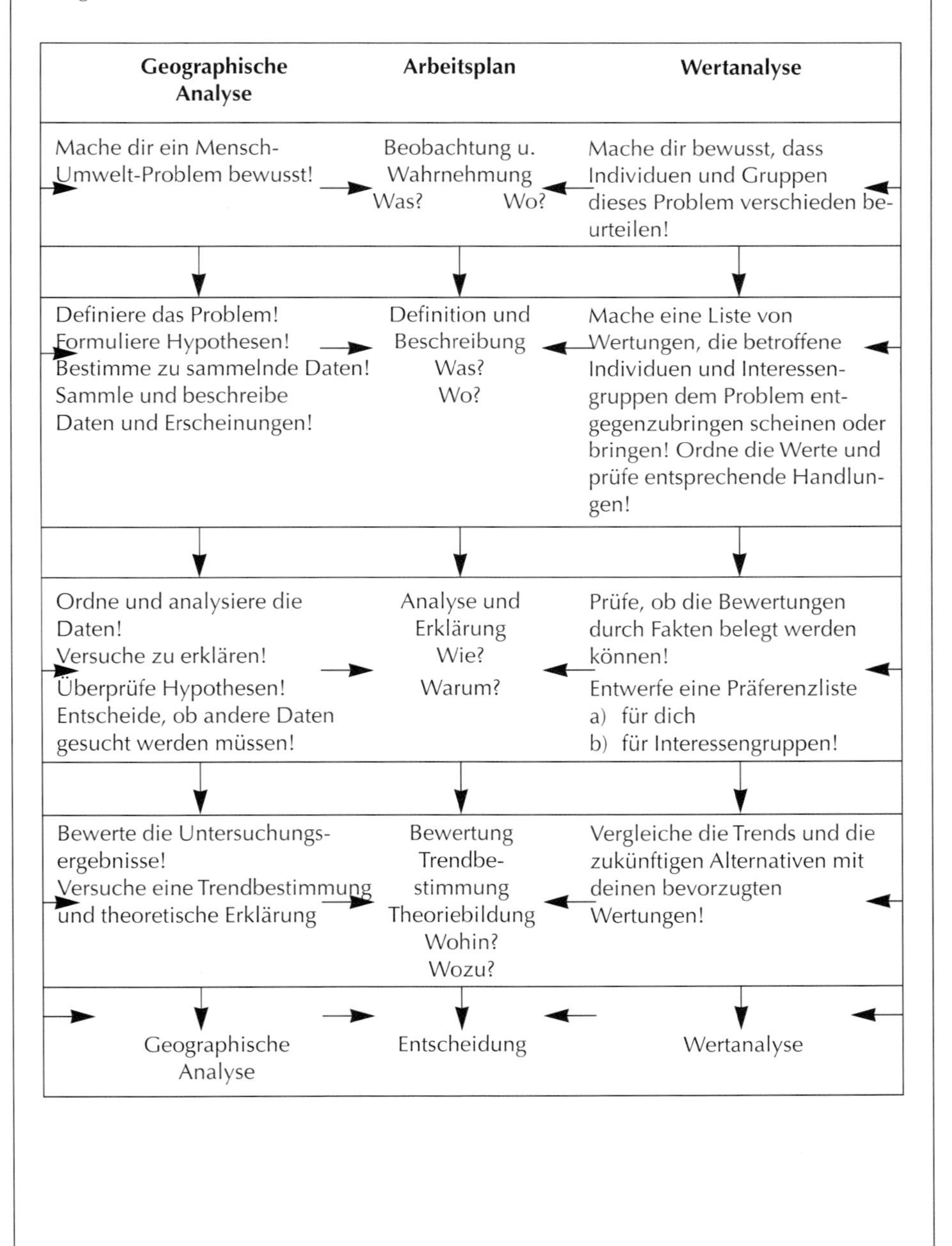

Geographische Analyse	**Arbeitsplan**	**Wertanalyse**
Mache dir ein Mensch-Umwelt-Problem bewusst!	Beobachtung u. Wahrnehmung Was? Wo?	Mache dir bewusst, dass Individuen und Gruppen dieses Problem verschieden beurteilen!
Definiere das Problem! Formuliere Hypothesen! Bestimme zu sammelnde Daten! Sammle und beschreibe Daten und Erscheinungen!	Definition und Beschreibung Was? Wo?	Mache eine Liste von Wertungen, die betroffene Individuen und Interessengruppen dem Problem entgegenzubringen scheinen oder bringen! Ordne die Werte und prüfe entsprechende Handlungen!
Ordne und analysiere die Daten! Versuche zu erklären! Überprüfe Hypothesen! Entscheide, ob andere Daten gesucht werden müssen!	Analyse und Erklärung Wie? Warum?	Prüfe, ob die Bewertungen durch Fakten belegt werden können! Entwerfe eine Präferenzliste a) für dich b) für Interessengruppen!
Bewerte die Untersuchungsergebnisse! Versuche eine Trendbestimmung und theoretische Erklärung	Bewertung Trendbestimmung Theoriebildung Wohin? Wozu?	Vergleiche die Trends und die zukünftigen Alternativen mit deinen bevorzugten Wertungen!
Geographische Analyse	Entscheidung	Wertanalyse

Wahrnehmung, d.h. mit dem Bewusstmachen eines räumlichen Problems. Dieses Bewusstmachen schließt in der Wertanalyse die Erkundung der Wertungen und Beurteilungen des Phänomens durch andere Individuen und Gruppen ein.
Nach diesem ersten Einstieg beginnt die *Problemanalyse und Hypothesenbildung* bzw. die Bestimmung der im Gelände zu sammelnden Daten und Informationen. Diese Daten beschränken sich nicht auf objektiv zu beobachtende Erscheinungen, sondern ziehen eine Liste von Wertungen von betroffenen Individuen und Interessengruppen, die befragt werden sollen, mit ein.
Nach dieser Vorarbeit setzt dann die originale Begegnung mit der entsprechenden Datensammlung ein. Während die geographischen Daten Phänomene und Trends ins Blickfeld bringen, zeigen die Wertungen der sozialen Gruppen und Individuen Differenzen bei der Beurteilung und der Lösung des zu untersuchenden Problems.
Die Datenfülle kann in ein *Erklärungs- und Zielmodell* einfließen. Sowohl die theoretische Erklärung des bisher untersuchten Phänomens als auch die Wertung durch die verschiedenen Interessengruppen können dann den Schüler veranlassen eine eigene Wertanalyse mithilfe einer eigenen individuellen Entscheidungsmatrix und eine eigene Entscheidung über das anstehende Problem herbeizuführen. Besonders wichtig ist dabei nicht die „richtige" Entscheidung, sondern eine wohl begründete und differenzierte Entscheidung.

Geographische Wanderung: Lehrer und Schüler planen gemeinsam eine Route, fixieren diese Route auf einer Karte (1 : 25000), suchen auf der Route Aussichtspunkte, interessante Einzelheiten, Schutzhütten und Ähnliches, messen Entfernungen und Steigungen mithilfe des Maßstabes und der Höhenlinien, schätzen Wegezeiten und legen im arbeitsteiligen Verfahren Beobachtungs-, Kartierungs- und Befragungsziele fest. Dabei sind selbstverständlich auch Rastplätze und evtl. Spielplätze auszumachen. Ein Höhenmesser oder ein Barometer sind hilfreich beim Feststellen der Höhen unterwegs, ebenso leisten ein Thermometer, ein Schrittzähler und ein Kompass gute Dienste. An ausgesuchten Orten können Schüler nicht nur feststellen, was sie sehen, sondern auch, was sie hören, riechen, schmecken, fühlen und empfinden.
Unterwegs können, je nach Situation, Bodenprofile und geologische Aufschlüsse abgezeichnet werden, kleine Kartenskizzen und phänologische Profile angelegt, Fotos von verschiedenen landschaftlichen Erscheinungen gemacht und nicht zuletzt gemeinschaftliche Aktivitäten durchgeführt werden. Vor allem die Nachlese solcher Wanderungen lässt sich mithilfe persönlicher Bilder zu einem zweiten Erlebnis gestalten.

Die Organisation von Felduntersuchungen und Wanderungen erfordert einen Arbeitsplan und einen Verhaltenskodex. Es ist außerordentlich wichtig, dass jeder klar die Ziele der Geländeuntersuchungen bzw. der Wanderung kennt. Die Schüler werden durch einführende Stunden mithilfe von Karten und anderen Materialien auf ihre Feldstudie vorbereitet. Man sollte ihnen ein Maximum an eigenen Aktivitäten bieten. Nach der Durchführung der Feldarbeit ist eine Nachlese, d.h. kritische Bewertung durch den Lehrer und durch die Schüler angebracht.
Zeitplan, Verkehrsplan, Arrangements für die Feldstudie, Zustimmung der Eltern, Schuhwerk und Kleidung, Arbeits- und Gruppenverhalten der Schüler, Finanzen, erste Hilfe, Schülerbeauftragte für bestimmte Aufgaben sind einige wichtige Komponenten, die bei außerschulischen Unternehmungen nicht unberücksichtigt bleiben dürfen. Auch unterwegs sind bestimmte Verhaltensweisen einzuüben wie z.B.: nicht mit großer Lautstärke durch naturnahe Räume ziehen, stets auf Sicherheit achten, das Eigentum anderer respektieren, auf geschützte Tiere und Pflanzen achten, Menschen freundlich begegnen.

Beispiel für einen Fragebogen

Bewertung einer geplanten Umgehungsstraße

Bewertung	eher negativ –5	–4	–3	–2	weiß nicht –1	0	+1	eher positiv +2	+3	+4	+5
A. Veränderungen entlang der geplanten Trasse:											
1. Geländeformen											
2. Gewässer											
3. Böden											
4. Klima											
5. Pflanzen											
6. Tiere											
7. Landw. Nutzung											
8. Erholungswert											
B. Veränderungen im Ort:											
9. Wohnwert											
10. Standortqualität der Lokale und Geschäfte											
C. Veränderungen im Umland:											
11. Verkehrsfluss											
12. Unfallhäufigkeit											
Summe											
Entscheidung	eher gegen –5	–4	–3	weiß nicht –2	–1	0	+1	eher für +2	+3	+4	+5

Beispiel Befragung. Der Fragebogen auf der Seite 211 zeigt das Instrument der Bewertungsanalyse, das in Form einer Ratingskala mehreren Interessengruppen wie z. B. Förster, Naturschützer, Landwirt, Tourist, Bürgermeister, Industriearbeiter vorgelegt wurde um eine geplante Trasse zu bewerten.

Beispiel Wasserbelastung

1. Zeichnen des Gewässernetzes der eigenen Heimatgemeinde nach vorliegenden Karten und Aufsuchen einzelner Gewässer.
2. In der Karte sollten erscheinen: Bäche, Gräben, Seen, Quellen, Weiher, Stauwehre, begradigte, betonierte, verdolte und abgedeckte Entwässerungsgräben, Bäche und Gräben mit und ohne Ufervegetation.
3. Diese Bestandsaufnahme könnte erweitert werden durch die Untersuchung von Abwassereinleitungen. Man könnte die Temperatur oberhalb und unterhalb einer Einleitung messen, Wasserproben oberhalb und unterhalb der Einleitung mechanisch durch einen Papierfilter geben und Reste miteinander vergleichen.

Beispiel Landschaftszerschneidung. Das Thema Landschaftszerschneidung lässt sich auch durch den Besuch einer Straße, die durch ein naturnahes Gebiet führt, gut illustrieren. Tonbandaufnahmen, nicht nur direkt auf der Straße, sondern auch in bestimmten Entfernungen beiderseits der Straße, verdeutlichen die Lärmbelastung, die Beeinträchtigung der Tierwelt und die flächenhafte und nicht linienhafte Zerschneidung der Landschaft durch eine Straße.

Grenzen und Möglichkeiten der originalen Begegnung. Die Möglichkeiten eine originale Begegnung mit Menschen, Tieren, Pflanzen, Landschaft, bebauter und unbebauter Umwelt zu gestalten, ja zu einem Erlebnis werden zu lassen, sind unbegrenzt und von großem pädagogischen Wert.
Trotzdem werden Busfahrten und Exkursionen nicht in dem Maße und in der Form genutzt, wie es theoretisch möglich und pädagogisch sinnvoll wäre. Die Zwänge, die zurückschrecken lassen, sind z. B. Klassenstärke, Vorbereitungszeit, Finanzmittel, Stundenplanprobleme, Sicherheitsfragen, Schülerverhalten, fehlende Kooperation der Schüler untereinander, mangelnde Ausstattung mit Karten und Geräten für Felduntersuchungen, Lehrer-Schüler-Verhältnis, das für Feldarbeit erforderlich ist, Vertretung für den Lehrer, Zeit zur eigenen Erkundung des Untersuchungsgebietes, das Führen der Schüler, die Fachkompetenz von Schüler und Lehrer, Lehrplan- und Prüfungserfordernisse, Transportzeit zum Untersuchungsgebiet. Frohe Schüler und eine aufgelockerte Atmosphäre noch mehrere Wochen nach Exkursionen lohnen jedoch die Mühe des Lehrers.
Wie die o. a. Beispiele verdeutlichen, gibt es zahlreiche Gründe, die die Vorzüge von Geländeuntersuchungen belegen. Die Schüler werden in die Lage versetzt einen bestimmten Teil der Erdoberfläche zu erkunden und Verständnis für bestimmte Schlüsselfragen zu entwickeln. Sie üben Fähigkeiten des forschenden Lernens wie beobachten, kartieren, skizzieren, fotographieren, zählen, protokollieren und Ergebnisse formal darstellen. Solche Fähigkeiten werden am ehesten erlernt, wenn sie praktiziert werden. Konkrete Felduntersuchungen sind aber auch eine außerordentlich günstige Gelegenheit soziale Fähigkeiten und Haltungen zu entwickeln. Werden die Felduntersuchungen in der eigenen Umwelt durchgeführt, so kann damit gerechnet werden, dass sich die Schüler stärker mit ihrem Lebensraum identifizieren und einen rationalen und emotionalen Heimatbezug erhalten.
(Bailey/Fox [Hrsg.] 1996, Birkenhauer 1995, Fahn 1995, Kremb [Mod.] 1984, Kroß 1974, 1991, Marsden 1995)

Haubrich

Beispiel: geomorphologische Kartierung

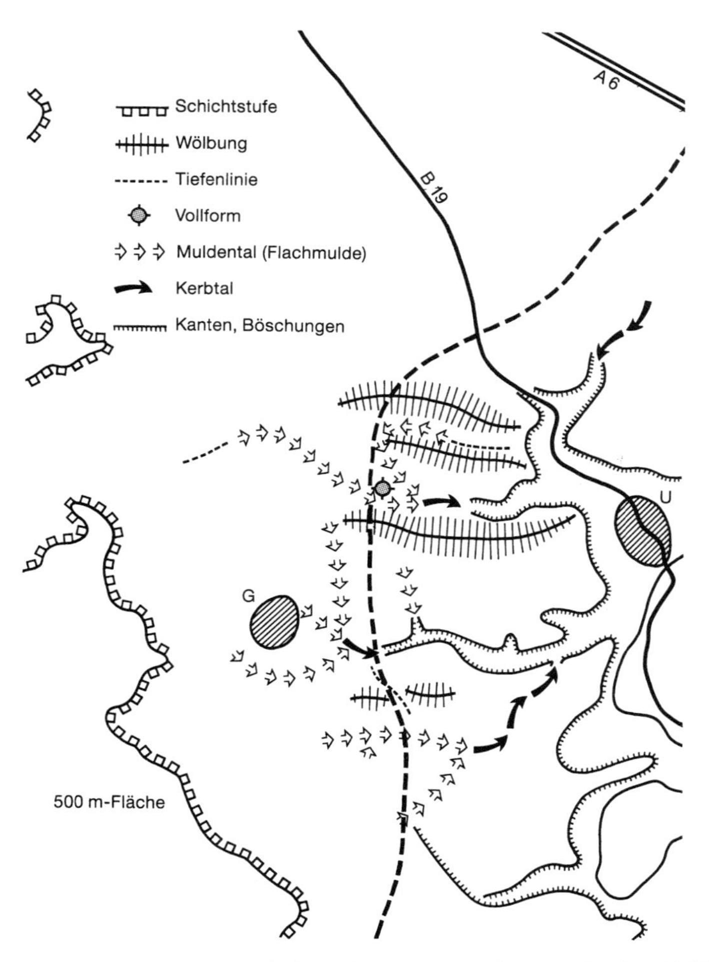

Die Abbildung zeigt eine geomorphologische Kartierung, die im Gelände mithilfe einer topographischen Karte (1 : 25000) durchgeführt wurde. Die gestrichelte Linie zeigt eine geplante Straßentrasse, sodass die Landschaftszerschneidung und die notwendigen Brückenbauten ersichtlich werden.

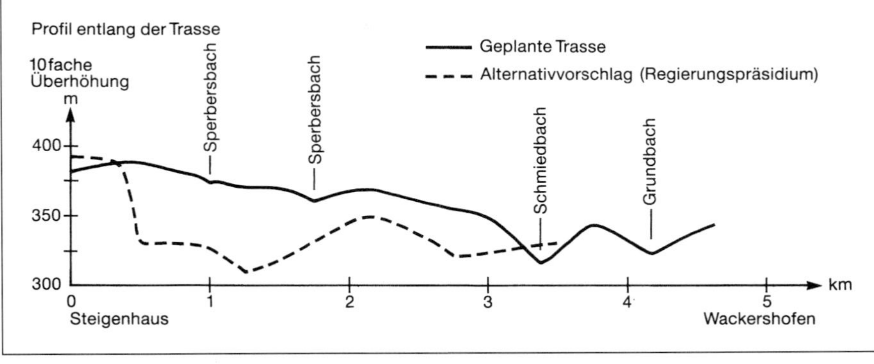

7.2.5 Handlungsorientierung

Kinder und Jugendliche eignen sich Kultur und Welt immer mehr über Medien vermittelt an. Eigenerfahrungen werden von Erfahrungen aus zweiter Hand überlagert und eingeschränkt. Diese Entwicklung führt zur Verminderung von Anregungen durch sinnlich-unmittelbare Erfahrung im tätigen Umgang mit Dingen und Menschen. Die bildhafte (ikonische) Aneignungsweise dominiert und verdeckt die Komplexität der Lebenswirklichkeit (vgl. Gudjons 1986; 1987a, S. 9). Will die Schule Handlungsfähigkeit junger Menschen aufbauen und stärken, muss sie ihre Arbeit mehr an unmittelbaren Erfahrungen, an der Eigentätigkeit und am selbst- und mitverantwortlichen Handeln der Schüler ausrichten.

Begründung der Handlungsorientierung aus theoretischer Sicht (Bönsch 1990, S. 6):

- *Curriculumtheoretisch* ist es der Versuch das gestörte Verhältnis von Schule und Leben zu verbessern, indem der individuelle und gesellschaftliche Verwertungszusammenhang des in der Schule vermittelten Wissens für Schüler erfahrbar gemacht wird.
- *Erziehungstheoretisch* ist es der Versuch Schüler „zu Subjekten ihrer Lernprozesse zu machen," sie zu veranlassen Lernprozesse und Handlungsabläufe selbst zu planen und zu organisieren, sie zu selbstständigem und eigenverantwortlichem Handeln zu führen.
- *Motivationstheoretisch* geht es darum, durch Handlungsorientierung mehr Freude und Interesse am gemeinsamen Lernen zu erwecken.

Handlungsorientierung zielt darauf, dass sich Schüler mit den Unterrichtsabläufen und -ergebnissen identifizieren können. Dementsprechend sind Handlungen mehr als Fertigkeiten: „Es sind zielgerichtete in ihrem inneren Aufbau verstandene Vollzüge, die ein fassbares Ergebnis erzeugen" (Aebli 1983, S. 182). „Handeln und Denken bilden einen Zusammenhang, durch den Sinnhaftigkeit hergestellt wird; deshalb müssen praktisches Handeln und denkendes Nachvollziehen ... stärker ineinander verschränkt werden" (Gudjons 1987a, S. 10, vgl. S. 215).

Handlungsorientierter Unterricht zeichnet sich durch folgende Merkmale aus (Bönsch 1990, S. 7; Jank/Meyer 1991, S. 355 ff.; Volkmann 1992):

- Er ist *ganzheitlich* und hat dementsprechend mehrere Aspekte:
  - *Personaler Aspekt:* Er soll Schüler ganzheitlich ansprechen; sie sollen mit dem Kopf (ratio), aber auch mit dem Herzen, den Gefühlen, den Händen (praktisches Tun) und allen Sinnen dabei sein.
  - *Inhaltlicher Aspekt:* Unterrichtsinhalte werden aufgrund von Problemen und Fragestellungen ausgewählt (nicht aufgrund einer fachlichen Systematik). Sie ergeben sich aus dem vereinbarten Handlungsprodukt.
  - *Methodischer Aspekt:* Die ausgewählten Unterrichtsmethoden müssen ganzheitlich-flexibel und auf das ausgewogene Lernen mit Kopf, Herz und Händen abgestimmt sein. Handlungsorientiert-ganzheitliches Lernen strebt Selbstorganisation, -steuerung, Kontrolle und Selbstverantwortung des Tuns an (vgl. Albrecht 1987, Daum 1988).
- Handlungsorientiertes Lernen ist *schüleraktiv.* Dabei ist Selbsttätigkeit unverzichtbare Voraussetzung für Selbstständigkeit.
- Handlungsorientiertes Lernen knüpft an *subjektiven Erfahrungen und Interessen der Schüler* an, bleibt aber nicht dabei stehen, sondern entwickelt diese durch handelnden Umgang mit neuen Sachverhalten, Themen, Aufgaben und Problemen weiter.
- Im Zentrum handlungsorientierten Unterrichts steht die Herstellung von *Handlungsprodukten,* d. h. „veröffentlichungsfähigen materiellen und geistigen Ergebnissen der Unterrichtsarbeit" (Jank/Meyer 1991, S. 356). Sie sind in unterschiedlichen Symbolisierungsfor-

Handlungsdimensionen mit Beispielen aus der Umwelterziehung

Handlungsdimensionen — **Beispiele aus einem Aufgabenbereich**

Erforschen

Die Möglichkeiten dienen der eigenständigen Erforschung von Sachverhalten, Einstellungen und Gewohnheiten.

1. Recherchieren — Beispiele:
   - Erkundung der Art und Organisation der Müllabfuhr bei der Gemeinde/Stadt
   - Feststellung der Zahl der Flaschencontainer im Stadtteil
2. Untersuchungen — Beispiele:
   - Wasseruntersuchungen
   - Ermittlung von Waldschäden mit einem Förster
3. Befragen — Beispiele:
   - Befragung von Personen nach ihren Gewohnheiten im Umgang mit Abfällen
   - Befragung von Personen nach ihren Einstellungen zur Atommüllentsorgung

Informieren/Aufklären

Die drei Möglichkeiten zielen auf das Dokumentieren für andere (z. B. in der Pausenhalle), Mitteilungen an andere (z. B. an Eltern) und auf Werbe-, Überzeugungsaktivitäten in der Öffentlichkeit generell.

4. Dokumentieren — Beispiele:
   - Waldschutzmaßnahmen
   - Einsparung beim Energieverbrauch
5. Mitteilen — Beispiele:
   - Einsparungen beim Energieverbrauch
   - Verbesserungen im Verkehrsverhalten
6. Kampagne — Beispiele:
   - Anregung der Öffentlichkeit zum Umstieg auf öffentliche Verkehrsmittel
   - Werbung für saubere Kraftwerke

Bewegen/Verändern

Die „höchste" Aktivitätsstufe stellt sich im Bewegen/Verändern dar. In sich gestaffelt ist sie in einem Dreischritt, der vom Demonstrieren über konkrete Veränderungsaktionen bis zum eigenen Verhalten geht.

7. Demonstrieren — Beispiele:
   - Demonstration gegen Umweltsünder
   - Demonstration für die Einsparung von Verpackungsmaterial
8. Aktionen — Beispiele:
   - Reinigung eines Waldstücks
   - Anlage von Biotopen
9. Veränderung des Alltagsverhaltens — Beispiele:
   - Reinhaltung des Schulhofs
   - Differenzierte Müllentsorgung zu Hause

(nach: Bönsch 1990, S. 7)

men möglich, bieten „Gelegenheit für eine von den Schülern selbst getragene Auswertung und Kritik der Unterrichtsarbeit" (Jank/Meyer 1991, S. 356).

- Handlungsorientiertes Lernen beteiligt Schüler von Anfang an an der Zielsetzung, Planung, Durchführung, Auswertung und Umsetzung von Lernprozessen/-ergebnissen und ermöglicht so eine *Identifikation* mit ihnen („es ist unsere Sache"). „Man identifiziert sich mit etwas, wenn man es für bedeutungsvoll für sich und andere ansieht, wenn man es mittragen, mitgestalten, mitplanen ... kann, wenn es Spaß und Interesse weckt" (Bönsch 1990, S. 9).
- Lernen in Handlungsvollzügen fördert *vernetzendes Denken* durch Verknüpfung unterschiedlicher Handlungsebenen.
- Handlungsorientiertes Lernen hat *Gebrauchswert* („Damit fangen wir etwas an", Bönsch 1990, S. 7).
- Handlungsorientiertes Lernen erfordert *Öffnung der Schule.* Öffnung der Schule bedeutet nach innen: das Aufeinanderzugehen der Schüler und Lehrer (Jank/Meyer 1991, S. 358); nach außen: Bezüge zur Lebenswirklichkeit der Schüler herzustellen, sich mit ihren Interessen, Wünschen, Sorgen und Problemen auseinander zu setzen, außerschulische Lernorte aufzusuchen ohne Widersprüche und Konflikte auszusparen; es bedeutet aber auch die außerschulische Öffentlichkeit in die Schule hineinzuholen (z. B. im Rahmen von Projekten; vgl. Kap. 7.1.5).
- Handeln im Unterricht ist eine Tätigkeit, in der der Intellekt zielgerichtet steuert und deren Ergebnis das Wissen erweitert. Denken, Handeln und Wissen stehen in einem wechselseitigen Bezug zueinander ... Handeln im „unterrichtlichen Sinne wird damit zu einem notwendigen Bestandteil des Erkenntnisprozesses" (Volkmann 1992, S. 71).

Es gilt, subjektive Interessen und Erfahrungen im Unterricht aufzugreifen, sie bewusst zu machen und so vor dem Hintergrund einfließender neuer Informationen zu verarbeiten und aus einer „aufgeklärten" Perspektive mit objektiven *Sachverhalten, gesellschaftlichen Anforderungen, Zwängen und Interessen* in Zusammenhang zu bringen und für Urteilen und Handeln verfügbar zu machen.

Erziehung zur Selbstständigkeit durch Selbsttätigkeit macht den Lehrer nicht überflüssig, seine Aufgabe liegt darin, im Unterricht vielfältige Möglichkeiten zu eigenem Tun zu schaffen und Schüler „anzuleiten ihr eigenes Tun zu reflektieren ... Handlungsorientierter Unterricht schafft einen Rahmen für die Selbstdisziplinierung der Schüler" (H. Meyer 1993, Bd. II, S. 418 f.).
Handlungsorientierung ersetzt aber nicht andere Unterrichtsformen. Handlungsorientierung ist ein Unterrichtsprinzip, das sich nur in kleinen aufeinander aufbauenden Schritten entwickeln lässt, indem versucht wird, „Kopf- und Handarbeit in ein ausgewogenes Verhältnis zu bringen und zugleich den Anteil der *Selbstständigkeit der Schüler* zu erhöhen" (H. Meyer 1993, Bd. II, S. 395; vgl. S. 217)
Handlungsorientiertes Lernen führt letztendlich in die gesellschaftliche Realität hinein, indem es die Wechselbezüge zwischen „individueller Existenz und gesellschaftlichem Prozessbewusstsein deutlich macht" (Bönsch 1990, S. 9) und damit eine emanzipatorische Funktion erfüllt. Somit aber erhalten Lernanregungen aus der Umwelt und dem Lebensalltag der Schüler zentrale Bedeutung. In der Verknüpfung von Denken und Handeln ergänzen sich Handlungs- und Wissenschaftsorientierung (vgl. Kap. 4.7), Theorie und Praxis befruchten sich wechselseitig.

Engelhard

Das Schulzimmer als Handlungs-„Raum“ Beispiel: Das Nord-Süd-Gefälle

Einführungsstunde in einer 8. Klasse (gekürzt und leicht verändert: L = Lehrer, S = Schüler)

Die Frage, die wir uns zu stellen haben, ist: Wie gelingt es uns, die Schüler zu einer aktiven Auseinandersetzung mit der Wirklichkeit zu bewegen? Wodurch sind Schüler heutzutage noch „vom Hocker zu reißen“? In dieser salopp formulierten Frage liegt die Antwort: Weg mit den Tischen und auf von den Stühlen!
Lernziel der Unterrichtsstunde: Den Schülern sollen die krassen Unterschiede zwischen Industrie- und Entwicklungsländern bewusst werden, und zwar bezüglich der Verteilung der Weltbevölkerung, der Einkommensunterschiede und der Ernährungssituation. Diese Zielsetzung spiegelt auch den Verlauf der Unterrichtsstunde wider.

Zur Unterrichtsvorbereitung
Der Lehrer hat die Umrisse der Kontinente in entsprechender Größe auf Karton und stellt mehrere Folien bereit.

Zum Verlauf der Unterrichtsstunde
Die Klasse bildet einen Sitzkreis. Der Lehrer teilt das Rund des Sitzkreises mit Klebestreifen in fünf Sektoren auf und legt in die einzelnen Sektoren die aus Pappe ausgeschnittenen Kontinente. Dabei verwendet er für die Trennlinien zwischen den Nord- und den Südkontinenten andersfarbiges oder dickeres Klebeband.
L: „Die Welt liegt uns zu Füßen, sie ist durch zwei verschiedene Farben in zwei Hälften geteilt.“
S: Vergleichen (Größe, Lage etc.) und diskutieren!
L: „Ihr 24 Schülerinnen und Schüler stellt nun die Weltbevölkerung dar, also rund sechs Milliarden Menschen. Jeder von euch symbolisiert folglich etwa 250 Millionen Menschen. Verteilt euch auf die fünf Kontinente!“
S: Verlassen ihre Plätze und stellen sich so auf die verschiedenen Kontinente, wie sie es für richtig halten!
L: Zeigt den Schülern nun die tatsächliche Verteilung der Weltbevölkerung anhand einer ersten Folie.
S: Korrigieren ihr Ergebnis und diskutieren!
L: „Eure Stühle symbolisieren das Welteinkommen: 10 000 Milliarden US-Dollar. Verteilt das Einkommen, wobei jede Kontinentgruppe sich so viele Stühle nehmen soll, wie sie glaubt, dass ihr zustehen!“
Der Lehrer stellt anhand einer Folie die tatsächliche Verteilung des Welteinkommens dar. Er fordert die Schüler auf ihr Ergebnis zu korrigieren und hält es in Form eines Tafelbildes fest. Anhand einer weiteren Karikatur kann es zu einer Diskussion über die Verteilung des Welteinkommens kommen.
L: Legt nun einen Kranz mit 24 Brötchen in die Mitte der Klasse!
„Dieses Brot soll die Weltbevölkerung ernähren. Ein Brötchen soll dem durchschnittlichen Energiebedarf eines Menschen pro Tag entsprechen, nämlich 2500 Kilokalorien. Diese 24 Brötchen würden für uns alle reichen, wenn wir sie gerecht verteilen. Aber die Wirklichkeit sieht so aus: 8 Brötchen an die Bevölkerung der Industriestaaten, 14 Brötchen erhalten die Menschen in den Entwicklungsländern. Verteilt die Brötchen entsprechend.“
S: Verteilen die Brötchen und diskutieren!
L: „Pro Kopf der Bevölkerung stehen jedem Menschen in den Industriestaaten 3700 Kilokalorien pro Tag zur Verfügung, in den Entwicklungsländern aber nur 1800 Kilokalorien.“
L: Vervollständigt Tafelbild und legt eventl. eine entsprechende Folie auf!
S: Diskutieren!

(aus: Brucker/Seitzinger 1990, S. 20–22)

7.2.6 Offenes Lernen

Das Konzept des offenen Unterrichts ist eine der Antworten auf die vielfachen Veränderungen der Kinder und Jugendlichen von heute (vgl. Kap. 3.2). „Die zentrale Idee des offenen Unterrichts ist die konsequente Umsetzung der Erziehungsziele Selbstständigkeit und Mündigkeit in entsprechende Unterrichtspraktiken" (Gudjons 1992, S. 24/25). Um das *eigenverantwortliche Lernen* zu fördern, werden – in Anlehnung an Unterrichtsmethoden der Reformpädagogik – in hohem Maße individuelle Lernwege und Selbststeuerung zugelassen. Dazu sind verschiedene Formen von Offenheit möglich (vgl. Bastian 1995, Wallrabenstein 1993), z. B. Verlaufsoffenheit, Inhaltsoffenheit oder Ergebnisoffenheit. Der Geographieunterricht bietet durch die Vielfalt der Material- und Arbeitsmöglichkeiten sehr günstige Bedingungen für offenes Lernen, die bisher aber noch wenig genutzt werden.
Die Aufgaben des Lehrers bestehen beim offenem Lernen zum einen in der Auswahl und Gestaltung von motivierendem Material, zum anderen im beratenden Begleiten des Lernens selbst. Er muss einerseits eigene Entscheidungen und Selbstverantwortung zulassen, zugleich aber dennoch helfend und ggf. auch korrigierend mitwirken.

Stationenlernen und Lernzirkel. Hier arbeiten verschiedene Schüler gleichzeitig an unterschiedlichen Stationen, die im Klassenzimmer aufgebaut sind (vgl. Knapp 1996, Rasch 1995). Die Schüler finden an jeder Station Materialien und Aufgaben vor, die möglichst selbstständig bearbeitet werden sollen. Die *Verweildauer* bestimmen die Schüler selbst, dabei ist auch eine Zusammenarbeit mit Mitschülern möglich. Beim Lernzirkel ist – im Gegensatz zum freieren Stationenlernen – eine bestimmte *Reihenfolge* einzuhalten. Gegenüber anderen offenen Formen ist das Lernen stärker gesteuert. Erarbeitungs- und Übungsformen lassen sich so auch im Geographieunterricht schülernah und abwechslungsreich gestalten (vgl. S. 219).

Wochenplanarbeit (vgl. Vaupel 1996). Ein hinsichtlich Umfang und Niveau differenziertes Aufgabenangebot soll in einem bestimmten Zeitraum bearbeitet werden. Den Schülern wird die Entscheidung darüber überlassen, „wann sie sich mit welchen Zielen und Inhalten befassen wollen. Es kommt dabei gleichsam zu einem Vertrag des einzelnen Schülers mit dem Lehrer über die Lernarbeit in der einen Woche" (Peterßen 1997, S. 128). Die *Wochenlernarbeit,* die sowohl Unterrichts- als auch Hausaufgabenzeit einschließt, kann also weitgehend frei gestaltet werden. Am Ende der Woche werden die Arbeitsergebnisse gemeinsam erörtert, ggf. verbessert und ergänzt. Das Aufgabenpaket des Wochenplans enthält Pflicht- und Wahlaufgaben mit den dazugehörigen Materialien, ggf. auch Kontrollblätter. Für den in der Regel nur ein- bis zweistündigen Geographieunterricht bietet es sich an, die Arbeitsphase gelegentlich über mehr als eine Woche auszuweiten.

Freiarbeit ist die konsequenteste Form offenen Unterrichts (vgl. Peterßen 1997, Potthoff 1992). Die Schüler gehen weitgehend eigenständige Lernwege anhand ausgewählter und aufbereiteter Materialien, d. h. sie können – im einem vorgegebenen Rahmen – selbst über die Vorgehensweise und die Schwerpunkte entscheiden. Freilich findet auch dieses Lernen in abgesteckten Bahnen statt, aber es lässt viel Freiheit hinsichtlich des Arbeitstempos, der Inhaltsauswahl, der Methoden und der Sozialformen. Um dieses Lernen effektiv zu machen, müssen die Materialien besonders schülergerecht und aufforderungsstark ausgewählt und gestaltet sein.

Projektlernen ist ebenfalls eine Form offenen Lernens, die im Geographieunterricht besondere Akzeptanz gefunden hat (vgl. Kap. 7.1.5).

Kirchberg

Beispiel für einen Lernzirkel zum Thema „Atlasarbeit“

Übung macht den Meister – und Spaß!

- Legt die Aufgaben der elf Stationen an einem geeigneten Platz im Klassenzimmer aus!
- Ihr könnt besonders gut arbeiten, wenn ihr die Tische und Stühle in eurem Klassenzimmer etwas umstellt. Natürlich können auch alle Arbeitsaufgaben in Einzel- und Partnerarbeit an eurem normalen Sitzplatz durchgeführt werden.
- Achtet darauf, dass an jeder Station das zur Lösung der Aufgaben benötigte Material bereitliegt! Teilt euch in Gruppen ein! Jede Gruppe ist für die Vorbereitung einer Station verantwortlich.
- Die Lösungen stehen jeweils auf der Rückseite der Aufgabenkarten oder -blätter (wenn ihr selbst einen Lernzirkel gestaltet). Oder aber sie liegen an der „Lösungskontrollstation“ (= Station 12).
- Bearbeitet nun alle Stationen in der von euch festgelegten Reihenfolge in
  Einzelarbeit •
  Partnerarbeit oder ••
  Gruppenarbeit •••!
  Begebt euch in Gruppen von Station zu Station, wobei jedes Team an einer anderen Station startet!
- Ihr könnt die Stationen als Pflicht- und Kürprogramm durchlaufen. Legt für die Durchführung der Aufgaben eine bestimmte Zeit fest! Besprecht mit eurem Lehrer, welche Stationen Pflicht sind! Zum Beispiel: 1, 2, 5, 6, 7 und 9. Von den restlichen Stationen wählt dann noch diejenigen aus, die ihr bis zum Ablauf der vorgegebenen Arbeitszeit erledigen könnt!
- Vergleicht zum Schluss eure Arbeiten mit den Lösungen!
- Korrigiert, wenn nötig, eure Fehler!

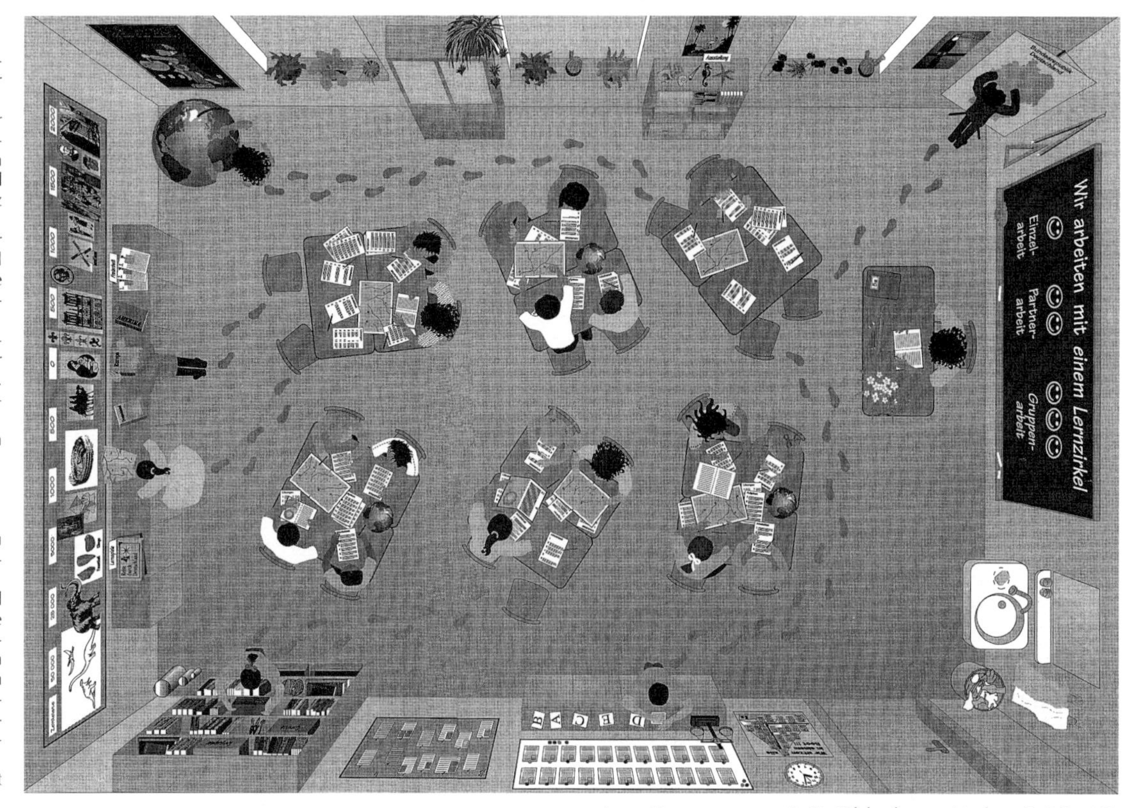

(aus: Begegnungen 5, R. Oldenbourg Verlag, S. 20–21)

7.2.7 Üben und Wiederholen

Mit dem Erarbeiten einer Sache, einer Erkenntnis oder eines Verfahrens ist das Lernen noch keinesfalls abgeschlossen. Auch die Stofffülle im Geographieunterricht darf nicht dazu verleiten, das Üben und Wiederholen zu vernachlässigen (vgl. Schwarz 1985, 1986), sonst ist die Nachhaltigkeit der Lernergebnisse gefährdet. Das Üben und Wiederholen dient daher vorrangig der „Konsolidierung des Gelernten" (Aebli 1983, S. 328), es zielt auf eine *längerfristige Verfügbarkeit der Lernergebnisse.* Zugleich ist das Üben der eigentliche Lernschritt der *Aneignung.*

Lernbereiche. Nicht bei allen Lernbereichen ist das Üben gleich wichtig. In den meisten Fällen ist das Üben aber unverzichtbar, z. B. zum Einprägen von *Kenntnissen* (z. B. Topographie), zum Lebendigerhalten von *Einsichten* (z. B. Standortfaktoren der Industrie) oder zur Automatisierung von *Fertigkeiten* (z. B. Umgang mit dem Atlas).

Erscheinungsformen der Übung (vgl. Eisenhut u. a. 1981, S. 35). Bei der *direkten* Übung ist das Einprägen ein eigener Unterrichtsschritt mit dem vorrangigen Ziel der Förderung des Behaltens. Die *indirekte* Übung wird von den Schülern meist gar nicht als Übung wahrgenommen; bei der Bewältigung jeder Aufgabe werden Tätigkeiten und Kenntnisse früheren Unterrichts mitgeübt. Das *verteilte* Üben greift wiederholt und regelmäßig wiederkehrend vorausgegangene Unterrichtsergebnisse auf; seine Wirkungen sind deutlich nachhaltiger als beim punktuellen Üben.

Prinzipien für das Üben. Die Gefahr der Vernachlässigung des Übens entsteht meist nicht dadurch, dass der Lehrer das Üben für unwichtig hält, sondern weil die Unterrichtssituation „Üben und Wiederholen" scheinbar so wenig Reiz hat. Insbesondere aus den Erkenntnissen der Gedächtnispsychologie lassen sich jedoch Prinzipien ableiten, wie Üben und Einprägen im Unterricht interessant und wirkungsvoll gestaltet werden können (vgl. Bönsch 1988, Eisenhut u. a. 1981, H. Meyer 1993):

- Das Üben braucht *eigene Motivierungshilfen* (vgl. Kap. 3.7). Der Erfolg ist dann höher, wenn der Gegenstand oder das Ziel der Übung für den Schüler bedeutsam ist. Ergebnisse interessanten Unterrichts prägen sich z. B. leichter ein. Oder: Der Schüler übt Arbeitstechniken lieber, für die er konkrete Verwendungssituationen sieht.
- Der Erfolg des Übens ist vom Grad der *Selbsttätigkeit* abhängig. Aktive, handlungsorientierte Übungsformen sind wesentlich wirkungsvoller als mechanisches Auswendiglernen (das zuweilen aber auch sein muss). Rätsel, Spiele, Reisesimulationen o. a. eignen sich z. B. sehr für topographische Übungen. Einander Aufgaben stellen, einander abfragen, einander erklären: das sind Beispiele für aktive *soziale Übungsformen.*
- Das Einprägen *strukturierter Sachverhalte* fällt leichter als das Üben unzusammenhängender Einzelaussagen. Die logische Verknüpfung des zu Lernenden kann z. B. durch ein Tafelbild verdeutlicht werden.
- Das wichtigste Grundprinzip des Übens ist das *Wiederholen.* Häufige Kurzübungen erweisen sich wirksamer als gelegentliche lange Wiederholung.
- Auch das *Üben muss geübt werden.* Der Schüler muss wissen, was übenswert ist, er muss Übungstechniken kennen lernen und muss durch Erfahrung auch sein individuelles Übungsvermögen (Lerntyp, Lernrhythmus u. a.) erkennen (vgl. Speichert 1985). Deshalb ist es falsch, das Üben vorrangig in die Hausaufgaben zu verlagern (vgl. Kap. 7.2.9).

Kirchberg

Topographierätsel: Der Mittelmeerraum

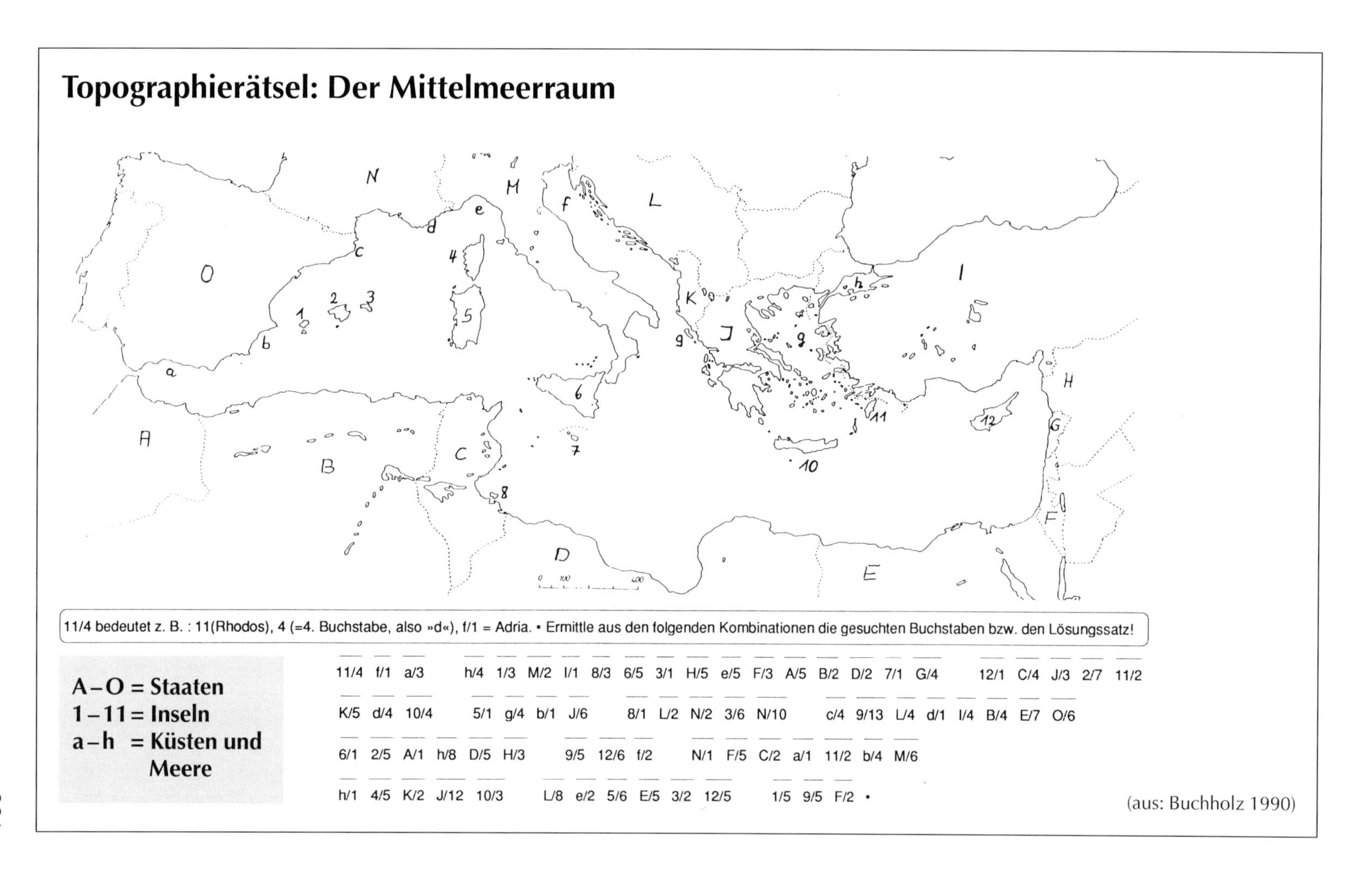

11/4 bedeutet z. B. : 11(Rhodos), 4 (=4. Buchstabe, also »d«), f/1 = Adria. • Ermittle aus den folgenden Kombinationen die gesuchten Buchstaben bzw. den Lösungssatz!

A – O = Staaten
1 – 11 = Inseln
a – h = Küsten und Meere

11/4 f/1 a/3 h/4 1/3 M/2 I/1 8/3 6/5 3/1 H/5 e/5 F/3 A/5 B/2 D/2 7/1 G/4 12/1 C/4 J/3 2/7 11/2

K/5 d/4 10/4 5/1 g/4 b/1 J/6 8/1 L/2 N/2 3/6 N/10 c/4 9/13 L/4 d/1 I/4 B/4 E/7 O/6

6/1 2/5 A/1 h/8 D/5 H/3 9/5 12/6 f/2 N/1 F/5 C/2 a/1 11/2 b/4 M/6

h/1 4/5 K/2 J/12 10/3 L/8 e/2 5/6 E/5 3/2 12/5 1/5 9/5 F/2 •

(aus: Buchholz 1990)

7.2.8 Anwenden und Vertiefen

Das Anwenden wird häufig unmittelbar zusammen mit dem Üben dargestellt. Zwar wirken auch beim Anwenden zweifellos Übungseffekte mit, aber es ist ein *eigenständiger Lernschritt,* dem die Wiederholung und Festigung bereits vorausgegangen sein muss (vgl. Aebli 1983, S. 352 ff.; Roth 1976, S. 282 ff.).

Formen der Anwendung. Aebli (1983, S. 359 f.) unterscheidet zwei grundsätzlich verschiedene Formen. Die *erkennende* Anwendung benutzt die bekannten Begriffe, Regeln, Muster, Methoden usw. um eine Gegebenheit (Situation, Gegenstand, Problem) fassbar und durchsichtig zu machen, sie also zu erklären. Die *herstellende* Anwendung ist dadurch gekennzeichnet, dass eine relativ „leere", offene Situation gegeben ist, die aktiv gestaltet werden soll.
Im Geographieunterricht ist beides möglich: das erkennende Anwenden, z. B. bei einem regionalen Transfer (vgl. Kap. 3.6), die herstellende Anwendung, z. B. bei einem Projekt. Beide Anwendungsformen führen zu vertiefenden Einsichten. Anders gesagt: Anwenden ist keine Aktion *nach* dem Lernen, sondern ist Lernen selbst. Als Veranschaulichung, als Konkretisierung, als aktives Tun entspricht das Anwenden der *Vertiefung* im Sinne der Formalstufen von Herbart (vgl. H. Meyer 1993, Bd. II, S. 166 ff.) oder der Stufe des Bereitstellens, der Übertragung und der Integration bei Roth (1976, S. 282 ff.). *Anwendendes Lernen* ist immer auch *vertiefendes Lernen* mit einem möglichst hohen Maß an Selbstständigkeit und aktivem Handeln des Schülers.

Regeln für das Anwenden im Geographieunterricht:
1. Der Geographieunterricht ist generell anwendungsbezogen. Der Lehrer muss sich *Rechenschaft* darüber ablegen, welche Anwendungen er anstrebt – und dies innerhalb des Fachs, in den Nachbarfächern und in der konkreten Lebenspraxis.
2. Echte Anwendungsprobleme sind *schwierig und komplex.* Dennoch muss sich der Unterricht des Lernschritts „Anwenden" gezielt annehmen, weil auch die Übertragung selbst gelernt und gelehrt werden muss (vgl. Kap. 3.6).
3. Es gibt auch viele *einfachere Anwendungen,* die bereits in den unteren Klassen angebracht sind, z. B. einen Begriff anwenden, eine Vorgehensweise übertragen usw. Auch das Vergleichen kann eine Form des Anwendens sein (vgl. Kap. 7.3.3).
4. Selbst das *fragend-entwickelnde Verfahren* fordert vom Schüler das Anwenden, z. B. von Begriffen und Handlungen. Hinweise, Aufforderungen und Lehrerfrage leiten den Schüler zu Ideen und Gesichtspunkten, die ihm ein Anwenden seiner Kenntnisse und Erfahrungen ermöglichen. Das Ziel ist das immer selbstständiger werdende Anwenden.
5. Anwendendes Lernen ist in hohem Maße *selbsttätiges Lernen,* das im Prozess vielfältige Erfahrungen ermöglicht. Zugleich ist es hinsichtlich des Produkts ein *offenes Lernen.* Je komplexer die Anwendungsaufgabe ist, umso mehr Lösungen und Ergebnisse sind möglich. Ein wichtiges Ziel ist die Einsicht in die Anwendungssituation, nicht nur das Finden einer Antwort.
6. Der Geographieunterricht bietet viele Möglichkeiten des Anwendens in aktivem Handeln. Solche *handlungsorientierten Konzepte* (vgl. Kap. 7.2.5) liegen z. B. Projekten, Planspielen, Erkundungen, aktivem Experimentieren usw. zugrunde. Hierbei werden bestimmte Konzepte, Begriffe, Theorien, Vorstellungen, Methoden u. a. in eine neue Situation eingebracht. Die Ergebnisse und Erfahrungen solchen Anwendens (vgl. S. 223) können zugleich Ansatzpunkte neuer Lernschritte sein.

Kirchberg

„Ideenkiste“ für handlungsorientierte Anwendungsprodukte im Geographieunterricht

- Eine (Wand-)Zeitung zu den Ereignissen eines Landes machen
- Eine Reportage zu Fragen der Stadtsanierung durchführen
- Sich im Gelände mit Karte und Kompass orientieren
- Eine Sammelmappe (z. B. für alle Unterrichtsthemen des Schuljahres) anlegen
- Einem Minister/Bürgermeister/Botschafter einen Brief schreiben und um Informationen zu einer Sache bitten
- Ein Spiel ausdenken, das einer geographischen Situation entspricht (z. B. Industrieland – Entwicklungsland)
- In Gruppen Unterricht zu einem bestimmten Thema vorbereiten und gestalten
- Einen Videofilm zum Thema „Stadtviertel“ anfertigen
- Aufgrund von Karten und Prospekten Unternehmungen für die Klassenfahrt erkunden und vorbereiten
- Ein Landschaftsmodell des Heimatraums bauen
- Das Wetter am Schulort über einen längeren Zeitraum messen und beobachten; mit der Wettervorhersage vergleichen
- Einen Bauernhof-/Industriebetriebsbesuch vorbereiten und anschließend auswerten
- Die Stockwerknutzung der Innenstadt (oder einer Geschäftsstraße) nach einem selbst ausgearbeiteten Schema kartieren
- Ein Staudammmodell basteln
- Die Abteilung „Geographie“ in der Schulbibliothek auf ihre Brauchbarkeit prüfen und ggf. neu ordnen
- Eine Ausstellung über eine Region/ein Land vorbereiten
- Den Geographielehrer auf seine Topographiekenntnisse hin testen
- Eine neue Wandkarte von Afrika anfertigen
- Die Freizeitmöglichkeiten des Nahraums studieren, diskutieren und ggf. kritisieren
- Mit einem Entwicklungshelfer reden
- Einen kleinen Stadtführer ausarbeiten
- Eine Gesteinssammlung anlegen
- Alle Arbeiten auf einem Stück Ackerland im Laufe eines Jahres registrieren und ihre Notwendigkeit erfragen
- Aus der Zeitung täglich die Wetterkarte ausschneiden und die Wetterentwicklung für eine Weile verfolgen
- Einen Grundriss der Schule anfertigen
- Eine Diskussion über ein aktuelles Thema mit verteilten Rollen führen
- Auf einem Elternabend vorstellen, was im Erdkundeunterricht so alles gemacht wird.

(Entwurf: Kirchberg; vgl. H. Meyer 1993, Bd. II, S. 158–160)

7.2.9 Hausaufgaben

Obwohl Hausaufgaben in aller Regel mit bester Absicht gestellt werden, ist ihre *Wirksamkeit* umstritten. Wie empirische Untersuchungen belegen, fehlt dem blinden Glauben an die Effektivität von Hausaufgaben oft die reale Grundlage. Zuweilen neutralisieren sich die vielfältigen Funktionen gegenseitig. Wenn die Hausaufgaben z. B. einen eigenen Beitrag zum schulischen Lernen leisten sollen, dann kann nicht einfach ein „Überhang" in die häusliche Arbeit verlagert werden.

Kritik an der Hausaufgabenpraxis. Die Skepsis gegenüber der Wirksamkeit von Hausaufgaben bezieht sich nicht primär auf diese Art von Arbeitsaufträgen überhaupt, sondern sie entsteht aus einer Kritik an der herrschenden *Hausaufgabenpraxis* (vgl. Becker/Kohler 1992, ferner für den Geographieunterricht Busse/Ströhlein 1982):

- Hausaufgaben werden vielfach recht zufällig und willkürlich gestellt, ohne qualifizierte didaktische Vorbereitung in der Unterrichtsplanung.
- Hausaufgaben werden bevorzugt am Stundenende erteilt, ohne Möglichkeiten für die Schüler Rückfragen zu stellen oder um Hilfen zu bitten.
- Hausaufgaben haben mitunter den Charakter einer bloßen Beschäftigungs- oder gar Disziplinierungsfunktion, ohne echten Bezug zum Lernprozess.
- Hausaufgaben werden meist einseitig in der Form von Übungs- oder Wiederholungsaufgaben gestellt, obwohl sich der Unterricht gerade diesen wichtigen Lernschritten mehr annehmen müsste.
- Hausaufgaben werden viel zu wenig in den Unterricht integriert, ihre Überprüfung ist oft nur eine Kontrolle ohne unterrichtliche Konsequenzen.

Diese und andere Mängel der Hausaufgabenwirklichkeit sind mit verantwortlich für die Lehrern und Eltern bekannten Schülerreaktionen. Sie verhindern, dass die Schüler in Hausaufgaben eine wirkliche Lernchance für sich erkennen.

Konsequenzen für die Hausaufgabengestaltung. Die pädagogische Ausgestaltung von Hausaufgaben muss somit sowohl beim Unterricht (Integration der Hausaufgaben) als auch beim Schüler (Motivation für Hausaufgaben) ansetzen. Freilich erfordert dies *Konsequenzen* auch im Geographieunterricht (z. T. nach: Becker/Kohler 1992, v. Derschau [Hrsg.] 1979, Petersen/Reinert/Stephan 1990, Winkeler 1979; vgl. auch fachspezifisch Busse/Ströhlein 1979, Kirchberg 1982a):

- Hausaufgaben sollen keine improvisierten Arbeitsanweisungen sein. Eine *sorgfältige Vorbereitung* im Rahmen der Unterrichtsplanung (vgl. Kap. 10.10.4) ist vor allem deshalb notwendig, weil der Lehrer nicht wie im Unterricht die Möglichkeit hat nachträglich erläuternd oder korrigierend einzugreifen. Eine verantwortungsbewusste Planung schließt natürlich eine sich spontan aus dem Unterrichtsverlauf ergebende sinnvolle Hausaufgabe nicht aus.

- Hausaufgaben sollen ein *integrierter Bestandteil des Lernprozesses* sein. Das bedeutet nicht nur, dass sie aus dem Sinnzusammenhang des Unterrichts erwachsen, sondern auch, dass ihre Ergebnisse im Unterricht wieder aufgegriffen, aus- und weiterverwertet werden. Der Schüler muss individuelle Rückmeldungen bekommen und erfahren, dass seine häusliche Tätigkeit für das weitere Fortschreiten des Unterrichts von wesentlicher Bedeutung ist.

Hausaufgabenbeispiele für eine Unterrichtsstunde

Thema der Stunde: Standortfaktoren der Industrie am Golf von Fos

1 Nachbereitende Hausaufgaben

1.1 Stelle in einer Liste zusammen, welche Überlegungen die Entscheidung für einen Industriestandort beeinflussen.

1.2 Schreibe die Vorteile und Nachteile des Industriestandorts Fos in einer Tabelle nebeneinander.

2 Vorbereitende Hausaufgaben

2.1 Trage in eine Umrisskarte Westeuropas mit verschiedenen Zeichen die Standorte von Eisen- und Stahlerzeugung, von Buntmetall- und Aluminiumverhüttung und von Erdölraffinerien ein; benutze dazu die Karten im Atlas.

2.2 Stelle Vermutungen zusammen, warum die Region Fos trotz ihrer Standortnachteile zu einem Industriegebiet ausgebaut wurde.

3 Anwendende Hausaufgaben

3.1 Vergleiche die Standortgegebenheiten der Industrie am Golf von Fos mit denen von Bremen/Bremerhaven.

3.2 Auch die Landwirtschaft ist an bestimmte Standortvoraussetzungen gebunden. Welche Faktoren entsprechen denen der Industrie, wo liegen Unterschiede?

4 Differenzierende Hausaufgaben

4.1 Vergleiche die Standortgegebenheiten der Industrie am Golf von Fos mit denen einer Industrieregion in der Bundesrepublik Deutschland. Du kannst das Vergleichsbeispiel selbst auswählen und den Vergleich mit dem Atlas oder mit den Angaben im Schulbuch durchführen.

4.2 Als Hausaufgabe sollst du den Hefteintrag nochmal durchdenken und ihn dir einprägen. Wenn du willst, kannst du auch zusätzlich versuchen für ein anderes Industriegebiet in Europa solche Vor- und Nachteile seines Standorts in ähnlicher Form gegenüberzustellen.

5 Längerfristige Hausaufgaben

5.1 Auch an unserem Schulort gibt es Industrie. Du sollst zusammen mit einigen Klassenkameraden einen solchen Betrieb aufsuchen und dort z. B. erkunden:

- Was wird hergestellt?
- Woher kommen die Rohstoffe?
- Warum ist der Industriebetrieb gerade hier?
- Was ist günstig/ungünstig an diesem Standort?

Versucht zunächst einmal bis Mittwoch in Erfahrung zu bringen, welche größeren Betriebe es hier überhaupt gibt und welche sich für eine solche Erkundung eignen würden!

- Hausaufgaben sollen weniger auf mechanisch-gedächtnismäßige Reproduktion, sondern *anwendungsbezogen* konzipiert werden. Natürlich ist auch häusliches Üben und Wiederholen zuweilen angebracht, aber dazu muss der Schüler auch die Techniken erfolgreichen Übens bereits beherrschen. Produktiv-kreative Aufgabenstellungen haben gerade im Geographieunterricht einen wesentlich stärkeren Arbeitsanreiz, weil sie eine eigene Leistung und damit ein Stück Selbstverwirklichung ermöglichen.

- Hausaufgaben sollen *selbstständiges Denken und Arbeiten* herausfordern, worauf der Unterricht vorbereitet. „In den Hausaufgaben kann und sollte nur so viel an Selbstständigkeit und Selbstverantwortung erwartet werden, wie in der Schule zugestanden und im Unterricht erprobt, geübt und realisiert worden ist" (v. Derschau 1979, S. 44).

- Hausaufgaben sollen nach Möglichkeit eine *Verknüpfung von Schule und Leben,* von Unterricht und außerschulischen Erfahrungsfeldern herstellen, was sich im Geographieunterricht an vielen Stellen anbietet. Hierin besteht eine nicht zu unterschätzende Lernchance, weil der Schüler sich dadurch mit lebensbezogenen, persönlich bedeutsamen Themen befasst und dies „als sinnvolles Lernen an der eigenen Wirklichkeit und für die eigene Lebenswelt erfahren" kann (Winkeler 1979, S. 54f.).

- Hausaufgaben sollen die zahlreichen didaktischen und methodischen *Bearbeitungsformen* aufgreifen. Aus vorbereitenden Hausaufgaben ergeben sich z. B. wesentlich anregendere Impulse für das Unterrichtsgeschehen als bei der vorherrschenden Praxis der nachbereitenden Aufgabenstellung; zudem überlässt sie dem Schüler meist sehr viel mehr Spielraum und Eigeninitiative. Auch die Fülle der methodischen Variationen könnte die Hausaufgabenstellung in Geographie beleben: sammeln, erkunden, sichten, entwerfen, illustrieren, vergleichen, zusammenfassen, übertragen usw.

- Hausaufgaben sollen Möglichkeiten zur *Differenzierung* bieten (vgl. Sturm 1982). Nur so kann die Hausaufgabenpraxis die individuellen Fähigkeiten und Bedürfnisse berücksichtigen und Über- bzw. Unterforderung vermeiden. Die verbreitete Praxis, der ganzen Klasse dieselben Aufgaben zu stellen, ist pädagogisch bedenklich. Nicht immer wird eine Differenzierung nach Lerninteresse (Themenstellung) möglich sein, aber eine Differenzierung nach Schwierigkeitsgrad oder nach Bearbeitungsverfahren bietet sich oft an. Hier liegt eine Chance die Hausaufgaben zu einem wirklichen Lernangebot zu machen.

- Hausaufgaben sollen mit zunehmendem Alter der Schüler auch *längerfristig* erteilt werden. Gerade vorbereitende Hausaufgaben, die zu Selbsttätigkeit herausfordern, verlangen vom Schüler eine vorausschauende Arbeitsplanung und Zeiteinteilung. Selbstverständlich bedürfen solche längerfristigen Arbeitsaufträge der sorgfältigen Einführung und Betreuung.

- Hausaufgaben sollen nur dann gegeben werden, wenn sie *notwendig* sind. Werden sie nur aus purer Lehrergewohnheit gestellt, bleiben sie für den Schüler eine funktionslose Pflichtübung. Er erlebt sie nicht als bereichernde Lernerfahrung, sondern als fremdbestimmten Zwang, dem er möglichst ausweichen wird. *Kirchberg*

Ein motivierendes Hausaufgabenbeispiel

Der Chinafächer

Name:	Klasse:	Datum:

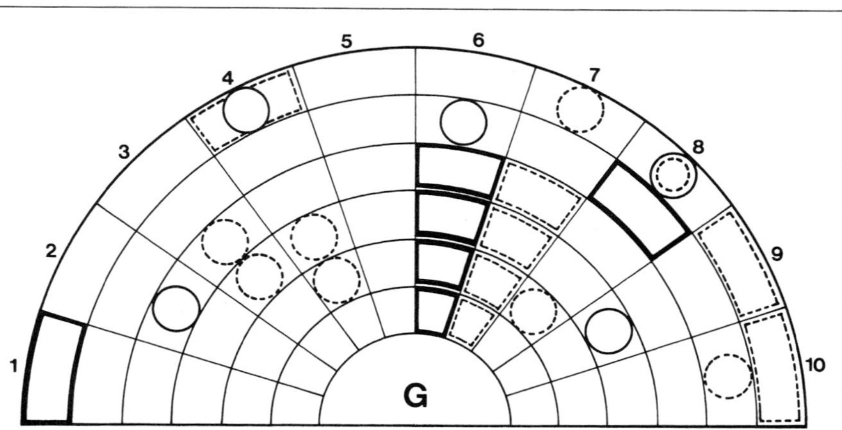

In den Fächer sind zehn Wörter von außen nach innen einzutragen. Sieben von ihnen bestehen aus sechs Buchstaben, drei aus sieben Buchstaben, von denen das G bereits eingetragen ist.
Die ersten Buchstaben der gesuchten zehn Wörter nennen, von links nach rechts gelesen, ein chinesisches Hochgebirge.
Die Buchstaben in den besonders gekennzeichneten Kästchen werden jeweils von links nach rechts und von oben nach unten zusammengesetzt.
Sie ergeben folgende Bedeutungen:

- ◯ Hauptstadt Tibets
- ☐ Hauptstadt der südchinesischen Provinz Guangdong
- ◌ (gestrichelter Kreis) Hafenstadt am Ostchinesischen Meer
- ⬚ (gestricheltes Kästchen) Hauptstadt der Provinz Gansu

1 Hauptstadt der südchinesischen Provinz Yunnan
2 Grenzfluss zwischen China und Russland
3 Hafenstadt in der Provinz Zhejiang
4 Stadt in der Provinz Sichuan, südlich von Chengdu
5 Hauptstadt der Autonomen Region Xinjiang (der letzte Buchstabe entfällt)
6 Stadt in der Provinz Jiangsu, im Deltagebiet des Jangtsekiang
7 Stadt in der Provinz Jiangsu, am Kaiserkanal
8 Hauptstadt der Provinz Heilongjiang, Mandschurei
9 Stadt in der Provinz Henan, zwischen Zhengzhou und Shijiazhuang
10 Hauptstadt der Provinz Jiangsu

(Brucker, aus: Globus 3, R. Oldenbourg Verlag, 1997, S. 50)

7.3 Organisation der Unterrichtsinhalte

Unterrichtsinhalte sind durch unterschiedliche Strukturen gekennzeichnet bzw. sie verlangen je nach pädagogischer Intention einen entsprechenden systemanalytischen Zugriff.

7.3.1 Idiographisches und nomothetisches Verfahren

Das idiographische Verfahren erfasst die Einmaligkeit bzw. Individualität geographischer Erscheinungen und das nomothetische Verfahren erschließt Regelhaftigkeiten und Gesetzmäßigkeiten geographischer Zusammenhänge.
Das länderkundliche Schema, der topographische Überblick, der Reisebericht und das Einzelbild sind den idiographischen Verfahren zuzuordnen und die dynamische, vergleichende, sozialgeographische (d.h. strukturale, funktionale, soziale, prozessuale und modellhafte) und geoökologische Betrachtungsweise den nomothetischen Verfahren.

Idiographisches Verfahren. *Das länderkundliche Schema* versucht die Fülle der Geofaktoren eines individuellen Raumes nach folgenden Ordnungsprinzipien zu beschreiben:

1. Lage, 2. Grenze, 3. Größe, 4. Bodengestalt, 5. Gewässer, 6. Klima, 7. Bodenschätze, 8. Pflanzen, Tiere, Anbauprodukte, 9. Bevölkerung, 10. Wirtschaft (Industrie, Energie, Handel), 11. Siedlungsformen (Stadt, Land), 12. Geschichte, 13. Staat u. a. m.

Das länderkundliche Schema benutzt die Systematik der Allgemeinen Geographie und dient den meisten wissenschaftlichen Länderkunden als Gliederungsprinzip. In der Schule angewandt, wird es von den Schülern entweder als bequem oder als langweilig und schematisch angesehen. Für den Lehrer bedeutet es eine geringe methodische Vorbereitung oder eine formale Zwangsjacke. Der Theoretiker bezeichnet dieses Verfahren als didaktischen Formalismus und Materialismus ohne Problemorientierung. Wenn der Geographieunterricht die Aufgabe hat ein geographisches Weltbild zu vermitteln, dann müsste er auch über individuelle Erscheinungen geographischer Räume berichten. Deren Fülle ist jedoch so groß, dass eine Auswahl von allgemein gültigen Strukturen notwendig ist. Auf diese Weise wird nicht primär Faktenwissen, sondern Arbeitswissen vermittelt. Das länderkundliche Schema zu kennen, bedeutet für den Schüler Arbeitswissen, das länderkundliche Schema jedoch ständig bei allen geographischen Räumen anzuwenden, führt zu unverbundenem Faktenwissen.
Topographische Überblicke, d. h. die schlichte Kenntnis der Lage von Orten, beinhalten Fakten, die kaum in einem Ordnungssystem darzustellen sind. Ohne topographische Grundkenntnisse ist aber kein nomothetisches, auf Struktureinsichten abhebendes Unterrichten möglich.
Reiseberichte und Einzelbilder (ein Tag bei den Bergbauern in den Alpen, eine Fahrt unter Tage) sind in der Regel motivierende Darstellungsformen. Schwierig wird jedoch die Herausarbeitung von geographischen Zusammenhängen aus individuellen Erscheinungen, wenn nicht von Anfang an eine entsprechende Fragestellung bzw. ein Theoriebewusstsein vorhanden ist.

Nomothetisches Verfahren. *Das dynamische Prinzip* oder die Leitlinie versucht im Sinne der Gestaltpsychologie das Charakteristische eines Erdraumes zu erfassen. Mit einem Kunstgriff will man der Ganzheit und Individualität eines Raumes gerecht werden. So versucht man mit Themen wie der Harz als Regenfänger, Italien als Reiseland, Ägypten als Geschenk des Nils alle Erscheinungen eines Raumes auf einen Ursachenkomplex zurückzuführen. Damit wird zwar ein logisches Gefüge erschlossen, jedoch nicht der ganze Raum erklärbar.

Idiographische Betrachtungsweise:
Gliederung des Kulturlandes im Küstenhof von Valencia

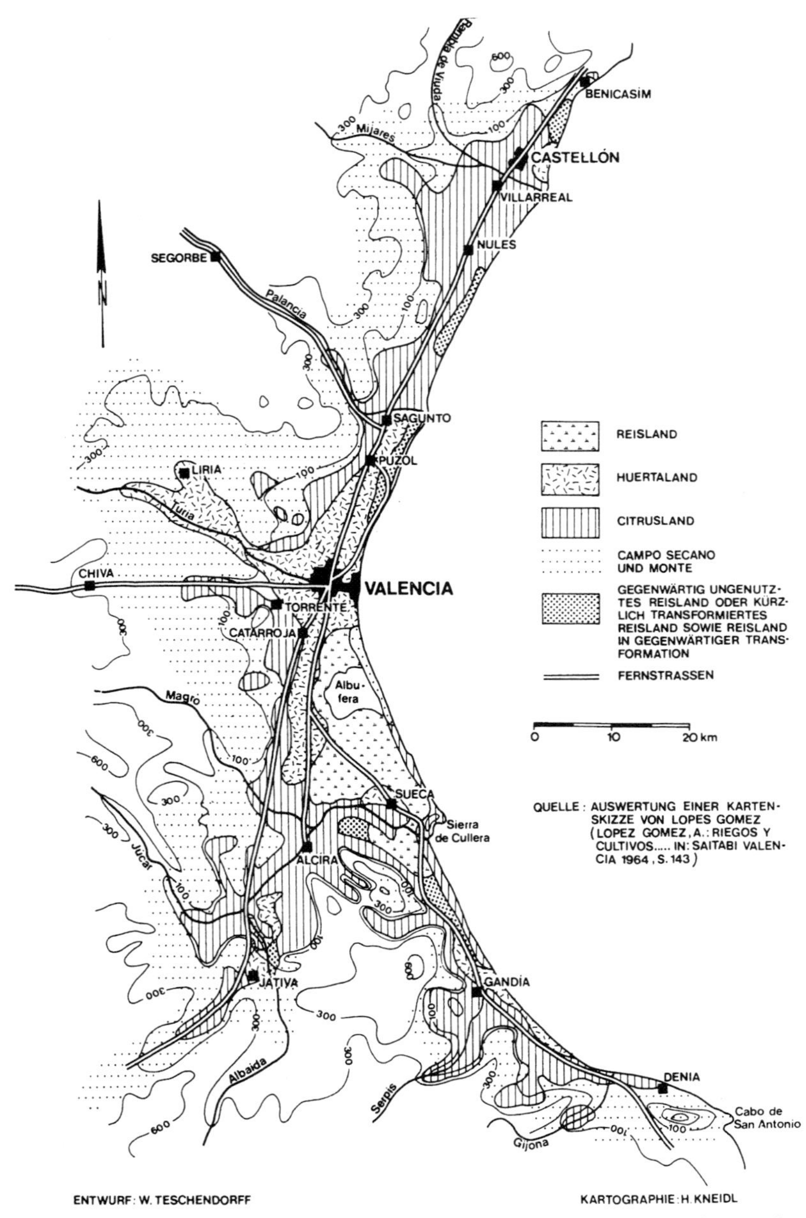

(aus: Teschendorf, W.: Der Küstenhof von Valencia. Regensburger Geogr. Schriften 10, 1978)

Will der Geographieunterricht die Mensch-Raum-Beziehungen, d. h. den Raum als Verfügungsraum der Menschen angemessen behandeln, so muss er fachliche, aber auch *außerfachliche Betrachtungsweisen* bei der Organisation der geographischen Inhalte berücksichtigen:

1. *anthropologische:* Bei der Behandlung von Erholungsräumen wird z. B. auch über Sinn und Bedeutung von Freizeit und Erholung als Möglichkeit der Selbstverwirklichung und Erholung der Arbeitskraft diskutiert; bei der Behandlung eines Wohnviertels in der Stadt wird über anthropologische Funktionen des Wohnens gesprochen (Wohnen ist bedingt durch das „Unfertigsein" des Menschen und deshalb für ein zivilisiertes Leben notwendig, Lebenszyklus und Wohnbedarf usw.).
2. *soziologische:* Sind die sozialen Gruppen Träger und Betroffene räumlicher Prozesse, so dürfen auch soziologische Fragestellungen nicht übersehen werden, z. B. beim Thema „Wohnen": Die Wohnung bietet Schutz der Privatsphäre und eine klare Abgrenzung verschiedener Stufen der Gemeinsamkeiten zu den Mitmenschen, d. h. zur Wohngemeinschaft, zur Nachbarschaft, zur Öffentlichkeit des Wohnquartiers und der Stadt. Das Verhältnis von Privatheit und Öffentlichkeit wird zum großen Teil von der Wohnstruktur gesteuert.
3. *räumlich-soziale:* z. B. die räumliche Differenzierung sozialer Gruppen und die Parallelität von Bausubstanz und Sozialstruktur der Bewohner.
4. *räumlich-strukturale:* z. B. die Infrastruktur eines Wohngebietes, der Stadtorganismus, die Physiognomie räumlicher Erscheinungen.
5. *räumlich-funktionale:* z. B. Nutzungsformen einer Flur bzw. einer City.
6. *räumlich-distanzielle:* z. B. Einzugsbereich eines Spielplatzes, Distanzen im Netz der Infrastruktur des Geh- und Fahrbereiches eines Wohnstandortes.
7. *sozialräumlich-prozessuale:* z. B. Wohnplatzmobilität und Stadtrandbebauung, Citybildung und sozialer Wandel in der Innenstadt. Zum sozialräumlich-prozessualen gehört auch die Raumprognose, d. h. ein Blick in die zukünftige räumliche Entwicklung, z. B. die Auseinandersetzung mit dem utopischen Städtebau.
8. *raumdiagnostische:* Die Raumsituation darf nicht nur beschrieben und erklärt, sondern muss auch bewertet werden: z. B. Stellungnahme zur sozialen Segregation bei Offenlegung der angewandten Norm, Bewertung der Unterversorgung eines Nahbereichs mithilfe eines gegebenen Planungswertes.
9. *raumsynthetische:* Die oben angegebenen Betrachtungsweisen lassen sich in Raumanalyse, Raumprognose und Raumdiagnose zusammenfassen und münden in eine raumsynthetische Betrachtung, die modellhaften Charakter haben sollte (Stadtentwicklungsmodelle, Modell der zentralen Orte, thünensche Ringe, das punktaxiale Raummodell …). Raumanalyse und Raummodelle schaffen Voraussetzungen für die eigene Raumentscheidung des Schülers, für seine Handlungsfähigkeit im privaten und öffentlichen Bereich

(vgl. Kapitel 4.4, 5.4, 6.3).

Während die sozialgeographische Betrachtungsweise Regelhaftigkeiten einsichtig machen und modellhafte Vorstellungen entwickeln will, erarbeitet die *geoökologische Betrachtungsweise* kausale Zusammenhänge, d. h. Gesetze der Natur in natürlichen Systemen (Savanne, Wald …) und Regelkreisen (Wasserkreislauf …) (vgl. Kapitel 4.5). Somit nähert sich die sozialgeographische Betrachtungsweise mit der Erkenntnis „geistbestimmter Regelhaftigkeiten" dem nomothetischen Verfahren und die geoökologische Betrachtungsweise mit der Erkenntnis „naturbestimmter Gesetzmäßigkeiten" entspricht ihm voll (vgl. Kapitel 4.3, 6.2; Birkenhauer 1995a). *Haubrich*

Nomothetische Betrachtungsweise: Modell der Landnutzung eines Küstenhofs im mediterranen Raum

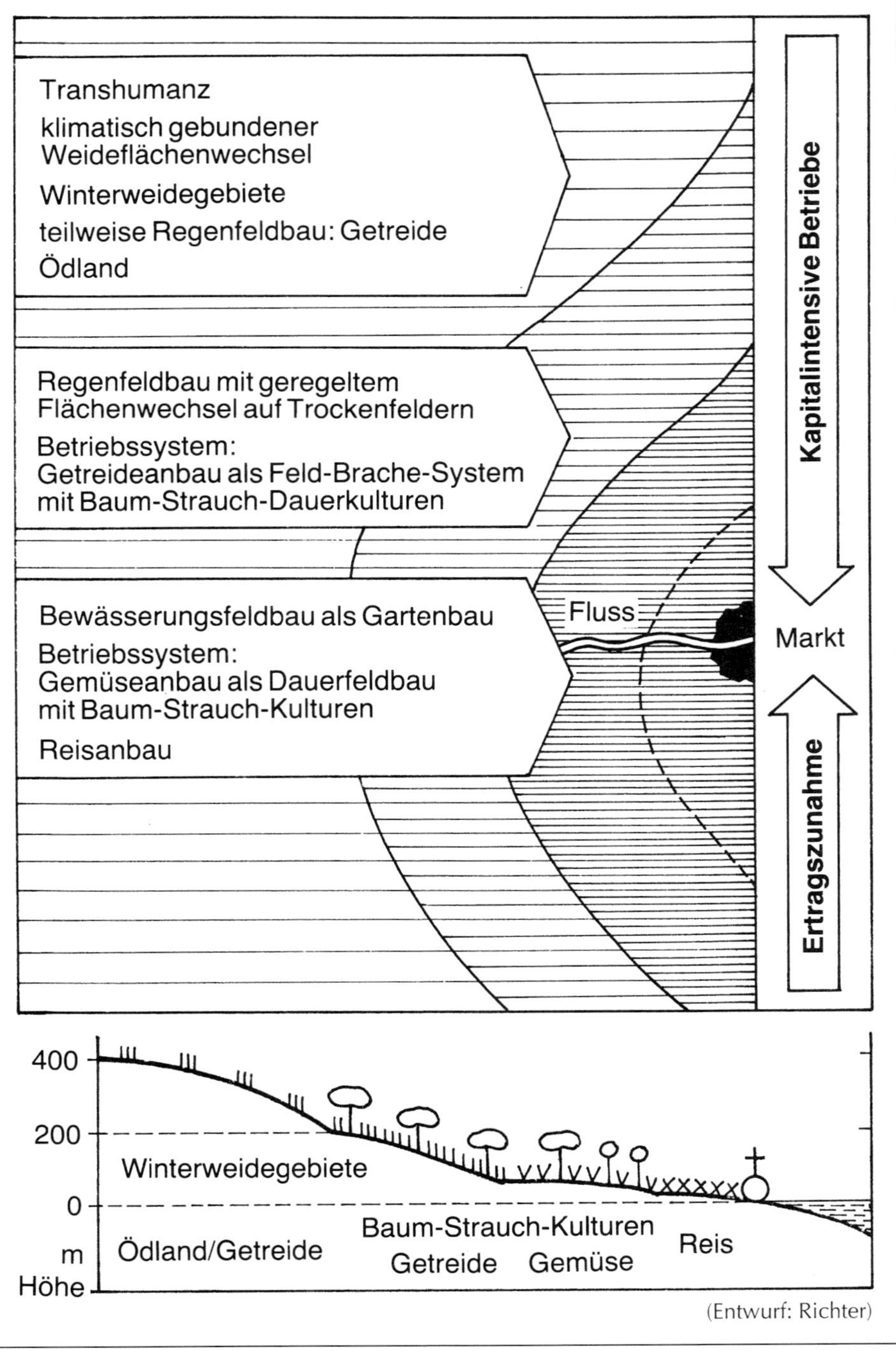

(Entwurf: Richter)

7.3.2 Induktives und deduktives Verfahren

Wie lernen wir?
Indem wir mit konkreten Beobachtungen und nicht mit Abstraktem beginnen!

Die meisten Geographiedidaktiker fordern einen *Unterrichtsbeginn* mit *konkreten, anschaulichen und motivierenden Dingen,* also Bildern, Filmen, Berichten, Gegenständen (Erze, Olivinbombe, Weinetikett usw.) und nicht mit *abstrakten Darstellungen* wie Diagrammen, Zahlen und Karten. Das erste Verfahren wird als *induktiv* und das letzte als *deduktiv* bezeichnet.

Die Verbindung von induktiven und deduktiven Verfahren. Die Forderung, in der Geographie stets *naiv induktiv* vorzugehen, d. h. von konkreten Tatsachen zu modellhaften Einsichten zu schreiten, ist durch Publikationen von Bauer (1976, S. 144) und Hard (1973, S. 51) erschüttert worden. Sie weisen hin auf Karl Popper (1974, S. 13–122, 369–390), der den „Induktivismus" oder „naiven Empirismus", d. h. das Feststellen von Sachen, Merkmalen und Vorgängen zu Beginn eines Denkprozesses als blind bezeichnet, da vorher ein leitendes Interesse diesen Prozess in Gang bringen müsse.
Die *„Kübeltheorie"* sei die „falsche Erkenntnistheorie des Alltagsverstandes". Bei dieser käme es darauf an, den „Kübel" (Geist) mit Wahrnehmungen zu füllen, damit nach einem „Verdauungsprozess" der reine Wein der Erfahrung („Bacon") herauskomme. Jeder aktiven Erfahrung müsse jedoch eine Frage, ein Interesse, etwas Theoretisches vorausgehen.
In seiner *„Scheinwerfertheorie"* stellt Popper fest, dass stets Hypothesen, Erwartungen oder Theorien Beobachtungen herbeiführen. Die Beobachtungen dienen als Instrument zur Überprüfung der Hypothesen. Bauer bezeichnet die „evolutionäre Erkenntnistheorie" Poppers als ein „kombiniert deduktiv-induktives Vorgehen" (Bauer 1976, S. 145): „Man kann nur das sehen – hier nehmen wir einen bedeutungsvollen Grundsatz für jede Form der Realbegegnung vorweg –, was man schon weiß; ... nur auf selektive Perspektiven bezogene Fragestellungen und spezifische Erwartungen ... vermögen zu einer ‚aktiven, kontruktiven und projektiven Beteiligung' am Wahrnehmungs- und Beobachtungsprozess (Hard 1973, S. 50) zu motivieren. ‚Aktiv neugieriges Lernen' entfaltet sich an Hypothesen. Es sollen im Unterricht also jene Formen besonders gefördert werden, die Verifikation bzw. Falsifikation aktivieren."
Um einen *Lernprozess* anzuregen, müssen sehr früh Interesse, Erwartung und Hypothesen im Schüler geweckt werden um anschließend durch Beobachtung zur *Verifikation* bzw. *Falsifikation* der Hypothesen und zur Fortentwicklung der Erkenntnisse zu gelangen. Diese Ausführungen haben also Bedeutung für den Ablauf eines jeden Unterrichts.

Der Einstieg. Zu der entscheidenden Initiation dieser Denkprozesse bzw. zum Einstieg in den Geographieunterricht gibt Schmidt (1976) zahlreiche Hinweise (vgl. Kapitel 10.9). Wie der Einstieg auch immer gestaltet sei, er sollte zwei Bedingungen erfüllen, und zwar sowohl Interesse wecken als auch zu der Fragestellung des Unterrichts hinführen.
Das kombinierte induktiv-deduktive Verfahren erfährt aber erst dann seine Anwendung, wenn nach dem Einstieg Fragen entstehen, die in Form von Vermutungen und Hypothesen eine erste Beantwortung erfahren um schließlich im Verlaufe des Unterrichts falsifiziert oder verifiziert zu werden.
(Bailey/Fox [Hrsg.] 1996, Bauer 1976, Birkenhauer 1986, Hard 1973, Popper 1974, vgl. Kap. 3.5)

Haubrich

Der Einstieg in ein neues Gebiet

Unter Zugrundelegung des Prinzips, dass der Unterricht vom Konkreten zum Abstrakten, vom Speziellen zum Allgemeinen, von der Anschauung zum Begriff, wie es schon im vorigen Jahrhundert in der Lernschule formuliert wurde, gehen soll, werden die folgenden Einstiege in der Erdkunde wenig geeignet sein:

1. Die Topographie, die Arbeit mit dem Atlas oder mit der Wandkarte …
2. Das länderkundliche Schema als Einstieg …
3. Der Einstieg über einen Begriff oder eine Definition, weil es dem Prinzip vom Anschaulichen zum Begriff widerspricht …
4. Der so genannte Überblick …
5. Die Stoffsammlung als Einstieg …
6. Der Ausgang von einer Statistik dürfte problematisch sein, weil sie abstrakt ist, selbst wenn sie einen bemerkenswerten Sachverhalt beinhaltet …
7. Vergleich zweier Landschaften … Er sollte besser am Ende zweier Unterrichtseinheiten stehen als am Anfang.
8. Problematisch dürfte auch der zu häufige Einstieg über das Erdkundebuch sein …

Günstig dagegen dürften folgende Arten des Einstiegs sein:

1. Bilder: Diese brauchen nicht nur Dias zu sein, dies können auch geeignete Abbildungen im Erdkundebuch sein …
2. Berichte ähneln dem Einstieg durch das Bild, das hier durch das Wort ersetzt ist …
3. Herauskehrung eines Problems, mit dem ein Land oder Volk zu kämpfen hat …
4. Zukunftsprojekte als Ausgang der Arbeit
5. Eine aktuelle Zeitungsnotiz, die ein Ereignis, einen Vorgang, eine Schwierigkeit in einem Gebiet meldet …
6. Gegenüberstellung zweier abweichender Ansichten über ein Thema …
7. Interview mit einem Fachmann, einem Bauern für die Behandlung von Fragen der Landwirtschaft usw. …
8. Die originale Begegnung mit dem Gegenstand selbst … gemeint ist eine Wanderung, auf der etwas Bedeutsames beobachtet wird …
9. Gelegentlich lassen sich „konkrete Gegenstände" als Einstieg verwenden …
10. Schulfunksendungen, die bei den Schülern recht beliebt sind …
11. Rätselhafte, unverständliche Erscheinungen …
12. Einstieg über die kulturelle Eigenart fremder Völker und Gebiete …
13. Repräsentanz fremder Gebiete bei uns: Kaffee, Tee …
14. Von besonderer Bedeutung beim Einstieg ist das Hineinführen der Kinder in Quasi-Lebenssituationen der Zukunft …
15. Die Fallmethode …

Keine Methode ist so gut, dass sie die anderen alle ersetzen kann. Erst der Wechsel der Einstiegsarten darf zum Prinzip erhoben werden.

(nach: Schmidt 1976, S. 189 ff.)

7.3.3 Vergleichendes Verfahren

Das Vergleichen ist ein möglicher Zugang zur Erschließung von Raumstrukturen und zur Gewinnung von Raumkompetenz. Das vergleichende Verfahren ist – trotz mancher Schwierigkeiten und Gefahren – zu Recht eine im Geographieunterricht häufig angewandte Unterrichtsmethode (vgl. Hahn 1981, Kirchberg 1986, Ruppert 1987, Stroppe 1981).

Die Berechtigung des Vergleichens als Lernweg im Geographieunterricht hat verschiedene Ansatzpunkte (nach: Kirchberg 1986, S. 7/8):

- *Erkenntnistheoretische Ebene:* Wir lernen und verstehen Neues, indem wir es auf Bekanntes beziehen und dadurch unser Vorwissen, unsere Vorerfahrungen und auch unsere Vorurteile modifizieren (vgl. Kap. 3.5). Auch der Schüler bringt bereits eine kognitive Struktur in den Unterricht ein, mit der er offen oder verdeckt vergleicht.
- *Fachliche Ebene:* Die geographische Forschung setzt entweder bei der Eigenart eines Raumes an (idiographisches Vorgehen) und/oder sie arbeitet das Typische, das Übertragbare heraus (nomothetisches Vorgehen). Der Vergleich ist hierbei ein gängiges Verfahren der Beschreibung und Erklärung. Für den Unterricht haben Raumtypen als Beispielräume exemplarische Bedeutung; sie liefern Raumstrukturen und Modelle.
- *Fachdidaktische Ebene:* Das Vergleichen rechtfertigt sich mit der notwendigen Übertragbarkeit der Einsichten. Die im Unterricht gewonnenen Vorstellungen, Einsichten und Fragestellungen dürfen nicht nur in Verbindung mit dem behandelten Raumbeispiel stehenbleiben. Die Unterrichtsergebnisse müssen transferiert werden; sie helfen beim Erschließen anderer Inhalte gleicher oder verwandter Struktur.
- *Fachmethodische Ebene:* Das Vergleichen soll dem Schüler das Lernen erleichtern. Dazu bedient es sich des Kontrasts, der Ähnlichkeit und sogar der Übereinstimmung. Vergleichen begründet sich somit als Interessen weckende Lernhilfe. Dieses Herausheben von Andersartigem oder Parallelem liefert wertvolle Lernanreize, z. B. durch das Freilegen von Ansatzpunkten, die dann von den Schülern analysierend begründet werden müssen.

Die Formen des vergleichenden Vorgehens im Unterricht sind sehr vielfältig. Unterrichtsbeispiele finden sich u. a. in Kirchberg [Mod.] (1986) und Ruppert [Hrsg.] (1987). Die Übersicht auf Seite 235 versucht eine Typisierung, wobei die Übergänge zwischen den Formen natürlich fließend sind. Die Beispiele verdeutlichen, dass die zu vergleichenden Objekte oder Situationen auch tatsächlich vergleichbar sein müssen. Ohne zumindest ein gemeinsames Merkmal, eine verwandte Struktur, ein verbindendes *Tertium Comparationis,* ist ein Vergleichen unmöglich. Für ein Gegenüberstellen z. B. der Industrie Norditaliens mit einem chinesischen Bauernhof fehlt dieses logische Fundament. Bei geographischen Vergleichen ist zudem eine gewisse *Maßstabsnähe* und *Bedeutungsähnlichkeit* Voraussetzung. Es ist z. B. kaum eine Zielsetzung denkbar, unter der die Landwirtschaft der USA mit der von Luxemburg im Unterricht sinnvoll verglichen werden könnte.

Zu den Gefahren des Vergleichens gehört vor allem die *Klischeebildung* (vgl. Hahn 1981). Der von den Kontrasten ausgehende Anreiz darf nicht zu einem überzeichnenden Schwarz-Weiß-Lernen verleiten. Wenn die ausgewählten Erscheinungen und Räume überschaubar sind, kann der Schüler sie vergleichend analysieren. Um diese Überschaubarkeit zu gewährleisten, sind in den unteren Klassenstufen nacheinander behandelte Einzelbilder vorzuziehen. Staaten dagegen sind hochkomplexe Gebilde und deshalb für einen ganzheitlich-vergleichenden Zugriff weniger geeignet; hier ist eine Auswahl von Vergleichsgesichtspunkten erforderlich. Zudem sind solche Vergleiche höheren Klassenstufen vorbehalten. *Kirchberg*

Formen des Vergleichens im Geographieunterricht

Ausgangspunkte	Arten	Beispiele
Art der Vergleichsobjekte	a) typisierendes Vergleichen b) kontrastierendes Vergleichen	• Kongobecken und Amazonasniederung • Pendlereinzugsbereich von Mannheim und Ludwigshafen • Algier und Lima • Die Landwirtschaft in den USA und in Russland
Art der Vergleichspartner	a) homologes Vergleichen b) analoges Vergleichen	• Suez- und Panamakanal • Pampa und Prärie • Modell und Realität der orientalischen Stadt • Das System der zentralen Orte in Süddeutschland
Zuordnung zu Unterrichtsphasen	a) einführendes Vergleichen b) erarbeitendes Vergleichen c) anwendendes Vergleichen	• Hektarerträge in den USA und in Russland • Klimadiagramm Heimatort und In-Salah • Landwirtschaftliche Betriebsformen in den USA und in Brasilien • Lebensweise von Nomaden und Oasenbauern • Übertragung des Stadtplans von Tetuan auf das besprochene Modell der orientalischen Stadt • Selbstversorger in anderen Klimazonen
Zuordnung der Vergleichspartner	a) immanentes Vergleichen b) aufbauendes Vergleichen c) paralleles Vergleichen	• Landwirtschaft im Heimatraum (bei anderen Agrarthemen) • Distanzen und Größen • Die Almwirtschaft früher, die Almwirtschaft heute • Rotterdam als Welthafen im Vergleich mit Hamburg • Klimazonen und Landschaftsgürtel der Erde • Indien und China
Art der Medien	a) Vergleichen mit einem Medium b) Vergleichen mit verschiedenen Medien	• Deutsche Küstenformen im Kartenbild • Tabelle der Bevölkerungsentwicklung von Berlin und Hamburg • Hannover in Luftbild und Karte • Auswertung verschiedenartigen Informationsmaterials zu Neapel
Notwendigkeit des Orientierens	topographisches Vergleichen	• Die wichtigsten Alpenpässe • Lage und Lagebeziehungen der USA

(nach: Kirchberg 1986, S. 9)

7.3.4 Systemanalytisches Verfahren

Das Abbilden der Sachstruktur von Welt in einer kognitiven Struktur in den Köpfen von Schülern setzt Informationsverarbeitungsfähigkeiten voraus, die das Lernen und Lehren erleichtern. Diese Fähigkeit erlaubt dem Lehrenden Strukturen einsichtig zu machen und in Tafelbildern und Arbeitsblättern in repräsentativen, geometrischen Figuren wie Linien, Schichten, Dreiecken, Kreisen, Netzen und Säulen zu veranschaulichen.

1. **Fließstruktur:** Viele geographische Inhalte besitzen eine *lineare Fließstruktur.* Solche linearen Informationsstrukturen spiegeln Bewegungen, Abläufe, Prozesse, Geschichten, Entwicklungen, actions and stories wider, die in der Regel Spannung erzeugen und deren *fließende Informationsstruktur* auf einer geraden Linie mit einer Abfolge von Sequenzen abgebildet werden kann (vgl. S. 237, Abb. 1). Manche Entwicklungen sind aber auch durch eine diskontinuierliche Verlaufsstruktur gekennzeichnet.
2. **Schichtenstruktur:** Die „Krone" der klassischen Geographie war die Länderkunde. Ihre Informationsstruktur wurde in einem *Schichtenmodell* dargestellt (vgl. S. 237, Abb. 2). Die Länderkunde verfolgte eine umfassende, ganzheitliche Betrachtung eines Raumausschnittes, die oft einer enzyklopädischen Inventarisierung einer Region bzw. eines Landes glich. Bleiben die einzelnen Schichten unverbunden, so ist die Kognition der Rauminformation ebenso unverbunden, statisch und nicht vernetzt. Der Umgang mit dem Schichtenmodell des länderkundlichen Schemas kann jedoch ein erster Schritt zur Einsicht in komplexe, vernetzte und dynamische Systeme darstellen.
3. **Dreiecksstruktur:** Moderner Geographieunterricht ist oft problemorientierter Unterricht. Seiner kritischen Dimension muss eine konstruktive hinzugefügt werden. Diese Informationsstruktur findet ihre Repräsentation in einem *Dreiecksmodell* (vgl. S. 237, Abb. 3). Das „goldene Dreieck" moderner geographiedidaktischer Arbeit hat das leitende Interesse Erscheinungen und Probleme zu betrachten, zu erklären und lösen zu helfen.
4. **Kreisstruktur:** Der Austausch von Energie und Materie in Ökosystemen, Rückkoppelungen bzw. alle natur- und kulturgeographischen *Input-Outputverhältnisse* können im Kreis eine modellhafte Abbildung finden. Der Teufelskreis der Armut ist ein vereinfachtes Modell eines regressiven Zusammenhangs. Umgekehrt gilt neben dem negativen circulus vitiosus ein positiv sich verstärkender Effekt bei vielen anderen zum Beispiel exponentiellen Prozessen wie zum Beispiel, dass „Reiche immer reicher werden". Rückkoppelungssysteme sind in der Regel Kreislaufsysteme.
5. **Netzstruktur:** „*Vernetztes Denken*" zu lernen, ist mittlerweile zu einem Schlagwort geworden, ohne dass die pädagogischen Möglichkeiten genügend ausgelotet wurden. Die Einsicht in die Komplexität der Welt legen systemanalytische Betrachtungen nahe, indem komplexe und weniger komplexe Systeme, umfassende Systeme und Subsysteme „ausgemacht" und kognitiv verarbeitet werden. Dies geschieht dadurch, dass Verbindungen, Zusammenhänge, Beziehungen und Verknüpfungen von Bestandteilen eines Systems in Form eines Netzes verdeutlicht werden. Die Abbildung 4 (S. 237) deutet an, welch vielfältige Beziehungen in dem umfassenden System eines Kulturraumes bestehen. Dabei ist schon jedes Subsystem wie Bevölkerung und Wirtschaft ein sehr komplexes System in einem Netz von Zusammenhängen bzw. Interdependenzen.

Alles hängt mit allem zusammen, aber nicht alles kann gleichzeitig kognitiv erarbeitet werden. Deshalb heißt *Informationsverarbeitung:* Aufdecken von Zusammenhängen und Vernetzungen von Informationen.

(Boulding u. a. 1975, Haubrich 1996c, Mosimann 1996, Wieczorek 1992) *Haubrich*

Informationsstrukturen

Informationssysteme erkennen

Informationen verarbeiten heißt Informationen finden, ordnen, vernetzen, verstehen, bewerten. Komplexe Informationen müssen elementarisiert werden. Elementarisierung erfolgt durch modellhafte Abbildung ohne Wesentliches zu vernachlässigen.
Der klassische „pädagogische Vereinfacher" ist der beste moderne „Informationsverarbeiter". Sachanalyse heißt aufdecken der Sachlogik bzw. Informationsstruktur von Unterrichtsinhalten. Die Einsicht in die Sachlogik ist Voraussetzung für die didaktische Reduktion und methodische Gestaltung von Unterricht wie logischer Ablauf, Gestaltung eines Tafelbildes oder Arbeitsblattes. Die geometrische Abbildung in Form von Linien, Schichten, Dreiecken, Kreisen, Netzen und Säulen hilft dabei, die Informationsstruktur aufzudecken, zu elementarisieren, darzustellen und zu verarbeiten.
Informationen verarbeiten zu lernen, wird in zunehmendem Maße eine immer wichtiger werdende Grundfähigkeit aller Menschen.

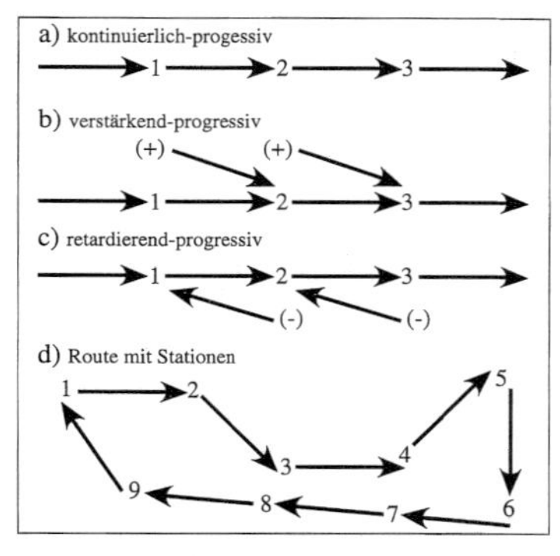

Abb. 1: Fließstruktur

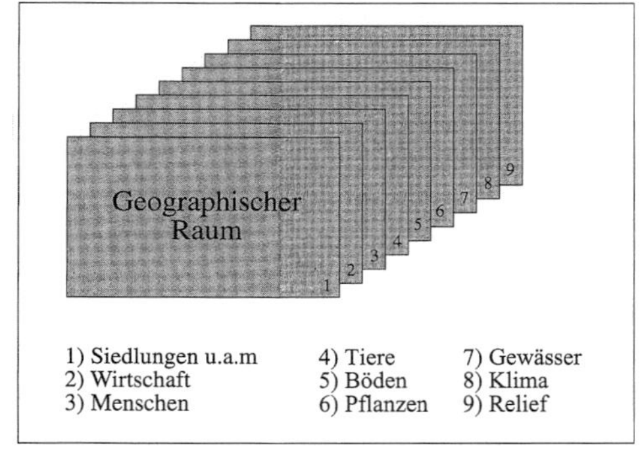

Abb. 2: Schichtstruktur

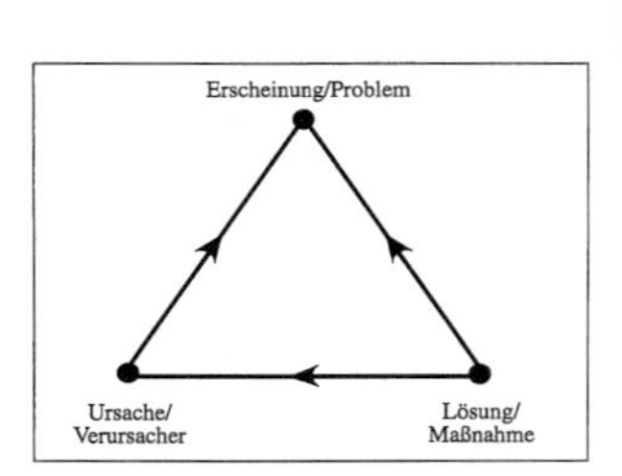

Abb. 3: Dreiecksstruktur

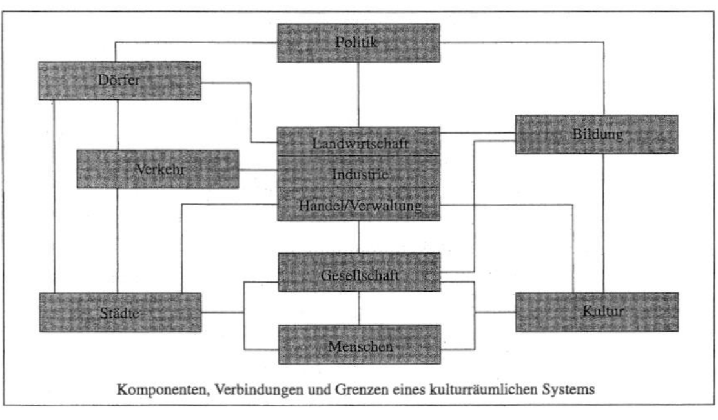

Abb. 4: Netzstruktur

7.3.5 Informationstechnisches Lernen

Der *Computer* findet täglich weitere Verbreitung auch in der Schule und die informationstechnologischen Innovationen von Multimedia über Internet bis Hyperspace sind noch lange nicht an ihre Grenzen gestoßen. Der Computer kann bei der Beschaffung, Interpretation und Darstellung von Informationen einzigartige Hilfe leisten.

Erstellung von Texten. Jeder Geographielehrer schreibt z. B. Arbeitsblätter, Tests und ähnliche Texte für seinen Unterricht. Die Anwendung eines einfachen *Textverarbeitungsprogramms* ermöglicht nicht nur die Texte zu schreiben, sondern wirklich zu bearbeiten, d. h. Buchstabengrößen zu variieren, Lücken zu verändern, Sätze umzustellen usw. – also das Layout einer Seite nach lernpsychologischen Gesichtspunkten ohne großen Zeitaufwand kreativ zu gestalten.

Erstellung von Grafiken und Skizzen. Jeder Geographieunterricht arbeitet mit Zahlen und Tabellen und jeder Lehrer weiß, dass die graphische Darstellung von Mengen die Anschaulichkeit erhöht und damit das Verständnis erleichtert. Einfache *Grafikprogramme* bedürfen einer kurzen Einführung um dann z. B. Klima-, Bevölkerungs- und Wirtschaftsdaten eingeben und in Säulen-, Kurven- oder Kreisdiagrammen darstellen und ausdrucken zu lassen. Diese Diagramme können ebenso wie die vorher genannten Texte in verschiedene Größen gebracht werden, damit sie z. B. für die Anfertigung von Transparenten für den Overheadprojektor oder von Plakaten, z. B. für Ausstellungen, geeignet sind. Einfache Skizzen lassen sich auf ähnliche Weise mit entsprechenden Zeichenprogrammen erstellen, falls nicht ein komfortables *Grafiktablett* vorhanden ist.

Erstellung von Karten. Die Fülle der vorhandenen regionalisierten Daten in den verschiedensten Statistiken (Gemeinde-, Kreis-, Landes-, Bundes- und Eurostatistik) ist ein Angebot, das bisher für den Unterricht kaum genügend genutzt werden konnte. Die Ursache lag darin, dass die kartographische Umsetzung zu schwierig und zu zeitaufwendig war. Ist einmal die Kartengrundlage geschaffen, d. h. sind die Koordinaten für die Umrisse der statistischen Bezirke einer Stadt, der Gemeinden, Kreise usw. einmal eingegeben – was allerdings zeitaufwendig ist – so können von diesem Zeitpunkt an so viele thematische Karten mit einfachen *Kartographieprogrammen* erstellt werden, wie es die Statistik hergibt. Eine Aktualisierung der Daten ist ebenfalls ohne große Mühe und Zeitaufwand möglich. Für viele Regionen, z. B. Deutschland mit Bundesländern oder Europa und Welt mit Staaten, liegen fertige Umrisskarten vor, sodass keine Polygone mehr zu erstellen sind.

Werkzeuge für Lehrer und Schüler. Die oben angegebenen *Hilfsprogramme* können wegen der vorher genannten Möglichkeiten die Arbeit des Geographielehrers erleichtern und verbessern. Ihre Anwendung sollte aber auch zumindest für ältere Schüler gezielt vorgesehen werden. Beim Schreiben von Referaten, beim Protokollieren von Interviews, beim Umsetzen von Zahlen in graphische Darstellungen und Karten sollten Schüler selbst mit Text-, Grafik- und Kartographieprogrammen formal optimale Ergebnisse darstellen können. Die zeitaufwendige Arbeit der Datendarstellung nach ihrer Erfassung in Feldarbeit kann durch solche Hilfsprogramme erleichtert werden und zu einem echten Bewusstsein der „Werkvollendung“ führen. Insbesondere erfahren Ausstellungen als Abschluss eines Projekts dadurch eine optimale äußere Form.

Simulation stochastischer Prozesse – ein Beispiel

Das Programm *Simuland** erlaubt die Simulation von Landschaftswandel jeglicher Art, d. h. von Entwicklungsprozessen der Vergangenheit und Gegenwart sowie von Projektionen in die Zukunft, bzw. von räumlichen Wachstums-, Schrumpfungs- und Verlagerungsprozessen. So können z. B. die Entwicklung absolutistischer Städtegründungen, von Metropolen in Entwicklungsländern sowie Waldsterben oder Stilllegungsprozesse landwirtschaftlicher Nutzungsflächen simuliert werden. Das Simulationsprogramm kann als Werkzeug dienen um sowohl Formen des vergangenen und gegenwärtigen Landschaftswandels zu rekonstruieren und auf Ursachen hin zu analysieren als auch alternative Zukunftsentwicklungen zu projizieren und zu vergleichen.

Zuerst wird eine landschaftliche Ausgangssituation mit einem entsprechenden Inventar selbst in eine einfache Karte gezeichnet, wie z. B. der eigene Heimatort zu einer bestimmten Zeit oder das Modell einer Stadt im Eisenbahnzeitalter. Anschließend erfolgt die Bewertung der Lagebedingungen für die Entwicklung in einer bestimmten Zeitepoche. Hypothetische Überlegungen führen zur Gewichtung, d. h. zur Bewertung verschiedener Lagen bzw. zu bestimmten Regeln oder Erwartungen.

Die anschließende Computersimulation basiert auf diesen theoretischen Annahmen und führt mithilfe des Zufallsgenerators zu bestimmten Ergebnissen des Landschaftswandels. Dieser kann anschließend mit der Ausgangssituation bzw. mit den hypothetischen Annahmen über die erwartete Entwicklung verglichen werden. Entspricht ein Simulationsergebnis einem realen historischen Prozess, so dürfte damit erwiesen sein, dass die Bewertung der Lagebedingungen durch die damalige Gesellschaft der Bewertung der Simulation nahekommt und damit aufgedeckt ist.

Das Programm *Simuland* ist ein sozialgeographisches Simulationsprogramm, d. h. die Landnutzungsprozesse basieren auf menschlichen Wertungen und Entscheidungen. Die physische Ausstattung einer Landschaft determiniert nicht ihre Nutzungen, sondern sie ermöglicht Nutzungen in einer gewissen Bandbreite. Die endgültige Form der Raumentwicklung unterliegt den Wertentscheidungen von Individuen und sozialen Gruppen. So wird die Entwicklung der Landnutzung nicht von deterministischen Gesetzen bestimmt, sondern von einer stochastischen Wahrscheinlichkeit gesteuert. Das Programm *Simuland* arbeitet deshalb mit der Monte-Carlo-Simulation und verfolgt das Ziel Einsicht in die Wahrscheinlichkeitslehre zu vermitteln. Mithilfe einer Zufallstabelle und veränderbaren Spielregeln wird der Zusammenhang von Regeln und Zufall, d. h. der Ablauf stochastischer Prozesse einsichtig gemacht. Der Zufallsgenerator generiert zufällig Ziffern, d. h. er lost Ziffern aus, die der Ziffer eines Feldes im Koordinatensystem der Computerkarte entsprechen. Besagt die Regel, dass für dieses Feld bzw. diesen Standort nur ein Treffer notwendig ist um eine Veränderung wie z. B. eine Besiedlung oder Rodung durchzuführen, so wird dieser Wandel sofort in der Karte, d. h. in der Landschaft umgesetzt. Sind aber mehrere Treffer notwendig, so setzt der Zufallsgenerator seine Auslosungen ohne Veränderungen in der Landschaft fort. Der Computer „merkt" sich die Anzahl der Treffer pro Ziffer bzw. pro Feld und verwirklicht erst dann einen Landschaftswandel, wenn die aus dem Regelwerk ablesbare, notwendige Anzahl von Treffern erreicht ist. Durch die Visualisierung dieser Monte-Carlo-Simulation wird der Ablauf stochastischer Prozesse, d. h. die Verbindung von Regel und Zufall veranschaulicht. Ein Transfer auf sozialgeographische Prozesse, d. h. auf einen Wandel in der Kulturlandschaft wird damit erleichtert.

---

* Haubrich/Engelhard (1996): Simuland. Nürnberg (Verlag H. Schrettenbrunner)

Lernprogramme. Nur Lehrer mit guten Programmierkenntnissen sind in der Lage eigene Lernprogramme zu entwickeln. In der Regel werden Lernprogramme jedoch käuflich erworben.
Die *Drill- und Practiceprogramme* zum Abtesten von Faktenwissen, die den wenigsten Aufwand beim Programmieren erfordern, sind bisher am weitesten verbreitet. Obwohl sie als wenig anspruchsvoll zu bezeichnen sind, können sie eine interessante Abwechslung im Unterricht darstellen und beim Üben und Wiederholen einen angemessenen Platz einnehmen.
Trainingsprogramme zur Entwicklung instrumenteller Fähigkeiten, z. B. zum Umgang mit Kartensignaturen, -maßstäben usw., oder zur Entwicklung geographischen Denkens bzw. logischen Schlussfolgerns auf der Grundlage thematischer Karten dienen vor allem dem Ziel das Lernen zu lehren.

Datenbanken. Die regionale, nationale und internationale Nutzung von Datenbanken auf den verschiedensten Gebieten wird in naher Zukunft zum Alltag unserer Gesellschaft zählen. Die richtigen Fragen an eine Datenbank zu stellen, die entsprechenden Suchinstrumente anzuwenden, die erwünschten Daten zu finden, aber auch zu interpretieren, kann bei der Nutzung von Datenbanken gelernt werden.
Vereinzelt stehen schon solche kleineren Datenbanken (Weltklimaatlas, Weltbevölkerungs- und Wirtschaftsdaten auf Länderbasis) zur Verfügung. Schon eine bescheidene Computerausrüstung erlaubt die Anlage eigener Datenbanken, z. B. zum Sammeln von geographischen Grundbegriffen mit entsprechenden Definitionen, zum Auflisten von Medien zu geographischen Themen, zu Bibliographien, zum Inventar der geographischen Sammlung, zur Auflistung von Adressen von Experten für geographische Themen aus der eigenen Region und zur Erstellung einer eigenen Gemeindestatistik. Ist einmal der Anfang gemacht, so erfordert das „Updating" solcher Daten kaum noch einen großen Zeitaufwand.

Simulationen räumlicher Prozesse einsichtig zu machen (z. B. Stadt- und Bevölkerungsentwicklung, Durchzug eines Tiefs, Wasserkreislauf, Föhn usw.), bedurfte im traditionellen Unterricht einer sehr starken Elementarisierung bzw. sogar Simplifizierung. Die Gefahr monokausalen Denkens war immer gegeben.
Computersimulationen erlauben nun zahlreiche unabhängige Variablen (Ursachen von Prozessen) und Hypothesen (Regeln von Vorgängen) qualitativ und quantitativ zu definieren und mithilfe eines Modells bzw. einer mathematischen Formel mit einem Zufallsgenerator (bei sozialgeographischen Prozessen mit stochastischen Verfahren) Ergebnisse errechnen und oft grafisch oder kartographisch darstellen zu lassen. Zur Verifizierung oder Falsifizierung ihrer Hypothesen können Schüler immer wieder von Neuem andere Variablen eingeben bzw. ihre Regeln variieren und mit den Ergebnissen des Computers vergleichen. So können historische räumliche Prozesse nachsimuliert bzw. erwünschte Prozesse durch entsprechende Faktoren und Regeln für die Zukunft generiert werden. Bildung von Hypothesen, Verifizieren bzw. Falsifizieren von Annahmen, Interpretieren von räumlichen Prozessen, d. h. vernetztes Denken konnte bisher nirgendwo im traditionellen Unterricht so gut geschult werden wie heute mithilfe von Computersimulationen. Allerdings darf man dabei nicht übersehen, dass es grundsätzlich schwierig und in der Regel erst Ende der Sekundarstufe I bzw. in der Sekundarstufe II möglich ist, mathematische Formeln und Modelle bzw. das Funktionieren von stochastischen Verfahren einsichtig zu machen.
(Atschko 1994, Albrecht 1994, Flake 1996, Hassenpflug 1989, 1996a, Juchelka 1996, Pohl 1987, 1996, Schrettenbrunner 1991, 1992, 1994, 1995, 1996, Schulte/Reimann 1996)

Simulation einer Stadtentwicklung

a) Ausgangssituation

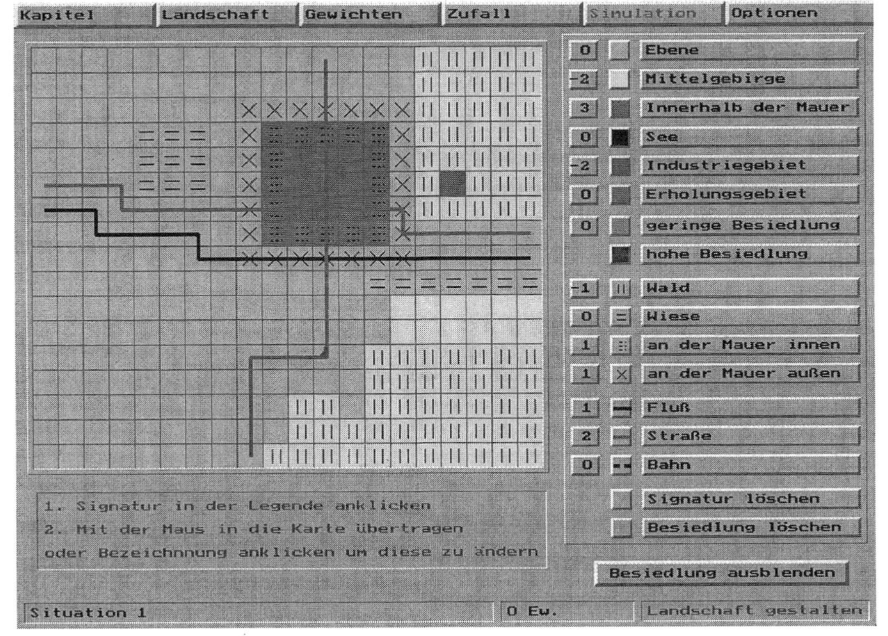

b) Entwicklungsphase I

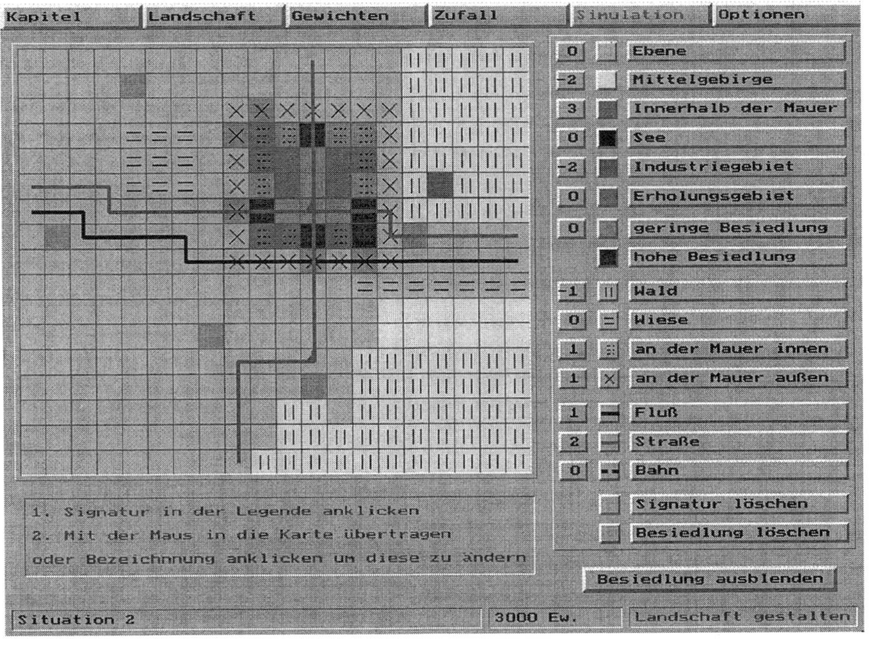

CD-ROM = Compact Disc – Read Only Memory: Es gibt eine große Auswahl von CD-ROMs (Disketten mit hoher Speicherkapazität), die sich mit geographischen Themen beschäftigen, von einfachsten und billigen Ratespielen über aufwendige Atlanten bis hin zu komplizierten wissenschaftlichen Programmen. Viele Informationen können für Schüler sehr anschaulich dargestellt werden. Einige Programme arbeiten im Sinne von *Multimedia,* d.h. mit Bildern, Animationen oder sogar kurzen Videofilmen und können so einen wertvollen Beitrag zum Unterricht darstellen. Das *virtuelle Klassenzimmer* ist mittlerweile nicht nur ein Thema internationaler Kongresse, sondern findet ersten Eingang in Schulen reicher Länder.

Das Internet bietet heute allen Schulen die Möglichkeit national und international miteinander zu kommunizieren. Die Schüler können sich gegenseitig Fragen stellen bzw. Informationen jeglicher Art austauschen. Das europäische Projekt *„Web for Schools"* ist ein Pilotprojekt, an dem prinzipiell alle Schulen teilnehmen können um die Möglichkeiten der Informationstechnologie zu nutzen und auszuloten. Das Internet ist ein weltweiter Verbund von Rechnern. Um die Informationsressourcen und die Kommunikationsdienste des Internet zu nutzen, wird eine Datenleitung zu einem Netzknoten, einem Rechner, der permanent in das Internet eingebunden ist, benötigt. Dies kann durch den direkten Zugang zum Rechenzentrum einer Universität oder über einen kommerziellen Anbieter (Provider) geschehen, der für ein Entgelt den Zugang per Telefonleitung zu einem von ihm betriebenen Netzknoten gewährt.

Electronic-mail (E-mail) dient dem Versenden von Mitteilungen. Diese können vom Absender an eine oder mehrere Personen verschickt werden. Der Vorteil liegt im Vergleich zur Post im extrem raschen Austausch von Informationen sowohl textlicher als auch bildhafter Natur.

Das World-Wide-Web (WWW) ist eine *Navigations- bzw. Bedienungsoberfläche* für unterschiedliche Dienste im Internet. Es ist ein Multimedia- und Ultramediasystem, d.h. es unterstützt nicht nur textliche Information, sondern auch Bilder, Töne, Animationen und Filme. Die Arbeit mit World-Wide-Web erfordert eine spezielle Software (www-cliente oder www-browser) am eigenen Computer sowie den Zugriff auf einen www-surfer. Da im Internet auf Informationen über die Adresse des Rechners, auf dem diese abgelegt sind, zugegriffen wird, gilt es, die für den jeweiligen Zweck interessanten Adressen ausfindig zu machen. In verschiedenen Publikationen (Zeitschriften, thematische Nachschlagewerke für Internetadressen) kann nach Adressen für bestimmte Informationen gesucht werden. Im Internet finden sich aber auch so genannte Suchmaschinen. Diese sind Datenbanken, aus denen man sich über die Eingabe von Stichwörtern Listen mit den entsprechenden Adressen ausdrucken lassen kann. Man beginnt die Suche bei einer Adresse, die in einem thematischen Zusammenhang mit der gesuchten Information steht. Deren Homepages enthalten oft weitere Verweise (so genannte „links") auf andere Adressen, die für die gesuchte Information interessant sein könnten.
Die Fülle und Qualität von Informationen im Internet ändert sich ständig. Es gibt keine wirkliche Kontrolle über Informationen, die im Internet verfügbar sind. Schüler können daher ohne weiteres auf problematische, d.h. unsittliche, anarchische u.Ä. Informationen stoßen. Mehr als die Herausforderung der Informationsfindung stellt sich heute die Frage der Qualifizierung für die Informationsverarbeitung.
Dem Geographieunterricht, der nationale und internationale Regionen und Ereignisse zum Gegenstand hat und eine realistische Gegenwartskunde sein will, bietet sich durch das Internet eine weltweite direkte und schnelle Kommunikation mit nie gekannten Möglichkeiten der Aktualisierung.
(Juchelka 1996, Koller 1994, Ludäscher 1997, Pohl 1996, Schulte/Reimann 1996, Stehle 1994, Strobl/Koller 1995)

Haubrich

Adressen für den Einsatz des Internet im Geographieunterricht

Web for Schools: http://www.schulweb.de/
Dieses Netz bietet europäischen Schulen die Möglichkeit vielfältiger Kommunikation, enthält aber auch Informationen über Umwelt, Wirtschaft, Gesellschaft, Naturwissenschaft, Geographie, Geschichte, Kultur usw.

Deutscher Bildungsserver (DBS): http://www.schule.de
Ein Kooperationsprojekt der Abt. Pädagogik und Informatik an der Humboldt-Universität in Berlin mit dem DFN-Verein, der Bildungsinitiative „Schulen ans Netz", dem Offenen Deutschen Schulnetz u. a. Der DBS enthält u. a. Onlineressourcen und Internetprojekte für den Fachunterricht, eine Liste deutscher pädagogischer Verlage mit ihren Onlineangeboten, links auf die Server der Bundesländer sowie spezielle Einstiegsseiten für Lehrer, Schüler, betriebliche Ausbilder und Wissenschaftler.

Schule im Netz: http://www.sn.schule.de/schulen/land.html
Eine Initiative des Offenen Deutschen Schulnetzes, der Gesellschaft für Informatik und des Bundesarbeitskreises Netze in Schulen, die u. a. Diskussionsforen für Lehrer und Schüler bietet.

Schulen ans Netz: http://www.san-ev.de/
Kommunikations- und Beratungsstelle des Vereins „Schulen ans Netz" mit Informationen über die Bildungsinitiative, Projektberichten, Kontaktbörse sowie einem Verzeichnis der geförderten Projektschulen.

SchulWeb: http://www.schulweb.de
Hier präsentieren sich die deutschsprachigen Schulen, die im World-Wide-Web aktiv sind. Geboten werden Materialien für den Unterricht, Schülerzeitungen im World-Wide-Web sowie eine Karte der deutschsprachigen Schulen im WWW.

Software Datenbank ASK-SISY: http://www.ask.uni-karlsruhe.de/asksisy/inhalt.html
Datenbank verfügbarer Unterrichtssoftware der Universität Karlsruhe.

Suchmaschinen
http://www.altavista.com
http://www.web.de
http://www.yahoo.com
http://www.unix-ag.uni-siegen.de/search/
Mit diesen Suchmaschinen können zu bestimmten Stichworten Adressen im Internet gefunden werden. Die ersten drei Adressen stellen einzelne Suchmaschinen dar, während unter der Adresse der Universität Siegen auf viele verschiedene Suchmaschinen zugegriffen werden kann.

Die Homepage des Staatlichen Seminars für Schulpädagogik (Gymnasien/Karlsruhe) Erdkunde/Geographie (Prof. Dr. P. Hartleb/StD F. Schaller)
http://www.uni-Karlsruhe.de/~za350/index.html
bietet vielfältige Information für Geographielehrer wie: Für Geographen interessante WWW-Seiten, Termine, Fehler, Spiele und Computer im Erdkundeunterricht.

7.3.6 Bilinguales Lernen

Im bilingualen Geographieunterricht wird durchgängig eine Fremdsprache als Arbeitssprache eingesetzt. Die Inhalte, Themen und Arbeitsweisen richten sich weitgehend nach dem Geographielehrplan, die Fremdsprache ist das vorherrschende Kommunikationsmittel. Der Geographieunterricht wird also grundsätzlich *fremdsprachig* erteilt, was die gelegentliche und didaktisch begründete Benutzung der deutschen Sprache nicht ausschließt.

Besondere Zielbereiche dieser Lernform ergeben sich aus folgenden Begründungen (vgl. aus der Sicht der Geographie z. B. Ernst 1992, 1995, Friedrich 1991, Weber 1993; aus der Sicht der Fremdsprachen z. B. Pilzecker 1996, Weller 1996):

- Das zusammenwachsende Europa sowie die zunehmende *internationale Verflechtung* wird für die Zukunft der Schüler von heute bedeuten, dass in vielen Berufsbereichen eine „annähernde Zweisprachigkeit" erforderlich ist. Deshalb unterstützen Wirtschaft, Wissenschaft und Bildungspolitik dieses Bildungsangebot.
- Das Anwenden der Fremdsprache im Geographieunterricht stützt sowohl das Fremdsprachenlernen als auch das Geographielernen. Die Fremdsprache wird zum selbstverständlichen Kommunikationsmittel im Sachfach Geographie. Der große *Anreiz dieser Lernsituation* erhöht die Aufmerksamkeit der Schüler und verstärkt Motivation und Lerneifer.
- Bilingualer Geographieunterricht ist ein Beitrag zum *interkulturellen Lernen* (vgl. Kap. 3.13). Die Fremdsprache dient nicht nur als Kommunikationsmittel, sondern sie verändert auch die Wahrnehmung. Als selbstverständliches Verständigungsmittel eingesetzt, öffnet sie neue Erfahrungsfelder. Ethnozentrische, v. a. deutsche Sichtweisen werden relativiert, eigene Vorurteile sichtbarer, der Umgang mit den Vorurteilen und Sichtweisen anderer toleranter.

Die besondere Eignung von Geographie für den bilingualen Unterricht ergibt sich zum einen aus der Nähe der fremdsprachlichen *Landeskunde* zum Geographieunterricht (vgl. Kirchberg 1993). Landeskunde im Fremdsprachenunterricht und Raumbetrachtung im Geographieunterricht haben in Teilbereichen übereinstimmende Inhalte und Zielsetzungen (vgl. Firges/Hüttermann/Melenk 1990, S. 36), hier insbesondere das Lernfeld interkulturelle Kompetenz.
Zum anderen ist das Schulfach Geographie durch seine *inhaltliche und methodische Struktur* für bilinguales Vorgehen besonders geeignet. Die Anschaulichkeit der Unterrichtsgegenstände und die Vielfalt der Arbeitsmittel ermöglichen eine behutsame fremdsprachliche Progression. Zugleich bieten die alltags- und lebensnahen Inhalte des Geographieunterrichts viele schülernahe Sprechanlässe. „Hier ist die Versprachlichung schon in einem frühen Stadium des Fremdsprachenerwerbs möglich. Das visuell Vorgeführte kann meist mit einfachen sprachlichen Mitteln zunächst beschrieben werden. Durch die kontinuierliche Arbeit mit Karten, Diagrammen und Tabellen werden wichtige, immer wiederkehrende Lexeme und Fachtermini gefestigt. Die durch die Beschreibungsphase bestärkten Schüler können im Sinne der Progression behutsam zu Phasen der Problematisierung und Bewertung geführt werden" (Ernst 1995, S. 360).
Aus diesen Gründen ist Geographie das häufigste Fach in bilingualen Zweigen oder Zügen.

Die Konzeption bilingualen Lernens ist in den einzelnen Bundesländern durchaus etwas verschieden (vgl. Ernst 1995). Gemeinsam ist jedoch die Grundidee zweisprachiges Lernen nicht als verstärktes Fremdsprachenlernen, sondern als Sachfachunterricht zu konzipieren. Das hat zur Folge, dass sich bilingualer Geographieunterricht weithin an den Zielen und Inhalten der Geographielehrpläne orientieren muss. Auch die Benotung von Schülerleistungen

Arbeitsmaterialien für den bilingualen Unterricht

Natural versus cultural landscape **Mat 3**

Climate graph: ‚The Ganges Valley'

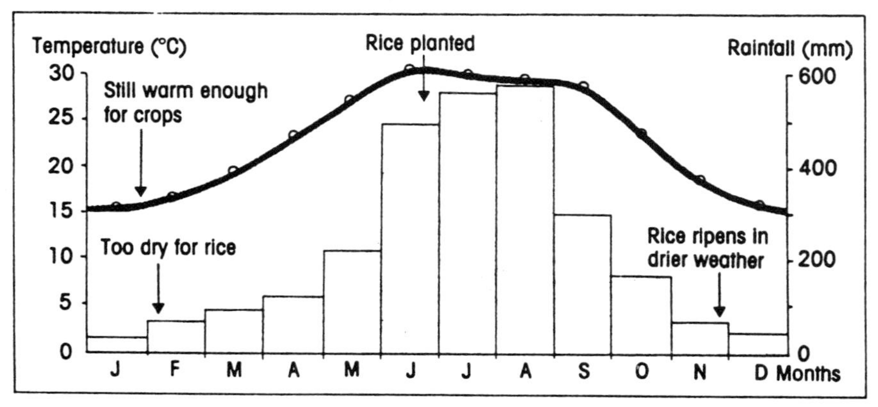

(from: D. Waugh/T. Bushell, Connections. Key Geography, Stanley Thornes, p. 26)

The Farmer's Year

May: Nursery beds, above the flood level, are prepared and manured.
June: As soon as the rains come the rice seeds are planted in the nurseries, and the padi-fields are manured (using compost or animal dung) and then ploughed into a thick mud. The ploughing is still usually done by a wooden plough drawn by two water buffalo.
July and August: The rice seedlings are transplanted into the flooded padi-fields. Each seedling has to be pushed individually into the mud. The plant grows rapidly – and the weeds as well.
September/October: Constant weeding.
November/December: Water is either drained from the fields or has evaporated, and the rice is cut by hand just above ground level, dried in the sun, threshed to remove the grain, winnowed and dried again in the sun before being stored.
Although these jobs involve most of the family, the men tend to do the cutting and threshing, and the women the winnowing.
January: The fields are ploughed again, and a second crop is planted. This could be rice if there is water for irrigation, but usually it is peas, beans, lentils, wheat or barley.
March-April: The second crops is harvested.

(from: D. Waugh, The World, Thomas Nelson, p. 89)

Glossary: to manure = to fertilize with dung
seedling = dt. Setzling
weeding = dt. Unkrautjäten
to winnow = dt. Spreu von Körnern trennen
lentils = dt. Linsen
barley = dt. Gerste oder Graupen

Task: Study the climate graph ‚Ganges Valley' and the text ‚The Farmer's Year'. What makes the monsoon climate suitable for rice growing?

(aus: Pädagogisches Zentrum Rheinland-Pfalz [Hrsg.]: Bilingualer Unterricht Erdkunde/ Englisch. Handreichungen für den Unterricht der Jg.-stufe 8. Bad Kreuznach 1994, S. 66)

bezieht sich nur auf die Leistungen in Geographie, nicht auf die Fremdsprachenbeherrschung. In der *Orientierungsstufe* wird vorbereitend der Sprachunterricht verstärkt (z. T. bereits in der Grundschule), wobei hier v. a. auf alltagsnahe Kommunikation Wert gelegt wird. Der eigentliche zweisprachige Unterricht beginnt in der Regel in der *7. Jahrgangsstufe* und führt an den Gymnasien bis zum Abitur. In Rheinland-Pfalz tritt in der *Sekundarstufe I* zu den bilingualen Stunden noch eine zusätzliche Geographiestunde in deutscher Sprache hinzu (vgl. Lehrplanauszug auf S. 247).
Die Zahl der bilingualen Schulen erhöht sich derzeit rasch, v. a. in Nordrhein-Westfalen, Niedersachsen und Rheinland-Pfalz gibt es bereits viele solcher Zweige (vgl. Bludau 1996). Zweisprachiges Lernen wird besonders an Gymnasien, aber auch an anderen Schularten angeboten. Bei den Sprachen dominiert Englisch, daneben Französisch; es gibt aber auch bilinguale Schulen mit Spanisch, Italienisch oder Russisch.

Erfahrungen mit bilingualem Geographieunterricht liegen inzwischen vor (vgl. Friedrich 1991, Ernst 1992, 1995, Sitte 1994, Weber 1993). Sie zeigen

- dass die Schüler bereits nach kurzer Zeit die Fremdsprache als selbstverständliches Verständigungsmittel akzeptieren und verwenden. Obwohl die Fremdsprache nicht Lerngegenstand ist, erhöht bilingualer Unterricht auf ungezwungene Art die *kommunikative Kompetenz.* Da Fehler in der Zielsprache nicht ständig korrigiert werden, bauen die Schüler auch Sprechängste ab und beteiligen sich unbeschwert aktiv.
- dass die Ziele des Sachfaches Geographie zwar etwas langsamer, aber insgesamt durchaus vergleichbar mit nicht bilingualen Klassen erreicht werden. Es entstehen jedenfalls *keine Wissensdefizite.* Weber (1993, S. 102/103) stellt in einer breit angelegten Untersuchung fest, „dass signifikante Unterschiede zwischen beiden Gruppen nur singulär und ohne ein erkennbares Verteilungsmuster auftreten."
- dass die Schüler diesem Unterricht mit hohem Interesse und großem Lerneifer begegnen. Der *Lernanreiz* des Neuen und Besonderen wirkt motivierend, die Sprachsituation wird nur anfangs als „künstlich" empfunden. Weber (1993, S. 155) zeigt, dass hierbei weder Elitebildung noch spezielle Begabtenförderung stattfindet; die zweisprachigen Klassen zeigen kaum Noten-, Begabungs- oder Verhaltensunterschiede gegenüber herkömmlichen Klassen. Kontakte mit Ausländern sind dagegen häufiger und vielfältiger als bei Schülern des regulären Zweigs (Weber 1993, S. 149).
- dass nationale Stereotypen und Vorurteile durch bilingualen Unterricht nicht positiv verändert werden können. Dennoch hat Weber (1993, S. 137) feststellen können, dass sich die *kulturelle Distanz* insofern verringert, als das „Bild vom anderen" unsicherer und damit flexibler wird. Schüler bilingualer Züge werden in der Beurteilung anderer nationaler Gruppen zurückhaltender und offener.

Probleme ergeben sich durch die Notwendigkeit des Aufbaus einer fremdsprachlichen Fachsprache. Das kostet viel Unterrichtszeit und nicht bei allen Themenkreisen ist das Vokabular so alltagssprachlich verwendbar wie z. B. beim Thema „Wetter". Bisher nimmt sich v. a. die Fremdsprachendidaktik dieser Frage an, während eine Methodik und Didaktik des fremdsprachlichen Geographieunterrichts leider noch aussteht. Ein anderes Problem – etwa für die Mitarbeit oder für Lernkontrollen – sind sprachliche Minderleistungen. Auch wenn die flüssige Kommunikation – also nicht die grammatikalische Korrektheit – im Vordergrund steht, muss der Schüler sprachlich in der Lage sein aktiv am Unterricht mitzuwirken. Für den Lehrer stellt sich zudem immer noch das Problem der Auswahl geeigneter Unterrichtsmaterialien, obwohl inzwischen auch Schulbuchverlage entsprechende Bücher anbieten. *Kirchberg*

Auszug aus einem bilingualen Lehrplan der Jahrgangsstufe 7

Auseinandersetzung des Menschen mit Naturbedingungen
Regionaler Schwerpunkt: Europa und Afrika

7.2 Thema: Naturbedingungen in ihrer Bedeutung für den Menschen

Einsicht, wie Naturfaktoren den Lebensraum des Menschen gestalten

Lernziel	Behandlung in der Zielsprache	Behandlung in deutscher Sprache
Nr. 7.2.1	Einblick in die Zusammenhänge zwischen Klima und Landschaft	Einblick in die Zusammenhänge zwischen Klima und Landschaft
Grundbegriffe	weather, climate, vegetation, zoning in relation to elevation (vertical zoning), continental climate, maritime climate, climatic region, vegetation zone, period of growth, climate graph	Wetter, Klima, Höhenstufe, Land- und Seeklima, Klima- und Vegetationszonen, Vegetationsperiode, Klimadiagramm
Hinweise	1. In Verbindung mit Nr. 7.3.3 2. Die Unterrichtsbeispiele für den bilingualen Unterricht sind folgenden Themenbereichen zu entnehmen: – Klimadiagramme – Auswerten von Tabellen etc. – Klima- und Vegetationszonen	Vgl.: – Lehrplan Erdkunde – Stoffverteilungsplan
Nr. 7.2.2	Einblick in die Bedeutung von Gestalt und Beschaffenheit der Erdoberfläche für den Menschen	Einblick in die Bedeutung von Gestalt und Beschaffenheit der Erdoberfläche für den Menschen
Grundbegriffe	exogenetic, endogenetic, relief, orogenesis, erosion, sedimentation, landscape, (patterns of) land use	exogene Kräfte, endogene Kräfte, Relief, Gebirgsbildung, Erosion, Ablagerung, Landschaftsbild, Raumnutzung
Hinweise	Die Unterrichtsbeispiele für den bilingualen Unterricht sind folgenden Themenbereichen zu entnehmen: – Exogene Kräfte, z. B. Erosionsprozesse, – Glaziale Serie	Vgl.: – Lehrplan Erdkunde – Stoffverteilungsplan

(aus: Ministerium für Bildung, Wissenschaft und Weiterbildung Rheinland-Pfalz [Hrsg.]: Lehrplanentwurf zweisprachiger Erdkundeunterricht an Gymnasien in der Sekundarstufe I, Englisch. Grünstadt 1996, S. 14)

7.4 Unterrichtsprinzipien

Nach Birkenhauer (1986a) besteht die Funktion von Unterrichtsprinzipien darin, „Lernvorgänge und Lernergebnisse jederzeit zu optimieren“. Im Folgenden sollen einige wichtige Unterrichtsprinzipien kurz skizziert werden (vgl. Heursen 1996b).

Schülerorientierung: Ein guter Unterricht holt die Schüler dort ab, wo sie sich gerade in ihrer kognitiven, affektiven und motorischen Entwicklung befinden. Es erleichtert den Lernerfolg, wenn die Motivation, die Lerntypen und Gruppenbildung der Klasse erkannt und berücksichtigt werden. Schülerorientierung heißt aber auch Qualifizierung für deren Gegenwart und Zukunft in ihrer spezifischen, sozialen und räumlichen Umwelt.

Zielorientierung: Kein Unterricht ohne Ziele! Lernziele werden einerseits von Lehrplänen vorgegeben um die Errungenschaften der Gesellschaft zu wahren und Fortentwicklung zu ermöglichen. Lernziele sind Ziele, die Schüler sich selbst setzen, indem sie vorgegebene Ziele akzeptieren oder sie sich selbst setzen. Die Akzeptanz von Lehrzielen und die Selbstbestimmung von Lernzielen, die nicht nur Lernergebnisse, sondern auch Lernwege beinhalten, sind eine wesentliche Voraussetzung erfolgreichen Unterrichts.

Wissenschaftsorientierung: Die Wissenschaften versuchen die Wahrheit zu erforschen. Ebenso muss Unterricht versuchen sich der Wahrheit zu nähern. Damit wird jedoch nicht einer „Verkopfung“ von Unterricht das Wort geredet, sondern ein aufgeklärter Unterricht postuliert. Dieser Unterricht schließt eine kritische Distanz zur eigenen Wahrheitserkenntnis ein. Die Methodenkompetenz zur Welterschließung steht dabei im Vordergrund. Einfache Theorien und Modelle, die Einsichten in fachliche und interdisziplinäre Zusammenhänge exemplarisch vermitteln, kennzeichnen die Wissenschaftsorientierung.

Praxisorientierung: Praxisorientierung heißt: Nicht für die Schule, sondern für das Leben lernen wir! Der schnelle Wandel von Lebenssituationen erfordert heute ein lebenslanges Lernen zur Bewältigung neuer Herausforderungen. Aus diesem Grunde müssen Lerninhalte, die für das private, öffentliche und gesellschaftliche Leben qualifizieren, Priorität erfahren. Praxisorientierung heißt nicht Utilitarismus bzw. Reduktion der Bildung auf wirtschaftlich verwertbare Qualifikationen, sondern heißt auch kulturelle Orientierung zur humanen Lebensbewältigung. Lebenspraxis ist ein Prozess mit stets neuen Ereignissen. Das Aktualitätsprinzip fordert auf diese Ereignisse im Unterricht aufzugreifen und daraus Einsichten für Lebenspraxis zu gewinnen.

Anschauung: Unter Lebenspraxis kann all das verstanden werden, was außerhalb der Schule Realität ist. Diese Wirklichkeit vor Ort zu erleben, fordert das Prinzip der originalen Begegnung. Damit wird eine Anschauung der Welt angestrebt, die in ihrer Komplexität noch nicht sofort verständlich wird. Ihre Zusammenhänge zu durchdringen, heißt elementarisieren und hinter die vordergründige Anschauung dringen. Der Geographieunterricht greift oft auf „anschauliche“ Repräsentationen wie Film und Bild zurück. Damit wird im induktiven Verfahren eine konkrete Anschauung, jedoch noch nicht ein verständlicher Unterricht gewährleistet. Strukturen, Prozesse und Zusammenhänge sind i. d. R. mit einfachen Zeichnungen, Karten, Profilen bzw. mit der „redenden Hand“ des Lehrers und mit elementaren Formulierungen zu veranschaulichen. Ein guter Pädagoge versteht das „Vereinfachen“ ohne dabei Fehler zu machen.

Vernetztes Denken: Ein Nebeneinander von Faktenwissen ist im Zeitalter der Datenbänke schon lange obsolet geworden. Heute heißt die Maxime: vernetztes Denken, globales Lernen, ganzheitliches Betrachten, fächerübergreifender Unterricht, Denken in Systemen. Systeme wie Ökosysteme bzw. Mensch-Natur-Systeme in ihrer Komplexität zu entdecken, lässt erkennen, dass monokausale Erklärungen von Natur, Kultur und Gesellschaft in die Irre gehen. Globales Lernen heißt heute Heimat und Welt miteinander zu vernetzen. Das klassische Heimatprinzip und das traditionelle vergleichende Verfahren von Heimat und Welt erhalten ihre Fortentwicklung im Motto „Global denken und lokal handeln!"

Gestufte Lernfortschritte: Das Unterrichtsprinzip „Vom Einfachen zum Komplexen!" hat die Funktion die Stufen einzelner Lernfortschritte abzusichern. Jedes Fach braucht ein solides Fundament und statisch abgesicherte obere Stockwerke. Diese Solidität ist aber nicht allein durch ein entsprechendes Curriculum, sondern vor allem durch Wiederholung, der Mater studiorum, durch Lernsicherungen und Mut machende Lernerfolge zu gewährleisten. Die Anwendung in neuen Situationen von dem, was früher gelernt wurde, verspricht eine gestufte und andauernde Qualifizierung.

Wertorientierung: Schüler und Lehrer werten, wenn sie es auch nicht wahrhaben möchten. Die Problemorientierung des Unterrichts muss in eine Lösungsorientierung münden, wenn sie für die Zukunftsbewältigung hilfreich sein soll. Zur Problemlösung gehören selbstverständlich Fachkenntnisse. Ihre Bewertung hängt allerdings von der Werthierarchie des Individuums bzw. der Gesellschaft ab. Wertorientierung muss sich an den Vereinbarungen der Menschheit orientieren. Dazu zählen die Menschenrechte, die Rechte der Erde und das Leitbild einer „nachhaltigen Entwicklung". Die Frage „Wer hat den Nutzen bzw. wer hat den Schaden?" bei einem Problem bzw. einer Problemlösung ist der Beginn einer pädagogisch sensiblen Wertorientierung. Einstellungen erfahren ihre Verankerung durch „erlebte" Vorbilder bzw. durch Solidarität mit Menschen und Natur.

Handlungsorientierung: Die methodische Bedeutung der Handlungsorientierung wird in der Forderung „durch Selbsttätigkeit zur Selbstständigkeit deutlich". Der methodische Vorteil liegt in der Konkretheit des Lernens bzw. in der Integration von Denken, Handeln und Fühlen und damit in einer ganzheitlichen Qualifizierung. Dies heißt aber, dass Schüler nicht nur „geographisch" handeln (kartieren, Profile zeichnen usw.), sondern, dass sie auch schreiben, ihre mathematischen Kenntnisse festigen und ihre ästhetischen Gestaltungsmöglichkeiten entfalten. Damit wird ein wesentlicher Beitrag zu einer breiten Grundbildung geleistet. Pädagogisch besonders wertvoll wird die Handlungsorientierung allerdings erst durch das Handeln in der Realität. Damit erhält „learning by doing" eine Akzentverschiebung in „doing what you have learnt!"

Selbstreflexion: Lehren und Lernen verlangen immer wieder nach einer erneuten Optimierung. Voraussetzung ist die tägliche Selbstreflexion von Lehrern und Lernern, nicht nur am Ende einer Stunde, sondern auch manchmal nach einem Lernschritt. Eine regelmäßige Metakommunikation, d. h. ein Gespräch mit der Klasse über die Fragen „Was haben wir gelernt? Wie haben wir gelernt? Wozu haben wir gelernt? Was können wir besser machen?" verspricht Fortschritte im autonomen und lebenslangen Lernen und könnte als eines der wichtigsten Unterrichtsprinzipien eingestuft werden. *Haubrich*

Unterrichtsprinzipien und ihr Implikationszusammenhang

„Innerhalb der hier zu behandelnden didaktischen Unterrichtsprinzipien kann man zwei Gruppen unterscheiden. Dabei betrifft die eine dieser beiden Gruppen mehr die ‚äußere' Rahmenbedingung wie etwa Erziehungs- und Lernziele, die dem Unterricht also von außen vorgegeben sind.
Die andere Gruppe meint dagegen den Kern des Unterrichtsgeschehens, vor allem also den Schüler betreffende didaktische Aspekte (Beispiel: Prinzip der Schülerorientierung). Beide Seiten zusammen bilden ein übergreifendes ‚Feld', das zusammengefasst als *‚soziales Lernfeld'* beschrieben werden kann. Für dieses ‚Feld' wiederum gilt übergreifend ein bestimmter *‚Implikationszusammenhang',* der seinerseits im Sinne eines Prinzips zu verstehen ist ...

Unter Implikation versteht man im didaktischen Fragezusammenhang das ‚Ineinandergefaltetsein' (lat. implicare: einfalten) verschiedener Seiten des Unterrichts im Sinne eines geschlossenen und in sich folgerichtigen Systems. Entsprechend muss der Unterricht aus der gleichmäßigen Beachtung aller Perspektiven dieses Systems in der Unterrichtsvorbereitung hervorgehen.

Nach Heimann (1962) stellt sich Unterricht als eine Beantwortung folgender Grundfragen dar:

1. In welcher *Absicht* tue ich etwas?
2. *Was* bringe ich in den Horizont der Kinder?
3. *Wie* tue ich das?
4. Mit welchen *Mitteln* verwirkliche ich das?
5. *An wen* vermittle ich das?
6. In welcher Situation vermittle ich das?'

Wandelt man die Fragefolge unter dem Gesichtspunkt der Folgerichtigkeit geringfügig ab, so sind für den Implikationszusammenhang die folgenden Perspektiven in der folgenden Reihenfolge konstitutiv:

I. die der Orientierung am Schüler (Stufengemäßheit, Interessen, Milieu, Motivation),
II. die der Intention (das, *wozu* man ein ‚Was' im Unterricht will),
III. die des Inhalts (den zu behandelnden Sachbezug, das ‚Was' also),
IV. die des Unterrichtsweges einschließlich der dazugehörigen Medien (*wie* man das ‚Wozu' an dem bzw. durch das ‚Was' erreichen möchte),
V. die der Unterrichtsprinzipien (wie und warum man Inhalte, Wege, Medien gestaltet bzw. auswählen will), die allerdings übergreifende Bedeutung haben und mehr oder weniger durchgehend zu beachten sind.

Alle Perspektiven bilden in dieser Folge einen in sich konsistenten Zusammenhang. Dabei werden innerhalb der jeweiligen Perspektive bzw. Station Vorentscheidungen getroffen, die für die jeweils folgende/-n Perspektive/-n bzw. Station/-en beeinflussende Bedeutung haben. Jedoch erfolgt durch die jeweiligen Vorentscheidungen keine in jedem Fall eindeutige und zwingende Festlegung des jeweils Folgenden wie bei einer logischen Implikation.

Denn ist es zum Beispiel das Ziel, die Einsicht zu vermitteln, dass Städte in Funktionsviertel gegliedert sind, bedeutet diese Vorentscheidung nicht, dass damit z. B. nur ein bestimmter Weg, ein bestimmtes Medium infrage kommt, z. B. nur der Erkundungsgang und nicht ein Film oder Dias. Vielmehr beruht die Wahl des Weges, des Mediums auf weiteren Zweckmäßigkeitserwägungen, die das gesamte soziale Lernfeld, die gesamte so genannte situative Bindung berücksichtigen:

- also, welche Schüler ich nun gerade vor mir habe,
- aus welchem Milieu sie kommen,
- welche Vorerfahrungen sie besitzen,
- welches Alter sie haben;
- ebenso ist zu berücksichtigen,
- an welchem konkreten Raumbeispiel,
- an welcher konkreten Stadt also dieses Ziel verwirklicht werden soll,
- welche Merkmale diese Stadt diesbezüglich aufweist usw.

Analog sind auch weder die Inhalte noch die Ziele durch die jeweiligen Vorwegentscheidungen eindeutig vorausbestimmt. Entsprechend engen die jeweiligen Vorentscheidungen lediglich die Anzahl und Arten der jeweiligen Folgemöglichkeiten ein ohne diese jedoch zu determinieren.

Würde man dagegen stets von einer eindeutigen Zuordnung ausgehen – ja, die Forderung danach erheben –, würde man einerseits die Komplexität des Unterrichts ignorieren, andererseits einseitig einen einzigen Gesichtspunkt verabsolutieren. Jede Verabsolutierung jedoch würde Vielfalt und Lebendigkeit des Unterrichtsgeschehens verhindern, evtl. sogar ausschließen. Mit dem Implikationszusammenhang ist also das Bewusstsein der *bedingten Offenheit* allen vier Stationen gegenüber verbunden.

Nun wurde der Implikationszusammenhang zwar als solcher charakterisiert und hinsichtlich seiner Funktion bestimmt. Es wurde jedoch noch nicht geklärt, weshalb die innere Logik des Implikationszusammenhangs so sein muss, wie oben dargelegt, und nicht anders. Dies lässt sich jedoch in wenigen Sätzen begründen: So ist zunächst offenkundig, dass die Ziele nicht adäquat bestimmt werden können, wenn nicht zuvor der Adressat in seinem geographisch, lernpsychologisch, soziokulturell etc. relevanten Bedingungsgefüge bekannt ist.

Entsprechend muss der Bestimmung des ‚Wozu' die Frage nach dem ‚Wer' bzw. ‚Für wen' vorausgehen. Während der Schüler in seinem Bedingungsgefüge auf der curricularen Ebene dabei notwendigerweise nur sehr pauschal Berücksichtigung findet, kann er auf den niedrigeren, konkret unterrichtsbezogenen Ebenen der Zielbestimmung spezifische Berücksichtigung finden, denn auf diesen Zielebenen trifft ja mit zunehmender Praxisnähe zunehmend mehr der einzelne Lehrer die betreffenden Entscheidungen. Dass die Inhalte nun eine Funktion der Ziele sind, ist eine der Grundpositionen des heutigen Geographieunterrichts. Damit aber ist zugleich auch offenkundig, dass die Bestimmung der Inhalte erst nach erfolgter Bestimmung der Ziele und unter Berücksichtigung des Schülers erfolgen kann.

Die Methodenfrage schließlich stellt sich überhaupt erst dann und kann auch überhaupt erst dann gelöst werden, ‚wenn sowohl der Adressat (Schüler) als auch die Ziele als auch die Inhalte bekannt sind' (Köck 1980). Zugleich ist damit die innere Plausibilität des oben charakterisierten Implikationszusammenhanges begründet."

(aus: Birkenhauer 1992, S. 120 f.)

7.5 Methodische Kompetenz

Die methodische Kompetenz insbesondere von jungen Lehrern veranlasst oft einerseits zur Kritik durch die Öffentlichkeit und durch Lehrprobenbegutachter, andererseits leiden fast alle Anfänger unter dem bekannten „Praxisschock".

Sollte es nicht endlich möglich sein, dieses grundsätzliche Defizit zu beseitigen?

Reicht es aus, theoretisches Wissen über Unterrichtsmethoden zu erwerben um in der Praxis bestehen zu können?

Reicht es aus, diesen Theorien erst in der Referendarzeit zu begegnen und sie dann gleichzeitig in Versuche umsetzen zu müssen?

Ist es richtig, die Theorie in der ersten Phase und die Praxis in der zweiten Phase der Ausbildung zu erfahren?

Müssen nicht erste und zweite Phase grundsätzlich umgestaltet werden?
Sollten nicht Methoden praktiziert statt studiert werden?
Erfreulicherweise werden in vielen Fachseminaren vermehrt z. B.

- Rollen- oder Planspiele durchgeführt;
- „Geographieunterricht" simuliert;
- Partner- und Gruppenarbeit praktiziert;
- geographische Projekte geplant, durchgeführt und durch eine Ausstellung abgeschlossen;
- Kurzvorträge mit verschiedenen Varianten trainiert;
- Kreisgespräche moderiert und dabei gruppendynamische Prozesse provoziert und analysiert.

Methodische Kompetenz ist nur zu erwarten, wenn die breite Palette methodischer Gestaltungsmöglichkeiten in der Lehre der ersten und zweiten Phase erlebt wird.

Trotzdem bleibt die didaktische Gestaltung von Unterricht eine stetige Herausforderung auch für den erfahrenen Praktiker.

Haubrich

8 Unterrichtsmedien

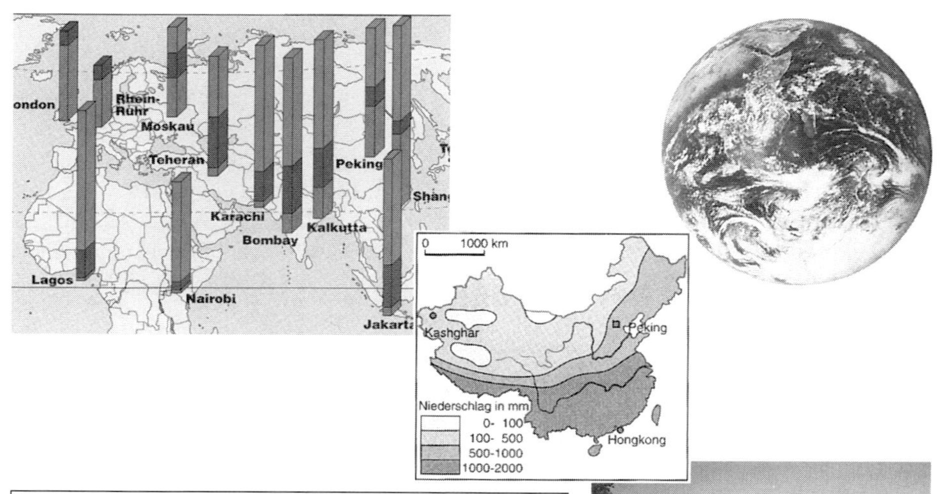

Landnutzung	Gebiet ha	Erosionsbetrag t/ha/Jahr
Wald	4128	5,2
Gebüsche	509	17,5
Grasland	858	30,2
Bewässerte Reisterrassen	4020	4,5
Dicht bewässerte Reisterassen	2173	17,4

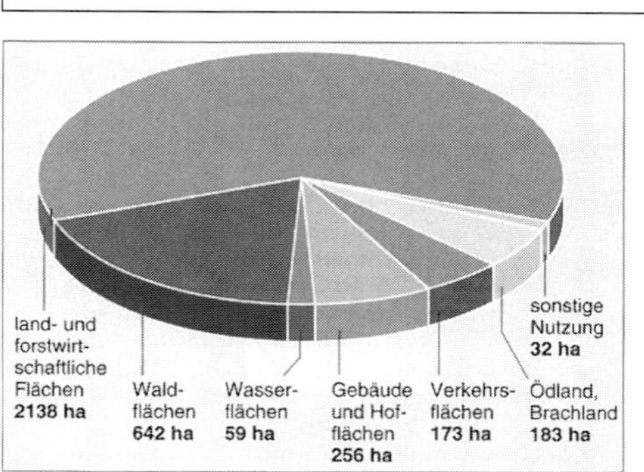

8.1 Medien

8.1.1 Medien: didaktische Funktionen

Medien sind Bestandteile eines als Gesamtheit zu sehenden Lernprozesses. Sie werden als *Informationsträger* dort eingesetzt, wo die originale Begegnung mit dem Lerngegenstand nicht möglich ist. „Medien" wird hier als der neutrale Sammel- und Oberbegriff verstanden, dem sich die Begriffe Arbeitsmittel, Lehrmittel, Lernmittel, Unterrichtsmittel, Anschauungsmittel, Darstellungsmittel unterordnen lassen. Stonjek (1988, S. 131) führt den Begriff des *Präsentators* der Medien ein. Der Präsentator entspricht dem, was in der Computersprache als Hardware bezeichnet wird. Diaprojektor, Overheadprojektor, Filmprojektor sind demnach Hardware. Dia, Transparent, Film sind die Software im Vermittlungsprozess.

Die Vermittlung der Wirklichkeit oder eines Aspektes von Wirklichkeit kann personal oder über Medien erfolgen. Die Aufnahme der über Medien eingebrachten Informationen bewirkt nicht allein und zuerst kognitive Lernprozesse, sondern sie ist durch die Stimmungslage des Rezipienten und die Art der *Präsentation* mit einer starken affektiven Komponente verhaftet. Der Einsatz von Medien ist nur bedingt ein Ersatz von Wirklichkeit, da es sich bei den Informationsträgern immer um eine *subjektiv konstruierte Wirklichkeit* handelt:
- durch den Ausschnitt von Wirklichkeit, den der Medienproduzent ausgewählt hat;
- durch den Thematisierungsrahmen, in den der planende Lehrer die Medien stellt;
- durch die Stimmungslage, in der die Wahrnehmenden die Medien „empfangen".

Medienklassifikationen verfolgen das Ziel die *Vielfalt der Medien* systematisch zu ordnen. Nach dem Wesen der *Unterrichtsmedien* können die Informationen verschlüsselt sein als Bild, Zahl, Karte und Wort. Gleiche Informationen können in verschiedenen Arten der Verschlüsselung und dieselbe Art der Verschlüsselung kann unterschiedlich medial angeboten werden.

Die didaktischen Zielfunktionen der Medien sind aufeinander bezogen:
- Medien bieten als planbare Variable des Unterrichts subjektiv ausgewählte Informationen. Durch ihre Auswahl wird Wirklichkeit konstruiert.
- Über Medien gelingt es, die Schüler mit einer Sache in Berührung zu bringen und über die affektive Komponente eine Auseinandersetzung mit dem Lerngegenstand zu bewirken.
- Durch die Auseinandersetzung mit dem Medium wird die Kommunikation zwischen allen Beteiligten in Gang gesetzt.

Die *Funktionsmerkmale* der technischen Medien sind die Darbietung der reproduzierbaren Lerninhalte, die Perfektionierung in der Darbietung der Lehrinhalte, die Individualisierung und Intensivierung des Lernprozesses.

Die Rolle des Lehrers verändert sich durch den Einsatz von Medien. Er ist nicht mehr das einzige Medium mit dem Charakter der Ausschließlichkeit. Er wird vielmehr zum *„Moderator"*, der den effektiven Einsatz der Medien plant, der den selbstständigen Umgang mit den Medien ermöglicht, der die kritische Auseinandersetzung mit den Medien anregt und der Raum für Handlungen schafft. Weil jede mediale Information als Verfremdung der Wirklichkeit eine Manipulation darstellt, kann auf die steuernde Funktion des Lehrers kaum verzichtet werden. Die durch den Medieneinsatz provozierte kritische Stellungnahme der Schüler führt zu deren begründeter *Meinungsbildung* (vgl. auch Brucker [Hrsg.] 1986, Haubrich 1995d, Stonjek 1988, Theissen 1986, S. 247 ff.; Volkmann 1994) *Brucker*

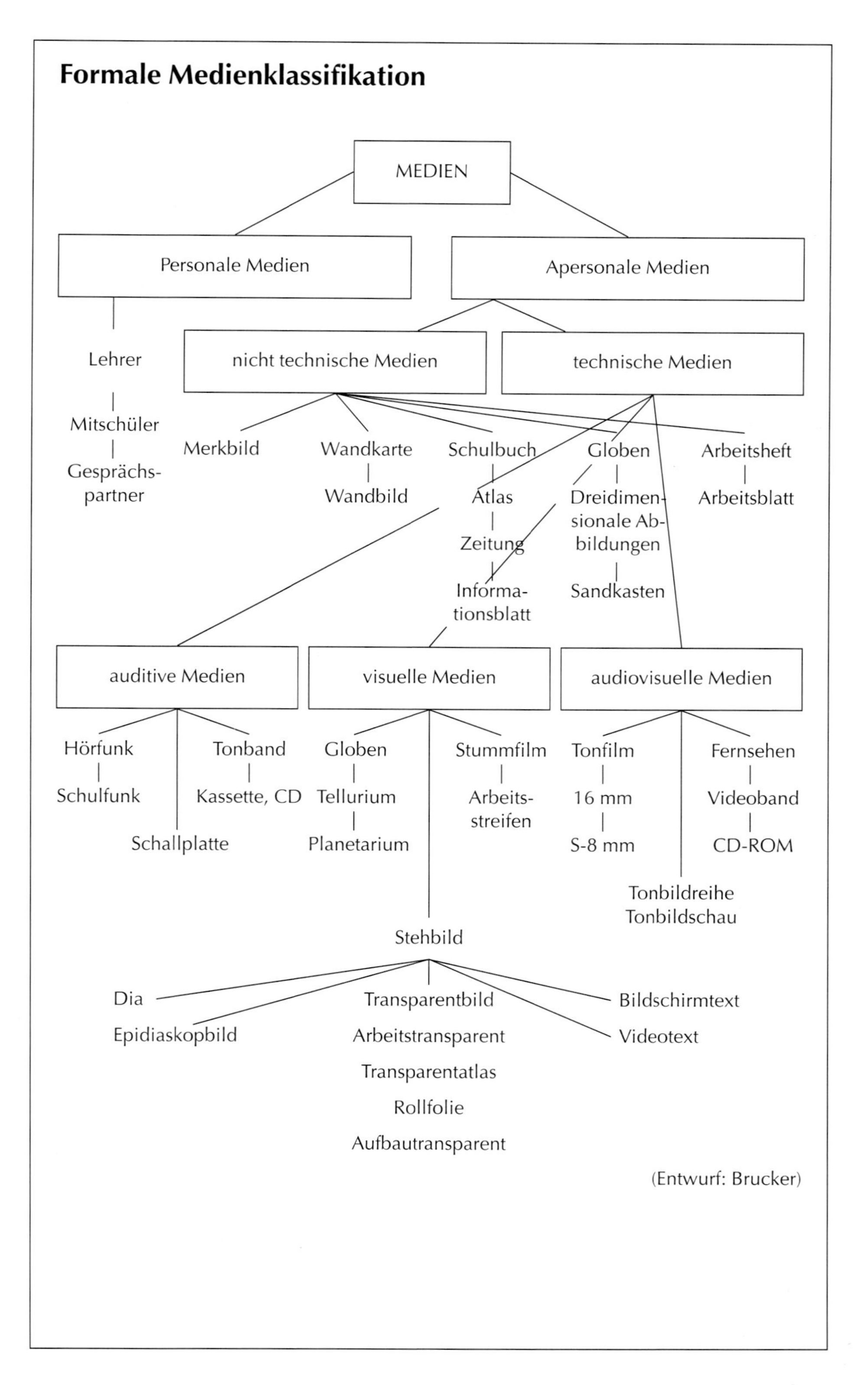
Formale Medienklassifikation
MEDIEN
Personale Medien
Apersonale Medien
Lehrer
Mitschüler
Gesprächs-
partner
nicht technische Medien
technische Medien
Merkbild
Wandkarte
Wandbild
Schulbuch
Atlas
Zeitung
Informa-
tionsblatt
Globen
Dreidimen-
sionale Ab-
bildungen
Sandkasten
Arbeitsheft
Arbeitsblatt
auditive Medien
visuelle Medien
audiovisuelle Medien
Hörfunk
Schulfunk
Schallplatte
Tonband
Kassette, CD
Globen
Tellurium
Planetarium
Stummfilm
Arbeits-
streifen
Tonfilm
16 mm
S-8 mm
Fernsehen
Videoband
CD-ROM
Tonbildreihe
Tonbildschau
Stehbild
Dia
Epidiaskopbild
Transparentbild
Arbeitstransparent
Transparentatlas
Rollfolie
Aufbautransparent
Bildschirmtext
Videotext
(Entwurf: Brucker)

8.1.2 Medienverbund

Noch nie hat der Geographieunterricht auf ein Minimum an *Medienverbund* verzichtet, z. B. durch die Verwendung von Wandkarte, Atlas, Buch und Tafel. Während dieses Verfahren aber mehr oder weniger intuitiv-zufällig war, versteht man heute unter Medienverbund gezielt eingesetzte Wirkungssysteme, die den Lernprozess steigern/intensivieren sollen.
Je nach der „Dichte" des Verbundes kann man unterscheiden:

- die *Medienkombination,* bei der die Medien additiv einander ergänzen;
- das *Medienpaket,* das in locker strukturierter Form die verschiedenen Medien anbietet;
- das *Mediensystem,* bei dem die Einzelmedien streng strukturiert einander zugeordnet sind und der Unterrichtsverlauf vom Einsatz dieser Medien abhängig ist.

Medienverbund, in dem mehrere Medien aufeinander abgestimmt sind, erfährt seine *Begründung* durch

- die jedem Medium eigenen Strukturgesetze: Abläufe werden durch Filme, Statisches durch Bilder, Entwicklungen durch Aufbautransparente usw. wiedergegeben.
- die Unvollständigkeit der Informationen, die ein Einzelmedium bieten kann.
- die multisensorischen Wahrnehmungsmöglichkeiten der Schüler; Comenius: „Alles möglichst allen Sinnen".
- die unterschiedlichen Schülerbegabungen: Im Unterschied zum herkömmlichen Verbalunterricht, der fast einseitig auf die Schüler mit hohem Abstraktionsvermögen ausgerichtet ist, sollen durch die Kombination verschiedener Medien auch die stärker auditiv bzw. visuell veranlagten Schüler „angesprochen" werden.
- die Möglichkeit und Förderung der Differenzierung: „Die Differenzierung als aktivitätsbezogene Binnengliederung der Klasse und als gezieltes Angebot an unterschiedliches Leistungsvermögen wird durch den Medienverbund unterstützt. Soziales und individuelles Lernen kann variiert einsetzen" (Ginzel 1980, S. 65).
- das verschieden hohe Abstraktionsniveau der medialen Begegnung: Hierdurch wird eine zu einseitige Ausrichtung auf abstrahierende Arbeitsmittel vermieden.
- die Variationsmöglichkeiten in der Darbietungsform: Der Wechsel der Darbietungsweisen und der damit verbundene Methodenwechsel führen zu einer Steigerung der Partizipation der Schüler.
- die nachgewiesene Leistungssteigerung der Schüler: Medienunterstützter Unterricht erbringt höhere Leistungen als lehrerzentrierter Verbalunterricht.

Multimedialer Geographieunterricht verlangt vom Lehrer die Fähigkeit

- Askese zu üben in der Auswahl der Medien,
- Askese zu üben im Wort: Wo Medien informieren, Frage- und Problemstellungen auslösen, sind zusätzliche Erläuterungen überflüssig.

Die Gefahr einer „Technokratisierung des Lehrerbewusstseins" muss gesehen werden. Wenn der Lehrer „sich vorwiegend als Technologe von Instruktionsprozessen" sieht, wird er „tendenziell ebenso wie die Schüler entmündigt" (Döring 1973).
Eine Gefährdung, die mit dem Medieneinsatz einhergeht, ist als Folge einer unreflektierten Fortschrittsgläubigkeit der „Apparatefetischismus". „Das Verhältnis des Schülers zum technischen Medium bleibt ... auf Dauer zweitrangig gegenüber dem genuinen Bedürfnis nach personalem Bezug, nach Kommunikation, nach Interaktion und gruppendynamischem Rollenspiel." (Simons, in: Köhler 1976)

Brucker

Abstraktionsgrad der medialen Begegnung

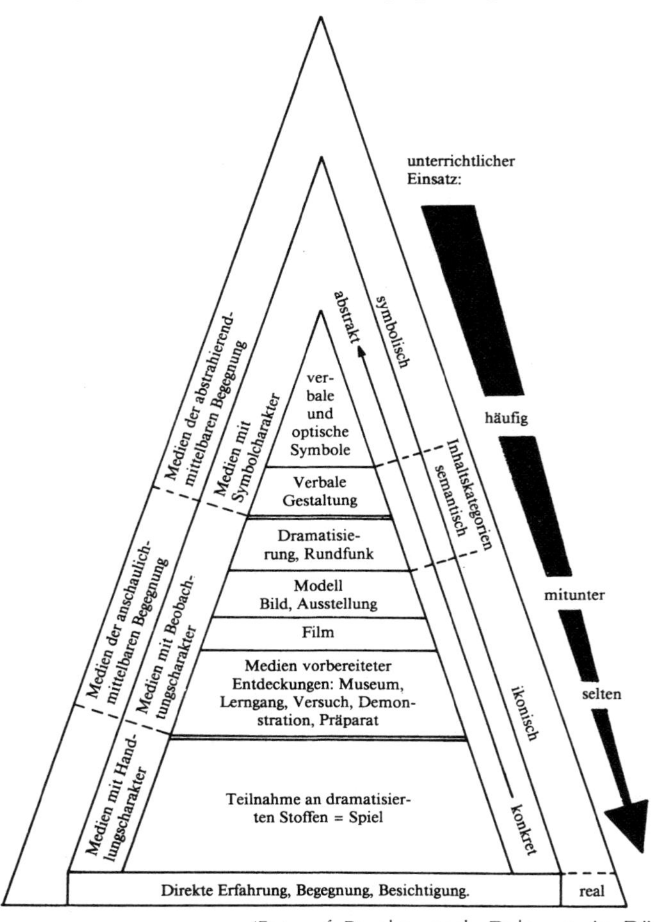

(Entwurf: Brucker, nach: Dale u. a., in: Döring 1973)

Behaltwert vermittelter Informationen

(Köhler 1976, S. 33)

Man behält von dem,

was man liest	etwa 10 %
was man hört	20 %
was man sieht	30 %
was man sieht und hört	50 %
was man selbst vorträgt	70 %
was man selbst ausführt	90 %

Sinnesaufnahmevermögen

(nach: Köck 1974, S. 98)

Informationen werden aufgenommen
- zu 78 % über das Auge
- zu 13 % über das Ohr
- zu je 3 % über den Geruchs-, Geschmacks- und Tastsinn.

Ergebnisse von Leistungsmessungen

(nach: Ruprecht 1970, S. 78)

Konventioneller Unterricht	100
– ergänzt durch Tonband	112,7
– ergänzt durch Textvorlage	112,8
– ergänzt durch Film	121,3
– ergänzt durch Tonband und Text	138,9
– ergänzt durch Film und Text	146,1
– ergänzt durch audio-visuelles Kontextmodell	149,0

8.2 Das Bild

8.2.1 Wand-, Hand- und Stehbild

Das geographische Bild stellt als Ersatz für die originale Begegnung und Anschauung in flächenhafter Darstellung einen Wirklichkeitsausschnitt vor. Als *echtes Quellenmaterial* dient es nicht als „gelegentlicher Schmuck des Unterrichts“ (Wocke 1962), als bloße Illustration, sondern an ihm sollen echte Grundanschauungen gewonnen werden.
Der Geographieunterricht muss „das Bild als gleichberechtigt neben die Karte treten lassen“ (Harms 1895).

Forderungen an das geographische, unterrichtlich bedeutsame Bild:
- Es muss aussagekräftig und vielschichtig im Inhalt sein,
- dominante Merkmale betonen und keine Nebensächlichkeiten herausstellen,
- den Menschen als Gestalter des Raumes präsentieren und
- sich für die Gewinnung von Erkenntnissen eignen.

Als didaktischer Ort für den Einsatz von Bildern bieten sich an
- der Einstieg: durch Bilder können der Unterrichtsgegenstand und seine Problematik erschlossen werden;
- die Operation, bei der meist in induktiven Verfahren eine denkend-entdeckende Durchdringung des Bildinhaltes erfolgt;
- die Zusammenschau, bei der im Rahmen eines Vergleichs eine klärende Gegenüberstellung erfolgen kann.

Zehn Operationen der Bildinterpretation „folgen zwar einem *logischen Handlungsablauf* vom Beschreiben und Erklären zum Bewerten, doch sollte diese Abfolge nicht zum Schema erstarren. Bildbetrachtung kann auch mit einer Hypothese, einer Deutung oder einer Bewertung beginnen. Sie muss allerdings dann aus der Beschreibung die Argumente zur Erklärung oder Bewertung hinzufügen. Alle Operationen sind für eine Bildinterpretation konstitutiv, ihre Abfolge aber sollte um der Kreativität willen variabel bleiben“ (Haubrich 1995e, S. 50/51):
1. Beobachten – 2. Benennen – 3. Aufzählen – 4. Beschreiben – 5. Vergleichen – 6. Verorten – 7. Erklären – 8. Ergänzen – 9. Bewerten – 10. Prüfen (nach: Haubrich 1995e, S. 50/51).

Für die Bildauswertung gelten folgende Grundsätze:
- „Erst spricht das Bild, dann der Schüler, zuletzt der Lehrer“ (Adelmann 1962, S. 108).
- Wenige Bilder gründlich zu betrachten, ist besser, als durch viele Bilder oberflächliche Eindrücke zu sammeln.
- Die Auswertung des geographisch „kennzeichnenden“ Bildes erfordert die Verbalisierung, sie „drängt auf eine sprachliche Äußerung hin“ (Wocke 1962).
- Bilder sind nach bestimmten Fragestellungen zu untersuchen; Beobachtungsaufgaben erziehen zum geographischen Sehen.
- Jede Bildbetrachtung führt beim Schüler zu subjektiven Eindrücken. Durch die Bildinterpretation wird diese Subjektivität aufgearbeitet. Erst durch die Bildauswertung wird der Einsatz eines Bildes didaktisch sinnvoll: affektives *und* rationales Lernen werden eins (vgl. Stonjek 1993, S. 67–69).

Beispiel für eine unterrichtliche Bildauswertung

Beispiel: Tinerhir
Dia Nr. 4, Serie 13050, V-Dia-Verlag, Heidelberg.
Klassenstufe: 5./6. Schuljahr

Möglicher Unterrichtsverlauf:

1. Genaue Betrachtung des Bildes durch die Schüler
2. Beschreibung des Bildes durch die Schüler, stichwortartige Sammlung (Tafel, Reihenfolge zufällig):
   flache Dächer, grüne Felder in der Mitte, Gebirge im Hintergrund, wenig Fenster in den Häusern, Wassergräben, Trockental (oder Wadi), Palmen am Rande der Felder, enge Straßen, Häuser am Rande der Wüste, Wüste, Lehmhäuser o. Ä.
3. Ordnung der Beiträge (Tafel)
4. Deutung von Zusammenhängen. Nach Möglichkeit Kennzeichnung durch Striche:

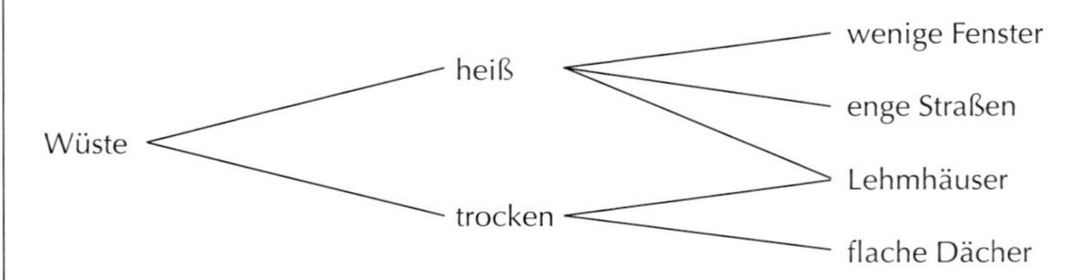

(aus: Schrand/Walter 1980, S. 84 ff.)

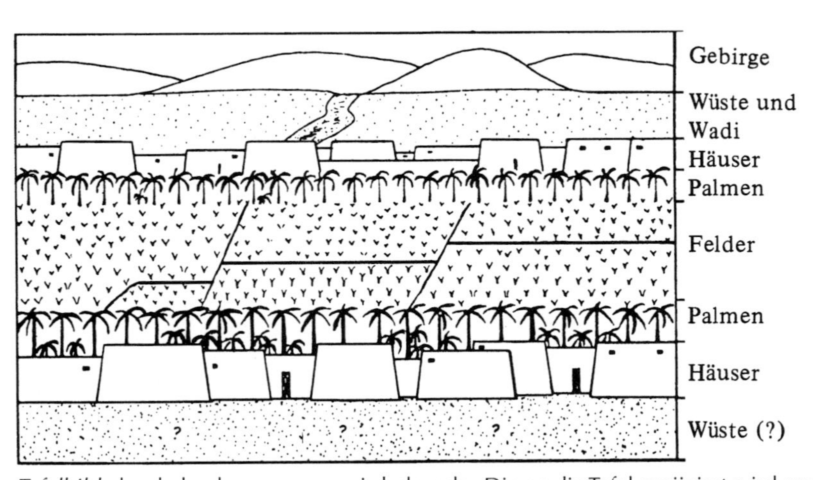

Tafelbild, das dadurch gewonnen wird, dass das Dia an die Tafel projiziert wird und dort die wesentlichen Strukturen mit Kreide nachgezogen und somit als Tafelbild festgehalten werden.

Bildarten, die im Geographieunterricht Verwendung finden:

- *Wandbilder* haben den Vorzug, dass ihr Einsatz an keinerlei technische Voraussetzungen gebunden ist. Sie bleiben wesentlich länger als Dias vor den Augen der Schüler präsent, werden auch vom langsameren Schüler aufgenommen und können, da der Raum nicht verdunkelt ist, ohne weiteres zur Karte in Beziehung gesetzt werden.
- *Typenbilder,* die in unwirklichen Bildgefügen zusammengestellte Objekte zeigen, sind nur dann zu befürworten, wenn das Einzelbild nicht in der Lage ist den Gesamtzusammenhang eines Sachverhaltes herzustellen, da sie unrealistisch sind, aber Realität vortäuschen.
- Als *Handbilder* werden Bilder in Büchern und Zeitschriften, Prospekten und auf Ansichtskarten bezeichnet. Sie erlauben die Auswertung im Einzel- oder Gruppenunterricht, wenn jeder Schüler die Bilder (im Arbeitsbuch) vor sich liegen hat. Es ist nicht ratsam, Einzelbilder während der Unterrichtsstunde herumreichen zu lassen, da immer mehrere Schüler abgelenkt werden und für die Mitarbeit ausfallen.

Beim Schulbuchbild, dessen Bildunterschrift möglichst nichts von dem vorwegnehmen sollte, was ausgewertet werden kann, gilt nach Volkmann (1986, S. 41) folgender Bedingungsrahmen:

- Der Lehrer muss *keine Geräte* bereitstellen.
- Die Lernsituation im Klassenraum bleibt *unverändert,* Verdunklung oder Ausrichtung auf ein zentrales Bild entfallen.
- Bei Großgruppen besteht die Möglichkeit einer „Zeige-“Kommunikation nicht. Die Verständigung muss sprachlich erfolgen.
- Jeder Schüler hat das Bild *vor sich* liegen, störende Sehschwierigkeiten treten nicht auf.
- Jeder Schüler kann das Bild *jederzeit* (auch zu Hause) betrachten, es muss ihm im Unterricht nicht erstmalig begegnen.
- Eine Kombination mit anderen Arbeitsmitteln wie Karte, Text, Heft, weiteren Bildern ist immer möglich.
- Alle Sozialformen stehen zur Wahl: Einzel-(Haus-), Partner-, Klein- oder Großgruppenarbeit.
- Schülerbezogene Aktionsformen werden begünstigt.

Stehbilder (Lichtbilder) werden durch das Dia- oder Epidiaskop oder den Tageslichtprojektor projiziert. Während die medienspezifische Funktion des Films in der Wiedergabe von Bewegungsabläufen liegt, zeigt das Bild den ruhenden, statischen Gegenstand oder lediglich den charakteristischen Bewegungsausschnitt. Insofern stellen beide Medien eine sinnvolle wechselseitige Ergänzung dar.

Die *Vorzüge des Lichtbildes* liegen darin, dass durch den verdunkelten Raum und die hell erleuchtete Projektionswand eine Blickfestigung im dargebotenen Bild erfolgt, wodurch die Konzentration gesteigert wird. Da das Tempo der Bildfolge – anders als beim Film – vom Lehrer bestimmt wird, kann den Schülern genügend Zeit zur gründlichen Auswertung gegeben werden. Die Sicherung der Auswertungsergebnisse erfolgt wie auf Seite 259 dargestellt oder beim Transparentbild auf einer leeren Überlegfolie.

Durch *Mehrbildprojektion* wird das vergleichende Sehen geschult. Somit können Lichtbilder nicht nur der Ergänzung und Erweiterung von Filmstoffen dienen, sondern sie sind eine unerlässliche Voraussetzung für das „geographische Sehen“ des Unterrichtsfilmes (vgl. Schrand 1986, S. 30–39).

Brucker

Bildbeurteilung und -auswahl

1. *Beschreibung*
Bei der kritischen Bildauswahl muss man mit der Prüfung anfangen, was im Einzelnen zu sehen ist ... Schüler besonders in den unteren Klassen sind geradezu Meister darin, Einzelheiten zu erkennen und aufzunehmen.

2. *Informationsgehalt*
Nach der reinen Beschreibung kommt es darauf an, festzustellen, welche Information(en) und welche Aussage(n) dieses Bild vermittelt. Der Informationsgehalt eines Bildes ist dabei keineswegs gleich der Summe der wahrnehmbaren Einzelerscheinungen auf dem Bild. Erst das Zusammenspiel dieser formt die Information ...

3. *Blicklenkung*
Ein Bild für den Erdkundeunterricht soll in seiner Gestaltung drei Anforderungen genügen: Erstens muss eine Blicklenkung gegeben sein, die die Aufmerksamkeit sofort und eindeutig auf die wesentlichen Aussagen des Bildes lenkt ... Zweitens aber sollte ein Bild auch eine gewisse Anmutungsqualität haben, also so gestaltet sein, dass es die Betrachter anregt genauer hinzusehen. Drittens ist zu verlangen, dass das Bild einen Aufforderungscharakter, einen Motivationswert besitzt ... In einem Bild kann der Blick durch bestimmte Bildelemente derart gelenkt werden, dass das Bild in einer bestimmten Reihenfolge „gelesen" wird bzw. dass bestimmte Bildelemente sofort „ins Auge springen" ... Für die Bildauswahl kommt es nicht darauf an, jede Form der Blicklenkung zu kennen, wohl aber zu wissen, dass der Blick sofort auf das Wesentliche des Bildes gelenkt werden muss.

4. *Anmutungsqualität*
In jedem guten Fotobuch sind Kriterien genannt, denen ein Bild genügen muss, damit es Anmutungsqualität besitzt. Dazu gehört, dass das Bild klar aufgebaut ist, ästhetisch gestaltet ist, den emotionalen Bereich anspricht, anregend und interessant ist, Harmonie und Ausgewogenheit oder bewusste Disharmonie zeigt ...

5. *Motivationswert*
Ein Bild kann aufgrund seiner Aussage und seiner Gestaltung dazu motivieren, es genauer anzusehen ... Bei einer kritischen Bildauswahl sind die Aspekte des Motivationswertes zu prüfen ... Genau dann, wenn es (das Bild) zu Fragen und zur Diskussion anregt, besitzt es einen Motivationswert.

6. *Subjektivität*
Es ist zu prüfen, in welcher Weise der Bildausschnitt der Wirklichkeit gerecht wird oder ob der Ausschnitt ein schiefes Bild der Wirklichkeit vermittelt. Erst wenn man die subjektiven Elemente des jeweiligen Bildes erkannt hat, kann der verantwortliche Einsatz des Bildes beurteilt werden. Dabei sollte deutlich sein, dass jedes Bild Informationen zwar subjektiv, aber gleichwohl doch Informationen über die reale Umwelt vermittelt.

7. *Begrenztheit des Mediums*
Es liegt in der Natur der Sache, dass ein Bild der Ergänzung anderer Medien bedarf, die andere Informationen der vielschichtigen Realität vermitteln können.

8. *Geeignete Altersgruppe*
Je jünger die Schüler, je weniger abstrakt die Bildbetrachter denken können, umso einfacher muss das Bild komponiert sein!

9. *Curriculumgemäß*
... Entsprechend der Änderungen der Zielvorstellung von Erdkundeunterricht wechseln die Anforderungen an das Bild.

(nach: Stonjek 1993, S. 68–69)

8.2.2 Luft- und Satellitenbild

Unterscheidung von Luftbildern unter aufnahmetechnischen Gesichtspunkten (nach: Geiger 1978b, S. 39):

- Aufnahmewinkel: Senkrechtluftbild, Steilluftbild, Schrägluftbild
- Filmmaterial: Schwarzweiß-, Farb-, Infrarotbild; Schwarzweiß-, Infrarot-Falschfarbenbild
- Aufnahmegerät: Foto, Scanningbild, Radarbild
- Wiedergabeart: Einzelbild, Stereobild, Luftbildfilm

Die **Senkrechtaufnahme** des Luft- und des Satellitenbildes zeigt die „abstrakte" Struktur eines Raumes und nimmt somit eine Mittlerstellung zwischen dem Bild und der Karte ein.

Das **Schrägluftbild** bietet zusätzlich die „konkrete" Seitenansicht. Gerade jüngeren Schülern fällt deshalb die Identifikation von Einzelobjekten auf Schrägaufnahmen im Allgemeinen leichter als auf Senkrechtluftbildern. Da Senkrechtaufnahmen den Raum in einer neuen Wirklichkeitsanschauung vorstellen, bieten sie auch neue Möglichkeiten der Erkenntnisgewinnung. Der *besondere Wert* von Luftbildern für den Unterricht liegt in der großzügigen Zusammenschau der den Raum bestimmenden Elemente.

Mit den „Augen" des Satelliten zu sehen, heißt Sehgewohnheiten ändern (nach: Brucker [Mod.] 1981, S. 2/3; Hassenpflug 1996a, S. 4–11; 1996b, S. 115–117).

- Wir sind es gewohnt, lediglich unsere unmittelbare Umgebung aus Augenhöhe wahrzunehmen. Durch den Blick von oben wird die Begrenzung unseres Horizonts aufgehoben. Wir gewinnen eine Überschau, einen *Überblick,* bei dem kein Objekt das andere verdeckt.
- Die Raum prägenden Objekte werden in ihrer *Größenordnung* objektiviert. Sie zeigen sich in ihren Bezügen zueinander. Bildhaft werden erdräumliche *Strukturen* und *Zusammenhänge* erkennbar.
- Die „Augen" des Satelliten sehen mehr als die des Menschen, der lediglich den Ausschnitt der Wirklichkeit optisch wahrnimmt, den das menschliche Auge als Licht registrieren kann. Satelliten liefern Informationen auch in den *Spektralbereichen jenseits des sichtbaren Lichts.* Wie wir die Falschfarben der Karten richtig zu deuten lernen, müssen wir die Falschfarben der Satellitenbilder lesen lernen.
- Im Unterschied zum Menschen halten die Satelliten ihre Augen *stets offen* und liefern ständig und systematisch primäre, nicht manipulierte Informationen, die lediglich durch die technische Ausstattung eine thematische Beschränkung und objektive Generalisierung erfahren. Insofern sind auch sie Interpretation von Wirklichkeit.
- Im Gegensatz zur Statik der Karte dokumentieren Satellitenbilder die *Dynamik* der Raum prägenden Prozesse. Während die Karte den Raum in einer Art Dauerzustand zeigt, wird im Satellitenbild der Raum in einer Momentaufnahme vorgestellt.
- Satellitenbilder sind ein *Schlüssel* für unser Verständnis der Erde als „Organismus", als geschlossenes ökologisches System, in dessen Haushalt einzugreifen nicht ohne globale Folgen möglich ist.

Satellitenbilder stehen für Unterrichtszwecke zur Verfügung

- in Satellitenbildbänden und Satellitenbildatlanten,
- aus Datenbanken, die über Datenleitungen zugänglich sind,
- mittels Empfangsanlage direkt vom Satelliten.

Brucker

Die Stufen des Sehens und Erfassens von Luftbildern

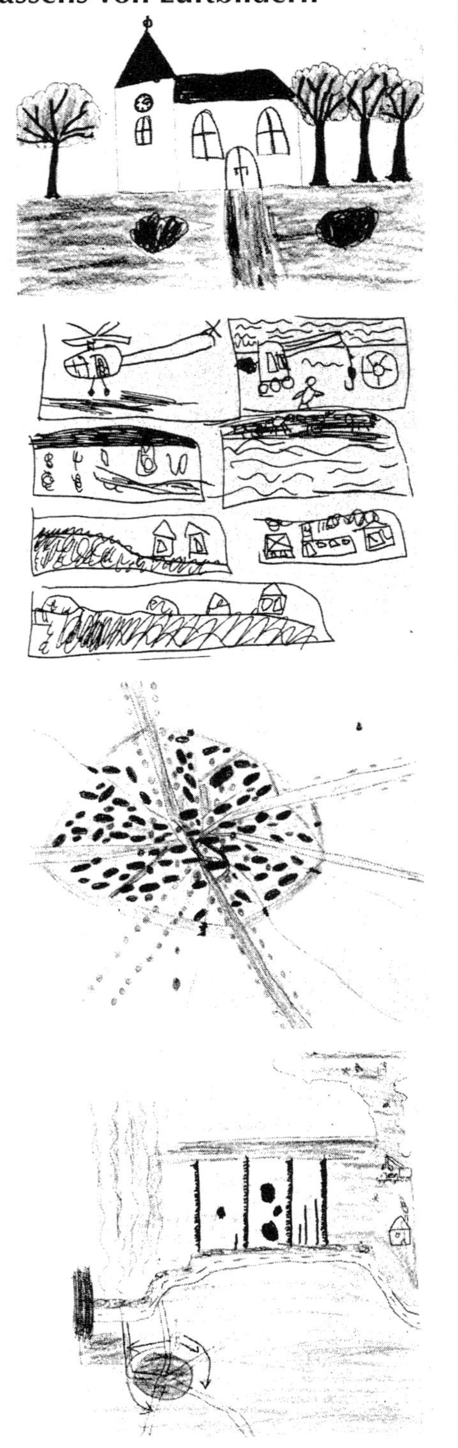

„Der Luftbildfilm vermittelt das Empfinden mitzufliegen. Der Schüler sieht nicht nur wie beim Dia einen feststehenden Geländeausschnitt, sondern betrachtet sozusagen ein ‚lebendiges Dia'. Die Stärke des Luftbildfilmes liegt in der uns ungewohnten Perspektive, aus der geographische Strukturen überschaut werden können …
In den Zeichnungen der Schüler (5./6. Jahrgangsstufe) spiegelt sich wider, wie sie die Luftbilder aufgenommen und geistig verarbeitet haben. Da die Zeichnungen aus dem Gedächtnis angefertigt wurden, verrieten sie zugleich, in welcher Form sich das Luftbild einprägte und welche Filmmotive ansprechend waren. Die Zeichnungen konnten den folgenden vier Kategorien und Zwischenstufen zugeordnet werden:

1. Fantasierendes Sehen: Der Film regt die Fantasie an, der Schüler zeichnet, was er im Film nicht gesehen hat.
2. Objektbezogenes Sehen: Konkrete, reale Zeichnung vom Boden aus, einzelne Objekte werden aus dem Zusammenhang gelöst und detailreich gezeichnet.
3. Strukturierendes Sehen: Einzelne Raumstrukturen werden erkannt und isoliert aus der Vogelperspektive gezeichnet.
4. Strukturierend-funktionales Sehen: Mehrere Strukturen werden in ihrem räumlichen Zusammenhang dargestellt.

Darüber hinaus stellt Popp (1979, S. 7) bei Kollegiaten zwei weitere, ‚höhere' Wahrnehmungsarten fest:
- problemlösendes, selektives Sehen;
- abstrahierendes Sehen.

Die Wahrnehmung von Luftbildern hängt folglich weniger vom Alter als vom geistigen Entwicklungsstand des Schülers ab."

(aus: Geiger 1978b, S. 40 ff.)

Methodisches Vorgehen bei der Auswertung von Luft- und Satellitenbildern

1. **Vorbereitende Auswertung** zur Identifikation des Bildes:
   - *Bildorientierung.* Nicht immer liegt auf dem Bild „Norden" oben. Damit die richtige räumliche Wirkung des Bildes erzielt wird, muss der Schatten auf den Betrachter zufallen; ansonsten sehen manche Schüler das Relief bei Südbeleuchtung invertiert (umgestülpt).
   - *Feststellung der Größenverhältnisse* (Maßstab). Dies ist besonders deshalb wichtig, weil nur hierdurch einzelne Objekte identifiziert werden können und weil die Darstellungen auf Karten in ihren Größenverhältnissen durch den Kartographen subjektiv, je nach der verfolgten Absicht, verändert werden.
   - *Berücksichtigung des Aufnahmezeitpunktes.* Diese Interpretationshilfe ist deshalb notwendig, weil z. B. Landnutzung und Vegetation einem jahreszeitlichen Wechsel unterliegen und weil sich mit der Tageszeit auch die Beleuchtungsverhältnisse verändern.
   - *Bildlokalisierung* auf der Karte. Die Verortung des Bildinhaltes auf der Karte steigert die Freude der Schüler am Suchen und Finden.

2. **Systematische Analyse** des Luft- und Satellitenbildes:
   - Beschreibung und Identifikation der einzelnen Objekte;
   - ordnendes Sichten, bei dem die Verteilung der beschriebenen Objekte erfasst wird;
   - Deutung des Bildinhaltes, indem die Zusammenhänge und Abhängigkeiten herausgestellt werden;
   - Beurteilung des Bildinhaltes, wobei es unter Hinzuziehung weiterer Medien zur Klassifikation des Bildinhaltes in einem größeren Rahmen kommen kann.

3. **Die Darstellung der Auswertungsergebnisse** kann verbal, tabellarisch oder grafisch erfolgen als
   - einfache kartographische Grunddarstellungen,
   - Diagramme oder Profile oder Tabellen,
   - verbale Aussageformulierung in knapper Form,
   - Kurzreferate.

Selbstverständlich ist das Ergebnis der Bildinterpretation abhängig vom Vorwissen des Interpreten, seiner Kombinationsfähigkeit und Methode.

(nach: Brucker [Mod.] 1981, S. 3 u. Popp 1979, S. 15)

Der Beitrag der Fernerkundung zur Modernisierung der geographischen Bildung

- Fernerkundung hilft Bildungsziele mit besserem Material und höherer Motivation zu erreichen.
- Fernerkundung erfasst Flächennutzung und deren Änderungen objektiv und bilanzierend.
- Fernerkundung fördert projekt- und handlungsorientiertes sowie fächerübergreifendes Lernen.
- Die allgemeine informationstechnische Grundbildung erhält eine neue fachspezifische Dimension. Aus dem "Auch-wir"-Ansatz (auch wir vermitteln den Umgang mit Text, Tabelle, Simulationsprogrammen u. a.) wird ein „Nur-wir"-Ansatz: Nur Erdkunde kann die digitalen Abbilder der Erde angemessen als „Bildungsstoff" verarbeiten.

(nach: Hassenpflug 1996b, S. 121 – 123)

Der Spektralbereich und die Aufnahmebreite von Sensoren

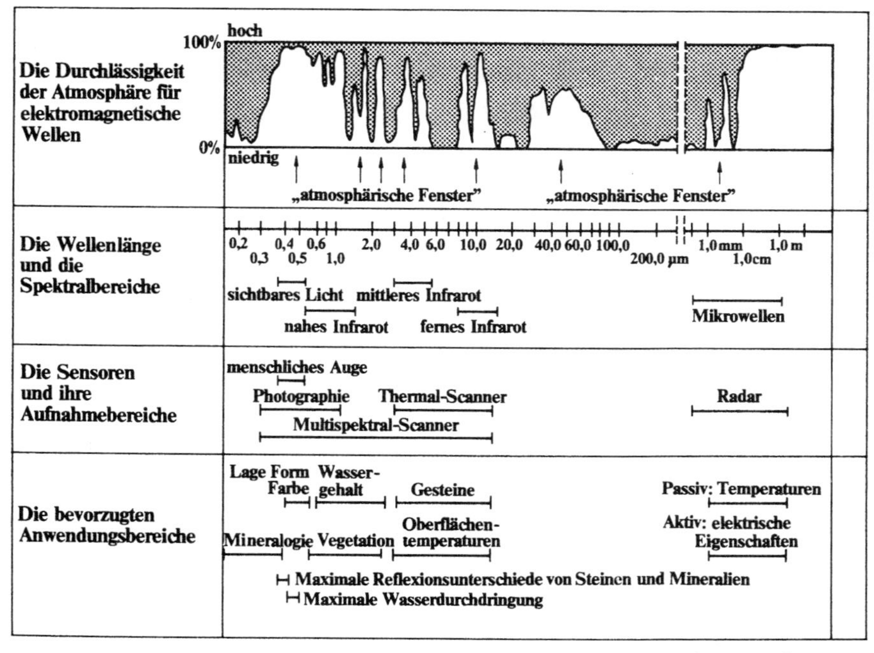

(nach: Pietrusky 1986)

Die Fernerkundung der Erdoberfläche durch Satelliten

Fernerkundung (engl. remote sensing) meint die Ermittlung von Informationen über entfernte Objekte mittels Kräftefeldern (z. B. elektromagnetische Energie), wobei die elektromagnetischen Wellen durch Sensoren empfangen werden. Die Erderkundungs- (LANDSAT) und Wettersatelliten (z. B. METEOSAT) sind mit Abtastgeräten (Scannern) ausgerüstet, die die von der Erdoberfläche reflektierte Sonnenstrahlung erfassen. „Die Reflexion wird nach genau abgegrenzten Spektralbereichen (Multispektralscanner) aufgenommen, z. B. bei LANDSAT im grünen, roten und nahen infraroten Spektrum. Darüber hinaus registriert der Scanner auch noch den Infrarotbereich (um 0,8 bis 1,0 µm), eine Strahlung, die weder das menschliche Auge noch der normale Farbfilm wahrnehmen kann.
Die so gewonnenen Signale unterschiedlicher Intensität werden elektronisch verstärkt zur Bodenstation gefunkt, dort gespeichert und dann über spezielle Verfahren entsprechend der Verteilung der Grauwerte zu ‚Bildern' (‚Scenen') in Form von Halbtonnegativen zusammengesetzt. Durch eine Übereinanderprojektion von ‚Bildern' der verschiedenen Spektralkanäle (bei LANDSAT meist der Kanäle 4, 5 und 7), d. h. der Spektralbereiche grün, rot und infrarot, entstehen die Farbbildkompositen als Falschfarbenbilder. Da bei ihnen dieselben Spektralbereiche beteiligt sind wie beim Dreischichten-Infrarot-Farbfilm, vermitteln beide Bildarten denselben Farbeindruck.
Die hohe Reflexion des pflanzlichen Grün im Infrarotbereich führt zur charakteristischen Rotfärbung der Vegetation in Falschfarbenaufnahmen. In einem kräftigen Rot erscheinen jedoch nur frische, vitale Pflanzen. Da die Satellitenbilder in der ‚originalen' Rotversion nur wenig Anklang gefunden haben, wurden sie sehr bald durch Aufnahmen in Grünversion ersetzt" (aus: Pietrusky 1986, S. 73 f.).

8.2.3 Die Karikatur

Tagtäglich begegnen die Schüler der Karikatur in Presse und Zeichentrickfilm, auch der politischen Karikatur. Gerade diese weist häufig in Inhalt und Gestaltung engste Bezüge zu den Lerninhalten modernen Geographieunterrichts auf; als solche sind zu nennen die Probleme der Entwicklungsländer, des Umweltschutzes und der Landesplanung, der „Bevölkerungsexplosion", des Welthandels und der Energieversorgung (vgl. Brucker 1976a, 1981b, Brucker [Hrsg.] 1986, Wenzel 1982). Unter Karikatur versteht man „eine als Spott- oder Zerrbild verstandene Darstellung, die menschliche Eigenschaften oder Handlungen übertrieben wiedergibt und dem allgemeinen Gespött preisgeben will. Darüber hinaus werden überlebte gesellschaftliche Kräfte zum Gegenstand der Karikatur, die schließlich in der politischen Karikatur mit direkter Kritik an gesellschaftlichen Zuständen, Ereignissen und Persönlichkeiten gipfelt ..." (Großer Brockhaus).
Die Karikatur ist für den Unterricht aus mehreren Gründen geeignet:

- Ihr kennzeichnendes künstlerisch-grafisches Strukturelement ist die *Betonung des Charakteristischen, des Typischen.* Daher wird das Wesentliche einer Aussage, eines komplexen Sachverhaltes mit einem Blick erfasst und einsichtig. Somit eignet sich die Karikatur besonders im Rahmen der Motivationsphase, wobei Vorkenntnisse der Schüler ihrem Einsatz förderlich sind. Da sie unter einem anderen Gesichtspunkt als der herkömmliche Unterricht die Probleme aufwirft, ist ihr Einsatz auch bei der Zusammenfassung zu empfehlen.
- Durch ihre Anschaulichkeit weckt sie das *Problembewusstsein;* sie fordert zur intellektuellen Durchdringung des Sachverhaltes heraus. Sie schafft Denkanreize, „die schon vom Ansatz her eine kritische Distanz bewusst einschließen ... Da die Karikatur selbst Produkt der Kontroverse ist, bedingt sie die Artikulierung des Gegenstandpunktes und schafft durch kritische Distanz die Möglichkeit zur sachlichen Diskussion" (Krüger 1969).
- Unterrichtliches Ziel der Verwendung von Karikaturen muss zudem sein, dass die Schüler sich ein eigenes Urteil über einen Sachverhalt bilden. Da dieses visuelle Medium eine *„emotionale Dimension"* durch die aggressive, kritisch-satirische Art der Darstellung besitzt, trägt sie zur engagierten Meinungsbildung der Schüler bei.

Leitfragen zur Erschließung von Karikaturen (verändert und ergänzt nach Uppendahl 1978, S. 23)

Zum Karikaturisten

- Wer ist der Karikaturist?
- Welche Ziele verfolgt er?
- Welche Partei ergreift er?

Zur Aussage

- Was sieht man?
- Was wird ausgesagt?
- Welches Problem wird dargestellt?
- Welcher Widerspruch wird aufgedeckt?
- Welche versteckten Aussagen sind enthalten?
- Welche Gegenposition wird provoziert?

Zur Form

- Was fällt besonders auf?
- Welche Mittel werden eingesetzt?

Zum Adressaten

- Wer soll angesprochen werden?
- Was muss der Empfänger wissen um die Karikatur zu verstehen?

Zur Intention

- Wer wird angegriffen?
- Was wird angegriffen?
- Was will der Karikaturist bewirken?
- Ist die Karikatur berechtigt?

Zur Wirkung

- Wie wirkt die Karikatur auf Sie?
- Wie wirkt die Karikatur auf andere?
- Welche Gefahren können von der Karikatur ausgehen?

Brucker

„Man müsste mal was unternehmen"

Schema für die Interpretation einer geographischen Karikatur

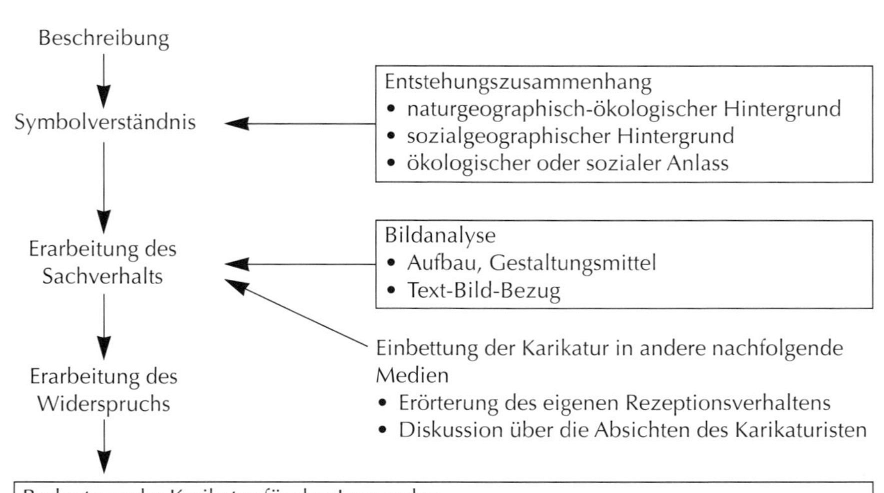

(nach: Fritz 1980, S. 53)

8.3 Der Film

8.3.1 Der Unterrichtsfilm

Als Gestaltungskriterien des Unterrichtsfilms gelten folgende Pinzipien:
- das *fotografische Prinzip:* er muss der Anschauung dienen und „das Konkrete vor das Abstrakte" stellen.
- das *phonographische Prinzip:* „Die kommentierende Sprache darf den Anschauungsgehalt des Films nicht überdecken, darf nicht zum Vortrag anwachsen, nicht Selbstzweck werden. Die Sprache des Kommentars soll einfach, natürlich und knapp, soll gesprochene, nicht geschriebene Sprache sein" (Belstler 1965, S. 24).
- das *kinematographische Prinzip:* Der Film soll Dynamisches, Prozesshaftes, Bewegung zeigen, auch durch Schwenks und „Fahrten". Statische Fotos, mit der Filmkamera aufgenommen, sind „denaturierte Laufbilder".

Nach formalen Kriterien unterscheidet man bei den Unterrichtsfilmen folgende *Filmarten:* 16-mm- und S-8-Filme, Ton- und Stummfilm, Schwarzweiß- und Farbfilme, Real- und Trickfilme. Der S-8-Film hat sich trotz seiner didaktischen Vorzüge unterrichtlich nicht durchsetzen können. Der 16-mm-Film hat seine Blütezeit als unterrichtliches Medium hinter sich. Videobänder treten zunehmend an seine Stelle.

Entsprechend ihren Inhalten gliedert man in folgende *Filmtypen* (vgl. S. 269):
- Dokumentarfilme, die tatsächliche Geschehnisse wiedergeben,
- Spielfilme, in denen Spielhandlungen filmdramaturgisch aufbereitet sind,
- Demonstrationsfilme, die durch Zeitraffer, Zeitlupe, Realtrickmethode und Zeichentrick mit bloßem Auge nicht wahrnehmbare oder im Versuch nur schwierig darzustellende Vorgänge veranschaulichen,
- Erlebnisfilme, in denen der Rezipient zum Augenzeugen wird,
- Motivationsfilme, die sich gerade für den Einstieg in eine Problematik eignen, weil sie Fragen anreißen und durch ihren Aufforderungscharakter motivieren,
- Übersichtsfilme, die als Filmmonographien eine Raumeinheit oder einen Problemzusammenhang darstellen,
- exemplarische Filme, die typische Erscheinungen vorstellen.

Der Film im Unterricht:
„Der Film ist seit Jahrzehnten ein klassisches Anschauungsmittel für den Erdkundeunterricht. Lernzuwachs und Behaltenseffektivität liegen beim Unterrichtsfilm höher als bei anderen Medien. Der Unterrichtsfilm verkörpert, wie kein anderes Arbeitsmittel, die Fähigkeit originale Begegnung zu ermöglichen, Räume zu erleben, sich mit Personen und Problemen zu identifizieren …
Der Lehrer als Mittler bewegt sich im Spannungsfeld zwischen Produzent und Rezipient. Vor dem Einsatz eines Films steht er vor drei grundsätzlichen Fragen:
- Welche Merkmale muss der erdkundliche *Unterrichtsfilm* aufweisen?
- Wie kann der Lehrer pädagogisch sinnvoll arbeiten und kreativen Unterricht gestalten ohne zum Projektionstechniker heruntergestuft zu werden?
- Wie ist beim Einsatz des Unterrichtsfilms der didaktischen Forderung nachzukommen, die Schüler sollten Ergebnisse selbstständig erarbeiten?" (Fischer 1986, S. 293; vgl. Ketzer 1980, Newig [Mod.] 1980)

Filmtypen

Spielfilme nur bedingt einsetzbar, über eine Stundeneinheit hinausgehend	*Lehr- und Informationsfilme* zur Belehrung und Aufklärung in mehr oder minder unterhaltsamer Form

Kulturfilme	*Unterrichtsfilme*	*Dokumentarfilme*	*Bildungsfilme*
Überschneidung mit pädagogischen Intentionen für die Erwachsenenbildung	Anschauungsmaterial und Arbeitsmittel für eine Unterrichtseinheit	nur begrenzt verwendbar, oft zu rasche Bildwechsel, zu viele Informationen	nicht auf eine bestimmte Stelle des Unterrichts festgelegt

Informationsfilme	*Demonstrationsfilme*	*Erlebnisfilme*	*Motivationsfilme*

(nach: Ketzer 1978)

Filmanalyse

Für die Analyse eines Unterrichts-Tonfilms wird folgender Kriterienkatalog empfohlen:
Technische Kriterien
- Wie lang ist der Film bzw. wie lang sind seine einzelnen Abschnitte? Die katalogmäßige Angabe der Filmlänge bezieht sich meist auf den eigentlichen Informationsteil.

Inhaltliche Kriterien
- Welche Aussagen macht das Bild, welche der Kommentar bzw. der Ton? Hieraus ergibt sich, ob eine besondere Einführung notwendig ist.
- Folgen die Abschnitte/Sequenzen des Films einer erkennbaren Struktur? Diese Information ist wichtig um zu entscheiden, ob der Film ganz oder abschnittweise vorgeführt werden soll und ob vorher Beobachtungsaufgaben für die gesamte Klasse oder Gruppen gestellt werden sollen. Ist die Aussage des Films sachlich, literarisch, unterhaltend, neutral/distanziert oder subjektiv/provozierend?

Formale Kriterien
- Wie ist der Charakter der Bilder? Ergänzungsfrage zur Vorhergehenden: z. B. dokumentarisch, stimmungshaft, nah am Objekt zur Betonung von Aktionen unter Ausklammerung der Umgebung.
- Wie sind sie aneinander gereiht? Weitere Hilfsfrage zur Ermittlung der Bildstruktur: Handlungsablauf mit fließenden Übergängen, Montage mit harten Schnitten, Trennung durch Blenden oder Zwischentitel.
- Wie verläuft der Kommentar? Parallel zum Bild, kontrastierend, das Bild verstärkend/abschwächend, pausenlos, in Blöcken, in Einzelsätzen/-wörtern.
- Warum, wann und wie lang gibt es Textpausen? Werden aufmerksamkeitslenkende Mittel verwendet: enge Bildausschnitte, Schrifteinblendungen, Trickdarstellungen?

Didaktische Kriterien im engeren Sinne
- Ist der Inhalt/das Darbietungstempo den Schülern angemessen? (Daraus ergibt sich, ob nur ein Teil oder Ausschnitt des Films gezeigt wird und welche Vorkenntnisse vorher vermittelt werden müssen.) Hat der Film eine motivierende Einleitung/Titel oder wie motiviere ich ihn? (nach: Ketzer, 1978, S. 108 f.)

Die unterrichtliche Arbeit mit dem Film:

1. Unbedingte Voraussetzung für den Filmeinsatz ist die Vorbesichtigung des Films durch den Lehrer.
2. Wenn es sich nicht um einen ausgesprochenen Motivationsfilm handelt, sind vor dem ersten Filmeinsatz u. U. einige Fragen zu klären bzw. der Ort der Handlungen zu lokalisieren (Kartenarbeit) oder Beobachtungsaufgaben zu stellen.
3. Es folgt der ganzheitliche Totaleinsatz des Films ohne Lehrerkommentar.
4. Nach einer „Pause der Besinnung" erfolgt eine erste Auswertung, und zwar durch freie Äußerungen der Schüler.
5. Anschließend stellt der Lehrer gezielte Beobachtungsaufgaben.
6. Die (wenn möglich) zweite Vorführung des Films kann fraktioniert geschehen.
7. In der abschließenden Auswertung formulieren die Schüler ihre Erkenntnisse, es wird das Ergebnis gesichert durch Notieren von Merksätzen oder durch eine Tafelskizze oder durch Ausfüllen eines Arbeitsblattes.
8. Die Ergebnisse werden durch den Einsatz weiterer Medien (Dias, Transparente) vertieft bzw. ausgeweitet.

Der informierende oder Übersichtsfilm ist meist ähnlich aufgebaut wie eine konventionelle Lehreinheit: „Einführung in das Thema, informationelle Darbietung, vertiefende Wiederholung, Zusammenfassung in Merksätzen. Dieser Filmaufbau ist ohne Kommentar nicht zu leisten. Daher wird die Sprache als entscheidendes Hilfsmittel zum Filmverständnis eingesetzt, ja, nicht selten liegt der eigentliche Informationswert im Kommentar, der durch die Filmaufnahmen nur illustriert wird" (Ruprecht 1970, S. 65).
„*Merkmal des Tonfilms* ist die bis zur Verschränkung handhabbare Kombinierung von Bild und Ton, die so perfekt sein kann, dass ein intellektueller Akt notwendig ist sie in ihre Elemente aufzulösen und unwirksam zu machen. Es gibt nur wenige geographische Vorgänge, die in der realen Zeit gezeigt werden können, da fast immer unter Ausnutzung der assoziativen Bindung von Bild zu Bild und zu Geräusch, Wort oder Musik zeitlich und räumlich gerafft werden muss" (Ketzer 1978).

Der exemplarische Film „schließt das Ganze immer von einem repräsentativen Teil aus auf. Ein solcher Film muss als thematische Einheit gestaltet sein und nicht als summarische Übersicht, die nur ein Vielerlei von Motiven und Fakten lose aneinander reiht. Er muss dominierende, typische Züge des Objekts herausheben, Zusammenhänge und Beziehungen zwischen den Einzelheiten beleuchten und deutliche Problemansätze erkennen lassen" (Belstler 1965, S. 27 f.).
Während der informierende Film häufig einen geschlossenen Informationscharakter aufweist und teilweise Funktionen des Lehrers übernimmt, muss der exemplarische Unterrichtsfilm „Aufgaben stellen, Probleme aufwerfen, Stellungnahmen herausfordern, zum selbstständigen Denken und Urteilen anreizen, Aufmerksamkeit und Interesse wecken" (Belstler 1965, S. 27 f.).

Didaktische Systemschwächen des 16-mm-Unterrichtsfilms. Der 16-mm-Tonfilm ist für den Lehrer, nicht für die Hand des Lernenden bestimmt. Sein Einsatz ist methodisch kaum flexibel; er kann sich nicht dem Lerntempo des Einzelnen anpassen, sondern sein Zwangstempo verlangt vom Schüler eine hohe „filmische Sehtüchtigkeit".

Die Vorzüge des 16-mm-Tonfilms liegen in der Realitätsnähe, der Einprägsamkeit bildlicher Aussagen, der Motivationskraft, der Aktivierung des Unterrichtsgesprächs und der Möglichkeit des Films schwierige Zusammenhänge durchschaubar zu machen. *Brucker*

Die Entstehung der Alpen

Beiblatt 16-mm-Film 3210262, VHS 4210262

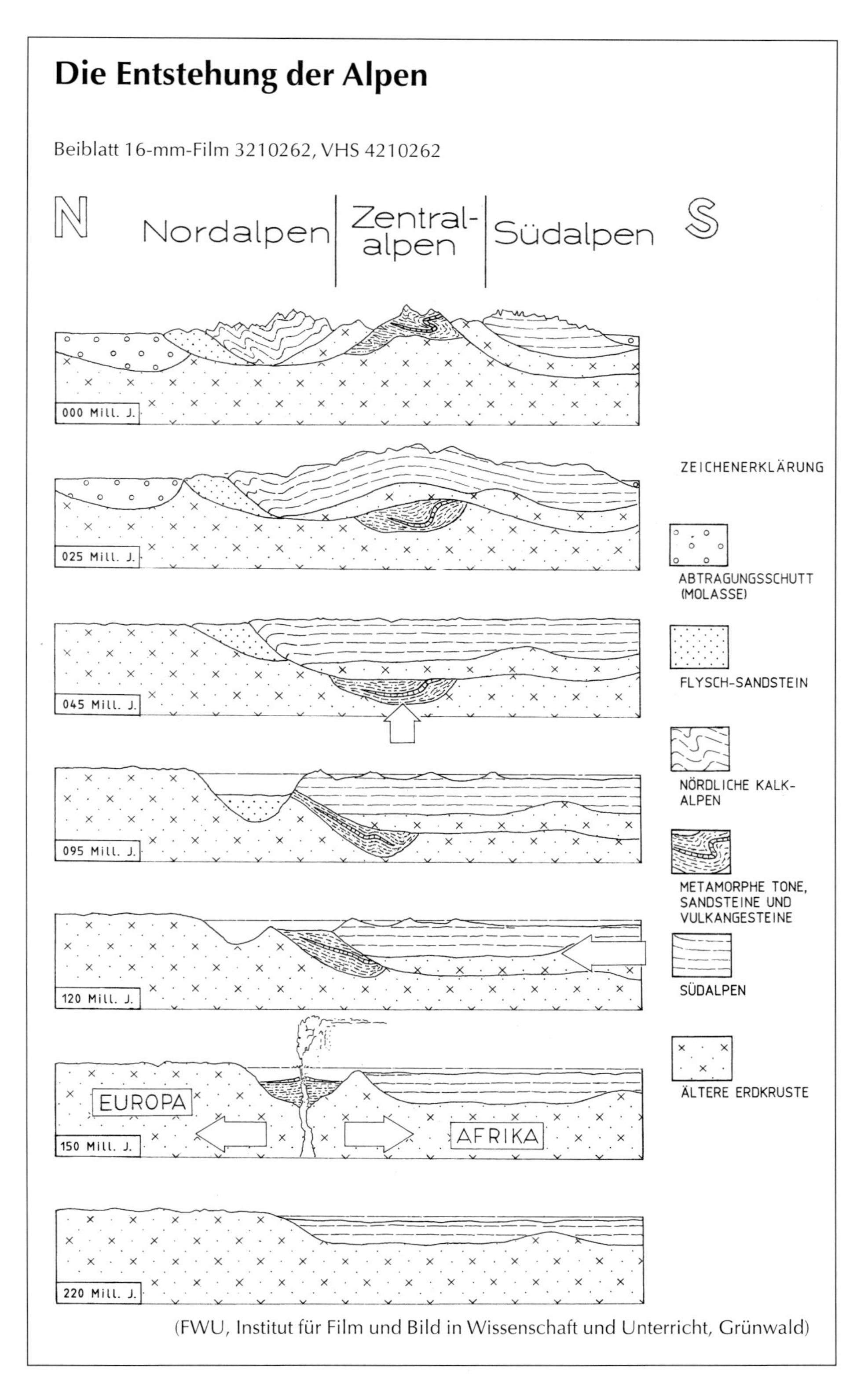

(FWU, Institut für Film und Bild in Wissenschaft und Unterricht, Grünwald)

8.3.2 Schulfernsehen

Das Schulfernsehen kommt den Sehgewohnheiten der Schüler entgegen. Durch seine lebendige und abwechslungsreiche Art der Darstellung ist es geeignet das Interesse an einem Gegenstand zu entfalten und zu weiteren Fragen anzuregen. Die methodische Aufbereitung und die pädagogische Zielsetzung der Sendungen erleichtern eine eigene Urteilsbildung in einer immer komplizierter werdenden Welt. Nicht zuletzt vermitteln die Sendungen Sekundärerfahrungen, wo Primärerfahrungen ausgeschlossen sind.
Die Konfrontation mit zahlreichen Räumen der Erde, die das tägliche Fernsehen bietet, bedeutet eine *Erweiterung des geographischen Horizonts* wie nie zuvor. Tagesschau (mit zahlreichen Kartenskizzen, Wettervorhersage), Auslandsjournal, Weltspiegel und zahlreiche Dokumentarfilme zeigen Teile unserer Erde und schaffen „psychische Brücken von Land zu Land". Sendungen mit politischen und wirtschaftlichen Themen, mit sozialen Fragen, naturräumlichen Erscheinungen usw. bestreiten einen Großteil des Fernsehprogramms und bieten eine Fülle weltkundlichen Wissens. Die Vielfalt von Bildkontakten mit der Umwelt schafft im Schüler ein neuartiges „Weltbewusstsein und Weltgefühl" und eine „Dynamisierung der räumlichen Position".

Das Fernsehen ist durch sein *„Inszenierungspotenzial"* in der Regel attraktiver als der alltägliche Unterricht. Es dürfen jedoch nicht die zahlreichen Implikationen wie Reizüberflutung, Suggestion der Allgegenwart und Allwissenheit (Multilokation), passives Lernverhalten, Konformismus, Manipulierbarkeit, Flüchtigkeit, mangelnder Dialog („kaltes Medium") übersehen werden.
Zöchlbauer (in: Steiner 1969, S. 126 f.) weist insbesondere auf folgende *Wirkweisen des Fernsehens* hin:

1. Das Fernsehen verändert die *Wahrnehmung.* Das Kind, das viel fernsieht, erhält ein schnelleres Auffassungsvermögen.
2. Wechselnde Kameraeinstellungen entwickeln den Wunsch nach mehrperspektivischer Betrachtung. Sprache und Text sind mehr statisch, das Fernsehen dagegen mehr dynamisch, es lässt die Welt als *Prozess* verstehen.
3. Der *Wortschatz* fernsehender Kinder ist in der Regel größer, sodass das Fernsehen bei Schülern mit restringiertem Code kompensatorische Funktionen übernimmt.
4. In einem abgedunkelten Raum entsteht eine hypnoide und suggestive Situation, die durch das Hinaufsehen zum Licht (wie bei der Pflanze zur Sonne) nach oben (zur Autorität) erhöht wird.
5. Das Fernsehen bedient sich der *Bildersprache,* der Ursprache des Menschen und der Sprache der Träume und verstärkt damit die Intensität des Erlebnisses.
6. Betrachter können unbewusst Wünsche auf Personen des Films projizieren. Ungestillte *Bedürfnisse* erhalten im Film eine illusionäre Erfüllung.
7. Das Fernsehen liefert *Modellentscheidungen,* liefert Motive für das Handeln, prägt moralische Prinzipien, baut Hemmungen ab.
8. Das Fernsehen bringt Freiheit und Manipulation.

Einige Rundfunkanstalten senden regelmäßig von Schülern selbst gedrehte Filme. Durch „learning by doing" wird beabsichtigt sowohl die Medien zu entmystifizieren als auch den Konsumenten vor unreflektiertem Medienkonsum zu wappnen. Besonders interessant ist auch eine Teilnahme an dem Wettbewerb „Make a video" der Europäischen Rundfunkunion.
(von Heymann 1994, Huppertz/Krauss 1994, Kühn 1994) *Haubrich*

Methodische Anregungen

Zur inhaltlichen Auswertung einer Sendung

In der Regel sollten die Schüler nach einer Sendung Gelegenheit zu spontanen Fragen und Stellungnahmen haben und nicht gleich durch gezielte Fragen in eine bestimmte Richtung gedrängt werden. Erst wenn Schüler diese Gelegenheit häufiger erhalten, machen sie auch ohne Aufforderung davon Gebrauch.

Der Schüler sollte wenigstens in der Schule die Möglichkeit erhalten Sendungen zu verarbeiten, d. h. darüber zu sprechen, Erlebnisse zu analysieren, Eindrücke zu relativieren usw. Diese spontanen, ungelenkten Äußerungen der Schüler stellen die Grundlage für die Artikulation eines Zieles und die Erstellung eines Arbeitsplanes dar.

Wichtige Ergebnisse können dann schriftlich entweder an der Tafel oder in einem Schülerprotokoll festgehalten werden. Selbstverständlich ist es häufig möglich, parallel zur Sendung in der Auswertungsphase andere Medien wie Dias, Texte usw. zum Vergleich und zur Ergänzung heranzuziehen.

Zur medienkritischen Auswertung einer Sendung

1. Bei einer zweimaligen Betrachtung einer Aufzeichnung können in Gruppenarbeit einzelne Personen, Gegenstände, Themen usw. aufgelistet und die Sendezeit, die für sie verwandt wurde, gestoppt werden. Das Ergebnis gibt häufig interessante Hinweise auf die Wertungen des Films.
2. Ähnlich können die Objekte, die in Nahaufnahmen und diejenigen, die in Totalaufnahmen gezeigt werden, zusammengestellt werden. Fernes erscheint unwichtig; die größere Distanz bewahrt in der Regel vor einer intensiveren Beschäftigung mit der Materie. Nahes schafft Kontakt, erscheint wesentlich.
3. Schülergruppen können im arbeitsteiligen Verfahren protokollieren, aus welcher Perspektive einzelne Personen ins Bild kommen, von unten, von oben, von der fotogenen Seite usw. und über die Wirkung der perspektivischen Erfassung diskutieren.
4. Nach einem ausgedehnten Filmgespräch könnten die Schüler bei einer nochmaligen Betrachtung der Sendung ohne Ton selbst einen eigenen Kommentar spontan sprechen oder sogar schriftlich vorbereiten um die erste offizielle Fassung zu verbessern oder die Manipulationsmöglichkeit zu erproben, zu erleben und zu bewerten.
5. Eine Sendung könnte aber auch schon bei der erstmaligen Betrachtung ohne Ton laufen und frei von Schülern kommentiert werden um schließlich den eigenen Kommentar mit demjenigen des Fernsehens zu vergleichen.
6. Eine kritische Analyse des Fernsehens ist nur mithilfe anderer seriöser Quellen sachgerecht zu lösen.

8.4 Die Zahl

8.4.1 Zahl und Statistik

Zahl und Statistik sind Informationsträger in abstrakter Form zur Erfassung und Vermittlung quantitativer Sachverhalte. Sie treten als *absolute* oder *relative Angaben* (Prozentangaben) oder als Kombination beider Ausdrucksformen auf. In der Regel enthält die Statistik nicht nur Angaben über die auf einen Sachverhalt bezogene *Gesamtmenge,* sie gliedert diese auch in *Teilmengen* und liefert die *Mengenentwicklung* in bestimmten Zeitabschnitten sowie die *Mengenverteilung* im Raum oder auf andere Bezugsgrößen. Mengenangaben verfolgen den Zweck Vorstellungen und Erkenntnisse über die erfassten Sachverhalte zu vermitteln (vgl. Brameier 1994).

Gegenstand des Erkenntnisinteresses können sein:

- die Größenordnung, d. h. die quantitative Bedeutung des Gesamtphänomens und seiner Teile (vgl. S. 275);
- der Einzelfall, dessen Gewicht anhand der Durchschnittsberechnung (arithmetisches Mittel bzw. Median oder Zentralwert) ermittelt werden kann;
- Entwicklungsprozesse, die aus Zeitreihen ablesbar sind (vgl. Büschenfeld 1977, S. 152);
- Häufigkeitsverteilungen, d. h. Mengenverteilungen in Bezug auf den Raum/räumliche Distanzen, Zeitabschnitte und andere Bezugsgrößen;
- Streuungsmaße.

Voraussetzung dafür ist jedoch die *Vergleichbarkeit* mit anderen Bezugsgrößen bzw. der dargestellten Mengen/Teilmengen untereinander. Erst durch den *Vergleich* erhalten Zahlenangaben ihre *Erkenntnis schaffende Funktion* (vgl. S. 275).

Relative Zahlen beziehen sich vorzugsweise auf:

- Kopfzahlen (z. B. bei Verbrauch, Einkommen und BSP/Einwohner),
- Distanz- und Flächeneinheiten (z. B. Einwohner/km^2),
- Zeiteinheiten (z. B. Niederschlagstage/Jahr, Arbeitslosenquote/Monat),
- das Verhältnis von Teilmengen einer Gesamtmenge zueinander (z. B. Prozentanteile der Beschäftigten der verschiedenen Wirtschaftssektoren einer Region; vgl. S. 275).

Die didaktische Bedeutung von Zahl und Statistik ergibt sich aus der Verwendung von Zahlenmaterial in allen Lebenslagen zur Darstellung von Strukturen, Korrelationen und Entwicklungstendenzen. *Effektive* Arbeit mit Zahl und Statistik muss daher von Anfang an für den Schüler auf die Einsicht ausgerichtet sein, dass sie für die Gewinnung bestimmter Erkenntnisse zwingend notwendig, d. h. *Mittel zum Zweck* und nicht Selbstzweck ist (vgl. Engelhard 1986, Preis 1977). Schüler müssen lernen (nach: Büschenfeld 1977, S. 153):

- Zahlenwerte und statistische Tabellen zu lesen und präzise zu beschreiben;
- statistische Tabellen unter Verwendung statistischer Analyseverfahren zur Problemlösung verwenden zu können;
- Zahlen und Statistiken in Bezug auf ihr Aussagevermögen, ihre Vergleichbarkeit, problembezogene Verwendbarkeit und Manipulierbarkeit beurteilen zu können.

Relativität statistischer Aussagen und Manipulationsmöglichkeiten mit ihnen lassen sich nachhaltig über den *Einblick in die Verfahren zur Gewinnung und Aufbereitung statistischer Daten* in Tabellen erkennen. Deshalb ist es eine *didaktische Notwendigkeit,* Schüler beispielhaft in entsprechende Verfahren (Totalerhebung von Gesamt- und Teilmengen, Teilerhebungen in Form repräsentativer und Zufallsstichproben, Korrelationen ermitteln) einzuführen (vgl. Büschenfeld 1977, Köck/Meier-Hilbert 1977).

Engelhard

Arbeiten mit Tabellen

Im Folgenden soll in die Arbeit mit Tabellen eingeführt werden:

- Was muss ich schon beim ersten Blick auf eine Tabelle beachten?
- Wie finde ich die wichtigsten Aussagen?
- Wie kann ich dadurch, dass ich verschiedene Daten miteinander in Beziehung setze, zusätzliche Erkenntnisse gewinnen?

1. Wesentliche Elemente einer Tabelle

M1 zeigt eine Beispieltabelle, deren Elemente in M2 grafisch hervorgehoben sind. Versuche die in der Skizze (M2) mit Zahlen versehenen Tabellenabschnitte jeweils durch ein Schlagwort zu benennen!

M1 Beispieltabelle

Bevölkerung in Großräumen (Mitte 1991)		
	Bevölkerung (in Mio.)	Anteil an der Weltbevölkerung (%)
Afrika	677	12,6
Asien	3155	
Nordamerika	280	5,2
Lateinamerika	451	8,4
Europa	502	
ehemalige Sowjetunion	292	5,4
Ozeanien	27	0,5
Welt insgesamt	5 384	100
Quelle: Jürgen Bähr: Bevölkerungsgeographie, 2. Aufl. Stuttgart 1992, S. 32		

M2 Bestandteile einer Tabelle

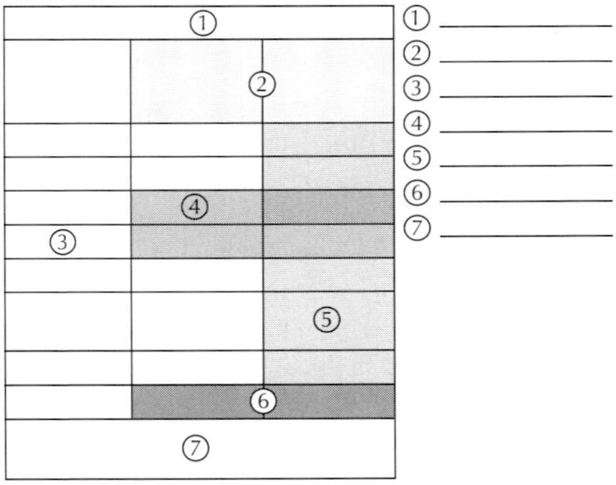

① ____________
② ____________
③ ____________
④ ____________
⑤ ____________
⑥ ____________
⑦ ____________

2. Erste Orientierung

Die Tabellenüberschrift ① gibt erste Auswertungshilfen. Zusammen mit der Kopfleiste ② und der Randspalte ③ stellt sie die zum Verständnis der Tabelle notwendigen Informationen zur Verfügung.

a) Zu welchen Inhalten hält die Tabelle (M1) Daten bereit?
b) Für welchen Raum und für welchen Zeitabschnitt gelten die in M1 gemachten Angaben?
c) Nenne die Maßeinheiten, die zu den in M1 dargestellten Zahlen gehören!
d) Die Quellenangabe ⑦ informiert über die Herkunft und damit auch über die Seriosität sowie das Alter der Daten. Nenne die Bestandteile einer vollständigen Quellenangabe!

3. Absolute und relative Zahlen

a) In M1 werden absolute und relative Zahlen benutzt.
Erläutere, wodurch sich die beiden Zahlenarten unterscheiden!
b) Koloriere in M1
die absoluten Zahlen – die Mengen/Größen/Häufigkeiten angeben – blau und
die relativen Zahlen – die einen Zusammenhang zwischen einem Zahlenwert zu einer anderen Größe herstellen – grün!
c) Zwischen welchen Größen stellen die in M1 vorgestellten relativen Zahlen einen Zusammenhang her?
d) Ergänze in M1 die fehlenden zwei Prozentangaben!

(nach: Brameier 1994, S. 29)

8.4.2 Das Diagramm

Zahlen stellen im Erdkundeunterricht ein wesentliches Quellenmaterial dar. Damit Zahlen zu Quellen werden, aus denen Erkenntnisse gewonnen werden, gilt es, sie auszuwerten, sie in „sprechende Zahlen" umzuwandeln. Dies jedoch geschieht am besten dadurch, dass die Größenverhältnisse durch Figuren dargestellt werden, die stellvertretend für Mengen stehen. Hierfür bieten sich Diagramme an, da diese die grafische Umsetzung von Zahlen sind (vgl. Riedwyl 1975, Lanzl 1981).

Den Aussage- und Informationswert von Zahlen (Tabellen) und Diagrammen im Unterricht aufzuzeigen, ist insbesondere deshalb sinnvoll, weil Zahlen und Diagramme nicht nur in unterrichtsrelevanten Medien (z. B. Schulbüchern) vorkommen, sondern vor allem auch in Zeitungen und Zeitschriften.

„Mit den *Gestaltungsprinzipien eines Diagramms* werden die Schüler am besten vertraut, indem sie dessen Entstehungsprozess an einem unmittelbar erfahrbaren Sachverhalt nachvollziehen und dabei die wesentlichen Entstehungsschritte kennen lernen: Problemstellung – Datenerhebung – problemadäquate statistische Ordnung/Tabellierung der Daten – grafische Umsetzung – Analyse – Problemlösung" (Engelhard 1986, S. 111).

Arten von Diagrammen:

- *Strich- oder Stabdiagramme* geben lediglich die lineare Dimension wieder.
- *Säulendiagramme* eignen sich vor allem zur Veranschaulichung von Rangreihen.
- *Figurendiagramme* bringen Größenverhältnisse in figürlich-konkreten Darstellungen zum Ausdruck.
- *Blockdiagramme* beziehen in perspektivischer Projektion die dritte Dimension ein.
- *Flächendiagramme* stellen die flächenhafte Dimension (z. B. Quadrat/Rechteck) dar.
- *Streifen- oder Banddiagramme* sind nach Teilmengen gegliedert; sie drücken Prozentverhältnisse aus.
- *Punktdiagramme* dienen der vergleichenden Darstellung von Größen in ihrem Bezug zu bestimmten Raumeinheiten, wie z. B. Bevölkerungsdichte.
- *Korrelations-Punktediagramme* bestimmen die koordinatenmäßige Lage von Punkten. Sie werden angewandt um Abhängigkeitsbeziehungen darzustellen.
- *Pyramidendiagramme* stellen eine Häufigkeitsverteilung dar (vgl. Stonjek 1994, S. 24–27).
- *Kreisdiagramme* erlauben eine kombinierte Darstellung absoluter und relativer Werte. Wegen der Umwandlung von 100% in 360° sollten sie erst eingesetzt werden, wenn im Mathematikunterricht die Prozentangaben und der Kreis behandelt worden sind. Durch die Veränderung im Durchmesser, also in der Fläche, lassen sich absolute Werte vergleichen (z. B. Staaten in ihrer Fläche); durch die Sektoren werden relative Werte dargestellt.
- *Polardiagramme* mit Polarkoordinaten werden verwendet um rhythmische Erscheinungen der zeitlichen Dimension sowie Himmelsrichtungen darzustellen.
- *Dreiecksdiagramme* zeigen die Gruppierung von Daten nach jeweils drei typischen Werten, die zusammen 100 Prozent ausmachen.
- *Strahlendiagramme* zeigen die Beziehungen eines Ortes nach Richtung und Entfernung auf.
- *Kurvendiagramme* veranschaulichen variable Größen wie Abläufe, Veränderungen, Entwicklungen.
- *Klimadiagramme* stellen zumeist eine Kombination von Säulen- und Kurvendiagrammen dar.

(vgl. Stein 1985, S. 18–20; Geiger 1986c, S. 56–60) *Brucker*

Strich- oder Stabdiagramm:
Vergleich von Erhebungen

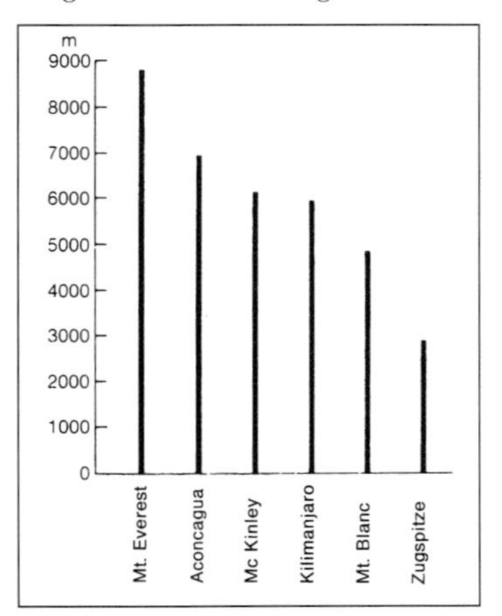

Säulendiagramm:
Ausländer in Deutschland

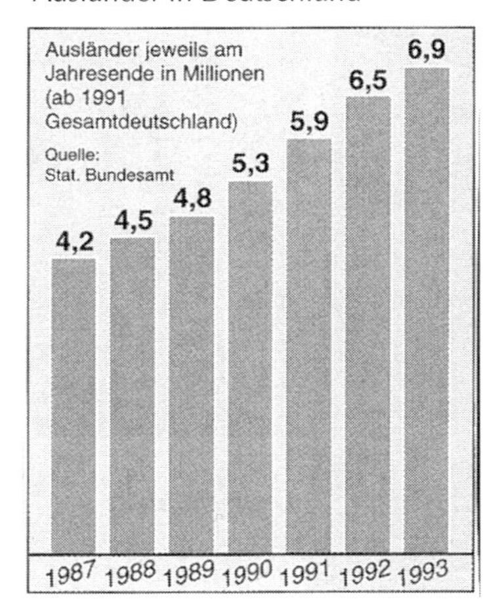

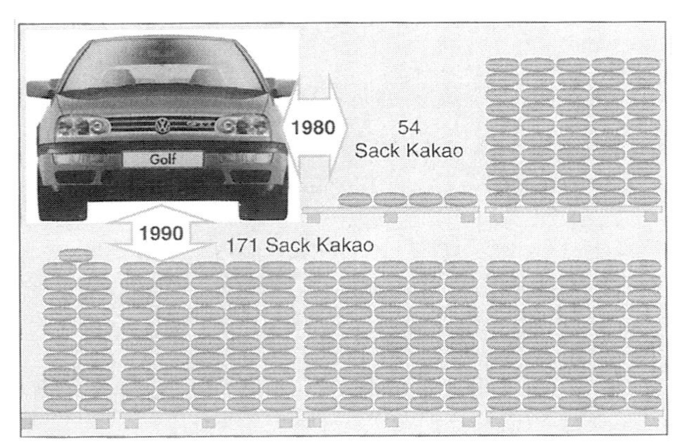

Punktdiagramm:
Tauschwert VW Golf – Kakao

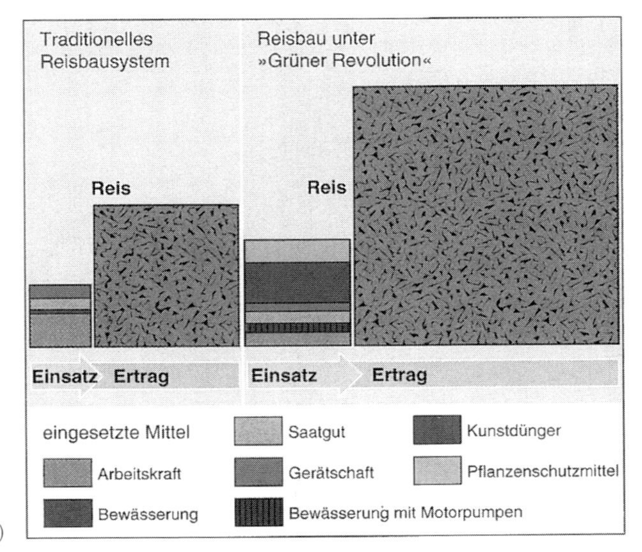

Streifen- und Flächendiagramm:
Traditioneller und moderner Reisanbau in Indien (nach: H.-G. Bohle)

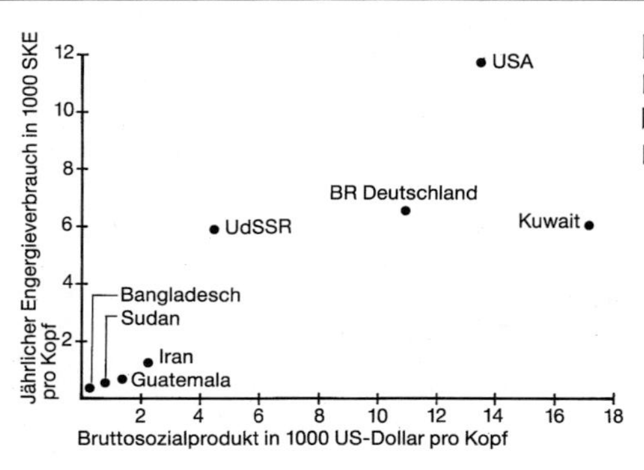

Korrelations-Punktediagramm:
Bruttosozialprodukt und Energieverbrauch in ausgewählten Industrie- und Entwicklungsländern

Männer Frauen

Überschuss

Überschuss

400 200 0 0 200 400

Pyramidendiagramm:
Altersaufbau der Bevölkerung von . . .

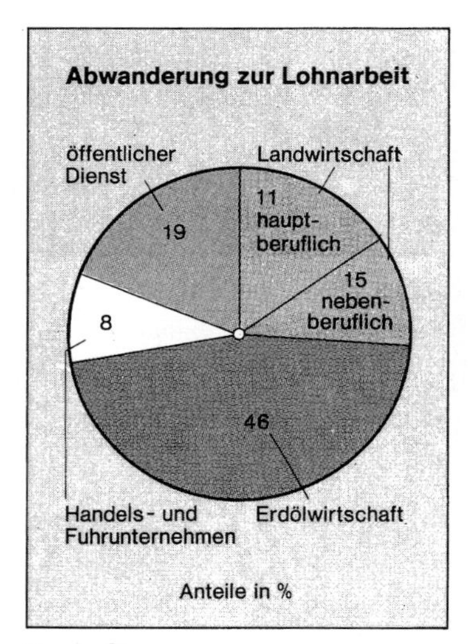

Kreisdiagramm:
Erwerbsstruktur in einer Oase heute

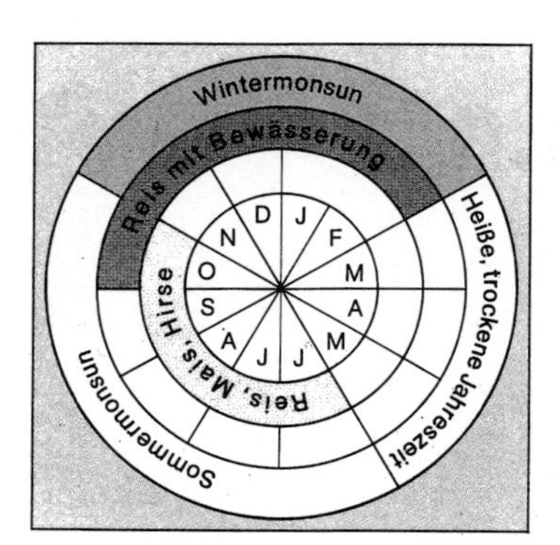

Polardiagramm:
Anbaukalender

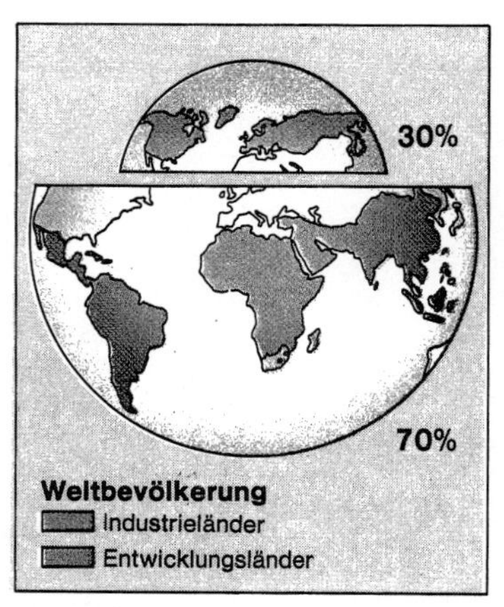

Kreisdiagramm:
Verteilung der Weltbevölkerung

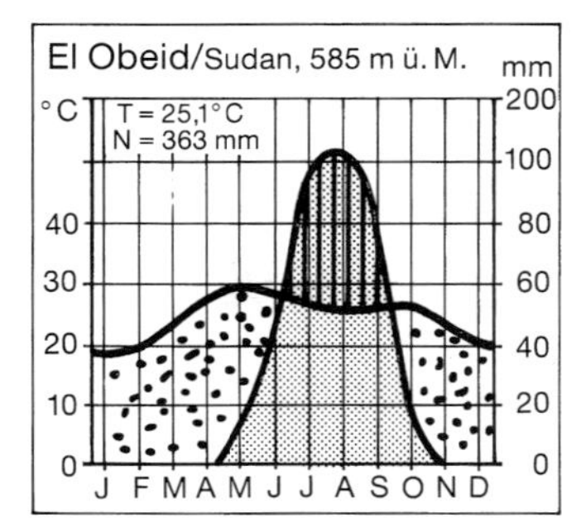

Klimadiagramm

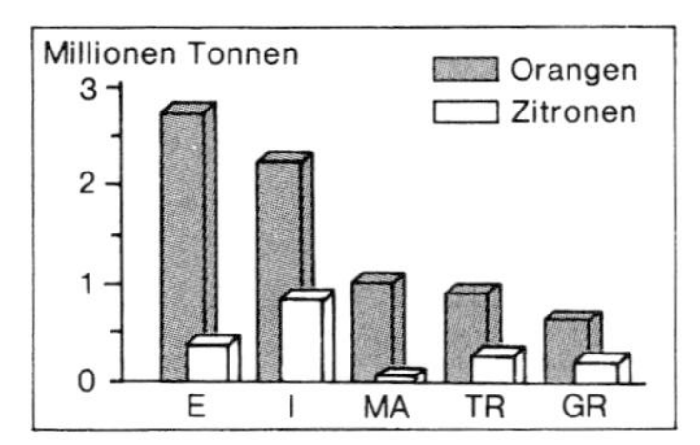

Blockdiagramm:
Produktion von Zitrusfrüchten

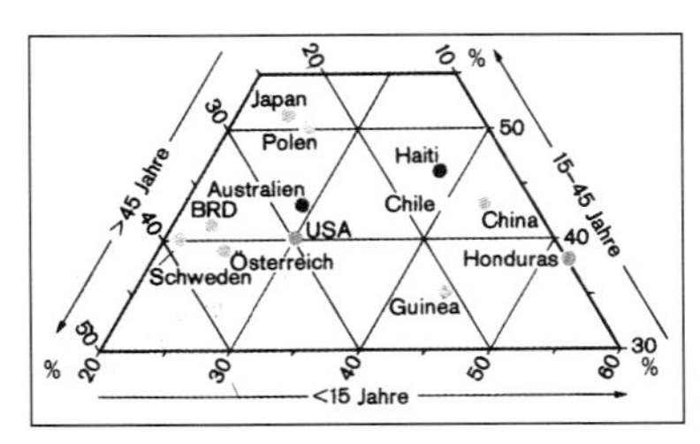

Dreiecksdiagramm:
„Alte" und „junge" Völker

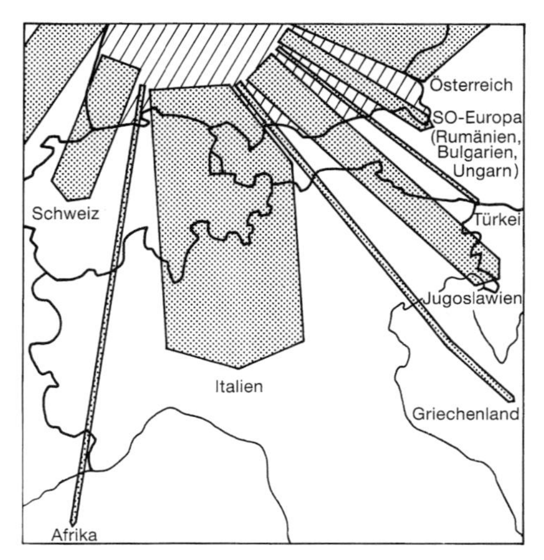

Strahlendiagramm:
Urlaubsreisen mit unterschiedlichen Verkehrsmitteln ins Ausland

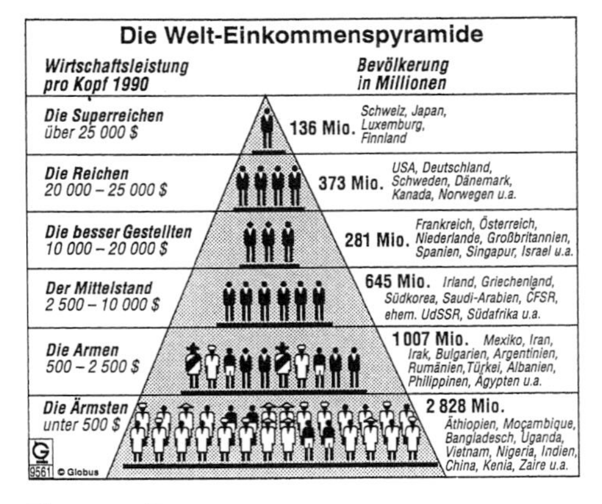

Figurendiagramm

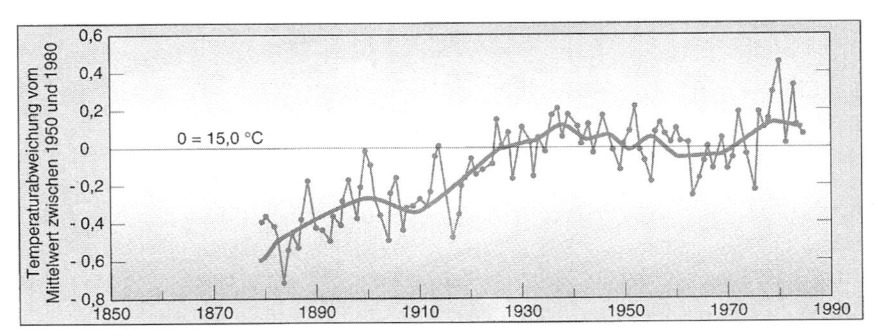

Kurvendiagramm:
Veränderung der Weltmitteltemperatur

8.4.3 Das Kartogramm

Das Kartogramm vermittelt, wie das Diagramm auch, durch grafische Ausdrucksmittel quantitative Informationen in möglichst anschaulicher Form. Über das Diagramm hinausgehend stellt es die grafischen Zeichen in ein – in der Regel sparsames – topographisches Grundgerüst („Situation"). Jedoch decken sich dabei Signatur und räumliche Verbreitung des dargestellten Sachverhalts nicht, denn bei eindeutiger Lagetreue handelt es sich um eine thematische Karte (vgl. S. 281).

Seine didaktische Begründung findet das Kartogramm darin, dass es in den verschiedensten Publikationsorganen, insbesondere auch in den Massenmedien, zur Darstellung aktueller Informationen aus Wirtschaft, Politik und Gesellschaft in räumlichen Bezügen verwendet wird. Daraus ergibt sich für die Schule die Aufgabe den Schüler zur *sachgerechten Handhabung* des Mediums Kartogramm zu qualifizieren.

Die Einführung in das Arbeiten kann bereits im Sachunterricht der Primarstufe (3./4. Schuljahr) beginnen, sofern man sich auf angemessen einfach strukturierte Inhalte beschränkt. Die Einführung in das Kartodiagramm (vgl. S. 281) setzt die Kenntnis des Diagramms voraus. Die Vervollkommnung im Umgang mit dem Kartogramm umfasst die gesamte Sekundarstufe I.

Der didaktische Ort des Kartogramms im Rahmen einer Unterrichtseinheit/-stunde liegt in der Regel in der *Phase der Problemlösung,* und zwar im Abschnitt der Strukturierung. Zusammen mit anderen Medien dient es der Gliederung von Problemlösungsinhalten. Ein Kartogramm, dem sich aufgrund der quantitativen Verteilung lediglich ordnende Momente entnehmen lassen, dürfte mehr am Anfang, ein Kartogramm, aus dem sich außerdem auch Einsichten in Zusammenhänge ergeben, mehr gegen Ende des Strukturierungsabschnittes eingesetzt werden. Entsprechendes Abstraktionsniveau vorausgesetzt können Kartogramme auch als Einstieg dienen.

Im *Einstieg* muss das Kartogramm *Aufforderungscharakter* besitzen und unmittelbar zu Fragestellungen herausfordern, die sich zum Beispiel aus scheinbaren inhaltlichen Widersprüchen oder aus Unterschieden in der räumlichen Verteilung mengenmäßiger Sachverhalte ergeben können (Diskrepanzmotivation). In der Regel beschränkt sich dann die Arbeit mit dem Kartogramm nicht auf die Einstiegsphase, sondern reicht in die Erarbeitungsphase, z. B. als Grundlage von Hypothesenbildungen oder weiterführender Problemlösungsschritte, hinein (vgl. Engelhard 1986, S. 122).

Teilschritte der möglichst selbstständig vorzunehmenden Auswertung sind (nach: Büschenfeld 1977b):

a) Aufnehmen
b) Analysieren: Formale Beschreibung der dargestellten Sachverhalte anhand von Überschrift, Darstellungsform, Maßeinheit usw. Entnahme des Informationsgehalts durch Vergleich der Inhalte und Untersuchung ihrer räumlichen Verteilung, Erklärung der Gefügeordnung, d. h. Aufdeckung der Zusammenhänge, die sich aus Quantitätsunterschieden und unterschiedlichen Raumbedingungen ergeben
c) Einbeziehung der Ergebnisse der Kartogrammanalyse in den inhaltlichen Gesamtzusammenhang

Engelhard

Je nach Art der inhaltlichen Aussage verwendet man verschiedene Kartogrammformen

1. Das *Figurenkartogramm* wird vorwiegend zur Darstellung absoluter Werte verwendet. Die statistischen Größen werden durch gegenstandsähnliche Figuren oder geometrische Symbole (Punkte, Quadrate, Kreise usw.) dargestellt.

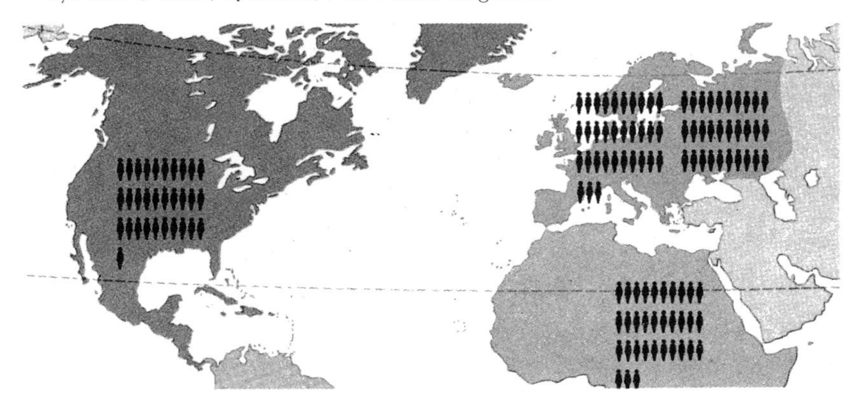

2. Das *Kartodiagramm* wird zur Darstellung der inhaltlichen oder/und zeitlichen Gliederung statistischer Massen benutzt.

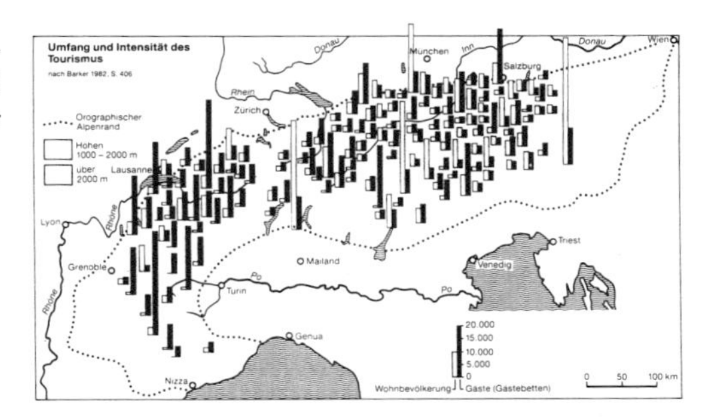

3. Das *Flächenkartogramm* zieht man zur Darstellung relativer Werte heran, insbesondere von Durchschnitts- und Dichtewerten, indem die Bezugsareale durch Farben, Schraffuren und Raster gekennzeichnet werden.

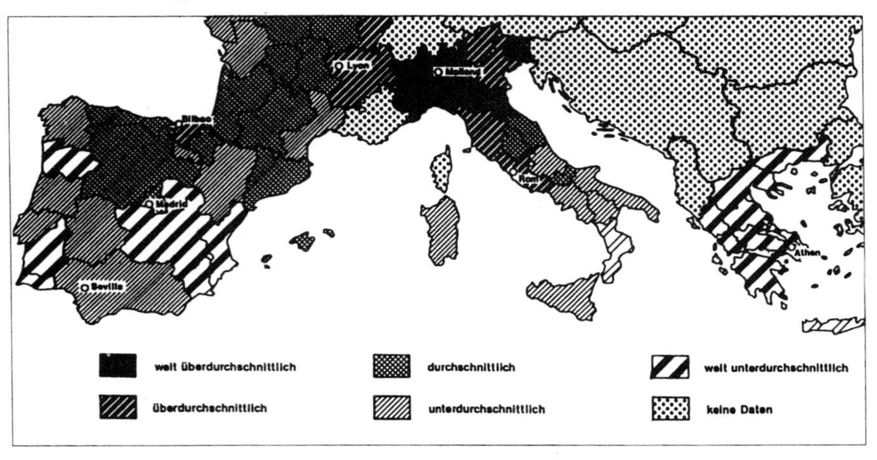

8.5 Die Karte

8.5.1 Die Karte als Unterrichtsmedium

Die Karte ist als räumliche Orientierungsgrundlage im privaten und öffentlichen Leben unentbehrlich. Die Fähigkeit Karten zu nutzen ist somit, insbesondere in unserer mobilen Berufs- und Freizeitwelt, als eine *Kulturtechnik* zu verstehen. Für die raumwissenschaftliche Forschung ist die Karte ein grundlegendes Hilfsmittel zur Darstellung raumbezogener Sachverhalte. Sie ist das umfassendste Veranschaulichungsmittel der Gliederung der Geosphäre und der Verteilung von Objekten in Räumen unterschiedlicher Maßstabsdimensionen. Ohne die Karte kann geographische Bildung und Ausbildung im Sinne der Vermittlung von Vorstellungen über das räumliche Nebeneinander und die Verflechtungen von Erscheinungen, das heißt die Absicherung einer topographischen und kategorialen Weltsicht nicht erreicht werden. Aus diesen Gründen kommt der Karte als *Arbeitsmittel* im Geographieunterricht eine herausragende Bedeutung zu (vgl. Hüttermann 1998).

Bei der Nutzung der Karte soll der Schüler über zwei Qualifikationen verfügen, er soll topographische und thematische Karten *lesen* und *verstehen* können. Die Karte wirkt im Gegensatz zu anderen Unterrichtsmitteln wie Text, Bild und Modell nicht unmittelbar auf den Benutzer. Ihr Gebrauch setzt gründliche Kenntnis des Wesens und sicheren Umgang voraus. Deshalb muss „der Arbeit *mit* der Karte ... die Arbeit *an* der Karte vorausgehen" (Breetz 1975, S. 19). Zuerst ist die Karte *Gegenstand* des Unterrichts, danach kann sie als *Arbeitsmittel* eingesetzt werden.

Karten lesen können heißt, dass der Schüler die *Kartenzeichen* übersetzen kann. Zum Kartenlesen gehören kartographische Kenntnisse. Der Schüler muss wissen, welche Merkmale Karten haben, was die Signaturen bedeuten und wie man Karten benutzt. In der Karte lesen und messen heißt auch, die ihr eigenen Ausdrucksmittel zu dechiffrieren, sie in eine textliche Darstellung umzusetzen. Dabei werden nicht zu unterschätzende Verbalisierungsleistungen erwartet.

Das Kartenverständnis stellt an den Schüler weit höhere Anforderungen als das Kartenlesen. Dahinter steht die Fähigkeit *Karteninhalte* gedanklich miteinander zu verknüpfen und aus ihnen Schlüsse zu ziehen sowie zu konkreten Vorstellungen über den dargestellten Erdraum zu gelangen. Kartenverständnis erfordert verknüpfendes Denken und je nach Komplexität des Karteninhalts setzt es unterschiedliche Sachkenntnis voraus. Es stellt somit verhältnismäßig hohe Anforderungen an das Wissen und Können der Schüler.

Verfahren zur Einführung in das Kartenlesen und -verständnis (vgl. Schreiber 1981, S. 134):

1. Beim synthetischen Verfahren werden notwendiges Wissen und Können durch einen systematischen Einführungslehrgang vermittelt.
2. Beim analytischen Verfahren vergleicht man kartographische Darstellung und Realobjekt. Ist die originale Begegnung nicht möglich, so werden Erdbilder, Schrägluft- und Senkrechtluftbilder eingesetzt.
3. Beim genetischen Verfahren verknüpft man die schrittweise Entwicklung der Qualifikationen mit geeigneten Themen und Raumbeispielen.

Richter

Beispiel für die Einführung in die Kartenarbeit

Landkarten sind verkleinerte Abbildungen der Erdoberfläche. Das Maß der Verkleinerung, der Maßstab, ist das Verhältnis zwischen der Entfernung zweier Punkte auf der Karte und ihrer Entfernung in der Natur. Der Maßstab einer Karte sagt uns, um wie viel die Maße der Wirklichkeit im Kartenbild verkleinert sind.
Daraus ergibt sich die Maßstabsgleichung: Entfernung auf der Karte: tatsächlicher Entfernung = 1 : Maßstabszahl. Beispiel: 1 cm auf der Karte entspricht 1 km tatsächlicher Entfernung oder 1 cm auf der Karte entspricht 100 000 cm tatsächlicher Entfernung, Maßstab 1 : 100 000.
Ist die Maßstabszahl groß, so handelt es sich um einen kleinen Maßstab, weil der Quotient klein ist.
Beispiel: Maßstabszahl 20 Mill.
Quotient: 1 : 20 Mill. = 0,000 000 05
Ist die Maßstabszahl klein, so handelt es sich aufgrund gleicher Überlegung um einen großen Maßstab.
Beispiel: Maßstabszahl 50 000
Quotient: 1 : 50 000 = 0,000 02
Auf topographischen Karten sind außerdem Linearmaßstäbe eingezeichnet. Mit ihnen können gerade Entfernungen leicht gemessen werden. Man greift dazu mit einem Stechzirkel oder mit einem Papierstreifen die Entfernung auf der Karte ab und liest am Linearmaßstab durch Anlegen des Zirkels oder des Papierstreifens ab. Entfernungsmessungen mit und ohne Linearmaßstab sollten auf Karten verschiedener Maßstäbe geübt werden.

Legen wir in Gedanken durch einen Berg einen senkrechten Schnitt, so erhalten wir einen Querschnitt (Profil). Veranschaulichung im Sandkasten mithilfe einer Glasplatte.

Erarbeitung eines Profils

1. Überhöhung: Entfernungen werden auf der waagerechten Achse (Entfernungsmaßstab), Höhen auf der senkrechten Achse (Höhenmaßstab) abgetragen. Wegen des ungünstigen Verhältnisses von Profillänge und Höhe werden die Höhen größer dargestellt. Maßstab 1 : 50 000 (1 cm entspricht 500 m; 1 mm entspricht 50 m).

   Rechnung: $\frac{\text{Meter des Längenmaßstabes}}{\text{Überhöhungsverhältnis}} = \text{Meter des Höhenmaßstabes.}$

   $\frac{500\text{ m}}{10} = 50\text{ m}$; 1 cm entspricht 50 m; 1 mm entspricht 5 m.

   Merke: Je größer der Nenner des Kartenmaßstabes, umso größer die Überhöhung.

2. Einzeichnen der Profillinie: An die Verbindungslinie auf der Karte wird ein Papierstreifen gelegt, die Schnittpunkte mit 20-m-Höhenlinien werden markiert, die Höhenzahlen auf dem Streifen vermerkt.

3. Zeichnen des Profils: Das Koordinatensystem wird gezeichnet, die Markierungspunkte werden vom Papierstreifen auf die Waagerechte übertragen, die Höhenpunkte werden eingezeichnet und durch eine Linie verbunden.

(aus: Welt und Umwelt, Rheinland-Pfalz, 5. und 6. Schuljahr, Lehrerband S. 78/79, Braunschweig 1981)

8.5.2 Der Atlas

Im Atlas sind viele Karten zu einem Buch zusammengebunden. Die Karten haben *unterschiedliche Themen* zum Inhalt. Zur Grundausstattung gehören physische, wirtschaftliche und politische Übersichtskarten zu Deutschland, den Kontinenten und der Erde. Hinzu kommen zahlreiche thematische Karten größeren Maßstabs (Geologie, Klima, Landwirtschaft, Industrie, Verkehr, Bevölkerung, städtische und ländliche Siedlungen, Raumordnungen u. a. m.).

Der Schulatlas ist ein Basismedium des Geographieunterrichts. Moderne Schulatlanten enthalten, den Forderungen des thematisch-regionalen Geographieunterrichts entsprechend, neben den traditionellen *physischen Karten* eine differenzierte Palette *thematischer Karten.* Während die physischen Karten, aber auch die thematischen Übersichtskarten der Kontinente und Weltkarten, vorwiegend der räumlichen Orientierung dienen, liefern großmaßstäbige thematische Karten zu unterrichtsrelevanten Themen geeignete Raumbeispiele. Diese thematischen Karten stellen im Gegensatz zu älteren Schulatlanten, wo sie als „Nebenkarten" marginale Bedeutung hatten, den Hauptteil der Kartenbeispiele.
Außerdem erwartet man von einem Schulatlas heute, dass alle großräumigen Wirtschaftsübersichten einheitlich quantifiziert werden. Dabei sollten die Signaturgrößen der Produktionshöhe, den Fördermengen oder der Wichtigkeit der Standorte entsprechen. Der im Unterricht vorherrschenden Produktenkunde entsprechend wurden in älteren Atlanten in den Wirtschaftskarten qualitativ Produktionsstandorte von Bergbau und Industrie dargestellt.

Das Prinzip der Kartenanordnung ist seit der Abkehr vom „länderkundlichen Durchgang" nicht mehr einheitlich. Früher galt ausschließlich die Anordnung der Karten in enzyklopädischer Folge. Entsprechend dem Lehrplanaufbau deckte die Kartenfolge „vom Nahen zum Fernen" das Raumkontinuum der Erde ab. In den Siebzigerjahren wurde dieses Prinzip der *topographischen Anordnung* teils beibehalten (Diercke Weltatlas, Seydlitz Weltatlas), teils durch die *thematische Anordnung* der Karten (Alexander Weltatlas, List Großer Weltatlas) abgelöst. Heute bevorzugt man wieder die topographische Abfolge: Deutschland, Europa, Afrika, Australien, Nordamerika, Südamerika, Polargebiete, Erdübersichten.

Der Maßstab wird beim Schulatlas in zweifacher Weise didaktisch wichtig. Zum einen beeinflusst er den Kartenausschnitt und damit das räumliche oder regionale Denken. Zum anderen hängt von der Maßstabswahl die *Vergleichbarkeit der Karteninhalte,* das heißt eine der wichtigsten didaktisch-methodischen Möglichkeiten des Geographieunterrichts ab.

Die große Zahl synthetischer oder komplexer Karten bleibt im Blick auf ihre Stufengemäßheit in einem Schulatlas problematisch. Diese synthetischen Karten enthalten in der Form von Flächenfarbe, Flächenrastern und Signaturen verschiedene Aussageschichten. Durch graphisches Koordinieren werden sozusagen mehrere Einzelkarten vereinigt. Können Schüler der Unterstufe mit solchen komplexen Kartendarstellungen arbeiten? Hinrichs (1970) beantwortet diese Frage abschlägig. Er fordert den altersspezifischen Stufenatlas.
Demgegenüber spricht sich Sperling (1970) gegen den Stufenatlas aus. Nach seiner Auffassung, die er durch einen Schulversuch belegt, verarbeitet das Kind nur das, „was es wiedererkennt, beim nächsten Mal eben mehr" (Sperling 1970, S. 50). Nach seiner Meinung sind Stufenatlanten als „methodische Hilfsmittel" für den Lehrer überflüssig, „wenn der Lehrer selbst eine Karte lesen und auswerten kann" (Sperling 1970, S. 50). Sperling fordert deshalb die kartographische Ausbildung der Lehramtskandidaten zu verbessern. Sie sollen in die „gestalt- und entwicklungspsychologischen Grundlagen" der Kartographie eingeführt werden. *Richter*

Arbeit mit dem Atlas

Wo liegt Mauritius?
Viele von euch sind bereits in Deutschland oder Europa gereist. Vielleicht war schon einmal jemand auf Mauritius? Aber wer weiß, wo Mauritius liegt?
1. *Nehmt euren Atlas zur Hand und verfolgt die Suche nach Mauritius.*

Auf den ersten Seiten des Atlas findet ihr das Kartenverzeichnis. Hier sind alle Karten mit Seitenangaben aufgeführt.
Danach beginnt der Kartenteil mit einer Einführung in die Kartenarbeit. Es folgen dann die Karten zu Deutschland, Europa, Asien, Afrika, Australien, Amerika und den Polargebieten. Die Erdübersichten schließen den Kartenteil ab.
„Halt!" ruft Anna, „ich habe Mauritius gefunden."
„Wie hast du das gemacht?" fragt Dimitrios.
Anna hat das Sachregister hinten im Atlas benutzt. Dieses Namensverzeichnis enthält alle Meere, Inseln, Halbinseln, Gebirge, Flüsse, Seen, Orte, Staaten und Landschaften, die auf den Karten des Atlas zu finden sind.
Die Namen sind im Sachregister alphabetisch geordnet. Es sind fast 15 000. Wer soll sie alle kennen?

2. *Das Sachregister hilft uns Mauritius auf Anhieb zu finden. Ihr sucht den Namen im Register. Dort steht z. B.: Mauritius 133, E 3.*
Die Karte auf dieser Buchseite sagt euch, was das bedeutet. Beschreibt es.
3. *Übt nun mit dem Atlas: Sucht Neubrandenburg im Sachregister und auf der Karte.*
4. *Benutzt dieselbe Karte. Schreibt aus der Atlaskarte die Registerangaben für Hannover auf.*
Vergleicht die von euch herausgefundenen Angaben mit den Angaben im Sachregister.
5. *Stellt euch gegenseitig Suchaufgaben.*

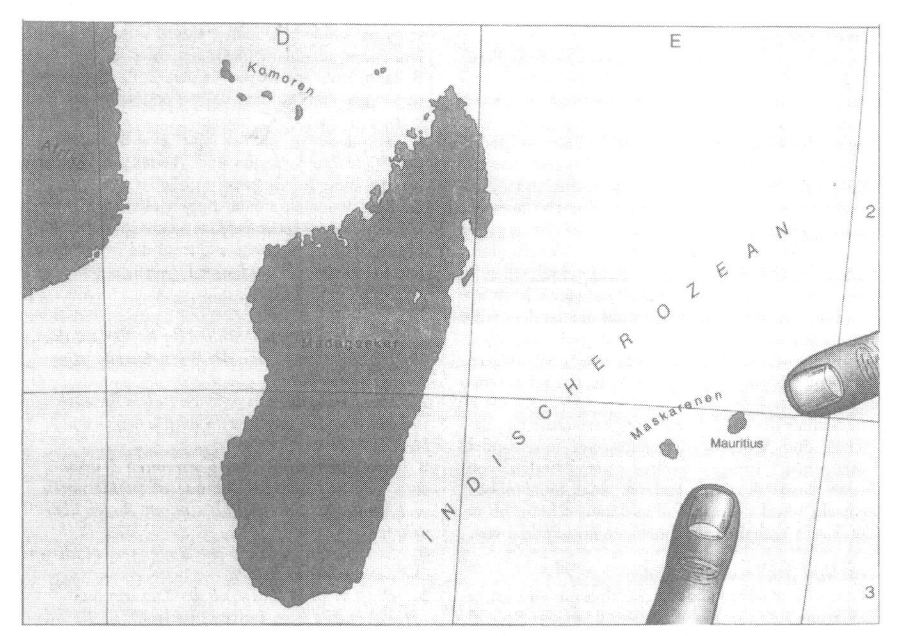

(aus: K.-H. Müller, Th. Berger-v. d. Heide u. D. Richter [Hrsg.]: Menschen-Zeiten-Räume. Arbeitsbuch für Welt- und Umweltkunde in der Orientierungsstufe [5. und 6. Schuljahr]. Berlin 1993, S. 16)

8.5.3 Die Wandkarte

Medienspezifische Kennzeichen, durch die sich die Wandkarte von den anderen Kartenarten unterscheidet:

- Die *Wandkarte* ist auf *Fernwirkung* angelegt.
- Sie besitzt einen *primären und einen sekundären Inhalt.* Ihr primärer Inhalt muss auch für den Schüler in der letzten Bankreihe erkenntlich sein. Der sekundäre Inhalt der Wandkarte erschließt sich erst dem direkt an der Wandkarte Arbeitenden.
- Daher verbietet sich von selbst eine verwirrende Stofffülle; vielmehr muss der Inhalt sich auf das *Wesentliche* der Aussage beschränken.
- Das *Kartenbild* sollte sich durch Klarheit und Prägnanz auszeichnen.
- Durch eine kräftige *Farbgebung* werden die Fernwirkung größer und die Einprägsamkeit des Kartenbildes gesteigert.
- Die für Wandkarten verwendeten *Maßstäbe* sollten leicht umrechenbar sein.
- Wo es möglich ist, sollte um der *Veranschaulichung der Größenverhältnisse* willen ein bekannter Raum zum Vergleich in seinen Umrissen gezeigt werden.
- Da Wandkarten eine lange *Lebensdauer* haben, eignen sie sich kaum für quantifizierte Darstellungen, die in kurzen Abständen der Entwicklung angepasst werden müssten (vgl. Sperling 1986, Hüttermann 1990).

Weltraumbildwandkarten unterscheiden sich von den herkömmlichen Wandkarten durch folgende Kennzeichen:

- Die *Weltraumbildwandkarte* zeichnet sich als Bodenbedeckungskarte durch ihre *Wirklichkeitsnähe* aus.
- Die Weltraumbildwandkarte ist somit *vielschichtig* in ihrem Inhalt. Sie bietet mehr Informationen, ohne dass deshalb die Übersichtlichkeit der Darstellung verloren ginge. Je näher man sie betrachtet, desto mehr Details an Informationen hält sie bereit – bis hin zur Untersuchung kleinster Räume mit der Lupe. Je weiter man sich entfernt, umso deutlicher treten die großräumigen Strukturen hervor.
- Sie zeigt den Raum zu einem *ganz bestimmten Zeitpunkt,* nicht jedoch in der „Dauerdarstellung" wie die Wandkarte. Dadurch wird die Wirklichkeitsnähe des „Bildes" noch betont.
- Die Grenzbereiche und Übergangszonen sind in der Weltraumbildwandkarte *„weicher"* dargestellt, als dies der Kartograph leisten will.
- Da die Weltraumbildwandkarte das Relief infolge der großen Aufnahmehöhe und in Abhängigkeit vom Sonnenstand *nicht in dem ganzen Detailreichtum* vorzustellen vermag, da sie außerdem nur spärlich beschriftet sein sollte, damit Details nicht verloren gehen, ergänzen Wandkarte und Weltraumbildwandkarte einander und sollten deshalb auch im Unterricht nebeneinander eingesetzt werden.

Neben den physischen und thematischen Karten gibt es die stummen, abwaschbaren *Umrisswandkarten,* die beidseitig mit Kreide beschriftet werden können. Dazu kommen Umrisskarten für Magnettafeln, auf denen magnetische Symbole befestigt werden können.
Transparentfolien mit dem Inhalt von Wandkarten – z. B. physisch-geographische Erdteilkarten – können im Unterricht nicht als Ersatz für Wandkarten eingesetzt werden, da die Verwendung des Tageslichtprojektors anderen medienspezifischen Eigenheiten zu folgen hat (vgl. Kap. 8.7.2).

Brucker

Zum Einsatz von Wandkarten im Unterricht

Wandkarte und Atlas

„Die Stellung der Karte im Unterricht machte einen Wandel durch. Bisher galt der Grundsatz: Die Wandkarte ist Lehr- und Veranschaulichungsmittel, die Atlaskarte ein Lernmittel. Daher wurde die Wandkarte bei der ersten unterrichtlichen Behandlung eines Erdraumes demonstrativ und beschreibend verwendet; auf sie haben sich die Blicke der Schüler ungeteilt zu richten, auf sie hat sich die Aufmerksamkeit der Schüler zu konzentrieren.
Was die Schüler unter der Leitung des Lehrers auf der Wandkarte gefunden haben, das werden sie später bei der Wiederholung der Ergebnisse auf ihrer Atlaskarte leicht auffinden.
Durch diese doppelte Vorarbeit, Arbeit an der Wandkarte und dann an der Atlaskarte, sind die Schüler so weit gefördert, dass sie später die Atlaskarte zum Entdeckungsfeld eigenen Suchens machen können" (Adelmann 1962, S. 99).

Zur Übung topographischen Wissens

„Wie sollen wir üben? Zunächst immer wieder an der Wandkarte als einem sehr wichtigen Arbeitsmittel. Der Lehrer oder abwechselnd die Schüler nennen Orte, Flüsse, Gebirge, Länder, die gezeigt werden müssen, oder umgekehrt: Es werden solche Sachverhalte an der Karte gezeigt und die Namen müssen genannt werden. Bei einer solchen Übung können im Laufe von zehn Minuten bei mehrfachem Wechsel zahlreiche Schüler eingesetzt werden, sodass im Laufe von ein bis zwei Wochen jeder mindestens einmal an der Karte gestanden hat" (Wocke 1962, S. 128).

Wie wird mit der Wandkarte im Unterricht gearbeitet?

Der Schüler kommt nach vorne an die Karte und verortet mit dem Zeigestab den gefragten geographischen Topos. Dabei spricht der Schüler über die Lage und die Lagebeziehungen. Durch dieses Verbalisieren wird der Schüler dazu gebracht, sich selbst über die Lagebeziehungen klar zu werden, einfache geographische Erkenntnisse in Worte zu fassen, die gleichzeitige Atlasarbeit der Mitschüler zu ermöglichen.
Ohne dieses Verbalisieren durch Schüler und/oder Lehrer ist Arbeit an der Wandkarte nutzlos (vgl. Brucker 1982).

Schwierigkeiten, die es beim Einsatz der Wandkarte im Unterricht zu bedenken gilt:

- Schüler verlieren leicht den Überblick, wenn sie nahe an der Wandkarte stehen und etwas zeigen sollen (übrigens geht es auch Lehrern mitunter so).
- Schon deshalb sollte immer mit dem Zeigestab verortet werden; zudem leiden die nicht gerade billigen Wandkarten darunter, wenn sie immer direkt mit den Fingern berührt werden.
- Alle Wandkarten haben ein annähernd gleich großes Format, unabhängig davon, ob der Heimatraum, ein Erdteil oder gar die gesamte Erde gezeigt wird. Daraus ergibt sich die Notwendigkeit verstärkt die unterschiedlichen Maßstäbe zu berücksichtigen, Längenmessungen und Flächenvergleiche durchzuführen und bei Großräumen zur Einordnung den Globus mitzuverwenden.

8.6 Das Wort

8.6.1 Der Sachtext

Bei der Auswertung von *Texten* geht es in der Erdkunde im Allgemeinen nicht um literarische, also ästhetisch orientierte Texte, sondern um gebrauchssprachlich ausgerichtete Texte, das heißt motivierende und informierende Sachtexte, wie zum Beispiel Schulbuch-, Zeitschriften- und Zeitungstexte (vgl. Schrand 1977, Schrettenbrunner 1982, Patten 1990).

Lernziele für den Umgang mit derartigen Texten (Schrand 1986, S. 237 f.):

„1. Fähigkeit und Bereitschaft die in einem geographischen Sachtext enthaltenen Informationen möglichst zeitökonomisch und differenziert zu erfassen.
   a) Lernen die Gliederung eines Textes schnell zu erfassen bzw. einen Text nach Sinneinheiten selbst zu gliedern.
   b) Lernen die Sinn tragenden Elemente eines Textes schnell zu erkennen und durch Unterstreichen kenntlich zu machen.
   c) Lernen die Sinn tragenden Einheiten/Begriffe/Wörter in einfache Strukturskizzen umzusetzen.
2. Fähigkeit und Bereitschaft geographische Sachtexte kritisch zu analysieren.
   a) Lernen in einem Text Meinungen und Informationen zu unterscheiden.
   b) Lernen in objektivierenden Darstellungen persönliche Stellungnahmen zu identifizieren.
   c) Lernen die Wirkungsabsichten und -mittel eines Textes zu erkennen.
3. Fähigkeit und Bereitschaft den Stellenwert eines Textes innerhalb eines größeren Problem- und Informationszusammenhanges zu erkennen.
   a) Erkennen, dass die angebotenen Informationen nicht vollständig und erschöpfend sein können.
   b) Erkennen, dass die im Text enthaltenen Informationen eine Auswahl darstellen.
   c) Einsehen, dass in der Regel zusätzliche Informationen erforderlich sind."

Zur methodischen Organisation von Textarbeit stellt Schrand an gleicher Stelle fest, dass sich hierfür nur schwer genaue Hinweise geben lassen, weil die *Voraussetzungen für Textarbeit* bei den Schülern stark differieren.

„Der zentrale Befund, dass Sprachvermögen und Sprachverhalten von Lerngruppen sowie von einzelnen Schülern je nach ihrer soziokulturellen Umwelt sehr unterschiedlich sein können und die Schule dem Rechnung tragen muss, wird kaum noch bestritten. Dies legt es nahe, für die Arbeit mit geographischen Sachtexten lediglich den Rahmen abzustecken und bei der Detailplanung nach dem Prinzip der ‚optimalen Passung' von der jeweiligen Lernausgangssituation auszugehen ... Der Schüler muss mit einem Instrumentarium ausgerüstet werden, das ihn in die Lage versetzt einen Sachtext schnell und ohne fremde Hilfe zu erschließen. Die *Techniken,* die für die schnelle Erfassung der in einem Text enthaltenen Informationen nötig sind, reichen vom Unterstreichen und Klären der wichtigsten Begriffe bis zur übersichtlich und optisch ansprechenden Ordnung der Sinn tragenden Stellen in einer generalisierenden Strukturskizze. Diese hält die wichtigsten Aussagen fest und macht die Gedankenführung des Textes durch Verbindungslinien oder Pfeile kenntlich und dadurch besser einprägbar. Strukturskizzen dieser Art sind besonders wichtige Lernhilfen für Schüler mit eidetischer Veranlagung, die ‚mit den Augen lernen'" (Schrand 1986, S. 238).

Brucker

Schulbuchtext: Die argentinische Pampa (Ausschnitt)

Don Rafael Ballivan hatte mich auf sein Landgut eingeladen; es liegt etwa 300 Kilometer westlich von Buenos Aires. Ich bestieg den Zug in Buenos Aires. Stundenlang ging die eintönige Fahrt durch das ebene Land, vorbei an riesigen Weizen- und Maisfeldern, an schier endlos scheinenden Weideflächen, nur selten unterbrochen durch einen Halt in einer Kleinstadt.
Endlich erreichte der Zug „General Pinto". Dort holte mich Don Rafael selbst mit dem Auto ab. Unterwegs zu seinem Wohnsitz zeigte er mir seine Estancia. Auf die Frage, wie groß sein Besitz eigentlich sei, gestand er, dass er es nicht genau wisse: „So an die 50 000 Hektar. Aber mein Nachbar hat fast doppelt so viel Land."
Abends saßen wir auf der Terrasse des Herrenhauses. Auf meine Frage, wie er denn zu dem Landbesitz gekommen sei, erzählte Don Rafael: „Am besten, ich fange ganz von vorne an. Ursprünglich war die heutige Pampa das Jagdgebiet von Indianern. Die Ebenen am Rio de la Plata glichen den Prärien Nordamerikas. Im 16. Jahrhundert besiedelten Spanier das Land, aber die Indianer leisteten den Eindringlingen erbitterten Widerstand. Mehrere Feldzüge mussten geführt werden, bis die Indianer besiegt waren. Dann wurde das Land in Latifundien – das heißt große Landgüter – eingeteilt und den verdienten Generälen und ihren Gefolgsleuten übereignet." ...
Auch meine Vorfahren waren unter den Glücklichen. Sie hatten aus Europa Rinder und Pferde mitgebracht, die aber das harte Gras der Pampa nicht vertrugen. So führten sie neue Grassorten aus Europa ein. In der endlosen Pampa verwilderten die Rinder, denn sie weideten zu Millionen unbeaufsichtigt auf dem Grasland."
„Aber wozu denn die Millionen Rinder?", wollte ich wissen.
„Seit der Eroberung der Pampa ist die Wirtschaft dieses Raumes auf die Bedürfnisse des Weltmarktes ausgerichtet. Zuerst – als die Kühlschiffe noch nicht erfunden waren – lieferten wir nur die Felle der Rinder nach Europa, dazu etwas gepökeltes Fleisch."

(nach: B. Sorbam, aus: Erdkunde für Gymnasien in Bayern Bd. 8. München 1987)

Beispiel für die Auswertung eines Sachtextes: Strukturskizze

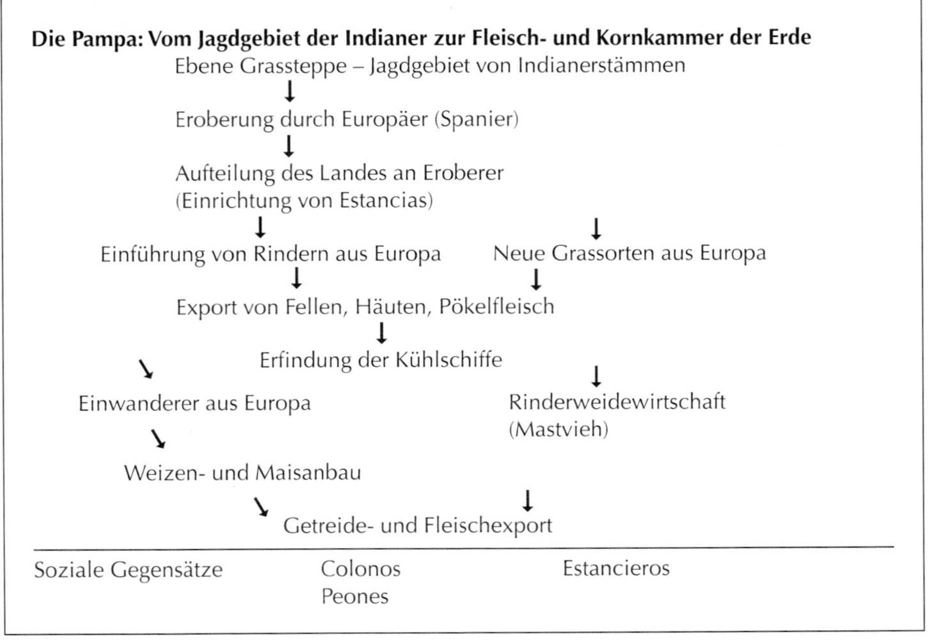

8.6.2 Die Zeitung

Die Zeitung ist ein öffentliches Medium, dessen wesentliche Kennzeichen Publizität und Aktualität sind. Die Zeitung liefert einem großen, weithin indifferenten Publikum in regelmäßigen Abständen aktuelle Informationen. Diese Informationen sind nicht die Wirklichkeit selbst, sondern sie sind ausgewählte, „gefilterte" Ausschnitte der Wirklichkeit. Dadurch beeinflusst die Zeitung ihre Leser (vgl. Köck 1978b, Volkmann 1982, Wendel [Mod.] 1982).
„Der in der Zeitungsmeldung vorgegebene Doppelaspekt von Sachinformation und Ausschnitt aus einem gesellschaftlichen Informationssystem (Tageszeitung) bedeutet für den Unterricht Chance und Problem zugleich.

Chance: Vorbereitung auf den Umgang mit Zeitungsmeldungen; Aktualität und Verfügbarkeit der Information; Verkürzung der ‚Problemdistanz': d. h. größere Unmittelbarkeit durch ein Medium, das in täglichen Meldungen die zukünftigen lebensbedeutsamen Situationsfelder der Schüler repräsentiert.

Problem: Konfrontation mit *Texten*, die grundsätzlich sachlogisch oder chronologisch, nicht aber lernlogisch organisiert sind; Konfrontation mit der ‚Sprachdistanz'; Konfrontation mit Texten unterschiedlich hoher Informationsdichte, also ohne begriffliche und inhaltliche ‚Dosierung'" (Fuchs 1980b, S. 55).

Zeitungstexte sind eine „Sonderform der *Sachtexte*"; man kann hierbei mehrere *Texttypen* unterscheiden:

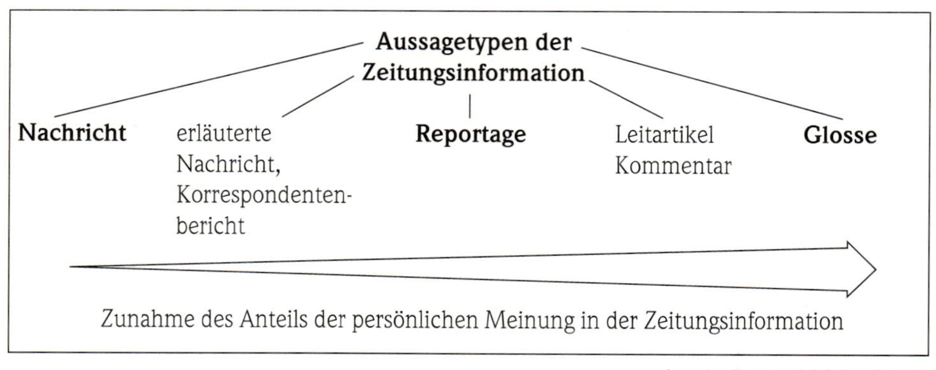

(nach: Fuchs 1980a, S. 10)

Bedeutung eines Zeitungsarchivs zur Unterrichtsfortschreibung (Fuchs 1980a, S. 29):

- themen- und lernzielbezogene Lehrervorbereitung,
- unveränderter oder umgeformter Einsatz als Unterrichtsmedium,
- Voraussetzung für die Realisation moderner Unterrichtsverfahren wie Fallanalyse, Schülerdiskussion, Rollenspiel usw., die ja immer auf Material und Informationskompetenz angewiesen sind,
- Materialbündel für Fallbeispiele,
- Material für Schülerreferate und Wandtafeldokumentation,
- spontan abrufbares Material für Probleme, Ergänzungen, Vergleiche des laufenden Unterrichts; Rahmenmaterial für aktuelle Themen und Gelegenheitsunterricht,
- Ausgangsinformation und weiteres Material für die Planung von „Arbeit vor Ort".

Brucker

Möglichkeiten mit Zeitungstexten im Erdkundeunterricht zu arbeiten

- Orte/Regionen im Atlas aufsuchen;
- Signalwörter herausschreiben oder unterstreichen;
- Zeitungsaussagen durch Informationen aus Schulbuch, Atlas überprüfen;
- Mitteilungen zum gleichen Thema in verschiedenen Zeitungen vergleichen;
- die Filterfunktionen von Redaktionen herausfinden;
- Mitteilungen auf Sachaussage, Meinung, Wertung, Beeinflussung, Manipulation, Ergänzungsbedürftigkeit hin analysieren;
- Sinn tragende Aussagen in einfache Strukturskizzen umsetzen;
- Meldungen zu einem Thema über einen längeren Zeitraum hin sammeln;
- Raumansprüche gesellschaftlicher Gruppen aus dem Text identifizieren;
- aus Anzeigen des Wohnungsmarktes bevorzugte/gemiedene Wohngegenden herausfinden und begründen;
- nach Diskussion eines Themas in der Klasse Leserbriefe schreiben;
- aus unterschiedlichen Zeitungsmeldungen eine Wandzeitung gestalten;
- mit Zeitungsnachrichten eine „mitwachsende Weltkarte" aktualisieren.

(nach: Volkmann 1986, S. 249)

Die Zeitung und ihre Informationen

Primärinformation

1. Filter der Wahrnehmung — **Berichterstatter:** Empfängt nur einen Teil der Informationen, abhängig von Interessen, Motiven, Einstellung, „Ideologie"

Zeitung = Sekundärinformation

2. Filter der Wahrnehmung — **Leser:** Empfängt nur einen Teil der Informationen, abhängig von Interessen, Motiven, Einstellung, „Ideologie"

Information

(Entwurf: Brucker)

8.6.3 Das Schulbuch

„Das Schulbuch eröffnet nicht wenigen Kindern den ersten Zugang zur Literatur, es kann Freude, aber auch Frust am Lesen auslösen, Neugier und Interesse gegenüber der Umwelt vertiefen und letztlich ein sinnvolles und kritisches Leseverhalten für das Erwachsenwerden initiieren – oder verhindern“ (Geibert, in: Geibert [Hrsg.] 1990, S. 3).

Der Deutsche Bildungsrat (1969, S. 80) hat das Schulbuch als „die eigentliche Großmacht der Schule“ bezeichnet. Thöneböhn (1990) hat nachgewiesen, dass das geographische Schulbuch „überragende Bedeutung für schulisches Lernen“ besitze.
„Die Einwirkungen des Buchs auf Unterricht und Lernen waren in der *historischen Entwicklung* des Bildungswesens jedoch keineswegs konstant. Während z. B. die Reformpädagogik glaubte auf das Buch verzichten zu können, erfreut es sich derzeit hoher Wertschätzung. Zahlreiche empirische Untersuchungen legen den Schluss nahe, dass Planung und Realität des Unterrichts bis zu ca. 80% durch das Buch bestimmt werden“ (Thöneböhn 1990, S. 5).

Schulbuch und Entwicklung des Faches. In seinen *Inhalten,* seiner formalen *Gestaltung* und seinen *Intentionen* zeichnet das geographische Schulbuch die Entwicklung des Schulfaches Erdkunde und der didaktischen Auffassungen nach. In ihm finden die *didaktischen Innovationen* ihre Verwirklichung und ihren Eingang in die Schule, allerdings nur selten in unveränderter Reinform; Schulbücher sind immer das Ergebnis von Kompromissen, die alle Beteiligten zu schließen haben: Herausgeber und Autoren, Verlage und Zulassungsbehörden (unter Berücksichtigung der genehmigten Lehrpläne).
Als zu Beginn der Siebzigerjahre das Schulfach Erdkunde seinen bisher größten Wandel erlebte, änderten sich auch die Konzeptionen der geographischen Schulbücher und jeder *neue didaktische Ansatz* – Lernzielorientierung, Daseinsgrundfunktionen, Allgemeine Geographie an regionalen Beispielen, Problemfelder – fand in den neuen Schulbüchern seinen Niederschlag.
Vor der Reform des Geographieunterrichts enthielt das Schulbuch in erster Linie *Lern- und Merktexte,* die durch ergänzende Materialien veranschaulicht wurden. Diese Lernbücher waren dem postulierten zielorientierten entdeckenden Lernen nicht förderlich.
Die Arbeitsbücher der Siebzigerjahre wollten durch das offene Angebot informativer und kommunikativer Medien die Operationalisierung der Lernziele ermöglichen. Seit den Achtzigerjahren erscheinen Schulbücher, die den Anspruch erheben den postulierten Funktionen des *Lern-* **und** *Arbeitsbuches* gerecht zu werden.

Das Schulbuch ist ein Verbundmedium, da es eine Reihe von unterschiedlichen Elementen in sich vereinigt: den Text, das Bild, die Zahl, die Karte.
„Diese Elemente stehen nicht additiv nebeneinander, sondern in funktionalem Bezug zueinander und bilden einen charakteristischen, mehr oder weniger eng zu befolgenden Lehrplan. Über die methodischen Möglichkeiten der Einzelmedien hinaus ergeben sich weitere durch ihre Kombination miteinander. Da das Buch jedem Schüler jederzeit vorliegt, schafft es Voraussetzungen für nahezu alle im Erdkundeunterricht sinnvollen Aktions- und Sozialformen“ (Volkmann 1986, S. 373).

Einige Aussagen zum geographischen Arbeitsbuch

F. Schnaß (1925)

„Das erdkundliche Schulbuch ... befindet sich gegenwärtig in innerer Umbildung. Man hat eingesehen, dass es unmöglich gleichzeitig Lese-, Lern-, Bilder- und Arbeitsbuch, Selbstunterrichts- und Vorbereitungsbuch sein kann. Diese Zwecke sind zu verschiedenartig um etwas Einheitliches zu ergeben. Das Buch ist für den Schüler, nicht für den Lehrer da, hat also keine rein stoffliche, sondern eine stofflich-pädagogische Aufgabe. Es muss ein Arbeitsbehelf sein; nicht Gedächtnisstoff zum Einprägen bereitstellen, sondern ein geographisches Praktikum, das den Schüler geographisch so übt, dass er sich dabei das lebenswichtige und für die geographische Arbeit unentbehrliche Wissen möglichst freitätig erwirbt."

M. F. Wocke (1962)

„Wir lehnen mit aller Entschiedenheit den beschreibend erklärenden Text ab, der in epischer Breite all das ausschüttet, was entdeckungs- und denkfreudige Kinder ohne viel Mühe, aber mit großer Freude aus Karten, Bildern und Zahlen gern selber ablesen und herausfinden.
Der echte erdkundliche Text in diesem Sinne – Quellentext genannt – ist kein Lesestück, das der Unterhaltung und Belebung dient, sondern ein Gebrauchsstück. Wir brauchen echte Sachtexte, nicht einen Leitfaden, der statt des Lehrers bei der Hausaufgabe das Dozieren übernimmt ... Solche Erdkundebücher, wie sie auch neuerdings wieder erscheinen, stellen geradezu den Versuch dar zu verhindern, dass das erdkundliche Wissen von den Schülern in einer ‚originalen Begegnung' selbsttätig erworben wird; dort wird alles fertig aufgetischt, was beschrieben, gedeutet, erklärt und in den Zusammenhängen erkannt werden könnte.
Unsere Kinder sollen selbst entdecken und erkennen und nicht ‚Fertigware' geliefert bekommen! Allenfalls sollten für sie aber Arbeitsbücher vorliegen, die zu Fragen anregen und Aufgaben stellen, so wie es die Rechenbücher tun, die ja die Lösung der Aufgaben auch nicht sofort hinter der Aufgabe bringen. Vielleicht sollten diese Arbeitsbücher nicht einmal Fragen enthalten, sondern in der Auswahl des Quellenmaterials dazu führen, dass die Schüler gedrängt werden recht viele Fragen selbst zu stellen."

G. Kirchberg (1980c)

„Von erziehungswissenschaftlicher Seite liegt bis heute noch keine Theorie des Schulbuchs vor. Dementsprechend fehlt der Schulbuchforschung die systematische Verankerung. Die meisten Untersuchungen und Aussagen beschränken sich auf fachbezogene Fragen, auch dabei ohne theoretische Absicherung. Erst neuerdings bahnt sich in Trier eine geographische Schulbuchforschung an.
Dennoch wird deutlich, dass sich mit dem veränderten Verständnis von Unterricht und Lernvorgängen auch die Funktionen des Schulbuchs gewandelt haben. Wenn wir heute unter Lernen eine Verhaltensänderung verstehen, dann darf der Unterricht nicht auf eine bloße Zurkenntnisnahme von fertigen Mitteilungen angelegt sein. Im Vordergrund muss sehr viel stärker die Selbsttätigkeit des Lernenden stehen. Das Schulbuch darf nicht als Lehrbuch, sondern muss als Arbeitsbuch konzipiert sein um unmittelbar vielfältige Lernprozesse zu ermöglichen."

Mehrere Schulbuchtypen lassen sich unterscheiden:

- **Das Lehrbuch** bietet dem Schüler in erster Linie *Lerntexte* an. Es besitzt einen geschlossenen Informationscharakter und ist auf individualisierendes Lernen festgelegt. Seine Ergebnistexte dienen weniger der Erarbeitung im Unterricht als vielmehr dem wiederholenden Nachlesen und Festigen.

- **Das Arbeitsbuch** beinhaltet als didaktisch aufbereitete *Materialsammlung* die ausgewählten Einzelmedien, die das „entdeckende Lernen" durch die selbstständige Erarbeitung seitens der Schüler ermöglichen. Seine Texte, Bilder, Karten, Grafiken, Zahlen bzw. Tabellen sind Quellenmaterialien, die Problemsituationen schaffen und die Operationalisierung von Lernzielen ermöglichen. Seine Informationsstruktur ist offen; seine methodische Struktur ist offen, denn die integrierten Einzelmedien erlauben die Durchführung aller Sozial- und Aktionsformen.

- **Das Schulbuchwerk** „besteht aus mehreren Gliedern: dem ‚Textbuch' für den Schüler, dem Vorbereitungsbuch für den Lehrer, weiteren Arbeitsmaterialien (Mappen, Arbeitsblätter) für den Schüler und dem Schulatlas, der zwar eine gewisse Eigenständigkeit beansprucht, dennoch aber auch *Bestandteil eines Unterrichtswerkes* sein kann" (Sperling 1978, S. 5). Werden zu Arbeitsbüchern Medien entwickelt, so darf dieses Angebot nur additiv, keinesfalls integrativ sein.

- **Die Quellensammlung** geht über das Arbeitsbuch hinaus, indem sie *zu einem Thema/Themenkomplex nur schwach strukturierte Materialien anbietet.* Der Schüler wird in noch stärkerem Maße gefordert, da Fragestellungen – eine indirekte Steuerung – nicht vorgegeben, sondern von ihm selbst zu finden sind. Erst in der Sek. II liegen die notwendigen Voraussetzungen für ein solches Buch vor.

- **Mischformen** „treten in der Schulbuchlandschaft der Gegenwart am häufigsten auf. Nach den zunächst recht extremen Konzeptionen zu Beginn der 70er-Jahre kann man eine Konvergenz der weit auseinander liegenden Positionen erkennen.
  Neuauflagen ursprünglich reiner Arbeitsbücher enthalten mehr informierende Texte, frühere Lernbücher mehr Arbeitsaufgaben" (Volkmann 1986, S. 374). In jüngster Zeit erscheinen auch Mischformen, die reine Arbeitsbuchteile und reine Lernbuchteile miteinander verbinden und somit exemplarisches und orientierendes Lernen ermöglichen.
  „Die hier angeführte Terminologie – Lernbuch/Arbeitsbuch (Vf.) – wird in der Literatur nicht konsequent eingehalten. Kommerziell begründete Ansprüche einzelner Verlage haben darüber hinaus die Unklarheit und den *Mangel an Begriffsschärfe* vergrößert" (Volkmann 1986, a.a.O).

Die Rolle des Schulbuches im Unterrichtsgeschehen

- Das Fehlen eines Schulbuches auf Dauer wirkt sich negativ auf die Lernhaltung der Schüler aus. Ein Grund dafür ist die Erwartung der Schüler gesichertes Wissen aufzunehmen, das bei Examina usw. „abrufbar" bereitsteht.
- Vier von fünf Lehrern sind ihrer zeitlichen Belastung wegen und/oder aus anderen Gründen nicht in der Lage ihren Unterricht ohne die Stütze eines Schulbuches vorzubereiten und durchzuführen.
- Das Schulbuch tritt damit – bei fehlenden Richtlinien noch stärker als früher – an die Stelle des Lehrplans.
- Das Buch verleitet dazu den methodischen Aspekt von Unterricht zu vernachlässigen. Nicht selten droht die Gefahr der Beschränkung auf die Kontrolle des Gelernten und einige ergänzende Erläuterungen.

(nach: Volkmann 1978, S. 31)

Zum Arbeitsbuch

- Das *Arbeitsbuch* erfordert eine *Auswahl* aus den angebotenen Materialien. Denn es ist keine Unterrichtskonserve, sondern eine Zusammenstellung im Hinblick auf eine fiktive Unterrichtssituation. Für den konkreten Einsatz ergibt sich, dass das Buch keinesfalls im Sinne eines Unterrichtsprogramms „durchgenommen" werden darf ...
- Das Arbeitsbuch verlangt *Verknüpfung* durch Rück- und Vorgriffe. Zwar soll sich der Schüler das Buch schrittweise als sein Informationsmaterial aneignen, aber diese Schritte müssen keineswegs der Buchgliederung entsprechen, die oft systematischen und nicht lernlogischen Gesichtspunkten folgt ...
- Das Arbeitsbuch erfordert eine *Ergebnissicherung* innerhalb und außerhalb des Schulbuchs. Weil es die Ergebnisse nicht vorgibt – von gesonderten Ergebnisseiten abgesehen (Vf.) –, sondern herausfordert, muss auf deren Sicherung im Unterrichtsverlauf besonders geachtet werden (Tafelbild, Hefteintrag). Andererseits ist auch das Arbeitsbuch nicht frei von sichernden Elementen. Begriffe, Worte erklärende Register und zusammenfassende Kapitel stellen zwar nicht die Teilergebnisse dar, aber sie spannen dennoch ein ... Auffangnetz für vorhandene Defizite beim Schüler, für Schwierigkeiten bei der Lösung von Arbeitsaufgaben, für Vergesslichkeit oder für Unterrichtsversäumnisse.

(nach: Kirchberg 1980c, S. 79)

Schulbuchelemente im Lern- und Arbeitsbuch

	Lernbuch	**Arbeitsbuch**
Texte	vorwiegend Ergebnistexte (darstellend, beschreibend)	vorwiegend Quellen- und Informationstexte
Abbildungen, Tabellen	als illustrierende Ergänzungen zum Text	Bild, Karte und Zahl als integrierte Einzelmedien
Aufgaben	vorwiegend zur Wiederholung des Gelernten	vorwiegend zur Erschließung von Arbeitsmaterialien
Ergebnisse	durch Lehrbuchtext und durch Merksätze oder Übersichten	durch Anker-Begriffe, im Rahmen von Synthesekapiteln, anhand von Ergebnisseiten

(nach: Kirchberg 1980c)

Die Funktionen des geographischen Schulbuches (nach: Hacker 1980, Brucker 1983, 1985):

- **Als Strukturierungsfunktion** wird die Aufgabe des Schulbuches bezeichnet, die Gesamtheit der in den Lehrplänen/Richtlinien vorgegebenen *Inhalte zu gliedern,* die Einzelteile in ein sinnvolles Nacheinander zu bringen, dem Lehrer dadurch seine Planungsarbeit zu erleichtern. Folglich muss ein Schulbuch übersichtlich und klar gegliedert sein: Titelseiten, Kapitelüberschriften, Zwischenüberschriften, die eindeutige Zuordnung von Texten und übrigen Materialien, ein überschaubares Layout sind die äußeren Merkmale dieser Übersichtlichkeit.

- **Repräsentationsfunktion** meint die Aufgabe des Schulbuches, durch ein *vielseitiges Materialangebot* den Unterrichtsgegenstand zu repräsentieren, ihn anhand geographischer Quellen in das Klassenzimmer zu holen: eine Aufgabe, die der Lehrplan niemals erfüllen kann. Erst dieses Materialangebot ermöglicht *entdeckendes Lernen.* Zugleich wird der Lehrer durch die schulbuchintegrierten Einzelmedien aus seiner Frontalstellung befreit, er wird vom dominierenden Vorinformierten zum Lenker von schülerbezogenen Lernprozessen. Der „Baukasten" der Materialien gibt bei offener Inhaltsstruktur genügend Entscheidungsfreiheit in der Auswahl und Verwendung der Materialien. Trotz und gerade wegen dieser Servicefunktion bleibt das Schulbuch ein fremd geplanter Baustein des Unterrichts.

- **Steuerungsfunktion** für den Unterrichtsablauf kann das Schulbuch übernehmen durch seine Arbeitsanweisungen, die Fragen und Impulse. Diese steuern zwar zielgerichtet die *Auswertung der angebotenen Materialien* – sie dienen nicht der Wiederholung des Gelernten! –, sie könnten dadurch aber die Freiheit des Lehrers einschränken. Für die häusliche Nachbereitung, für Partner- und Gruppenarbeit sind Aufgabenvorschläge sinnvoll. Für den souveränen Lehrer sind sie überflüssig.

- **Die Motivierungsfunktion** ist gerade heute bedeutungsvoll, wenn es darum geht, die Unlust schulischen Lernens abzubauen. „Eine *attraktive äußere Gestaltung* ist die Voraussetzung dafür, dass der Schüler (und die Eltern) das Schulbuch überhaupt in die Hand nehmen. Das *motivationsstarke Angebot im Innern des Buches* muss aber auch das halten, was die Fassade verspricht! Motivierende Einstiegsseiten, ein schülergemäßes Angebot an vielschichtigen Materialien, Hinweise zum Einbezug der eigenen Umwelt, spielerische Elemente, Fachlich-Witziges: Das und noch vieles mehr sollte das Schulbuch enthalten, damit die Lernlust gesteigert, Neugier und Interesse geweckt werden" (Brucker 1983, S. 197).
  „Solange Schulbuchautoren es nicht verstehen oder nicht für nötig halten, das Buch für den Schüler zum Gesprächspartner zu machen und Neugier, Staunen, Begeisterung, Beziehung zum Leben, Spaß und Spannung bei ihm zu wecken, solange ignorieren sie die Gesetze der Hirnfunktionen" (Vester, in: Hacker 1980, S. 97).

- **Die Übungs- und Kontrollfunktion** des Schulbuches besteht im Wesentlichen darin, den Schülern *Lern- oder Merkhilfen* anzubieten. Dazu gehören Lerntexte, anhand deren die Schüler Erarbeitetes sich einprägen und sichern können, sowie motivierende Übungsangebote.

Ein Schulbuch, das die genannten fünf Funktionen in sich vereinigen will, muß die Eigenschaften des Arbeitsbuches im engeren Sinne mit denen des Lernbuches in sich vereinigen.

Brucker

Ergebnisse einer Befragung von Lehrkräften zur unterrichtlichen Verwendung des Schulbuches

Typ 1: „Ja, wenn ich es recht bedenke, mache ich meine Stunden so ziemlich nach dem Buch. Da finde ich Stoff und methodische Hinweise ... Das war nicht immer so: Nach der Ausbildung lief auch bei mir der Fotokopierer heiß, weil ich glaubte ohne Buch unterrichten zu können, wie ich es gelernt hatte ... so von einem didaktischen ‚Highlight' zum anderen. Aber mal abgesehen von dem Zeitaufwand führte das bei den Schülern zu einer heillosen Zettelwirtschaft ... Und Sie wissen ja, das Abschreiben von der Tafel ist so eine Sache: Da wird falsch abgeschrieben, mal fehlt ein Schüler, dann geht ein Heft verloren, am Ende bleibt nichts ..."
Typ 2: „Also, ich muss schon sagen: Unterricht ohne Buch ist wie Schule ohne Unterricht. Ich stülpe das Buch den Schülern aber nicht über. Jede Klasse ist anders und deshalb gehe ich die Themen auch immer wieder anders an, selbst in Parallelklassen. In das Material des Buches ‚schließe' ich meine eigenen Medien ein, vor allem modernere als die, die Bücher oft anbieten, je nach Situation ..."
Typ 3: „Ich habe selbst einmal an einem Buch gearbeitet, das dann aber nicht erschien. Das war eher eine Materialsammlung. Der Lehrer musste Tabellen, Statistiken usw. selbst aussuchen und zusammenstellen. Und ich muss sagen, nach diesem Konzept unterrichte ich auch heute noch. Mit einem einzelnen Buch kann ich wenig anfangen. Die Bücher werden geschrieben und dann wird eine Generation danach unterrichtet ... Aus meinen Schulbuchsammlungen übernehme ich nur eher konstante Sachverhalte, die ich dann im Unterricht verarbeite."
Thöneböhn: „Die befragten Lehrer äußerten zum Teil sehr genaue Vorstellungen zu einem Geographiebuchtyp, der ihren Vorstellungen am nächsten kommen würde. Als Vision zeichnete sich ein Konzept ab, das die Merkmale eines Arbeits- und Lernbuchs, Möglichkeiten exemplarischen und orientierenden Arbeitens, induktiven und deduktiven Vorgehens verbindet ... Die größere Zahl der Befragten ließ ... durchblicken, dass die Geographiebücher der neuen Generation ihren Vorstellungen am nächsten kommen".

(aus: Thöneböhn 1990, S. 4/5 u. 9)

Typologie der Schulbuchverwendung

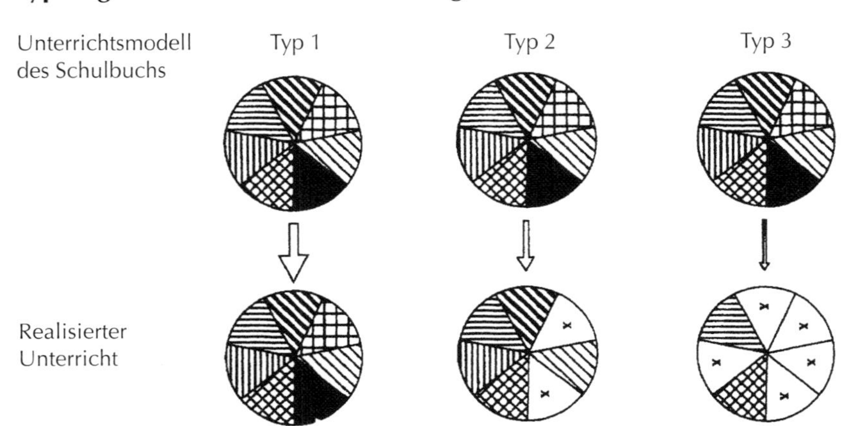

Die Kreissektoren symbolisieren die zu einem Thema des Buches angebotenen Materialien und ihre unterrichtsmethodische Struktur (das Symbol „x" steht für buchfremdes Material). Die Pfeile verweisen auf den Ausprägungsgrad der Übernahme von Materialien des Buchs in den Unterricht.

8.6.4 Arbeitsheft – Arbeitsblatt – Informationsblatt

Als Arbeitsheft bezeichnet man eine *Sammlung von Blättern* in gebundener Form (Heft) oder in loser Form (Ordner), die der Erarbeitung, Gestaltung, Sicherung und Übung von Lernstoff in reproduktiver und produktiver Weise dienen. Im Arbeitsheft werden die Ergebnisse, die während des Unterrichts schriftlich fixiert worden sind, vom Schüler festgehalten: Skizzen, Merkbilder, Merksätze, Tabellen usw. (vgl. Sperling 1978).
Dem Schüler soll hierdurch die Wiederholung des Lerninhalts erleichtert werden. Auch die Fertigung von schriftlichen *Hausaufgaben* erfolgt im Arbeitsheft, z. B. die Beschriftung von stummen Karten.
Der Lehrer überwacht die *Führung des Arbeitsheftes;* es sind also periodische Überprüfungen notwendig. Was die Ausgestaltung des Heftes durch die Schüler anhand von zusätzlichen Eintragungen, Einkleben von Bildern und Zeitungsartikeln betrifft, so sollten die Schüler nicht zu sehr reglementiert werden.

Das Arbeitsblatt ist ein *strukturiertes Hilfsmittel* für die Eigentätigkeit des Schülers, das durch seine Informationen, die Aufgabenstellungen und die Freiräume einen relativ engen Arbeitsrahmen vorgibt und bei gelungener Gestaltung die optische Einprägung der Arbeitsergebnisse fördert. Sein Einsatz bietet sich insbesondere dann an, wenn im Unterricht Versuche durchgeführt und Medien eingesetzt werden, die ausschließlich im Klassenzimmer reproduziert werden können, wie Schulfunk, Filme, Transparente. Parallel zu Schulbüchern erschienene Arbeitsblätter dienen der schriftlichen *Ergebnissicherung* der im Schulbuch gestellten Aufgaben.
Arbeitsblätter können je nach ihrer Gestaltung für den Klassenunterricht (alle Schüler füllen gemeinsam den Arbeitsbogen aus), für die Stillarbeit oder für die Hausarbeit geeignet sein. Werden sie zur Übung oder vertiefenden Wiederholung eingesetzt, so sollten die Aufgaben zu seiner selbstständigen Arbeitsleistung motivieren, indem sie – zusammen mit dem Informationsmaterial – eine neue Lernsituation schaffen. Sie können zur Steigerung der Schüleraktivität beitragen.
Arbeitsblätter können in ihrer Materialvorgabe sowie in der Aufgabenstellung so gestaltet sein, dass sie als *informelle Tests* eingesetzt werden.

Geographische Rätsel können Gestaltungsteile von Arbeitsblättern sein. Als Rätselblätter stellen sie eine *Sonderform des Arbeitsblattes* dar. Da die meisten von ihnen kaum ohne Atlas gelöst werden können, besteht durch den Einsatz der Rätsel – vor allem im Rahmen der Hausarbeit – der direkte, aber nur indirekt empfundene Zwang den Atlas aufzuschlagen. Auch im Rahmen des herkömmlichen Unterrichts dienen sie der Auflockerung: sie unterstützen die Freiarbeit, etwa zur Ergänzung einer Station (der Kontrollstation) bei Lernzirkeln. Die Freude am Lösen der geographischen Rätsel ist wichtiger als der pädagogische Zeigefinger (vgl. Brucker 1997, S. 37).

Das Informationsblatt enthält im Unterschied zum Arbeitsblatt keine erschließenden Arbeitsaufträge und Freiräume zur Bearbeitung. Es enthält folglich Texte unterschiedlicher Art, z. B. Zeitungsartikel, Auszüge aus literarischen oder wissenschaftlichen Werken, Anzeigen, Urkunden, Schilderungen oder sonstige Informationstexte aus der Feder des Lehrers. Dazu kommen Tabellen, Diagramme, Schaubilder, Kartenskizzen, wie sie der Atlas selbst nicht enthält, ja sogar Bilder.
Informationsblätter können als informative Medien in Einzel-, Partner- oder Gruppenarbeit, aber auch im Klassenunterricht ausgewertet werden. *Brucker*

Beispiel für ein motivierendes Arbeitsblatt

Die indische Rätselschlange

Name: Klasse: Datum:

Zur Lösung des Rätsels musst du am Kopf der Schlange beginnen und dann im Uhrzeigersinn die gesuchten Wörter eintragen. Der letzte Buchstabe eines jeden gesuchten Wortes ist der erste Buchstabe des folgenden. Wenn du die bezifferten Buchstaben in die Kästchen unten einträgst, nennen sie dir die Namen der indischen Kasten sowie die Namen zweier bedeutender indischer Staatsmänner.

Von innen nach außen:

P Fünfstromland im Nordwesten
B Staat in Vorderindien (in manchen Atlanten sch = sh)
H Religion, der die meisten Inder anhängen
S Elendsviertel
M Jahreszeitlich wechselnder Wind
N Staat in Vorderindien
L Millionenstadt im Norden Pakistans
E Höchster Berg der Erde, ohne „Mount“
T Indischer Bundesstaat im Südosten (I = Y)
U Großstadt im Bundesstaat Rajasthan (I = Y)
R Indischer Bundesstaat im Nordwesten (in manchen Atlanten th = t)
N Indischer Fluss, der in das Arabische Meer mündet
A Millionenstadt, 450 km nördlich von Bombay gelegen
D Hauptstadt Indiens, ohne „Neu“
I Hauptstadt Pakistans
D Hochland, das den größten Teil der vorderindischen Halbinsel einnimmt
N Millionenstadt an der Eisenbahnstrecke Bombay – Kalkutta
R Großstadt im Norden Pakistans, nahe der Hauptstadt
I Größter Staat Vorderindiens
N Indischer Bundesstaat im Nordosten
D Hauptstadt von Bangladesch
A Indischer Bundesstaat im Nordosten
M Inselgruppe im Indischen Ozean
N Zu Indien gehörende Inselgruppe im Golf von Bengalen
N „Schicksalsberg der Deutschen“ im westlichen Himalaya (8126 m)
T Wüste im Nordwesten
R Industriestadt im Bundesstaat Orissa
A Zu Indien gehörende Inselgruppe im Golf von Bengalen

1	2	3	4	5	6	7	8	9
10	11	12	13	14	15 R	16	17	18
19	20	21	22	23	24	25	26	
27	28	29	30	31 R	32	33 S		

Zweimalgeborene – Kasten

34	35	36	37	38	39

Kastenlose

40	41	42	43	44 H	45

46 N	47	48	49	50

(Brucker, aus: Globus 3, R. Oldenbourg Verlag, 1997, S. 49)

8.6.5 Schulfunk

Der klassische Schulfunk hat sich mittlerweile zum Bildungsfunk sowohl für Schüler als auch für Erwachsene fortentwickelt und ist damit viel attraktiver und erfolgreicher geworden.

Die Erziehung zur kritischen Analyse einer Sendung kann in der Regel auf dem Bedürfnis der Schüler aufbauen, Gefallen oder Missfallen häufig schon während der Sendung zum Ausdruck zu bringen. Die *Kritik* sollte in einem anschließenden Gespräch rational begründet werden. Spätestens in der Sekundarstufe I ist es angebracht, sowohl den Inhalt als auch die formale Darstellung einer Sendung einer kritischen Würdigung zu unterziehen. Widersprechende Aussagen und Meinungen im Klassengespräch zwingen zur Verifizierung bzw. Falsifizierung durch die Sendung und damit zum genauen Zuhören. Da 85% der Menschen visuell veranlagt sind, aber nur 15% auditiv, will das Hören gelernt sein.
Gerade in unserem einerseits von Lärm erfüllten, andererseits visuellen Zeitalter ist es unbedingt erforderlich, in der Schule ein *Trainingsfeld für genaues Zuhören* zu schaffen. Bei einem zweimaligen Hören einer Sendung können in Gruppenarbeit einzelne Personen, Gegenstände, Themen usw. aufgelistet und die Sendezeit, die für sie verwandt wurde, gestoppt werden. Das Ergebnis gibt häufig interessante Hinweise auf die Wertungen der Sendung.
Nach einem ausgedehnten Analysegespräch könnten die Schüler eine eigene Fassung auf Band aufnehmen um die erste offizielle Fassung zu verbessern oder Manipulationsmöglichkeiten zu erproben, zu erleben und zu bewerten.
Eine *kritische Analyse* des Hörfunks ist nur mithilfe anderer offizieller Quellen sachgerecht zu lösen. Er ist eines der mächtigsten Massenmedien, das trotz des Fernsehens einen großen Einfluss ausübt. Selbst wenn es den Schulfunk nicht gäbe, müsste die Schule mithelfen, Qualifikationen zum richtigen Hören des Rundfunks, d. h. aber auch zur sachlichen Hinterfragung der Sendungen zu entwickeln.

Verbale Strategien. Der *Schulfunk* vermag verbale und soziale Strategien zu verdeutlichen, die von Interessen getragene, räumliche und damit auch soziale Veränderungen schaffen. Der Schulfunk muss nicht wie das Rollen- und Planspiel in der Schule zur Simulation greifen, sondern kann *reale Entscheidungsprozesse* amtlicher und nicht amtlicher Gremien (Stadtrat, Planungsbehörde, Bürgerversammlung ...) erfassen und dem Schüler nahe bringen. Die Ergebnisse der räumlichen Entscheidungen müssen allerdings visualisiert werden. Der Geographieunterricht kann nicht auf das Medium Bild verzichten. Die Aufnahme und Wiedergabe eines Entscheidungsprozesses durch ein akustisches Medium unter ausdrücklichem Verzicht auf eine Visualisierung lässt erwarten, dass die volle Aufmerksamkeit auf die verbalen Interaktionen der Gruppen und deren Lösungsstrategien gelenkt wird. Der Schüler wird erkennen können, dass Raumentscheidungen oft Konflikte mit sich bringen und Gruppen- bzw. Wertentscheidungen darstellen.

Wirkungsweisen. Die negativen Wirkungsweisen (Reizüberflutung, passives Lernverhalten, Konformismus, Manipulation, Flüchtigkeit ...) und die positiven Wirkungsweisen (Aktualität, Erlebnis, Information ...) gelten sowohl für den allgemeinen Hörfunk als auch für den Schulfunk. Der Lehrer muss sich bewusst sein, dass nicht der Schulfunk, sondern das tägliche Radiohören den Schüler mehr tangiert und dass daraus die pädagogische Folgerung zu ziehen ist, dass die Schule und damit auch der Geographieunterricht nicht nur den Schulfunk zu nutzen hat, sondern auch die allgemeinen Sendungen analysieren und kritisch hinterfragen sollte.
(Shell 1995, Stonjek 1978, Stonjek [Hrsg.] 1985, WDR [Hrsg.] 1995) *Haubrich*

Formen von Schulfunksendungen

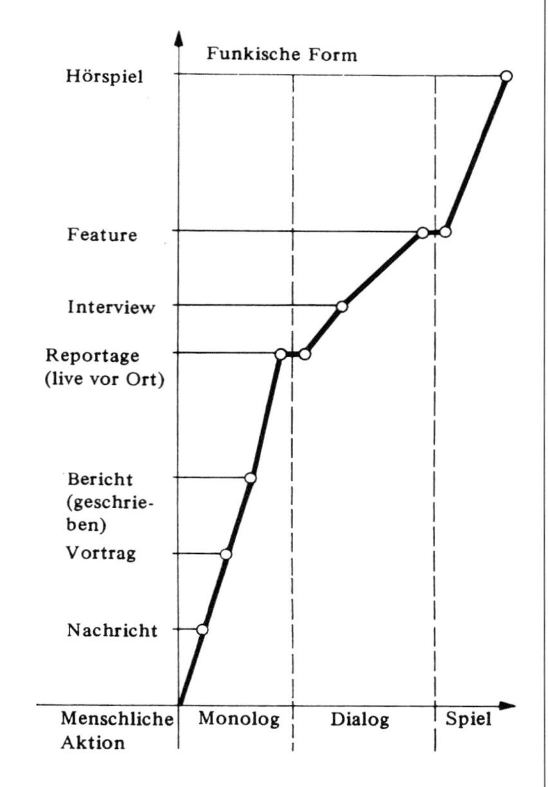

Eine Reportage führt immer in eine Situation „vor Ort" in Form einer sog. „Einblendung". Vor Ort werden Beobachtungen verbalisiert und Interviews durchgeführt. Der Erzähler im Studio hat auch die gleiche Stimme wie der Reporter vor Ort. Reportagen haftet immer etwas Dokumentarisches an. Dieser dokumentarische Eindruck wird noch weiter gesteigert durch den Dialog mit einem Fachmann. Diesem Experten fällt es jedoch in der Regel schwer, eine kindgemäße Sprache zu führen. In einer Reportage wechseln also Erzählung, Beschreibung, Interview usw.

Das Feature benutzt alle möglichen funkischen Mittel in verschiedener Kombination zur Informationsvermittlung.

Das Reportagefeature ist eine Sonderform, in der Erzähler – Einblendung – Erzähler ... usw. abwechseln. Andere Sprecher kommen hinzu, andere Mittel werden zusätzlich eingesetzt.

Das Sachfeature ist eine reine Studioaufnahme, in der keine Originaltöne, außer vom Band eingespielte Geräusche, vorkommen. Ein Vorgang wird dabei sachlich dargestellt, aber durch die im Tempo ständig wechselnden und sich ablösenden Sprechertexte kommt ein mitreißendes Tempo heraus, das zum Zuhören zwingt, weil es Spannung erzeugt.

Beim Hörspiel handelt es sich um ein hörbar gemachtes Spiel. Spiel setzt Fantasie voraus und diese ist für das Sich-hinein-Versetzen in Handlungsabläufe oder gar handelnde Figuren unerlässlich. Das Hörspiel ist auch diejenige Funkform, die am meisten die Emotionen anheizen kann. Hier wird das Miterleben durch die Spielhandlung unmittelbar gefordert.

Eine Sonderform des Schulfunks ist die Diskussionssendung. Es werden Meinungen von verschiedenen Personen an verschiedenen Orten gesammelt und zusammengeschnitten. Verbindende Sprecher fassen sie dann zusammen oder ziehen ein Fazit des Gesagten. Ziel dieser Spezialform ist es, Anregungen und Argumente für die Diskussionen in der Klasse zu liefern. Die Klasse soll Meinungen und Ansichten von Experten beurteilen und sich eine eigene Meinung bilden.

8.7 Die Zeichnung

8.7.1 Das Merkbild (Tafelbild)

„Merkbilder steigern die Lernfreude, stützen das einsichtige Lernen, enthalten signifikante Anschauungshilfen, steigern die Behaltensleistung. Merkbilder erleichtern das Lernen!“ (Barth/Brucker 1992, S. 5)

Das Merkbild ist die während des Unterrichts entwickelte, strukturierte Darstellung von merkenswerten Ergebnissen; es bildet *geographische Sachverhalte* in übersichtlicher Weise und vereinfacht ab und besteht aus grafischen, textlichen oder Zahlenelementen, die zu einem übersichtlichen Ganzen gestaltet sind; es erleichtert den Schülern das Erfassen und Einprägen des Wesentlichen (vgl. Barth/Brucker 1992).

Zielsetzungen der Arbeit an der Tafel (aus: Brucker, in: Brucker [Hrsg.] 1988, S. 4):
- Wesentliche Inhalte des Unterrichts werden an der Tafel in einprägsamer Form festgehalten. Durch seine Struktur erschließende Funktion verdeutlicht das *Merkbild* dem Schüler Zusammenhänge und erleichtert ihm das Erlernen des Stoffes.
- Das Merkbild trägt zur Vertiefung und Intensivierung des Unterrichts bei; es gibt das Ergebnis des Arbeitsunterrichts wieder, verzichtet auf das Nebensächliche und führt über die Anschauung zu einer gedanklichen Durchdringung des Wesentlichen.
- Typisch geographische Methoden der Darstellung werden dem Schüler nahe gebracht, zum Beispiel die Umsetzung von Zahlen in *Diagramme* (Kap. 8.4.2), die Entwicklung eines *Profils* (Kap. 8.7.3), die Verortung von Fakten in *Kartenskizzen.*
- Die Schüler erleben den Konstruktionsprozess des Merkbildes mit, sie können „den Erkenntnisweg motorisch und visuell mitvollziehen“ (Birkenhauer 1975, S. 96). „Schritt für Schritt werden neue Elemente erzeugt und neue Beziehungen hergestellt, die den Schülern einsichtig werden sollen. Elemente verbinden sich zu Teilstrukturen und diese wiederum zur Struktur des Ganzen“ (Buske 1984, S. 15).
- Beim selbstständigen *Zeichnen,* aber auch beim Nachvollzug eines vom Lehrer an der Tafel vorgegebenen Merkbildes sind die Schüler aktiv, indem sie schreiben, zeichnen, die Einzelelemente „in den Griff nehmen“, begreifen.

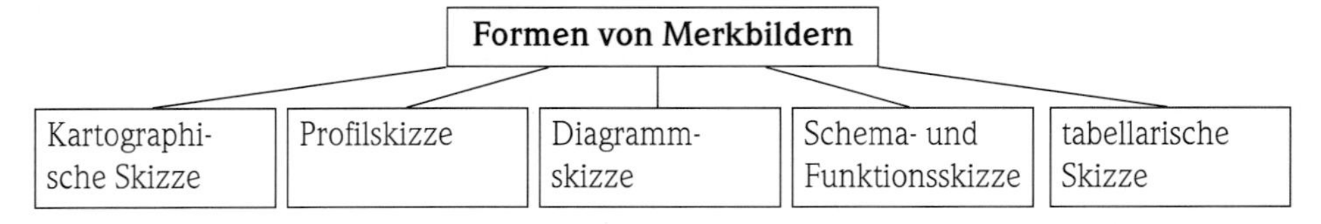

- Bei der *kartographischen Skizze* kann man zwischen der topographischen und der thematischen Skizze unterscheiden; beide generalisieren die übliche Atlaskarte mit dem Ziel dadurch einprägsame Strukturen aufzuzeigen.
- In der *Schemaskizze* werden Merkmale zu einem Unterrichtsgegenstand aufzählend gesammelt und übersichtlich festgehalten. Der Übergang zur *Funktionsskizze* ist fließend. Sie ist immer auf wesentliche Beziehungen.
- Die *tabellarische Skizze* ist ein Merkbild, das geographische Sachverhalte in Zeilen und Spalten erfasst und so Zusammenhänge und Beziehungen abbildet.
- *Kombinierte Merkbilder* stellen eine logisch-harmonische Kombination von Einzelelementen dar, die zu einem abgerundeten Ganzen gefügt werden.

(vgl. Barth/Brucker 1992)

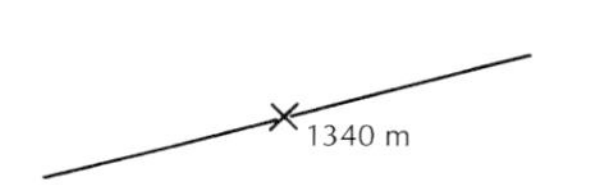

Seydlitz'scher Strich
(Kettengebirge)

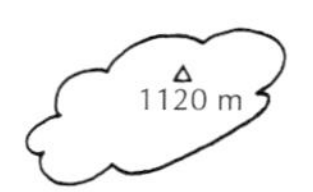

Kirchhoff'sche
Raupenmanier
(Massengebirge)

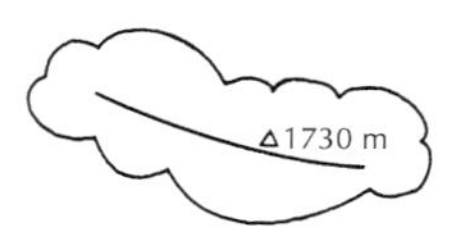

Harms'sches
Kombinationsverfahren

Zur Darstellung der Gebirge in Kartenskizzen

Hauptstadt Deutschlands
– Sitz des Bundespräsidenten – zukünftiger Sitz des Parlaments und der Regierung – Sitz ausländischer Botschaften

Stadt der Kultur und Wissenschaft
– mehrere Hochschulen und Universitäten – Theater (Staatsoper Unter den Linden), Museen (Museumsinsel) – internationale Messen und Kongresse

Beispiel für eine Schemaskizze

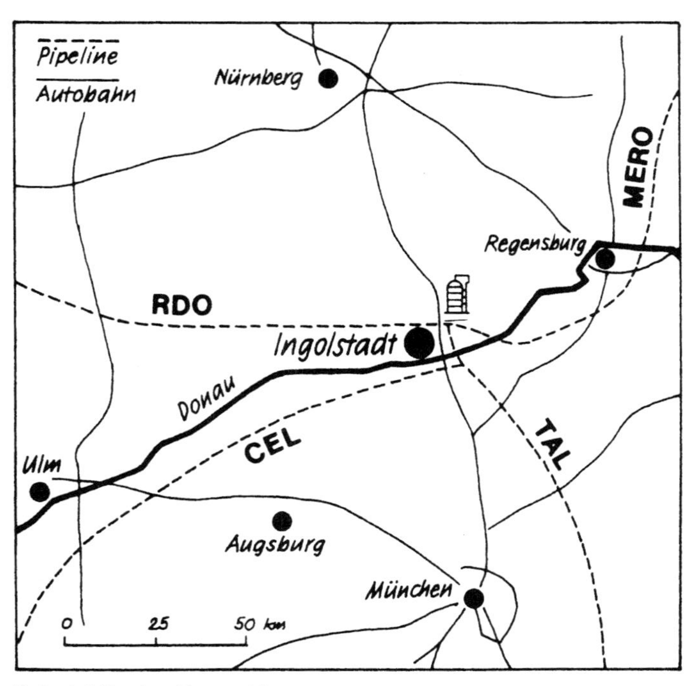

Beispiel für eine Kartenskizze

Praktische Hinweise zur Tafelarbeit (Brucker, in: Brucker [Hrsg.] 1986, S. 204):

- Geographisches Zeichnen setzt geistige Arbeit voraus. Es ist kein geistloses Kopieren von Vorlagen, sondern die kreative Gestaltung von erarbeiteten Unterrichtsergebnissen zu deren Strukturierung und Sicherung.
- Jeder Lehrer muss in der Lage sein *zeichnerisch zu gestalten,* und zwar möglichst zügig und ohne große Korrekturen. Erdkundliches Zeichnen verlangt keine Kunstfertigkeit, sondern ist etwas handwerklich Erlernbares.
- Während der Arbeit an der Tafel sollte der Lehrer immer wieder einmal bis in die letzte Bankreihe zurücktreten um seine Eintragungen an der Tafel auf *Lesbarkeit, Fehlerlosigkeit und Übersichtlichkeit* zu überprüfen und die Einträge der Schüler in das Arbeitsheft zu kontrollieren.
- Das *Merkbild* sollte so entwickelt werden, dass es von den Schülern in *Anordnung und Format ohne weiteres ins Heft übernommen* werden kann. Gegebenenfalls sind vor Beginn der Zeichnung oder Skizze den Schülern entsprechende Hinweise zu geben.
- Was an der Tafel ohne Schwierigkeiten entwickelt werden kann, sollte nicht am *Tageslichtprojektor* geschrieben oder gezeichnet werden. Der Tageslichtprojektor „lebt vom Ausschalten". Die hell erleuchtete Projektionsfläche des Tageslichtprojektors übt eine Signalwirkung auf die Schüler aus und diesen Umstand gilt es mediengerecht zu nutzen! Er verpufft jedoch, wenn auf einer Leerfolie Eintragungen vorgenommen werden, die von den Schülern bei unterschiedlichem Schreib- und Aufnahmetempo übernommen werden müssen. Dann bleibt der Tageslichtprojektor länger angeschaltet, als es dem Fortgang des Unterrichtsgesprächs entspräche.
  Was also für einen längeren Zeitraum vor den Schülern sichtbar bleiben soll, das kann nur an der Tafel entwickelt werden!
  Die heute durchweg üblichen *Tafeln* mit Klappteilen erlauben es, das Erarbeitete bei Teilzusammenfassungen oder einer Schlusszusammenfassung zu *verdecken.*
- Jedes Merkbild sollte eine *Überschrift* tragen! Schüler und vor allem auch die Eltern tun sich wesentlich leichter mit der Zuordnung, wenn sie den Gang des Unterrichts anhand der *Hefteinträge* mitverfolgen wollen.
- Die Verwendung von *Farbkreide* führt zu einer *zusätzlichen Strukturierung* der Inhalte. Zwar wirkt die gelbe Farbe an der Tafel recht kontrastreich, doch sollte man diese Farbe nur sparsam verwenden, weil gelb im weißen Schülerheft sich nicht so kräftig von der Unterlage abhebt.
- Bei der *Beschriftung* wird jedoch dringend davon abgeraten, sie in mehreren Farben vorzunehmen, da darunter die Übersichtlichkeit einer Skizze leidet. Insgesamt ist die Beschriftung möglichst kurz zu halten und möglichst außerhalb der Skizze anzubringen.
- *Keine Skizze* darf durch Überladung mit zu vielen Einzeleinträgen *unübersichtlich* werden!
- Die *technische Handhabung der Tafelkreide* sollte jeder Lehrende unbeobachtet in Muße einmal ausprobieren – so der Rat von Achilles (1983, S. 53f.), der dazu eine Reihe von praktischen Hinweisen gibt.
- Niemals darf die Geographiestunde zur Zeichenstunde werden, in der die geplante Kartenskizze, das Funktionsschema oder das kombinierte Tafelbild den Verlauf des Unterrichts bestimmen! Vielmehr schlägt sich die *Festigung der erarbeiteten Ergebnisse* entsprechend dem Gang der Erarbeitung in der Entwicklung des Merkbildes nieder. *Brucker*

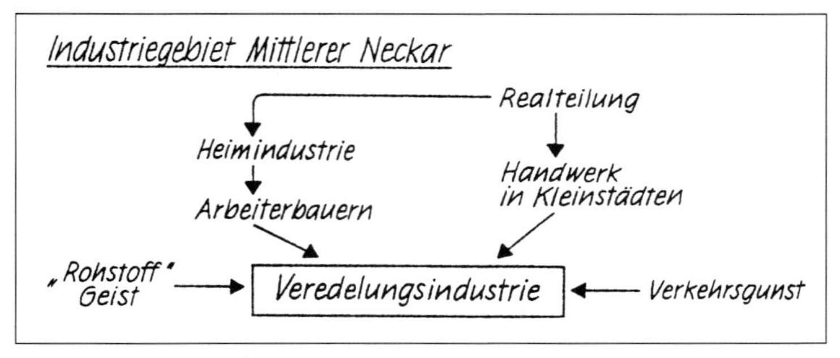

Beispiel für eine Funktionsskizze

Salz			
Entstehung	durch Verdunstung von Meerwasser in abgeschnürten Meeresbuchten		
Arten	Steinsalz	Kalisalz	Meersalz
Gewinnung	Auslaugen von Salzgestein im Bergwerk („Sole")	Trockener Abbau von Salzgestein im Bergwerk	Verdunsten von Meerwasser in flachen Becken (Salzgärten)
Verwendung	Speisesalz Viehsalz Streusalz	Düngemittel Rohstoff für chemische Industrie, Streusalz	Speisesalz

Beispiel für eine tabellarische Skizze

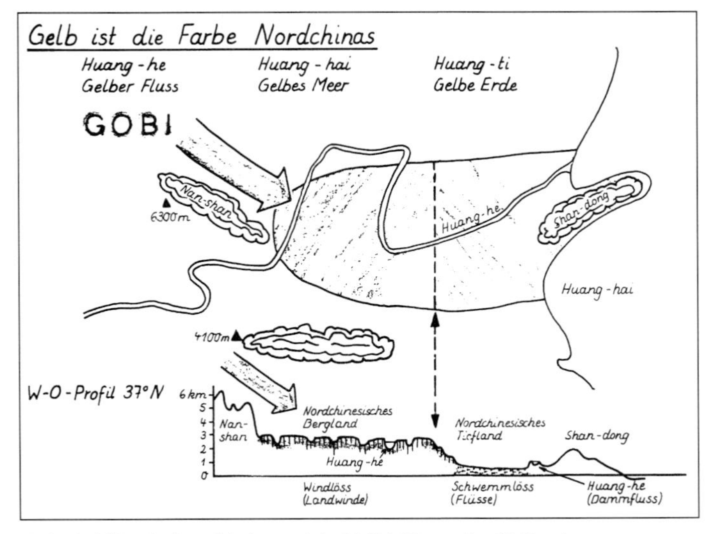

Beispiel für ein kombiniertes Merkbild (Karte-Profil-Text)

(Entwurf: alle Ambros Brucker)

8.7.2 Folie und Transparent

Der Tageslicht- oder Overheadprojektor gehört seit einiger Zeit zur Ausstattung eines jeden Unterrichtsraumes. Über ihn werden leere, durchsichtige *Folien* oder bedruckte *Transparente* in einen nicht zu verdunkelnden Raum projiziert.

„**Variabilität und Mobilität** sind medientypische Merkmale des Arbeitsprojektorbildes. Der Arbeitsprojektor ist variabel. Das betrifft sowohl die *Informationsmenge,* die z. B. durch Abdeckung reduzierbar und durch Aufleger zu vermehren ist, als auch die *Informationsgestaltung,* die mit Farbe, Raster und Strukturen geändert und beeinflusst werden kann ... Alle Informationsglieder können mobil gehalten werden" (Hübner 1975, S. 9, vgl. Peter 1980).
Das über den Arbeitsprojektor vorgestellte Bild gehört als Großbilddia zu den Stehbildern, von denen es sich aber dadurch unterscheidet, dass es als *„operationales Stehbild"* die entwickelnde Darstellung bei variablen Informationen erlaubt.

Ihrer Gestaltung nach kann man mehrere Arten von Transparenten unterscheiden:
- Das *Bildtransparent* beinhaltet ein Stehbild. Dieses kann im Gegensatz zur Projektion über den Diaprojektor „bearbeitet" werden, indem Lehrer oder Schüler bestimmte Bildelemente hervorheben, Strukturlinien nachzeichnen, Einzelobjekte beschriften.
- Das *Kartentransparent* bietet meist die Inhalte einer thematischen Karte an, aufgeschlüsselt nach einzelnen thematischen oder genetischen Aspekten.
- Das *Texttransparent* enthält meist in der Grundfolie vorgezeichnete Kästchen eines Flussdiagrammes oder einer Funktionsskizze, deren Inhalte (Begriffe, Sätze) die Deckfolie zeigt.

Die Vorzüge von Transparenten sind in Folgendem zu sehen (z. T. nach: Hübner 1975, vgl. Theißen, in: Theißen [Hrsg.] 1996):
- Die *Informationsmenge* ist variabel;
- die einzelnen *Informationsteile* werden erst dann freigegeben, wenn sie im Unterrichtsverlauf benötigt werden;
- durch *Overlays* können bestimmte Sachverhalte betont, Informationen verdichtet, Inhalte strukturiert, Vorgänge nachvollzogen werden;
- die vorgegebenen Informationen können bearbeitet werden *(Deck- oder Rollfolie),* ohne dass sie beschädigt werden.

Im Zusammenhang mit dem Einsatz von Transparenten sind „überprüfen, hinterfragen, Vorschläge machen, verändern und ergänzen Tätigkeitsbeschreibungen, die auf eine Handlungsorientierung hinweisen. Ein in diesem Sinne erfolgter Einsatz von Transparenten dient also der Handlungsorientierung und somit der Selbsttätigkeit und Selbstständigkeit der Lernenden." (Achilles/Theißen 1996, S. 5)
- Durch Einschalten des Gerätes wird eine konzentrationssteigernde *Signalwirkung* erzielt. (Voraussetzung: Es muss auch oft und immer wieder ausgeschaltet werden!)
- Durch die Projektion über Kopf bleibt der Lehrer den Schülern zugewandt.
- Da *keine Verdunkelung* notwendig ist, können die Schüler während der Präsentation und Erarbeitung mitschreiben bzw. zeichnen.

Allerdings muss auf eine besondere Schwierigkeit, die mit dem Einsatz von Transparenten verbunden ist, hingewiesen werden: Wenn von den Verlagen, die fertige Transparentsätze anbieten, keine kopierfähigen Arbeitsblätter mitgeliefert werden und dem Lehrer selbst derartige Arbeitsunterlagen nicht zur Verfügung stehen, bleiben Ergebnissicherung, Übung, Wiederholung des Erarbeiteten dürftig. *Brucker*

Zum unterrichtlichen Einsatz von Transparenten

- Unterrichtsbegleitende Arbeit auf der *Rollfolie* zur schrittweisen Entwicklung komplexer Sachverhalte. Hier ähnelt die Funktion des Arbeitsprojektors der der Wandtafel; doch unterscheidet sie sich dadurch, dass die Tafel für Informationen geeignet ist, die während der Dauer der gesamten Unterrichtsstunde präsent sein sollen – mit dem Nachteil, dass eine Aufbewahrung nicht möglich ist.

- Das *Einzeltransparent* enthält vorbereitetes bzw. vorgefertigtes Text- und Bildmaterial, das immer wieder eingesetzt werden kann. Hier ist die Möglichkeit gegeben eigene Unterrichtssequenzen ohne großen Aufwand zu programmieren und somit die Arbeit der Vorbereitung und Durchführung von Unterricht zu ökonomisieren. Die Gefahr einer für Lehrer und Schüler motivationslosen Konzeptionsstarrheit darf dabei aber nicht übersehen werden.

- Das Einzeltransparent (als Informationsträger) erfährt durch Einträge auf einer Leerfolie eine Bearbeitung im Sinne der erklärenden Deutung, der Informationsbereicherung oder -strukturierung. Dies gilt insbesondere auch für die als Großbilddias erhältlichen Luft- und Satellitenbilder.

- *Aufbautransparente* bestehen aus mehreren Einzeltransparenten und erlauben die schrittweise Entwicklung komplexer Sachverhalte: Einzelinformationen führen zur Gesamtinformation, Zusammenhänge werden sichtbar; der Schüler gelangt über die Anschauung zum Verständnis. Außerdem eignen sie sich für die Veranschaulichung von Bewegungsabläufen in einzelnen Phasen (z. B. Ablauf eines Hochwassers). Hierbei ist sogar die Erarbeitung durch Verwendung von mobilen Elementen möglich, z. B. bei Grabenbrüchen oder dem Vorgang der Schleusung.

Auch **Bewegungsabläufe und filmähnliche Effekte** lassen sich durch mobile Folien darstellen bzw. erzielen.
„Auf ein Grundtransparent, beispielsweise den Umriss von Afrika, lassen sich Transparentteile, z. B. mit Teilen der atmosphärischen Zirkulation, auflegen um die Genese der Klimazonen des Kontinents zu erarbeiten. Nun können die aufgelegten Transparentteile entsprechend dem Sonnenstand im Jahresverlauf verschoben werden und man kann so z. B. den Wechsel von Trocken- und Regenzeiten deutlich machen.
Die meisten Overheadprojektoren sind mit Rollfolien ausgerüstet oder lassen sich nachrüsten ... Man kann die Folienspulen auch rechts und links am Gerät anbringen. Legt man nun ein Grundtransparent, beispielsweise mit einem Landschaftsquerschnitt, auf und zeichnet z. B. Wolken auf die Rollfolie, dann kann man durch Auf- bzw. Abwickeln der Rollfolie die Wolken über die Landschaft des Grundtransparents hinwegziehen lassen. Zeichnet man auf die Rollfolie hintereinander die Phasen der Wolken- und Niederschlagsverhältnisse, die Warm- und Kaltluftbereiche sowie Zeit, Luftdruck- und Temperaturwerte, so lässt sich der Durchzug eines Tiefdruckgebiets simulieren. Auf diese Weise ist es möglich, bewegte Prozesse fast wie im Trickfilm darzustellen.“
(Achilles/Theißen 1996, S. 6)

8.7.3 Das Profil

„Das Profil ist ein *Vertikalschnitt* durch einen Teil der Erdoberfläche. Seine Funktion besteht in der relativ anschaulichen Kennzeichnung der Reliefverhältnisse“ (Büschenfeld 1977, S. 172). „Profile ermöglichen uns eine bessere *Überschau* über die Reliefgestaltung eines Raumes, besonders dann, wenn sie quer zu den Grundzügen des Reliefs in einem größeren Regionalausschnitt verlaufen“ (Birkenhauer 1987a, S. 3).

Formen des Profils:

- Das *Linienprofil oder Höhenprofil* gibt lediglich das Relief in vereinfachter Weise wieder. Damit betont es die typischen Merkmale; zusätzlich trägt dazu die Überhöhung bei, die um der Deutlichkeit und Betonung des Typischen willen meist notwendig und durchaus üblich ist.
- Das *Kausalprofil* unterscheidet sich vom Höhenprofil durch zusätzliche Eintragungen, die „Beziehungen zwischen Oberflächengestalt und natur- oder menschbedingten Tatbeständen zum Ausdruck bringen“ (Büschenfeld 1977, S. 172).
- Das *synoptische Profil* stellt die Weiterentwicklung des Kausalprofils dar, indem es zusätzlich zum Kausalprofil „stichwortartige Angaben“ enthält, die „in tabellarischer Form unter der Grafik angeordnet sind“. Hierdurch wird „erheblich über den eigentlichen Profilcharakter hinausgegangen“ (Büschenfeld 1977, S. 173).
- Das *Flächenprofil* entsteht, „wenn von der Relieflinie ausgehend – mittels Parallel- oder Zentralperspektive – die Erdoberfläche einschließlich der ihr aufsitzenden geographischen Erscheinungen dargestellt wird ... In der Regel erfasst dieser Typ vergleichsweise weiträumige Erdausschnitte“ (Büschenfeld 1977, S. 173).
- Das *Blockprofil* (Blockbild) „geht über das Flächenprofil insofern hinaus, als es außer dem Längsprofil und der Reliefoberfläche auch das Querprofil erfasst, also alle Dimensionen eines Raumauschnittes darstellt. Dazu bedarf es der Zentralperspektive oder der Parallelperspektive“ (Büschenfeld 1977, S. 173).
- Das *kombinierte Profil* besteht aus mehreren einander zugeordneten Darstellungen, von denen mindestens eine ein Linienprofil ist. Zumeist ist dieses Linien- oder Höhenprofil kombiniert mit Kurven- und/oder Streifendiagrammen. Hierdurch sollen vielfältige Verflechtungen in einem Raum veranschaulicht werden.

Für das kombinierte Profil gilt – ebenso wie für die meisten andere Profilarten –, dass seine Entwicklung vor den Augen der Schüler und/oder in Erarbeitung durch die Schüler einprägsamer ist als die Präsentation der „fertigen“ Profile.

Der Wert der Erarbeitung von kausalen Landschaftszusammenhängen im Profil (nach: Birkenhauer 1987a, S. 19):

- Erarbeiten des Hintergrundes der regionalen Vielfalt.
- Erkennen einer Vielzahl regelhafter Zusammenhänge (übertragbare Regeln).
- Entdecken des Zeigerwertes von Gefällen, Gradienten.
- Erarbeiten von *Kausalprofilen* bzw. landschaftlichen Synopsen.
- Umgehen mit einer Vielzahl thematischer Karten.
- Sinnvoller Umgang mit Landschaftsfotos.
- Grundlagen einer sinnvollen *räumlichen Strukturanalyse* sowie des dafür notwendigen und leicht zugänglichen Instrumentariums.
- Ordnen der den Karten aufgrund von Leitfragen zu entnehmenden Aussagen mithilfe eines synoptischen Profils.

Brucker

Wir zeichnen ein Profil

1. Wir schneiden einen Streifen Papier aus, den wir an der gewünschten Profillinie A – B anlegen. Darauf tragen wir die Schnittpunkte der Höhenlinien ein.

2. Auf Millimeterpapier zeichnen wir eine waagerechte und eine senkrechte Maßstabsleiste.

3. Unter die waagerechte Maßstabsleiste legen wir unseren Papierstreifen mit den Schnittlinien und den Höhenangaben. Dann übertragen wir die Höhenangaben auf das Millimeterpapier.

4. Wenn wir die eingezeichneten Punkte miteinander verbinden, erhalten wir eine Profillinie.

5. Um die Oberflächenformen noch mehr zu betonen, kann man ein Profil auch überhöhen. Dazu wird der Höhenmaßstab gegenüber dem Längenmaßstab vergrößert.

6. Auf der Profillinie lassen sich nun zusätzliche Eintragungen vornehmen, zum Beispiel zur Bodenbedeckung oder zu den Verkehrswegen oder den Siedlungen. Ein solches Profil, das die Abhängigkeit der Pflanzen oder der Siedlungslage oder der Verkehrsführung von der Oberflächenform wiedergibt, nennen wir Kausalprofil.

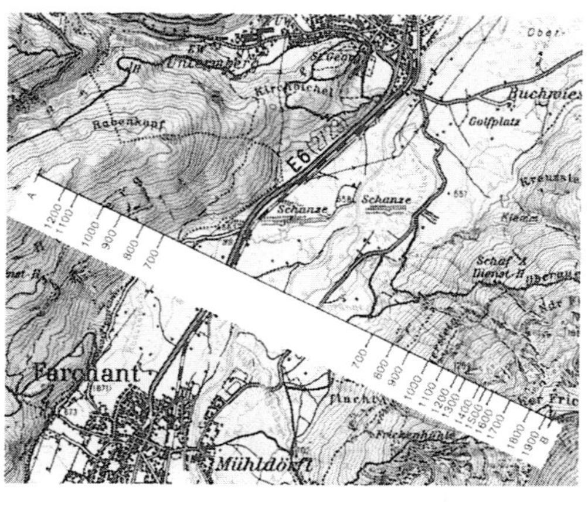

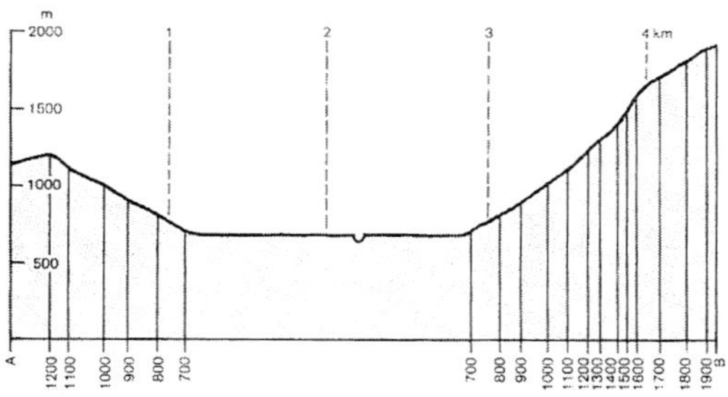

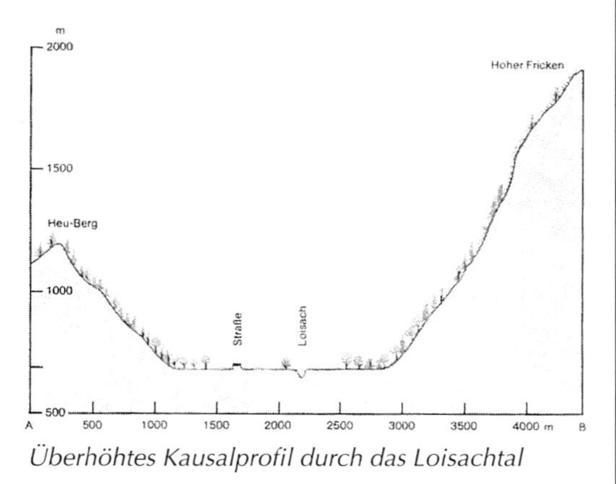

Überhöhtes Kausalprofil durch das Loisachtal

(Oldenbourg Erdkunde Gymnasium 5. Schuljahr, München 1995, S. 85)

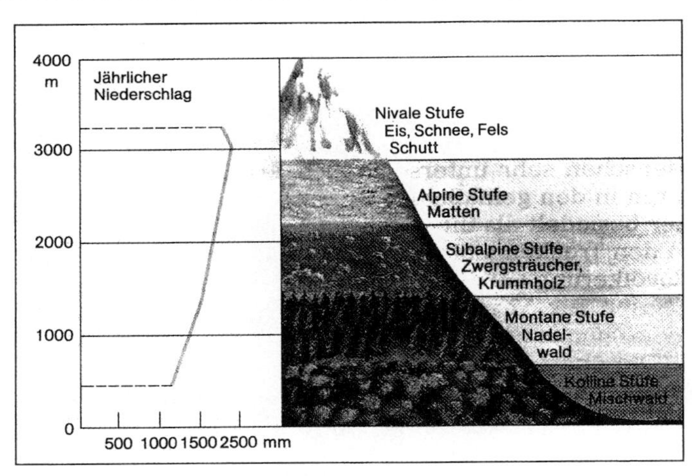

Kausalprofil und kombiniertes Profil:
Höhenstufen der Vegetation in den nördlichen Alpen

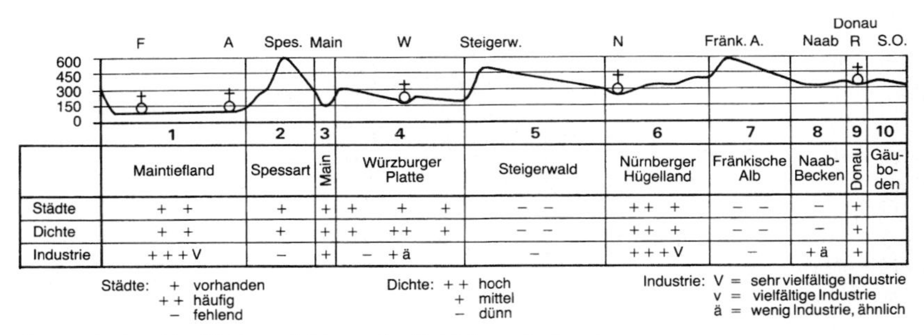

	1	2	3	4	5	6	7	8	9	10
	Maintiefland	Spessart	Main	Würzburger Platte	Steigerwald	Nürnberger Hügelland	Fränkische Alb	Naab-Becken	Donau	Gäu-boden
Städte	+ +	+	+	+ + +	– –	+ + +	– –	–	+	
Dichte	+ +	+	+	+ + + +	– –	+ + +	– –	–	+	
Industrie	+ + + V	–	+	– + ä	–	+ + + V	–	+ ä	+	

Synoptisches Profil: Das süddeutsche Schichtstufenland

(Birkenhauer 1987a, S. 8)

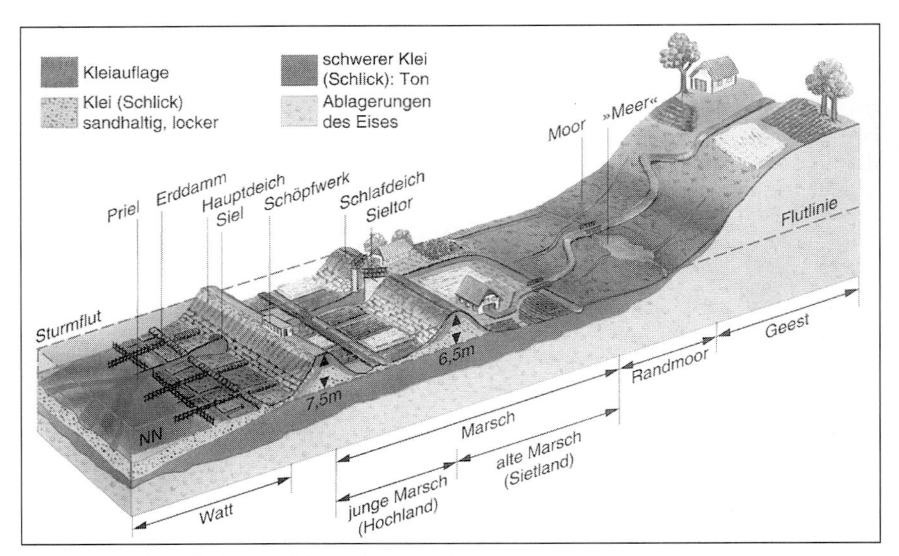

Flächenprofil durch die norddeutsche Marsch

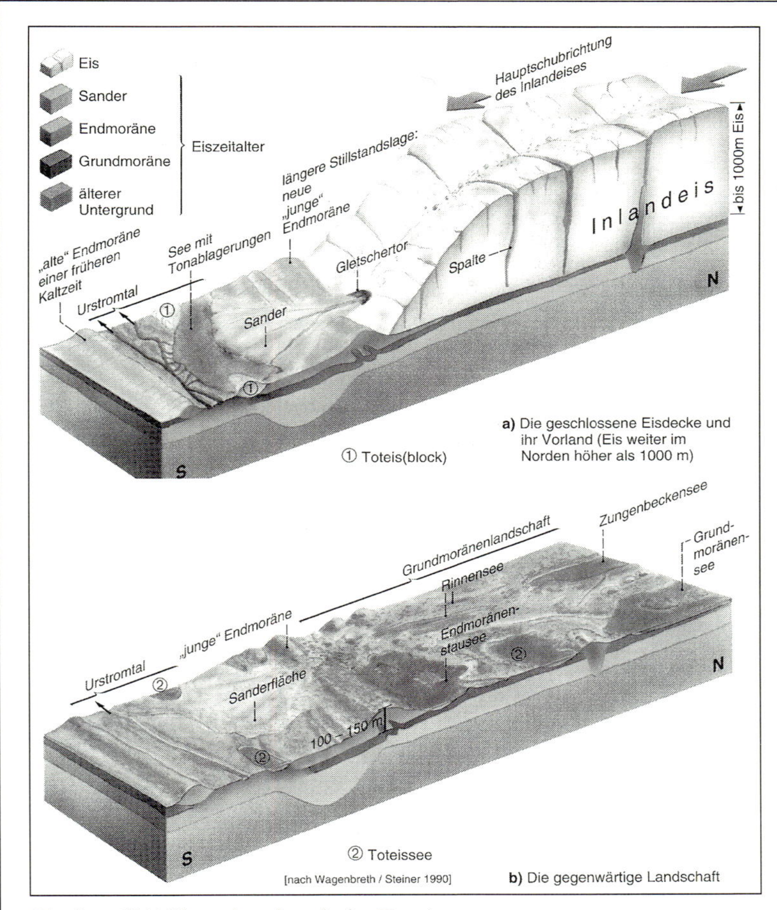

Blockprofil: Während und nach der Eiszeit

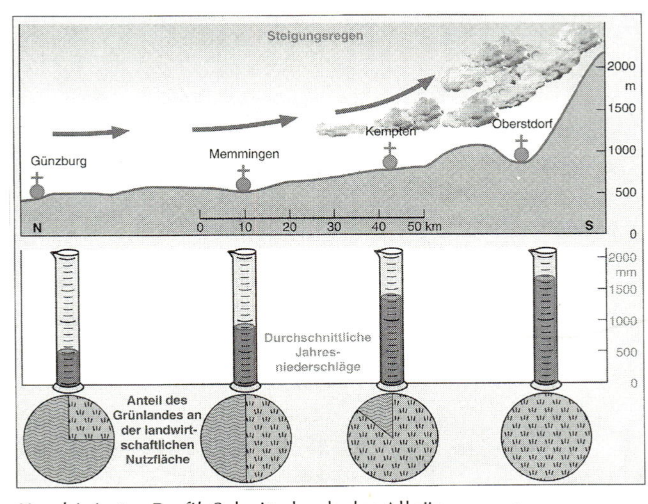

Kombiniertes Profil: Schnitt durch das Allgäu

8.8 Die dreidimensionale Darstellung

8.8.1 Der Sandkasten

Der *Sandkasten* ist ein in den Siebzigerjahren wiederentdecktes *Medium zum Modellieren von Landschaften,* zur dreidimensionalen Umsetzung von Bildinhalten, zur Verwirklichung geographischer und sozialer Zielsetzungen im Unterricht. Diese Wiederentdeckung hängt ursächlich zusammen mit der Entwicklung moderner Sandkästen.

„Wer jemals den *Sandkasten als Unterrichtsmedium* einsetzte, wird bestätigen, dass viel mehr Technik zu seiner Beherrschung nötig ist als etwa bei der Bedienung eines Filmprojektors. Ist man Anhänger der Meinung, Schule solle unter anderem den Schülern auch Freude bereiten, muss man überlegen, was Kinder im täglichen außerschulischen Leben gerne tun. Hierzu gehört zweifellos das Spiel im Sandkasten ... Im Sandkasten ahmen die Kinder die Welt der Erwachsenen nach. Gleichzeitig bilden sie jedoch auch ihre eigene Vorstellungswelt ab, was Fantasie und Kreativität schult. Sand oder das neuere Formmaterial erfüllen den Willen der Kinder dabei weitgehend. Diese Materialien lassen sich formen, klopfen, schieben, schneiden und drücken. Misserfolge, die als Merkmal des Spiels ebenso wichtig sind wie Erfolge, bleiben als wichtige erzieherische Funktion zu nichtspielerischen Lebensbezügen nicht aus, wenn zum Beispiel das Wunschdenken des spielenden Kindes an die Grenzen der Formbarkeit, der verfügbaren Materialmenge oder der andersartigen Wunschvorstellungen von Mitspielern stößt" (Reinhardt 1986, S. 325 ff.).

Als lernpsychologische Vorzüge der Sandkastenarbeit werden genannt (z. T. nach: Schmidtke 1977, S. 294 f.):

- Durch die Arbeit im Sandkasten wird der Spieltrieb der Kinder genutzt;
- die Dreidimensionalität der Darstellung im Sandkasten führt zu einem hohen Anschaulichkeitsgrad;
- im Zusammenwirken visueller, sensorischer und motorischer Wahrnehmungen liegt der hohe inhaltliche Wert gestalterischer Sandkastenarbeit;
- die Beobachtungsfähigkeit der Schüler wird geschärft, weil der Schüler zur Genauigkeit der Beobachtung gezwungen ist;
- für intellektuell benachteiligte Kinder kann sich in der Sandkastenarbeit ein ausgleichendes Betätigungs- und Bestätigungsfeld eröffnen;
- soziales Verhalten kann bei gemeinsamer Tätigkeit am Sandkasten geübt werden, ebenso die Fähigkeit zur Kommunikation;
- individuelles und gemeinschaftliches Handeln und Gestalten werden ermöglicht.

Möglichkeiten der Sandkastenarbeit

Einführung in das Kartenverständnis: Von einer Vielzahl von Autoren ist die Bedeutung der Sandkastenarbeit für das Kartenverständnis betont worden; Reinhardt (1980, S. 32 f.) lässt von den Schülern ein *Schrägluftbild* im Sandkasten plastisch modellieren; anschließend können wesentliche Gestaltelemente des Raumes auf einem Plexiglasdeckel mit abwaschbaren Filzstiften gezeichnet und beschriftet werden: Aus der bildhaft übermittelten Wirklichkeit ist die gedachte, nachgeformte Wirklichkeit im Sandkasten entstanden und daraus ist die abstrakte *Kartenskizze* entwickelt worden: das Kartenbild als verebnetes „Abbild". Reimitz (1994) berichtet über die Einführung der Höhenlinien mit dem Sandkasten.

Erfassen räumlicher Gestalten: Als Beispiele seien genannt Trogtal, Drumlin, Gleit- und Prallhang, Mäander, Umlaufberg, Deich, Terrassen. *Brucker*

Ausstattung eines modernen Sandkastens

- Durchsichtige, tragbare Acrylglaswanne, Größe ca. 130 x 110 cm;
- 4–8 Gruppenkästen, mindestens 63 x 63 cm;
- Plexiglasdeckel;
- Xyloformfüllmasse;
- Formschaufel, Formhaut, Sieb, Bestreuungsfarben, Filzschreiber;
- Zusatzmaterialien: Bleibänder für Straßen, Flüsse, Eisenbahnen; Holzhäuschen, Bäume, Autos usw.

Experimente im Sandkasten

„Steht ein wasserdichter Sandkasten zur Verfügung und scheut man den größeren Aufwand mit dem gewöhnlichen Quarzsand nicht, können einfache Experimente zur Erosion und Denudation durchgeführt werden. Grassoden als vor linien- und flächenhafter Abtragung schützende Vegetation werden über ein Sandrelief gelegt. Die Gießkanne und der Haarföhn fungieren als Regen- und Windmaschinen. Das grasbedeckte Sandrelief wird kaum oder gar nicht abgetragen. Ohne diese Schutzdecke ist das Relief bald zerstört. Eindringlicher und zutreffender kann Umweltgefährdung durch Bodenabtragung im Klassenraum kaum gezeigt werden. Das Experiment kann natürlich auch in der Sprunggrube des Schulsportplatzes durchgeführt werden, wobei die tatsächlichen natürlichen Witterungsverhältnisse Föhn und Gießkanne bisweilen überflüssig machen“ (Reinhardt 1986, S. 331 f.).

8.8.2 Globus – Tellurium – Planetarium

Der Globus allein stellt die Erdoberfläche verzerrungsfrei dar. Er ist das einzige form-, längen-, flächen- und winkeltreue Abbild der Erde. Man kann unterscheiden

- den *armierten Globus* mit starrer Erdachse,
- den *Rollglobus,* der ohne starre Erdachse, also frei beweglich ist,
- den *Demonstrationsglobus* mit einem Durchmesser ab etwa 30 cm und den *Handglobus* (für die Hand des Schülers),
- den *thematischen Globus* und den *stummen Globus* (= *Induktionsglobus*) ohne Kartenbild sowie den *Arbeitsglobus,* wie der stumme Globus mit Kreide beschriftbar (aufblasbar, aus Gummi, Durchmesser 70 bis 80 cm).

Ferner sind zu nennen der *physische Globus,* der *politische Globus,* der *Duo-Leuchtglobus,* bei dem durch Ein- und Ausschalten einer Lampe abwechselnd die physischen oder politischen Gegebenheiten sichtbar werden. Der *Klimaglobus* zeigt die Gliederung der Erde in verschiedene Klimazonen. Der *Reliefglobus* stellt die Gebirgszüge in starker Überhöhung heraus. *Styroporgloben* können von Schülern selbst aus Styroporkugeln entwickelt werden.

Der unterrichtliche Einsatz von Globen ist besonders bei der Behandlung folgender Sachzusammenhänge und Begriffe geboten (vgl. Geibert 1980):

1 Die Kugelgestalt der Erde, Geoid
2 Die Rotation der Erde, die Drehrichtung, Himmelsrichtungen
3 Die elementaren Folgen, die sich aus der Kugelgestalt und der Rotation ergeben
3.1 Erdkrümmung: „In Russland geht die Sonne nicht unter“.
3.2 Die Entstehung der Tageszeiten
3.3 Zeitzonen und Zeitunterschiede auf der Erde
3.4 Ortszeit und Datumsgrenze
4 Die ablenkende Kraft der Erdrotation – zu demonstrieren am Induktionsglobus
5 Orientierung auf der Erde
5.1 Das „Antlitz der Erde“: Kontinente und Ozeane, Lage und Größe
5.2 Die horizontale Gliederung der Erdoberfläche, z. B. Wasserhalbkugel
5.3 Die Lage der Heimat (einschließlich Größenverhältnissen)
5.4 Das Gradnetz der Erde als Orientierungshilfe
5.5 Globale tektonische Zusammenhänge, wie z. B. Verlauf von Gebirgszügen
6 Grundbegriffe aus der mathematischen Geographie
6.1 Rotationsachse der Erde, Nord- und Südpol, Äquator
6.2 Schiefe der Ekliptik
7 Folgen der Schiefe der Ekliptik
7.1 Entstehung der Jahreszeiten
7.2 Mathematische Klimazonen
7.3 Physische Klimazonen und Vegetationsgürtel
7.4 Atmosphärische Zirkulation
8 Grundtatsachen der Wirtschafts- und Verkehrsgeographie
8.1 Weltweite Verkehrsverbindungen, Welthandelsbeziehungen
8.2 Lage der Staaten zu den Welthandelsströmen
8.3 Künstliche und natürliche Meeresstraßen und ihre Bedeutung
9 Politische Geographie: Staaten der Erde, Bündnissysteme
10 Kartographie (Projektionsarten)

Beispiele für verschiedene Globen

Rollglobus

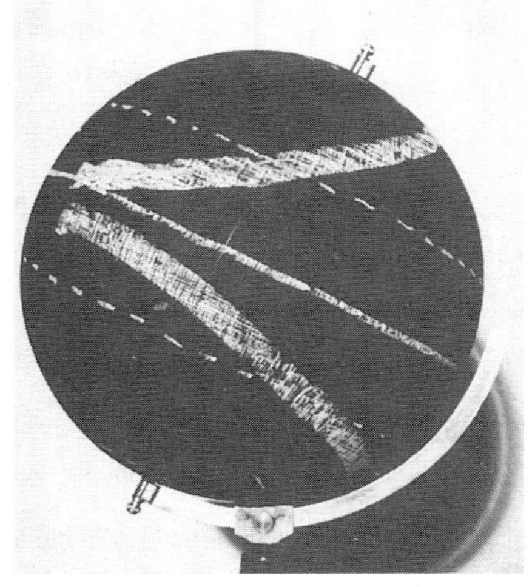

Stummer Globus: Versuch zur Corioliskraft

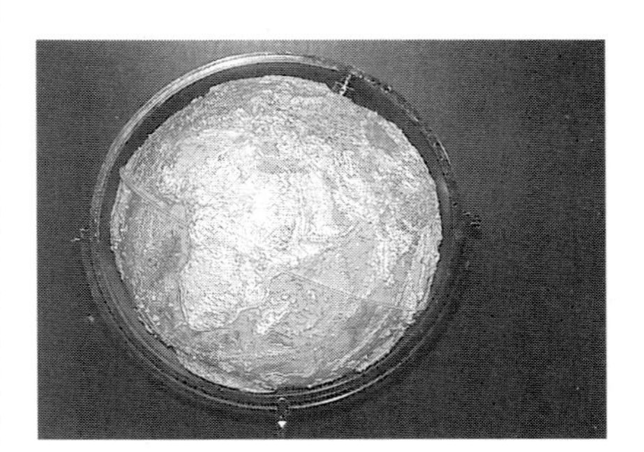

Reliefglobus

Stummer Globus ohne Gradnetz

Aufblasbarer Globus

Globussammlung

Zur unterrichtspraktischen Verwendung des stummen Globus. Anhand dieses Globus lässt sich die ablenkende Kraft der Erdumdrehung *(Corioliskraft)* sehr anschaulich demonstrieren. Man lasse den Globus langsam von Westen nach Osten rotieren: gleichzeitig zieht man mit Kreide entlang dem Haltebügel einen Strich vom Pol zum Äquator. Da sich der Globus „unter der Kreide hinweg" bewegt, wird der Kreidestrich nach rechts abgelenkt, er bleibt hinter der bewegten Erde zurück; denn die Bewegung der Erdoberfläche nimmt zum Äquator hin zu.
Auch unterschiedliche *Tages- und Nachtlängen* können mit dem stummen Globus veranschaulicht werden (vgl. S. 205): Im verdunkelten Klassenzimmer wird der stumme Globus mit dem Diaprojektor angestrahlt. Die Tag-Nacht-Grenze wird festgestellt. Der Tagbogen wird in einer bestimmten Breite mit Kreide auf dem Globus eingezeichnet. Dies geschieht während einer „Wanderung" des Lehrers um die Lichtquelle im Zentrum des Klassenzimmers nach jedem Viertelkreis (= Vierteljahr). Die unterschiedliche Länge der Tagbogen wird verglichen und begründet.

Mit dem Tellurium können die Bewegungen der Erde und des Mondes veranschaulicht werden. Das Gerät besteht aus einem Standfuß, auf dem eine Lampe als Lichtquelle die Funktion der Sonne übernimmt. Durch Drehen wird ein Schwenkarm bewegt; dadurch werden die rotierenden Bewegungen von Erde und Mond ausgelöst.
Folgende *Demonstrationsmöglichkeiten* sind durch das Modell gegeben:
- Die Rotation der Erde und ihre Folgen.
- Die Bewegung des Mondes um die Erde (Mondphasen).
- Die Bewegung der Erde und des Mondes um die Sonne (Entstehung der Jahreszeiten, Tag- und Nachtgleiche, Polartag und Polarnacht, die scheinbare Wanderung der Sonne zwischen den Wendekreisen).
- Entstehung von Mond- und Sonnenfinsternis.

Das Gerät eignet sich vorzüglich dafür, den Schülern die Vorstellung des heliozentrischen Weltbildes zu erleichtern.
Im Zusammenhang mit dem Einsatz des Telluriums darf natürlich ein Hinweis auf die echten Größenverhältnisse nicht fehlen, die sich durch dieses Modell nicht darstellen lassen. Wollte man den Maßstab 1:64 000 000 beibehalten, in dem Erde und Mond dargestellt sind, so müsste die Mondkugel 6 Meter, die Sonne (Lichtquelle) gar 2328 Meter von der Erdkugel entfernt sein.

Das Planetarium ist ein Weltraumglobus, dessen grauschwarze Glashalbkugeln einen Sternglobus zeigen (mit seitenverkehrter Darstellung der Sternbilder). Innerhalb des Globus symbolisiert ein Lämpchen die Sonne; Erde und Mond kreisen um diese Sonne. Bei eingeschalteter Sonne sind die Glashalbkugeln durchsichtig. Deshalb kann sogar in einem verdunkelten Raum der Sternenhimmel so an die Decke projiziert werden.
Somit lassen sich hiermit folgende *Erscheinungen* demonstrieren (vgl. Saunder 1978, Biederstädt 1986):
- Erdumlauf um die Sonne, Drehung der Erde um ihre Achse;
- Richtung der Erdachse zum Polarstern (Entstehung der Jahreszeiten);
- Mondumlauf um die Erde (Vollmond, Neumond, Mond- und Sonnenfinsternis);
- Der jahreszeitliche Nachthimmel im Zusammenhang mit dem Erdumlauf.

Dieses Modell unseres Sonnensystems kann keinesfalls die Globen ersetzen; es vermag die Vorgänge der Himmelsmechanik visuell begreifbar zu machen. Es eignet sich aber noch nicht für Schüler der Orientierungsstufe. *Brucker*

Tellurium und Planetarium

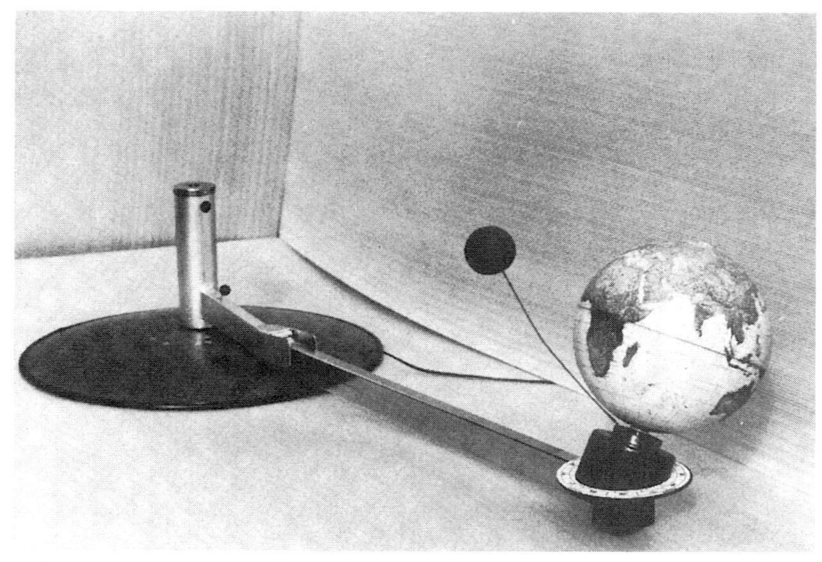

Tellurium (Bretthollе, Rahden)
Länge 120 cm, Höhe 30 cm; Erde: Ø 19,9 cm
Sonne: (Ø 2173 cm nicht darstellbar, daher als Kugelausschnitt Ø 50 cm)
Bodenplatte Ø 50 cm

Baader-Planetarium

8.9 Das Original

8.9.1 Originale Gegenstände

Originale Gegenstände werden im Geographieunterricht eingesetzt um das Interesse der Schüler zu wecken, um Schülerfragen zu provozieren oder um einen Überraschungs- und Verfremdungseffekt zu erzielen (vgl. Stein 1981a).

Originale Gegenstände
(mit Beispielen)

Gebrauchsgegenstände aus dem Alltag der Schüler	**Untersuchungsobjekte** (für jeden oder jeweils 2–4 Schüler)	**Demonstrationsobjekte** in der Hand des Lehrers und zur Gestaltung des Schaukastens.
– Kleidungsstücke aus Baumwolle, Leinen, synthetischen Fasern – Konservendosen (Fleisch aus Argentinien, Früchte aus Kalifornien) – Fotoapparate, Uhren (aus Japan)	– Bodenschätze (Torf, Kohle) – Erze und Mineralien – Bodenprofile (Lackabzüge) – pflanzliche und tierische Produkte aus verschiedenen Landschaftsgürteln (Kaffeebohnen, Jutetasche, Reis, Tee, Baumwollkapseln, Datteln …) – land- und forstwirtschaftliche Produkte	– Erze und Mineralien, Erdöl und Raffinerieprodukte – völkerkundliche Sammelstücke – Gebrauchsgegenstände aus anderen Kulturräumen – chinesische, arabische Zeitung o. Ä.

(Entwurf: Brucker)

„**Der originale Gegenstand im Erdkundeunterricht** hat teilweise andere Qualitäten als die Originale des Kunst- oder Geschichtsunterrichts. Es ist meist ein toter Gegenstand, der sich nicht selbst bewegt (wie in der Biologie). Über die direkte Beobachtbarkeit hinaus kann man ihn *betasten, anheben, befühlen:*

- die unverwechselbare Blattoberfläche von Hartlaubgewächsen,
- die Biegbarkeit von Naturkautschuk,
- die Faserigkeit der Baumwolle,
- die Zugfestigkeit der Sisalfasern,
- das Gewicht eines Erzstückes oder eines Torfstückes.

Darüber hinaus sprechen originale Gegenstände das *Riechvermögen* an:

- der stechende Geruch des Guanopulvers,
- der Schwefelwasserstoffgeruch einer Faulschlammprobe,
- der erdige Geruch eines Torfstückes.

Originale Gegenstände können sogar mit dem *Geschmackssinn* geprüft werden:

- der mehlige Geschmack von Datteln oder Reiskörnern,
- der fettige von Oliven oder Erdnüssen,
- der süße von Korinthen oder Zuckerrübenscheibchen.

Damit sprechen originale Gegenstände Sinne an, die im überwiegend audiovisuellen Unterricht meist völlig ausgeklammert werden. Je mehr Sinne jedoch an einem Lernprozess beteiligt sind, desto besser haftet das Gelernte.“ (Stein 1986, S. 433) *Brucker*

Gesteine – eine Schulsammlung originaler Gegenstände

„**Die Gesteinssammlung** einer Schule erfüllt erst dann voll ihre pädagogische Aufgabe, wenn sie in vielfältiger Weise bei der Unterrichtsgestaltung Verwendung findet. Alle Gesteine sollen nämlich vom Schüler angefasst und möglichst auch noch untersucht werden können. Leicht zerbrechliche oder besonders wertvolle Objekte kann man zwar in einzelnen Exemplaren etwa zu Ausstellungszwecken in eine Schulsammlung aufnehmen, im Wesentlichen aber haben sie im Unterricht nichts verloren." (Grau 1986, S. 445).
Die Aktivitäten der Schüler sind nicht auf Untersuchungen im Rahmen der *Feldarbeit* beschränkt, sondern erstrecken sich auch auf die Untersuchung der Objekte im Klassenzimmer (vgl. Grau 1986).

Schüleraktivitäten mit Mineralien der Gesteinssammlung
(nach: Grau 1986)
1. Einfache Untersuchungen:
   Form, Farbe, Glanz, Gewicht, Dichte, Härte, Löslichkeit, Spaltbarkeit.
2. Kurze Beschreibungen, Anfertigen von Begleittexten, Inventarisieren.
3. Bestimmungsübungen:
   nach den Ergebnissen von 1. unter Verwendung von Bestimmungsbüchern und -tabellen.
4. Anfertigen von fotografischen Aufnahmen und von Zeichnungen.
5. Erstellen einer Schausammlung (mit Texten, Bildern, Karten der Fundstellen).
6. Gemeinsam mit dem Chemielehrer:
   komplizierte Untersuchungen, wie Lötrohrprobe, Strichprobe, Nachweisreaktionen (Analysen), physikalische Untersuchungsmethoden (mit UV-Licht, mit Geigerzähler, durch Radiogramme).

Zusammenstellung einer Arbeitssammlung (mit Proben für jeweils 2 – 3 Schüler)

1. Granit
2. Quarzporphyr
3. Basalt
4. Obsidian
5. Sandstein
6. Nagelfluh
7. Muschelkalk
8. Weißjurakalk
9. Marmor
10. Glimmerschiefer
11. Gneis
12. Kupfer, gediegen
13. Eisenglanz
14. Brauneisenerz
15. Schwefelkies
16. Kupferkies
17. Bleiglanz
18. Zinnblende
19. Steinsalz
20. Bauxit

Arbeitsausrüstung für den Unterricht (geeignet für 2 – 3 Schüler)
1. Lupe (10-fach)
2. Fläschchen mit Salzsäure (10%, Vorsicht)
3. Härteskala nach Mohs (zumindest Härte 1 – 9)
4. Strichtafel

„Wir hatten einen Lehrer, der hat das immer sehr spannend gemacht. Der war Matrose gewesen. Er wusste auch sehr viel. Einmal hat er Wasser mitgebracht, in lauter verschiedenen Fläschchen. Das ist Wasser vom Nil, das ist Wasser vom Indus, das ist Wasser vom Amazonas. Wir haben das geglaubt und fanden das aufregend. Wir waren sehr fasziniert" (Kempowski 1976, in: Stein 1986, S. 435).

8.9.2 Das Museum

Das *Museum* kann als Bildungsstätte auf eine lange pädagogische Tradition zurückblicken, und zwar insbesondere in den Bereichen der Volkskunde, der Landesgeschichte, der Kunstgeschichte sowie der Naturwissenschaften und der Technik. Entsprechende Museen oder Fachabteilungen wurden eingerichtet; *geographische Sammlungen* wurden aber kaum angelegt. So ist vielleicht verständlich, dass die geographische Fachdidaktik den Lernort Museum erst relativ spät entdeckt und als außerschulische Schulstube, als Lernort mit hoher Anschaulichkeit und nahezu perfekter Aufbereitung der Informationen beschrieben und propagiert hat.
Museen haben den Charakter von *Verbundmedien,* da sie grundsätzlich unterschiedliche Einzelmedien in Verbindung mit originalen Gegenständen zeigen, wie zum Beispiel dreidimensionale Darstellungen, Bilder und Schautafeln.
Museen können für Schüler aller Jahrgangsstufen Orte der Motivation sein, die auch dazu anregen, dass die Schüler selbst Objekte sammeln, Medien herstellen oder eine Ausstellung arrangieren (vgl. Cloß/Gaffga [Hrsg.] 1984, Fast 1992, S. 148 – 158; Weschenfelder/Zacharias 1992).

Museumstypen, die für den Geographieunterricht belangvoll sein können (Kremb, in: Kremb [Mod.] 1981, S. 338 f.):
Entsprechend den Räumen, aus denen ihre Ausstellungsstücke kommen:
- *Nahraummuseen,* z. B. Heimat-, Stadt- oder Landschaftsmuseum;
- *Fernraummuseen,* z. B. Völkerkundemuseum.

Entsprechend der Thematik der Sammlungs- und Ausstellungstätigkeit:
- *Heimat-, Stadt-, Landesmuseen* bieten Objekte verschiedener Themenbereiche an;
- *Spezialmuseen* widmen sich engen Problemkreisen;
- *Sonderausstellungen* sind in Ausstellungsdauer und Informationsbreite eingeschränkt;
- *Wanderausstellungen* als Sonderform von Museen.

Entsprechend dem Präsentationsort:
- *Sammlungen in architektonischen Zweckbauten;*
- *Freilichtmuseen,* z. B. Bauernhofmuseen;
- *Einzelobjekte,* z. B. Bergwerkmuseum oder Naturdenkmäler.

Jedes der genannten Museen kann zum geographischen Betätigungsfeld für Schüler werden; natürlich sind die fachliche Ergiebigkeit und die Motivationskraft dieser Arbeit im Lernort Museum großenteils von der Vorbereitung durch den Lehrer abhängig. Nach Lohmann (1981, S. 342) gehören dazu:
- Der *Museumsbesuch* durch den Lehrer am Anfang.
- Einsichtnahme in die Kataloge des Museums.
- *Auswahl der Museumsobjekte* nach Aussagekraft, Format und Attraktivität entsprechend der geographischen Zielsetzung.
- *Formulierung* der fachlichen Fragen zu den einzelnen Objekten; Vorgabe eines Rundganges für die Schüler.
- *Zusammentragen* von ergänzendem Bild- und Textmaterial, Formulierung der Arbeitsaufträge, Vervielfältigung für die Schüler.
- *Vorbereitung* des Museumsbesuchs im Schulunterricht: Einführung in das Thema, begriffliche Klärungen, Besprechung der Arbeitsmethode, Angabe der Arbeitszeit, Feststellung der Berichterstatter bei Gruppenarbeit.
- *Anmeldung* der Klasse im Museum.

Brucker

Schülerbegleitblatt für den Besuch im Stadtmuseum München

Salzstädel

Schwabinger Gassen

Kosttor

Angertor

Schiffertor der "Einlass"

Die vier wichtigsten Straßen, die in die Stadt führen, behielten bis auf den heutigen Tag fast alle ihre alten Namen: „Tal" nach Osten, „Sendlinger Straße" nach Südwesten, „Kaufinger-/Neuhauser Straße" nach Westen. Nur die „Schwabinger Gassen" nach Norden heißen heute „Theatiner- und Residenzstraße". Schreibe die alten Straßennamen in die Abbildung! Kannst du nun die vier wichtigsten Stadttore benennen?

8.10 Medienerziehung

1. Zum Begriff Medienerziehung und medienpädagogische Ansätze

Medien sind als *Informationsträger* Bestandteil schulischer und beruflicher Bildung, sie beeinflussen wirtschaftliches, politisches, soziales und Freizeitverhalten. Da Unterricht immer auch eine erzieherische Komponente aufweist, hat jeder unterrichtliche Umgang mit ihnen auch *erzieherische Bedeutung.* Sie kommt in den teils synonym, teils mit unterschiedlichem Bedeutungsinhalt gebrauchten Begriffen Medienerziehung, Medienpädagogik, Mediendidaktik und Kommunikationspädagogik zum Ausdruck (vgl. Breuer/Hüther/Schorb 1979, S. 15). Eine konsensfähige Begriffsfassung kann nicht erwartet werden, da dem Erziehungsbegriff ein Wertanspruch zugrunde liegt, der nicht nur historischen Wandlungen unterliegt, sondern sich auch durch unterschiedliche gesellschaftstheoretische Positionen unterscheidet. Schon wegen des vielfältigen (vgl. S. 323) und sich rasch wandelnden Medienangebots muss Medienerziehung einen offenen Charakter haben. Drei Ansätze kennzeichnen die jüngere medienpädagogische Entwicklung (nach: Breuer u. a. 1979, S. 151 f.):

Der kulturkritische „bewahrpädagogische" Ansatz behauptet, dass insbesondere Massenmedien *schädigende Einflüsse* ausübten, die das Individuum zu vermassen drohten und vor denen es die Adressaten zu bewahren gelte. Dementsprechend habe Medienerziehung die Aufgabe den Adressaten zum gezielten Aufnehmen, Verstehen, Beurteilen und wertorientierten Auswählen aus dem Medienangebot anzuleiten.

Der funktionalistisch-technologische Ansatz zielt „auf den optimalen und effektiven Einsatz aller Erziehungsfaktoren, insbesondere der Medien ab" (Breuer u. a. 1979, S. 19). Die Medien werden mit dem Ziel ausgewählt und eingesetzt, dass die den Unterricht leitenden Intentionen unter (weitgehender) Ausschaltung negativer Nebenwirkungen erreicht werden können. „Die Kenntnis der Medien in ihrer Wirkungsweise und ihren Wirkungsmöglichkeiten ist Voraussetzung ihres gezielten Einsatzes ... Potenziell sind danach alle Mittel Gegenstand einer Medienpädagogik, die zur Einwirkung auf das kognitive, affektive und psychomotorische Verhalten des Schülers vom Erzieher eingesetzt werden können" (Hülsewede 1974, S. 17). Im Mittelpunkt stehen die *Lernprozesse* und die sie steuernden Wirkungsfaktoren, nicht die Adressaten. Auswahl und Bewertung der Medien erfolgen nach folgenden Kriterien: potenzieller Lerneffekt, spezifische Funktion im Lernprozess, störende Einflüsse und in Leistungen messbare Erfolge. Funktionalistisch orientierter Medieneinsatz als *fremdgesteuerte Maßnahme* unterwirft den Adressaten der Perfektionierung auf ein festgelegtes, fremdbestimmtes Ziel hin.

Emanzipatorische Ansätze (vgl. Wittern 1975) betrachten demgegenüber den Adressaten nicht als Lernobjekt, sondern als -subjekt; sie zielen auf selbstbestimmte Veränderung seines Handelns und Verhaltens. Sie verstehen Unterricht als einen *offenen Lernprozess,* in dem Lernende und Lehrende gemeinsam über Auswahl, Einsatz und Bewertung von Medien befinden. Darüber hinaus verfolgen sie das Ziel „die Massenmedien in ihrem gesellschaftlichen Zusammenhang zu analysieren und nutzen zu lernen" (Breuer u. a. 1979, S. 20).
Im Mittelpunkt *emanzipatorischer Medienerziehung* steht die Fähigkeit Medien handhaben, analysieren und zur Artikulation eigener Bedürfnisse, Wünsche und Vorstellungen und zur Durchsetzung eigener Interessen nutzen zu können. Die praktische und politische Funktion von Medien erschließt sich dem Lernenden im handelnden Umgang. Handlungskompetenz durch Medien wird über die Stufen Wissen, Analysieren, Beurteilen, Handeln vermittelt (vgl. Breuer u. a. 1979, S. 29; Engelhard 1986).

Arbeitsblatt:
Diese Materialien enthalten Informationen über die Weltbevölkerung(sentwicklung)

M1: Eine Viel-Kind-Familie in der Dritten Welt

Wachstum der Weltbevölkerung		
	Christi	
200 bis 400 Mill.	Geburt	
Erste Milliarde	1805	1800 Jahre
Zweite Milliarde	1926	121 Jahre
Dritte Milliarde	1960	34 Jahre
Vierte Milliarde	1974	14 Jahre
Fünfte Milliarde	1987	13 Jahre
Sechste Milliarde	1998	11 Jahre
Siebte Milliarde	2010	12 Jahre
Achte Milliarde	2023	13 Jahre
Neunte Milliarde	2040	17 Jahre
Zehnte Milliarde	2070	30 Jahre
Elfte Milliarde um	2100	10 Jahre

M2: Von Milliarde zu Milliarde
Quelle: Herwig Birg in: F. Nuscheler/ E. Fürlinger (Hrsg.): Weniger Menschen durch weniger Armut? Salzburg 1994, S. 14

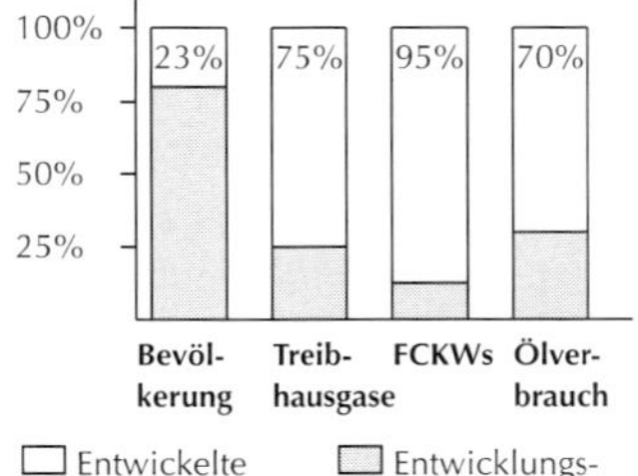

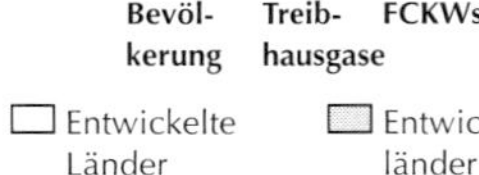

M3: Die „Überbevölkerung" des Nordens
Nach: Asit Datta (Hrsg.): Die neuen Mauern 1993

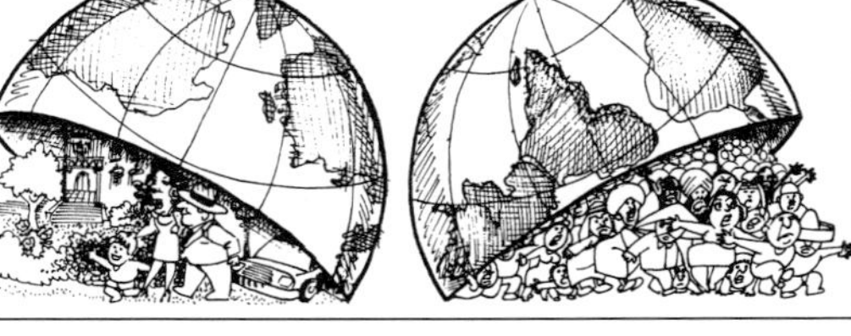

M4: Der Nord-Süd-Konflikt spaltet die Menschheit

1. Schreibe stichwortartig auf, welche Informationen du den verschiedenen Materialien entnehmen kannst!

M1:

M2:

M3:

M4:

2. Welche Gefühle, Empfindungen oder Gedanken verbindest du mit den einzelnen Materialien (Stichwörter)?

M1: M2:

M3: M4:

(Auswertung des Arbeitsblattes)

3. Vergleicht eure Wahrnehmungen und stellt Übereinstimmungen und Unterschiede zusammen (Tafel, Folie)!
4. Diskutiert Wahrnehmungsunterschiede und sucht Erklärungen dafür!

2. Medien als Erziehungsmittel

Je nach medienpädagogischem Standort übernehmen Medien unterschiedliche Erziehungsfunktionen (vgl. Otto 1985, Neubauer 1982). Medienerziehung unter *funktionalistisch-technologischem Aspekt* zielt auf Realisierung *fremdbestimmter Zielsetzungen* ab, auf die die Lernenden keinen unmittelbaren Einfluss haben. Medienerziehung im Rahmen dieses Bildungskonzepts steht im Dienste rezeptiver Anpassung an vorgegebene Zielsetzungen durch zielgerichtete, wenn auch kritische Informationsentnahme. Zentrales Anliegen emanzipatorischer Ansätze ist *Erziehung zur Mündigkeit*, d. h. *Selbstbestimmung* als Ziel von Lernprozessen ist immer auch tangiert von *Fremdbestimmung*. Diese wird verursacht sowohl durch die Grenzen, die gesellschaftliche Normen setzen, als auch durch das Angewiesensein des Lernanfängers auf Lernanleitung und -hilfen. Insofern können auch funktionalistisch-technologische Momente die Medienverwendung im emanzipatorisch ausgerichteten Unterricht ergänzen.

3. Medien im Unterricht

Als *Träger von Informationen* sind Medien Mittler einer nur aspekt- und ausschnitthaften Realität. Daher ist ihre Informationsstruktur durch das Merkmal der Unvollständigkeit gekennzeichnet. Außerdem sind Medienwahrnehmung und -interpretation durch Schüler und Lehrer aufgrund unterschiedlichen subjektiven Vorverständnisses different (vgl. Kap. 10.3 u. 10.8.1). „Differente Interpretationen sind Chancen im Lernprozess, weil sie kontroverse Diskussionen auslösen und Verständigungsprozesse, Argumentationsprozesse notwendig machen" (Otto 1993, S. 3).
Die defekte Inhaltsstruktur kann *Fragen* auslösen und *Kommunikations- und Problemlösungsprozesse* in Gang setzen, die jedoch nicht exakt planbar sind. Die inhaltliche Unabgeschlossenheit von Medieninformationen, die sich aus dem Zwang zur inhaltlichen Auswahl und didaktischen Reduktion ergibt, bildet eine Ansatzmöglichkeit die *Manipulierbarkeit* der Informationsvermittlung bewusst und erfahrbar zu machen. Dadurch lässt sich ein Teil manipulativer Beeinflussung neutralisieren. Schüler können selbst erstellte Medien zur Artikulation und Durchsetzung eigener Interessen einsetzen; sie vermitteln Absichten, Funktionen und Wirkungen von Medien besonders nachdrücklich. Zugleich werden den Schülern in mehr oder weniger intensiver Kommunikation Entscheidungen abverlangt.

Medienkritik als medienerzieherische Aufgabe hat sowohl den außerschulischen Medienkonsum als auch die im Unterricht eingesetzten Medien zum Unterrichtsgegenstand. Unterschiedliche Informationsträger (Medien), zur Darstellung eines bestimmten Sachverhalts eingesetzt, lassen durch Vergleiche unterschiedliche Absichten, Auswahlgesichtspunkte, Aussagen und Wirkungen erkennen. Medienkritik ist keineswegs ein nur gelegentlicher Unterrichtsaspekt, sie muss ständig erfolgen und dient der Schärfung der Urteils- und Kritikfähigkeit der Medienkonsumenten.

Medienauswahl und -einsatz müssen sich an den medienspezifischen Aktivitäten, -potenzialen der Schüler orientieren. Weil Handeln, Beobachten, Symbolisieren und Reproduzieren die wesentlichen kategorial erschließenden Verhaltensweisen von Schülern im Unterricht sind, gliedert Havelberg (1980) die Medien in:

- Medien mit überwiegendem *Handlungscharakter* (z. B. Puzzle, Lernspiel)
- Medien mit überwiegendem *Beobachtungscharakter* (z. B. Bild, Film)
- Medien mit überwiegendem *Symbolcharakter* (z. B. Karten, Diagramme)

Medien mit ausgeprägten *Kommunikationsanreizen* fordern zu Problemstellungen, Hypothesenbildungen, kontroverser Argumentation heraus und setzen gruppendynamische Prozesse in Gang. Sie fördern Selbsttätigkeit und Selbstständigkeit (vgl. S. 325). Voraussetzung zur angemessenen Verwendung von Medien ist Erziehung zu ihrem kritischen Gebrauch. Medienerziehung ist unterrichtliches Prinzip.

Engelhard

Grundsätze für den methodischen Umgang mit Medien im Geographieunterricht:

- Medien weniger als fertige Mittler nutzen, sondern handelnd mit ihnen umgehen.
- Sowohl die verwendeten Gestaltungsmittel (z. B. Bild, Film, Text, Grafik) als auch deren Wirkung auf die Adressaten als Voraussetzung für eine kritische Medienanalyse sichtbar und erfahrbar machen.
- Dabei erfahren, dass subjektive Entscheidungen in die Konstruktion eines „objektiven" Mediums einfließen.
- Beachten, dass die Analyse und Interpretation von Medien immer vor dem Hintergrund der subjektiven Lernerfahrung und Sozialisation der Lernenden erfolgt.
- Durch eigene Herstellung von Medien Intentionen, Funktionsweisen und Wirkungen von Medien erproben und erfahrbar machen.
- Durch Einsatz verschiedener Medien zur Dokumentation des gleichen Sachverhalts (Perspektivenwechsel!) die Relativität medialer Aussagen fassbar machen.
- Methoden des (kritischen) Medienumgangs sind zentraler Bestandteil exemplarischen Lernens („das Lernen lernen"). Ihre Beherrschung erfordert Einübung durch vielseitigen Transfer.
- Die Entscheidungen über Medienauswahl und -einsatz sowie über Lernmethoden stehen in engem Zusammenhang; sie müssen simultan erfolgen.
- Medienerziehung richtet sich an den ganzen Menschen (mit Kopf, Herz, Hand und allen Sinnen); deshalb: Zwischen rational-abstrakten und sinnlich-[ästhetisch-]konkreten Aneignungsprozessen sowie zweckrationalem und kommunikativem Handeln ein ausgewogenes Verhältnis schaffen.

(nach: Volkmann 1994, vgl. auch Hasse 1989/1990, Otto 1992)

Zeitung machen in der Schule

Es ist sinnvoll, sich zunächst zu fragen, vor welchen Schwierigkeiten Schüler stehen, die gemeinsam eine Zeitung machen wollen:

- Texte knapp, verständlich und präzise formulieren – das lernt man wohl am besten, wenn mehrere zu demselben Sachverhalt eine Meldung schreiben, wenn andere prüfen, wo verstehe ich etwas nicht, was ist überflüssig, welcher Ausdruck ist schief, welcher treffend;
- sorgfältig recherchieren – auf welche Quellen kann ich mich stützen, auf das, was andere schon geschrieben haben, auf Archive, Bibliotheken, Agenturen? Hier ist methodische Hilfe des Lehrers notwendig;
- Was ist eine Meldung, was könnte Aufmacher sein – über die Gewichtung der einzelnen Beiträge auf der Seite muss diskutiert werden, denn darin kommen auch die Interessen der Blattmacher zum Ausdruck.

Reizvoll – aber auch ein Organisationsproblem – ist die von der Sache gebotene methodische Vielfalt, die hier den Unterricht, das Projekt bestimmen muss; Einzelarbeit ist unerlässlich, denn schreiben kann man nur allein. Diskussion in der Gruppe ist hilfreich, weil man Argumente und Formulierungen kritisch durchleuchten, an anderen erproben muss. Das Plenum muss die Themen der Einzel- und Gruppenarbeit mittragen und die „Richtung" fürs Ganze bestimmen. Die Öffentlichkeit ist der Adressat für das Produkt. Sie muss Stellung nehmen, rückmelden – und kaufen. Das ist beste Lernerfolgskontrolle.
Fairerweise muss man sagen, dass hier noch lange nicht von allem die Rede war, was möglich, was wünschenswert ist: Wer macht Interviews mit wem? Wer schreibt Briefe mit der Bitte um Mitarbeit oder Nachdruck? Wer kann Karikaturen zeichnen? Wer liefert Material für eine Bildreportage? Wer schreibt eine Rezension – über ein Schulbuch vielleicht – usw.

(aus: G. Otto: Wie Zeitungen gemacht werden. Friedrich Jahresheft XI 1993, S. 41)

8.11 Aufgaben geographiedidaktischer Medienforschung

Geographie ist eines der *medienintensivsten* Unterrichtsfächer. Die Entwicklung des Schulfaches Geographie bedingte vor allem seit den Siebzigerjahren eine Neubesinnung im Hinblick auf die Verwendung von Medien im Unterricht. Das Angebot an fachspezifischen Medien ist seitdem sehr umfangreich und vielseitig geworden.
Der Mediensektor ist als Aufgabenfeld für eine empirische Forschung ein bedeutender Forschungsbereich. *Medienforschung* nimmt heute gegenüber früher einen wesentlich breiteren Raum im Rahmen der geographiedidaktischen Forschung ein.
Eine Fülle von Vorschlägen für einen mediengestützten Unterricht ist seit den Siebzigerjahren erschienen. Mehrere Vorschläge für die *Klassifikation* von Medien sind entwickelt worden. Diese Veröffentlichungen sind Ausdruck für ein gesteigertes Interesse an den Medien.
Was jedoch – von singulären Ansätzen abgesehen – fehlt, ist die *systematische Erforschung* folgender Problemstellungen:

- Wie müssen geographische Unterrichtsmedien für Schüler der verschiedenen Jahrgangsstufen beschaffen sein?
- Welche Bedingungen müssen Medien erfüllen, damit sie bei Schülern „ankommen" und Lernprozesse initiieren?
- Welche Wirkungen erzielen Medien in einem mediengestützten oder mediengesteuerten Unterricht?
- Wie kann das Lernen im Geographieunterricht durch den Einsatz von Medien intensiviert werden?
- Wie kann der Medieneinsatz an Lernoperationen orientiert werden?

Brucker

9 Lernkontrollen und Leistungsbewertung

Das Lernen im Geographieunterricht bedarf einer beobachtenden Begleitung. Der Lehrer muss sich immer wieder Gewissheit darüber verschaffen, was und wie die Schüler wirklich gelernt haben bzw. was ihnen noch Schwierigkeiten bereitet.

Allzu oft werden Lernkontrollen nur auf das Prüfen und Beurteilen ausgerichtet. Ebenso wichtig ist es aber, auch den Lehr- und Lernprozess selbst zu analysieren und zu kontrollieren. In diesem Kapitel werden deshalb nicht nur die vielfältigen Möglichkeiten zum Überprüfen und Beurteilen von Lernergebnissen dargestellt und diskutiert, sondern auch Anregungen gegeben den Lernprozess selbst diagnostisch zu begleiten.

Lernkontrollen im Unterricht

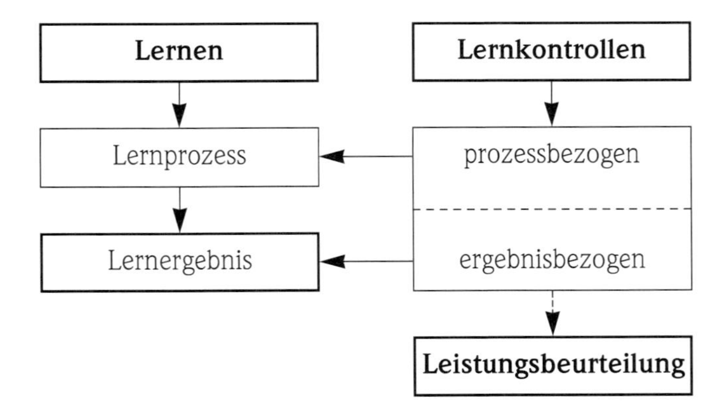

(Entwurf: Kirchberg)

9.1 Lernkontrollen und Leistungsbeurteilung

Mit Lernkontrollen soll ermittelt werden, ob und inwieweit der Schüler bestimmte inhaltliche und methodische Ziele des Geographieunterrichts erreicht hat. Sie ermöglichen lernprozess- und lernproduktbezogene Aussagen.

Funktionen von Lernkontrollen. Das Ergebnis solcher Überprüfungen kann verschiedene Funktionen haben:

- Es ist für den Lehrer notwendiger Bestandteil einer optimalen Unterrichtsgestaltung, indem es ihm eine *Diagnose des Lehr-Lernprozesses* ermöglicht. Im Sinne einer positiven oder negativen Rückkopplung kann es den weiteren Unterrichtsablauf bestimmen.
- Es ermöglicht in größerem Rahmen eine Kontrolle der Realisierung von Lehrplänen und Unterrichtsmodellen, die aufgrund dieser Ergebnisse modifiziert oder ergänzt werden müssen *(Evaluation)*.
- Es gibt dem Schüler die notwendige *Orientierung* über seine Schulleistungen, seine Lernfortschritte und seine Position innerhalb der Lerngruppe.
- Es bietet dem Lehrer die Möglichkeit diese Schülerleistung zu *beurteilen,* sie z. B. mit einer Note zu *bewerten.*
- Es liefert über Zensuren und Zeugnisse der Öffentlichkeit ein *Maß der Qualifikation* des Schülers für bestimmte Schul- oder Berufslaufbahnen.

Die Forderung nach Leistungsmessung. Diese Funktionen setzen voraus, dass es möglich ist, Unterrichtsziele tatsächlich hinreichend verlässlich zu kontrollieren und zu bewerten. Zahlreiche Untersuchungen (vgl. Ingenkamp [Hrsg.] 1989 u. a.) haben jedoch gezeigt, dass die Zensurengebung außerordentlich fragwürdig ist, da sie z. B. vom Beurteiler, vom Zeitpunkt, von Vorinformationen usw. abhängt. Von daher ergibt sich die Forderung nach Lernkontrollen, die weniger Subjektivität zulassen und mehr Gerechtigkeit und Vergleichbarkeit der Ergebnisse sichern.
Durch Leistungsmessung soll erreicht werden, dass der Messwert bestimmten *Gütekriterien* entspricht. Als vorrangige Gütekriterien gelten:

- *Objektivität:* Unabhängigkeit der Kontrollergebnisse vom Untersucher (z. B. sollte das Ergebnis bei einem anderen Lehrer identisch ausfallen),
- *Reliabilität:* Zuverlässigkeit der Kontrolle als Verfahren (z. B. sollte das Ergebnis zufallsunabhängig sein),
- *Validität:* Gültigkeit der Kontrolle im Urteil (z. B. sollte sie wirklich das messen, was sie zu prüfen vorgibt).

Objektivierte Leistungsfeststellung. Für schulische Lernkontrollen ist strenge Objektivität, Verlässlichkeit und Gültigkeit im testtheoretischen Sinn nur begrenzt erreichbar (vgl. Ingenkamp, in: Gudjons [Hrsg.] 1995, S. 25 ff.). Deshalb findet der Begriff der Leistungsmessung hier auch keine Anwendung mehr. Dennoch ist es möglich und sinnvoll, die schulischen Diagnoseverfahren zu objektivieren (vgl. S. 329 u. Kap. 9.3–9.5).

Notengebung. Die Bewertung einer Leistung mit einer Note ist als eigener Schritt zu sehen. Dieses Beurteilungsverfahren kann erst nach dem Feststellungsverfahren stattfinden und folgt eigenen Bezugsnormen (vgl. Kap. 9.6). Nicht alle Lernkontrollen brauchen benotet zu werden; die Schüler sind für eine andere Art der Rückmeldung (z. B. Hinweise, Anregungen) oft aufgeschlossener.

Kirchberg

Leistungsfeststellung und Leistungsbeurteilung

Leistungsfeststellung	führt zu *diagnostischen Aussagen,* z. B.: „Du hast insgesamt 15 von 23 Punkten erreicht. Über die Außenhandelsbeziehungen Brasiliens bist du gut informiert, aber um die brasilianischen Landschaftszonen solltest du dich nochmals kümmern. Ganz ordentlich ist deine Auswertung des Klimadiagramms, dagegen hast du noch Probleme beim Umgang mit Statistiken."
Leistungsbeurteilung	führt zu *Noten,* z. B.: „Du hast 17 von 25 Punkten erreicht. Das ist eine voll befriedigende Leistung (3+). Der Klassendurchschnitt liegt bei 15 Punkten und der Dezimalnote 3,1."

Notwendige Maßnahmen zur Objektivierung einer schriftlichen Leistungsfeststellung

Ziele	**Einige Maßnahmen**
Durchführungs-objektivität	• gleiche Arbeitsbedingungen für alle Schüler (z. B. Arbeitszeit, Material, Aufgabenstellung) • keine individuellen Hilfen durch den Lehrer (z. B. mit Einzelhinweisen, durch Mimik beim Vorbeigehen) • Verhinderung fremder Hilfen (z. B. „Spicken", gegenseitiges Abschreiben)
Auswertungs-objektivität	• festgelegtes Auswertungsschema („Erwartungshorizont") • Teilaufgaben einzeln oder in überschaubaren Gruppen korrigieren (v. a. bei umfangreicheren Überprüfungen) • Reihenfolge der Arbeiten variieren
Reliabilität	• keine Aufgaben mit zu hoher Ratewahrscheinlichkeit (z. B. Alternativantwortaufgaben) • nicht nur Reproduktionsaufgaben (Gefahr des verständnislosen Auswendiglernens)
Validität	• inhaltlich klare und eindeutige Aufgabenstellung (verhindert richtungslose Vielschreiberei) • verständliche Arbeitsanweisungen (dem Schüler muss die Art der geforderten Ausarbeitung klar sein)

9.2 Formen der Lernkontrolle

Lernkontrollen dienen der *Überprüfung des Unterrichtsverlaufs oder des Unterrichtserfolgs.* Erst in zweiter Linie liefern sie Informationen, die auch zur Beurteilung der Schüler herangezogen werden können. Affektive Lernziele sind nicht direkt kontrollierbar, somit werden vor allem die kognitiven und die instrumentalen Ziele erfasst.

Arten der Überprüfung. Sie sind vielfältig und nach verschiedenen Gesichtspunkten zu gruppieren, z. B.:

- *schriftlich/mündlich:* Die unverkennbare Tendenz zur Verschriftlichung resultiert aus dem Bemühen für alle Schüler die gleichen Überprüfungsbedingungen zu gewährleisten und somit ein hohes Maß an Objektivität zu schaffen. So wertvoll die schreibende Auseinandersetzung mit geographischen Fragestellungen auch sein mag, sie kann nur einen kleinen Ausschnitt der Handlungsziele geographischen Unterrichts erfassen.
- *angesagt/unangesagt:* Davon ist der Umfang und die Aufgabenart abhängig. Kurze Überprüfungen z. B. der Inhalte der letzten Stunde oder des Ergebnisses der Hausaufgaben brauchen meist nicht angesagt zu sein; doch sollten die Schüler vorweg wissen, dass man diese Form der überraschenden Lernkontrolle überhaupt einsetzen wird.
- *letzte Stunde/mehrere Stunden:* Eine Überprüfung der Ergebnisse mehrerer Stunden sollte sich nicht auf zufällig ausgewählte Teilinhalte beschränken, sondern das gesamte erarbeitete Spektrum erfassen. Die Ergebnisse erlauben sonst keine Rückschlüsse im Sinne der Lerndiagnose, eine Notengebung wäre wenig aussagekräftig.
- *Orientierung bzw. Übung/Benotung:* Nicht jede Lernkontrolle muss benotet werden. Wir sollten den Schülern auch mit Lernkontrollen Gelegenheit geben zu üben und sich über ihre Kenntnisse, Fähigkeiten und Lerndefizite zu informieren. Auch für den Lehrer ist diese Rückmeldung wichtig, denn sie ist die Grundlage für den weiteren Unterricht.
- *Ende der Unterrichtsreihe/laufende Unterrichtsreihe:* Diese Entscheidung hängt davon ab, ob eine mehr ergebnisorientierte Überprüfung oder eine mehr lernprozessbegleitende Diagnose erreicht werden soll. Letztere kann notwendige Voraussetzung für Maßnahmen des Förderns, Differenzierens und Beratens sein.
- *Einzelarbeit/Gruppenarbeit:* Lernkontrollen mit dem Ziel der Benotung werden vorwiegend in Einzelarbeit stattfinden, es sei denn, die Anteile des Einzelnen sind bei gemeinsamem Lernergebnis voneinander abgrenzbar. Wenn es dagegen mehr um die Überprüfung von Methodenzielen geht, ist auch Gruppenarbeit denkbar, v. a. wenn diese vielfältige Aktions- und Sozialformen einschließt.
- *Klausur bzw. Kursarbeit/einfachere Formen:* Klausuren bzw. Kursarbeiten sind komplexe schriftliche Lernkontrollen in der gymnasialen Oberstufe. Sie sind auf eine Erschließung und Verknüpfung von Kenntnissen, Fähigkeiten und vorgelegtem Material angelegt. Die größten Anforderungen werden in Abiturklausuren gestellt. Die Lernkontrollen in der Sekundarstufe I zielen dagegen mehr auf Wiedergabe und allenfalls eine Verknüpfung ab.
- *selbstformulierte/übernommene Lernkontrollen:* In den Siebzigerjahren haben mehrere Verlage – meist zu bestimmten Schulbuchwerken – erprobte „Tests“ angeboten. Wie bei anderen veröffentlichten Lernkontrollvorlagen ist deren direkte, unveränderte Übernahme problematisch; die Schwerpunkte sind von Lehrer zu Lehrer und von Unterricht zu Unterricht zu verschieden. Die Einsatzmöglichkeiten kompletter Kopiervorlagen sind also begrenzt.

Kirchberg

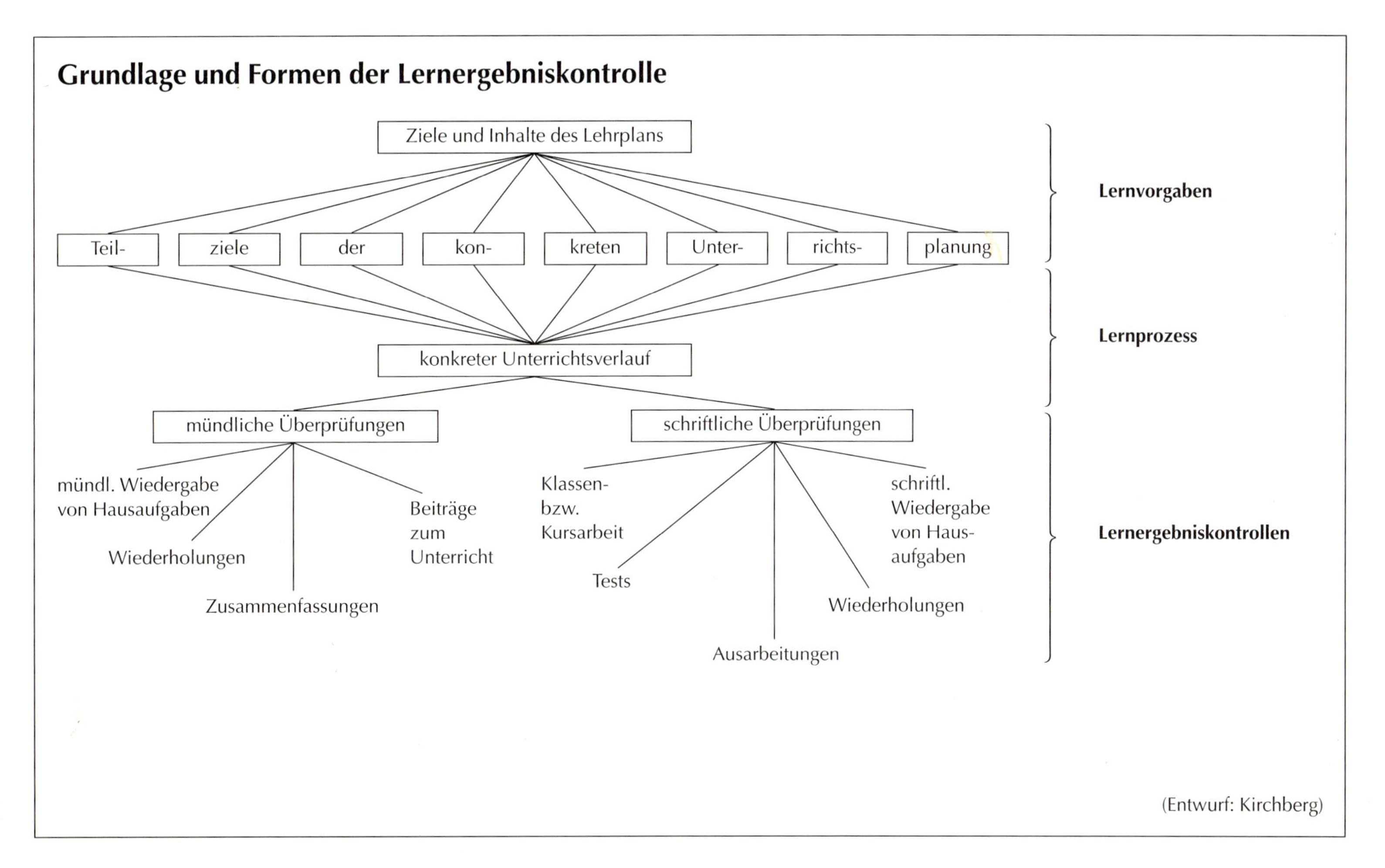
Grundlage und Formen der Lernergebniskontrolle
Ziele und Inhalte des Lehrplans
Teil-
ziele
der
kon-
kreten
Unter-
richts-
planung
konkreter Unterrichtsverlauf
mündliche Überprüfungen
schriftliche Überprüfungen
mündl. Wiedergabe von Hausaufgaben
Wiederholungen
Zusammenfassungen
Beiträge zum Unterricht
Klassen- bzw. Kursarbeit
Tests
Ausarbeitungen
Wiederholungen
schriftl. Wiedergabe von Haus-aufgaben
Lernvorgaben
Lernprozess
Lernergebniskontrollen
(Entwurf: Kirchberg)

9.3 Aufgabenformen für schriftliche Lernkontrollen

Schriftliche Lernkontrollen haben andere Funktionen als mündliche (vgl. Kap. 9.7). Die Schüler müssen sich nicht verbal, zudem nicht vor der Klasse äußern, was manche Ängste und Hemmschwellen beseitigt. In selbsttätiger Auseinandersetzung mit den Aufgaben und ggf. mit beigefügtem Material können ungestört Lösungswege gesucht, gefunden und erprobt werden. Dass schriftliche Lernkontrollen in der Regel von der gesamten Klasse synchron bearbeitet werden, gibt dem Lehrer für die Auswertung und Benotung eine breite Vergleichsbasis.

Auswahl der Aufgabenform. Bei der Erarbeitung einer schriftlichen Lernkontrolle muss man sich nicht nur für die *zu überprüfenden Inhalte* und Methoden, sondern auch für *bestimmte Aufgabenformen* entscheiden (vgl. Kirchberg 1991b). Die *Auswahl des Aufgabentyps* ist bei jeder Teilaufgabe abhängig von der Art und der Anspruchshöhe der Ziele, die sie repräsentiert (vgl. Kap. 9.4). Eine *Reproduktionsaufgabe* stellt andere Anforderungen als ein räumlicher oder sachlicher *Transfer*, also muss auch die Aufgabenstellung anders sein.
Die Darstellung auf Seite 333 gibt einen Überblick über die Vielfalt der Möglichkeiten für kognitive Ziele. Viele dieser Aufgabenformen sind auch für Methodenziele anwendbar.

Freie und gebundene Antworten. Man kann grundsätzlich zwei Hauptgruppen von Aufgabentypen unterscheiden: Aufgaben mit freien Antworten und solche mit gebundenen Antworten. Bei *gebundenen Antworten* ist ein Lösungsangebot vorgegeben, aus dem die Schüler auswählen können oder das sie ordnen müssen. Solche Aufgaben sind einfacher auszuwerten, z. T. aber schwierig zu konstruieren; die Ergebnisse haben eine große Vergleichbarkeit. Bei *freien Antworten* müssen die Schüler selbstständig formulieren; sie sind schwieriger auszuwerten, ermöglichen aber zuverlässigere Aussagen über die Fähigkeiten und Kenntnisse.
In den Siebzigerjahren standen im Zusammenhang mit der Lehrplanreform und der Lernzielorientierung gebundene Aufgabenformen im Mittelpunkt. Mit *informellen Tests* sollten Lernziele möglichst objektiv, vergleichbar und transparent überprüft werden (vgl. Kirchberg 1977c, Niemz 1976). Der Aufwand beim Konstruieren solcher Aufgaben, vor allem aber die Gefahren einer zu kurzschrittigen punktuellen und gängelnden Lernkontrolle haben den Stellenwert solcher Tests für den Geographieunterricht inzwischen verringert (vgl. Rogge 1986). Dennoch haben auch gebundene Aufgaben unverändert ihre Berechtigung (vgl. Haubrich 1994e, 1995b), vor allem für vergleichende Lernerfolgskontrollen (z. B. der internationale Vergleich INTER GEO II; vgl. Niemz 1994).

Im Folgenden sollen *konkrete Anregungen* für das Erstellen und Verwenden von Aufgabentypen gegeben werden. Dabei wird auf die gesamte Bandbreite der Formen eingegangen, wie sie in Tests, schriftlichen Überprüfungen, Extemporalien oder Stegreifaufgaben Verwendung finden. Beispiele für den Geographieunterricht verdeutlichen Vor- und Nachteile sowie Einsatzmöglichkeiten.

9.3.1 Aufgaben mit gebundenen Antworten

Hierzu gehören Aufgaben mit Auswahlantworten und Ordnungsaufgaben. Die Aufgaben mit *Auswahlantworten* bieten zwei (Alternativantworten) oder mehrere (Mehrfachwahlantworten) Aussagen zur Wahl an, wobei die richtige oder falsche bzw. die beste oder schlechteste herausgefunden werden soll (Beispiel 1 und 2).

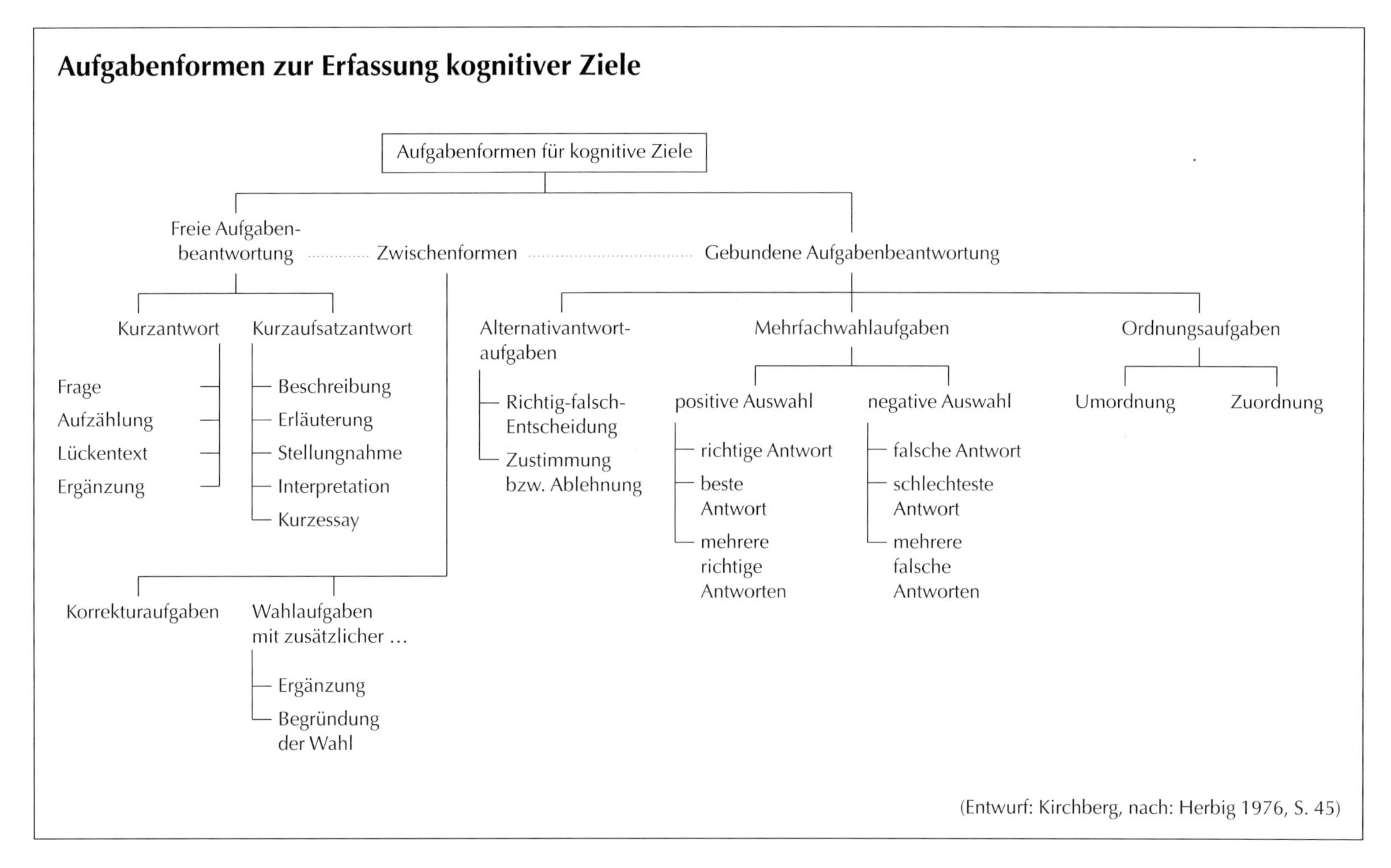

Aufgabenformen zur Erfassung kognitiver Ziele
Aufgabenformen für kognitive Ziele
Freie Aufgaben-beantwortung
Zwischenformen
Gebundene Aufgabenbeantwortung
Kurzantwort
Kurzaufsatzantwort
Frage
Aufzählung
Lückentext
Ergänzung
Beschreibung
Erläuterung
Stellungnahme
Interpretation
Kurzessay
Korrekturaufgaben
Wahlaufgaben mit zusätzlicher …
Ergänzung
Begründung der Wahl
Alternativantwort-aufgaben
Richtig-falsch-Entscheidung
Zustimmung bzw. Ablehnung
Mehrfachwahlaufgaben
positive Auswahl
richtige Antwort
beste Antwort
mehrere richtige Antworten
negative Auswahl
falsche Antwort
schlechteste Antwort
mehrere falsche Antworten
Ordnungsaufgaben
Umordnung
Zuordnung
(Entwurf: Kirchberg, nach: Herbig 1976, S. 45)

Aufgaben mit Alternativantwort (Zweifachwahlaufgaben) haben den Vorteil, dass sie sich leicht erstellen lassen, wenngleich solche Items eine große Eindeutigkeit verlangen. Nur dann steht die richtige Antwort objektiv fest und die Aufgabe ist entsprechend auswertbar. Wenn sie tatsächlich relevante Lernziele überprüfen sollen, sind deshalb solche Aufgaben nicht einfach zu konstruieren. Das gilt zumal wegen der hohen Ratewahrscheinlichkeit für die richtige Lösung, nämlich 50%. Selbst ungenaues Sachwissen oder der reine Zufall genügt oft um die Aufgabe zu lösen. Deshalb kann man diesen Typ durch die Aufforderung zur Begründung der Alternativentscheidung erschweren (Beispiel 18).

Mehrfachwahlaufgaben (Multiple-Choice-Items) finden in Tests verbreitet Verwendung. Sie unterscheiden sich von den Zweifachwahlaufgaben durch eine größere Zahl (meist 3–7) von Antwortalternativen, aus denen eine (Beispiel 2) oder mehrere (Beispiel 3) ausgewählt werden sollen. Die Aufgabe kann erschwert werden, indem man die Zahl der richtigen Lösungen nicht vorgibt (Beispiel 4). Zudem gibt es eine Reihe weiterer Variationsmöglichkeiten (vgl. S. 333). Zur weiten Verbreitung dieses Aufgabentyps hat neben der objektiven und raschen Auswertungsmöglichkeit die Tatsache beigetragen, dass er zur Überprüfung einer Vielzahl von Zielen geeignet ist. Nicht nur Kenntnis-, sondern auch Verständnis- und Anwendungsaufgaben lassen sich in dieser Form konstruieren, zumal wenn bei komplexeren Sachverhalten entsprechende, dem Schüler fremde Vorgaben gemacht werden (Beispiele 4 und 5).
Auch für Mehrfachwahlaufgaben gilt, dass die gedachte Antwort absolut richtig bzw. je nach Auswahlart die beste oder schlechteste ist. Besondere Aufmerksamkeit muss dabei den falschen Alternativen *(Distraktoren)* zukommen. Während sie einerseits eindeutig falsch bzw. unzutreffend sein müssen, sollen sie andererseits für den Schüler, der das entsprechende Ziel nicht erreicht hat, eine hohe Attraktivität besitzen. Völlig unwahrscheinliche Alternativen erhöhen die Ratewahrscheinlichkeit und vergeben damit die Vorteile dieser Aufgabenart, die allerdings für produktive Leistungen nur bedingt geeignet ist.

Ordnungsaufgaben: Zu den gebundenen Aufgabentypen gehören auch solche mit *Ordnungsantworten.* Sie gliedern sich in Zu- und Umordnungsaufgaben. *Zuordnungsaufgaben* (Beispiel 6) erlauben es, mehrere Mehrfachwahlaufgaben Platz sparend und ökonomisch zu einem Aufgabenkomplex zusammenzufassen; die Vorteile der Auswertung bleiben dabei erhalten. Ihre Anwendung ist weitgehend auf die Überprüfung von Faktenwissen begrenzt. Die Zahl der Zuordnungsglieder kann vertikal und horizontal noch erweitert werden, jedoch sollten sie alle dem gleichen Inhaltsbereich zugehören. Darüber hinaus ist es möglich, sowohl Mehrfachzuordnungen als auch Distraktoren einzubauen, für letztere ist also keine Zuordnung möglich. Solche Verfahren entlarven wildes Raten. Den Schülern muss das Vorkommen dieser Möglichkeit natürlich bekannt sein bzw. es muss in der Aufgabenstellung darauf hingewiesen werden.
Für Handlungsabläufe oder Reihenfolgen eignen sich *Umordnungsaufgaben* (Beispiel 7). Dabei darf die Liste der Begriffe oder Vorgänge nicht zu lang sein, der Schüler verliert sonst leicht die Übersicht. Mit diesem Aufgabentyp lassen sich auch kompliziertere Sachverhalte erfassen (Beispiel 8). Große Schwierigkeiten bestehen allerdings hinsichtlich einer objektiven Auswertung: Bereits *eine* falsche Platzierung verändert eine weitere, an sich richtige Reihenfolge. Teillösungen müssen deshalb nach einem festgelegten Schema mit Teilpunkten berücksichtigt werden. Eindeutig und objektiv auswertbar ist dagegen eine Kombination von Zu- und Umordnungsaufgaben, wie sie Beispiel 9 zeigt. *Kirchberg*

Geographische Beispiele für die Aufgabentypen

Beispiel 1

Lies jede der folgenden Feststellungen und kreuze an, ob sie richtig oder falsch ist:

	richtig	falsch
Die Erde ist ein Planet	☐	☐
Die Erde dreht sich um den Mond	☐	☐
Die Mondkrater wurden durch Meteore verursacht	☐	☐

Beispiel 2

Kreuze die richtige Aussage an:
Meridiane verlaufen …

☐ von Ost nach West
☐ von Pol zu Pol
☐ von Horizont zu Horizont
☐ von Nord nach Ost

Beispiel 3

Kreuze die drei richtigen Aussagen an:
Was sind mögliche Auswirkungen einer Talsperre?

☐ Fluss wird schiffbar
☐ Gewinnung elektrischer Energie
☐ Verbesserung der Trinkwasserversorgung
☐ Verschmutzung der Umwelt
☐ Auffangen starker Niederschläge
☐ Absenkung des Grundwasserspiegels

Beispiel 4

Grafik: Anteil des Auslandsumsatzes am Gesamtumsatz der Industriebetriebe in %

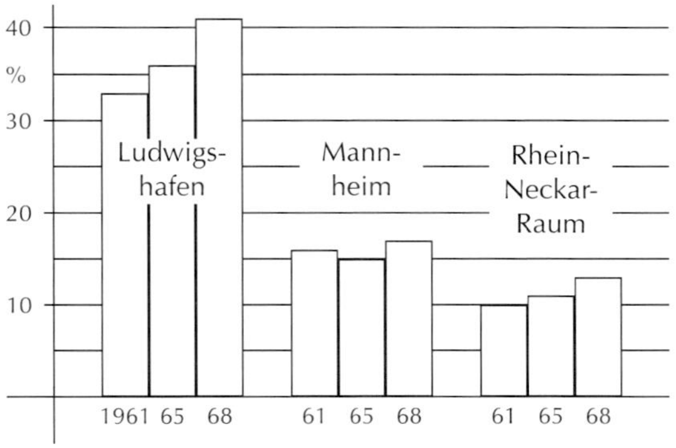

Kreuze die richtige(n) Aussage(n) an:
Dieser grafischen Darstellung kann man entnehmen:

☐ die Entwicklung des Auslandsumsatzes der Industrie in Ludwigshafen
☐ einen Vergleich des Auslandsumsatzes der Industrie von Mannheim und Ludwigshafen
☐ den Inlandsanteil am Gesamtumsatz der Industrie in Mannheim
☐ den Anteil des Ludwigshafener Auslandsumsatzes an dem des Rhein-Neckar-Raumes
☐ die Entwicklung des Auslandsanteils am Industrieumsatz

Beispiel 5

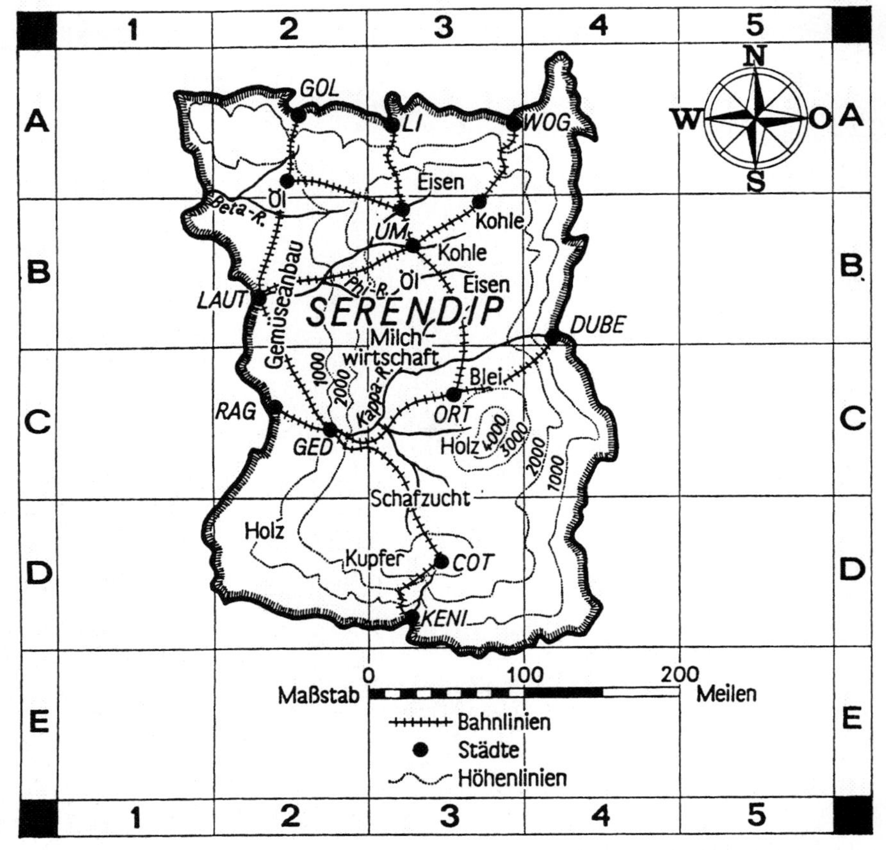

(aus: Chauncey/Dobbin 1968, S. 130)

Bei der Beantwortung der folgenden Frage sollen Sie aus den auf der hier abgebildeten Karte eines imaginären Landes „Serendip" gegebenen Daten Ihre Schlüsse ziehen. Die relative Größe der Städte ist nicht gegeben. Um das Auffinden der in den Fragen erwähnten Orte zu erleichtern, ist die Karte in Planquadrate unterteilt (waagerecht 1–5, senkrecht A–E).

Welche der folgenden Städte wäre der beste Platz für ein Stahlwerk?

(A) Li (3 A)
(B) Um (3 B)
(C) Cot (3 D)
(D) Dube (4 B)

Beispiel 6

Ordne durch Ankreuzen zu:	Landklima	Seeklima
Geringe Schwankungen der Jahrestemperatur		
Geringerer Jahresniederschlag		
Warme Sommer		
Niederschlag zu allen Jahreszeiten		
Milde Winter		

Beispiel 7
Ordne die gegebenen Länder Europas nach ihrer Flächengröße (1 = größtes Land, 6 = kleinstes Land):

a) Bundesrepublik Deutschland 1. ....
b) Großbritannien 2. ....
c) Frankreich 3. ....
d) Norwegen 4. ....
e) Italien 5. ....
f) Spanien 6. ....

Beispiel 8
Ordne folgende meteorologische Beobachtungen beim Durchzug einer voll entwickelten Zyklone (noch ohne Okklusion) in der richtigen Reihenfolge, indem du sie durchnummerierst; das Zentrum liegt nördlich des Beobachters.

☐ Kurze, heftige Niederschläge
☐ Allmähliche Eintrübung
☐ Zwischenaufheiterung, Temperaturanstieg
☐ Luftdruck sinkt
☐ Rasche Abkühlung
☐ Niederschläge hören auf, Luftdruck fällt nur noch wenig
☐ Anhaltender Landregen
☐ Druck beginnt leicht zu steigen

Beispiel 9
Die Tabelle nennt die Grenzen von Höhenstufen in den Alpen.
Setze die richtigen davon in die Übersicht ein:
Hochwassergrenze
Hochwaldgrenze
Schneegrenze
Pappelgrenze .... in ca. 2500 m
Baumgrenze .... in ca. 1900 m
Steingrenze .... in ca. 1700 m
Laubwaldgrenze .... in ca. 1300 m

9.3.2 Aufgaben mit freien Antworten

Bei der freien Beantwortung muss der Schüler die Antwort selbst formulieren. Als Hauptvorteil dieser Aufgabenform gilt, dass die Möglichkeit die richtige Lösung allein durch Raten zu finden weitgehend reduziert ist. Die Problematik solcher Aufgaben liegt weniger in der Konstruktion als vielmehr in der erreichbaren *Auswertungsobjektivität.* Auch die *Validität* solcher Aufgaben ist geringer, da z. B. sprachliches Ausdrucksvermögen hier in sehr viel stärkerem Maß das Ergebnis beeinflusst und damit die im engeren Sinn geographische Leistung verdecken kann. Dies gilt aber auch für Aufgaben mit gebundenen Antworten, da auch deren Aussagen vom Schüler erst sprachlich bewältigt werden müssen. Die Unterformen dieser Aufgabenart werden hier in einer Rangfolge mit abnehmender Objektivität vorgestellt.

Ergänzungsaufgaben eignen sich insbesondere zur Überprüfung von Begriffskenntnissen, z. B. in der Form eines Lückentextes (Beispiel 10). Auch komplexere Ergänzungsaufgaben sind möglich, etwa durch die Vervollständigung einer tabellenartigen Übersicht (Beispiel 11) oder einer grafischen bzw. kartographischen Darstellung (Beispiel 12, hier kombiniert mit einer Zuordnung). Um eine objektive Auswertung zu sichern, muss die Ergänzung völlig eindeutig möglich sein oder zumindest muss klar festgelegt werden, was als ausreichende Lösung gilt (für Beispiel 12 etwa: Das Einzeichnen der Erdachse gilt als richtig, wenn sie zwischen 45° und 80° geneigt ist).

Für die Kurzantwortaufgaben gilt ähnliches. Aufgrund einer Fragestellung oder einer Aufforderung ist ein Begriff, eine Zahl oder eine kurze Aussage niederzuschreiben (Beispiel 13 und 14). Auch hier wird vor allem Wissen überprüft, wobei die Lösungsfindung selbstständig erfolgen muss und kaum erraten werden kann. Dagegen ist es sehr schwierig, Aufgaben zum Verständnis komplexer Strukturen oder Prozesse so zu formulieren, dass als Lösung eine kurze Aussage genügen kann.

Aufgaben mit Kurzaufsatzantwort. Essay-Tests sind hierfür geeignet. Die Schüler müssen eine eigenständige, mehrere Aspekte umfassende Leistung erbringen. Auf eine Frage, Anweisung, Skizze, Tabelle usw. sollen sie mit einer verbalen oder zeichnerischen Darstellung reagieren. Bei solchen Aufgaben ist natürlich durch die gegebenen Interpretationsspielräume keine völlige Auswertungsobjektivität zu erreichen. Dennoch kann auf diese Aufgabenform nicht verzichtet werden, denn – wie v. a. Czapek (1996) deutlich macht – ohne Sprachkompetenz ist keine Sachkompetenz möglich.

Die Aufgabenstellung. Um ein annähernd objektives Ergebnis zu erhalten, das auch zuverlässig über die tatsächlichen Kenntnisse und Fähigkeiten des Schülers Auskunft gibt, müssen solche Aufgaben bestimmte *formale Kriterien* einhalten (vgl. Beispiele 15 u. 16):

- Der Inhalt muss eindeutig bestimmt sein (um nicht zu richtungsloser Vielschreiberei zu verleiten).
- Die erwartete Darstellungsart muss benannt sein (konkrete Handlungsanweisungen wie „Benenne ...“, „Vergleiche ...“, „Erkläre ...“ statt „Was zeigt sich ...?“ oder „Warum ...?“) (vgl. Kap. 9.8).
- Ggf. müssen weitere Zusätze z. B. zum Inhalt, zu den Arbeitsmaterialien, zur Art der Darstellung gegeben werden.

Alle drei Komponenten zusammen sind die Voraussetzung für eine offene Aufgabenstellung, die den Schülern klar und eindeutig zeigt, was von ihnen erwartet wird (vgl. Claaßen 1996, Kahl 1993, Kirchberg 1991b, K. Richter 1993). *Kirchberg*

Beispiel 10
In folgendem Text fehlen einige Wörter! Bestimmt weißt du genug über das Leben der Almbauern, sodass du den Text verstehen und ergänzen kannst:

In den engen Alpentälern reichen die wenigen Wiesen um die Dörfer nicht aus um das Vieh während des ganzen Jahres zu ernähren. Im Gebirge wächst jedoch genug Gras auf den . . . . Dorthin wird das Vieh im Sommer getrieben. Zunächst geht es Mitte . . . . auf die . . . . , dann im . . . . auf die . . . . , wo das Vieh nun . . . . Monate bleibt.

Beispiel 11
Ergänze folgende Zusammenstellung über Aufbau und Arbeit eines Hüttenwerkes:

Betriebsstelle	Arbeitsgänge	Einrichtungen	Erzeugnisse
Hochofenwerk		Hochofen,	
Stahlwerk			
	Auswalzen der glühenden Stahlblöcke		

Beispiel 12
Stelle mit dieser Skizze die Stellung der Erde zur Sonne am *21. 6.* dar, indem du einzeichnest und beschriftest.

Erdachse
Äquator
Erdbahnebene
Wendekreise
Polarkreise
Tag-Nacht-Grenze

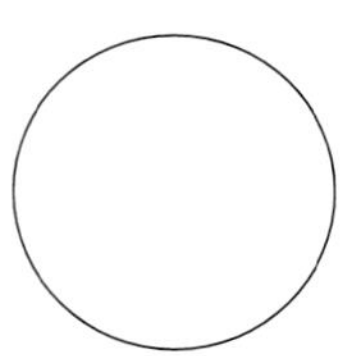

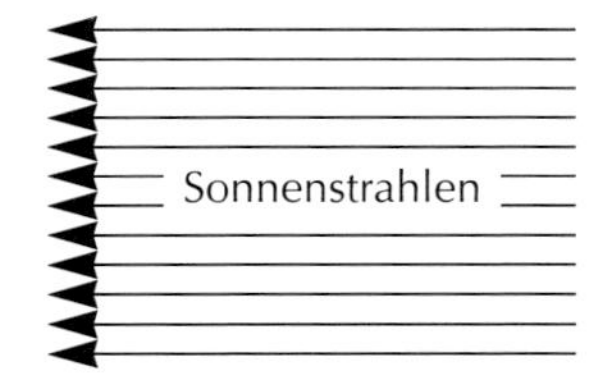

9.3.3 Zwischenformen

Es gibt eine ganze Reihe von Aufgabenformen, die weder eine rein gebundene noch eine echt freie Beantwortung zulassen und die oft die Nachteile der jeweiligen Ausgangstypen vermeiden.

Die Korrekturaufgaben verlangen vom Schüler recht viel Sachkenntnis und kritische Selbstständigkeit, sie ist zudem auch objektiv auswertbar (Beispiel 17). Die bisweilen geäußerte Befürchtung, dass die Vorgabe einer falschen Lösung den Schüler zur Reproduktion dieses Fehlers verleite, hat sich nicht bestätigt.

Die Wahlaufgaben mit zusätzlicher Begründung oder Ergänzung stellen eine andere Zwischenform dar. Vor allem für manche Alternativantwortaufgaben empfiehlt sich die Forderung nach Begründung der Entscheidung (Beispiel 18), weil sie richtige Zufallsantworten entlarvt. Auch Mehrfachwahlaufgaben lassen sich durch eine vom Schüler selbst zu formulierende zusätzliche Antwort ergänzen (für Beispiel 3: „Ergänze zudem eine weitere mögliche Folge" mit der Lösung „Schutz vor Überschwemmungen"). Hierdurch lässt sich eine qualitativ höhere Erreichung des Lernziels erkennen und bewerten. Auch zum Erkennen von sprachlichen Problemen des Schülers eignet sich das Anbieten einer Ergänzungsmöglichkeit.

9.3.4 Gestaltungsmöglichkeiten von Aufgaben

Motivation. Für die Schüler sind Lernkontrollen immer mit Aufregung und Unsicherheit verbunden. Umso wichtiger ist es, die Aufgaben mit *motivierenden Elementen* zu verbinden. „Wenn die zu überprüfenden Unterrichtsgegenstände in der Weise aufbereitet werden, dass sie für die Schüler attraktiv sind, dann müssten sich intentionales Handeln und damit Motivation auch bei Lernkontrollen einstellen" (Buske 1996, S. 12). Wenn man in einer Lernkontrolle nur abstrakte Fragen anbietet, wird das *kreative Denken* zu wenig angeregt, für Anschauung und Fantasie bleibt kein Raum. Schwarz (1993) schlägt deshalb vor, Abwechslung, Humor, Aktivität und Praxisnähe zu beachten. Buske (1996, S. 13) regt an, die im Unterricht vermittelten Elemente und Beziehungen unzusammenhängend darzubieten: „Unvollständiges ist zu ordnen, Bindungsloses zu verknüpfen und Falsches zu korrigieren."

Nicht nur Texte. Grundsätzlich sollten ohnehin bei allen Aufgabentypen möglichst nicht nur Texte, sondern – wo immer sinnvoll und möglich – auch *andere geographische Darstellungsformen* Anwendung finden: Karten, Atlas, Profile, Abbildungen, Statistiken, Diagramme usw. Das entspricht der Vielfalt der geographischen Arbeitsmittel und darüber hinaus den fachlichen Methodenzielen.
Reine Schreibarbeit repräsentiert nicht den handlungsorientierten Ansatz eines modernen Geographieunterrichts. Dazu gehört auch das Auswerten, das Skizzieren, das Zeichnen, das Anlegen einer Tabelle, das Errechnen oder das Vergleichen. *Kirchberg*

Beispiel 13
Zur Versorgung der Menschen und für die wirtschaftliche Entwicklung eines Raumes sind Arbeitsplätze, Verkehrs-, Einkaufs- und Energieeinrichtungen, Kultur-, Hygiene- und Bildungseinrichtungen usw. erforderlich.
Mit welchem Begriff wird die Gesamtheit all dieser Einrichtungen eines Raumes bezeichnet? ....

Beispiel 14
Durch Eingriffe des Menschen wurden in den Great Plains fruchtbare Gebiete in wertloses Brachland verwandelt. Nenne zwei solcher Eingriffe:
1. ....
2. ....

Beispiel 15
Nenne drei Ursachen für die wachsende Verschuldung der US-Farmer.

Beispiel 16
a) Zeichne eine Skizze der naturräumlichen Gliederung von Peru.
b) Lege eine gegliederte Liste mit Merkmalen an, die Peru als Entwicklungsland kennzeichnen.

Beispiel 17
In diesem Text zu Land- und Seeklima sind vier sachliche Fehler. Suche die falschen Begriffe heraus und streiche sie durch. Schreibe dann das richtige Wort daneben in die Zeile:

Die Temperaturschwankungen sind an der	....
Küste größer als im Landesinnern. Da sich	....
das Meerwasser im Sommer nur allmäh-	....
lich erwärmt, ist die Meeresluft in dieser	....
Zeit warm. Im Winter wird aber die ge-	....
speicherte Kälte wieder langsam abgege-	....
ben, die Luft ist deshalb feucht.	....

Beispiel 18
Ein Ort hat dieses Temperaturdiagramm:
Wo liegt dieser Ort?
a) auf der Nordhalbkugel
b) auf der Südhalbkugel
Begründe kurz, warum a) bzw. b) richtig ist!

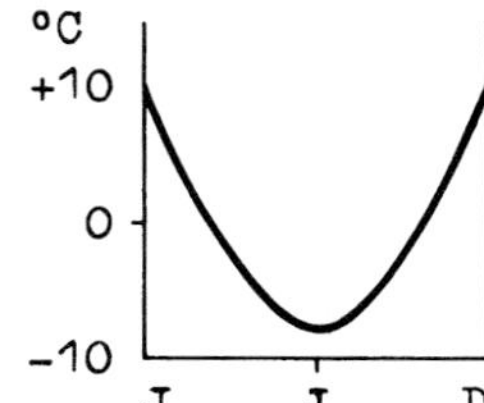

9.4 Allgemeine Gesichtspunkte für schriftliche Lernkontrollen

Grundlagen der Lernkontrolle. Mit einer Lernkontrolle kann z. B. das *Erreichen von Unterrichtszielen* überprüft werden. Dementsprechend ist die Voraussetzung für ihre Zusammenstellung eine klare Bestimmung der zu erwartenden *Unterrichtsergebnisse.* Die zu überprüfenden Ziele sind nicht unbedingt identisch mit denen der Unterrichtsplanung; oftmals bringt der tatsächliche Unterrichtsverlauf aus den verschiedensten Gründen erhebliche Abweichungen. Deshalb muss vor der Erstellung z. B. eines Tests überdacht werden, welche Inhalte und Ziele bis zu welchem taxonomischen Niveau als Grundlage der Lernkontrolle gelten können.
Hilfreich ist dafür ein Schema, in dem die einzelnen Inhaltsbereiche den Zielebenen „Wiedergeben" (Erinnern, Gedächtnisleistung), „Erklären" (Erläutern, Verständnisleistung) und Beurteilen (Einsicht zeigen, Werten) zugeordnet werden (vgl. S. 343 unten). Die Zuordnung erfolgt jeweils auf dem höchsten angestrebten Niveau.

Anforderungen an die Einzelaufgaben. Die Aufgaben sollen

- knapp und klar formuliert sein und *unmissverständliche Handlungsanweisungen* für die Schüler geben (also nicht „Was weißt Du von ...?" oder „Wie ist es in ...?", sondern „Trage ein", „Kreuze an", „Beschreibe", „Bewerte" usw.);
- *eindeutige Lösungsmöglichkeiten* bieten (v. a. bei gebundenen Antworten, aber auch z. B. bei Lückentexten);
- formal und inhaltlich tatsächlich *den Unterrichtszielen entsprechen* (eine Aufgabe, die z. B. die Fähigkeit zum Darstellen überprüft, kann nicht mit Auswahlantworten gestaltet sein; das Bewerten von Aussagen geht nicht mit Lückentext usw.);
- *keine unnötigen Erschwernisse* enthalten, die sich nicht auf die zu kontrollierenden Ziele beziehen (z. B. „Fallen", unbekannte Methoden, zu große Abhängigkeit der Teilaufgaben voneinander u. a.).

Länge und Umfang. Die Art der Aufgaben und die vorgesehene *Bearbeitungsdauer* bestimmt über die Aufgabenzahl. Da die zur Verfügung stehende Zeit in der Sekundarstufe I nur kurz sein kann (weniger als eine Unterrichtsstunde), werden sich schriftliche Lernkontrollen hier auf maximal 4–6 Teilaufgaben und höchstens zwei Medien beschränken müssen (vgl. Claaßen 1996). Für freie Antworten brauchen die Schüler jedenfalls genügend Zeit zum Formulieren und Schreiben, aber auch zum Materialauswerten und zum Nachdenken! Auch das Zeichnen ist oft zeitaufwendig, v. a. weil manche Schüler sich dabei „verzetteln". Grundsätzlich sollte man mit der Zeitzuteilung eher großzügig sein und dafür dann auch eine ordentliche Darstellung verlangen.

Zusammenstellung der Aufgaben. Um der inhaltlichen und taxonomischen Unterschiedlichkeit der Unterrichtssziele zu entsprechen, sollte man die *Aufgabentypen mischen* sowie *verschiedenartige Materialien und Arbeitsanweisungen* verwenden. Dies dient nicht nur der Abwechslung und der Motivation, sondern es gleicht auch die Nachteile der einzelnen Aufgabenformen etwas aus.
Ob zu einem bestimmten Ziel jeweils nur eine Aufgabe formuliert werden soll, ist umstritten. Dafür spricht, dass sich aus der einen Aufgabenstellung Lösungshinweise für die andere ergeben könnten, was in jedem Fall – ebenso wie Kettenaufgaben, bei denen eine Lösung Voraussetzung für das Weiterarbeiten ist – vermieden werden muss. Andererseits überprüft eine Aufgabe oft nur einen schmalen Ausschnitt eines Lernbereichs und es ist dann sinnvoll, einen an-

deren Aspekt mit einem weiteren Arbeitsauftrag (eventuell in anderer Form) zu kontrollieren. Die Unabhängigkeit der Aufgaben bleibt deshalb dennoch gewahrt.

Die Anordnung der Aufgaben. Oft wird empfohlen die Aufgaben nach wachsendem *Schwierigkeitsgrad* anzuordnen. Dies ist umstritten. Meist gehen die Schüler ohnehin aber nach einer selbst gewählten Reihenfolge vor. Zudem ist das Einstufen einer Aufgabe als „schwierig" von Schüler zu Schüler verschieden. Der tatsächliche Schwierigkeitsgrad zeigt sich erst nach der Durchführung (vgl. Kap. 9.5) – und ist für den Lehrer oft mit Überraschungen verbunden. Es ist aber durchaus sinnvoll, an den Anfang eine leichtere Reproduktionsaufgabe zu stellen („Eisbrecher"), die recht bekannte, mehrfach angesprochene und öfter wiederholte Sachverhalte oder Arbeitsweisen aufgreift.

Die Gestaltung der Arbeitsbögen. Dass die Aufgaben gut lesbar und übersichtlich angeordnet sind, ist eigentlich eine Selbstverständlichkeit. Das ist die Voraussetzung für eine reibungslose Bearbeitung. Meist werden maschinenbeschriebene, hektographierte oder kopierte *Aufgabenbögen* benutzt, die direkt von den Schülern beschrieben werden. In diesen Fällen muss also auch genug Platz für die Schülerantworten gelassen werden. Bei Aufgaben mit ausführlicheren Textantworten werden diese besser auf separaten Blättern gegeben.
Auf den Arbeitsbögen können auch gegebenenfalls Aufgabentypen, die den Schülern fremd sind, an einfachen Beispielen erläutert werden. Das kann aber auch vor der Ausgabe der Bögen an der Tafel geschehen.
Es ist vorteilhaft, die unterschiedliche *Gewichtung* der Einzelaufgaben kenntlich zu machen. Das ermöglicht den Schülern eine bessere Zeiteinteilung. Doppelkästchen am Rand, die links die erreichbare Punktzahl angeben und in die rechts der erreichte Punktwert eingetragen wird, bieten nach der Korrektur die Möglichkeit des direkten Vergleichs. Die Maximalpunktzahl kann trotzdem geändert werden, wenn dies notwendig sein sollte.

Weitere Beispiele und Anregungen für die Gestaltung schriftlicher Lernkontrollen im Geographieunterricht der Sekundarstufe I finden sich u. a. bei Claaßen [Mod.] 1996, Fraedrich [Hrsg.] 1983, 1986, Haubrich 1994e, 1995b, Hinrichs/Mülstegen 1992–1996, Kahl 1993, Kirchberg [Mod.] 1991, K. Richter 1993.

Kirchberg

Schema zur Zuordnung von Inhalten und Zielebenen am Beispiel einer Unterrichtseinheit Klasse 5 „In den Alpen"

	Wiedergeben	Erklären	Beurteilen
Topographie	×		
Wetter und Klima		×	
Höhenstufen			×
Almbauern		×	
Verkehr		×	
Energiegewinnung	×		
Tourismus		×	
Veränderung der Kulturlandschaft			×

(Entwurf: Kirchberg)

Beispiel für eine schriftliche Lernkontrolle

Thema des Unterrichts: Verkehrsprobleme in Ballungsgebieten – Das Beispiel Rhein-Main-Gebiet
Klassenstufe: 9 oder 10
Arbeitszeit: 30 Minuten
Gesamtpunktzahl: 33
Hinweis für den Schüler: Für diese Arbeit darfst du den Atlas benutzen!

1. Ordne die genannten Verkehrsträger durch Ankreuzen zu:

	vorwiegend regionale Verkehrsaufgaben	vorwiegend überregionale Verkehrsaufgaben
Autobahn		
U-Bahn		
Fernstraße		
Wasserweg		
S-Bahn		
Luftweg		

6

2. In der Bundesrepublik Deutschland gibt es mehrere Ballungsgebiete.

Greife eines nach deiner Wahl heraus (nicht: Rhein-Main!) und beschreibe mithilfe des Atlas ausführlich seine Lage im Verkehrsnetz:

6

3. Nenne fünf Gründe, warum viele für die Fahrt zur Arbeit nicht die öffentlichen Verkehrsmittel benutzen:

1.
2.
3.
4.
5.

5

4. Zeichne als Liniendiagramm, wie sich die Verkehrsdichte in einer Hauptverkehrsstraße zur Innenstadt im Verlauf eines Werktages verändert.

Zahl der Fahrzeuge

5 6 7 8 9 10 11 12 13 14 15 16 17 18 19 20 21 22 23

Uhrzeit

Begründe den Kurvenverlauf:

8

5. „Ein gut funktionierendes Verkehrssystem und die Lebensfähigkeit eines Raumes bilden eine Einheit" (R. Ladwig).

Erläutere diesen Zusammenhang für das Rhein-Main-Gebiet:

6

6. Kreuze an:

Mit „Park-and-Ride-System" bezeichnet man …

- ☐ … den Versuch in der Innenstadt vermehrt Parkflächen anzubieten.
- ☐ … das Umsteigen von privaten auf öffentliche Verkehrsmittel bei einer Fahrt.
- ☐ … die Einrichtung geeigneter Zeitabstände zwischen Schnellbahnzügen.
- ☐ … die Entwicklung von neuen Schnellbahnsystemen für den Nahverkehr.

2

(Entwurf: Kirchberg)

9.5 Aufgabenauswertung

Das Aufstellen eines Auswertungsschemas ist der erste Schritt. In ihm werden zum einen die richtigen Lösungen bzw. bei freien Antworten die erwarteten Aussagen *(„Erwartungshorizont")* festgelegt, zum anderen werden die Bewertungspunkte dafür fixiert. Dieser Schritt gibt der schriftlichen Lernkontrolle die notwendige Auswertungsobjektivität (vgl. S. 329). Es empfiehlt sich, dieses Auswertungsschema bereits beim Erstellen der Lernkontrolle festzuhalten; ggf. muss es modifiziert werden, wenn sich beim Lesen zeigt, dass die Lehrererwartungen zu hoch waren.
Die bei den einzelnen Aufgaben erreichbare *Punktzahl* wird – je nach deren Gewicht – verschieden sein. In der Regel wird man auch für nur teilweise richtige Lösungen Teile der Maximalpunkte geben. Es ist zu empfehlen, nur mit ganzzahligen Punkten zu arbeiten, also Brüche zu vermeiden.

Das Korrigieren. Bei der Korrektur geht man am besten die Einzelaufgaben oder zusammengehörige Aufgabengruppen bei allen Schülern nacheinander durch und wendet sich erst dann der nächsten Aufgabe – eventuell in umgekehrter Reihenfolge der Arbeiten – zu. Das erhöht die *unmittelbaren Vergleichsmöglichkeiten,* verringert die subjektiven Störfaktoren (z. B. durch die Reihenfolge der Arbeiten, durch die Tendenz an vorausgegangenen Urteilen festzuhalten usw.) und sichert eine größtmögliche Gleichbehandlung.
Dennoch ist die zu erreichende *Auswertungsobjektivität* (vgl. Kap. 9.1) nur relativ. Die Schülerantworten sind v. a. bei offeneren Aufgaben zwangsläufig recht uneinheitlich, z. B. in der Sprache, im Stil, in der Prägnanz, aber auch im Inhalt, in dessen Ausführlichkeit, Richtigkeit, Vollständigkeit usw. Die Lernkontrolle ist deshalb weniger ein Messverfahren, sondern eher eine objektivierte Leistungsschätzung.
Die *Korrektur* darf sich nicht nur auf eine Fehlerkennzeichnung und Punktezuteilung beschränken. Die Bewertung der Einzelaufgabe muss für die Schüler nachvollziehbar gemacht werden. Dazu bedarf es begründender und wertender (meist schriftlicher) Anmerkungen. Es reicht nicht aus, die richtigen Antworten nur bei der Rückgabe allgemein zu besprechen, jeder muss seine individuelle Leistung und seine Defizite selbst erkennen können.
Eine Ergebnistabelle wie auf Seite 347 oben ermöglicht einen griffigen Überblick über das Profil der von den Einzelschülern erreichten Ergebnisse. Sie eignet sich auch für einen wertenden Zugriff, weil sie sehr übersichtlich Stärken und Schwachstellen zeigt.

Die Aufgabenanalyse. Nach der Korrektur ist eine *Aufgabenanalyse* zu empfehlen. Ihr Ziel ist es, die Reaktionen der Schülergruppe auf eine Aufgabe zu überprüfen und damit auch die Brauchbarkeit der Aufgabe zu ermitteln. Die Verfahren dazu sind einfach zu handhaben (vgl. z. B. Wendeler 1969, 1981). Sie führen zu wertvollen Antworten auf Fragen, wie z. B.:

- Was bereitet meinen Schülern besondere Schwierigkeiten?
- Welche Inhalte/Begriffe/Arbeitsweisen beherrscht der Einzelne?
- Ist die Einzelaufgabe sowohl für leistungsschwache als auch für leistungsstarke Schüler geeignet?
- Wie ist die Leistung des Einzelnen bei verschiedenen Aufgaben einzuordnen?

Die Distraktorenanalyse ermittelt, welche *Attraktivität* die angebotenen Falschantworten für die Schüler hatten. Dies kann direkt aus dem Auswertungsbogen (vgl. S. 347 oben) abgelesen und wie auf Seite 347 unten dargestellt werden. Bei dem angegebenen Beispiel ist die Alternative b offensichtlich sehr unwahrscheinlich, wohingegen der Distraktor a recht häufig ge-

Beispiel für eine Ergebnistabelle

(Ausschnitt)

Name des Schülers	Aufgaben-Nr.												Punkte insges.	Note
	1	2			3	4	5					6		
		a	b	c			a	b	c	d	e			
Maximalpunkte	3	–	1	1	1	5	–	–	–	1	–	2	14	–
Peter G.	2	0	1		1	2					0	2	8	4
Gabi K.	3		1	1	x	4	0					2	11	2
Horst A.	0		1	1	1	2				1		1	7	4
Paul S.	1	0			1	2		0				x	4	5
Helmut B.	2	0		1	0	3				1		2	9	3
.	.		.		.	.			.			.	.	.
.	.		.		.	.			.			.	.	.
.	.		.		.	.			.			.	.	.
Erreichte Punkte insges. (40 Schüler)	88	–	22	31	33	96	–	–	–	7	–	70	ø 9,2	ø 3,2

(0 = falsche Antwort, x = nicht beantwortet)

Beispiel für die Distraktorenanalyse einer Aufgabe

(Aufgabe Nr. 5 des Beispiels oben; Schülerzahl N = 40)

Alternative	Häufigkeit	Attraktivität in %
a	14	35
b	2	5
c	9	22,5
d (richtig)	7	17,5
e	10	25

wählt wird. Diese Aufgabe erweist sich demnach als ausgesprochen inhomogen und muss für eine weitere Verwendung eventuell verändert werden. Generell gilt, dass ein Distraktor, der weniger als 10% der Falschlösungen aufweist, seine Funktion nicht erfüllt und ausgetauscht werden sollte.

Aufgabenschwierigkeit. Auf die (richtige) Antwort d entfallen relativ wenige Entscheidungen (17,5%); das zeigt den hohen *Schwierigkeitsgrad* dieser Aufgabe. Der Schwierigkeitsgrad S ist definiert als der Prozentsatz von Schülern, der die Aufgabe löst bzw. (wenn für die Aufgabe mehr als ein Punkt gegeben wird) der Prozentsatz der durchschnittlich erreichten Punkte. Er wird also umso größer (bis 100), je mehr Schüler die Aufgabe gelöst haben und geht gegen 0 bei einer sehr schweren Aufgabe (vgl. S. 349).
Nach der klassischen Testtheorie sollte möglichst ein *mittlerer Schwierigkeitsindex* angestrebt werden, die Grenzwerte liegen zwischen S = 20 – 80. Besonders schwere Aufgaben für den guten Schüler sind nicht notwendig; er zeigt seine Überlegenheit auch bei mittelschweren Anforderungen.

Aufgabentrennschärfe. Gelingt es mit einer Aufgabe die besseren von den schlechteren Schülern zu unterscheiden? Für die Berechnung der *Trennschärfe* ordnet man die Antwortbögen der Schüler in der Rangfolge der Punkte und halbiert in eine gleich starke Ober- und Untergruppe (bei ungerader Schülerzahl bleibt eine Arbeit mit mittlerer Punktzahl unberücksichtigt). Man trägt nun für die Einzelaufgaben die erreichten Punktwerte der besseren und schlechteren Hälfte in eine Tabelle (vgl. S. 349) ein und ermittelt die Trennschärfe T als Differenz (eventuell dividiert durch die Punktzahl, wenn diese $\neq 1$).
Bei einer Aufgabenschwierigkeit zwischen 20 und 80 sollte diese Differenz mindestens 10% von N (Gesamtzahl der Schüler) sein, bei leichteren Aufgaben (S über 80) können auch 5% ausreichen. Wird eine Aufgabe von Schülern der Untergruppe besser beantwortet als von Schülern der Obergruppe (Beispiel 2c, S. 349), so liegt eine *negative Trennschärfe* vor. Solche Aufgaben sind oft unklar formuliert, extrem schwer oder leicht bzw. mit schlechten Alternativen versehen.

Konsequenzen aus den Ergebnissen der Aufgabenanalyse. Im Sinne der *klassischen Testtheorie* müssen alle Aufgaben, die zu leicht, zu schwer oder zu wenig trennscharf sind, ausgeschieden und somit die Rohpunktzahl „bereinigt“ werden; denn das Ziel ist eine breite Verteilung der Werte im Hinblick auf eine populationsunabhängige Norm. Dieses Verfahren ist für schulische Zwecke – außer bei Aufgaben, die offensichtlich von den meisten Schülern missverstanden wurden – nicht praktikabel. Eine Aufgabe, die sich als „zu leicht“ erweist, belegt vielleicht eindrucksvoll den Lernerfolg der Schüler und/oder den Unterrichtserfolg des Lehrers – sie nachträglich zu streichen, wäre zutiefst unpädagogisch. Ebenso würde ein Schüler der „schlechteren Hälfte“ bei einer negativ trennscharfen Aufgabe mit Recht gegen die Aberkennung seiner hier erzielten Punkte protestieren.
Dennoch ist eine Aufgabenanalyse wertvoll, denn sie gibt eine Fülle von *pädagogisch wichtigen Informationen:* Es geht ja nicht nur um die Güte der Aufgaben, sondern primär um eine Analyse des im Unterricht Erreichten. So kann beispielsweise die Distraktorenanalyse einer Mehrfachwahlaufgabe außerordentlich aufschlussreich sein, obwohl sie testtheoretisch nicht „funktioniert“ hat. Wenn z. B. auf die Frage „Welche Gebiete sind auf einer Höhenschichtenkarte grün wiedergegeben?“ 90% der Schüler „Wiesen“ ankreuzen, dann muss sicherlich der Unterricht verbessert werden, nicht aber die Testfrage. *Kirchberg*

Beispiel für die Bestimmung der Schwierigkeit und Trennschärfe von Aufgaben

Aufgabe Nr.	R_o	R_u	Max. Punkte	$R_o + R_u$	$R_o - R_u$	Schwierigkeit S	Trennschärfe T	Ergebnis
1	14	7	1	21	7	70	7	nicht schwierig, gute Trennschärfe
2 a	4	1	1	5	3	16,6	3	etwas zu schwer, gerade noch trennscharf
b	13	12	1	25	1	83,3	1	sehr leicht, keine Trennschärfe
c	6	9	1	15	–3	50	–3	mittlere Schwierigkeit, aber negativ trennscharf
3	15	14	3	29	1	32,3	0,33	recht schwer, nicht trennscharf
4	29	23	2	52	6	86,7	3	sehr leicht, Trennschärfe deshalb noch ausreichend
5	48	32	4	80	16	66,6	4	brauchbare Schwierigkeit und Trennschärfe
						optimal S = 20–80	mind. 10% von N	

R Rohpunktzahl

R_o Rohpunktzahl der Obergruppe (bessere Hälfte der Schüler in diesem Test)

R_u Rohpunktzahl der Untergruppe (schlechtere Hälfte der Schüler in diesem Test)

N Gesamtzahl der Schüler (hier 30)

$R_o + R_u$ Summe der richtigen Lösungen bzw. Punkte

$R_o - R_u$ Differenz der Punkte zwischen Ober- und Untergruppe

$$S = \frac{R_o + R_u}{N \cdot \text{max. Punktzahl}} \cdot 100 \text{ (= prozentualer Anteil der richtigen Lösungen)}$$

$$T = \frac{R_o - R_u}{\text{maximale Punktzahl}}$$

9.6 Leistungsbewertung durch Noten

An die schriftliche Lernkontrolle – also einem Feststellungsverfahren – schließt sich meist mit einer Notenzuweisung ein *Beurteilungsverfahren* an. Dieses ist ein eigener Schritt mit eigenen Bedingungen. Praktisch geht es darum, dem ermittelten Punktwert eine Note zuzuordnen.

Bezugssysteme. Beurteilen heißt Einordnen in Normen und Bezüge. Für die Notengebung unterscheidet man drei Bezugssysteme:

- Der *„Individualbezug" (subjektives Bezugssystem)* berücksichtigt den Lernfortschritt und -erfolg des Einzelnen, seine Leistung im Hinblick auf seine Begabung, seinen Lernerfolg, seine Motivation. Dieses Bezugssystem wird dem Einzelnen, seinen individuellen Kenntnissen und Fähigkeiten am ehesten gerecht. Seiner Anwendung bei einer punktuellen schriftlichen Lernkontrolle steht aber entgegen, dass keine Vergleichbarkeit gegeben ist. Ein individuelles „sehr gut" kann möglicherweise objektiv nur „ausreichend" sein.
- Der *„Gruppenbezug" (intersubjektives Bezugssystem)* vergleicht die Leistung des Einzelnen mit der der Mitlernenden, berücksichtigt also seine relative Stellung in der Lerngruppe. Dieses Bezugssystem geht davon aus, dass die Lernvoraussetzungen und -bedingungen klassenintern vergleichbar sind; gleicher Unterricht ermöglicht grundsätzlich auch gleiche Leistungen. Problematisch ist dabei das Fehlen eines klassenübergreifenden Maßstabs. Letztlich bestimmt die Durchschnittsleistung der Klasse die Einstufung der Einzelleistung.
- Der *„Kriterienbezug"* (sog. *„objektives" Bezugssystem)* bezieht die Leistung auf den Sachanspruch, auf die Anforderungen der Lernkontrolle und damit auf den Grad der Annäherung an die Unterrichtsziele. Dieses Bezugssystem entspricht der Ziel- und Handlungsorientierung von Unterricht am meisten. Es geht darum, zu ermitteln, inwieweit die einzelne Schülerleistung den Anforderungen der Lernkontrolle entspricht. Offen bleibt dabei, ob diese Anforderungen und Erwartungen realistisch, angemessen und sinnvoll sind.

Die Notendefinitionen der Kultusministerkonferenz von 1968 sind für Schulnoten verbindlich (vgl. S. 351 oben). Sie verankern die *Leistungsbewertung* eindeutig in der *Kriteriumsorientierung.* So soll z. B. die Note „befriedigend (3)" erteilt werden, „wenn die Leistung im Allgemeinen den Anforderungen entspricht". Die zuweilen übliche Orientierung an der Durchschnittsleistung und mit ihr an der Note 3 ist nicht zulässig. Dennoch wird zuweilen auch der Gruppenbezug in die Beurteilung einfließen müssen, z. B. als Korrektiv, wenn eine Aufgabe (oder die ganze Arbeit) offensichtlich für die Lerngruppe zu schwer war.

Notengrenzen. In der Regel wird man von den erreichten Punktwerten ausgehen, die ausdrücken, in welchem Grad die Anforderungen erfüllt sind. Setzt man die Maximalpunktzahl als 100%, so kann man prozentuale Notengrenzen ziehen. Solche *Richtwerte* (vgl. S. 351 unten) dürfen jedoch nicht mechanisch angewandt werden. Vielmehr sind Art, Schwierigkeit und Umstände der Leistungsüberprüfung zu berücksichtigen.

Notenberechnung. Die in der Literatur v. a. im Zusammenhang mit Schultests diskutierten Notenberechnungen (vgl. Klauer 1989) sind in der Schulpraxis wenig brauchbar. *Zensurenarithmetik* führt zu Scheingerechtigkeit, weil sie pädagogisch willkürliche Grenzlinien zieht, von einer nicht gegebenen Äquidistanz der Ziffernzensuren ausgeht und verschiedene Messskalentypen unzulässig vermischt (vgl. Melchert 1980). Noten *ergeben* sich nicht durch ein reines Rechenverfahren, sondern sie müssen verantwortlich *gegeben* werden. *Kirchberg*

Vereinbarung der Kultusministerkonferenz über die Bedeutung der Notenstufen vom 3. 10. 1968

„Den Noten werden folgende Definitionen zugrunde gelegt:

1. sehr gut (1)
   Die Note *„sehr gut"* soll erteilt werden, wenn die Leistung den Anforderungen in besonderem Maße entspricht.
2. gut (2)
   Die Note *„gut"* soll erteilt werden, wenn die Leistung den Anforderungen voll entspricht.
3. befriedigend (3)
   Die Note *„befriedigend"* soll erteilt werden, wenn die Leistung im Allgemeinen den Anforderungen entspricht.
4. ausreichend (4)
   Die Note *„ausreichend"* soll erteilt werden, wenn die Leistung zwar Mängel aufweist, aber im Ganzen den Anforderungen noch entspricht.
5. mangelhaft (5)
   Die Note *„mangelhaft"* soll erteilt werden, wenn die Leistung den Anforderungen nicht entspricht, jedoch erkennen lässt, dass die notwendigen Grundkenntnisse vorhanden sind und die Mängel in absehbarer Zeit behoben werden können.
6. ungenügend(6)
   Die Note *„ungenügend"* soll erteilt werden, wenn die Leistungen den Anforderungen nicht entspricht und selbst die Grundkenntnisse so lückenhaft sind, dass die Mängel in absehbarer Zeit nicht behoben werden könnten.

Der Begriff „Anforderungen" in den Definitionen bezieht sich auf den Umfang sowie auf die selbstständige und richtige Anwendung der Kenntnisse und auf die Art der Darstellung."

Mögliche Richtwerte für Notengrenzen

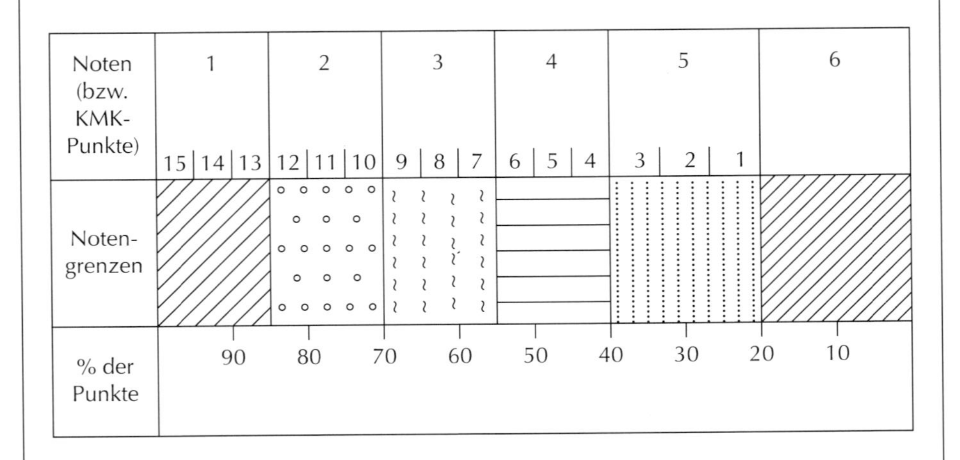

9.7 Mündliche Lernkontrollen

Für den erdkundlichen Unterricht spielt die mündliche Leistungsüberprüfung eine besondere Rolle, da die Zahl der schriftlichen Arbeiten durch die Schulordnung stark eingeschränkt ist und weil die Ziele des Geographieunterrichts nur zum geringeren Teil auf schriftliche Leistungen ausgerichtet sind.

Vor- und Nachteile. Die mündliche Lernkontrolle hat den *Vorteil,* dass sie ein Eingehen auf den Einzelschüler und damit auf dessen besondere Fähigkeiten und Schwächen ermöglicht. Gleichzeitig ergeben sich aber eine Reihe von *Schwierigkeiten.* Problematisch sind (nach: Bauer 1976, S. 180):

- die Unterscheidbarkeit von der Mitarbeit im Unterricht,
- der Zufallscharakter einer punktuellen Prüfungsweise,
- die Ungleichwertigkeit der gestellten Fragen,
- die Beurteilung der Leistung bei fehlendem Vergleich,
- die psychologische Belastung des Schülers, welche die Leistung beeinflusst.

Diese Gesichtspunkte gelten besonders für die Beurteilung von mündlichen Zusammenfassungen, von Wiederholungen oder von mündlichen Hausaufgaben.

Das so genannte Abfragen. Wenngleich die Bewertung hier unweigerlich von subjektiven Momenten und dem Sprachvermögen des Schülers beeinflusst wird, braucht sie dennoch nicht willkürlich zu sein. Maßstab sind auch hier die Ziele und deren Anforderungsebenen (vgl. Kap. 9.4). Wenn z. B. die Aufgabenstellung eine produktive Leistung (etwa eine selbstständige Anwendung, Erklärung oder Beurteilung) verlangt, dann kann eine einfache Reproduktion von Unterrichtsstoff nicht mehr mit „ausreichend" beurteilt werden. Hier zeigt sich, welch *große Bedeutung der Fragestellung* zugute kommt; diese Anforderungen müssen auch dem Schüler bewusst und transparent gemacht werden. Er braucht deshalb für seine Note eine Begründung. Im Übrigen muss in den meisten Bundesländern nicht sofort benotet werden; dem Lehrer wird zugestanden, dass er für diese Beurteilung etwas Zeit braucht (z. B. bis zur nächsten Stunde).

Die Beiträge zum Unterricht. Um die Problematik punktueller mündlicher Leistungskontrollen zu umgehen, werden häufig auch sie mit zur Beurteilung herangezogen. Hier ist konsequent zwischen Quantität und Qualität zu unterscheiden, nur letztere ist relevant für die Beurteilung erdkundlicher Fähigkeiten und Kenntnisse, wobei stille Schüler zu Äußerungen aufgefordert werden müssen. Um dem Unterricht aber nicht die Atmosphäre einer permanenten Prüfungssituation zu geben, sind *Epochalnoten* vorzuziehen. Mit ihnen werden die Unterrichtsbeiträge in einem überschaubaren Zeitraum (z. B. einer thematischen Unterrichtseinheit von 6 – 8 Stunden) bewertet.
Auch ein *Kurzreferat* stellt eine mündliche Leistung dar, insbesondere wenn es nicht nur abgelesen wird. Als Kriterien für seine Beurteilung können der Aufbau, der Gehalt, die Vortragsweise, die Veranschaulichung und das Ausmaß der Eigentätigkeit herangezogen werden. Auch die Leistung bei einer *Gruppenarbeit* bzw. das Vorstellen der Ergebnisse kann eine mündliche Leistung sein.

Anregungen für Aufgabenstellung, Auswertung und Beurteilung mündlich erbrachter Leistungen im Geographieunterricht bieten z. B. Fahn 1982 und Günther 1986. Zum mündlichen Abitur siehe Kap. 9.9.2.

Kirchberg

Methoden für mündliche Lernkontrollen

Methode	charakteristische Eigenschaften
Abfragen	Erfolgt durchschnittlich ein- bis zweimal je Schuljahr in der Form, dass der Lehrer dem Schüler gezielte Fragen (zum Beispiel zum Stoff der vorangegangenen Stunde) stellt.
Unterrichtsbeiträge	Hierunter werden alle Aktivitäten des Schülers im laufenden Unterricht zusammengefasst. Der Gefahr einer bloßen „Eindrucksnote" muss entgegnet werden, daher erscheint es wichtig, die Schülerleistungen nach jeder Stunde noch einmal kurz zu überdenken. Bei der Beurteilung sollten sowohl quantitative als auch qualitative Aspekte berücksichtigt werden.
Kurzreferat	Ein Kurzreferat behandelt ein klar abgegrenztes Thema, das in engem Zusammenhang mit den Unterrichtsinhalten steht. Der Schüler soll das Referat zu Hause vorbereiten und im Unterricht möglichst frei vortragen.
Gruppenarbeiten	Nicht selten bearbeiten Schüler im Unterricht gemeinsam ein Problem. Die Ergebnisse werden in der Regel in Kurzvorträgen vorgestellt.

(nach: Fahn 1982, in: Fraedrich 1983, S. 429)

Aspekte für die Bewertung mündlicher Leistungen

1. Problemerfassung (Ist dem Schüler sofort bewusst, worum es bei den gestellten Fragen geht?)	Note
rasch, genau	1
zögernd (aber ohne Hilfen)	2
zögernd (aber mit Hilfen)	3
nur Teilaspekte	4
oberflächlich	5
ohne Verständnis	6
2. Kenntnisse (Welches Fachwissen hat der Schüler in Bezug auf die gestellte Frage?)	Note
umfassend, fundiert (in besonderem Maße genau u. gründlich)	1
durchaus genau bzw. umfassend	2
durchschnittlich	3
Kenntnisse lückenhaft, aber noch ausreichend	4
lückenhaft u. oberflächlich, z. T. grobe inhaltliche Fehler	5
ohne Kenntnisse	6
3. Argumentation (Wie bringt der Schüler sein Wissen „an den Mann"?)	Note
logisch, schlüssig	1
meist logisch, überzeugend, einleuchtend	2
nur in Teilaspekten logisch, i. A. aber noch stimmig	3
im Allgemeinen ausreichend	4
Gesprächsfähigkeit sehr oberflächlich	5
ohne erkennbare Logik, ohne Verständnis	6

(aus: Fahn 1982, S. 139)

9.8 Klausurarbeit in der gymnasialen Oberstufe

Klausur- oder Kursarbeiten sind – entsprechend der *größeren Komplexität* der Unterrichtsziele – eine *komplexe* Form der Leistungsüberprüfung in der gymnasialen Oberstufe. Die Aussagen zu den Lernkontrollen von Kapitel 9.2 bis 9.6 sind grundsätzlich auch auf Klausuren anwendbar.
Mit dieser Form der schriftlichen Ausarbeitung soll insbesondere ermittelt werden, ob und inwieweit die angestrebte *Selbstständigkeit* im Umgang mit geographischen Quellen und im sachgemäßen Urteilen erreicht worden ist. Eine Aufgabenstellung in der Form unzusammenhängender Einzelfragen ist somit unangebracht. Aber auch ein „Besinnungsaufsatz" über ein geographisches Thema entspricht nicht dem Sinn einer fachspezifischen Leistungsüberprüfung. Vielmehr dominieren materialgebundene Aufgaben, die dazu auffordern, einen Sachverhalt *zu analysieren und darzustellen.*

Bezugspunkte für die Aufgabenstellung, Auswertung und Beurteilung einer Klausurarbeit sind die *Ziele* des Unterrichts. Für ihre Klassifikation bieten sich hier vor allem die vier Lernzielstufen von Roth (1969) an, die mit einem Beispiel (Bauer 1976, S. 176) veranschaulicht seien:

- *Reproduktion:* Den Inhalt des christallerschen Modells der zentralen Orte wiedergeben können.
- *Reorganisation:* An einem Beispiel den Inhalt des christallerschen Modells erläutern können.
- *Transfer:* Das christallersche Modell in einem neuen Untersuchungsraum anwenden können.
- *Problemlösung:* Die Anwendbarkeit des christallerschen Modells kritisch beurteilen können.

Aufgabenanforderungen. Geographische Klausuraufgaben erfassen breite Zielbündel. Die Zuordnung von Einzelaufgaben zu *„Anforderungsbereichen"* (vgl. S. 359) mag zuweilen etwas problematisch sein. Aber sie kann auch als „heilsamer Zwang" angesehen werden die verschiedenen taxonomischen Niveaus zu berücksichtigen.
Die Einzelaufgaben müssen den auf Seite 342 dargestellten Anforderungen entsprechen. Wichtig ist nicht nur eine präzise Bestimmung der *Inhaltskomponente*, sondern auch eine klare *Arbeitsanweisung.* Sie sollte dem Schüler inhaltlich und methodisch eindeutige Aufträge geben um nicht zu richtungsloser Vielschreiberei zu verleiten. Eine präzise Formulierung der Aufgabenanforderungen (vgl. S. 355) erhöht die Gültigkeit der Leistungsfeststellung bei geographischen Klausurarbeiten. Auch andere Maßnahmen, wie die Festlegung eines *Lösungsmodells* und ein entsprechender, differenzierter *Punkteschlüssel* tragen dazu bei, die Auswertung einer Klausurarbeit zu objektivieren (vgl. Brameier 1995, Kirchberg 1981).

Die Gestaltung und Auswertung von Kursarbeiten kann sich an *Beispielen* orientieren, z. B. Börsch/Brameier [Hrsg.] 1987–1991, Brameier [Mod.] 1993 u. 1995, Fraedrich [Hrsg.] 1986, Peter [Mod.] 1988 u. a., ferner in allen geographiedidaktischen Zeitschriften. Schmidt (1986) gibt eine Bestandsaufnahme veröffentlichter Geographieklausuren nach 1980, Brameier (1993) führt sie bis 1993 weiter. Eine Checkliste für Lehrer bietet Buske (1993), ein Merkblatt für Schüler Brameier/Fraedrich 1993, eine Abiturhilfe für Schüler z. B. Kirchberg 1990b.

Kirchberg

Erläuterung der Aufgabenstellung in Klausuren (für die Schüler)

Jede Aufgabenstellung spricht einen bestimmten *Inhalt* an und enthält zudem einen konkreten *Arbeitsauftrag*. Dieser ist meist mit einem Verb ausgedrückt. Die vorliegende Liste erläutert für Sie die dabei oft verwendeten Verben. Sie sind in etwa nach wachsendem Anspruchsniveau geordnet.
Wenn Sie sich daran orientieren, werden Sie besser verstehen, was von Ihnen erwartet wird – und sich danach richten können.

Fragen Sie Ihren Lehrer, ob Sie diese Liste bei der Klausurarbeit verwenden dürfen!

nennen	aufzählen oder auflisten, ohne Erläuterung
definieren	einen Begriff umschreiben
wiedergeben	vorgegebene oder bekannte Informationen knapp wiederholen oder zusammenfassen
beschreiben	durch umfassende Angaben berichten
darstellen	mit Text, Tabelle oder Zeichnung ausführlich wiedergeben
gliedern	in eine logische Ordnung bringen
ermitteln, untersuchen	an einen Gegenstand gezielte Fragen richten und gewonnene Ergebnisse darstellen
erläutern	anschaulich beschreiben und dabei Beziehungen verdeutlichen
analysieren	nach wichtigen Merkmalen suchen und deren Strukturen herausarbeiten
erklären	das Verstehen von Erscheinungen ermöglichen
begründen	den Grund für etwas argumentierend darstellen
vergleichen	unter verschiedenen Gesichtspunkten Gemeinsamkeiten und Verschiedenheiten herausarbeiten
interpretieren	einen Sachverhalt erklären, dabei Zusammenhänge verdeutlichen
(über-)prüfen	eine Aussage an Fakten oder an ihrer inneren Logik messen
erörtern	einen Sachverhalt umfassend beleuchten und dazu eigene Gedanken entwickeln
anwenden	Kenntnisse auf einen anderen Sachverhalt übertragen, dabei kritisch vergleichen
Stellung nehmen	eine eigene, begründete und bewertende Meinung äußern
beurteilen, bewerten	zur Richtigkeit/Wahrscheinlichkeit/Angemessenheit eines Sachverhalts oder einer Behauptung Stellung nehmen

(Entwurf: Kirchberg)

Beispiel für eine Klausurarbeit im Grundkurs Erdkunde

Themenkreis: Landwirtschaft in der EU
Arbeitszeit: zwei Unterrichtsstunden
Arbeitsmittel: zwei Grafiken und zwei Texte

Bewertungseinheiten

Aufgabe Nr.	1.1	1.2	2.1	2.2	3.1	insges.
maximale Punkte	8	8	5	5	0	36
erreichte Punkte						

Aufgaben

1. *Zur Produktivitätsentwicklung in der Landwirtschaft* (Abb. 1)

1.1 Ein deutscher Landwirt ernährte 1910 4 Menschen, 1970 32 Menschen und 1995 80 Menschen. Dabei ist die zur Ernährung eines Menschen erforderliche Fläche in Deutschland statistisch nahezu gleich geblieben: seit Jahrzehnten 0,35 ha. Erklären Sie diesen scheinbaren Widerspruch.

1.2 Die Produktivitätsentwicklung der Landwirtschaft unterscheidet sich erheblich von der der übrigen Wirtschaft. Begründen Sie das mit konkreten Beispielen.

2. *Zur Einkommensentwicklung in der Landwirtschaft* (Tab. 1 und Text 1)

2.1 Stellen Sie die in Tab. 1 und Text 1 dargestellte Situation in 5 bis 7 prägnanten Aussagesätzen dar.

2.2 Nennen Sie Maßnahmen, die derzeit zur finanziellen Absicherung der Landwirte in Deutschland beitragen.

3. *Zur Zukunft der Landwirtschaft* (Text 1 und 2)

3.1 Nehmen Sie zu den in den Texten vorgeschlagenen Maßnahmen kritisch Stellung.

Text 1: Jeden Tag schließen fünf Höfe (aus: Die Rheinpfalz vom 15. 12. 1995)

MAINZ/BAD KREUZNACH (tüi). Um neun Prozent sanken von 1994 bis 1995 die Einkommen der Landwirte in Rheinland-Pfalz. Jeden Tag machten fünf Betriebe dicht, davon zwei Winzer.

Das geht aus dem ersten „Grünen Bericht" der Landwirtschaftskammer Rheinland-Pfalz hervor, den gestern Kammerpräsident Günther Schartz der Kammer-Vollversammlung vorstellte. Das durchschnittliche Jahreseinkommen eines Landwirtschaftsbetriebs betrage 55 000 Mark. Verschiedene Kosten wie Sozialversicherungsbeiträge und Einkommensteuer abgezogen, verblieben einer vierköpfigen Bauernfamilie 24 000 Mark für den Lebensunterhalt – 500 Mark pro Kopf im Monat. Die Folge: 4,5 Prozent der insgesamt rund 46 000 Landwirtschaftsbetriebe in Rheinland-Pfalz hätten zwischen Juli 1994 und Juni 1995 geschlossen.
Besonders betroffen: die Milchwirtschaft, die Einbußen von 13,5 Prozent verzeichnet habe. Der Weinbau habe indes ein Plus von 15,5 Prozent verbucht. Allerdings liege das Durchschnittseinkommen der Winzer mit 43 000 Mark deutlich unter dem Schnitt der Landwirtschaft insgesamt.
Kammerpräsident Schartz forderte, den Landwirten neben ihrem Einkommen aus Produktionsverkäufen eine „Kulturlandschaftsprämie" zu bezahlen, die aus Steuereinnahmen zu finanzieren und pro Hektar bewirtschaftete Fläche an die Landwirte auszuzahlen wäre. Darüber hinaus sprach sich Schartz dafür aus, Landwirte von der Grundsteuer zu befreien.
„Die EU zieht sich von Jahr zu Jahr mehr aus der Marktgestaltung heraus – um Geld zu sparen", klagte Schartz. Daher werde die Kammer in ihrer Arbeit Maßnahmen, um den Markt zu steuern, zu einem Schwerpunkt machen. So solle ein Gütesiegel „Garantiert aus Rheinland-Pfalz" geschaffen werden. Eine Fusion der rheinlandpfälzischen Molkereien solle Preiszuwächse von zweieinhalb bis drei Pfennigen ermöglichen.

Text 2: Öko-Landbau statt Agrarfabriken (aus: Kieler Nachrichten vom 20. 7. 1992)

Unsere konventionelle Landwirtschaft ist in der Sackgasse: Viele Böden sind mit Schwermetallen und Pestiziden, Gewässer und Grundwasser mit Nitrat belastet. Die Vielfalt der Landschaft mit ihren Knicks, Tümpeln, Wiesen und Mooren ist weitgehend einer maschinengerechten Agrarsteppe geopfert worden, viele Tier- und Pflanzenarten bereits ausgestorben. Den Lebensmitteln ist häufig der Geschmack verloren gegangen. Dies sind die unmittelbaren Folgen einer verfehlten Agrarpolitik, die auf die Natur keine Rücksichten nimmt. Außerdem kostet uns jeder landwirtschaftliche Arbeitsplatz jährlich über 30 000 DM, trotzdem geht das Höfesterben weiter.

Die Eurokraten verschwenden immer mehr Milliarden für ein System, das die bäuerlichen Familienbetriebe und die Natur kaputtmacht – das EU-Subventionssystem ruiniert Bauern und Steuerzahler. So kann es einfach nicht weitergehen!
Unsere Bauern müssen endlich wieder gesunde, qualitativ hochwertige Nahrungsmittel erzeugen – im Einklang mit der Natur! Mit schonender Bodenbearbeitung und einer harmonischen Fruchtfolge, ohne jedoch durch Spritzgifte und Überdüngung das Letzte aus den Böden für eine sinnlose Überproduktion herauszuholen. Die Trennung von Pflanzen- und Tierproduktion muss aufgehoben werden zugunsten einer natürlichen Kreislaufwirtschaft, ohne Kraftfutterzukauf aus Drittweltländern. Der Mist der eigenen Tiere dient als wertvoller Dünger für die Pflanzen und das selbst produzierte Futter gewährleistet schadstoffarme Milch, Eier und Fleisch von gesunden Tieren. Statt industrieller Massentierhaltung und Agrarfabriken brauchen wir artgerechte, der Betriebsgröße angepasste Tierhaltungsformen und eine ökologische Landwirtschaft.

Abb. 1: Produktivitätsentwicklung (BRD 1991 gegenüber 1960 in %)
(nach: Fischer-Weltalmanach)

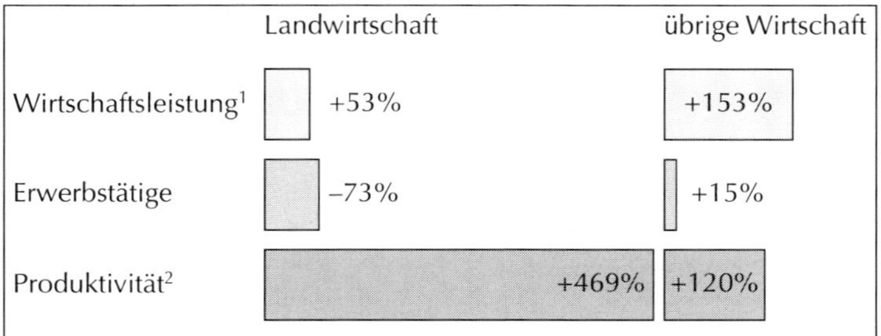

	Landwirtschaft	übrige Wirtschaft
Wirtschaftsleistung[1]	+53%	+153%
Erwerbstätige	–73%	+15%
Produktivität[2]	+469%	+120%

[1] Bruttowertschöpfung in konstanten Preisen
[2] Bruttowertschöpfung je Erwerbstätigen

Tab. 1: Gewinne der Haupterwerbsbetriebe in Rheinland-Pfalz
(in 1000 DM; aus: Die Rheinpfalz vom 15. 12. 1995)

	Betriebsarten				
	Marktfrucht	Futterbau	Veredelung	Gemischt	Weinbau
Wirtschaftsjahr 1993/94	47	61	43	49	39
Wirtschaftsjahr 1994/95	49	53	48	51	43

(Entwurf: Kirchberg)

9.9 Abitur

9.9.1 Schriftliche Abiturprüfung

Die Abiturklausur ist eine Sonderform der schriftlichen Lernkontrolle. Am Abschluss des geographischen Oberstufenunterrichts werden hier vom Schüler in besonderem Maße die *Fähigkeiten zu Transfer und eigener Urteilsbildung* verlangt. „Dieses Ziel ist nicht allein durch Nachahmung und Übung zu erreichen, sondern der Schüler muss Einsicht in den notwendigen Denkprozess selbst gewinnen" (Hendinger 1978, S. 689). Wie für die reformierte Oberstufe überhaupt gilt auch für die Geographie das Prinzip der Wissenschaftspropädeutik (vgl. Kirchberg/Richter [Hrsg.] 1982, ferner Kap. 4.7).

Die Aufgabenstellung folgt ähnlichen Überlegungen wie denen für Klausurarbeiten (vgl. Kap. 9.8). Die *Prüfungsaufgaben* sollten materialbezogen und mehrgliedrig sein. Teilaufgaben präzisieren durch Eingrenzen und Akzentuieren die geforderte Leistung; zudem fordern sie vom Schüler eine Sache aus jeweils verschiedenen Blickwinkeln anzugehen (im Gegensatz dazu siehe Mittelstädt 1980). Voraussetzungen sind allerdings (nach Buske 1992) die sachlogische Stimmigkeit, die Eindeutigkeit und die sinnvolle Verknüpfung der Aufgaben.

Die „Einheitlichen Prüfungsanforderungen in der Abiturprüfung Geographie" der Kultusministerkonferenz vom 1.12.1989 (kurz: EPA) legen drei Anforderungsbereiche fest (vgl. S. 359 ff.). „Sie dienen als Hilfsmittel um Aufgabenstellung und Bewertung durchschaubar und besser vergleichbar zu machen sowie eine ausgewogene Aufgabenstellung zu erleichtern ... Die Abiturprüfung muss so beschaffen sein, dass in allen drei *Anforderungsbereichen* Fähigkeiten und Kenntnisse nachgewiesen werden können. Der Schwerpunkt der Aufgabenstellung liegt im Anforderungsbereich II" (KMK 1992, S. 11 u. 15).

Die Gestaltung schriftlicher Abituraufgaben folgt Gesichtspunkten wie bei Klausuren und Kursarbeiten. *Beispiele* finden sich u. a. in Friese [Hrsg.] 1979, Friese [Mod.] 1981, Stark-Verlag [Hrsg.] 1979 ff., ferner in den geographiedidaktischen Zeitschriften. Anregungen bieten auch die Sammlungen mit Klausurarbeiten (vgl. Kap. 9.8). Auch für die Hand des Schülers gedachte Übungsbeispiele liegen vor (z.B. Fraedrich 1982, Kirchberg 1989, 1990, Kirchberg/Walter 1994, v.d. Ruhren 1993). Reimers (1986) gibt Hinweise, wie Lehrer ihre Schüler auf die schriftliche Reifeprüfung in Geographie vorbereiten können.

Die Bewertung einer Abitur- und auch Kursklausur ist wegen deren komplexen inhaltlichen und formalen Struktur nicht unproblematisch. Die EPA geben hier eine Entscheidungshilfe: „Die Note *„ausreichend"* kann erteilt werden, wenn
- zentrale Aussagen und bestimmende Merkmale eines Textes (Materials) in Grundzügen erfasst sind,
- die Aussagen auf die Angaben bezogen sind,
- dabei grundlegende fachspezifische Verfahren und Begriffe angewendet werden,
- die Darstellung im Wesentlichen verständlich ausgeführt und erkennbar geordnet ist"

(KMK 1992, S. 17).

Damit ist die Notengrenze 4/5 nicht prozentual, sondern anforderungsmäßig festgelegt. Man wird also überprüfen müssen, ob z.B. eine Schülerarbeit mit 41% der Punkte diese Anforderungen erfüllt. Gleiches gilt für die Noten *„gut"* und *„sehr gut"*, die Leistungen im Anforderungsbereich III (Urteilen) voraussetzen. *Kirchberg*

Fachspezifische Beschreibung der Anforderungsbereiche

In den folgenden Beschreibungen zu den inhalts- und methodenbezogenen Kenntnissen und Fähigkeiten sind die in Klammern angegebenen Beispiele nicht verbindlich im Einzelnen, aber in der Zusammenstellung exemplarisch für das Anspruchsniveau, für das sie einen Orientierungsmaßstab darstellen. Auf dieser Grundlage sind Schwerpunktsetzungen möglich, je nachdem, ob es sich um eine Abiturprüfung in Geographie oder Wirtschaftsgeographie handelt.

Anforderungsbereich I

Der Anforderungsbereich I umfasst
- die Wiedergabe von Sachverhalten aus einem abgegrenzten Gebiet im gelernten Zusammenhang,
- die Beschreibung und Darstellung gelernter und geübter Arbeitstechniken in einem begrenzten Gebiet und einem wiederholenden Zusammenhang.

A Inhaltsbezogene Kenntnisse und Fähigkeiten	B Methodenbezogene Kenntnisse und Fähigkeiten
Wiedergeben von Sachverhalten 1. Grundtatsachen (z. B. Basistopographie nach Maßgabe der Vorbemerkungen, natur-, kultur- und wirtschaftsgeographisches Basiswissen) 2. Fachwissenschaftliche Begriffe (z. B. Tektonik, Bodenart, Klimatyp, Ökumene, Trockengrenze, Wirtschaftssektor, Terms of Trade …) 3. Ereignisse (z. B. Naturkatastrophen, Wirtschaftskrisen, Grenzziehungen, politische Entscheidungen) 4. Prozesse (z. B. Bodenbildung, Erosion, Desertifikation, Erschließung, Migration, Verstädterung, Viertelbildung, Strukturveränderungen in der Landwirtschaft und Industrie, Wirtschaftsplanungen, Umweltveränderungen …) 5. Strukturen und Ordnungen (z. B. glaziale Serie, Landschaftszonen, Ökotop, Wirtschaftsraum, Wirtschaftsverflechtungen, Wirtschaftsstrukturen, Entwicklungsachsen, zentralörtliche Systeme …) 6. Normen und Konventionen (z. B. Erbgewohnheiten, Siedlungs- und Wirtschaftstraditionen, Umweltschutzvorschriften, Wirtschaftsabkommen) 7. Kategorien (z. B. Potenzial, Disparität, Substitution …) 8. Theorien, Klassifikationen, Modelle (z. B. Kontinentalverschiebungstheorie, Klimaklassifikation, Standorttheorien, Entwicklungstheorien, Tragfähigkeitsmodelle, Wirtschaftssektorenmodell, Stadtentwicklungsmodelle)	*Kennen von* 1. Darstellungsformen (z. B. Karte, Bild, Luftbild, Statistik, Blockbild, Kartogramm, Text) 2. Arbeitstechniken und methodischen Schritten bei der Bearbeitung von Aufgaben (z. B. Beobachtung, Erhebung, grafisches Darstellen, Mathematisieren; mögliche Schritte bei der Karteninterpretation, bei problemorientierten länderkundlichen Verfahren)

Anforderungsbereich II

Der Anforderungsbereich II umfasst
- selbstständiges Erklären, Bearbeiten und Ordnen bekannter Sachverhalte,
- selbstständiges Anwenden und Übertragen des Gelernten auf vergleichbare Sachverhalte.

A Inhaltsbezogene Kenntnisse und Fähigkeiten	B Methodenbezogene Kenntnisse und Fähigkeiten
Selbstständiges Erklären und Anwenden des Gelernten und Verstandenen 1. Erklären von Sachverhalten (z. B. Passatzirkulation, Folgen von Bewässerungsmaßnahmen, Flurbereinigungsmaßnahmen, Siedlungsentwicklung, Funktionswandel) 2. Verarbeiten und Ordnen unter bestimmten Fragestellungen (z. B. Verbreitung von Lagerstätten und Abhängigkeit tektonischer Großstrukturen, Vegetationszonen in Abhängigkeit vom Klima, Raumerschließung durch Veränderung von Infrastruktur, Zusammenhang zwischen Bevölkerungsverteilung und verschiedenen Geofaktoren, Wechselwirkung zwischen Raumpotenzial und Freizeitverhalten, Ursachen und Folgen von Bodenzerstörung) 3. Anwenden des Gelernten und Verstandenen in neuen Zusammenhängen und auf Sachverhalte, die so im Unterricht nicht behandelt worden sind – Weiterführendes Untersuchen bekannter geographischer Strukturen und Prozesse unter wirtschaftlichen und politischen Aspekten (z. B. Abhängigkeit agrarischer Kollektivwirtschaften von gesellschaftspolitischen Leitbildern, Vergleich zweier bekannter Industrieräume oder städtischer Teilräume unter dem Aspekt unterschiedlicher raumplanerischer Leitbilder) – Verknüpfen geographischer Kenntnisse und Einsichten und deren Verarbeiten im neuen Zusammenhang, Analysieren neuer Sachverhalte (z. B. Vergleich von Entwicklungsproblemen eines bekannten mit denen eines nicht behandelten Raumes, Übertragung von bekannten Modellen auf nicht behandelte Räume, Erarbeitung der Infrastruktur einer nicht behandelten Region, Erklärung von Landschaftsformen unter Anwendung bekannter geomorphologischer Gesetzmäßigkeiten)	*Anwenden von fach- und sachadäquaten Methoden und Arbeitstechniken* 1. bei der Darstellung geographischer Sachverhalte (z. B. Anfertigung von Texten, Umrissen, Karten, Profilen, Verlaufs- und Strukturskizzen; Anfertigung von Tabellen, Statistiken, Diagrammen; einfache Mathematisierung geographischer Sachverhalte) 2. bei der Übertragung in andere Darstellungsformen (z. B. Verbalisierung visueller kartographischer und statistischer Informationen; kartographische, bildliche oder tabellarische Veranschaulichung verbaler Informationen) 3. bei der Erschließung von Arbeitsmaterial und bei der Auseinandersetzung mit neuen Fragestellungen (z. B. Analyse fachspezifischen Materials unter bekannten Kriterien)

Anforderungsbereich III

Der Anforderungsbereich III umfasst das planmäßige Verarbeiten komplexer Gegebenheiten mit dem Ziel, zu selbstständigen Begründungen, Folgerungen, Deutungen und Wertungen zu gelangen.

A Inhaltsbezogene Kenntnisse und Fähigkeiten

Problembezogenes Denken, Urteilen, Begründen

1. Einbeziehen erworbener Kenntnisse und erlangter Einsichten bei der Begründung eines selbstständigen Urteils (z. B. bezüglich eines Neulandprojektes, eines Sanierungsvorschlags oder konkreter Entwicklungsvorhaben)
2. Feststellen von Informationslücken bei der Gewinnung von Einsichten und Urteilen und Erkennen der Bedeutung und der Grenzen des Aussagewertes von Material (z. B. Relativierung statistischer Aussagen, wie über Bruttosozialprodukt, Hektarerträge und landwirtschaftliche Nutzfläche, Tragfähigkeit, Naturressourcen)
3. Reflektieren von Normen, Konventionen, Zielsetzungen und Theorien und Befragen auf ihre Prämissen (z. B. Voraussetzungen und räumliche Folgen von Maßnahmen der Wirtschafts- und Raumplanungspolitik, Zielkonflikte zwischen Ökonomie und Ökologie sowie zwischen verschiedenen Gruppeninteressen)
4. Problematisieren von Sachverhalten und Darstellungen anhand selbstständig entwickelter Aspekte, Erörtern oder Prüfen von Hypothesen, Aufzeigen von Alternativen (z. B. Erörtern geoökologischer Zusammenhänge in Agrarräumen, Problematisieren der Interdependenz zwischen geoökologischen Zusammenhängen in Agrarräumen, Problematisieren der Interdependenz zwischen wirtschaftlicher Nutzung und gesamtgesellschaftlicher Verantwortung, Erörtern von verschiedenen Erklärungsversuchen für naturgeographische Erscheinungen, Überprüfen der Anwendbarkeit von Standorttheorien und Entwicklungskonzeptionen, Erörtern von Möglichkeiten des sparsamen Umgangs mit Ressourcen und Vergleich verschiedener Konzepte zur Überwindung räumlicher Disparitäten)

B Methodenbezogene Kenntnisse und Fähigkeiten

Beurteilen von Methoden

1. Erörtern möglicher methodischer Schritte zur Lösung von Aufgaben (z. B. prüfen, ob und unter welchen Voraussetzungen qualitative oder quantitative Erhebungs- und Darstellungsmethoden zur Bearbeitung einer Aufgabe angemessen sind)
2. Begründen des eingeschlagenen Lösungsweges (z. B. Abfolge von Arbeitsschritten bei der Analyse von Karten und Statistiken)
3. Prüfen von Methoden
   - auf ihre Leistung für die Erschließung von Sachverhalten (z. B. Grenzen und Möglichkeiten der Generalisierung, Übertragbarkeit der Ergebnisse von Fallanalysen),
   - im Hinblick auf immanente Wertungen und Auswahlkriterien (z. B. Projektion, Farbgebung, Signatur; Basisjahr)
4. Prüfen von Darstellungsformen auf ihre Aussagekraft (z. B. Kartogramme zur Darstellung regionaler Disparitäten; unterschiedlich konzipierte thematische Karten)

(aus: KMK 1992, S. 11 – 15)

9.9.2 Mündliche Abiturprüfung

Die mündliche Abiturprüfung hat die Vorteile und Schwierigkeiten mündlicher Leistungsüberprüfung generell (vgl. Kap. 9.7). Erschwerend kommt sowohl für den Schüler als auch für den prüfenden Lehrer der ungewohnte Rahmen hinzu. Das Prüfungsgespräch vor einem dem Schüler z. T. fremden Fachprüfungsausschuss bedarf besonders behutsamer und verständnisvoller Gesprächsführung.

Die Aufgabenstellung kann bereits helfen *Prüfungsangst abzubauen* und zügig zum vorgesehenen Fachgespräch vorzustoßen. Sie sollte (nach: Böckenholt 1987, S. 11; vgl. Mittelstädt 1993/94)

- zentrale Gegenstände des Geographieunterrichts aufgreifen, die nicht nur marginal Unterrichtsergebnisse einbringen lassen;
- eine gewisse thematische Breite aufweisen um die Prüfung nicht auf zu spezielle Einzelfragen festzulegen;
- nicht zusammenhanglos Einzelfragen aneinander reihen, sondern eine thematische Einheit bilden;
- die verschiedenen Anforderungsbereiche angemessen berücksichtigen;
- dem Schüler die von ihm erwarteten Leistungen verdeutlichen (Umfang, Intensität), z. B. durch die Verwendung von eindeutigen Handlungsanweisungen.

Die Materialauswahl. Mündliche Abituraufgaben sind materialgebunden, d. h. der Schüler bearbeitet in der Vorbereitungszeit vorgegebene Materialien, die zur Bewältigung der Aufgabenstellung geeignet sind. Bei der *Materialauswahl* ist darauf zu achten (nach: Böckenholt 1987),

- dass sie so zusammengestellt und aufbereitet ist, dass schlüssige Ergebnisse und stringente Belege möglich sind;
- dass sie nicht bereits die erwarteten Arbeitsergebnisse vorwegnimmt;
- dass sie in der zur Verfügung stehenden Vorbereitungszeit auch bewältigt werden kann.

„In Bezug auf Klausuren und Abiturprüfung erscheint die in den Richtlinien grundsätzlich geforderte *Materialbindung* der Aufgabenstellung sinnvoll; jedoch sollte sich die Materialbindung nur auf Teile der Aufgabenstellung erstrecken. Daneben müsste der Schüler, vor allem bei anspruchsvolleren Themenstellungen, auch die Möglichkeit haben, durch *freie Erörterung* raumbezogener Probleme Breite und Tiefe seines Wissens und Könnens, seine Abstraktions-, Urteils-, Kritik-, Transfer- und Ausdrucksfähigkeit unter Beweis zu stellen“ (Engelhard 1987d, S. 25).

Die Bewertung der Leistungen in der mündlichen Abiturprüfung folgt den gleichen Grundsätzen wie in der schriftlichen Prüfung (vgl. 9.9.1). Außerdem ergeben sich *ergänzende Bewertungsperspektiven*, wie z. B. (vgl. KMK 1992, S. 17 ff.):

- richtiges Erfassen von Fachfragen,
- sach- und adressatengerechtes Antworten,
- Erkennen und Erläutern von Schwierigkeiten, die im Gespräch auftreten,
- Einbringen und Verarbeiten weiterführender Fragestellungen im Verlauf des Prüfungsgesprächs.

Weitere Hinweise für die Gestaltung, Durchführung und Bewertung mündlicher Abiturprüfungen in Geographie finden sich – zusammen mit *Beispielen* – in Börsch/v. d. Ruhren [Hrsg.] 1987 und Mittelstädt 1993/94.

Kirchberg

Überlegungen zur mündlichen Abiturprüfung

Die Vorgaben für die *Prüfungszeit* (ca. 15–20 Minuten) sowie für die *Vorbereitungszeit* des Prüflings (je nach Situation und Land unterschiedlich, Näherungswert: 20–40 Minuten) begrenzen die Aufgabenstellung bzw. die Materialbasis. In jedem Fall sollte jedoch von einer *materialbezogenen Aufgabenstellung* ausgegangen werden. Ähnlich der Aufgabenstellung im schriftlichen Abitur sollten sich die Bearbeitungsanleitungen bzw. Fragestellungen zunächst auf die Auswertung des vorgelegten Materials beziehen, das in Anbetracht der geringeren zur Verfügung stehenden Vorbereitungs- und Prüfungszeit wesentlich weniger umfangreich sein muss als in der schriftlichen Prüfung.

Es scheint mir sinnvoller zu sein ein oder zwei Materialien (z. B. Statistik, Text, Diagramm und/oder Karte) gründlicher bearbeiten zu lassen, als aus einer Fülle von Materialien steinbruchartig Details heraussuchen zu lassen.

Der erste Teil einer Prüfungsaufgabe könnte sich also auf die *Materialauswertung* beziehen, und zwar mit einer konkreten Aufgabenstellung (z. B. „Legen Sie dar, welche Aussagen zur Bevölkerungsentwicklung Nigerias das vorliegende Material ermöglicht!"). Vermieden werden sollten so allgemeine Aufgabenstellungen wie: „Interpetieren Sie das vorliegende Material!", da hierbei die Gefahr relativ groß ist, dass der Schüler nicht genau weiß, wie weit er sich beschreibend auf das Material beziehen und wie weit er bereits Stellung nehmen soll.

Ein zweiter Schritt in der Aufgabenstellung könnte dann hinführen zur *Einordnung* des für den Schüler neuen Materials in bereits bekannte Sachverhalte (z. B. „Zeigen Sie auf, worin bei den Materialaussagen für ein Entwicklungsland typische Merkmale zu finden sind und wie sie sich erklären lassen!"). Der Schüler ist gezwungen aus dem Unterricht verfügbare Kenntnisse und Einsichten anzuwenden. Denkbar wäre als zweiter Schritt auch eine *vergleichende Frage,* die Unterrichtsergebnisse einbezieht (z. B. „Stellen Sie vergleichend an einem Beispiel oder allgemein die Bevölkerungsentwicklung in den heutigen Industrieländern dar!").

In jedem Fall halte ich es für sinnvoll, relativ konkret auf den vorausgegangenen Unterrichtsstoff einzugehen ohne dabei eine reine Reproduktionsleistung zu verlangen.

Da jedes Prüfungsthema so angelegt sein muss, dass bei seiner Bearbeitung 15 Punkte erreichbar sind, was z. B. bei zu großem Reproduktionsanteil m. E. nicht möglich ist, wird eine weitere Teilfrage erforderlich, die dem Prüfling die Möglichkeit gibt seine Fähigkeiten im Hinblick auf *Urteilsfähigkeit* und *„problemlösendes Denken"* einzusetzen. Bei der Formulierung einer solchen Fragestellung ist es sehr wichtig, den vorausgegangenen Unterricht zu bedenken, denn die gleiche Fragestellung kann bei unterschiedlichen unterrichtlichen Voraussetzungen einerseits zur reinen Reproduktion geraten, andererseits den Schüler auf spekulative Wege führen. Beides ist hier nicht gemeint. Um im gewählten fiktiven Beispiel zu bleiben, könnte z. B. die 3. Aufgabe lauten: „Prüfen Sie die These, dass sich das Problem der Überbevölkerung in den heutigen Entwicklungsländern wie in den heutigen Industrieländern im Laufe der Zeit von selbst lösen werde, und nehmen Sie Stellung dazu!" Eine solche bewusst recht *offen gewählte Aufgabenstellung* ermöglicht es dem Lehrer, bei der Beurteilung der Schülerleistung besser differenzieren zu können.

(aus: Göppner 1987, S. 2)

9.10 Weitere Lernkontrollen

Grundsätzlich ist für den geographischen Unterricht eine Vielfalt an Lernkontrollen anzustreben um der Schülerleistung ganzheitlich gerecht zu werden und um Anhaltspunkte für differenzierte lernsteuernde Maßnahmen und Hilfen zu gewinnen.

Die Hausaufgaben verdienen hierbei besondere Beachtung (vgl. Kap. 7.2.9). Es geht hier weniger um ihre *Überprüfung* auf Vollständigkeit und Richtigkeit (was auch notwendig ist), sondern um die *Kontrolle* der ihr zugrunde liegenden Ziele. Die Hausaufgabe darf keine Beschäftigungs- oder Disziplinierungsfunktion haben, sondern sie ist ein Rückmeldeverfahren: Sie kann zeigen, inwieweit der Schüler in der Lage ist zumutbare Lernschritte selbstständig zu bewältigen (vgl. Kirchberg 1982a). Die Hausaufgaben können wegen der möglichen häuslichen Hilfe nur selten direkt bewertet werden. Zusatzfragen, das Aufgreifen in der Stunde, die kurze mündliche oder schriftliche Kontrolle o. Ä. zeigen, ob das Ergebnis tatsächlich dem Schüler zugeschrieben werden kann. Keinesfalls darf es jedoch das primäre Ziel von Hausaufgaben sein, Leistungsnoten zu ermitteln.

Ein Schülerreferat ist ebenfalls eine Möglichkeit der *Lernkontrolle,* indem der Schüler hierbei eine *fachliche Leistung* zeigt. Allerdings sollte das Referat nicht zu einer einfachen Möglichkeit zur Aufbesserung der Zeugnisnote degenerieren. Ein Schülervortrag kann für den Vortragenden und für die Klasse vorrangig aus anderen Gründen wertvoll sein; er ist Unterrichtsarbeit in hoher Schülerverantwortung. Hinsichtlich der Bewertung braucht keine Unsicherheit zu bestehen, wenn klar zwischen inhaltlicher und darstellerischer Bewältigung unterschieden wird. Beides sind getrennt beurteilbare Bereiche, deren Gewicht unterschiedlich sein kann.

Mit Unterrichtsprotokollen ist es ähnlich. Auch hier erbringt der Schüler eine Leistung, indem er in möglichst prägnanter Form Ergebnisse oder Verlauf einer Stunde wiedergibt. Form und Inhalt entsprechen dabei durchaus verschiedenen Zielbereichen und fließen getrennt in die Beurteilung ein.

Bei Gruppenunterricht sind *Kontrolle und Bewertung* einer Schülerleistung schwieriger (vgl. Kap. 7.1.2). Einerseits stellt sich das Problem, inwieweit die sozialen Leistungen innerhalb der Gruppe für die Geographienote Berücksichtigung finden dürfen. Andererseits gibt es das Problem der *Kollektivnote,* die für den Einzelnen hinsichtlich seiner individuellen Leistung unangemessen sein kann. Auch hier gilt, dass nur dann eine notenmäßige Beurteilung erfolgen darf, wenn sie für den Einzelschüler begründbar ist.

Insgesamt gibt es also eine *Vielfalt* von mündlichen, schriftlichen und praktischen Arbeitsformen für die Lern- und Leistungskontrollen im Geographieunterricht. Das Spektrum reicht von den Beiträgen zum Unterrichtsgespräch bis hin zu schriftlichen Ausarbeitungen. Selbstverständlich müssen alle zur Leistungsfeststellung herangezogenen Arbeitsformen zuvor im Unterricht geübt worden sein.
Bei allem Bemühen um objektive und vielseitige Leistungskontrolle muss aber bedacht werden, dass geographischer Unterricht nicht primär auf diese Prüfverfahren angelegt wird; es ist nämlich vorrangig seine Aufgabe, sinnvoll zu Leistung zu befähigen. *Kirchberg*

Auszüge aus der Schulordnung für die öffentlichen Hauptschulen, Realschulen, Gymnasien und Kollegs in Rheinland-Pfalz vom 14. 05. 1989

Achter Abschnitt: Leistungsfeststellung und Leistungsbeurteilung

§ 36 Grundlagen der Leistungsanforderung
Die oberste Schulbehörde legt insbesondere durch Lehrpläne und Stundentafeln das Nähere über die Bildungs-, Erziehungs- und Lernziele fest.

§ 45 Grundlagen der Leistungsfeststellung und Leistungsbeurteilung
(1) Leistungsfeststellung und Leistungsbeurteilung werden gemäß § 20 Abs. 1 SchulG durch die pädagogische Verantwortung und die Freiheit des Lehrers bestimmt. Schülerleistungen sind als Schritte und Resultate im Lernprozess zu sehen.
(2) Bei der Leistungsfeststellung und der Leistungsbeurteilung ist nach Eigenart des Fachs eine Vielfalt von mündlichen, schriftlichen und praktischen Arbeitsformen zugrunde zu legen, wie Beiträge zum Unterrichtsgespräch, Diskussionsbeiträge, mündlicher Vortrag, mündliche Überprüfung, Hausaufgaben, mündliches und schriftliches Abfragen der Hausaufgaben, Unterrichtsprotokolle, schriftliche Überprüfung (§ 47 Abs. 2), schriftliche Ausarbeitung zur Übung und zur Sicherung der Ergebnisse einzelner Unterrichtsstunden, Klassenarbeiten, Kursarbeiten und praktische Übungen im künstlerisch-musischen und technischen Bereich sowie im Sport. Alle zur Leistungsfeststellung herangezogenen Arbeitsformen müssen im Unterricht geübt worden sein.
(3) Die Leistungsbeurteilung erfolgt punktuell oder epochal. Die Anzahl der Leistungsbeurteilungen kann bei den einzelnen Schülern verschieden sein.

§ 47 Klassen- und Kursarbeiten, schriftliche Überprüfungen
(1) Die Klassen- oder Kursarbeiten eines Fachs sind entsprechend dem Fortgang des Lernprozesses gleichmäßig auf das Schuljahr zu verteilen.
(2) In Fächern, in denen keine Klassen- oder Kursarbeiten vorgesehen sind, kann in jedem Schulhalbjahr eine schriftliche Überprüfung angesetzt werden. Die schriftliche Überprüfung erstreckt sich höchstens auf die Unterrichtsinhalte der letzten zehn Unterrichtsstunden, darf bis zu 30 Minuten dauern und nicht in den letzten vier Wochen vor der Zeugniskonferenz geschrieben werden. In Fächern, in denen Klassen- oder Kursarbeiten vorgesehen sind, sind schriftliche Überprüfungen nicht zulässig.
(3) Mehr als insgesamt drei Klassen- oder Kursarbeiten oder schriftliche Überprüfungen an sechs aufeinander folgenden Kalendertagen dürfen nicht gefordert werden.
(4) An einem Unterrichtstag darf nur eine Klassen- oder Kursarbeit oder schriftliche Überprüfung gefordert werden ...

§ 48 Leistungsbeurteilung
(1) Leistungen werden nach dem Grad des Erreichens von Lernanforderungen beurteilt. Die Beurteilung berücksichtigt auch die Lerngruppe, in der die Leistung erbracht wird, den individuellen Lernfortschritt des Schülers und seine Leistungsbereitschaft ...

§ 51 Bekanntgabe der Leistungsbeurteilung, Rückgabe von Schülerarbeiten
(1) Die Schüler haben das Recht auf Auskunft über ihren Leistungsstand, auf Bekanntgabe der Bewertungsmaßstäbe und auf Begründung der Noten.
(2) Bei Klassen-, Kursarbeiten und schriftlichen Überprüfungen wird die Notenverteilung (Notenspiegel) mitgeteilt. Noten für mündliche Leistungsnachweise werden bis zum Ende der Unterrichtsstunde oder in der nächsten Unterrichtsstunde bekannt gegeben. Epochalnoten sind nach Abschluss der Unterrichtseinheit mitzuteilen ...

9.11 Probleme und Gefahren bei der Notengebung

Störanfälligkeit. Die Notengebung ist aufgrund vielfältiger Faktoren *störanfällig* (vgl. Ingenkamp 1989, Ziegenspeck 1976 u. a.). Sie ist damit nicht von vornherein grundsätzlich falsch, sondern sie *kann* – wie Urteile immer – fehlerhaft sein. Der Lehrer muss sich dessen bewusst sein und darauf achten, dass seine Noten möglichst wenig verfälscht werden (vgl. Kap. 9.2). Dazu tragen insbesondere bei:

- Klarheit über die eigenen Unterrichtsziele,
- guter Unterricht, der die Schüler vielseitig fordert und fördert,
- intensive und breite Sicherung der Unterrichtsergebnisse,
- objektivierte Lernkontrollen.

Produktorientierung. Im Schulalltag gibt es dennoch weitere Probleme und Gefahren. Dazu gehört z. B. die zu starke Betonung der *punktuellen Überprüfung* und dadurch die zu geringe Berücksichtigung des Prozesscharakters von Leistung. Schülerleistungen sind zwar Resultate, aber auch Schritte im Lernprozess. Beides bedarf der aufmerksamen Beobachtung und Beurteilung des Lehrers sowie nachfolgender pädagogischer Konsequenzen (vgl. Bambach u. a. [Hrsg.] 1996, Gudjons [Mod.] 1995, Ingenkamp 1989).

Verschriftlichung. Eine andere Tendenz ist die der zunehmenden *Verschriftlichung* von Lernkontrollen. Im berechtigten Bemühen um Vergleichbarkeit gewinnen Leistungsüberprüfungen der gesamten Klasse – und das geht nur schriftlich – einen unverhältnismäßig hohen Anteil. Schriftliche Überprüfungen erhalten den Stellenwert von Klassenarbeiten, wohingegen die mündlichen Leistungen des Schülers (z. B. seine Mitwirkung am Unterrichtsgeschehen, sein Interesse an der Sache, seine individuelle Anstrengung) eher weniger berücksichtigt werden. Gerade in einem traditionell und zu Recht „mündlichen" Fach wie Geographie ist diese Entwicklung bedenklich. Wesentliche Ziele des Geographieunterrichts insbesondere in der Sekundarstufe I sind nicht in individueller Arbeit schriftlich darzulegen.

Mathematisierung. Bedenklich ist auch die Tendenz zur *„Mathematisierung"* der Notengebung. Dass Zeugniszensuren mancherorts mit dem Taschenrechner ermittelt werden, ist zutiefst unpädagogisch und ein Verlust erzieherischer Freiheit. Die Leistungsbeurteilung sollte stattdessen immer mitberücksichtigen, in welchem Kontext eine Leistung erbracht wurde. Es führt zu Scheinobjektivität, wenn Noten nicht mehr verantwortlich und begründbar gegeben werden, sondern sich in einem reinen Rechenverfahren ergeben.

Anschein von Gewissheit. Das sensibelste Problemfeld aber ist die *Bedeutung der Schulnoten nach außen:* im Elternhaus, bei der Suche nach einem Ausbildungsplatz, für die Bewerbung. Wie gültig sind unsere Urteile? „Ich wiederhole diesen Gedanken immer wieder, weil es heute mehr denn je darum geht, einen Aberglauben zu erschüttern, den Aberglauben an die Richtigkeit der Bewertung durch Zensuren und den Aberglauben an die prognostische Gültigkeit der gemessenen Leistungsurteile. Die Schwierigkeit liegt darin, den Aberglauben abzubauen, aber Prüfungen mit Zensuren weiter durchzuführen ... Es geht in der Frage der Zensuren darum, zu wissen, dass wir die Gewissheit nicht erhalten können und uns der Gerechtigkeit auf anderem Weg nähern müssen. Und es ist eine Lüge, wenn wir den Anschein von Gewissheit verbreiten, und ungerecht, wenn wir uns mit einer Scheingerechtigkeit beruhigen. Wir müssen Zensuren geben, aber zugleich den Zweifel an der Zensur zum Ausdruck bringen" (Becker 1981, S. 349).

Kirchberg

10 Unterrichtsplanung und -analyse

Unterricht ist ein sehr komplexes, von vielfältigen interdependenten Faktoren abhängiges Geschehen. Sein Erfolg hängt entscheidend von einer gründlichen, für nicht vorhersehbare Lernsituationen offenen Unterrichtsplanung und einer sorgfältigen, die wichtigsten Unterrichtsfaktoren reflektierenden Unterrichtsanalyse ab (Peterßen 1991). Sie sollte für die wichtigsten Lernschritte Alternativen vorsehen.

Im Mittelpunkt dieses Kapitels stehen die praktischen Aspekte der Planung von Unterrichtseinheiten und -stunden. Die Konkretisierung der Unterrichtsplanung erfolgt dabei durchgehend am Thema „Strukturwandel im Ruhrgebiet".

- Das Raumbeispiel und das Thema sind austauschbar; es wird hier nur ein Modellfall von Planung durchgespielt.
- Die Unterrichtsplanung orientiert sich an den Erfordernissen und Bedingungen einer Ausbildungssituation. Unterrichtsplanung und -durchführung sind offene Prozesse und vielfältig variierbar.
- Die Reihenfolge der Teilkapitel zeichnet zwar grob einen Planungsablauf nach, versteht sich aber nicht als strenge logische Abfolge.

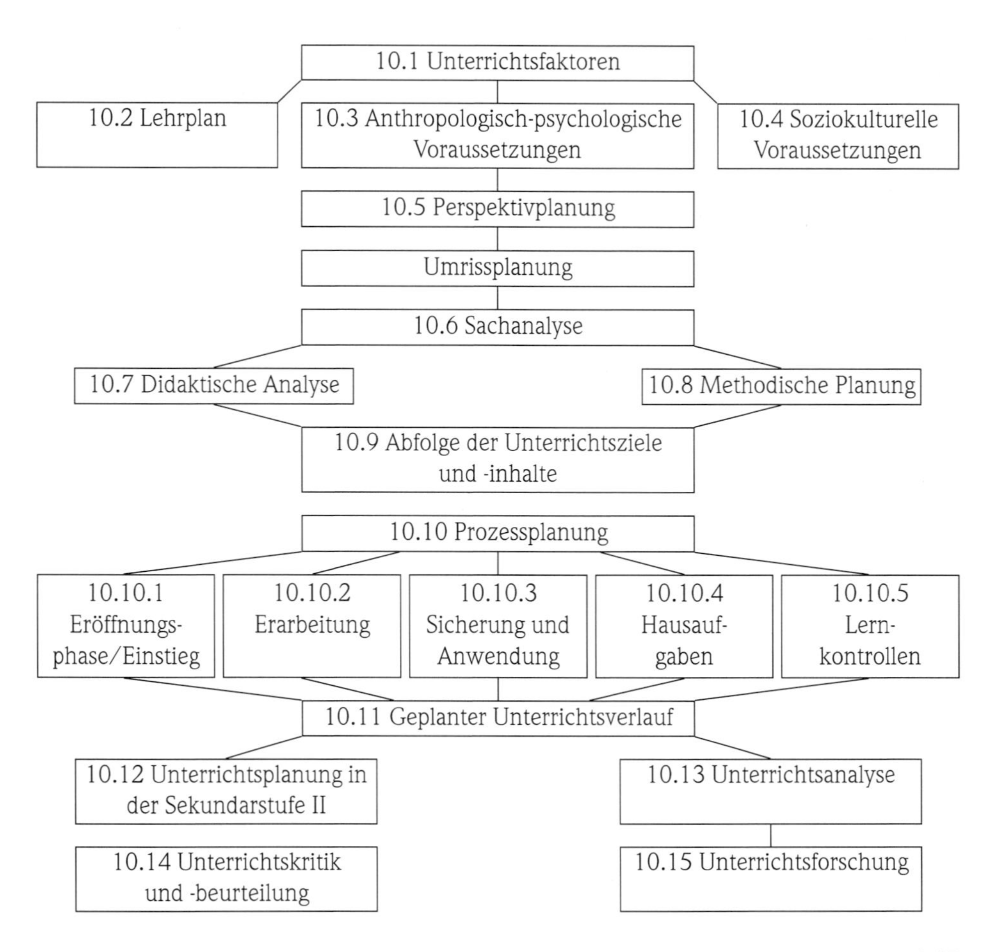

10.1 Unterrichtsfaktoren

Unterricht wird als (gelenkte) Interaktion zwischen Lehren und Lernen in einem organisierten und institutionellen Kontext verstanden. Als in die gesellschaftlichen Daseinsbedingungen eingebundene Veranstaltung ist Unterricht auf bestimmte Zielvorgaben und einen vorgegebenen Ordnungs- und Funktionsrahmen (z. B. Verfassung, Lehrpläne) festgelegt.

Am Unterricht als planbarem Lehr- und Lernprozess sind eine Fülle von Faktoren beteiligt, die in einem Implikationszusammenhang stehen (vgl. S. 369). Dieser wird von allen didaktischen Konzeptionen anerkannt. Unterschiedliche Auffassungen bestehen jedoch

- in der *Auswahl und Gewichtung* der für Unterrichtsprozesse bedeutsamen Faktoren (didaktische Modelle und Konzeptionen reduzieren der Überschaubarkeit wegen die Komplexität von Unterrichtsprozessen auf wenige für den Unterricht konstitutive Faktoren),
- in der *Struktur und Verknüpfung unterrichtlicher Zusammenhänge.*

Da eine enge Festlegung auf einen bestimmten didaktischen Ansatz nicht vertretbar erscheint, bietet sich für die Planung und Analyse von Geographieunterricht bei gleichzeitiger Offenhaltung für andere Ansätze eine Anlehnung an das lehr-/lerntheoretische und das kritisch-konstruktive Didaktikkonzept an (vgl. Kap. 2), denn beide Konzepte thematisieren ein Bündel von für den Unterrichtsprozess konstitutiven Faktoren, legitimieren sie und stellen sie in einen begründeten Zusammenhang, betonen aber zugleich auch deren Relativierbarkeit.
Unterricht „zielt nicht auf die unmittelbare Veränderung von Natur und Gesellschaft, sondern auf die Veränderung der beteiligten Personen selbst, auf deren Befähigung später angemessener als vorher ihre Lebensaufgaben kognitiv und affektiv zu erfassen um sie entsprechend handelnd zu beantworten“ (Schulz 1980a, S. 52).
In beiden Konzepten stehen diese Unterrichtsfaktoren in einem *Implikationszusammenhang.* Zwar sind Richt- und Grobziele des Geographieunterrichts durch *Richtlinien* verbindlich vorgegeben, über die Festlegung der Feinziele und ihre Operationalisierung über Auswahl von Inhalten und Medien, über Organisation der Inhalte, der Aktions- und Sozialformen, über die zeitliche Unterrichtsabfolge und Erfolgskontrollen muss in jeder Unterrichtssituation neu entschieden werden. Die Effektivität solcher Entscheidungen hängt ab von der Einbeziehung der *Ausgangslage* der Lernenden und Lehrenden und der *institutionellen und situativen Bedingungen* des Unterrichts in die Planungsüberlegungen.

Die Ausgangslage von Lehrenden und Lernenden wird neben anderen Faktoren entscheidend beeinflusst von den *gesellschaftlichen Bedingungen* und dem Selbst- und Weltverständnis schulbezogen Handelnder. Unterricht ist ein Implikationszusammenhang, bei dem jedes Entscheidungselement unter Berücksichtigung der Ausgangslage gleichzeitig im Zentrum und an der Peripherie des Lernprozesses steht. Keines dieser Elemente der unterrichtlichen Handlungsstruktur kann folgenlos außer Acht gelassen werden. Unterrichtsplanung darf keine Einbahnstraße sein. Unterricht planen heißt offen und flexibel planen, d. h.

- an Lebensbedingungen und Erfahrungen der Schüler anknüpfen;
- Unterrichtsziele und Wege ihrer Realisierung für die Schüler durchschaubar und kritisierbar machen und sie an der Unterrichtsplanung beteiligen;
- offen sein für Anregungen, Wünsche, Bedürfnisse, Problemlagen und Kritik;
- bereit sein für alternative Planungsüberlegungen und flexibel auf unmittelbar aus dem Unterrichtsprozess sich ergebende neue Perspektiven reagieren;
- Bereitschaft zeigen unterrichtliche Störfaktoren zu thematisieren, zu analysieren und zu beseitigen.

Engelhard

Handlungsmomente didaktischen Planens in ihrem Implikationszusammenhang

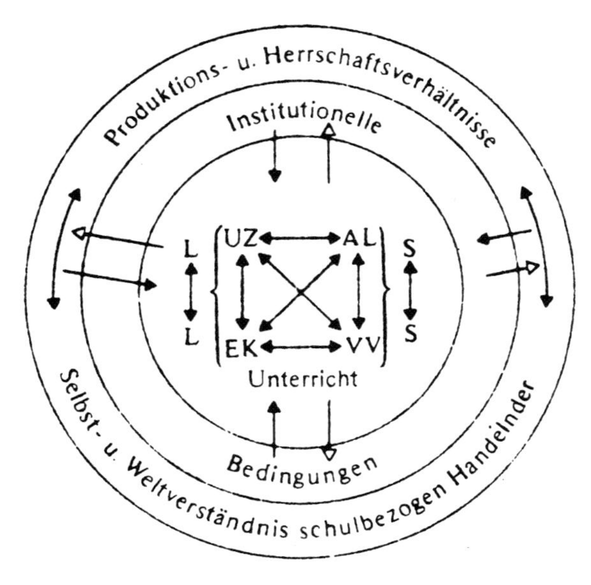

L Lehrer
S Schüler
als Partner unterrichtsbezogener Planung
UZ Unterrichtsziele, Intentionen und Themen
AL Ausgangslage der Lernenden und Lehrenden
VV Vermittlungsvariablen wie Methoden, Medien, schulorganisatorische Hilfen
EK Erfolgskontrolle: Selbstkontrolle der Schüler und Lehrer

(aus: Schulz 1980b, S. 83)

Balance der Aufgaben unterrichtlicher Interaktion zwischen potenziell handlungsfähigen Subjekten

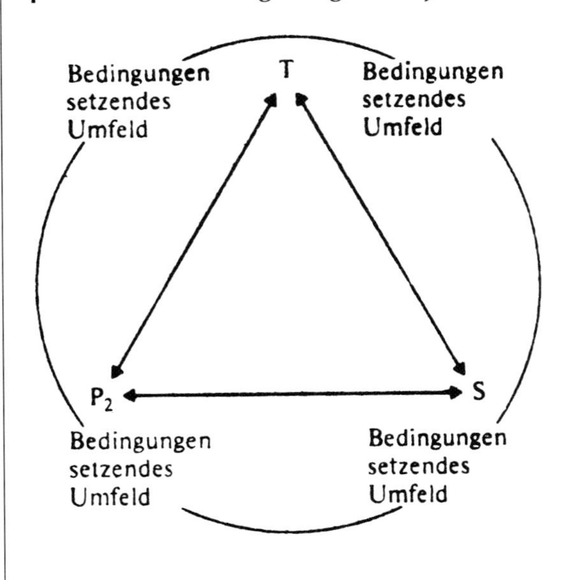

T *Thematischer Aspekt:* Die Intention die gesellschaftlich vorgegebene, wissenschaftsorientierte Thematik als Qualifikationsaufgabe zu erwägen.

P *Personaler Aspekt:* Die Intention sich in die Behandlung der Thematik selbst einzubringen und dabei zu sich selbst zu kommen.

S *Sozialisierungsaspekt:* Die Intention mit den Gruppenmitgliedern Beziehungen zu unterhalten, die der Themenentfaltung, Ich-Stärkung und der wechselseitigen Hilfe dabei nützen.

(aus: Schulz 1980b, S. 83)

10.2 Lehrplan

Lehrpläne und Richtlinien bilden eine mehr oder weniger verbindliche Vorgabe und Planungsgrundlage für den Unterricht (vgl. Kap. 6). Sie bieten eine Abschirmung vor einseitigen Ansprüchen gesellschaftlicher Gruppen (z. B. der Abnehmer schulischer Qualifikationen), sie sollen (jedenfalls dem Anspruch nach) die für Heranwachsende pädagogisch begründbaren Inhalte und das, was eine Gesellschaft insgesamt für kulturell überlieferungswürdig hält, festlegen und so vor interessengesteuerter, subjektivistisch verengter Auswahl bewahren. Ihre Funktion ist *allgemeine Bildung* für alle zu sichern (vgl. Klafki 1985).
Aber: „Weil Lehrplanentscheidungen immer auch politische Entscheidungen sind, enthält jeder Lehrplan eben auch nur eine bestimmte Auswahl“ (Gudjons 1987a, S. 13). Während sich der allgemeine Teil mit den wesentlichen Grundsätzen und Zielsetzungen des Unterrichts befasst, enthalten die jahrgangsbezogenen Teile (neben erläuternden Vorbemerkungen) Richtziele und ihnen zugeordnete Grobziele, Themenvorschläge, Begriffskataloge, methodische Hinweise und Medienangaben, z. B. auch Angaben zur Lernkontrolle (vgl. S. 371).

Die Grobziele stellen in fast allen Lehrplänen die verbindliche Grundlage für den Unterricht dar. Sie legen aber den Unterrichtsverlauf nicht in seinen Einzelheiten fest; ihre *Inhalts- und Verhaltenskomponenten* (vgl. Kap. 2.4.2) sind weit gefasst und interpretationsbedürftig um eine Anpassung an die Ausgangslage und die konkreten Lernbedingungen offen zu halten. Diese relativierungsnotwendige Zielvorgabe erfordert einen auf die jeweilige Lernsituation bezogenen Zuschnitt durch den schuleigenen Standortlehrplan. Er adaptiert die staatlichen Lehrpläne an die konkreten Bedingungen der jeweiligen Schule (vgl. Kap. 6.11).

Im Rahmen der Unterrichtsplanung sind an den Lehrplan insbesondere folgende Leitfragen zu stellen
(nicht alle Fragen sind für jedes Thema relevant):

- Welches sind die in den Zielformulierungen auffindbaren *Grundperspektiven* (Sach-, Gefühls-, Sozialerfahrung in Bezug auf Kompetenz, Autonomie, Solidarität)? Welche ergeben sich aus dem allgemeinen Teil?
- Welche (inhaltliche, methodische) *Schwerpunktsetzung* ist vorgegeben (z. B. durch Lernziele, Begriffe, Themen u. a.)?
- In welchem größeren *Zusammenhang* steht das Lernziel/Thema?
- Ist die Wahl des Raumbeispiels freigestellt oder regional eingeengt?
- Werden auf meine Unterrichtssituation anwendbare Hinweise/Anregungen in Bezug auf inhaltliche Strukturierung, Schülerorientierung, Medien, Methoden gegeben?
- Welche Möglichkeiten und Spielräume bietet der Lehrplan für handlungsorientierte und offene Lernprozesse an (z. B. verbindliche Ziele, Zeitrichtwerte, Projekte)?
- Welche fächerübergreifenden Zusammenhänge fördert/ermöglicht der Lehrplan (z. B. Rahmenthemen, Projekte)?
- Gibt es Widersprüche oder Unvereinbarkeiten zwischen Lehrplananforderungen und konkreten Unterrichts-/Lernbedingungen? Welche?

Die Verbindlichkeit von Lehrplänen findet dort ihre Grenzen, wo Zielsetzungen und Lernvoraussetzungen/Lernsituationen so divergieren, dass Ziele nicht erfüllbar sind, oder wo sich die Legimitierung von Lehrplanzielen bzw. die Lehrplanausfüllung in Widersprüche verwickelt. Die Lehrplanentwicklung ist auf Rückmeldungen aus der Praxis angewiesen. *Engelhard*

Aus: Lehrpan Erdkunde/Realschule, Sekundarstufe I (NRW)

Die pädagogisch-didaktische Leitlinie der Jahrgangsstufen 9 und 10 entspricht dem folgenden Arbeitsschwerpunkt:
Analyse komplexer, vernetzter Raumstrukturen und kritische Auseinandersetzungen mit raumwirksamen Gegenwartsproblemen und Zukunftsaufgaben

9/10	**Themenfeld 16: Industriegesellschaftliche Prozesse und Planungen** Herausforderungen für die Zukunft

Unterrichtliche Inhaltsbereiche	Raumanbindung
3-1 Arbeitsstätten und Wirtschaftsbereiche 3-2 Arbeitsteilung/Verkehr 3-3 Ökonomie-Ökologie-Konflikt 3-4 Humanisierung der Arbeitswelt 4-4 Rekultivierung/Renaturierung/Konsumbegrenzung 6-2 Funktionale, sozialräumliche Strukturen/Mobilität 7-1 Erscheinungsformen räuml. Disparitäten 7-2 Zentrum – Peripherie 7-4 Raumordnung und Landesplanung	• Nahraum • Deutschland • Montanregionen in Europa

Didaktische Orientierung

Nach Abschluss der schulischen Ausbildung werden Schülerinnen und Schüler in die Wirtschafts- und Arbeitswelt einbezogen. Sie nehmen Unterschiede in der infrastrukturellen Austattung ihres Wohnortes und im Nahraum wahr. Sie sind u. U. sogar unmittelbar davon betroffen, sodass von einem persönlichen Interesse an der Herstellung gleichwertiger Lebensbedingungen ausgegangen werden kann (Orientierung).
Das Themenfeld greift den Strukturwandel auf, der vor allem altindustrielle Ballungsräume in Deutschland und Europa erfasst hat. Für viele Menschen in diesen Gebieten hat der Strukturwandel existenzielle Bedeutung. Die Interessen von Frauen und ihre starke Belastung dürfen in diesem Zusammenhang als thematischer Aspekt nicht fehlen.
Strukturwandel und räumliche Entwicklung sind eng miteinander verflochten. Das Themenfeld befasst sich aus diesem Grund auch mit der Raumordnungspolitik. Dabei liegt ein Schwerpunkt bei Problemen, die sich aus dem Konflikt zwischen Nutzungsansprüchen und Umweltverträglichkeit ergeben (Mitwirkung; Ökologie).
In den Zusammenhang dieses Themenfeldes gehört auch die Entwicklung der Großstädte.

Qualifikationsorientierte unterrichtliche Ziele

Die Schülerinnen und Schüler sollen *beschreiben – erklären – beurteilen*
- in welchem tief greifenden Wandel sich der industriell überformte Lebens- und Wirtschaftsraum befindet;
- mit welchen Zielen und Maßnahmen der Raumordnungspolitik gleichwertige Lebensverhältnisse geschaffen werden sollen;
- inwieweit es Bürgerinnen und Bürgern möglich ist, sich an planerischen Maßnahmen zu beteiligen.

Unterrichtseinheit	Themat. Schwerpunkte	Themenbeispiele
1. Industrieller Strukturwandel und Raumentwicklung	• Strukturen altindustrieller Ballungsräume • Strukturveränderungen • Entwicklung von Dienstleistungszentren • Räumliche Mobilität	• IBA Emscher-Park • Der „weiche“ Standortfaktor siegt – das „Cambridge-Phänomen“ • Problemlagen: Nord Pas des Calais, Ruhrgebiet

10.3 Anthropologisch-psychologische Voraussetzungen

Das Erreichen unterrichtlicher Zielsetzungen, die Schaffung einer humanen Arbeitsatmosphäre, die Diagnostizierung von Lernhemmnissen und unterrichtlichen Störfaktoren und die Beratung von Schülern und Eltern erfordern die Einbeziehung der von Schülern und Lehrern in den Unterricht eingebrachten Voraussetzungen.

Die Erfassung der anthropologisch-psychologischen Bedingungen erfolgt am zweckmäßigsten durch Unterscheidung der Voraussetzungen beim Schüler und beim Lehrer als den Rollenträgern des Unterrichts (Peterßen 1973, S. 173; vgl. S. 373). Erkenntnisgrundlage ist die Beobachtung von Lehrern und Schülern in konkreten Lebens- und Unterrichtssituationen. Die Kenntnis der personengebundenen Lern- und Lehrvoraussetzungen ist von Bedeutung sowohl für die Festlegung der Teilziele und die Auswahl von Unterrichtsinhalten (vgl. Kap. 2.4) als auch für die damit zusammenhängenden Methoden- und Medienentscheidungen.
Besonders bedeutsam sind jene Voraussetzungen, die das fach- und themenspezifische Lern-/Lehrverhalten beeinflussen (z. B. Eigenerfahrung, Betroffenheit, Bezüge zum Thema; Vertrautheit mit themenspezifischen Arbeitsweisen, Einstellungen zum Fach und zum Thema).
Kriterien für die Erfassung der anthropologisch-psychologischen Bedingungen sind (vgl. S. 373):

- Lernfähigkeit (Lernstand, Lernstil, Lerntempo) und Lernbedürfnisse der Schüler,
- Lehrfähigkeit (Lehrstand, Lehrstil) und Lehrbereitschaft des Unterrichtenden.

Zur Ermittlung des *Lernstandes* (Wissen, Können, Haltung/Einstellungen) in Bezug auf eine konkrete, unter einer bestimmten Zielsetzung stehenden Thematik bieten sich neben Schülerbeobachtung/-befragung vorab klärende *Klassen- oder Gruppendiskussionen, Einzelinterviews, Brainstorming* usw. sowie *Lernvoraussetzungstests* an.
Von der Variationsbreite der Eingangsvoraussetzungen wird es abhängen, ob und in welchem Maße differenzierende Zielsetzungen und Arbeitsverfahren und kompensierende Maßnahmen (Schülerorientierung) als Voraussetzung für die Realisierung von Chancengleichheit im Unterricht, d. h. Schaffung optimaler Lernbedingungen für jedes Lernindividuum, erforderlich sind. Das *Lerntempo* sollte *individuell* bei jedem Schüler ermittelt werden.

Für die Bestimmung von Lernfähigkeit und Lernbereitschaft und sich daraus ergebende Folgerungen für die schüleradäquate Organisation der Sozial- und Aktionsformen ist u. a. die Kenntnis der Gruppenstruktur der Klasse aufschlussreich. Sie lässt sich mithilfe eines *Soziogramms* ermitteln. Die Lernbereitschaft wird auch davon abhängig sein, ob Lernende (und Lehrende) durch eine Thematik infolge persönlicher Betroffenheit unmittelbar „erreicht" und angesprochen werden. Ferner spielt eine Rolle, ob die Schüler mit den Repräsentationsweisen, die die optimale Aneignung eines Inhaltes ermöglichen (direkter, *handelnder* Umgang mit der Wirklichkeit, *ikonische* und *symbolische* Repräsentationsweise; vgl. Klafki 1985, S. 103), vertraut sind und ob sie die Verfahren der Erschließung des Themas beherrschen. Insbesondere sollte geprüft werden, ob und welche handlungsorientierte Zugänge sich anbieten.

Die anthropogenen Voraussetzungen des Lehrers werden nach den gleichen Kategorien erfasst wie die des Schülers.
Ein *partnerschaftliches* Lehrer-Schüler-Verhältnis (im Sinne gegenseitiger Achtung) ist die Grundlage für eine angemessene Erfassung der Lehr- und Lernvoraussetzungen. Nur dann lassen sich Schülerbedürfnisse, -interessen und -abneigungen artikulieren und thematisieren bzw. unterrichtliche Störfaktoren zum Unterrichtsgegenstand machen. *Engelhard*

Checkliste für die Bestimmung der Lern- und Lehrvoraussetzungen im Geographieunterricht

Klasse: *9 der Herbart-Schule in M. (21 Schüler)*
Thema: *Strukturwandel im Ruhrgebiet*

Anthropologisch-psychologische Voraussetzungen

Schüler

Lehrer
(Verwendung der gleichen Kategorien wie bei Schülern)

Lernfähigkeit

Lernstand

Wissen/Vorkenntnisse
Standortfaktoren der Industrie
14 Schüler kennen Teile des Ruhrgebiets aus eigener Anschauung.
Klischee: „Kohlenpott", Luftverschmutzung.
Top. Überblick Deutschland/Europa.
Unterschiede im Vorwissen und Begründung: 8 Schüler sind industrielle Standortfaktoren nicht bekannt (z. T. Schul-, Klassenwechsler, z. T. Fehlen, z. T. Desinteresse).

Können
Instrumentale Fähigkeiten:
Im Umgang mit Atlaskarten, Diagrammen, Tabellen, Bildern und Texten vertraut.
Vertrautheit mit Problemlösungsverfahren:
Ein Teil der Klasse hat Schwierigkeiten im schlussfolgernden Denken.

Haltung zum Thema:
Interessen, Vorlieben, Abneigungen
Bei einigen Schülerinnen besteht Abneigung gegenüber industriegeogr. Themen; die Jungen durchweg interessiert.
Folgerung: Das Thema „Industrieansiedlung kontra Umweltschutz" vorziehen (es befindet sich z. Zt. in der lokalen politischen Diskussion).
(vgl. Kap. 10.5)

Lerntempo
Große Spannweite
Folgerung: Differenzierung bei Aufgabenstellung und Unterrichtsorganisation

Lernstil
Physisch-psychisch bedingt: Mischung visuell-akustischer Lerntypen, 4 primär visuelle, 2 motorische Lerntypen.
Räumliches Orientierungsvermögen: Einigen Schülern fehlen räum. Orientierungsraster.
Durch Unterricht erworbene Lernstile: S. reagieren fast nur auf Anweisungen u. Aufforderungen.
Durch außerschulische Sozialisation erworben: Mädchen halten sich im Unterrichtsgespräch zurück.
Folgerungen: Eigenaktivität anregen; Handlungssituationen schaffen.

Lernbedürfnisse
Ziel-/Themenwünsche/Interessen: Agrar- und stadtgeogr. Themen bevorzugt.
Medien/Methoden: Mehr Film- und Tonbandeinsatz; Lernen „vor Ort" wird bevorzugt.
Förderungs-/Differenzierungswünsche: Medienwechsel bei Partner-/Gruppenarbeit; Hilfen beim Ausfüllen method. Defizite.
Folgerungen: Mehr Variation im Medieneinsatz und größere Methodenvielfalt (Rollen-, Planspiel, Bergbaumuseum, Projekte).

Lernbereitschaft
Motivierende/hemmende Faktoren: hemmend = Inhalte mit hohem Abstraktionsgrad.
Auswirkungen außerschul. Sozialisationsbedingungen: Konzentrationsschwächen, z. T. fehlende häusl. Lernanregungen.
Extrinsische Motivationsanreize: z. T. Lob und Tadel, z. T. gute Noten
Folgerungen: Schaffung von Lernsituationen mit Erfolgserlebnissen, Besuch d. Bochumer Bergbaumuseums.

10.4 Soziokulturelle Voraussetzungen

Unter soziokulturellen Voraussetzungen werden alle sozialen, wirtschaftlichen, politischen und historisch-kulturellen Bedingungen verstanden, denen Unterricht ausgesetzt ist. Sie wirken über materielle Ausstattung, Schulgesetzgebung, Verordnungen, Richtlinien und Lehrpläne, Schulträger, Schulordnungen, Mitspracherecht der Eltern bei der Unterrichtsgestaltung usw. und insbesondere über Lehrer und Schüler, die durch räumlich bestimmte Umwelteinflüsse, durch ein je spezifisches soziales Milieu, durch gruppenspezifische Einstellungen und Werthaltungen, durch religiöse und/oder weltanschauliche Ausrichtung usw. geprägt werden, auf das Unterrichtsgeschehen ein. Dementsprechend lassen sich drei soziokulturelle Faktorenkomplexe unterscheiden, die untereinander und mit den anthropologisch-psychologischen Voraussetzungen in einem wechselseitigen Bedingungszusammenhang stehen (Peterßen 1973):

- *Sozioökonomische Voraussetzungen,* die sich aus finanziellen und Wirtschaftlichkeitsüberlegungen und -entscheidungen ergeben und sich vorwiegend in der materiellen Ausstattung des Unterrichts auswirken.
- *Sozioökologische Faktoren,* d. h. Bedingungen, die sich vor allem aus der sozialräumlichen Umwelt ergeben, in die der Unterricht eingelagert ist (z. B. Land-Stadt mit unterschiedlichen Umweltanregungen, Schulwegdistanzen, Grad der Erschlossenheit eines Raumes mit Bildungs- und Freizeiteinrichtungen usw.)
- *Soziokulturelle Faktoren* im engeren Sinne, d. h. durch kulturelle Tradition, soziales Milieu, weltanschaulich-politische, religiöse und gruppenspezifische Einflüsse determinierte Verhaltensmuster (schichten-, geschlechts-, regionalspezifische Sozialisation), die sich über Schüler und Lehrer auswirken können.

Die Analyse dieser Faktorenkomplexe hat die Aufgabe die den Lernerfolg fördernden Bedingungen in den Unterricht einzubeziehen, alle erschwerenden Ursachen dagegen so weit wie möglich zurückzudrängen oder auszuschalten. Alle drei Komplexe unterliegen der Beeinflussung durch *Ideologien* und *Normen,* hinter denen gruppenspezifische Interessen stehen.

Die Erfassung der ideologisch-normbildenden Faktoren hat die Funktion die *ideologischen Voraussetzungen* des Unterrichts und der Alltagswelt aufzudecken und damit zur Klärung der eigenen Position beizutragen.
Diese Aufgabe ist für verantwortliches Entscheidungsverhalten in einer demokratisch-pluralistischen Gesellschaft von besonderer Wichtigkeit. Denn Bildung im Sinne des Prinzips der Selbst- und Mitbestimmung sowie der Selbstverantwortung muss auch die Einsicht umfassen, „dass es notwendig ist, einerseits jeweils ein Höchstmaß an Gemeinsamkeiten anzustreben, andererseits aber doch immer die Möglichkeit zu unterschiedlichen und kontroversen Auffassungen, Problemlösungsversuchen, Lebensentwürfen zu gewährleisten und zu verteidigen" (Klafki 1985, S. 99).

In einem Unterricht mit *aufklärerisch-emanzipatorischer Komponente* haben Schüler Anspruch auf Erhellung auch der ideologisch-normbildenden Faktoren, die ihre Unterrichtssituation bestimmen. Dabei ergibt sich für den Lehrer nicht nur das schwierige Problem ihrer Erfassung, sondern auch das der eigenen Stellungnahme, denn seine persönliche Parteilichkeit lässt sich nicht ausschließen. Er sollte deshalb unterschiedliche Positionen klar herausarbeiten, seine persönliche Position begründen und nicht versuchen Schüler festzulegen, sondern ihre unabhängige Meinungsbildung zu fördern. *Engelhard*

Checkliste zur Ermittlung der soziokulturellen Voraussetzungen (Auswahl)

Sozioökonomische Voraussetzungen
1. Schüler: Eigene Arbeitsmittel: Alle Schüler verfügen über einen eigenen Atlas und ein eigenes Schulbuch
Private/öffentliche Mittel für spezielle Unterrichtsveranstaltungen (Exkursionen usw.): Für die geplante Projektwoche „Industrieansiedlung contra Naturschutz" stehen ausreichend private und öffentliche Mittel zur Verfügung
Häusliche(r) Arbeitsplatz/-bedingungen: Sechs Schüler haben keinen eigenen Arbeitsplatz (Zimmer zusammen mit Bruder oder Schwester)

2. Lehrer: Materialien/Literatur zur Unterrichtsvorbereitung: Mediothek der Schule; Zeitungs-/Zeitschriftenartikel zum Thema; Materialien des KVR (Kommunalverband Ruhrgebiet)
Fortbildungsmöglichkeiten/-mittel: Kontaktstudienangebot der Universität, regionale und kommunale Lehrerfortbildung

3. Schule/Klasse: Einrichtungen/Ausstattung: Verdunkelbarer Fachraum mit Dia-, Overhead- und Filmprojektor; Wandkartensammlung; Folien, Arbeitstransparente zum Thema Ruhrgebiet
Verfügbare Mittel der Schule: 800,– DM zur Ergänzung der Mediothek

Sozioökologische Voraussetzungen
1. Schüler: Spezifische Umweltanregungen: Öffentliche Diskussion über Verwendung eines Naturschutzgebietes für Industrieansiedlung
Schulweg und -länge: Schüler aus dem Stadtgebiet, Umland bis 8 km
Umweltprobleme s. o. (Projektwoche)

2. Lehrer: Umweltanregungen: vgl. Schüler

3. Schule/Klasse: Standort: Stadtrandgebiet/Wohngebiet, themenbezogene Arbeitsmöglichkeiten „vor Ort": gegeben (Industrie- u. Gewerbegebiet)

Soziokulturelle Voraussetzungen i. e. Sinne
1. Schüler: Schichten-/geschlechtsspezifisches Verhalten: Sprache: – Einstellung zum Lernen/zum Fach: Mehrere Schüler am Fach uninteressiert
Häusliche Anregungen/Einflüsse: In ca. 50% der Familien wird die Frage der Planung eines Industriegebiets im Naturschutzgebiet diskutiert
Massenmedienkonsum: durchweg 1 – 2 Stunden pro Tag Fernsehen, z. T. darüber hinaus
Reiseerfahrungen: Rund 60% der Schüler kennen das Ruhrgebiet

2. Lehrer: Einstellung zum Fach: als Fachlehrer für Geographie ausgebildet; positive Einstellung zum Fach und zur Thematik
Reiseerfahrungen: kennt Ruhrgebiet persönlich (Teilnahme an Exkursionen)
Weiterbildung: Teilnahme an Kolloquien des Geogr. Inst. der Universität

3. Schule/Klasse: Bauliche Gestaltung/materielle Ausstattung: Schulneubau mit Fachraum für Geographie; Geographieunterricht wird von Fachlehrern erteilt

Ideologisch-normbildende Voraussetzungen
Ausschließlich auf wirtschaftlichen Faktoren basierende Entscheidungen der Standortwahl werden von kritischen Schülern hinterfragt
Folgerungen: Sofern von den Schülern selbst angeregt, soll der Aspekt der entscheidungsbestimmenden Normen aufgegriffen werden

10.5 Perspektivplanung (Jahres-/Halbjahresplanung)

Die Ganz- und Halbjahresplanung richtet sich auf die Analyse und Festlegung der *Grundperspektiven,* die langfristig für die Umsetzung der Unterrichtsziele richtungsweisend sind, die Planung und unterrichtliche Konkretisierung der einzelnen Unterrichtseinheiten und -stunden leiten und in sie eingehen. Sie ergeben sich aus der spannungsreichen doppelten, in *dialektischer Wechselwirkung* stehenden Zielsetzung:

- der Vermittlung *fachlicher Qualifikationen* zur Daseinsbewältigung und
- der Normen, Rollen und Strategien des sozialen Verhaltens vermittelnden *Sozialisation*

(Schulz 1980a, S. 53).

Es ist Aufgabe der Perspektivplanung, die *leitenden* fachdidaktischen Grundpositionen und Zusammenhänge klar herauszuarbeiten, die für die Auswahl, Art und Abfolge von Unterrichtsinhalten sowie für die Planung entsprechender Unterrichtsprozesse bedeutsam sind (z. T. nach: Engelhardt 1981):

- Als geographische Unterrichtsinhalte, die für das Leben des Menschen bedeutsam sind, gelten räumliche Inhalte, Prozesse, Probleme, die *regelhaft verbreitet* sind und übertragbare, modellhafte Einsichten sowohl im Hinblick auf ihre Verbreitung, Erscheinungen, Strukturen und Entstehungsbedingungen als auch auf ihre Auswirkungen ermöglichen (Gegenwarts-, Zukunftsbedeutung, exemplarische Bedeutung).
- Alle räumlichen Erscheinungen sind eingebettet in das *erdräumliche Kontinuum.* Das Verständnis räumlicher Verbreitungen und Verflechtungen ist gebunden an entsprechende topographische Kenntnisse.
- Die Einsicht in die *Raumwirksamkeit* menschlicher Entscheidungen ist Voraussetzung für die (mögliche) verantwortliche Teilnahme des Schülers an Raumnutzungen und -veränderungen bzw. an der Verhinderung nicht legitimierter oder legitimierbarer Raumentscheidungen.

Infolgedessen muss gewährleistet sein, dass Schülern auch die begrifflichen und methodischen Voraussetzungen für die Erarbeitung der Lerninhalte vermittelt werden.

Entsprechende „Raumverhaltenskompetenz“ (Köck 1980) / „raumbezogene Handlungskompetenz“ (Thöneböhn 1995a) wird auf drei miteinander verbundenen Ebenen gewonnen: im *denkenden Durchdringen* räumlicher Strukturen und Prozesse, im *simulierten Nachvollzug* und Mittragen von Raumentscheidungen (Rollen- und Planspiel) und im *aktiven Handeln* (Projekt/learning by doing).
Die Perspektivplanung muss klären, welche Zugänge zur Thematik gegeben sind und mit welchen Störfaktoren zu rechnen ist (vgl. dazu Klafki 1985, S. 214).
Die mehrschichtige Sacherfahrung ist immer verknüpft mit Gefühls- und Sozialerfahrungen, die die eigene Rolle und Handlungsmöglichkeit im Rahmen gesellschaftlicher Normen verstehbar und erlernbar machen (können).
Diese fachdidaktischen Grundentscheidungen werden als Kriterien der *Zielfindung,* der *Stoffauswahl* und der *Unterrichtsorganisation* aufeinander bezogen und gewichtet, sodass im unterrichtlichen Vollzug die Gleichwertigkeit instrumentaler, kognitiver und affektiv-sozialer Zielaspekte gewährleistet ist.
Die Konkretisierung der Perspektivplanung „wird auch da, wo sie von Lehrern allein begonnen wird, nur in dem Maße Unterrichtswirklichkeit, in dem die Schüler diesen Plan verstehen, annehmen, ausführen“ (Schulz 1980a, S. 68). Deshalb erfordert die Vermittelbarkeit des Plans eine *offene,* d. h. auch für die Schüler versteh- und kritisierbare, möglichst kooperative Planung mit Schülern und Eltern.

Engelhard

Jahresplanung der Herbart-Schule in M., 9. Schuljahr: Analyse komplexer, vernetzter Raumstrukturen und kritische Auseinandersetzung mit raumwirksamen Gegenwartsproblemen und Zukunftsaufgaben

Ziel: Erwerb von „Raumverhaltenskompetenz" durch Sacherfahrung

Analyse lebensbedeutsamer exemplarischer räumlicher Strukturen und Prozesse, ihrer Entscheidungsbedingungen und Auswirkungen

Themenfeld: Industriegesellschaftliche Prozesse und Planungen – Herausforderungen für die Zukunft

Industrieller Strukturwandel u. Raumentwicklung	Planung u. Bürgerbeteiligung	Landesplanung als Gemeinschaftsaufgabe von Staat u. Gemeinde
3. Strukturwandel im Ruhrgebiet	1. Münster-Coerde – Ein neues Wohngebiet entsteht (Planung auf kommunaler Ebene)	2. Küstenschutz und Landgewinnung in den Niederlanden
4. IBA Emscher-Park – ein Generationenprojekt	6. Industrieansiedlung kontra Naturschutz (Projekt)	8. Euregio – Planung über Grenzen
5. Strukturwandel an der Saar u. in NW-England (Transferbeisp.)	7. Planungskonzepte auf Landesebene – Landesentwicklungsplan NRW	9. Berlin – Von der geteilten Stadt zur Hauptstadt Deutschlands

Themenfeld: Welthandel und Weltverkehr – die wirtschaftlichen Verflechtungen nehmen zu

Der Welthandel: Bedingungen und räumliche Auswirkungen		Der Weltverkehr: Bedingungen und räumliche Auswirkungen	
10. Koreanische Autos auf deutschen Straßen	11. Ohne Erdöl läuft nichts	12. Exporte sichern Arbeitsplätze in Deutschland	13. Ferntourismus – die Welt rückt zusammen

14. Internationale Arbeitsteilung
– Wie
– Wo Licht ist, ist auch Schatten

Kommunikation und Interaktion → Erfahrung gesellschaftl. Normen → Verstehen und Lernen der eigenen Rolle und eigener Handlungsmöglichkeiten

Ziel: Erwerb von „Raumverhaltenskompetenz" durch Sozial-Gefühlserfahrung

Themenbearbeitung innerhalb der Schule (ohne besondere Hervorhebung)

Unterrichtseinheit (fett umrandet)

Thema der Prozessplanung (dünn umrandet)

Teilbereich an außerschul. Lernorten (hell schattiert)

Projekt, außerschulischer Lernort (dunkel schattiert)

1.–14. Reihenfolge der unterrichtlichen Bearbeitung

10.6 Sachanalyse

Die differenzierte, zielbezogene didaktische Aufbereitung des Unterrichtsgegenstands setzt eine gründliche Sachanalyse voraus, ohne dass zwischen *didaktischer Analyse und Sachanalyse* der Vorbereitung eine scharfe Grenze gezogen werden könnte, die Sachanalyse wird in der Regel von didaktischen, methodischen und medienbezogenen Überlegungen gesteuert. Da sie an die Verfügbarkeit von ausreichendem Informations- und Studienmaterial zu entsprechenden Themenstellungen gebunden ist, geht ihr die Materialsammlung voraus.

Die Materialsammlung sollte langfristig und umfassend angelegt sein, d. h. möglichst alle Themen des Faches erfassen, die zur inhaltlichen Abdeckung der in den Lehrplänen formulierten Lehr- und Lernziele geeignet sind, und kontinuierlich erfolgen.
Die wichtigsten Quellen dafür sind: Lehrbücher, Handbücher, Lexika, Länder- und Landschaftsmonographien, Fachzeitschriften, Schulatlanten, Spezialatlanten (z. B. Planungsatlanten der deutschen Bundesländer, Welterdölatlas), amtliche Kartenwerke, Informationsmaterial der verschiedensten Bundes- und Länderministerien, der ausländischen Botschaften, der Industrie- und Handelskammern, von Verbänden, Hilfsorganisationen, Wirtschaftsunternehmen (z. B. Hafenverwaltungen, Flughäfen usw.), Diasammlungen, Luftbildatlanten, topographische Atlanten, sonstiges Bild- und Kartenmaterial, themenrelevante Darstellungen in Tages-, Wochenzeitungen und Zeitschriften, Werbematerial der verschiedensten Art (z. B. Fremdenverkehrsprospekte), Modelle, Landschaftsquerschnitte, Blockbilder, Gesteins- und Fossiliensammlungen, Globus und andere Medien, Rundfunk- und Fernsehsendungen und -aufzeichnungen, Unterrichtsfilme, Foliotheken (z. B. Ruhrgebiet), Wandbilder.

Besonders wichtig sind die Originalquellen, die unmittelbar „vor Ort" analysiert werden können (z. B. Bodennutzungsdifferenzierung einer dörflichen Flur, städtische Sanierungsobjekte, städtische Funktionsgebiete, Umweltprobleme, Bauleit- und Flächennutzungspläne, sozial differenziertes Wohnen, Angebot an Freizeiteinrichtungen usw.) oder sich zur Erstellung von Materialien durch Lehrer anbieten (z. B. Dias, Profile, Kartierungen). Es lohnt sich darüber hinaus, auch einen Blick in themenspezifische Veröffentlichungen benachbarter Fächer (z. B. Biologie, Wirtschaftswissenschaften, Geschichte, Politik, Völkerkunde) und in fächerübergreifende Handbücher (z. B. Handbuch Dritte Welt, Handbücher zur Umweltproblematik) zu werfen.

Als geeignete Formen der Materialsammlung bieten sich Kartei, Sammelmappe oder Archivierung durch den Computer an. In der Kartei werden, entweder nach Themenbereichen oder nach Alphabet geordnet, die verschiedenen Materialien zusammengestellt und Angaben über den Standort (z. B. Bibliothek, Sammlungsraum, eigene Sammlung) gemacht. Für gedruckte Einzelmaterialien (Bilder, Diagramme, Karten, Texte usw.) empfiehlt sich die Anlage von thematisch geordneten Sammelmappen bzw. die Aufbewahrung in Separatkästen/ -schränken.
Am zweckmäßigsten ist die gemeinsame Erstellung solcher Sammlungen durch die Fachlehrer einer Schule. Auch die Schüler sollten dabei mitwirken.
Die gesammelten Materialien sollten ihren Standort in der Mediothek der Schule haben und den Lehrern und Schülern zugänglich sein. Für alle verbindlichen Themen (laut Lehrplan) empfiehlt sich eine kontinuierliche Materialsammlung.

Literatur zum Thema Strukturkrise und Strukturwandel im Ruhrgebiet (Auswahl)

1. Einzelkapitel zum Thema in:

Bender H. U. u. a.: Räume und Strukturen. Stuttgart 1985 (S. 244 ff.)
Fuchs, G.: Die Bundesrepublik Deutschland. Stuttgart [2]1984 (S. 81 ff.)

2. Monographien:

Birkenhauer, J.: Das Rheinisch-Westfälische Industriegebiet. Paderborn 1984
Dege, W./Dege, W.: Das Ruhrgebiet. Stuttgart, Berlin [3]1983
Harenberg, B. (Hrsg.): Chronik des Ruhrgebiets. Dortmund 1987
Kersting, R./Ponthöfer, L.: Wirtschaftsraum Ruhrgebiet (Seydlitz Gymnasiale Oberstufe)
Schlieper, A.: 150 Jahre Ruhrgebiet. Düsseldorf 1986
Volkmann, H.: Lebensraum Ruhrgebiet. Braunschweig 1991

3. Aufsätze:

Butzin, B.: Strukturkrise und Strukturwandel in „alten" Industrieregionen. Das Beispiel Ruhrgebiet. In: geographie heute 111/1993, S. 4–12
Geographische Rundschau 7/8, 1988: Themenheft Ruhrgebiet (mit Ruhrgebiet-Atlas)
KVR: Luftbildfolien Ruhrgebiet (Hagemann)
rudi-ruhr 4.0: Raum- und Daten-Infosystem Ruhrgebiet (Cornelsen, KVR)
Wührl, E.: Brennpunkt Ruhrgebiet. In: geographie heute, 116/1993, S. 44 f.

Überlegungen zur Erschließung der Sachstruktur:

1. Die Strukturkrise des Ruhrgbiets ist vor allem auf den Alterungsprozess der dominierenden Montanindustrie (vorwiegend Großbetriebe, Bergbau, Eisen- und Stahlerzeugung sowie -verarbeitung = Monostruktur) zurückzuführen. Sie wurde durch Nachfrageverschiebungen (Ersatzrohstoffe) und wachsende internationale Konkurrenz verursacht.
2. Folgen: die alten Branchen schrumpfen, Betriebsstilllegungen; dies führte zu „struktureller Arbeitslosigkeit" oder sie versuchen mittels neuer Technologien und/oder Standortkonzentrationen zu rationalisieren (= technologische Arbeitslosigkeit).
3. Das hat Auswirkungen für die verschiedenen Lebensbereiche:

3.1 Bevölkerungsschwund, selektive Abwanderung von Fachkräften, Überalterung.

3.2 Hohe Arbeitslosigkeit führt zu einer wachsenden Marginalisierung der Randgruppen.

3.3 Abbau von industriellen Arbeitsplätzen und Bevölkerungsveränderungen bewirken ein zunehmendes Vakuum in den Kernstädten, das durch laufende Stärkung des tertiären Sektors aufzufangen versucht wird (weitere Aufwertung der großen Zentren, aber Abwertung der kleineren = Polarisierung).

3.4 Die aktuelle Umweltbelastung ist zwar rückläufig, aber hochgiftige „Altlasten" enthalten ein zunehmendes Gefährdungspotenzial.

3.5 Veraltete Infrastruktur.

3.6 Hohe Sozialausgaben der Gemeinden reduzieren die öffentliche Investitionsfähigkeit.

4. Reaktionen der staatlichen Wirtschaftsförderungspolitik auf die Krise waren: hohe Subventionen im Kohlen- und Stahlbereich, Ansiedlungspolitik (Universitätsgründungen, Großwohnsiedlungen, Freizeitparks) und Modernisierung der Infrastruktur.
5. Altes Denken und staatlicher Schutz beeinträchtigen die Ansiedlung moderner Wachstumsbranchen (ungenutzte große brachliegende Flächen im Besitz großer Stahl- und Bergbaukonzerne führten zu einer „Bodensperre" (Butzin 1993, S. 5), die ansiedlungswillige Großbetriebe aus der Region fernhielt). Devise: Erhalten statt erneuern.
6. Der Schwächung des Innovationspotenzials der Vergangenheit steht ein starker Innovationsdruck gegenüber (EU, neue Bundesländer, Ostöffnung, Globalisierung, Ökologie, technologische Innovationen, neue Lebensstile, soziale und regionale Polarisierung). Neuerungsimpulse greifen: z. B. leistungsfähige Kommunikationsnetze, Steigerung der Bildungs-, Forschungs-, Kultur- und Erholungsqualität, neue kommunal-, regional- (z. B. KVR) und unternehmenspolitische Regulationsformen usw. (vgl. Butzin 1993).

Die auf die Materialsammlung zurückgreifende Sachanalyse richtet sich unter Einbeziehung didaktisch-methodischer Überlegungen neben dem Erwerb themenspezifischer Kenntnisse auf:

- Erschließung der Sachstruktur
- Ermittlung der zur Erschließung des Themas notwendigen Fachmethoden

Überlegungen zur Erschließung der Sachstruktur:

- *Individualitätsmerkmale* und *allgemeingeographische Einsichten* der Thematik; welches sind die tragenden Strukturmomente? Welche Transfermöglichkeiten bzw. welche Möglichkeiten zur Modellbildung bieten sich an?
- *Physisch-geographische Strukturelemente* und in ihnen wirkende Gesetzmäßigkeiten (physikalische Kausalität – biotische Kausalität) und das ökologische Wirkungsgefüge.
- *Anthropogeographische Strukturelemente* (faktischer Wirkungszusammenhang).
- *Formale, funktionale und genetische Elemente* der Thematik und das Verhältnis ihres Zusammenhangs.
- Der *Beziehungszusammenhang* zwischen ökologischem und sozialgeographischem Wirkungsgefüge (Ökologie – Ökonomie, Bevölkerung, Siedlung usw.)
- *Fächerübergreifende,* interdisziplinär anzugehende Strukturmomente/Zusammenhänge und ihr Stellenwert im Gesamtzusammenhang.
- Unter welchen *historisch-gesellschaftlichen Bedingungen* sind die dargestellten wissenschaftlichen Erkenntnisse zustande gekommen, in welchem historisch-gesellschaftlichen Kontext stehen sie?
- Welche fachlichen *Strukturbegriffe* lassen sich gewinnen?
- Welche Defizite und Verständnisschwierigkeiten enthält das zu einem Thema verfügbare Material? Wie lassen sie sich überwinden?

Fragen zur Methode der Erschließung des Gegenstands:

- Erfolgt die Erschließung/Analyse des Gegenstands durch *Realbegegnung* oder über *ikonische* und/oder *symbolische Repräsentationsformen?*
- Welches sind die adäquaten Fachmethoden für den Fall der Realbegegnung (Beobachten, Messen, Zählen, Schätzen, Vergleichen, Experiment, Befragung, Interview, Kartierung usw.)?
- Für den Fall der *medialen Repräsentation:* Welches sind die Repräsentationsformen und welche Methoden sind ihnen angemessen (vgl. Kap. 7 u. 8)?
- Welche fächerübergreifend-interdisziplinären Methoden sind erforderlich?

Die Ergebnisse der Sachanalyse sollten entweder in einer stichwortartigen *tabellarischen Übersicht* zusammengestellt oder in einem *Strukturdiagramm* (vgl. S. 381) knapp dargestellt werden. Beides zwingt zur Beschränkung auf das Wesentliche, macht den Gesamtzusammenhang transparent und gibt Hinweise für Einstiegs- und Darstellungsmöglichkeiten (die Auseinandersetzung der Schüler mit dem Thema folgt in der Regel nicht der Sachlogik der Darstellung, sondern psychologisch); außerdem werden noch bestehende Unklarheiten aufgedeckt.
Die gründliche Auseinandersetzung mit dem Unterrichtsinhalt

- erschließt Sachzusammenhänge,
- erleichtert die Feststellung unterrichtlicher Schwerpunkte,
- gibt Sicherheit im Unterricht,
- macht flexibel für offene Lernprozesse.

Engelhard

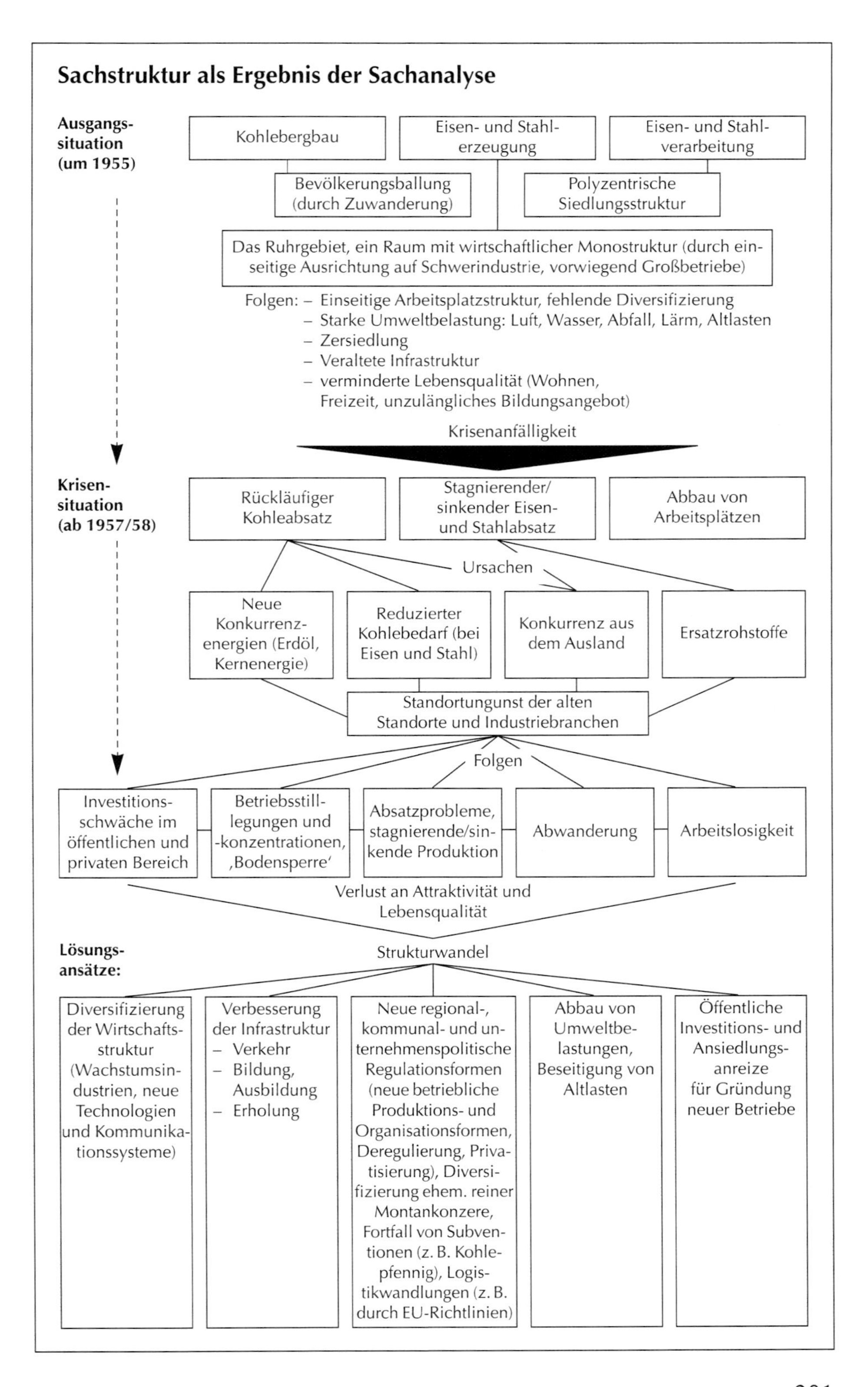
Sachstruktur als Ergebnis der Sachanalyse
Ausgangssituation (um 1955)
Kohlebergbau
Eisen- und Stahlerzeugung
Eisen- und Stahlverarbeitung
Bevölkerungsballung (durch Zuwanderung)
Polyzentrische Siedlungsstruktur
Das Ruhrgebiet, ein Raum mit wirtschaftlicher Monostruktur (durch einseitige Ausrichtung auf Schwerindustrie, vorwiegend Großbetriebe)
Folgen: – Einseitige Arbeitsplatzstruktur, fehlende Diversifizierung
– Starke Umweltbelastung: Luft, Wasser, Abfall, Lärm, Altlasten
– Zersiedlung
– Veraltete Infrastruktur
– verminderte Lebensqualität (Wohnen, Freizeit, unzulängliches Bildungsangebot)
Krisenanfälligkeit
Krisensituation (ab 1957/58)
Rückläufiger Kohleabsatz
Stagnierender/sinkender Eisen- und Stahlabsatz
Abbau von Arbeitsplätzen
Ursachen
Neue Konkurrenzenergien (Erdöl, Kernenergie)
Reduzierter Kohlebedarf (bei Eisen und Stahl)
Konkurrenz aus dem Ausland
Ersatzrohstoffe
Standortungunst der alten Standorte und Industriebranchen
Folgen
Investitionsschwäche im öffentlichen und privaten Bereich
Betriebsstilllegungen und -konzentrationen, ‚Bodensperre'
Absatzprobleme, stagnierende/sinkende Produktion
Abwanderung
Arbeitslosigkeit
Verlust an Attraktivität und Lebensqualität
Lösungsansätze:
Strukturwandel
Diversifizierung der Wirtschaftsstruktur (Wachstumsindustrien, neue Technologien und Kommunikationssysteme)
Verbesserung der Infrastruktur
– Verkehr
– Bildung, Ausbildung
– Erholung
Neue regional-, kommunal- und unternehmenspolitische Regulationsformen (neue betriebliche Produktions- und Organisationsformen, Deregulierung, Privatisierung), Diversifizierung ehem. reiner Montankonzere, Fortfall von Subventionen (z. B. Kohlepfennig), Logistikwandlungen (z. B. durch EU-Richtlinien)
Abbau von Umweltbelastungen, Beseitigung von Altlasten
Öffentliche Investitions- und Ansiedlungsanreize für Gründung neuer Betriebe

10.7 Didaktische Analyse

Die didaktische Aufbereitung des Unterrichtsgegenstandes erfolgt unter den in der Perspektivplanung festgelegten Zielaspekten. Sie schließt in ihre Überlegungen alle unterrichtswirksamen Faktoren wie Ausgangslage der Lehrenden und Lernenden, Medien, Methoden, Erfolgskontrollen und das soziokulturelle Bedingungsfeld mit ein. Als *Suchinstrumente* für die Bestimmung der zielbezogenen Eignung bieten sich die von Brucker/Hausmann (1972, S. 37/38) und Birkenhauer (1972, S. 4) verwendeten Kriterien zur Kennzeichnung *signifikanter* geographischer Lerngegenstände an:

- Einsehbarkeit der Struktur,
- gesellschaftlicher Bezug,
- fachliche Repräsentanz-Eigenschaft, d. h. Problem-, exemplarische und methodische Eigenschaft,
- anthropologisch-psychologische und situative Angemessenheit, ergänzt durch Zugänglichkeit und Erweisbarkeit/Überprüfbarkeit (Klafki 1985, S. 194 ff.).

Demzufolge besteht die Aufgabe der unterrichtsbezogenen Inhaltsanalyse in der Reduktion der Ergebnisse der Sachanalyse auf das unterrichtlich Erforderliche, in dessen zieladäquater Strukturierung und in der Begründung der vorgenommenen didaktischen Reduktion (vgl. S. 383 oben).

Die Strukturierung der Unterrichtsinhalte (Einsehbarkeit der Struktur) richtet sich auf

- die Analyse der Strukturelemente und ihres Zusammenhangs,
- mögliche Schichtungen des Gegenstandes,
- den Sachzusammenhang, in dem der Gegenstand steht.

Hilfreich für die Strukturierung der Inhalte, d. h. der *Analyse der Strukturelemente und ihres Zusammenhangs* ist das von Pollex (1972, S. 484 ff.) entwickelte Strukturschema für schulgeographische Inhalte (vgl. S. 383 unten). Mithilfe von sechs Gegensatzpaaren, die Strukturaspekte geographischer Inhalte kennzeichnen, lässt sich die Eignung für problemlösendes Lernen feststellen.

Geographische Stoffe können je nach Komplexität mehrfache Ebenen *(Schichtung des Gegenstandes)* aufweisen (physiognomisch = formal, funktional = genetisch, prozessual, Ebene gesellschaftlicher Normen).

Die Unterrichtsrelevanz des Schichtungsphänomens liegt darin, dass mit zunehmender Schichttiefe die Zusammenhänge komplexer und umfassender werden. Unterricht, der Daseinserkenntnis und -bewältigung anstrebt, muss versuchen bis in die Tiefe existenziell bedeutsamer Abhängigkeiten und Zusammenhänge vorzudringen um aus deren Analyse Handlungsmotivationen und -strukturen erkennen/aufbauen zu können. An die Aufdeckung inhaltlicher Schichtungsebenen knüpfen Entscheidungen über Ziele und ihnen zuzuordnende Unterrichtsprozesse an.

In der Regel korrespondieren inhaltliche Schichtebenen mit der Schichtung in Lernzielebenen, die – die gängigen Lernzieltaxonomien vereinfachend – in einer Dreistufung erfolgt (Engelhard 1974; vgl. Thönebõhn 1995a, S. 135):

- die Ebene der Informationsaufnahme und -verarbeitung *(Erscheinungsebene),*
- die Ebene des Erklärens und Urteilens *(Erklärungsebene),*
- die Ebene des Entscheidens und Handelns *(Entscheidungs-/Handlungsebene).*

Der gesellschaftliche Bezug spielt eine wichtige Rolle, da Unterrichtsziele auf spezifische Verwendungssituationen im öffentlichen und privaten Leben, d. h. auf den Erwerb eines Potenzials von Verhaltensdispositionen ausgerichtet sind. Diese Bedingung müssen auch die ih-

Unterrichtsthema: Strukturwandel im Ruhrgebiet
Begründung der didaktischen Entscheidungen

Die Wahl des Themas:

1. Sie ist nicht allein durch den Lehrplan (Kap. 10.2) legitimiert, sie rechtfertigt sich vor allem aus der Lage des Schulstandorts am Rande des Ruhrgebiets. Die Schüler werden tagtäglich mit Informationen über Entwicklungen, Problemen (Abbau von Subventionen für den Steinkohlenbergbau, Arbeitslosigkeit) und Ereignisse konfrontiert; die meisten kennen Teile des Ruhrgebiets (persönlicher Bezug zum Thema).
2. Das Thema weist eine klare, überschaubare Sachstruktur auf, in der die Elemente und Phasen des Strukturwandels eindeutig für die Schüler zum Ausdruck kommen.
3. Das breite Materialangebot und die Vertrautheit der meisten Schüler mit dem Thema und den zur Erarbeitung erforderlichen Unterrichtsmethoden (Kap. 10.8) lässt ein hinreichendes Interesse bei der Unterrichtsarbeit erwarten.

Stellenwert des Themas in der Unterrichtseinheit:
Es dient der Anbahnung und der Erarbeitung grundlegender Einsichten und Erkenntnisse zum Verständnis des Strukturwandels und ihn begleitender Raumentwicklungen.
Begründung der Auswahl der Ziele, Inhalte und Schwerpunkte (Kap. 10.9):
1. Orientierung an den Lehrplanzielen,
2. den situativen Voraussetzungen des Schulstandorts/der Schüler (Kap. 10.4),
3. den Lernvoraussetzungen der Schüler (Kap. 10.3) und an den verfügbaren Medien.

Durch Konzentration auf die ausgewählten Schwerpunkte (Kap. 10,9) wird die Signifikanz des Strukturwandels sowohl für den Gesamtraum, für die lokale Ebene und für die Menschen herausgestellt und die Notwendigkeit raumordnungspolitischer Maßnahmen unter Mitbeteiligung der Bürger hervorgehoben.
Begründung der vorgenommenen didaktischen Reduktion: Beschränkung der Inhaltsauswahl auf zentrale Wandlungserscheinungen/-vorgänge (Zielkonformität) um die Lernpotenziale der Schüler nicht zu überlasten.
Zu erwartende Lernschwierigkeiten (vgl. Kap. 10.3): Abstraktionsprozesse durch gezielten, nach Abstraktionsniveaus gestuften Medieneinsatz erleichtern. Handeln nach Anweisung durch handlungsorientierte Lernphasen (z. B. Rollenspiel) überwinden. Unterschiedliches Lerntempo durch Aufgaben- und Mediendifferenzierung.

Strukturanalyse zur Ermittlung der Unterrichtsinhalte

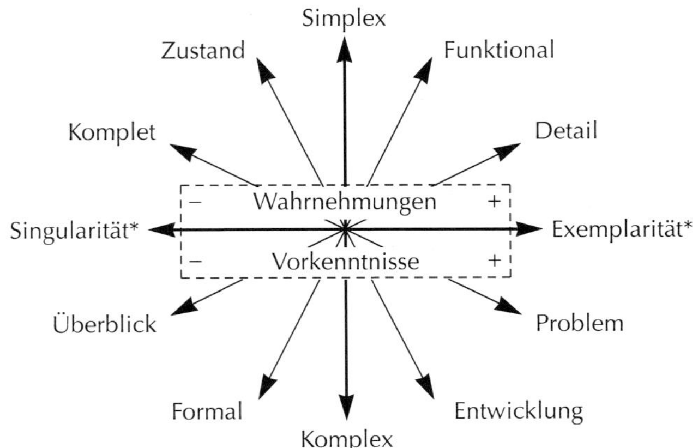

linke Seite: (lernnegativ – statisch) rechte Seite: (lernpositiv – dynamisch)
* Anstelle des Begriffspaares Individuum-Typus bei Pollex wird hier das Begriffspaar Singularität – Exemplarität verwandt, weil es unter dem Aspekt der Übertragbarkeit eine größere Breiten- und Tiefenwirksamkeit besitzt. (nach: Pollex 1972)

nen zuzuordnenden Inhalte erfüllen. Folgende *Leitfragen* unterstützen den darauf gerichteten Auswahlprozess:
- Was leistet die Thematik/der Gegenstand für die Lösung von Aufgaben der Raumbewältigung in konkreten Lebenssituationen und für eine zukunftsfähige Entwicklung?
- Welche diesbezüglichen Erkenntnisse und Einsichten, welche Methoden, Fähigkeiten, Fertigkeiten und Problemlösungsverfahren lassen sich gewinnen/trainieren?
- Welche Informationen, Einsichten, Fähigkeiten, Fertigkeiten sind lebensbedeutsam?
- Worin liegt die Bedeutung des Gegenstandes für das Lernen des Lernens?

Die Bildung von Einstellungen und Haltungen, die für das Entscheidungsverhalten und praktisches Handeln entscheidend sein können, setzt voraus, dass der Schüler in seinen Wertungen nicht festgelegt wird, sondern Kriterien für verantwortliches Entscheidungsverhalten erwirbt. Dafür bieten sich folgende Fragen an:
- Welche Werte lässt der Unterrichtsgegenstand erkennen und handelnd erfahren?
- Liefert der Gegenstand Kriterien, die eine argumentierende Stellungnahme zu Wertfragen möglich machen, und welche?
- Welche Sachverhalte eignen sich zum Abbau von Vorurteilen, zur Begründung eigener Urteile und Entscheidungen?
- Welche Eignung besitzt das Thema zur Realisierung von Sozialisationszielen der Perspektivplanung?
- Bietet die Thematik Ansätze/Möglichkeiten, Gefühle und Emotionen einzubringen?

Fachliche Repräsentanzeigenschaften sind *Problemorientierung, Exemplarität* und *methodische Eigenschaft* (Sicherheit sowie Flexibilität in der Handhabung fachlicher Methoden). Sie sind repräsentative Merkmale des auf Qualifizierung für Problemlösungsverhalten und Handlungsfähigkeit zielenden Geographieunterrichts. Dem müssen auch Auswahl und Zuschnitt der Lerninhalte entsprechen. Folgende Fragen tragen zur Entscheidungsfindung bei:
- Wofür ist der jeweilige Gegenstand/Inhalt exemplarisch, repräsentativ? Welche daseinsbedeutenden Elementar- und Fundamentaleinsichten, -erfahrungen, -gesetzlichkeiten usw. kann der Inhalt vermitteln (Klafki 1964b, S. 16)?
- In welchen Situationen, Zusammenhängen usw. lassen sich zu gewinnende Elementaria und Fundamentalia anwenden, verwenden, transferieren (Klafki 1964b, S. 16)?
- Welche Problemstellungen/Sachverhalte greifen über die Fachgrenzen hinaus und erfordern abgestimmtes, interdisziplinäres = fächerverbindendes Angehen?
- Welche (fachlichen) Methoden, Fähigkeiten und Fertigkeiten lassen sich am Gegenstand (exemplarisch) erwerben, funktionsgerecht üben, anwenden, transferieren?

Die anthropologisch-psychologische und situative Angemessenheit ist eine wichtige Voraussetzung für erfolgreichen Unterricht. Deshalb erfolgt die Analyse des Unterrichtsinhalts immer auch unter Einbeziehung der jeweiligen konkreten Unterrichtsbedingungen, die durch Lehrer und Schüler (vgl. Kap. 10.3) und das situative Umfeld (vgl. Kap. 10.4) bestimmt werden.

Die Zugänglichkeit zum Thema wird primär von den Interessen, Erfahrungen, Bedürfnissen, Lernvoraussetzungen usw. der Schüler bestimmt. Folglich erfordern Zugang zur/Einstieg in die Thematik schülerbezogene psychologische Überlegungen. Psychologik und Sachlogik (wie sie der *Darstellung* der Ergebnisse der Sachanalyse zugrunde liegen) sind selten identisch.
Die Frage nach der *Erweisbarkeit/Überprüfbarkeit* richtet sich auf die im Lernprozess erworbenen Kenntnisse, Einsichten, Fähigkeiten, Handlungsformen usw., den eingeschlagenen *Lernweg* und die Überprüfung der Lernergebnisse (durch Lehrer und Schüler; vgl. Kap. 10.14).

Engelhard

Beispielhafte Kennzeichnung der Funktion der Begriffspaare bei der Strukturanalyse:

Formal: Räumliche Verteilungsmuster von Schwerindustrie, Verkehrsanlagen und Siedlungen in NRW als Ansatz funktionaler Betrachtung.
Funktional: Erklärung der Konzentration von Industrie-, Verkehrs- und Wohnfunktion.

Detail: Einzelphänomene aus dem Gesamtzusammenhang, z. B. Bevölkerungsentwicklung des Ruhrgebiets; Kohleproduktion des Reviers 1950–1959.
Überblick: Details/Einzelphänomene in einem übergeordneten Zusammenhang stellen, z. B. Rückgang der Kohleproduktion, Standort, Stagnation und Konzentration der Stahlproduktion, Rückgang der Zahl der Arbeitsplätze; Bevölkerungsrückgang und -abwanderung als Ausdruck einer strukturellen Krise.

Problem: Entwicklung der regionalen Arbeitslosigkeit als Ansatz zu Problemfragen.
Komplet: Problemlösung: Verlust der ursprünglichen Standortgunst der Schwerindustrie des Ruhrgebiets durch technischen Wandel und überseeische Konkurrenz ohne ausreichende innovative Neuansätze führt in die Krise.

Entwicklung: Veränderungen in der Bevölkerungszahl seit 1955.
Zustand: Bevölkerungszahl des Ruhrgebiets 1995.

Exemplarität:
- *Elementareinsichten:* Schrumpfendes Arbeitsplatzangebot führt zu Arbeitslosigkeit und Abwanderung; Industriekonzentration bedingt Bevölkerungsballungen.
- *Fundamentaleinsichten:* Industrieräume, die sich veränderten Standortbedingungen nicht anpassen, sind krisengefährdet. Planungsentscheidungen sind ambivalent.

Singularität: Lage und wirtschaftliche Stellung des Ruhrgebiets im mitteleuropäischen Raum. Einmaligkeit der Wirtschaftsgeschichte des Ruhrgebiets.

Simplex: Elementarerkenntnisse, z. B. Standortfaktoren der Eisen- und Stahlindustrie.
Komplex: Gesamtzusammenhänge, die sich aus der Verknüpfung von Elementareinsichten ergeben, z. B. historische, wirtschaftliche und gesellschaftspolitische Bedingungen/Ursachen und Folgen des Strukturwandels.

Schichtung des Gegenstandes
Die *formal-physiognomische* Schichtebene wird durch die Lage, Größe und die Erscheinungsformen (Industrie, Siedlungen, Verkehrswege, Bodennutzung, Erholungsgebiete, Umweltbelastungen usw.) des Ruhrgebiets gekennzeichnet. Mit ihrer Erfassung verknüpft sich die Frage nach den zugrunde liegenden funktionalen und genetischen Zusammenhängen *(funktional-genetische Ebene):*
1. Die ursprüngliche Standortgunst des Ruhrgebiets mit den bestimmenden Standortfaktoren Kohle und Verkehrsgunst,
2. die Entwicklung zum bedeutendsten Schwerindustriegebiet Europas unter Beibehaltung der Monostruktur,
3. veränderte Bedingungen (s. o.) führen zur Krise, die strukturelle Wandlungsprozesse hervorruft *(prozessuale Ebene).* Träger der Industrieentwicklung waren die großen Industriekonzerne. Die Krise, die Ende der Fünfzigerjahre begann, führte zu Konflikten (Zechenstilllegungen, Schließung und Konzentration von Hüttenwerken, Arbeitslosigkeit, Gefährdung der Umwelt). Handlungsleitend für die Einleitung struktureller Wandlungen sind die Prinzipien der sozialen Marktwirtschaft *(Normenebene).*

10.8 Methodische Planung

Die methodische Planung richtet sich auf das „Wie" des Lernprozesses. Unter Rückkoppelung an die ausgewiesenen Richtziele zieht sie Folgerungen aus den Ergebnissen der didaktischen Analyse, stellt aber keine unmittelbare logische Ableitung aus ihr dar, denn sie hat auch die außerhalb der Inhaltsdimension liegenden soziokulturellen Voraussetzungen sowie psychologisch (vgl. Kap. 3), soziologisch und mediendidaktisch begründbare methodische Eigengesetzlichkeiten zu berücksichtigen.

Die spezifische Aufgabe der methodischen Planung besteht in der Prüfung und Klärung der Voraussetzungen und Bedingungen möglicher unterrichtlicher Funktionszusammenhänge und in der – Alternativen bedenkenden – *Vorstrukturierung* des Unterrichtsprozesses. Es sind Entscheidungen zu treffen über:

- *Medienwahl* und *Aktionsformen* des Medienumgangs (Kap. 10.8.1),
- *Wahl der Organisationsformen des Unterrichts* (Kap. 10.8.2).
- mögliche (alternative) *Verlaufsstrukturen des Unterrichts* (Kap. 10.10).

Dabei gilt es zu berücksichtigen, dass diese Entscheidungskomponenten sowohl untereinander als auch mit den Zielen, Inhalten und unterrichtliche Bedingungsfaktoren einen *Implikationszusammenhang* bilden und auf diese abgestimmt sein müssen um als „Anregungsvariable" (Schulz 1980a) im Unterrichtsprozess wirken zu können.
Damit die vorherrschende „Kopflastigkeit" des *Kognitiven* zugunsten der häufig vernachlässigten *emotional-affektiven* Seite von Bildung zurückgedrängt wird, müssen in die methodische Planung auch Überlegungen einfließen, die sich auf die *Erziehung der Gefühle* (Harnisch 1983) und den mitmenschlichen Umgang richten (Lernen mit Kopf, Herz und allen Sinnen).

Die Ausrichtung des Geographieunterrichts auf Qualifizierung für die Bewältigung konkreter Lebensaufgaben stellt an die methodische Planung insbesondere die Forderung den *Lernenden* als zentralen Unterrichtsfaktor zu sehen und ihn für selbstständiges Lernen zu qualifizieren durch:

- Auseinandersetzung mit den Lehrzielen in (selbst gestellten) Lernzielen/Aufgaben,
- optimale Motivierung zu selbstständigem Lernen,
- Vermittlung einer kritischen Fragehaltung und Befähigung zur Entwicklung sachangemessener Problemlösungsverfahren (entdeckendes und einsichtiges Lernen),
- Selbsttätigkeit und Lernen durch eigenes Handeln,
- variable, Selbstständigkeit fördernde Arbeitsmethoden,
- Anwendung vielseitiger Formen der Lernsicherung, -kontrolle und des Transfers,
- vielseitige Kommunikation und Interaktion fördernde und eine partnerschaftliches Lehrer-Schüler-Verhältnis ermöglichende Unterrichtsorganisation.

Das setzt voraus, dass mit der Vorstellung gebrochen wird, Unterricht sei ein exakt planbarer Vorgang, der bei hinreichender Sachkenntnis des Lehrers durch Anwendung einer für richtig gehaltenen Methode mit einiger Sicherheit den gewünschten Erfolg erziele. Ein auf problemsichtiges und -lösendes Lernen und selbstständiges Handeln zielender Unterricht lässt sich nicht in allen Schritten und Maßnahmen vorausbestimmen. Er erfordert eine *offene,* alternative Wege ermöglichende, *flexible* methodische *Planung* (Prinzip der Variabilität). Deren Kennzeichen sieht E. Meyer (1966, S. 231) im Zusammenspiel mit Arrangement, Improvisation und Vermittlungshilfen (vgl. S. 387).

Engelhard

Schematische idealtypische Darstellung des Lernprozesses (Erarbeitung einer Problemsituation)

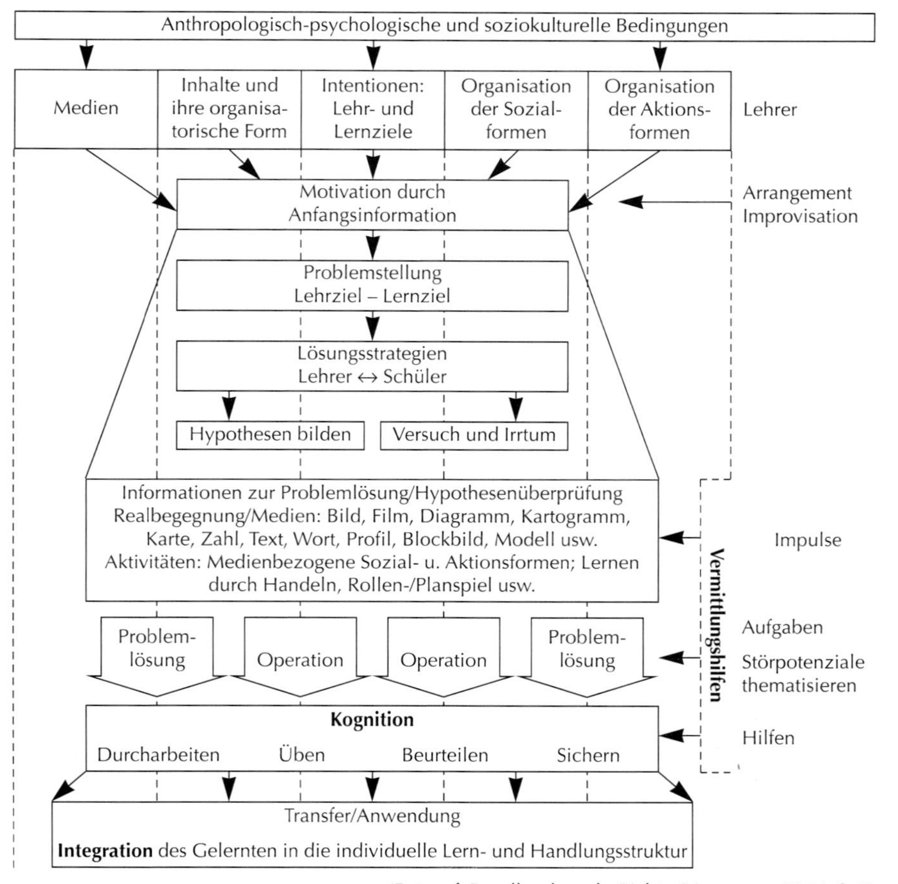

(Entwurf: Engelhard, nach: Richter/Hausmann 1974, S. 9)

1. Stufen-/Phasenschemata sind lediglich ein Hilfsmittel zur Strukturierung des möglichen Unterrichtsablaufs. Sie stellen eine Vereinfachung des Unterrichtsgeschehens dar, weil sie nur wenige, vor allem kognitive Funktionselemente möglicher Unterrichtsabläufe erfassen, die affektive und sozial-kommunikative Dimension aber weitgehend ausblenden. Außerdem durchziehen die die unterschiedlichen Lernphasen kennzeichnenden Komponenten (Motivation, Kompetenzentwicklung/Erarbeitung, Sicherung) das gesamte Unterrichtsgeschehen.
2. Stufen-/Phasenschemata können keine Allgemeingültigkeit beanspruchen. Je nach Ziel und Thema einer Stunde (Einführung in ein neues Thema, Aneignung methodischer Fähigkeiten, Projekt, Spiel, Übung/Wiederholung) sind unterschiedliche Lernwege erforderlich.

10.8.1 Medienplanung

Aufgrund des Implikationszusammenhangs von Unterricht erfolgt die *Medienplanung* grundsätzlich in Abstimmung mit allen anderen unterrichtlichen Entscheidungsfaktoren. Unter dieser Voraussetzung konzentriert sich die Medienplanung auf zwei Fragen:

- Welche Medien sind für die Verwendung im Unterricht verfügbar?
- Nach welchen Kriterien kann entschieden werden, welche Medien für welchen konkreten Lehr-Lern-Prozess optimal verwendbar sind?

Da Medien im Unterricht gleichzeitig mehrere Funktionen ausüben können (sie sind Träger von Informationen, setzen Kommunikations- und Handlungsprozesse in Gang; vgl. Engelhard [Mod.] 1977), muss der Medieneinsatz ziel-, inhalts- und kommunikationskonform und adressatengemäß erfolgen (vgl. Havelberg 1980, Kap. 8.10).

Aspekte der Medienplanung

Ziel und Inhaltskonformität erfordert, dass auszuwählende Medien insbesondere folgenden *Ansprüchen* genügen:

- Sie müssen der unterrichtlichen Zielsetzung entsprechen und dürfen die vom Lernziel intendierten Operationen, z. B. das Aufspüren von Problemen, das Finden von Lösungswegen, das Beurteilen von Lösungen nicht verbauen.
- Für Motivations-, Lösungs- und Anwendungssituationen vorgesehene Medien müssen durch ihre Formqualität zur Strukturierung der Inhalte und Akzentuierung des intendierten Funktionsaspekts beitragen.

Medien mit multisensorischen Wahrnehmungsqualitäten wirken im *Verbund* besonders lernfördernd. Aufgrund des Zusammenwirkens verschiedener Form- und Inhaltsqualitäten erschließen sie verstärkt alternative Fragenperspektiven, Problemlösungssituationen sowie Handlungs- und Transfermöglichkeiten.

Adressatengemäßer Medieneinsatz ist Voraussetzung für den Lernerfolg; die Einlösung der Unterrichtsziele setzt voraus, dass die Arbeit mit Medien die Individuallage von Lerngruppen und Schülern berücksichtigt. Unter anderem gilt es zu beachten:

- *Über- oder Unterforderung* durch Medien lassen sich durch Rückgriff auf Erkenntnisse der Psychologie und Beteiligung der Schüler an der Unterrichtsplanung reduzieren.
- Effektiver Medieneinsatz erfordert, dass die Repräsentationsform des Inhalts dem *Anspruchsniveau,* der *Erfahrung* und den *instrumentalen Voraussetzungen* der Lerngruppe bzw. Einzelschüler entspricht.
- Ein differenziertes Medienangebot trägt der *Individuallage* der Schüler Rechnung.

Als Erzeuger von Kommunikations- und Interaktionsprozessen erfüllen Medien Sozialisationsfunktionen. Unter diesem Aspekt haben Medien, die zu Problemstellungen, Hypothesenbildungen, zur Formulierung kontroverser Positionen herausfordern und gruppendynamische Prozesse in Gang setzen, Vorrang. Gefördert werden entsprechende Prozesse dadurch, dass Schüler über Auswahl und Einsatz von Medien mitbestimmen können, freien Zugang zu vorhandenen Medien haben und individuelle Lerninteressen einbringen können.

Bei der Funktionalisierung geht es um die Frage, „in welcher Phase des Unterrichts welches Medium zum Einsatz kommen soll“ (Havelberg 1980, S. 53). Zu klären ist:

- der *didaktische* Ort des Mediums, d. h. sein unterrichtlicher Funktionszusammenhang,
- seine *Funktion* im Lernprozess (ordnen, vergleichen, klassifizieren, abstrahieren),
- ob sein *Informationsangebot* ganz oder teilweise genutzt werden soll,
- der Aufbau einer mediendidaktischen *Dramaturgie.*

Engelhard

Medienauswahl zum Thema „Ruhrgebiet“

Streik der Bergleute

Stahl in der Klemme

Hightech statt Kohle?

„Stirbt der Kohlepfennig?“

Von wegen „Kohlenpott“!

M 1 Überschriften aus Zeitungen (Folie!)

„Das Ruhrgebiet. Kilometerlang dehnen sich Werkanlagen aus. Riesenschornsteine qualmen Tag und Nacht. Fördertürme ragen in den rauchigen Himmel der Industrielandschaft. Ein strenger Geruch nach Rauch und schädlichen Abgasen liegt fast ständig in der dickatmigen Luft. Schwarzer Ruß und Kohlenstaub rieseln ununterbrochen aus der Dunstglocke auf das Meer von Häusern und Fabriken. Ohrenbetäubender Lärm herrscht in den Hüttenwerken. Schwer beladene Güterzüge rattern zwischen Zechen, Kokereien, Eisenhütten und Walzwerken. Lastzüge und Omnibusse brausen über die Straßen der Ruhrstadt. Die eng gebauten Häuserzeilen der älteren Arbeitersiedlungen bieten keinen freundlichen Anblick.“

M 2 Aus einem Schulbuch für Erdkunde, erschienen 1958

M 3 a Zeche Carolinenglück II/III in Bochum (1967)

M 3 b Gelände der Zeche Carolinenglück II/III in Bochum (heute)

	1956	1960	1970	1980	1994
Kohleförderung (Mio. t)	124, 6	115,4	91,1	69,1	40,2
Bergbaubeschäftigte (1000)	485,0	408,0	198,9	141,8	77,8
Förderanlagen	140	120	56	29	14
Rohstahlproduktion (Mio. t)	10,4	23,6	28,5	25,2	18,9
Beschäftigte (1000)	K.A.	263,6	226,8	184,5	89,5

(Quelle: KVR)

M 4 Steinkohlenförderung, Rohstahlproduktion und Beschäftigte in der Eisen- und Stahlindustrie im Ruhrgebiet

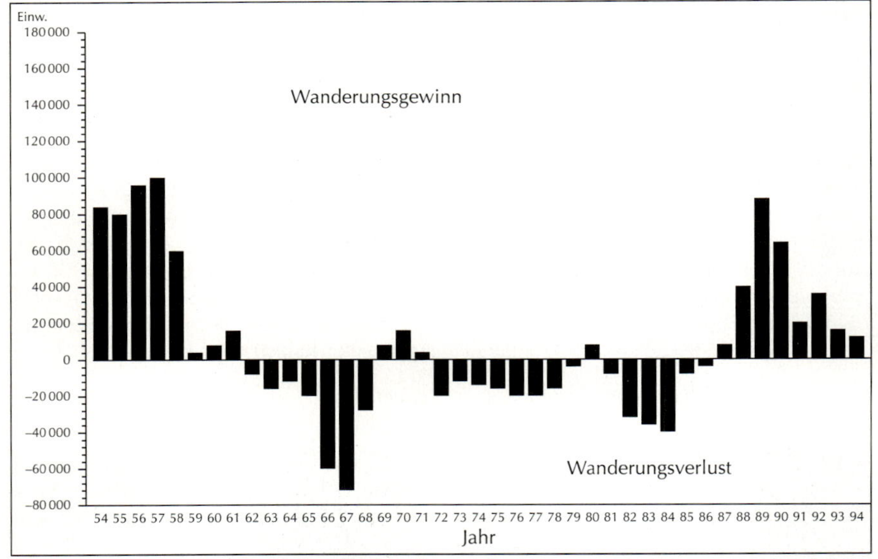

(Quelle: Landesamt für Datenverarbeitung und Statistik NW)

M 5 Wanderungsgewinne bzw. -verluste im Ruhrgebiet

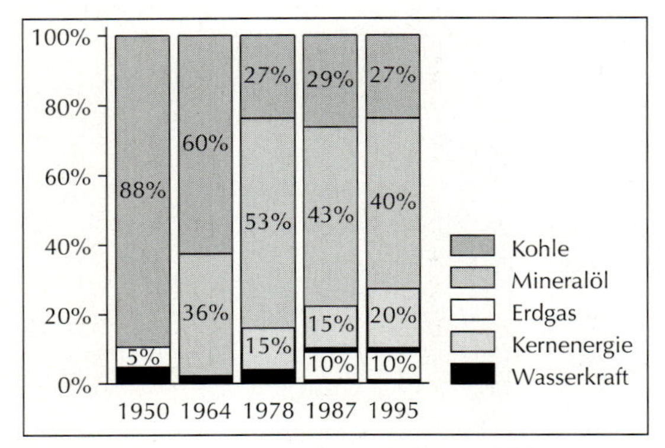

M 6 Energieverbrauch in der Bundesrepublik Deutschland in Mio. t Steinkohleeinheiten

1900	2000
1957	941
1972	486
1980	516
1993	388

M 7 Koksverbrauch (in kg) in der Hüttenindustrie für die Gewinnung von einer Tonne Roheisen

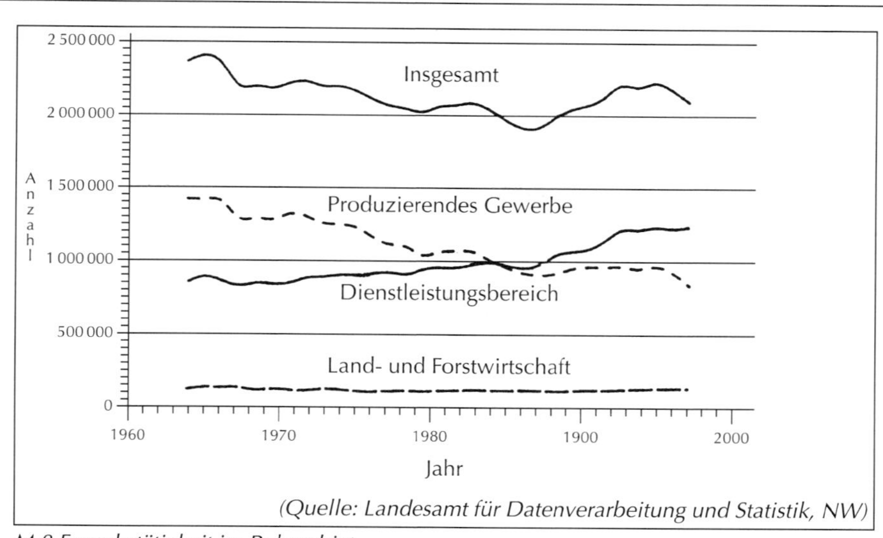

(Quelle: Landesamt für Datenverarbeitung und Statistik, NW)

M 8 Erwerbstätigkeit im Ruhrgebiet

Jahr	Leistung
1960	2057 kg
1970	3755 kg
1980	3948 kg
1990	5008 kg
1991	5082 kg

M 9 Förderleistung je Arbeiter und Schicht

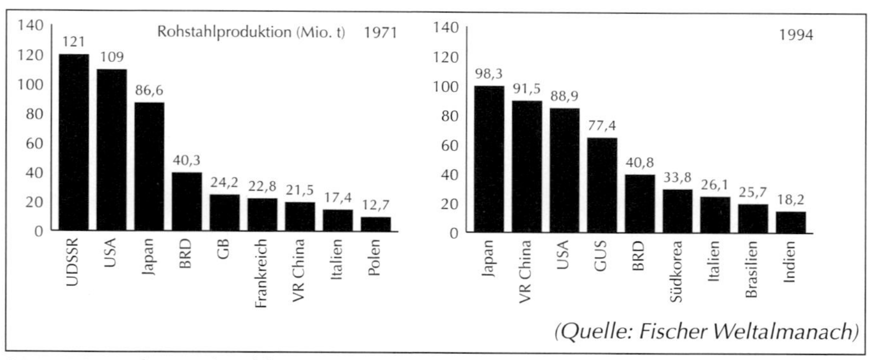

(Quelle: Fischer Weltalmanach)

M 10 Die größten Rohstahlerzeuger 1971 und 1994

M 11 Logo des Kommunalverbandes Ruhrgebiet

Weitere Medien: z. B. Diercke Weltatlas, S. 34/35.

(Die Begründung der Medienwahl und die Darstellung des Medieneinsatzes erfolgen in Kapitel 10.8.2 u. 10.10)

10.8.2 Planung der Unterrichtsorganisation

Die Planung der Unterrichtsorganisation erfordert Entscheidungen über
- die Organisation der Unterrichtsinhalte,
- die Organisation der Aktionsformen, d. h. der Verfahrensweisen, in denen Schüler und Lehrer (mit Lerninhalten und Medien) agieren,
- die Organisation der Sozialformen (Kommunikation und Interaktion).

Diese Bereiche stehen untereinander und mit den übrigen Unterrichtsfaktoren in einem *Interdependenzzusammenhang*; Planungsentscheidungen über die Unterrichtsorganisation haben sich daran zu orientieren.
Von den *Lernvoraussetzungen* der Schüler hängt es ab, welche Kommunikations- und Interaktionsformen und welche Aktionsformen verfügbar sind bzw. erst verfügbar gemacht werden müssen. Sinnvolles Lernen hängt ab von der Qualität der kognitiven Struktur der Lernenden und von ihrer Bereitschaft sinnvoll lernen zu wollen. Diese Bereitschaft kann nur dann erwartet werden, wenn kognitive und instrumentale Anforderungen weder zu leicht noch zu schwierig sind, sondern mittleren Schwierigkeitsgrad besitzen. In diese Überlegungen müssen auch die *Lernbedürfnisse und -interessen* der Schüler einfließen. Differenzierung von Zielsetzungen und Aufgabenstellungen ist eine notwendige Folgerung.

Die Ausrichtung unterrichtlicher Organisationsentscheidungen an Zielen und Zielsequenzen ist von entscheidender Bedeutung (vgl. S. 393). Grundsätzlich gilt, dass alle Organisationsaspekte Berücksichtigung finden müssen, die sich eignen, Problemstellungen auszulösen, Problemlösungsverfahren zu entwickeln, selbstständiges Denken, Urteilen und Entscheiden zu fördern sowie Kooperationsfähigkeit, Kompromissbereitschaft und Toleranz anzubahnen. Von daher ist sowohl der ganze Fächer unterrichtlicher Sozial- und Aktionsformen (vgl. Kap. 7.1 u. 7.2) als auch die ganze Variationsbreite der Organisation der Unterrichtsinhalte gefragt.
Es wäre falsch, bestimmte Organisationsformen, z. B. im Bereich der sozialen Organisation den Frontalunterricht, generell als negativ, Gruppenarbeit aufgrund ihres sozialintegrativen Charakters generell als positiv zu bewerten.
Frontalunterricht, Individualarbeit und Darbietung als die am häufigsten negativ bewerteten Formen haben in einem zielorientierten Geographieunterricht ebenso ihren Platz wie sozialintegrative Formen. Zuhören/Beobachten, darbietende Erklärungen und Demonstrationen konzentriert verfolgen, Informationen speichern, abwarten können, Rücksicht üben sind ebenso unabdingbare Voraussetzungen für demokratisches und soziales Verhalten und kognitive Leistungsfähigkeit wie die Fähigkeit sich durch Argument und Gegenargument, Schlussfolgerungen, Hypothesenbildung usw. an Problemlösungsaufgaben in Gruppen zu beteiligen.
Gewiss muss der Wandel vom wissens- zum handlungsorientierten Geographieunterricht auch in einem Wandel von lehrerzentrierten zu schülerzentrierten Aktions-, Kommunikations- und Interaktionsformen zum Ausdruck kommen. Dennoch haben Frontalunterricht, darbietendes und entwickelndes Verfahren da ihre Berechtigung, wo sie dem Erwerb bestimmter Teilqualifikationen dienen, sie übernehmen eine die entdecken und forschen lassenden Verfahren ergänzende Funktion. Wo sie dagegen dominieren und den Schüler in eine rezeptive Rolle drängen, lassen sie sich gegenüber Richtzielen, die auf Anwendungssituationen und Entscheidungskompetenz ausgerichtet sind, nicht mehr rechtfertigen.
In einem Geographieunterricht, der auf Kompetenzgewinn ausgerichtet ist, sind handlungsorientiert ausgerichtete Organisationsentscheidungen von zentraler Bedeutung (vgl. Kap. 7.2.5).

Planung der Unterrichtsorganisation (Checkliste)
Unterrichtsthema: Strukturwandel im Ruhrgebiet (5 Unterrichtsstunden)

1. Organisation der Unterrichtsinhalte

Ausrichtung an Zielen: Die Erreichung des Grobziels erfordert eine gezielte, auf den Kern des Themas gerichtete *Problematisierung* (Wie tritt der Strukturwandel in Erscheinung? Welche Ursachen sind dafür verantwortlich?). Weil die meisten Schüler das Ruhrgebiet persönlich kennen und vom 5. Schuljahr her mit den Standortgegebenheiten des Ruhrgebiets vertraut sind, wird dafür M 2 (ganzheitliche Darstellung) gewählt um ihren Widerspruch herauszufordern. Als Alternative eigenen sich M 3 a und M 3 b (Detaildarstellung), weil sie den gleichen Raumausschnitt vor und nach dem Wandel zeigen. Eine weitere Alternative ist M 1 (Details). M 1, 2, 3 a und 3 b führen zu zentralen Problemfragen hin. M 3 a, 3 b und M 1 werden erst dann eingesetzt, wenn durch M 2 die erwartete Problematisierung nicht erfolgt bzw. wenn ein Teil der Schüler sich durch M 2 nicht angesprochen fühlt oder wenn die durch M 2 angestoßenen Fragen einer Präzisierung/Ergänzung bedürfen. In gleicher Weise dienen diese Einstiegsmedien auch der Phase der Hypothesenbildung. Unterstützend lässt sich M 4 (Details) in dieser Phase einbringen (als Alternative: M 5).

Lernvoraussetzungen: vgl. Kap. 10.3 und 10.4

Die zur *Problemerarbeitung/Hypothesenüberprüfung* gewählten Medien M 6–9 lassen jeweils Teil/-Einzelursachen erkennen, die es in der Anschlussstunde zusammenzuführen gilt (analytisch-ganzheitlich). Sowohl für den Einstieg (alternativ) als auch für die Erarbeitung lassen sich die Karten S. 34 ① ② und S. 35 ① im Diercke Weltatlas einbringen.

2. Organisation der Aktionsformen

Zielkonformität ist realisiert, da die instrumentalen Voraussetzungen für die Analyse der einzusetzenden Materialien (M 1 – M 10, Atlaskarten) vorhanden sind. Bei der Bearbeitung der Materialien ist die Stufung des Anspruchsniveaus zu beachten: Informationsaufnahme – Analyse – Interpretation – Erschließen von Zusammenhängen – Beurteilen – Transfer. Dabei ist der Selbsttätigkeit der Schüler Raum zu geben.

Sozialisation: Die verfügbaren Medien und die o. a. Aktionsformen fördern bei entsprechender Organisation der Sozialformen die Kommunikation, Interaktion und Handlungsfähigkeit. Individuelle Erfolgserlebnisse fördern, Misserfolgserlebnisse vermeiden!

Adressatengerechtheit: Die o. a. Aktionsformen sind eingeübt: Mehrere Schüler haben jedoch Schwierigkeiten beim Schlussfolgern und beim Erfassen von Zusammenhängen. Folgerung: Impulse! Abstrakte Sachverhalte visualisieren! Überschaubares Tafelbild parallel zum Lernfortschritt!
Bei der Hausaufgabenstellung sind eventuelle Schwierigkeiten beim Medienumgang zu berücksichtigen (Übungs-/Anwendungsaufgaben). Mehrfacher Medienwechsel beugt Aufmerksamkeits- und Konzentrationsschwächen der meisten Schüler vor (damit verbunden der Wechsel von Aktions- und Sozialformen).

3. Organisation der Sozialformen

Ausrichtung an Zielen: Die Richtziele (Kap. 10.5) fordern Kommunikation, Interaktion und Selbsterfahrung. Folgerung: Wechsel von Gruppen-/Partner- und Einzelarbeit auch aus diesen Gründen.
Die Entscheidungen über den konkreten Einsatz der vorgesehenen Materialien und die damit einhergehenden Aktions- und Sozialformen werden auf Seite 395 dargelegt und begründet.

Der Interdependenzcharakter des Unterrichts erfordert neben der Berücksichtigung der Rechtfertigungsebene aber auch die Orientierung unterrichtsorganisatorischer Maßnahmen an den verschiedenen Zieldimensionen und taxonomischen Stufen (vgl. Kap. 2.4.3). Die Betonung der instrumentalen Zieldimension kann andere Organisationsentscheidungen nach sich ziehen als die Akzentuierung kognitiver Zielaspekte. Damit die Unterrichtsorganisation sich nicht auf die Ausrichtung an intellektuellen Leistungsanforderungen beschränkt, muss dabei immer auch gefragt werden, wie sich entsprechende Planungsentscheidungen auf Gefühle und den sozialen Umgang auswirken (können).
Mit zunehmender *Komplexität* der Ziele im kognitiven bzw. zunehmendem Grad der Verinnerlichung im affektiven Bereich ändern sich auch die unterrichtsmethodischen Entscheidungen.
Neben den Lernvoraussetzungen und -zielen haben *Struktur, Repräsentationsform* und *instrumentale Qualität* des Unterrichtsgegenstandes einen starken Einfluss auf die Unterrichtsorganisation.

Unter dem Aspekt der Organisation geographischer Unterrichtsinhalte stellt sich die Frage, idiographisches oder nomothetisches Verfahren (vgl. Kap. 7.3.1)? Die Frage ist falsch gestellt, denn Induktion und Deduktion, Elementarisierung und Synthese, idiographische und nomothetische Betrachtungsweise sind *korrelate* Methodenkonzeptionen, sie werden nur in ihrer Ergänzung der geographischen Realität gerecht.
Im problemorientiert-forschenden Geographieunterricht lassen sich *induktives und deduktives Verfahren* nicht trennen (vgl. Kap. 7.3.2).
Auch *ganzheitlich-analytisches* und *analytisch-synthetisches Verfahren* ergänzen sich. Das ganzheitlich-analytische Verfahren fördert die Strukturierung geographischer Objekte und die Aneignung entsprechender Erschließungsverfahren.
Das elementenhaft-synthetische Verfahren dient gemäß dem lernpsychologischen Prinzip „vom Elementaren zum Komplexen" dem Aufbau logischer Fach- und Sachstrukturen und eines adäquaten Begriffssystems.
Das ganzheitlich-analytische Verfahren ist auf Ergänzung durch das elementhaft-synthetische angelegt. Elementaranalysen erhalten erst dadurch ihren Sinn, dass ihre Ergebnisse zum Verständnis komplexer Zusammenhänge genutzt, d. h. in eine Synthese gebracht werden.
Auch *idiographisches und nomothetisches Verfahren* stehen in einem *Komplementärverhältnis* (Engelhard 1987b).
Die aufgeführten Argumente sprechen dafür, im Geographieunterricht ein Vorgehen anzustreben, bei dem die verschiedenen inhaltlichen Organisationsformen in sinnvoller Zuordnung wechseln (vgl. S. 395).
Sachstrukturelle, sozial- und lernpsychologische, lernökonomische und aus Zielsequenzen ableitbare Gründe erfordern in der Regel einen Wechsel der Unterrichtsorganisation im Ablauf einer Unterrichtsstunde (Methodenverbund, vgl. S. 395).
Schließlich muss eine Abstimmung der verschiedenen Organisationsaspekte aufeinander erfolgen. Das entdecken lassende Verfahren lässt sich kaum mit lehrerzentriertem Frontalunterricht vereinbaren, mit Gruppen- und Partnerarbeit umso mehr. Innere Differenzierung erfordert Einzel-, Partner- oder Gruppenarbeit und schießt Frontalunterricht aus. *Engelhard*

Organisatorische Zuordnung von Aktions-, Sozial- und inhaltlichen Repräsentationsformen

(beispielhaft für 1.–3. Stunde auf der Grundlage der ausgewählten Medien als Inhaltsträger [Kap. 10.8.1])

Phase	Organisation der Inhalte	Aktionsform	Sozialform
Einstieg Problem-findung	Text (M 2) = ganzheitliche Darstellung Überschriften (M 1) = z. T. ganzheitlich, z. T. Detail	Text/Überschriften lesen, eigene Erfahrungen einbringen, Widerspruch äußern	Einzelarbeit Unterrichtsgespräch ↓
	Fotos Zeche Carolinenglück (M 3 a, 3 b) = Detaildarstellung analytisch-synthetische Aufbereitung	Fotos betrachten, analysieren, vergleichen, Veränderungen/Unterschiede benennen u. erläutern	Einzel-/Partnerarbeit Unterrichtsgespräch
	Steinkohlenförderung (M 4) = Detailinformation analytisch-synthetische Aufbereitung	Tabelle lesen, analysieren/interpretieren Veränderungen aufzeigen ▼	↓
		Probleme formulieren u. fixieren (Wandtafel, Folie, Plakat)	Einzel-/Partnerarbeit Unterrichtsgespräch
		Hypothesenbildung	Unterrichtsgespräch ↓
Erarbeitung Problem-lösung	Rückgriff auf M 3 a, M 3 b, M 4 (s. o.) Energieverbrauch nach Energieträgern (M 6) = Detaildarstellung	Hypothesenüberprüfung Diagr. lesen, analysieren, Zeitpunkte vergleichen, schlussfolgern	Gruppenarbeit (arbeitsteilig)
1. Ursachen der Kohlen- und Stahl-krise	Entwicklung d. Koksverbrauchs/t Eisen (M 7) Entwicklung d. Förderleistung (M 9) } Detaildarstellung	Tab. lesen, analysieren, vergleichen, interpretieren	
	Veränderungen in der Rangfolge d. Stahlerzeuger (M 10) Arbeitskosten im internationalen Vergleich (M 12) } Detaildarstellung	Säulendiagr. lesen, vergleichen, Veränderungen feststellen, interpretieren Lehrer: berät, gibt Hilfen, Impulse	↓
	Synthese der Ergebnisse der Detailanalysen (ganzheitlich)	Ergebnisse d. Gruppenarbeit vortragen, erläutern, diskutieren (Wandtafel, Folie, Plakat)	Arbeitsvereinigung Schülervortrag ↓ Unterrichtsgespräch
2. Folgen der Kohlen- und Stahl-krise	Logo des KVR (M 11) = ganzheitliche Darstellung (undifferenziert)	Logo lesen, mit Tafelanschrift vergleichen, widersprechen?	Einzelarbeit/ Unterrichtsgespräch
	Erwerbstätigkeit im Ruhrgebiet (M 8) = Detaildarstellung (komplex)	Kurvendiagramm lesen, analysieren, interpretieren	Gruppenarbeit (arbeitsteilig)
	Wanderungsgewinne u. -verluste (M 5) = Detaildarstellung	Säulendiagr. lesen, analysieren, interpretieren	↓
	Synthese der Ergebnisse der Detailanalysen (ganzheitlich)	Ergebnisse der Gruppenarbeit vortragen, diskutieren, fixieren (Tafelbild)	Arbeitsvereinigung Schülervortrag/ Unterrichtsgespräch
	Rollenspiel z. B.: Bergmann M. (Familienvater erhält seine Kündigung)		Spiel
Sicherung/ Transfer	vertiefende Synthese durch Analyse der Tafelanschrift (Kap. 10.10.3) und Transfer auf andere Beispiele der Schwerindustrie	1. Durcharbeiten (Erfassung grundlegender Zusammenhänge und Lernschritte)	Einzel-/Partnerarbeit, Hausaufgabe
		2. Übertragung der Erkenntnisse auf andere Regionen	Unterrichtsgespräch

10.9 Abfolge der Unterrichtsziele und -inhalte

Die Erreichung des Grobziels/der Grobziele einer Unterrichtseinheit setzt einen *lernlogischen Aufbau* der Teilziele und der ihnen zugeordneten Unterrichtseinheiten voraus. Deshalb muss für den geordneten Ablauf einer Unterrichtsstunde/-einheit eine plausible Abfolge der Feinziele und Lerninhalte gefordert werden. Sie folgt jedoch nicht einfach den wissenschaftsimmanenten sachlogischen Strukturen und Begriffen, sondern orientiert sich an den Lernbedingungen und dem Lernweg der Schüler.

Die Operationalisierung von Teilzielen vollzieht sich unter Berücksichtigung des *gesamten* unterrichtlichen Entscheidungs- und Bedingungszusammenhangs. Auf dieser untersten Zielebene kommen alle Faktoren ins Spiel, die die konkrete Lernsituation prägen: Schüler und Lehrer mit den jeweils vorliegenden personalen/situativen Lern- und Lehrvoraussetzungen, der jeweilige ausgewählte Unterrichtsinhalt, die zu seiner Repräsentation vorhandenen Medien, die möglichen inhaltlichen, sozialen Organisationsformen und Aktionsformen. Erst nach sorgfältigem Abwägen des Zusammenspiels der verschiedenen Variablen und unter ständigem Rückbezug auf das übergeordnete Grob- und Richtziel kommt die Formulierung des Feinziels zustande (vgl. Kap. 2.4).
Dieser *induktiv-multiple Ansatz* der Zielfindung auf der operatorischen Ebene ist darauf gerichtet, zwischen Zielformulierung und Lernsituation Stimmigkeit herzustellen und die Fähigkeiten, Schwächen, Wünsche, Vorstellungen, Interessen und Bedürfnisse der Schüler in die Prozessplanung einbringen zu können.
Die *Rückkoppelung* zu den übergeordneten Zielen ist das Regulativ für die Einhaltung gesetzter Normen. Die so hergeleiteten operativen Ziele (vgl. S. 397) sollten aber nicht ausschließlich als „Erfüllungshilfen" regulativer Ziele verstanden werden, sondern zugleich auch als Korrektiv zu deduktiv gewonnenen, nicht selten in ihren Ansprüchen im Verhältnis zu den Lernbedingungen überspannten, übergeordneten Zielen dienen.
Entscheidungs-, Handlungs- und Solidaritätsfähigkeit als oberste unterrichtliche Zielsetzung ist angewiesen auf eine ausgewogene Gewichtung der kognitiven, instrumentalen und affektiv-sozialen Zieldimensionen auf der Ebene der Feinziele.

Die Abfolge der Teilziele und -inhalte erfolgt entsprechend dem Aufbau des Lernprozesses vom Einfachen = Simplexen zum Schwierigen = Komplexen (vgl. Kap. 10.7). Erst eine problemadäquate, plausible Abfolge der Teilziele und -inhalte ermöglicht komplexe(re) Strukturen und Beziehungszusammenhänge zu erfassen und zu verstehen. Mit Ausnahme streng kausalgesetzlich determinierter Unterrichtsinhalte gibt es jedoch keine zwingende Zielabfolge, sie hängt vielmehr weitgehend vom gewählten Einstieg bzw. von den möglichen Lernwegen der Schüler ab. Entscheidend aber ist,

- dass die Abfolge für die Schüler nachvollziehbar ist,
- dass die Abfolge in Einklang mit der übergeordneten Zielsetzung steht und zu deren Erfüllung beiträgt.

Die Berücksichtigung unvorhersehbarer Lernaktivitäten der Schüler erfordert u. U. ein Abweichen von der geplanten Abfolge und eine flexible Umstellung darauf. Die Planung alternativer Ziel- und Inhaltsabfolgen steigert die Flexibilität.

Engelhard

Abfolge der Unterrichtsziele/-inhalte des Unterrichtsthemas „Strukturwandel im Ruhrgebiet“

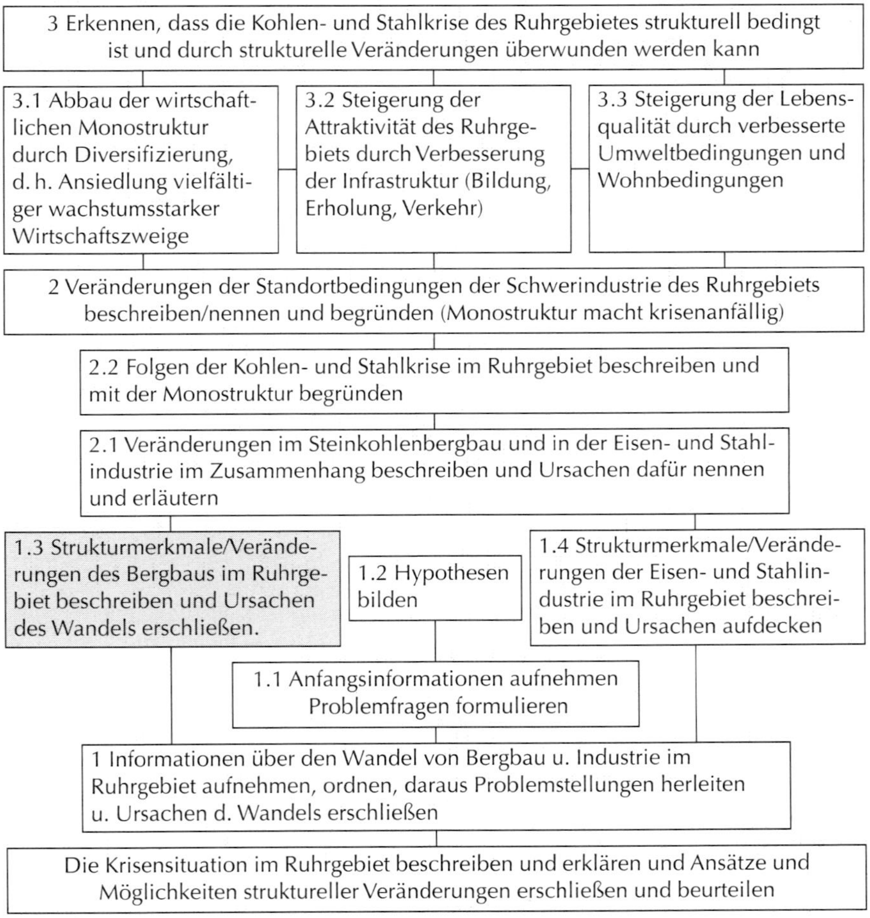

3 Erkennen, dass die Kohlen- und Stahlkrise des Ruhrgebietes strukturell bedingt ist und durch strukturelle Veränderungen überwunden werden kann

- 3.1 Abbau der wirtschaftlichen Monostruktur durch Diversifizierung, d. h. Ansiedlung vielfältiger wachstumsstarker Wirtschaftszweige
- 3.2 Steigerung der Attraktivität des Ruhrgebiets durch Verbesserung der Infrastruktur (Bildung, Erholung, Verkehr)
- 3.3 Steigerung der Lebensqualität durch verbesserte Umweltbedingungen und Wohnbedingungen

2 Veränderungen der Standortbedingungen der Schwerindustrie des Ruhrgebiets beschreiben/nennen und begründen (Monostruktur macht krisenanfällig)

2.2 Folgen der Kohlen- und Stahlkrise im Ruhrgebiet beschreiben und mit der Monostruktur begründen

2.1 Veränderungen im Steinkohlenbergbau und in der Eisen- und Stahlindustrie im Zusammenhang beschreiben und Ursachen dafür nennen und erläutern

- 1.3 Strukturmerkmale/Veränderungen des Bergbaus im Ruhrgebiet beschreiben und Ursachen des Wandels erschließen.
- 1.2 Hypothesen bilden
- 1.4 Strukturmerkmale/Veränderungen der Eisen- und Stahlindustrie im Ruhrgebiet beschreiben und Ursachen aufdecken

1.1 Anfangsinformationen aufnehmen Problemfragen formulieren

1 Informationen über den Wandel von Bergbau u. Industrie im Ruhrgebiet aufnehmen, ordnen, daraus Problemstellungen herleiten u. Ursachen d. Wandels erschließen

Die Krisensituation im Ruhrgebiet beschreiben und erklären und Ansätze und Möglichkeiten struktureller Veränderungen erschließen und beurteilen

Operationalisierung des Teilziels 1.3 (Beispiel)

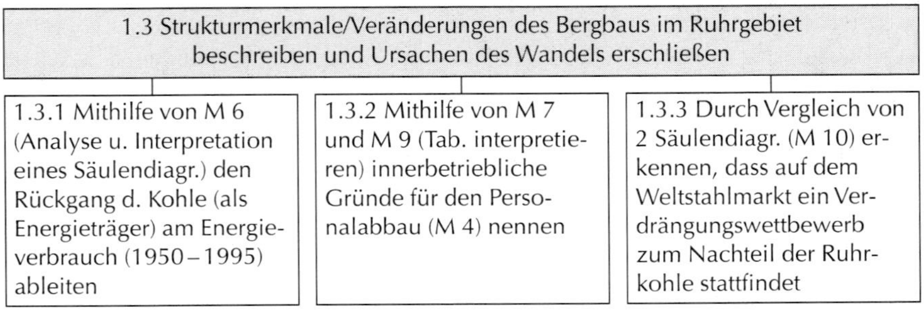

1.3 Strukturmerkmale/Veränderungen des Bergbaus im Ruhrgebiet beschreiben und Ursachen des Wandels erschließen

- 1.3.1 Mithilfe von M 6 (Analyse u. Interpretation eines Säulendiagr.) den Rückgang d. Kohle (als Energieträger) am Energieverbrauch (1950–1995) ableiten
- 1.3.2 Mithilfe von M 7 und M 9 (Tab. interpretieren) innerbetriebliche Gründe für den Personalabbau (M 4) nennen
- 1.3.3 Durch Vergleich von 2 Säulendiagr. (M 10) erkennen, dass auf dem Weltstahlmarkt ein Verdrängungswettbewerb zum Nachteil der Ruhrkohle stattfindet

10.10 Verlaufsplanung (Prozessplanung)

Der Unterrichtsverlauf wird durch eine zielgerichtete Stufenfolge von Lehr- und Lernprozessen gegliedert. Es handelt sich um Grundakte, die im Lernakt an sich vorliegen. Für die Kennzeichnung dieser Phasen hat sich in den Unterrichtswissenschaften eine breit gefächerte Terminologie entwickelt (Vogel 1974, S. 9):

- Unterrichtsstufen,
- Lehrstufen, Lernstufen,
- Lernschritte, -phasen,
- Artikulationsschemata,
- Unterrichtsabschnitte,
- Formalstufen (historisch).

Sie weisen eine unterschiedliche Zahl aufeinander folgender Phasen auf (Vogel 1974, S. 25 ff.), die sich auf drei Grundakte reduzieren lassen:

1. Die *Stufe der Begegnung* mit dem neuen Unterrichtsgegenstand. Sie soll den Lernenden durch Information motivieren und zu Problemstellungen führen. Dem Lehrenden fällt dabei die Aufgabe zu die Anfangssituation für die Ingangsetzung des Lernprozesses so zu arrangieren, dass das Interesse der Schüler geweckt wird.
2. Die *Stufe der Erarbeitung* führt zur schrittweisen Problemlösung. Die Aufgabe des Lehrers besteht darin, dem Lernenden bei Lösungsschwierigkeiten Vermittlungshilfen anzubieten.
3. Die *Stufe der Sicherung und Anwendung* zielt auf Verfügbarkeit des Gelernten durch Übung, Durcharbeiten, Übertragung/Anwendung und Dokumentation.
4. Die *topographische Einordnung* sollte in der Regel im Zusammenhang mit der Erörterung von Sachverhalten erfolgen, die einer räumlichen Ein-/Zuordnung bedürfen (vgl. S. 399); sie ist auch dann sinnvoll, wenn sie Schüler ansprechen (vgl. Kap. 6.5).

Problemstellung, Lösung und Anwendung des Gelernten sind aufeinander bezogene Funktionselemente. Alle Artikulationsabschnitte/-elemente haben steuernde Wirkung auf den Unterrichtsverlauf, indem sie auf die jeweils beteiligten unterrichtlichen Entscheidungsfaktoren unter den jeweils spezifischen Funktionsaspekten selektierend wirken, sie zusammenführen und integrieren. Dabei ist zu beachten, dass sich die verschiedenen Funktionen wechselseitig überlagern (können). In jeder Phase ergeben sich Probleme und Schwierigkeiten, werden Probleme und Aufgaben gelöst, wird Gelerntes geübt, gesichert, angewandt (vgl. S. 399).

Aufgrund des dialektischen Wechselwirkungsverhältnisses der Unterrichtsfaktoren müssen diese in ihrer Wirksamkeit auf den Unterrichtsverlauf so koordiniert werden, „dass sie möglichst widerspruchsfrei und aufeinander verstärkend zusammenwirken" (Vogel 1974, S. 44). Die didaktische Funktion der Artikulation des Unterrichts liegt darin, dass sie als methodisches Moment mit verlaufsprägender und -steuernder Wirkung den Unterrichtsverlauf so vorstrukturiert, dass optimales Lernen ermöglicht wird.

Die Schematisierung der Unterrichtsartikulation birgt die Gefahr der schematischen Anwendung in sich. Vielschichtigkeit und Mehrdimensionalität des Unterrichtsprozesses verbieten es, sich an eine vorgegebene Abfolge zu klammern; die in den Verlaufsschemata enthaltenen Unterrichtsschritte stellen eine idealtypische Abfolge dar. Anzustreben ist ein Unterrichtsverlauf, der einen oder mehrere Kulminationspunkte aufweist, deren Lage individuell bestimmt werden muss (vgl. Kap. 10.9). Damit eine starre Festlegung vermieden wird, ist es im Sinne einer offenen Unterrichtsplanung zweckmäßig, Alternativen nicht nur für den Gesamtverlauf einer Unterrichtsstunde, sondern auch für einzelne Unterrichtsphasen zu planen. *Engelhard*

Schematische Skizzierung des geplanten Verlaufs der 1. und 2. Doppelstunde des Unterrichtsthemas „Strukturwandel im Ruhrgebiet"

Grobziel 1: Informationen über den Wandel von Bergbau und Industrie im Ruhrgebiet aufnehmen, ordnen, daraus Problemstellungen herleiten und Ursachen des Wandels erschließen

Ziel	Inhalt	Unterrichtsverlauf	Methoden	Medien
Teilziel 1.3: Veränderungen d. Bergbaus im Ruhrgebiet beschreiben und Ursachen dafür erschließen	[Lernprozessablauf] Tafelanschrift (vgl. Kap. 10.10.3)	Sicherung	Durcharbeiten [Einsicht in die Phasierung des Lernprozesses] (Hefteintrag)	[Sprache] Tafelanschrift (vgl. Kap. 10.10.3)
	Synthese der Ursachen des Wandels	Erarbeitung II	Arbeitsvereinigung: – Schülerdarbietung, evtl. visuell veranschaulicht – Diskussion der Gruppenarbeitsergebnisse (Unterrichtsgespräch) – Entwicklung einer Tafelanschrift (vgl. Kap. 10.10.3) u. Herstellung von Beziehungszusammenhängen	Gruppenarbeitsergebnisse auf Folie/Wandtafel Sprache Rückgriff auf formulierte Hypothesen
	Lageverhältnisse des Ruhrgebiets	Top. Einordnung	Einzelarbeit – Unterrichtsgespräch	Atlas
	Energieverbrauch 1950–1995 nach Energieträgern, Entwicklung des Koksverbrauchs u. der Förderleistung/Bergmann, Rückgang d. Erwerbstätigkeit, Veränderung der Erwerbsstruktur, Zechensterben	Erarbeitung I b	Diagr. lesen, analysieren, vergleichen, schlussfolgern Tabellen lesen, analysieren, interpretieren Diagr. lesen, analysieren, vergleichen, interpretieren Diagr. aufnehmen, vergleichen/interpretieren (Gruppenarbeit) themat. Karten analysieren/interpretieren Lehrer: berät, gibt Hilfen, Impulse	M 6 Säulendiagr. (Zeitreihe) M 7 [u. M. 9] Tabellen M 8 Kurvendiagr. M 10 Säulendiagramm (Preisvergleich) Diercke Atlas S. 34, 35 Themat. Karten
Teilziel 1.2: Hypothesen bilden	Ursachen des Wandels	Erarbeitung I a Hypothesenbildung	Hypothesen formulieren – Partnerarbeit – Unterrichtsgespräch	Hypothesen formulieren – Partnerarbeit – Unterrichtsgespräch
Teilziel 1.1: Erstinformationen aufnehmen, Problemfragen formulieren	Zechensterben Enwicklung d. Kohlenbergbaus Zeche Carolinenglück II/III 1957 und heute Ruhrgebiet 1958 Erstinformation M 2 (Kap. 10.8.1)	Problemstellung Eröffnungsphase	Karten lesen, analysieren, interpretieren Wandtafel/Plakat Problemfragen formulieren Tabellen lesen, analysieren/interpretieren Bilder betrachten, beschreiben, vergleichen (Partnerarbeit – Unterrichtsgespräch) Lehrer: Darbietung Schüler: Zuhören	Sprache [E: Diercke Atlas S. 34, S. 35 ①] A: M 4, oberer Teil E: M 3 a, 3 b (Fotos) M 2 (auf Tonband) Sprache

A = Alternative   E = Ergänzung   [ ] kann bei Zeitmangel wegfallen

---

Begründung der Verlaufsplanung

Eröffnungsphase und Problemstellung: Weil die meisten Schüler das Ruhrgebiet aus eigener Anschauung kennen, provoziert M 2 wahrscheinlich Widerspruch und Fragen nach den Gründen des Wandels; andernfalls werden M 3 a, 3 b eingesetzt. Der Vergleich der beiden Bilder dürfte aufgrund der eindeutigen Bildaussagen Problemfragen auslösen. Ihre Fixierung auf der Wandtafel oder einem Plakat gibt für den Unterrichtsverlauf die Zielrichtung an.
Hypothesenbildung fordert zur Aktivierung von Vorwissen heraus und unterstützt den Prozess selbstständigen Lernens.
Erarbeitung I: Die vorgesehenen Materialien haben zielbezogene Aussagequalität, sie ermöglichen innere Differenzierung. Die Gruppenarbeit fördert Kommunikation und Interaktion und selbstständiges Handeln (Handlungs-/Schülerorientierung). Die Lehrerrolle ändert sich entsprechend (Berater, Helfer)
Topographische Einordnung: Im Zusammenhang der Erörterung der Gruppenarbeitsergebnisse (M 10) ist die topogr. Einordnung zwingend um aus der veränderten Rangfolge der Stahlerzeuger Beziehungszusammenhänge herstellen zu können.
Erarbeitung II: Die Zusammenführung der Arbeitsergebnisse, ihre Diskussion und die Entwicklung einer Tafelanschrift sind notwendige Schritte zur Erreichung des Teilziels 1.3.
Sicherung: Sie dient der Fertigung des Ergebnisses als Grundlage für die Weiterarbeit (Hausaufgaben, Anschlussstunde, Transfer).

10.10.1 Eröffnungsphase/Einstieg

Die Eröffnungsphase einer Unterrichtsstunde/-einheit zielt auf die *Motivation bzw. Motivationsverstärkung* der Lernenden durch Sachbegegnung. Knüpft der Unterricht an vorher Gelerntes an, kann sich die Hinführung zu einem neuen Problem über die Wiederholung des Gelernten anbahnen. Die Eröffnungsphase kann durch einen *Einstieg* besonders wirksam gestaltet werden. Der *Einstieg* soll Problemstellungen anbahnen, Denkanstöße geben, Neugierde erzeugen, einen Orientierungsrahmen und Interesse weckende Informationen zu einem Thema vermitteln und damit Bereitschaft zum Lernen wecken und in Gang setzen. Das gelingt nur, wenn er „vom Schüler aus" gedacht wird (H. Meyer 1993, Bd. II, S. 125).
Bei der Vorbereitung einer Unterrichtsstunde/-einheit fragt sich der Lehrer, welche *Einstiegsmöglichkeiten* ein Thema bietet, welche Voraussetzungen/Anknüpfungspunkte bei den Lernenden vorhanden sind und was der Einstieg in das Thema leisten soll (Stein 1981b, S. 299 ff.):

- Lassen sich am Thema zielbezogene Fragestellungen aufwerfen?
- Lassen sich Themenaspekte ausmachen, die den Schüler interessieren könnten, ohne gleich Probleme aufzuwerfen?
- Ist das Thema zu „trocken", aber Voraussetzung für die Erarbeitung größerer Zusammenhänge? Dann ist es sinnvoll, über das Stundenziel, den geplanten Stundenablauf und den thematischen Zusammenhang zu informieren (informierender Einstieg).
- Haben die Schüler zu diesem Thema bereits Vorkenntnisse oder Vorerfahrungen? Diese können z. B. durch *Befragung, Unterrichtsgespräch* oder *„Brainstorming"* mobilisiert werden und so einen Lernprozess in Gang setzen.

Welche Art von Einstieg sich zur Motivation eignet, hängt von der Zielsetzung, der Inhaltsstruktur des Themas, dem Vorwissen und den Lernvoraussetzungen der Schüler ab (vgl. S. 401). Stein (1981b, S. 304) unterscheidet folgende *Einstiegsfunktionen und -typen* (ergänzt nach: H. Meyer 1993, Bd. II, S. 122 ff.; vgl. Bastian [Mod.] 1992):

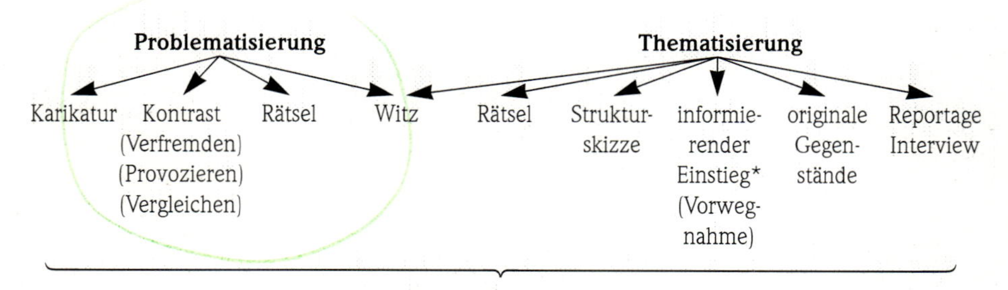

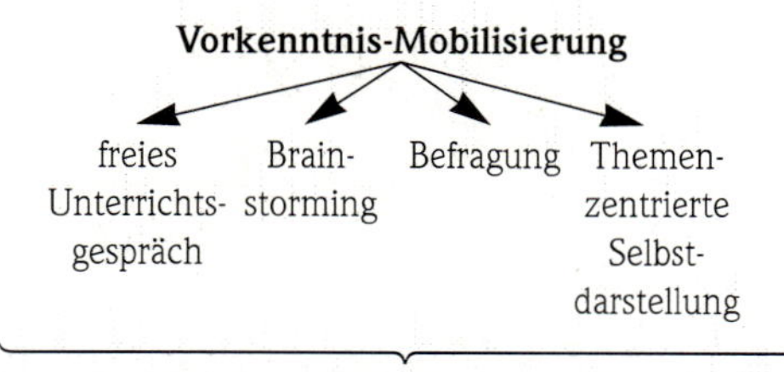

* z. T. als Einstieg für mehrere Unterrichtsstunden oder auch für eine Einheit

Engelhard

Einstieg in das Unterrichtsthema „Strukturwandel im Ruhrgebiet“

Vorüberlegungen:
Weil die meisten Schüler Teile des Ruhrgebiets persönlich kennen und ihr Wohn- und Schulstandort eine Randlage zum Ruhrgebiet einnimmt (die nordöstlichen Teile des „Reviers“ gehören zum Regierungsbezirk Münster), sind sie mit manchen Entwicklungen und Problemen dieses größten deutschen Altindustriegebiets vertraut.
Im Rahmen des Themenfeldes „Industrie, Grundlagen und Produktion“ wurde das Themenbeispiel „Kohle von der Ruhr und aus den USA“ im 5. Schuljahr bereits bearbeitet, sodass Vorkenntnisse mobilisiert werden können (z. B. unterschiedliche Abbautechniken, Preisunterschiede zwischen Ruhrkohle und USA-Importkohle).
Wegen der Standortnähe zum Ruhrgebiet werden die Schüler fast täglich mit Nachrichten aus dem Ruhrgebiet (z. B. Arbeitsplatzabbau im Bergbau, Zechenschließungen, Gründung von Technologiezentren/-parks usw.) konfrontiert (Regionalfernsehen, Rundfunk, Tageszeitungen). Vorkenntnisse der Schüler aus allen drei Quellen sind bei der Wahl des Einstiegs zu berücksichtigen.

Wahl und Begründung des Einstiegs:
M 2 erscheint für diese Schüler am geeignetsten, weil sein Inhalt einen Kontrast zu ihren, wenn auch unterschiedlichen Vorkenntnissen bildet. Dies fordert unter Mobilisierung von Vorkenntnissen Widerspruch heraus und regt Fragen nach den Gründen des Wandels an. Die Darbietung des Inhalts, auf Tonband gesprochen (selten verwendet), dürfte die Aufmerksamkeit und das Interesse am Thema steigern.
Da unterschiedliche Vorkenntnisse zu erwarten sind und nicht bei allen Schülern eine zielbezogene Fragehaltung geweckt worden sein wird, werden als Ergänzung M 3a, 3b eingesetzt (Parallelprojektion, hauptsächlich visuelle Lerntypen!). Bildanalyse, -vergleich und -interpretation werden von allen Schülern beherrscht, sodass die Fragehaltung verstärkt und neue Frageaspekte formuliert werden dürfte(n).
Als Alternative oder auch zusätzlich könnte M 4, oberer Teil, verwandt werden, sofern im Unterrichtsgespräch der Abbau von Arbeitsplätzen und Rückgang der Kohleproduktion „angetippt“ werden (Präzisierung beider Aspekte durch genaue Daten). Sofern die Qualität der Fragen lückenhaft ist, wird der Diercke Atlas, S. 34 ② und S. 35 ① eingesetzt. Mit der Analyse thematischer Karten sind die Schüler vertraut.
Mit der Mehrgliedrigkeit des Materialangebots für den Einstieg (akustisch, visuell; konkret, abstrakt) wird der Vielfalt der Wahrnehmungstypen Rechnung getragen (vgl. Kap. 10.3). Darüber hinaus bietet die Differenzierung und Aussagequalität der Einstiegsmaterialien und die damit einhergehende Methodenvariation eine breite Grundlage für zielbezogene Fragestellungen möglichst vieler Schüler.

Zielbezogene Fragestellungen:
(z. B.: Warum sind Kohleproduktion, die Zahl der Beschäftigten im Bergbau und die Zahl der Zechen so stark gesunken? Wie hat sich aus dem „Kohlenpott“ eine saubere Industrielandschaft entwickelt?) und damit verbundene Neugier geben die Zielrichtung des Unterrichtsthemas an, sie haben Lernzielfunktion und bilden den Orientierungsrahmen für den weiteren Unterrichtsablauf. Infolgedessen werden die formulierten Fragen auf der Wandtafel oder auf einem Plakat fixiert und bleiben dort, für alle Schüler gut sichtbar, während der Arbeit am Unterrichtsthema stehen. Sie bilden die Ausgangsbasis für den 1. Erarbeitungsabschnitt (Hypothesen bilden).
Als Einstiegsalternative eignet sich auch M 1, sofern eine Ergänzung durch aktuelle Zeitungsmeldungen (Schlagzeilen) erfolgt.

10.10.2 Erarbeitung

Während die Einstiegs- und Motivationsphase die Aufgabe verfolgt die Erstbegegnung mit einem Gegenstand/Thema so zu arrangieren, dass der Schüler Probleme erkennt und Fragen stellt oder seine Bereitschaft angeregt wird sich für ein Thema zu interessieren, besteht die Aufgabe der Erarbeitungsphase in der Auseinandersetzung mit dem gestellten Problem bzw. dem Thema *(Sach- und Fachkompetenz)*.
Das von der Klasse richtig erfasste Problem wirkt „als Selbstregler des Forschens ... Die in jedem Problem enthaltene schematische Vorwegnahme der Lösung hat auch die Tendenz die zur Lösung notwendigen Handlungen einzuleiten." (Aebli 1970, S. 94).

Die eindeutige Problemformulierung bildet den Rahmen für die Problemlösung und fordert zur Entdeckung adäquater Lösungswege zum „Aufbau von Operationen ... im Laufe des Suchens und Forschens" (Aebli 1970, S. 95) heraus *(Methodenkompetenz)*. Als Methoden selbstständigen Problemlösens bieten sich im Geographieunterricht *Hypothesenbildung und -überprüfung* und das *„Trial-and-Error"-Verfahren* an. Die Anknüpfung an Alltagserfahrungen und an früher Gelerntes ist eine wichtige Voraussetzung dafür.

In der Auseinandersetzung mit dem Thema wird bereits Gelerntes und Gekonntes aktiviert (zur Lösung des Problems und zur Erschließung des neuen Gegenstandes); das setzt die Berücksichtigung des Frage-, Wissens-, Erfahrungs- und Könnenshorizontes der Schüler voraus.
Sie müssen hinreichend Gelegenheit zum Fragen, Vermuten, Versuchen, Vergleichen, Erproben und handelnder Erschließung und Umsetzung (z. B. im Experiment, im Nachbauen, im Rollen- und Planspiel) bekommen.

Operatorische Beweglichkeit, „welche allein Verallgemeinerungen, vielseitige Anwendungen und neue Entwicklungen möglich macht" (Aebli 1970, S. 106), setzt dynamische Gruppenprozesse (Unterrichtsgespräch, Gruppenarbeit, Rollen-, Planspiel, Projektverfahren) voraus *(soziale und kommunikative Kompetenz)*.
Voraussetzung dafür ist die Bereitstellung von Arbeitsmaterialien mit problemlösungsadäquaten Informationen und gruppendynamischer Eignungsqualität (vgl. S. 403); Bild, Film, Zahl, Text, Karte, Kartogramm, Diagramm, Profil, Blockbild usw. sind je nach Thematik geeignete Repräsentationsformen, die das Erfassen eines Sachverhaltes und die Auseinandersetzung mit ihm ermöglichen.
Der Aufbau einsichtiger Ergebnisse gelingt nur, wenn die Elemente der neuen Lernstruktur klar erfasst und in ihrem Zusammenhang erkannt worden sind. Ständige Rückkoppelung zur Problemstellung unterstützt den Strukturierungsprozess; die Fixierung wichtiger Teilergebnisse (Tafelanschrift) ist für das Erkennen des Strukturzusammenhangs eine wertvolle Hilfe.
Die (möglichst) selbstständige Erarbeitung der durch Problemfragen umrissenen Lernziele setzt nicht nur einen offenen Unterrichtsprozess, sondern auch eine offene Unterrichtsplanung voraus, die auf Problemlösungsalternativen hin angelegt sein muss.
Die Aufgabe des Lehrenden besteht vor allem darin, vorausplanend mögliche Fragestellungen zu umreißen, alternative Lösungswege zu überlegen und vorzustrukturieren, dafür erforderliche Unterrichtsmaterialien bereitzustellen und mögliche Hilfen und Anregungen (z. B. Impulse) einzuplanen.

Engelhard

Unterrichtsthema: „Strukturwandel im Ruhrgebiet"
Erarbeitung: Beispiel 1. und 2. Unterrichtsstunde (Doppelstunde)

Vorüberlegungen:
Der größte Teil der Schüler ist geübt im Bilden von Hypothesen und in der Lage Diagramme und Tabellen zu analysieren und zu interpretieren. Lediglich die komplexere Darstellung von M 6 (Energieverbrauch 1950–1995 nach Energieträgern) bereitet einigen Schülern Schwierigkeiten, da für die Analyse und Interpretation des Diagramms ein mehrfacher Vergleich erforderlich ist. Dies ist bei der Gruppenbildung zu berücksichtigen.
Zur Phase der Hypothesenbildung:
Sofern der problemorientierte Einstieg zielgerichtete Fragen (als Beweis für Schülerinteresse) hervorgebracht hat, ist auf dieser Grundlage Hypothesenbildung besonders geeignet das Interesse der Schüler wach zu halten und zu steigern: Sie bietet einen optimalen Spielraum für die Mobilisierung von Vorwissen (selbstständiges Denken); jedoch ist darauf zu achten, dass sie sich an den Problemfragen orientiert. Die Fixierung der Hypothesen (Folie usw.) ist wichtig, weil sie die Grundlage für die Hypothesenprüfung (Gruppenarbeit) und für die Arbeitsvereinigung darstellt.
Zur Erarbeitungsphase I:
Die vorgesehene Gruppenarbeit setzt den Prozess selbstständigen Arbeitens fort. Die Rolle des Lehrers beschränkt sich auf Beratung, Hilfen und Impulse. Außerdem hat er darüber zu wachen, dass bei der Zusammensetzung der Gruppen größere Leistungsunterschiede vermieden werden, damit schwächere Schüler in ihren Entfaltungsmöglichkeiten nicht eingeschränkt werden. Zusätzlich gilt es, darauf zu achten, dass in den Gruppen nicht einzelne Schüler dominieren. Angestrebt wird eine gleichgewichtige Aktivität aller Gruppenmitglieder und eine ausgewogene Kommunikations- und Interaktionsstruktur. Bei der Vergabe der Gruppenaufgaben werden das Leistungsgefälle in der Klasse und lerntypologische Unterschiede berücksichtigt. Das hohe Anforderungsniveau von M 6 (s. o.) z. B. bedingt die Vergabe an eine entsprechend leistungsstarke Gruppe.
Alternative: Der Lehrer betraut eine leistungsschwächere Gruppe mit der Analyse/Interpretation von M 6 und leistet dabei gezielte Unterstützung (Anleitung zu methodisch schrittweisem Vorgehen, Hilfen bei Schwierigkeiten, Impulse).
Der Atlaseinsatz (S. 34 ②, 35 ②) hat verschiedene Funktionen:
- als Alternativangebot, falls bei der Hypothesenbildung ein erwarteter Aspekt ausfällt;
- als ergänzendes Angebot um eine weitere Gruppe zu bilden (z. B. wenn alle Schüler anwesend sind);
- als die Gruppenarbeit ergänzendes Angebot.

(*Zur top. Einordnung* vgl. Kap. 10.10, S. 398 f.)
Zur Erarbeitungsphase II:
Wichtig ist, dass die Gruppenergebnisse knapp, aber klar, überschaubar und einprägsam festgehalten werden (Folie, Tafel, Plakat), da die einzelnen Gruppen jeweils nur einen Teilbereich bearbeitet haben. Dabei ist der Rückgriff auf die formulierten Hypothesen (als verbindender Faden) unverzichtbar. Sie sind hilfreich bei der Entwicklung der Tafelanschrift, durch die das Beziehungsgeflecht zwischen den verschiedenen Einzelursachen visualisiert werden soll (Kap. 10.10.3).
(*Sicherung:* vgl. Kap. 10.10.3)
Begründung des geplanten Unterrichtsverlaufs:
Die in Kap. 10.10 dargestellten Unterrichtsschritte berücksichtigen zum einen die spezifischen Voraussetzungen des Wohn- und Schulstandorts, zum anderen orientiert sich der Aufbau der Doppelstunde an übergeordneten Zielen (Kompetenz, Autonomie usw.; vgl. Kap. 2.3, Kap. 10.5), indem die selbstständige Schülerarbeit im Vordergrund steht (Einstieg, Hypothesenbildung/-überprüfung). Zusätzlich wird mit gezieltem Medien- und Methodenwechsel versucht das Interesse am Thema wach zu halten. Alternative und ergänzende Material- und Methodenangebote zielen darauf, auf veränderte Bedingungen schülerorientiert und flexibel reagieren zu können.

10.10.3 Sicherung und Anwendung/Transfer

Die Verwendung von im Unterricht Gelerntem in Lebenssituationen setzt voraus, dass es auf Abruf bereitsteht; allzeitige Verfügbarkeit erfordert Dokumentation und Sicherung. Formen der Sicherung im Geographieunterricht sind:

- das Durcharbeiten,
- das Üben und Wiederholen (vgl. Kap. 7.2.7),
- das Anwenden und Vertiefen (vgl. Kap. 3.6 und 7.2.8),
- kritische Bewertung der geleisteten Unterrichtsarbeit (H. Meyer 1993, II, S. 165).

Das Durcharbeiten des Gelernten zielt auf Bewusstmachen des zurückgelegten Lernweges *(Aufzeigen von Lernstrategien),* auf steigende Einsicht in die Struktur des Gelernten *(distanzierende Betrachtung)* um seine Übertragung besser zu ermöglichen. Schematische Übersichten, Profile, Diagramme usw., soweit sie auf wesentliche Strukturmerkmale und Zusammenhänge abheben, sind dabei die geeigneten medialen Hilfen.

Die Übung z. B. des Beobachtens, des Kartenlesens und Interpretierens oder des Bildens von Hypothesen schafft formale Möglichkeiten für neue Einsichten in den Gegenstand und seine Problematik und damit für neue Fragestellungen (vgl. Kap. 7.2.7). Übung ist Voraussetzung für den Transfer (vgl. Kap. 3.6), wie umgekehrt der Transfer zugleich Übung bedeutet und die Verfügbarkeit des Gelernten steigert.

Die Anwendung des Gelernten kann sich auf verschiedene Aspekte erstrecken (vgl. Kap. 7.2.8):

- auf die Einordnung in räumliche Orientierungsraster und orientierende Ausweitung (Übersichten) auf vergleichbare Phänomene,
- auf selbstständige Auseinandersetzung mit vergleichbaren Beispielen,
- auf Anwendung in der eigenen Lebenssituation.

Dokumentation, Durcharbeiten, Übung und Transfer sichern das Gelernte (vgl. S. 405).

Erfolgreiche Sicherung von Lernergebnissen setzt *Variation* in der Aufgabenstellung und *Vielfalt* der methodischen Maßnahmen voraus: Aufgaben zum Einprägen und Üben (z. B. Topographie lernen), Aufgaben zum Gestalten (z. B. Erkenntnisse grafisch bzw. kartographisch darstellen), Erklärungs- und Durcharbeitungsaufgaben (s. o.), Transferaufgaben. Jede Ergebnissicherung durch Üben und Anwenden bedarf der Motivation durch spielerische Übungsformen, durch konkurrierende Arbeitsformen, durch Aufgabendifferenzierung, Medienwechsel, extrinsischen Ansporn (z. B. Lob, Anerkennung), Üben im sozialen Verband (z. B. sich gegenseitig Aufgaben stellen). „Üben unter immer neuen Gesichtspunkten, in immer neuen Anwendungsformen, in immer anderen Sozialformen ist die beste Form des Übens“ (Roth 1966, S. 282)

Einige Regeln des Übens:

- Wiederholen und Üben in Sinneinheiten (Strukturieren und Umstrukturieren),
- Einbau des Gelernten in schon vorhandene kognitive Systeme,
- kurze, aber regelmäßige Wiederholungs- und Übungsphasen,
- allmähliche Vergrößerung des Abstands zwischen den Wiederholungs- und Übungsphasen nach ersten Übungserfolgen,
- Anwendung des Gelernten in einem anderen Zusammenhang.

Engelhard

Sicherung der Lernergebnisse der 1. und 2. Stunde

Tafelanschrift: **Die Ruhrkohle in der Krise – Erscheinungsformen und Ursachen**

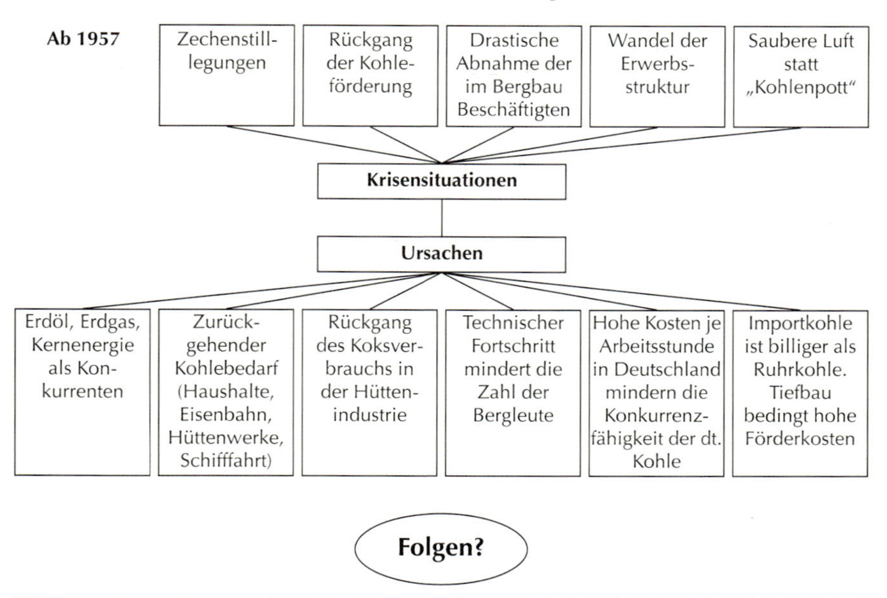

Formen der Sicherung sind in dieser Doppelstunde die Entwicklung der Tafelanschrift, die bereits in der Erarbeitungsphase II (Kap. 10.10, S. 398 f.) einsetzt, die Eintragung in das Arbeitsheft und, bei ausreichender Zeit, die Rekapitulation des zurückgelegten Lernweges (Durcharbeiten) um daraus eine allgemein gültige Lernstrategie abzuleiten. Ihre Verinnerlichung durch Anwendung in künftigen vergleichbaren Lernsituationen fördert eigenständiges Lernen.

Begründung der Planungsentscheidungen:
Die mit der Erarbeitungsphase II verzahnte Sicherungsphase dient zum einen der Verknüpfung der Einzelergebnisse zu einem vorläufigen Gesamtbild der Krisenerscheinungen und -ursachen. Das Tafelbild versucht die erkannten Zusammenhänge zu veranschaulichen.
Die Schüler erfahren in der Fixierung ihrer Gruppenarbeitsergebnisse eine Bestätigung ihrer Leistung. Darin liegt ein Motivationsschub für die Weiterarbeit am Thema. Die in der Tafelanschrift niedergelegten Arbeitsergebnisse bilden die Grundlage für die weiteren Arbeitsschritte (Kap. 10.10 u. 10.11), z. B. Folgen der Krise und Ansätze zu ihrer Überwindung. Die Aufarbeitung des zurückgelegten Lernweges und die daraus abgeleitete Lernstrategie kann sich bereits in der Folgestunde (vgl. Kap. 10.8.2) bewähren (Stahlkrise, Folgen der Kohlen- und Stahlkrise).
Darüber hinaus führt die Sicherung des Gelernten sowohl in Bezug auf die Lerninhalte als auch auf die Lernstrategien und -methoden durch wiederholten Transfer zu seiner Integration in die individuelle Lernstruktur.

10.10.4 Hausaufgabenplanung (vgl. Kap. 7.2.9)

Hausaufgaben zur Entlastung von Unterricht sind problematisch, wenngleich – als nachbereitende Hausaufgaben – nicht immer zu umgehen. Eine Hausaufgabe mit der Absicht, die im Unterricht erarbeiteten Lernergebnisse zu sichern und für die folgenden Stunden verfügbar zu machen, verlegt einen wichtigen Lernschritt aus dem Unterricht heraus und isoliert ihn. Gerade diese wichtige Lernphase der Festigung, des Einprägens und Übens bedarf ebenso der Betreuung durch den Lehrer wie alle anderen auch.

Hausaufgaben zur Erziehung zum selbstständigen Lernen setzen voraus, dass sie nicht zur Mithilfe der Eltern provozieren. Der Anreiz der Aufgaben muss groß genug sein um dem Schüler eine gewisse Identifikation mit dem Inhalt oder dem Vorhaben zu ermöglichen. Dazu muss die Hausaufgabenstellung z. B. in sinnvollem, einsichtigem Kontext zum Unterricht stehen und nicht als „Beschäftigungstherapie" angelegt sein. Darüber hinaus wird die Förderung der Selbstständigkeit umso größer sein, je differenzierter und offener die Aufgabenstellung für den Einzelnen ist (s. u.).

Hausaufgaben als Lernkontrolle ermöglichen dem Schüler die Erkenntnis und Bestätigung eine Lernaufgabe erfolgreich bewältigt zu haben. Auch für den Lehrer kann sich eine Rückmeldung ergeben, die für den Fortgang des Unterrichts wichtig ist. Die Aufgabenstellung sollte auf das Leistungsvermögen der einzelnen Schüler abgestimmt sein, z. B. durch differenzierende Aufgaben (s. u.). Bei der Hausaufgabe als Lernkontrolle ist nicht nur das Ergebnis, sondern auch der Arbeitsweg oder die aufgetretenen Schwierigkeiten aufschlussreich. Eine Benotung solcher Art von Lernkontrollen ist sehr problematisch.

Hausaufgaben als eigenständige Beiträge zum Lernen sind mehr als nur eine Fortführung des Unterrichts an anderem Ort. Sie bieten die Chance „zur Verknüpfung von Schule und Leben, von Unterricht und außerschulischer Erfahrungswelt, von Abbild und Realität" (v. Derschau 1979, S. 45). „In kaum einem anderen Fach gibt es so viele Möglichkeiten sowohl außerschulische Erfahrungen der Kinder in den Unterricht hineinzutragen als auch das Erarbeitete in die Lebenswelt der Kinder einzubetten" wie in Geographie (Kirchberg 1982a, S. 5).

Hausaufgaben als „integriertes Element des Unterrichtskontextes" (Kamm/Müller 1980, S. 85) berücksichtigen die Phasen des Unterrichts, denen sie zugeordnet werden können. Ein Planungsraster (vgl. S. 407) verdeutlicht, in welch vielfältigen Funktionen Hausaufgaben im Geographieunterricht möglich sind.

Kirchberg

Differenzierungskriterium	Differenzierungsverfahren
1. Lerntempo	Differenzierung des Umfangs von Hausaufgaben durch Pflicht- und Wahlaufgaben *(quantitative Differenzierung)*
2. Sachstruktureller Entwicklungsstand	Differenzierung des Anforderungsniveaus von Hausaufgaben *(Niveaudifferenzierung)*
3. Lernmuster	Differenzierung der Bearbeitungsverfahren von Hausaufgaben *(methodische Differenzierung)*
4. Lerninteressen	Differenzierung der Themenstellung von Hausaufgaben nach Schülerinteressen *(Interessendifferenzierung)*

Kriterien und Verfahren zur Differenzierung von Hausaufgaben (aus: Kamm/Müller 1980, S. 99)

Ein Raster zur Hausaufgabenplanung

Hausaufgabenbeispiel:
Suche im Atlas etwa fünf weitere Standorte der Schwerindustrie in der Bundesrepublik Deutschland und ermittle für sie die Standortbedingungen.

Einordnung dieses Hausaufgabenbeispiels
(nach Funktionen und Planungsgesichtspunkten)

Hausaufgabenfunktionen / Planungsgesichtspunkte	Aufgabe zur Weckung von Interessen und zur Entdeckung von Lernwiderständen	Aufgabe zur Lösung von Problemen	Aufgabe zur Übung und Automatisierung von Gelerntem	Aufgabe zur Anwendung und Übertragung von Gelerntem
Lernanreiz der Aufgabe	*Neugier*			*z. T. Transfer*
schriftlich/ mündlich	*schriftlich als Tabelle*			
vor- oder nachbereitend	*vorwiegend vorbereitend*	*vorbereitend*		*zugleich nachbereitend (Standortfaktoren)*
erforderliche Medien	*Atlas, Heft*		*Atlasarbeit*	*Kartenvergleich*
erforderliche Lerntechniken	*Atlas- und Kartenarbeit*			
Art der Differenzierung	*quantitativ*			
erforderlicher Zeitaufwand	*ca. 15 Min.*			
Art der Aufgabenkontrolle	*mündlich im Klassenverband*			

(Entwurf: Kirchberg, nach: Kamm/Müller 1980, S. 158)

10.10.5 Lernkontrollen

Zu der Prozessplanung von Unterricht gehört auch der Aspekt Kontrollphasen einzuplanen. Solche Überprüfungen sind für Schüler und Lehrer wichtige Etappen im Kontinuum des Lernprozesses, weil sie Informationen über den Lernerfolg und den erreichten Leistungsstand geben. Der Schüler erfährt, inwieweit er den Anforderungen und Erwartungen entspricht; der Lehrer erfährt, inwieweit seine unterrichtlichen Bemühungen die Schüler erreicht haben. Der Sinn von Lernkontrollen ist also nicht primär die Notengebung, sondern sie sollen rückkoppelnd den weiteren Unterrichtsablauf beeinflussen (vgl. Kap. 9.1).

Methodische Orte von Lernkontrollen können sein:
- Wiederholungen durch die Schüler am Ende von Unterrichtsschritten,
- vor- oder nachbereitende Hausaufgaben (vgl. Kap. 7.2.9),
- die Eröffnungsphase am Stundenanfang,
- immanente Wiederholungen bei der Erarbeitung,
- Lernkontrollen am Ende der Unterrichtseinheit.

Keine dieser Lernkontrollen sollte ausschließlich angewendet werden, zugleich ist keine unverzichtbar.

Die Art der Lernkontrolle kann mündlich oder schriftlich sein.
Mündliche Lernkontrollen haben den Vorteil, dass man die Schüleraussagen sofort für den Unterrichtsverlauf nutzbar machen kann: Die Mitschüler können eine Schüleräußerung korrigieren, ergänzen, kritisieren, aufgreifen, weiterverwerten usw. Dabei werden aber nur wenige Schüler erfasst.
Schriftliche Lernkontrollen beziehen dagegen die ganze Klasse ein. Sie schaffen dadurch nicht nur Vergleichbarkeit, sondern sie geben auch eine umfassende Information über den Kenntnisstand der Lerngruppe. Ihr Nachteil ist, dass frühestens in der nächsten Stunde auf der Basis der erfolgten Auswertung entsprechend weitergearbeitet werden kann. Solche schriftlichen Lernkontrollen sind aufgrund ihres Arbeitsaufwandes nur zuweilen möglich, ihre zu häufige Verwendung würde zudem den Prüfungscharakter zu sehr betonen.

Die Inhalte der Lernkontrollen gehen natürlich von den Unterrichtsinhalten aus. Es werden die Ziele überprüft, die mit diesen Inhalten erreicht werden sollen, wobei die verschiedenen taxonomischen Ebenen zu beachten sind. *Mündliche* Lernkontrollen im laufenden Unterricht beschränken sich meist auf Reproduktionsleistungen, sie fordern allenfalls eine Reorganisation. Bei *schriftlichen* Überprüfungen ist es darüber hinaus möglich, auch komplexere Verhaltensweisen, wie Transfer und Beurteilung, zu fordern: In selbstständiger und selbsttätiger Auseinandersetzung mit Materialien zeigt der Schüler, ob und inwieweit die Unterrichtsziele für ihn zum Denk- und Handlungsrepertoire geworden sind.

Die Planung von Lernkontrollen ist notwendiger Bestandteil jeder Unterrichtsplanung. Sie nur als Prüfungssituation zu gestalten, wäre eine einseitig produktionsorientierte und unpädagogische Funktionszuweisung. Jede Einzelstunde muss Sicherungsphasen enthalten, in der das von den Schülern Erreichte gefestigt und kontrolliert wird. In jeder Folgestunde ist ein sichernder Rückgriff notwendig, um das Lernen auf einer festen Basis fortzuführen. Am Ende jeder Unterrichtsreihe ist eine Lernkontrolle mit bilanzierendem Charakter erforderlich. Lernkontrollen sind also in vielfältigen Funktionen und Formen mit zu planen. *Kirchberg*

Einige schriftliche Aufgaben zum Thema „Ruhrgebiet“

1. a) Erläutere den Begriff „Monostruktur“

a) ______________________________

____

____

b) Beschreibe Gefahren, die sich aus einer Monostruktur ergeben:

b) ______________________________

____

____

2. Worin bestehen für die Stahlindustrie die Standortnachteile des Ruhrgebiets?
a) Kreuze die zutreffendste Aussage an:

- ☐ zu hohe Grundstückspreise
- ☐ zu dichte Besiedlung
- ☐ zu schlechtes Erz
- ☐ zu ferne Küste

b) Begründe deine Wahl:

b) ______________________________

____

____

3. Steinkohlenbergbau im Ruhrgebiet:

Jahr	Förderung (Mio. t)	Schachtanlagen
1956	125	140
1960	115	120
1965	110	90
1970	91	56
1980	70	29
1985	56	22
1994	40	14

a) Beschreibe anhand der Tabelle Veränderungen des Steinkohlenbergbaus im Ruhrgebiet:

____

____

____

____

____

____

____

b) Begründe diese Entwicklung:

____

____

____

4. Diese Sätze können richtig oder falsch sein.
Setze bei einem richtigen Satz in die rechte Spalte ein Kreuz; einen falschen Satz sollst du dort berichtigen:

Die Förderleistung je Bergmann und Schicht geht stetig zurück.	
Die Steinkohle hat den größten Anteil am Energieverbrauch der Bundesrepublik Deutschland.	
Der Koksverbrauch bei der Roheisenproduktion nimmt stetig zu.	

10.11 Geplanter Unterrichtsverlauf

Die Darstellung des geplanten Unterrichtsverlaufs ist an kein festliegendes formales Schema gebunden. Um einige Möglichkeiten zu zeigen, werden für die Planung der Einzelstunden der Unterrichtseinheit „Strukturwandel im Ruhrgebiet" alternative Formen gewählt.

Die Skizzierung des geplanten Unterrichtsverlaufs in der Ausbildungssituation muss ausführlicher sein, als sie es in der Praxis des erfahrenen Lehrers sein kann. In der Ausbildungssituation steht zunächst die differenzierte Planung einzelner Unterrichtsabschnitte im Vordergrund, sodass sich schon von daher die größere Ausführlichkeit der Planung ergibt. Vor allem muss dabei Wert darauf gelegt werden, dass die *entscheidenden* Faktoren des Unterrichts berücksichtigt werden. Das gilt unabhängig von der gewählten Form der Darstellung des Unterrichtsverlaufs (vgl. S. 398 f.).

In der täglichen Unterrichtspraxis des erfahrenen Lehrers werden manche Planungselemente so eingeschliffen, dass sie in der Skizzierung der Verlaufsplanung nicht mehr besonders ausgewiesen zu werden brauchen. Eine stichwortartige Kurzplanung, z. B. in Form eines *Flussdiagramms* oder einer 3- bis 4-spaltigen Planungsskizze (vgl. S. 411), reicht aus. Jedoch könnte es für den erfahrenen Lehrer hin und wieder nützlich sein, eine Einheit oder Stunde differenzierter zu planen, z. B. um methodische Möglichkeiten zu erproben oder um eine neue Thematik anzugeben.
Auch für den erfahrenen Praktiker ist es zweckmäßig, Tafelanschriften, zumindest in ihrer Grobstruktur, zu planen, Tafelskizzen zu entwerfen oder für sich selbst neue/schwierige Sachverhalte auf einem „Spickzettel" stichwortartig niederzulegen um in der konkreten Unterrichtssituation bei Bedarf darauf zurückgreifen zu können.
Die folgenden Stundenverlaufsplanungen erstrecken sich auf insgesamt 5 Unterrichtsstunden – 1 Einzelstunde und 2 Blockstunden. Auf die Möglichkeit, in einer abschließenden 6. Stunde die hinter der Standortverlagerung stehenden gesellschaftlichen Bedingungen und Normen zu problematisieren, wurde verzichtet, da dies in Kap. 10.12 erfolgt. Die hier für die Sekundarstufe II gemachten Planungsvorschläge lassen sich bei entsprechender Reduzierung der Komplexität auf das 9. Schuljahr übertragen.
Eine vertiefende Bearbeitung dieses Aspektes sollte im Zusammenhang mit den in der „Perspektivplanung" vorgesehenen Unterrichtsthemen „Strukturwandel in NW-England" und „Exporte sichern Arbeitsplätze in Deutschland" erfolgen.
Als *Alternative* zur stärker lehrerzentrierten Planung (1. bis 3. Beispiel) wird im 4. Beispiel ein handlungsorientierter Planungsvorschlag angeboten. Er lässt sich durch ein Planspiel, das sich mit den Umsetzungsaufgaben, -wirkungen und -problemen der Planung von strukturellen Veränderungen befasst, handlungsorientiert weiterführen. Der dabei erforderliche höhere Zeitaufwand legt es nahe, einen Teil der Erarbeitung in Form von Hausaufgaben oder – noch besser – das Planspiel im Rahmen einer Projektwoche durchzuführen. *Engelhard*

Stundenabfolge der Unterrichtseinheit „Strukturwandel im Ruhrgebiet" (5 Stunden): alternative Formen der schriftlichen Planung

Ziel: Erkennen, dass die Kohlen- und Stahlkrise des Ruhrgebietes strukturell bedingt ist und durch strukturelle Veränderungen überwunden werden kann.

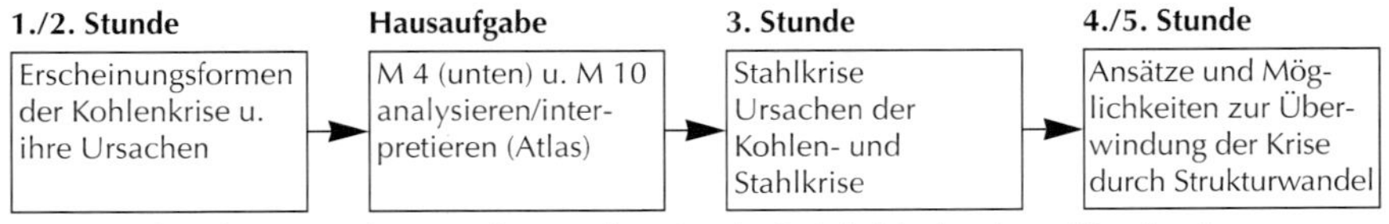

1./2. Stunde: Thema: Erscheinungsformen der Krise des Steinkohlenbergbaus (Kurzform)
Ziel: Erscheinungsformen der Krise beschreiben u. nach den Ursachen fragen

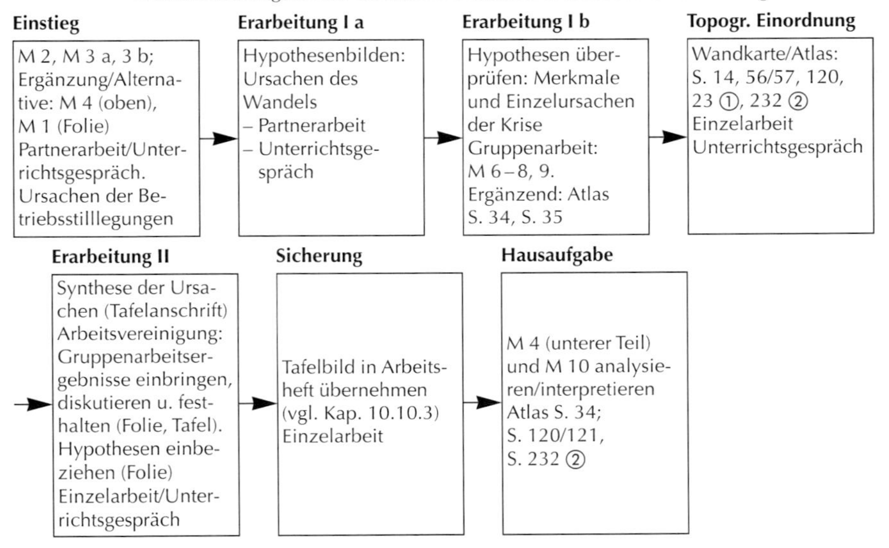

3. Stunde: Thema: Folgen der Kohlen- und Stahlkrise (Kurzform)

Ziel: Veränderungen der Standortbedingungen im Ruhrgebiet

Phase	Ziele und Inhalte	Medien und Aktionsformen	Sozialform
Anknüpfung	Stahlkrise beschreiben	M 4, M 10, [M 11] (Hausaufgabe) auswerten	Einzelarbeit/Unterrichtsgespräch
Erarbeitung I	Krisenursachen nennen, mit Stahlkrise verknüpfen	Tafelanschrift, Zusammenhänge erläutern	Unterrichtsgespräch
Motivation	Logo des KVR	M 11, Widerspruch herausfordern, Hypothesen bilden	Einzelarbeit/Unterrichtsgespräch
Erarbeitung II	Folgen der Krise erschließen, benennen	M 4, M 5, Atlas S. 34 ②, 35 ① analysieren/interpretieren, Hypothesen überprüfen	Gruppenarbeit (arbeitsteilig)
Erarbeitung III	Folgen der Krise (Beziehungen/Zusammenhänge)	Wandtafel/Plakat; Ergebnisse vortragen, diskutieren, festhalten	Arbeitsvereinigung
Sicherung I	Ergebnisse sichern, Tafelanschrift: Folgen der Krise	Zusammenhänge diskutieren, Tafelbild ins Arbeitsheft übertragen	Unterrichtsgespräch/Einzelarbeit
Sicherung II	Bergmann M. ist arbeitslos Verständnis für Betroffene	Rollenspiel: Mittagstisch der Familie M., Einkaufen und Wochenendplanung	Spiel im Sitzkreis

3. Stunde: Thema: Ursachen der Krisenerscheinungen im Ruhrgebiet und ihre Folgen (ausführliche Form)

Ziel: Die Krisenerscheinungen mit Veränderung der Standortbedingungen der Schwerindustrie (Kohle, Eisen und Stahl) im Ruhrgebiet und ihrer Krisenanfälligkeit (Monostruktur) erklären und Folgen daraus ableiten

Phase	Ziel	Inhalt	Medien	Aktionsform: Lehrer	Aktionsform: Schüler	Sozialform	Grundbegriffe
Anknüpfung Erarbeitung I	Stahlkrise als weitere Krisenursache beschreiben u. begründen	Auch die Eisen- u. Stahlindustrie ist in der Krise Krisenerscheinungen Krisenursachen Zusammenhang zw. Kohlen- und Stahlkrise	M 4 (unten) M 10 [M 11] Tafelanschrift	Gesprächsleitung Impulse	tragen Ergebnisse der Hausaufgabe vor, diskutieren, Fixierung der Ergebnisse im Tafelbild (Ergänzung zu Tafelanschrift Kap. 10.10.3) diskutieren Zusammenhänge	Einzelarbeit, Unterrichtsgespräch/ Klassenverband	Schwerindustrie Monostruktur
Motivation	Folgen der Krise beschreiben und Verständnis für die betroffenen Menschen entwickeln	Verfremdung des Erkenntnisstandes durch Logo des KVR	M 11	projiziert M 11 Diskussionsleitung hält Fragen auf Folie/an der Tafel fest	äußern sich, widersprechen, diskutieren, sprechen Folgen der Krise an; stellen Fragen: Welche Folgen hat die Krise noch?	Klassenverband/ Unterrichtsgespräch	
Erarbeitung II		Folgen der Krise – Verlust an Arbeitsplätzen/Arbeitslosigkeit – Abwanderung/Bevölkerungsrückgang – Industriebrache – Verlust an Kaufkraft – Steigende Sozialkosten für die Gemeinden	Sprache M 4 M 5 Atlas S. 34 ②, 35 ① M 4, M 5, M 1, Atlas: S. 35 ① (Diagr. rechts) dto.	fixiert Hypothesen (Wandtafel, Folie, Plakat) Materialbereitstellung, Gruppenaufgaben verteilen. Hilfen, Impulse	Hypothesen bilden Tab. lesen, analys./interpretieren Diagr. lesen, analys./interpretieren themat. Karte analys./interpretieren Tab., Diagr. analys./interpretieren Tab., Diagr. analys./interpretieren } Hypothesen prüfen	Klassenverband/Unterichtsgespräch Gruppenarbeit a) Arbeitseinteilung	Industriebrache
Erarbeitung III		Folgen der Krise (Beziehungszusammenhänge)	Wandtafel (Folie, Plakat) Sprache	Gesprächsleitung	Ergebnisse vortragen, diskutieren, vergleichen Zusammenhänge erkennen Ergebnisse formulieren und anschreiben Zusammenhänge diskutieren	b) Arbeitsvereinigung Unterrichtsgespräch	
Sicherung I	(Ergebnisse sichern)	Tafelanschrift: Folgen der Krise	Sprache Tafelbild	Gesprächsleitung	Übertragen des Tafelbildes ins Arbeitsheft	Unterrichtsgespräch Einzelarbeit	
Sicherung II*		Willis Vater (Bergmann M.) ist arbeitslos: Einkaufs- und Wochenendplanung am Mittagstisch	Sprache, Gestik	lässt Sitzkreis bilden	spielen Familie M. in verteilten Rollen (Mittagstisch: Einkaufs- und Wochenendplanung)	Rollenspiel	
* Bei Zeitmangel zu Beginn der 4. Stunde		Problem: Was muss sich ändern?	offen	„Überlegt, was sich ändern muss“; Aufgabenstellung	stellen Materialien für die 4. u. 5. Stunde zusammen, die Ansätze/Konzepte des Wandels zeigen	Einzel-/Partnerarbeit	

4./5. Stunde: Thema: Überwindung der Krise durch Strukturwandel

Ziel: Erkennen, dass die Krise durch Überwindung der Monostruktur bewältigt werden kann, und Ansätze und Möglichkeiten für strukturelle Veränderungen erschließen und beurteilen.
Anmerkung: Die Planungsskizze sieht eine handlungsorientierte Bearbeitung des Themas vor, für die die Schüler vorher geeignete Materialien (z. B. Zeitungs-/Zeitschriftenausschnitte, Fernseh-/Tonbandaufzeichnungen, Materialien des KVR) sammeln und mitbringen

Unterrichtsabfolge	**Lehrer-/Schüleraktivitäten**	**Arbeitsmaterialien/-hilfen**
1. *Anknüpfung* an 3. Stunde: Was muss sich ändern? (Hausaufgabe)	*Lehrer:* Gesprächsleitung *Schüler:* Tragen ihre Vorschläge vor und halten sie an der Wandtafel fest, stellen gesammelte Materialien bereit	*Schülermaterialien*
2. *Arbeitsplanung* a) Gliederung des Problems in Teilfragen b) Hypothesenbildung zur Beantwortung der Fragen c) Festlegung von Lösungswegen (Überprüfung der Hypothesen) und Arbeitsverteilung	*Unterrichtsgespräch* Ordnung der Schülervorschläge nach Problembereichen Hypothesen formulieren und anschreiben Arbeitsgruppen bilden, Lösungswege diskutieren und festlegen (Arbeitsverteilung, Materialauswahl)	Atlanten, Lit. Kap. 10.6 Medien Kap. 10.8.1 (soweit relevant) Materialien der Mediothek Zeitungs-/Zeitschriftenartikel, Schulbücher, Broschüren des KVR, Tonband-/Fernsehaufzeichnungen, Fotos usw.
3. *Erarbeitung* a) Ansiedlung wachstumsstarker Industrien (Diversifizierung) b) Stärkung des Handwerks und des tertiären Sektors c) Verbesserung der Infrastruktur: Bildung, Erholung, Verkehr d) Minderung der Umweltbelastungen: Luft, Wasser, Altlasten e) Altbausanierung/ Flächensanierung stillgelegter Bergbau- u. Industrieflächen	arbeitsteilige Gruppenarbeit (z. T. als Hausarbeit) Konkrete Handlungsentscheidungen ergeben sich aus dem unterrichtlichen Prozessablauf	Darstellung der Arbeitsergebnisse auf selbst gefertigten Transparenten, Informationsblättern/-tafeln (Grafiken, Tabellen, Fotos, Skizzen, Karten, Übersichten usw.)
Zusammenführung und Dokumentation	Vorstellung/Diskussion der Arbeitsergebnisse Dokumentation (z. B. an einer Pinnwand)	(siehe unter 3.)

Weiterführung:
1. Ausstellung der in eine anschauliche Endform gebrachten Dokumentation in der Schule
2. Vorstellung der Ergebnisse in einem Elternabend
3. Planspiel: Planungsalternativen, ihre Umsetzung und daraus ableitbare Wirkungen z. B. am Beispiel einer stillgelegten Bergbaufläche

10.12 Unterrichtsplanung in der Sekundarstufe II

Die Planungsschritte für geographischen Unterricht in der gymnasialen Oberstufe unterscheiden sich wenig von denen der Sekundarstufe I, wenngleich dieser Unterricht von offeneren Lernweisen geprägt ist (vgl. Kirchberg/Richter [Hrsg.] 1982). Die Kollegstufe stellt durch die *Zielsetzung* Grundbildung, Wissenschaftsorientierung, Studierfähigkeit und Persönlichkeitserziehung eine selbstständige didaktische Einheit dar (vgl. Kap. 6.13). Diese didaktische Ausrichtung hat Auswirkungen auf Methodenentscheidungen, was insbesondere die „Empfehlungen zur Arbeit in der gymnasialen Oberstufe" der Kultusministerkonferenz (KMK 1978, v. a. S. 10 f.) deutlich machen.

Das Prinzip des selbstständigen Lernens gilt auch für andere Klassenstufen: Der Unterricht soll so angelegt sein, dass der Schüler möglichst breit und intensiv am Unterrichtsgeschehen beteiligt ist. Für die Kollegstufe ist dieses Prinzip vor allem deshalb von Bedeutung, weil der Schüler schon einen relativ hohen Grad an Selbstständigkeit besitzt. „Sein Aktionsrepertoire, sein Erfahrungsspielraum und sein Reflexionsvermögen erlauben andere Formen der Auseinandersetzung mit einem Lerngegenstand als in früheren Klassenstufen. Diese Beteiligung am schulischen Lernen kann deshalb über das bloße ‚Mitmachen' beim Unterricht hinausgehen: Der Schüler kann zunehmend auch an der Planung und Erprobung von Arbeitswegen mitwirken" (Kirchberg, in: Kirchberg/Richter [Hrsg.] 1982, S. 40). Er soll dabei zudem Erfahrungen mit Methoden gewinnen. Selbstständiges Lernen zielt nicht nur auf Inhalte, sondern auch auf Arbeitsweisen.

Die Bedeutung der Kommunikation wird von der KMK besonders betont. Die Unterrichtsmethoden in der Sekundarstufe II sollen nicht nur zu intensiver, selbstständiger Beschäftigung mit Sachverhalten führen, sondern zugleich auch auf Kooperation, Mitteilung und Dialog angelegt sein. Damit ist die soziale Dimension des Lernens angesprochen, die dem übergeordneten Ziel der Persönlichkeitsbildung zuzuordnen ist. Deshalb sind handlungsorientierte Verfahren (vgl. Kap. 7.2.5) hier besonders angebracht.

Differenzierung nach Grund- oder Leistungskurs. Die beiden Kursarten haben eine verschiedene Akzentsetzung, die auch bei der Unterrichtsplanung mit zu bedenken ist (vgl. Kirchberg, in: Kirchberg/Richter [Hrsg.] 1982, S. 56 f.):

- Die *Grundkurse* führen unter Verzicht auf Vollständigkeit exemplarisch in grundlegende geographische Sachverhalte ein. Sie sind schwerpunktmäßig stärker auf Grundbildung ausgerichtet.
- Die *Leistungskurse* dringen mit wissenschaftsnahen Methoden und mit höherer Selbstständigkeit der Schüler intensiver und breiter in geographische Fragestellungen ein. Sie sind stärker auf Wissenschaftspropädeutik ausgerichtet.

Das Prinzip der Wissenschaftspropädeutik ist für den Unterricht in der Kollegstufe konstitutiv. Diese Wissenschaftspropädeutik des geographischen Unterrichts in der Sekundarstufe II hat eine didaktische und eine methodische Seite. Didaktisch geht es um eine inhaltliche Wissenschaftsorientierung, also um eine stärkere Nähe zur Fachwissenschaft Geographie bei geringerer didaktischer Reduktion gegenüber der Sekundarstufe I. Das schließt auch die Fachmethoden ein, die in der Kollegstufe ebenfalls Unterrichtsgegenstand sind.
Zugleich hat eine als Wissenschaftsorientierung verstandene Propädeutik durchaus auch methodische Konsequenzen, vor allem in der Verbindung mit dem Prinzip Selbsttätigkeit. Geo-

Didaktische Überlegungen zum Thema „Ruhrgebiet“ in der Kollegstufe

Didaktische Intention

In der Sekundarstufe I steht die Betrachtung einer Industrieansiedlung vorrangig unter dem Aspekt der Standortfaktoren und der Raumveränderung. Die Schüler befassen sich z. B. mit dem Umwertungsprozess einer Landschaft durch Industrie, wobei aber sowohl politische Aspekte wie auch wertende Aussagen zurücktreten.

In der Sekundarstufe II haben industriegeographische Themen eine andere *didaktische Ausrichtung* (vgl. Sedlacek/Kirchberg, in: Kirchberg/Richter [Hrsg.] 1982; Kap. 6.3). Im Mittelpunkt steht nicht die beschreibende Betrachtung von Industriestandorten oder Standortveränderungen, sondern es sollen die Ursachen von Industrialisierungs- und Umwandlungsvorgängen sichtbar gemacht werden. Es geht vorrangig darum, dem Schüler am Beispiel Industrie einen Einblick zu geben, welche Motive und Entscheidungen in unserer Gesellschaft eine solche Raum gestaltende Maßnahme wie die der Industrialisierung tragen und beeinflussen. Nur so kann für ihn deutlich werden, welche Handlungsträger die konkret vorhandenen, raumzeitlich bestimmten Bedingungen aufgreifen und die wirtschaftlichen Entscheidungsprozesse ablaufen.

Damit entspricht das Thema sowohl dem fachlichen als auch dem politisch bildenden Auftrag der Geographie im gesellschaftswissenschaftlichen Aufgabenfeld.

Zur Auswahl des Raumbeispiels

Das *Raumbeispiel* „Ruhrgebiet“ ist für diese Einsichten besonders geeignet. Die drei Handlungsträger Staat, industrielle Unternehmen und gesellschaftliche Gruppen haben hier in wechselseitiger Beeinflussung sowohl die Standortwahl als auch die Standortentwicklung sichtbar gesteuert. Insbesondere der Zusammenhang von historischer Industrialisierung und Raumentwicklung kann hieran für den Schüler paradigmatisch erarbeitet werden.

An diesem Beispiel werden sowohl die politischen und ökonomischen Einflüsse als auch die regionalen Auswirkungen der Industrieansiedlung deutlich. Zugleich können die Problemfelder „Monostruktur“, „Wandel der Standortgunst“ und „Umstrukturierung“ durchleuchtet werden. Die zu gewinnenden Einsichten sind auf andere Raumbeispiele und auf andere Entscheidungsfelder übertragbar.

Mögliche Zielsetzungen

Das Unterrichtsbeispiel erlaubt es, folgende der bei Gaebe/Hendinger (1980, S. 287) zusammengestellten *Ziele* industriegeographischer Themen zu erreichen:

- „Durch die Beschäftigung (und durch die Realbegegnung) mit der Industrie auf die Arbeitswelt vorbereitet werden.
- Interessenkonflikte erkennen, die durch Industrialisierungsprozesse notwendigerweise ausgelöst werden, und Vorschläge für Lösungen angeben können.
- Arbeitsweisen und Produktionsabläufe in Industriebetrieben in ihren Voraussetzungen und Auswirkungen erklären können.
- Entscheidungsabläufe in Industrieunternehmen kennen und bewerten und deren Hintergründe und Auswirkungen aufzeigen können.
- Industrieplanung in ihrer Bedeutung für andere Lebensbereiche, insbesondere für die Daseinsgrundfunktionen Wohnen und Erholen beurteilen können.“

Kirchberg

graphischer Unterricht in der Kollegstufe kann zumindest in Phasen durchaus wissenschaftliche Arbeit simulieren und dabei fachspezifische Verfahrens- und Vorgehensweisen anwenden und bewusst machen. „Wissenschaftspropädeutik ist eine durchgängige Zielsetzung. Sie ist kein neues Fach im Fache, sondern integraler Bestandteil aller fachlichen Unterrichtsarbeit und zugleich von fächerübergreifender Bedeutung. Wissenschaftliches Arbeiten ist aus wissenschaftstheoretischer Sicht überfachlich angelegt und begründbar. Nur unter dieser übergreifenden Perspektive ist das Ziel der allgemeinen Studierfähigkeit einlösbar" (Engelhard 1987c, S. 22 u. 1988; Beck/Syben-Becker 1987, Pütz 1987).

Die Unterrichtsplanung darf den Unterrichtsverlauf nicht starr vorgeben; das entspräche nicht dem angestrebten Stil des gymnasialen Oberstufenunterrichts. Zwar könnte auch dadurch Selbsttätigkeit veranlasst werden, aber sie wäre nur von außen gefordert und kaum von einer inneren Bereitschaft getragen. Die Chance der Oberstufenarbeit besteht gerade darin, durch Beteiligung der Schüler an der Unterrichtsplanung zu einer verantwortlichen Mitgestaltung anzuregen. Selbstständiges Lernen kann nur dort stattfinden, wo der Schüler sich mit dessen Zielen und dessen Verlauf identifiziert.

Planungsbeteiligung im Geographieunterricht bezieht sich sowohl auf die Unterrichtsmethoden (Verfahren und Wege) als auch auf fachliche Aspekte: Die Vorgaben der Lehrpläne lassen meist recht großen Spielraum hinsichtlich der inhaltlichen Schwerpunkte und auch bei der Auswahl der Raumbeispiele.
Beim *Planungsgespräch* stellt sich immer das Problem des Informationsvorsprungs beim Lehrer bzw. der fehlenden Vorkenntnisse bei den Schülern. Eine wirkliche Mitsprache der Lerngruppe kann aber nur dann erfolgen, wenn sie Grundinformationen über das Kursthema, über die vorliegenden Materialien dazu, eventuell auch über alternative Ansatzmöglichkeiten hat. In der Regel wird der Lehrer eine solche Basisinformation erst geben müssen, was es ihm auch ermöglicht, sie mit Interesse weckenden Akzenten zu versehen. Alternativ ist es jedoch durchaus denkbar, dass sich die Schüler diese Grundinformation selbst erarbeiten, z. B. mit dem Schulbuch oder in der Schulbibliothek. Eine kooperative Planung setzt jedenfalls eine stabile Informationsgrundlage voraus.

Offener Unterrichtsverlauf. Die Verlaufsplanung kann in der Kollegstufe nur Absichtscharakter haben, sie muss offen sein für notwendige Abweichungen und Umstellungen. Gerade bei der Problemorientierung dieses Geographieunterrichts ergeben sich inhaltlich und im Vorgehen häufig neue Gesichtspunkte, die einbezogen werden müssen. Diese *notwendige Offenheit* besteht also weniger hinsichtlich der Unterrichtsziele, als vorrangig in Bezug auf die Wege, mit denen die Ziele erreicht werden können. „Dabei ist das spontane, nach mehreren Lösungen und verschiedenen Lösungswegen suchende Denken (das ‚divergierende' Denken) ebenso zu fördern wie das disziplinierte formallogische und sachlogische Denken (das ‚konvergierende' Denken)" (KMK 1978, S. 11).

Reflexion und Unterrichtskritik. Der Mitverantwortung der Schüler für den Unterrichtsverlauf entspricht es auch, wenn am Ende einer Unterrichtseinheit eine Phase der *Reflexion und Unterrichtskritik* angesetzt wird. Ein solcher Rückblick zwingt zur Selbstbefragung, ob die getroffenen Planungsentscheidungen von der Sache, in den Methoden und für die Situation geeignet waren. Er macht die Erfahrungen bewusst und verfügbar, die aus geographischem Unterricht gewonnen wurden.

Kirchberg

Planungsskizze einer Unterrichtseinheit zum Thema „Ruhrgebiet" in einem Leistungskurs

Diese Skizze gibt einen *möglichen* Ablauf wieder. Die tatsächliche Verlaufsplanung ergibt sich in der Phase 2 und muss gemeinsam mit den Schülern erarbeitet werden. Dies gilt sowohl für die Lernschritte als auch für die geplanten Unterrichtsverfahren.
Deshalb werden auch keine Stundenvorgaben bei den einzelnen Unterrichtsschritten gemacht.
Insgesamt sind für diese Unterrichtseinheit ca. 12 – 15 Stunden vorgesehen.

Unterrichtsschritte	Unterrichtsverfahren
1. *Informierender Einstieg:* Stilllegung von Hüttenwerken in Hattingen und Rheinhausen	Arbeit mit Zeitungsartikeln und Karten, ggf. kurzer Videoausschnitt
2. *Arbeitsplanung* Herausarbeiten von Teilfragen, die in Gruppen erarbeitet werden sollen	freies Unterrichtsgespräch/Diskussion
3. *Erarbeitungsphase* z. B.: a) Historische Entwicklung des Ruhrgebiets b) Technik des Steinkohlenbergbaus c) Die Kohlenkrise – Ursachen, Auswirkungen d) Verfahren zur Stahlerzeugung e) Die Stahlkrise	arbeitsteilige Gruppenarbeit; Material weithin vom Lehrer bereitgestellt; Einbezug der Schulbibliothek
4. *Phase der Zusammenführung:* Das Ruhrgebiet – ein Zentrum der Schwerindustrie in der Krise	Vorstellung und Diskussion der Arbeitsergebnisse
5. *Vertiefungsphase:* Die Standortfrage in der Hüttenindustrie und die Auswirkungen für das Ruhrgebiet	Lehrervortrag/Arbeit an Material/Unterrichtsgespräch
6. *Problematisierungsphase:* Möglichkeiten und Chancen einer Strukturveränderung im Ruhrgebiet	Filmauswertung, Gruppendiskussion
7. *Transferphase:* Vergleich mit anderen Zentren der Schwerindustrie	Partnerarbeit, Schülervorträge
8. *Abschlussphase:* Einflussfaktoren auf die Entwicklung von Industrieregionen	Unterrichtsgespräch

(Entwurf: Kirchberg)

10.13 Unterrichtsanalyse

Im Folgenden sollen Formen der Unterrichtsanalyse (vgl. S. 419) beschrieben werden, die für ein Lehrertraining empfohlen werden können.

Die naive Beobachtung und Analyse, bei der mehr oder weniger zufällig aufgegriffene Erscheinungen und Prozesse des Unterrichts diskutiert werden, sollte eigentlich in einer wissenschaftlichen Lehrerbildung *keinen Platz* mehr finden.

Die unstrukturierte Beobachtung mit anschließender systematischer Analyse der Verhaltensweisen von Lehrern, Schülern und anderer Unterrichtsfaktoren ermöglicht schon in einem ersten Schritt einen *wissenschaftlich-qualitativen Zugriff.*

Strukturierte Beobachtung mit einer Anzahl von Beobachtungskriterien erlaubt eine *Quantifizierung von Beobachtungseinheiten* und erbringt damit eine exaktere Grundlage für eine gründliche, objektive und quantitative Analyse.
Bei unstrukturierten Analysegesprächen konnte der Verfasser häufig feststellen, dass Lehrende, Referendare und Studierende Lehrstrategien und Schüleraktivitäten falsch einschätzten. Auf die Frage nach dem Lehreranteil an den verbalen Interaktionen machten z. B. Studierende und Referendare Angaben von 40–50%, eine gleichzeitige, quantitative Protokollierung ergab jedoch 70–80%. Bei anderen Versuchen lagen die Schätzwerte für die *Schülerbeteiligung* bei 50–60%, während die gleichzeitig aufgenommenen Messwerte mithilfe von Strichlisten im Klassenspiegel 90% ausmachten.
Da die Einschätzung der Lehrer- und Schüleraktivitäten höchstens nach längerem Beobachtungstraining sich den realen Messwerten annähert, empfiehlt es sich bei Fachpraktika der 1., 2. und 3. Phase der Lehrerbildung, bestimmte Verhaltensweisen der Schüler, der Lehrenden sowie andere Faktoren wie Wirkungsweisen von Medien, Sozial- und Aktionsformen u. Ä. mehr vor Beginn einer Unterrichtsstunde in einer Beobachtungsliste festzulegen und unter den Beobachtern zu verteilen.
Wenn es die Anzahl der Beobachter erlaubt, sollten mindestens zwei Beobachter ein Kriterium gleichzeitig protokollieren. Diese Empfehlung basiert auf zahlreichen Versuchen. Reihenmessungen ergaben bei Referendaren nach wenigen Unterrichtsversuchen: einen Rückgang der Lehrerfragen von 90 auf 60 und von 60 auf 20; eine Zunahme verbaler Impulse von 0 bis 30; eine Zunahme visueller Impulse von 0 bis 20, um nur einige Beispiele anzudeuten.

Quantifizierte Beobachtung. Die Erfahrung lehrt: Durch Quantifizieren von Aktionen und Unterrichtsfaktoren bei gleichzeitiger Konzentration auf wenige Beobachtungskategorien kann eine stärkere *Sensibilisierung und Qualifizierung* von Studierenden und Referendaren für Lehrstrategien erreicht werden. Die Qualifizierung von Beobachtungen stößt natürlich auch an Grenzen. Ein einziges „Nein" eines Lehrenden kann von größerer Bedeutung sein als 20 „Nein" eines anderen.
Selbstverständlich können Lehrer, die allein in ihrer Klasse arbeiten, nur eine qualitative Analyse ihres Unterrichts, z. B. mithilfe der Kriterien auf Seite 419, vornehmen.
(Bachmair 1974, Meyer 1993) *Haubrich*

Analyse des Lehrerverhaltens

Beispiel: Strichlistenprotokoll zur Quantifizierung von Lehrstrategien

Lehrer fragt	//////////////////////////////
Lehrer gibt verbalen Impuls	////////
Lehrer gibt visuellen Impuls	///
Lehrer informiert	/////////
Lehrer lobt	///
Lehrer tadelt	//////

Anmerkung: Die reine Quantifizierung von Verhaltensweisen sollte ergänzt werden durch die wörtliche Protokollierung von Lehrerfragen, -impulsen, -informationen, -lob, -tadel u. a. m. Ein Beobachter allein kann jedoch nicht all diese zahlreichen Beobachtungen durchführen.

Analyse des Schülerverhaltens

Beispiel: Strichlisten-Protokoll zur Quantifizierung von Schüleraktivitäten

Schüler fragt Lehrer	//
Schüler antwortet Lehrer	//////////////////////////
Schüler spricht mit Schüler	///
Schüler meint	//
Schüler widerspricht	
Schüler macht Vorschlag	///

Partizipationsprotokoll im Klassenspiegel

Jede verbale Äußerung des Lehrers und der Schüler wird mit einem Strich am betreffenden Sitzplatz protokolliert.

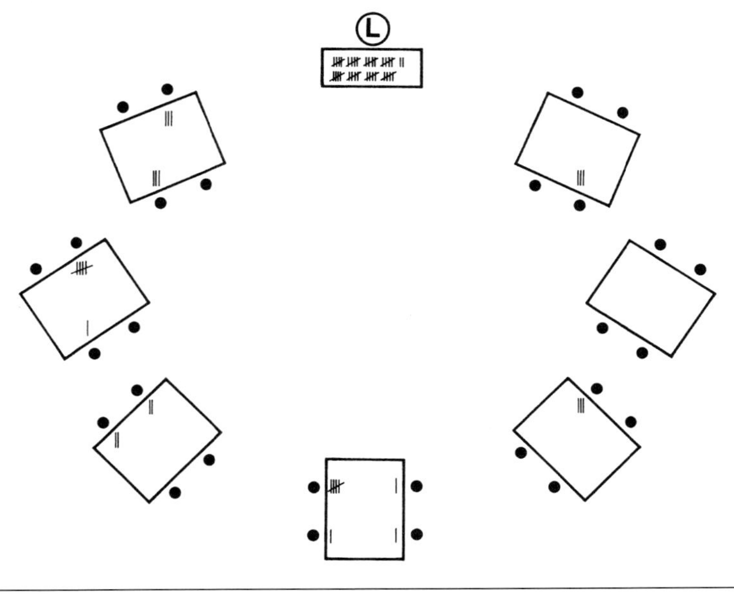

Analyse der Unterrichtsabschnitte

Beispiel: Zeit- und Abfolgeprotokoll der Lernschritte, Stufung bzw. Dramaturgie einer Geographiestunde

Zeit	Lernziel	Stufenbezeichnung (nach Protokoll)	Stufenbezeichnung (nach Analysegespräch)
0 – 8. Min.		Motivation	Einstieg
9.–13. Min.		Zielangabe	Problemstellung a) Zielplanung b) Arbeitsplanung
14.–20. Min.	LZ 1	Erarbeitung I	Problemphase I Lösungsphase I
21.–28. Min.	LZ 2	Erarbeitung II	Problemphase II Lösungsphase II
29.–37. Min.	LZ 3	Erarbeitung III	Problemphase III Lösungsphase III
38.–45. Min.		Zusammenfassung	Lernkontrolle

Analyse des Medieneinsatzes

Beispiel: Protokollmatrix zum Inhalt, zum didaktischen Ort, zur Funktion und zur Auswertung von Medien in einer Geographiestunde

Medium	**Inhalt**	**Did. Ort**	**Funktion**	**Auswertung**
2 Dias	Schwarze und weiße Kinder in getrennten Schulen	Einstieg Problemphase	Motivation, Problematisierung, Sachbegegnung	Spontane Schüler-äußerungen
Quellentext	Ein Tag in Johannesburg	Erarbeitung I	Information Kognition	Einzelarbeit Klassengespräch
Karte	Segregation	Erarbeitung II	Information Kognition	Entwickelndes Lehrgespräch
Tafeltext	Schwarz und Weiß in Südafrika	Zusammen-fassung	Lernsicherung	Klassengespräch, Einzelarbeit

Anmerkung: Die o. a. Analysemöglichkeiten können selbstverständlich nicht alle in einer Unterrichtsanalyse berücksichtigt werden. Die Beschränkung auf wenige Beobachtungseinheiten ermöglicht eine intensivere Interpretation der Protokolldaten.

Analyse von Inhaltsstrukturen

Beispiel: Protokoll der Sach- bzw. Schlüsselbegriffe, die in einer Geographiestunde gebraucht wurden.
Die anschließende Analyse ergab, dass die kursiv gesetzten Sachbegriffe nicht richtig geklärt wurden.

Thema: Talentstehung (5. Schuljahr)
Quelle, Eiszeit, Gletscher, Kraft des Flusses, *Wasserkreislauf, Querschnitt, Schicht, Schlucht, Erosion, Kastental, Kerbtal, Klamm*
Anmerkung: Zur vollständigen Wortprotokollierung sind Bandaufzeichnungen notwendig, die i. A. nur im Rahmen wissenschaftlicher Untersuchungen Anwendung finden. (vgl. Himmerich, W. u. a.; Unterrichtsplanung und Unterrichtsanalyse Bd. 1 und 2. Stuttgart 1976.)

Analyse von Denkstrukturen und Fachmethoden

Hierzu dienen Wortkurzprotokolle als Belege für:
1. induktive Verfahren
2. deduktive Verfahren
3. kombiniert-induktiv-deduktive Verfahren
4. idiographische Verfahren
5. nomothetische Verfahren
6. vergleichende Verfahren
7. länderkundliche Verfahren
8. geoökologische Verfahren
9. sozialgeographische Verfahren

Analyse von Sozial- und Aktionsformen

Beispiel: Protokollmatrix zu Medien, Inhalt, Sozial- und Aktionsformen in einer Geographiestunde

Sozialform	Aktionsform	Medium und Inhalt
Großgruppe	entwickelndes Lehrgespräch	2 Dias: Schwarze und weiße Kinder in getrennten Schulen
Alleinarbeit Partnerarbeit Großgruppe	Einzelarbeit Partnergespräch Klassengespräch	Quellentext: Ein Tag in Johannesburg
Alleinarbeit Partnerarbeit Großgruppe	Einzel- oder Stillarbeit Partnergespräch Klassengespräch	Karte: Segregation von Schwarz und Weiß in Johannesburg
Großgruppe	entwickelndes Verfahren	Tafeltext: Schwarz und Weiß in Südafrika
Alleinarbeit	Einzel- oder Stillarbeit	Schülerarbeitsheft: Schwarz und Weiß in Südafrika

10.14 Unterrichtskritik und -beurteilung

Unterrichtsbeurteilung ist im Rahmen der schulpraktischen Ausbildung der 1. und 2. Phase von besonderer Bedeutung, aber auch mit besonderen Problemen behaftet. Oft sind z. B. die Unterrichtsvoraussetzungen weder für den Unterrichtenden noch für den Beurteiler angemessen einzuschätzen. Trotzdem gilt es, das Verhalten der Lehrenden zur Optimierung mit sachgerechten Kriterien zu analysieren und wegen der notwendigen Vergleichbarkeit zu beurteilen.

Stufengerechte Beurteilung. Die Beurteilung muss im Ausbildungsprozess stufenweise erfolgen, z. B.:

1. Während des *Hospitationspraktikums* wird vor allem die Beobachtungsfähigkeit beurteilt.
2. Während der *1. Phase* erhalten theoretische Kenntnisse bzw. die schriftliche Vorbereitung ein größeres Gewicht als die praktische Realisierung.
3. Während der schulpraktischen Ausbildung der *1. Phase* sollten sich die Urteile nicht gleich auf alle, sondern schrittweise auf einzelne und allmählich immer mehr Kriterien konzentrieren.
4. Die unterrichtliche Durchführung sollte in der *2. Phase* mit einem bedeutend höheren Faktor belegt werden als die schriftliche Vorbereitung.

Selbstbeurteilung. Grundsätzlich wäre es gut, wenn nicht nur der Beurteiler ein „gerechtes" Urteil abgäbe, sondern vor allem der Lehrende sich selbst sachgerecht einschätzen könnte. Das Beurteilungsgespräch sollte auf einer objektiven Basis, d. h. mit möglichst vielen *Beobachtungsprotokollen* (vgl. Kap. 10.13) erfolgen. Es ist sinnvoll, zuerst dem Unterrichtenden das Wort zu geben. Sind mehrere Beobachter (Studierende, Referendare, Lehrer, Seminarleiter u. a. m.) anwesend, können diese ihre Teilbeobachtungen auf der Grundlage ihrer Protokolle vortragen, dann zu einem Urteil finden und Alternativen andeuten. Der amtliche Beurteiler sollte sein Urteil mit positiven Beobachtungen einleiten, seine kritische Analyse anschließen und nicht vergessen mögliche Alternativen als Anregung aufzuzeigen.

Die Notenfindung erfordert folgende Qualitäten:

1. Transparenz, d. h. alle Urteilskriterien müssen mit ihrer Gewichtung bekannt sein.
2. Vollständigkeit, d. h. alle Unterrichtsfaktoren, die der Beobachtung zugänglich sind, werden berücksichtigt.
3. Objektivität, d. h. verschiedene Beurteiler würden nach Einigung auf einen gemeinsamen Kriterienkatalog zu gleichen Noten gelangen.
4. Gültigkeit, d. h. Beurteiler und Beurteilte empfinden das Urteil als angemessen.

Auf den Seiten 423 bis 425 werden zwei Kriterienkataloge vorgestellt, die das komplexe Problem der Notenfindung auch nicht vollständig lösen, aber dem Versuch entspringen eine möglichst hohe Objektivität und Transparenz zu erreichen.

Beide Listen könnten kritisch hinterfragt werden:

1. nach Differenziertheit, Praktikabilität und Angemessenheit;
2. nach der Grundsatzfrage: Soll die Urteilsfindung der „Erfahrung eines Pädagogen" und/ oder einem stringenten, mathematischen Modell anvertraut werden?

Sowohl die erste Kurzform als auch die zweite Langform der Unterrichtsbeurteilung können für eine qualitative als auch quantitative Bewertung und Notengebung genutzt werden. In beiden Fällen kommt es jedoch zu „menschlichen" Urteilen.

(Haidl/Schreiner 1976, Ingenkamp 1989, H. Meyer 1993) *Haubrich*

Beurteilungskriterien zur Notenfindung bei Gutachterlehrproben der 1. Phase der Geographielehrerausbildung

1. **Sachkompetenz**
(Waren die Inhalte richtig, wichtig und logisch strukturiert und wurden die Fachbegriffe zufrieden stellend erarbeitet?)

2. **Stufung**
(War der Unterricht sachgerecht, z. B. in Einstieg, Problemstellung, Lernschritte und in eine Phase der Ergebnissicherung gegliedert?)

3. **Sozialformen**
(Waren die Sozialformen dem Inhalt und der Klasse gemäß richtig gewählt und entwickelt?)

4. **Aktionsformen**
(Waren die Aktionsformen dem Inhalt und der Klasse gemäß richtig gewählt und zur Entfaltung gebracht?)

5. **Medieneinsatz**
(Können Auswahl, Inhalt, Formalstruktur, Auswertung und Wechsel der Medien als sachgerecht bezeichnet werden?)

6. **Schülerverhalten**
(Verhielten sich die Schüler aktiv, passiv bzw. interaktiv als Reflex auf das Lehrerverhalten?)

7. **Lehrerverhalten**
(Kann das Lehrerverhalten als fachgerecht und schülergerecht bezeichnet werden?)

8. **Schriftliche Vorbereitung**
(Sind die unterrichtlichen Voraussetzungen, die Sachanalyse und die didaktische und methodische Analyse, die Lernziele, Verlaufsstruktur und wichtige Hilfsmittel [Tafelbild, Arbeitsblätter ...] hinreichend dargestellt?)

9. **Nachbesprechung**
(Analysiert der Unterrichtende sein Lehrerverhalten mit fachlichen Kriterien, begründet er sein von der Planung abweichendes Verhalten, erkennt er zentrale Probleme?)

Notenberechnung
Jedes dieser Kriterien kann zu einer qualitativen Aussage führen, aber auch mit 1 – 6 Punkten belegt und daraus die Note errechnet werden. Je nach Klassensituation und Ausbildungsstand des Lehrenden sind die einzelnen Kriterien mit einem unterschiedlichen Gewichtungsfaktor zu versehen. Versuche haben ergeben, dass errechnete Noten mit vorher hypothetisch genannten Noten fast deckungsgleich waren. Die Notenfindung bleibt problematisch, deren Transparenz wird aber durch die Kriterien gewährleistet.

(Kurzform, nach: Haubrich)

Kriterienkatalog zur Beurteilung von Lehrversuchen in der 1. Phase der Lehrerausbildung

1. **Planung**

Schriftliche Vorbereitung
- Enthält der Entwurf klare *Lernzielangaben?*
- Ist der Entwurf klar gegliedert (Teilziele)?
- Trennt der Entwurf sauber zwischen *Lerninhalten* und *Lernverfahren* (Stoff und Methode)?
- Ist der Einsatz von Unterrichtsmitteln methodisch begründet?
- Ist die Ergebnissicherung sorgfältig geplant (Tafelbild)?
- Sieht der Entwurf eine wirksame *Lernzielkontrolle* vor?
- Weist der Entwurf darüber hinaus Vorzüge oder Mängel auf?

Organisatorisch-praktische Vorbereitung
- Waren die Schülerarbeitsmittel sorgfältig vorbereitet?
- Waren mögliche Anschauungsmittel bereitgestellt?
- War der Mediensatz organisatorisch gut vorbereitet?
- Geschah der Einsatz der Unterrichtsmittel ohne vermeidbare Beeinträchtigung des Unterrichts?
- Wies die Vorbereitung darüber hinaus Vorzüge oder Mängel auf?

2. **Durchführung**

Methodisch-didaktische Durchführung
- Wurden die Schüler über das Unterrichtsziel klar informiert?
- Wurden die Schüler wirksam zur Mitarbeit angeregt (Motivation)?
- Wurden die Schüler hinsichtlich ihrer Interessen, Fähigkeiten und Reaktionsweisen richtig eingeschätzt?
- War der Stoff angemessen gewählt (Passung)?
- Wurden notwendige Differenzierungen vorgenommen?
- War eine sinnvolle Abfolge von Unterrichtsschritten erkennbar (Artikulation)?
- War die Stoffanordnung (Teilziele) ausgewogen?
- War der Unterrichtsverlauf an Lernzielen statt an Stoffen orientiert (Prozessorientiertheit)?
- Hatten die Schüler echte Möglichkeiten, auf den Unterrichtsverlauf konstruktiven Einfluss zu nehmen?
- Wechselten die Tätigkeitsformen der Schüler (Rhythmisierung)?
- Wurden den Schülern kommunikative Arbeitsformen ermöglicht?
- Wurden die Schüler zu selbstständiger Verbalisierung von Ergebnissen angehalten?
- Wurden die Ergebnisse ausreichend gesichert?
- Wurden Möglichkeiten zum Transfer genutzt?
- Erfolgten Lernkontrollen?
- Wurden die Ziele erreicht?
- War der zeitliche Ablauf ausgeglichen?
- Wies die Durchführung darüber hinaus Vorzüge oder Mängel auf?

Lehrerverhalten
- Sprach der Lehrer ruhig und deutlich?
- War seine Diktion angemessen?
- Formulierte er seine Aufträge klar?
- Verzichtete er auf unechte Fragen zugunsten von Impulsen?
- Gab er auch nonverbale Impulse?
- Akzeptierte er die Schüler als Arbeitspartner?
  (Gegenteil: lehrerzentrierter Unterricht)
- Reagierte er ausgeglichen auf Störungen?
- Reagierte er positiv verstärkend auf Schüleräußerungen?
- Wies das Lehrerverhalten darüber hinaus Vorzüge oder Mängel auf?

Soll die Beurteilung in eine Note münden, so muss man sich überlegen, wie die einzelnen Bereiche anteilmäßig gewichtet werden sollen. Hier erscheint die von Oppolzer und Schropp vorgeschlagene Gewichtung am angemessensten.
Die schriftliche Vorbereitung wird mit dem Faktor 2 versehen, die organisatorisch-praktische mit dem Faktor 1. Die methodisch-didaktische Durchführung hat den Faktor 4, das Lehrerverhalten den Faktor 2.
Das bedeutet:
- Jeder der vier Punkte wird mit einer eigenen Note beurteilt.
- Die Note wird mit dem angegebenen Faktor vervielfacht.
- Dann wird eine Summe der Produkte errechnet, die durch 9 geteilt (Summe der Faktoren) die Note ergibt.

Ein Beispiel:

	Note	Faktor	Produkt
Schriftliche Vorbereitung	2	2	4
Organisatorisch-praktische Vorbereitung	3	1	3
Methodisch-didaktische Durchführung	3	4	12
Lehrerverhalten	2	2	4

Durchschnitt: 23 : 9 = 2,55 ≙ befriedigend

Diesem Vorschlag steht ein zweites Modell gegenüber, bei dem die Gewichtung von Theorie und Praxis etwas anders angesetzt ist.
Dabei werden
a) der schriftliche Entwurf einschließlich Begründung und
b) die Durchführung
mit dem gleichen Faktor versehen.
Begründet wird diese Gewichtung durch die Einstellung, dass nur geprüft werden könne, was auch gelehrt wurde. In der 1. Ausbildungsphase hat die Theorie ein solches Übergewicht, hat der Student so wenig Gelegenheit zum praktischen Üben, dass man sein praktisches Verhalten nicht so hoch werten kann.

(nach: Haidl/Schreiner 1976)

10.15 Geographiedidaktische Forschung

Wenn man die internationale Forschungsliteratur der Geographiedidaktik analysiert, kann man eine Vielfalt von Forschungstheorien, Paradigmen oder Ideologien finden. Zurzeit gibt es eine interessante Diskussion über verschiedene Forschungsrichtungen, aber man ist weit davon entfernt, eine Übereinstimmung über eine Forschungsphilosophie zu finden. Die Frage ist, ob eine solche Vereinbarung nicht sogar kontraproduktiv für die didaktische Forschung sein würde.

Es finden sich verschiedene Wege und Kriterien, um Forschungsmethoden und -philosophien zu klassifizieren. Eine erste Methode ist zwischen Grundlagenforschung, angewandter Forschung und Aktionsforschung zu unterscheiden.

Forschungsmethoden und -philosophien:

- *Die Grundlagenforschung* beschäftigt sich mit allgemeinen Phänomenen um sie zu verstehen, ohne nach einer didaktischen Relevanz zu fragen (z. B. die Entwicklung des Raumverständnisses).
- *Die angewandte Forschung* ist praxisorientiert um zum Beispiel Methoden und Medien wie zum Beispiel Computersimulationen zu evaluieren.
- *Die Aktionsforschung* ist eine Forschungsrichtung, bei der sich Forscher und Praktiker in einer pädagogischen Situation zusammentun, beide die Situation reflektieren und sofort nach ihren Erkenntnissen handeln (z. B. Umwelterziehung und Umweltverhalten).
- *Bipolare Klassifikation:* Eine zweite Methode kommt zu einer bipolaren Klassifikation von Forschungsansätzen wie folgt:
  - empirisch – hermeneutisch,
  - positivistisch – humanistisch,
  - quantitativ – qualitativ,
  - konservativ – transformativ.
- *Empirische Forschung* beruht auf den Theorien und Methoden der Erfahrungswissenschaften.
- *Hermeneutische Forschung* zählt zur interpretativen, geisteswissenschaftichen Forschung.
- *Positivistische Forschung* erkennt nur das als Wahrheit an, was intersubjektiv beobachtbar ist.
- *Humanistische Forschung* ist ganzheitlich ausgerichtet, das heißt, sie betrachtet den Menschen mit allen seinen Sinnen.
- *Quantitative Forschung* bedient sich statistischer, mathematischer Methoden.
- *Qualitative Forschung* ist auf Ideen und Strukturen ausgerichtet ohne sie quantifizieren zu wollen.
- *Konservative Forschung* hat die Erhaltung des Status quo zum Ziel und *transformative Forschung* konzentriert sich auf die kritische Analyse und Transformation gesellschaftlicher Verhältnisse.

Das Drei-Klassen-System. Ein drittes Klassifikationsschema besteht aus einem Drei-Klassen-System, das zwischen experimenteller, interpretativer und kritischer Forschung unterscheidet:

- *Experimentelle Forschung* ist Input-Output-orientiert oder Prozess-Produkt-orientiert. Experimentelle Forschung sucht nach objektiven, generalisierbaren und vorhersagbaren Ergebnissen. Obwohl es prinzipiell nicht zwingend ist, wird diese experimentelle Methode oft mit einem mechanistischen Menschenbild verbunden.

Grundlegende forschungsphilosophische Fragen

Die folgende Checkliste dient dazu, Geographiedidaktiker am Beginn eines Forschungsprojektes durch zahlreiche Fragen anzuregen ihr forschungsphilosophisches Plateau bzw. Fundament abzusichern:

- Betrachten wir uns als *empirische Forscher,*
  die alle Ergebnisse durch Erfahrung erhalten und diese Erfahrung durch verschiedene empirische Methoden gewinnen, aber jede nicht empirische, hermeneutische oder qualitative Methode ausschließen?
- Betrachten wir uns als *positivistische Forscher,*
  welche jede Einsicht nur durch Erfahrung gewinnen, als empirische Forscher, die alles, das nicht erfahren werden kann, für nicht existent oder nicht verstehbar erklären?
  In anderen Worten, sind wir pädagogische Sensualisten oder Materialisten?
- Betrachten wir uns als *Behaviouristen,*
  die alles im Bereich von Fühlen und Denken als nicht wissenschaftlich erforschbar betrachten und deshalb nur objektiv beobachtbare Phänomene und Prozesse untersuchen, die kodiert, quantifiziert und statistisch bearbeitet werden können?
- Glauben wir an die *quantitative Revolution der Sozialwissenschaften* und an ein Forschungsparadigma der Geographiedidaktik, das diese in eine harte Wissenschaft umwandeln will?
- Folgen wir *hermeneutisch-humanistischen Methoden,* welche die interpersonale Verifizierung vernachlässigen, weil wir nur an komplexeren Erziehungsfragen interessiert sind?
- Bevorzugen wir die *Aktionsforschung*
  um der Praxis sofort Hilfen anbieten zu können,
  und zwar durch eine direkte Beteiligung, durch logische Schlussfolgerung und durch konsequentes Handeln in einer konkreten Bildungssituation?
- Unternehmen wir unsere Forschung um den Status quo zu stabilisieren oder um ihn durch Kritik und Emanzipation zu verändern?
- Was kann ich aus den verschiedenen Forschungsphilosophien und -methoden für mein Forschungsprojekt lernen?

- *Interpretative Forscher* behaupten, dass menschliches Verhalten zu komplex ist um es mit Generalisierungen oder Regeln erklären zu können. Diese sind nur daran interessiert, die Bedeutung der Wirklichkeit innerhalb einer konkreten Situation zu verstehen.
- *Kritische Aktionsforscher* leugnen Neutralität und Objektivität. Während interpretative und experimentelle Forscher an die Trennung von Forscher als Subjekt und Forschungsfrage als Objekt glauben, behaupten kritische Aktionsforscher, dass die Perspektive des Forschers stets subjektiv sei und dass seine Sicht nicht nur intern und individuell, sondern auch extern und sozialkonstruiert sei. Sie sind nicht so sehr daran interessiert, eine Situation zu erklären, sie sind mehr daran interessiert, eine Situation zu ändern, und zwar im Sinne einer gerechteren Welt durch Kritik, Emanzipation, Transformation und Aktion.

Aktionsforschung und Postmoderne. Die klassische, wissenschaftliche Forschung basiert auf interpersoneller Verifikation der Ergebnisse, das heißt auf Objektivität, Reliabilität und Validität.
Kritische Forscher haben mit dieser Tradition gebrochen und folgen einem neuen Paradigma. Objektivität wird ersetzt durch Glaubwürdigkeit. Sie bewerten Forschung durch „Face-, Construct- und Catalytic Validität".

- *Face Validität* bedeutet, alle Forschungsteilnehmer stimmen mit einem Forschungsergebnis überein.
- *Construct Validität* bedeutet, alle involvierten Teilnehmer eines Forschungsprojekts reflektieren über ihre Handlungen systematisch und kontinuierlich um nach und nach eine Theorie zu konstruieren.
- *Katalytische Validität* bedeutet, die Forscher ändern sofort ihr Verhalten und beweisen damit den emanzipatorischen Effekt ihrer Handlungsforschung.
  Diese Philosophie bedeutet einen scharfen Kontrast zu dem klassischen Paradigma wissenschaftlicher Forschung.

Noch kontrastreicher sind postmodernistische Ansätze.

- *Postmodernistische Forscher* behaupten:
  - Die Welt kann nicht durch rationale Methoden und Theorien verstanden werden,
  - die Menschheit wird niemals über eine universelle Moral übereinstimmen,
  - die Welt wird niemals nach universellen Zielen ausgerichtet werden können.

Postmodernisten glauben, dass die Wahrheit immer relativ sei, das heißt, dass sie immer unseren Ansichten und geographischen Standorten entsprächen.
Sicher sind zahlreiche Veröffentlichungen über postmoderne Landschaften, über postmoderne Lehr- und Lernstile (Dekonstruktion aller Konstruktionen) und andere postmoderne geographiedidaktische Paradigmen (diffuse mélange von Methoden; anything goes) recht interessant. Sie helfen die Gegenwart zu verstehen, aber kaum die Zukunft zu bewältigen.
Neben postmodernen Wissenschaftlern gibt es aber genügend Wissenschaftler, die die gemeinsame Wahrheit suchen und zumindest nach einer gemeinsamen grundlegenden Ethik in verschiedenen Kulturen forschen. Aktivitäten der globalen Erziehung und globalen Ethik gründen auf dieser Philosophie und Hoffnung.
Die „Internationale Charta der Geographischen Erziehung" basiert auf der Idee „Einheit in Vielfalt" und „Verantwortung in Freiheit".

Haubrich

Forschungsinfrastruktur

Forschung benötigt Dokumentation.
Die deutsche Geographiedidaktik verfügt in der vom Hochschulverband für Geographie und ihre Didaktik e. V. herausgegebenen Buchreihe „Geographiedidaktische Forschungen" und der Zeitschrift „Geographie und ihre Didaktik" über die wichtigsten Orte der Forschungsdokumentation.

Die internationale, geographiedidaktische Forschung findet sich in den Datenbänken:
- der Commission Geographical Education of the International Geographical Union (Rod Gerber und John Lidstone/University Brisbane/Australien),
- Eric/Education Resources Information Center in Washington und
- Eudiced/European Documentation and Information Center on Education in Strasbourg.

Die IGU Commission Geographical Education verfügt über
- einen Newsletter, der alle zugesandten Publikationen auflistet,
- über eine Zeitschrift „International Research in Geographical and Environmental Education" (IRGEE)
- sowie über Buchpublikation mit den Proceedings der Konferenzen und Kongresse.

Handbücher wie z. B. die jüngste Veröffentlichung von Michael Williams über die Bedeutung der Forschung in der Geographiedidaktik sind besonders wertvoll.
In Zukunft wird eine „Forschungs-homepage" im Internet, die stetig aktualisiert wird, internationale Forschungsaktivitäten optimieren können.

Forschung benötigt Kooperation
Die Commission Geographical Education der International Geographical Union hat ein System regionaler Korrespondenten, Koordinatoren für Weltregionen und Verantwortliche für Spezialgebiete etabliert. Sie hat Kontakte mit UNESCO, ICSU, ISSC, IOSTE, Europarat, Europäische Union und Eurogeo, der Vereinigung der europäischen Geographielehrerverbände. Jeder Geographiedidaktiker hat die Möglichkeit dieses Netz zu nutzen. Durch das Internet wird die Möglichkeit gegeben das Netzwerk der Geographiedidaktiker weiterzuentwickeln und insbesondere durch die Teilnahme an Diskussionsforen, die man auch selbst etablieren kann, mit Spezialisten der verschiedenen Gebiete zu kooperieren.

Forschung und Entwicklung benötigen Kommunikation
Englisch und Französisch sind die offiziellen Sprachen der Internationalen Geographischen Union. Aber Französisch spielt nur eine untergeordnete Rolle. Diejenigen Geographiedidaktiker, die zurzeit noch keine E-mail-Ausstattung besitzen, benötigen dringend mehr Information über das, was in nichtenglischsprachigen Ländern vorgeht. Die folgenden europäischen Zuschriften der Geopgrahiedidaktik enthalten zum Beispiel häufig sehr wertvolle Beiträge sowohl von theoretischer als auch praktischer Bedeutung: Geografia nelle scuole (Italien), Apogeo (Portugal), Enseigner de la géographie (Frankreich), Geografikontakten (Norwegen), Geographické sohzledy (Tschechische Republik), Geography (GB), Teaching Geography (GB), Geography in the classroom (GB), Geography Education (Australien).
Der Reichtum an Aktivitäten, Ideen und Forschungsergebnissen der Geographiedidaktik könnte von bedeutend mehr Ländern genutzt werden, wenn überall – auch in Deutschland – englische oder französische Abstracts in den Zeitschriften veröffentlicht würden.
(Geographiedidaktische Forschungen, Bd. 1–28, Nürnberg 1976–1996; Gerber u. a. 1992 ff., Graves [ed.] 1984, Köck 1992; Schrettenbrunner/van Westrhenen 1992, Williams [ed.] 1996)

10.16 Unterrichtsplanung: Probleme und Anregungen

1. Unterrichtsplanung und -durchführung sind komplexe Prozesse mit grundsätzlich offenem Charakter.
   Diskutieren Sie die sich daraus ergebenden Probleme und versuchen Sie Lösungsansätze zu finden.

2. Trotz theoretischer Plädoyers für Schülerorientierung dominiert im Unterricht die Lehrerorientierung.
   Diskutieren Sie die Ursachen dafür und überlegen Sie, was man ändern könnte/müsste.

3. Unterrichtstheoretisches Wissen ist weithin nicht empirisch abgesichert. Viele Lehrer haben sich ein aus Erfahrungen begründetes Methodenwissen angeeignet. Sollte man deshalb auf Vermittlung theoretischer Konzeptionen für die Unterrichtsplanung ganz verzichten?

4. (Theoretische) Planung von Unterrichtseinheiten und daran orientierte Unterrichtsprozesse weichen häufig voneinander ab. Sollte deshalb nicht besser auf eine detaillierte Unterrichtsplanung verzichtet werden?

5. Wie kann Unterrichtsforschung die Diskrepanz zwischen unterrichtstheoretischem Wissen und unterrichtspraktischem Handeln verringern?

6. Mehr und mehr dringen moderne Datenverarbeitungsmethoden in die Schule ein. Welchen Einfluss wird das auf die Unterrichtsplanung haben? *Engelhard*

Literatur

(Bearbeitung: G. Kirchberg)

Bibliographien

Birkenhauer, J. (1976): Bibliographie Didaktik der Geographie. Paderborn.

Birkenhauer, J. (1986): Geographiedidaktische Forschungen in der Bundesrepublik Deutschland 1975–1984. In: Geogr. Rundschau 38, H. 5, S. 218–227.

Blotevogel, H. H. u. H. Heineberg (Hrsg.) (1976–1981): Bibliographie zum Geographiestudium. 4 Teile. Paderborn.

Fick, K. E. (1976): Geographische Bibliographien. In: Der Schulgeograph, H. 3, S. 4–7.

Hemmer, M. (1997): Geographiedidaktische Forschung in der Bundesrepublik Deutschland von 1985 bis 1995. In: Geogr. u. ihre Didaktik 25, H. 2, S. 84–101.

Kroß, E. u. H. Volkmann (1995): Didaktik der Geographie. In: H. H. Blotevogel u. H. Heineberg (Hrsg.): Kommentierte Bibliographie zur Geographie. Paderborn u. a., Teil 1, S. 44–129.

Nolzen, H. (1976): Bibliographie Allgemeine Geographie. Paderborn.

Sperling, W. (1978): Geographiedidaktische Quellenkunde: Internationale Basisbibliographie und Einführung in die wissenschaftlichen Hilfsmittel (Ende des 17. Jahrhunderts bis 1978). Duisburg.

Sperling, W. (1981–1984): Geographieunterricht und Landschaftslehre. Sachstandsbericht und Bibliographisches Handbuch 1968–1979/80. 5 Bände, Duisburg.

Zeitschriften

geographie heute: Friedrich Verlag, Seelze. 1997 = Jg. 18.

Geographie und ihre Didaktik: Hochschulverband für Geogr. und ihre Didaktik, Hildesheim. 1997 = Jg. 25.

Geographie und Schule: Aulis Verlag, Köln. 1997 = Jg. 19.

Geographische Rundschau: Westermann Verlag, Braunschweig. 1997 = Jg. 49.

GW-Unterricht: Verein „Forum Wirtschaftserziehung", Wien. 1997 = Nr. 65 ff.

Praxis Geographie: Westermann Verlag, Braunschweig. 1997 = Jg. 27.

Zeitschrift für den Erdkundeunterricht: Pädagogischer Zeitschriftenverlag, Berlin. 1997 = Jg. 49.

Einzeltitel

Achilles, F. W. (1983): Zeichnen und Zeichnungen im Geographieunterricht. Köln.

Achilles, F. W. u. U. Theißen (1996): Folien und Transparente im Erdkundeunterricht. In: geogr. heute 17, H. 140, S. 4–9.

Adelmann, J. (1962): Methodik des Erdkundeunterrichts. München, 2. Aufl..

Aebli, H. (1970): Psychologische Didaktik. Stuttgart, 4. Aufl.

Aebli, H. (1983): Zwölf Grundformen des Lehrens. Stuttgart.

Albrecht, V. (1987): Die Entwicklung von Denkfähigkeit, moralischer Urteilsfähigkeit und Handlungskompetenz als Grundlage einer Theorie von Geographieunterricht. In: Geogr. und ihre Didaktik 14, H. 2, S. 80–86.

Albrecht, V. (1990): Simulationsprogramm: Schüler spielen Landschaftsgestalter. In: Schulpraxis H. 5/6, S. 46–49.

Albrecht, V. (1994): „MOBIT" als Beispiel einer Geosimulation. In: Geogr. und Schule 16, H. 88, S. 10–17.

Alfred-Wegener-Stiftung zur Förderung der Geowissenschaften AWS (in Gemeinschaft mit der Deutschen Gesellschaft für Geographie e. V. und dem Institut für Länderkunde in Leipzig) (Hrsg.) (1996): Leipziger Erklärung zur Bedeutung der Geowissenschaften in Lehrerbildung und Schule. Köln (Geschäftsstelle: Weyerstr. 34–40, 50676 Köln, auch in: Rundbrief Geographie, H. 138, S. 1–5).

Ante, U. (1981): Politische Geographie. Braunschweig.

Arnold, A. (1985): Agrargeographie. Paderborn (= UTB 1380).

Association Franaise pour le Dévelopment de la Géographie (AFDG)/Reclus (1990): Enseigner la géographie. Montpellier/Lyon.

Atschko, G. (1994): Informationstechnische Grundbildung im Geographieunterricht – Grundlegende Gedanken. In: Geogr. und Schule 16, H. 88, S. 2–10.

Audigier, F. et L. Marbeau (eds) (1994): La Formation aux didactique. Paris (Institut National de Recherche Pedagogique).

Auernheimer, G. (1995): Einführung in die interkulturelle Erziehung. Darmstadt, 2. Aufl.

Bachmair, G. (1974): Unterrichtsanalyse. München.

Bähr, J. (1988): Bevölkerungsgeographie: Entwicklung, Aufgaben und theoretischer Bezugsrahmen. In: Geogr. Rundschau 40, H. 2, S. 6–13.

Bähr, J. (1992): Bevölkerungsgeographie: Verteilung und Dynamik der Bevölkerung in globaler, nationaler und regionaler Sicht. Stuttgart, 2. Aufl.

Bahrenberg, G. (1979): Von der Anthropogeographie zur Regionalforschung – eine Zwischenbilanz. In: P. Sedlacek (Hrsg.): Zur Situation der deutschen Geographie zehn Jahre nach Kiel. Osnabrücker Studien zur Geographie Bd. 2, Osnabrück, S. 59–68.

Bailey, P. u. P. Fox (Hrsg.) (1996): Geography Teachers' Handbook. Sheffield.

Bambach, H. u. a. (Hrsg.) (1996): Prüfen und Beurteilen. Zwischen Fördern und Zensieren. Seelze (= Friedrich Jahresheft 14).

Bartels, D. (1968): Zur wissenschaftstheoretischen Grundlegung einer Geographie des Menschen. Wiesbaden.

Bartels, D. (Hrsg.) (1970): Wirtschafts- und Sozialgeographie. Köln/Berlin.

Bartels, D. u. G. Hard (1975): Lotsenbuch für das Studium der Geographie als Lehrfach. Bonn, 2. Aufl.

Barth, J. (1973): Curriculare Probleme in der Sekundarstufe 1 am Beispiel der Weltmächte USA und Sowjetunion. In: Geogr. Rundschau 25, H. 2, S. 55–61.

Barth, L. (1990a): Zur Behandlung von Ländern im Geographieunterricht der DDR. In: Praxis Geogr. 20, H. 4, S. 35–39.

Barth, L. (1990b): Zur Situation und zu Entwicklungstendenzen des Unterrichtsfaches Geographie in der DDR. In: E. Popp u. H. Wohlschlägl (Hrsg.), S. 39–49.

Barth, L. u. A. Brucker (1992): Merkbilder im Geographieunterricht. Berlin.

Bartlett, L. u. B. Cox (1982): Learning to teach Geography. New York.

Bastian, J. (1992): Schülerorientierung. Ein kritischer Rückblick nach vorn. In: geogr. heute 13, H. 100, S. 45–51.

Bastian, J. (1995): Offener Unterricht. Zehn Merkmale zur Gestaltung von Übergängen. In: Pädagogik 47, H. 12, S. 6–11.

Bastian, J. (Mod.) (1992): Unterrichts-Einstiege. Pädagogik 44, H. 10.

Bataille, Y., A. Le Roux u. A. Nové (1993): La géographie, l'histoire et la télévision: Practiques d'enseignement et de formation. Caen.

Bätzing, W. (1991): Geographie als integrative Umweltwissenschaft? Skizze einer wissenschaftstheoretischen Standortbestimmung der Geographie in der postindustriellen Gesellschaft. In: Geographica Helvetica 46, H. 3, S. 105–109.

Bauer, L. (1965): Die jugendlichen Entwicklungsstufen und die Folgerungen für den Erdkundeunterricht. In: Geogr. Rundschau 17, H. 3, S. 110–112.

Bauer, L. (1969a): Thesen zur Reform der erdkundlichen Bildungspläne. In: Geogr. Rundschau 21, H. 12, S. 460–468.

Bauer, L. (1969b): Das geographische Interesse der Gymnasiasten. In: Geogr. Rundschau 21, H. 3, S. 106–108.

Bauer, L. (1976): Einführung in die Didaktik der Geographie. Darmstadt.

Bauer, L. (Hrsg.) (1968): Erdkunde im Gymnasium. Darmstadt.
Bauer, L. und W. Hausmann (Hrsg.) (1976): Geographie. Fachdidaktisches Studium in der Lehrerbildung. München.
Beck, G. (1988): Anregungen für ein schulnahes Curriculum. In: G. Beck u. W. Soll (Hrsg.).
Beck, G. u. C. Claußen (1976): Einführung in die Probleme des Sachunterrichts. Kronberg.
Beck, G. u. H. Syben-Becker (1987): Wissenschaftspropädeutik als allgemeine Zielsetzung der Gymnasialen Oberstufe in NRW und ihre Stellung in den Erdkunde-Richtlinien. In: Schulgeographie H. 64, S. 37–44.
Beck, G. u. W. Soll (Hrsg.) (1988): Heimat, Umgebung, Lebenswelt: Regionale Bezüge im Sachunterricht. Frankfurt/M.
Becker, G. u. B. Kohler (1992): Hausaufgaben. Kritisch sehen und die Praxis sinnvoll gestalten. Weinheim/Basel.
Becker, H. (1981): Zensuren als Lebenslüge und Notwendigkeit. In: Neue Sammlung 21, H. 4, S. 335–349.
Beckmann, H. K. (1988): Wanderungen und Wanderfahrten als unersetzlicher Teil des Schullebens. In: Pädagogische Welt 42, H. 7, S. 307–311.
Bellenberg, G. (1995): Aufwachsen in dieser Zeit. Die Familiensituation von Kindern und Jugendlichen. In: Die Deutsche Schule 87, H. 3, S. 313–326.
Belstler, H. (1965): Der erdkundliche Film. In: H. Gröschel (Hrsg.): Erdkunde im Unterricht. München.
Beyer, L. u. J. Haffke (1993): Klassen- und Kursfahrten. Reisen zu räumlichen und didaktischen Zielen. In: Praxis Geographie 23, H. 7/8, S. 4.
Biederstädt, W. (1986): Das Planetarium. In: A. Brucker (Hrsg.), S. 346–358.
Birkenhauer J. (Hrsg.) (1995): Außerschulische Lernorte. Nürnberg (= Geographiedidaktische Forschungen Bd. 26).
Birkenhauer, J. (1970): Die Länderkunde ist tot. Es lebe die Länderkunde. In: Geogr. Rundschau 22, H. 5, S. 194–203.
Birkenhauer, J. (1972): Lernziele und Operationalisierung. In: Beih. Geogr. Rundschau 2, H. 2, S. 2–6.
Birkenhauer, J. (1974): Die Daseinsgrundfunktionen und die Frage einer „curricularen Plattform“ für das Schulfach Geographie. In: Geogr. Rundschau 26, H. 12, S. 499–503.
Birkenhauer, J. (1975): Erdkunde. Eine Didaktik für die Sekundarstufe I. Düsseldorf, 4. Aufl.
Birkenhauer, J. (1980): Psychologische Grundlagen des Geographieunterrichts. In: G. Kreuzer (Hrsg.), S. 104–135.
Birkenhauer, J. (1981): Überlegungen zum Aufbau eines räumlichen Kontinuums in der Sekundarstufe I. In: H. Hendinger u. H. Schrand (Hrsg.), Köln.
Birkenhauer, J. (1982): Staatsräume im Unterricht. In: Praxis Geogr. 12, H. 12, S. 2–7.
Birkenhauer, J. (1985/86): Landschaftsbewertung und perspektivisches Sehen. In: Geogr. u. ihre Didaktik 13, H. 4, S. 169–181 u. 14, H. 1, S. 14–35.
Birkenhauer, J. (1986a): Erziehungswissenschaftlicher Rahmen. In: H. Köck (Hrsg.), S. 59–128.
Birkenhauer, J. (1986b): Geographiedidaktische Forschung in der Bundesrepublik Deutschland 1975–1984. In: Geogr. Rundschau 38, H. 5, S. 218–227.
Birkenhauer, J. (1987a): Kausale Landschaftszusammenhänge: Sinn-Wert-Erarbeitung. Berlin/Vilseck.
Birkenhauer, J. (1987b): Konsens und Dissens in der Geographiedidaktik. In: Schulgeographie, Mitteilungen des Landesverbandes Nordrhein-Westfalen im Verband Deutscher Schulgeographen e. V., H. 64, S. 8.
Birkenhauer, J. (1987c): Die allgemeine Bedeutung der Piaget`schen Äquilibrationstheorie. In: Geogr. und ihre Didaktik 15, H. 3, S. 117–123.
Birkenhauer, J. (1988a): Geographieunterricht und Allgemeinbildung. In: Geogr. und ihre Didaktik 16, H. 4, S. 173–182.
Birkenhauer, J. (1988b): Instrumentale Lernziele im geographischen Unterricht. In: Geogr. und ihre Didaktik 16, H. 3, S. 117–125.
Birkenhauer, J. (1988c): Aufgaben der Geographiedidaktik. In: Praxis Geogr. 18, H. 7/8, S. 6–9.
Birkenhauer, J. (1990): Zentrierungsfach Erdkunde. In: D. Böhn (Hrsg.), S. 100/101.
Birkenhauer, J. (1991): Gruppenunterricht. In: Praxis Geogr. 21, H. 7/8, S. 7.
Birkenhauer, J. (1992): Wortmeldung zu Kirchberg (1992). In: Zeitschr. für den Erdkundeunterricht 44, H. 5, S. 198.
Birkenhauer, J. (1993): Die sogenannte „Postmoderne“ – ein Paradigmenwechsel für die Erdkunde? In: Geogr. und ihre Didaktik 21, H. 3, S. 216–230.
Birkenhauer, J. (1994): Veränderte Weltbilder. In: geogr. heute H. 120, S. 50–52.
Birkenhauer, J. (1995a): Modelle im Geographieunterricht: Begründung – Beispiele – Erfahrungen. In: Internationale Schulbuchforschung 17, S. 275–282.
Birkenhauer, J. (1995b): Sprache und Begriffe im Erdkundeunterricht. In: Zeitschr. für den Erdkundeunterricht 47, H. 11, S. 458–462.
Birkenhauer, J. (1996): Begriffe im Geographieunterricht. In: Geogr. und ihre Didaktik 24, H. 1, S. 1–15 u. H. 2, S. 57–70.
Birkenhauer, J. (1997): Modelle im Geographieunterricht. In: Praxis Geogr. 27, H. 1, S. 4–8.
Birkenhauer, J. (Hrsg.) (1983): Sprache und Denken im Geographieunterricht. Paderborn.
Birkenhauer, J. (Hrsg.) (1995): Außerschulische Lernorte. Nürnberg (= Geographiedid. Forschungen Bd. 26).
Birkenhauer, J. u. W. Marsden (eds.) (1988): Ger-

man Didactics of Geography in the Seventies and eighties: A review of trends and endeavours. München.

Birkenhauer, J. u. M. Flath (1993): Projekte im Erdkundeunterricht. In: Zeitschr. für den Erdkundeunterricht 45, H. 5, S. 186–192.

Bloom, B. S. u. a. (Hrsg.) (1972): Taxonomie von Lernzielen im kognitiven Bereich. Weinheim.

Bludau, M. (1996): Zum Stand des bilingualen Unterrichts in der Bundesrepublik Deutschland. In: Neusprachl. Mitteilungen 49, H. 4, S. 208–215.

Blyth, A. a. J. Krause (1995): Primary Geography: a Developmental Approach. London.

Bobek, H. (1948): Stellung und Bedeutung der Sozialgeographie. In: Erdkunde 2, S. 118–125.

Böckenholt, H.-J. (1987): Aufgaben für das mündliche Abitur in Nordrhein-Westfalen. In: Geogr. und Schule, H. 45, S. 11–15.

Boesch, H. (1977): Weltwirtschaftsgeographie. Braunschweig, 4. Aufl.

Boesler, K.-A. (1982): Raumordnung. Darmstadt.

Boesler, K.-A. (1983): Politische Geographie. Stuttgart (= Teubner Studienbücher Geographie).

Böhn, D. (1988): Allgemeine und/oder Regionale Geographie. In: Praxis Geogr. 18, H. 7/8, S. 10–13.

Böhn, D. (1992): Mehr Landeskunde bei der Länderkunde. Der Alltag in verschiedenen Ländern als Inhalt des Geographieunterrichts. In: H. P. Brogiato u. H.-M.Cloß (Hrsg.), Teil 2, S. 441–450.

Böhn, D. (Hrsg.) (1990): Didaktik der Geographie – Begriffe. München.

Böhn, D. u. a. (Hrsg.) (1995): Umwelterziehung international. Symposium Würzburg 5. Bis 9. Juli 1994. Nürnberg (= Geographiedidaktische Forschungen Bd. 27).

Bollmann, J. (1992): Raumvorstellung und Kartenwahrnehmung. In: H. P. Brogiato u. H.-M. Cloß (Hrsg.): Teil 2, S. 349–362.

Bönsch, M. (1988): Üben und Wiederholen im Unterricht. München, 2. Aufl.

Bönsch, M. (1990): Handlungsorientierter Unterricht. Bestimmungsmerkmale und Dimensionen. In: Praxis Geogr. 20, H. 7/8, S. 6–10.

Borchardt, J., O. Dunkel u. J. Stüber (1972): Audiovisuelle Medien in der Schule. Bd.1, Ravensburg.

Börsch, D. u. E. Lorenz (1977): Ziele im Geographieunterricht der Sekundarstufe II. In: Hefte zur Fachdid. der Geographie 1, H. 1, S. 101–114.

Börsch, D. u. N. v. d. Ruhren (Hrsg.) (1987): Mündliches Abitur. Geogr. u. Schule, H. 45.

Börsch, D. (Hrsg.) (1977): Ziele des Geographieunterrichts heute und ihre unterrichtspraktische Verwirklichung. In: Hefte zur Fachdid. der Geogr. 1, H. 1.

Börsch, D. u. U. Brameier (Hrsg.) (1987–1991): Materialien zum Kursunterricht Geographie. Köln, 4 Bände.

Boulding, K. u. a. (1975): Systemanalyse und ihre Anwendung im Unterricht. Bad Heilbrunn.

Bowles, R. (1993): Practical Guides: Geography. Leamington Spa (= Scholastic Publications).

Brameier, U. (1993): Veröffentlichte Klausurbeispiele – eine Übersicht. In: Praxis Geogr. 23, H. 10, S. 41.

Brameier, U. (1994): Arbeiten mit Tabellen im Erdkundeunterricht. In: Praxis Geogr. 24, H. 7/8, S. 28–31.

Brameier, U. (1995): Leistungsmessung und Leistungsbewertung bei Geographieklausuren. In: Praxis Geogr. 25, H. 6, S. 4–6.

Brameier, U. (Mod.) (1993): Klausuren. Praxis Geogr. 23, H. 10.

Brameier, U. (Mod.) (1995): Klausuren II. Praxis Geogr. 25, H. 6.

Brameier, U. u. W. Fraedrich (1993): Klausuren: Tips für den Erfolg. Eine Handreichung für Schülerinnen und Schüler. In: Praxis Geogr. 23, H. 10, S. 11–12.

Brandt u. Liebau (1978): Das Team-Kleingruppen-Modell. München.

Breetz, E. (1975): Zum Kartenverständnis in Heimatkunde- und Geographieunterricht. Berlin (Ost).

Breuer, K.-D. R., J. Hüther u. B. Schorb (1979): Medienpädagogik als Vermittlung von Handlungskompetenz. In: J. Hüther u. a. (Hrsg.): Neue Texte Medienpädagogik, München.

Brogiato, H. P. u. H.-M. Cloß (Hrsg.) (1992): Geographie und ihre Didaktik. Festschrift für Walter Sperling. Trier, 2 Bände (= Materialien zur Didaktik der Geographie H. 15 u. 16).

Brucker, A. (1975): Flurbereinigung. Braunschweig (= Westermann Planspiel).

Brucker, A. (1976): Die Verwendung von Karikaturen im Geographieunterricht. In: Geogr. im Unterricht 1, H. 7, S. 192–198.

Brucker, A. (1977): Das geographische Arbeitsbuch. Formale Gestaltung und methodische Einsatzmöglichkeiten. In: Geogr. im Unterricht 2, H. 1, S. 24–30.

Brucker, A. (1981a): Arbeitsblätter – Informationsblätter. In: Praxis Geogr. 11, H. 6, S. 246.

Brucker, A. (1981b): Die Karikatur. In: Praxis Geogr. 11, H. 8, S. 305–309.

Brucker, A. (1981c): Sehgewohnheiten ändern. Satellitenbilder als Medium im Unterricht. In: Praxis Geogr. 11, H. 1, S. 2–3.

Brucker, A. (1982): Wandkarte, Atlas und Globus im Erdkundeunterricht. In: Fachbezogener Medieneinsatz im Unterricht, Bd. 2, Ansbach, S. 226–247.

Brucker, A. (1983): Die didaktische Funktion des Schulbuches. Konzeptionsvorschlag für ein Arbeits- und Lehrbuch. In: Geogr. Rundschau 35, H. 12, S. 645–646.

Brucker, A. (1985): Das geographische Schulbuch. In: Internationale Schulbuchforschung 7, H. 2/3, S. 189–201.

Brucker, A. (1991): Aus der Praxis für die Praxis. Ratschläge und Gedanken zur Gruppenarbeit. In: Praxis Geogr. 21, H. 7/8, S. 39.

Brucker, A. (1992): Ziele des Erdkundeunterrichts und der neue Lehrplan Erdkunde. In: Die bayerische Realschule 37, Nr. 5, S. 25.
Brucker, A. (1997): So macht Atlasarbeit Spaß. Rätsel im Erdkundeunterricht. In: Schulmagazin 5 bis 10, Jg. 12, H. 4, S. 37–40.
Brucker, A. (Hrsg.) (1986): Medien im Geographieunterricht. Düsseldorf.
Brucker, A. (Mod.) (1981): Satellitengeographie. Praxis Geogr. 11, H. 1.
Brucker, A. (Mod.) (1988): Tafelbilder. Praxis Geogr. 18, H. 1.
Brucker, A. u. W. Hausmann (1972): Bodenzerstörung und Bodenerhaltung in den Prärieebenen der USA. In: Beiheft Geogr. Rundschau 2, H. 2, S. 36–45.
Brucker, A. u. G. Seitzinger (1990): Das Schulzimmer als Handlungsraum. Beispiel: Das Nord-Süd-Gefälle oder „Wir verteilen die Welt". In: Praxis Geogr. 20, H. 7/8, S. 20–23.
Bruner, J. S. (1970): Der Prozeß der Erziehung. Berlin.
Buchholz, K. (1990): Topographie-Rätsel: Der Mittelmeerraum. In: Der Bayerische Schulgeograph 11, H. 27, S. 15.
Buder, M. u. O. Lehmann (1994): Möglichkeiten eines handlungsorientierten Erdkundeunterrichts in der Grundschule. In: Zeitschr. für den Erdkundeunterricht 46, H. 4, S. 170–177.
Bühn, K. (1993): Geoquiz oder die Mini-Game-Show im Klassenzimmer. In: Praxis Geogr. 23, H. 3, S. 18.
Bünstorf J. u. E. Kroß (Hrsg.) (1995): Geographieunterricht in Theorie und Praxis. Gotha (= Festschrift für Arnold Schultze).
Bünstorf, J. (1995): Erschließung – Inwertsetzung – Umwertung. Zur Diskussion eines fachdidaktischen Paradigmas. In: J. Bünstorf u. E. Kroß (Hrsg.), S. 65–75.
Busch, U. (1994): Computer-Know-How im Unterricht. In: PH-Freiburg H. 1, S. 18 f.
Büschenfeld, H. (1977): Statistik. Kartogramm. Das Profil. Das Schema. In: Beih. Geogr. Rundschau 7, H. 4.
Buske, H. G. (1983): Die Strukturierung geographischer Lerninhalte. Ein Modell zur Unterrichtsplanung. In: Geogr. und Schule 5, H. 25, S. 23–33.
Buske, H. G. (1984): Das Tafelbild im Erdkundeunterricht. In: Geogr. im Unterricht 9, H. 1, S. 13–24.
Buske, H. G. (1992): Die schriftliche Abiturprüfung im Fach Erdkunde. Eine Fehleranalyse. In: Geographie und Schule 14, H. 76, S. 42–45.
Buske, H. G. (1993): Das Erstellen von Klausuraufgaben im Fach Erdkunde. Eine kommentierte Checkliste. In: Praxis Geogr. 23, H. 10, S. 5–10.
Buske, H. G. (1996): Motivierende Aufgaben. Anregungen für die Gestaltung von Lernkontrollen im Erdkundeunterricht der Sekundarstufe I. In: Praxis Geogr. 26, H. 3, S. 12–15.
Busse, G. (1982): Lernen in außerschulischen Erfahrungsfeldern. In: Praxis Geogr. 12, 1982, H. 9, S. 35–41.
Busse, G. u. G. Ströhlein (1979): Hausaufgabe im Lernbereich Gesellschaft – dargestellt am Beispiel Geographie. In: D. v. Derschau (Hrsg.), S. 131–147.
Busse, G. u. G. Ströhlein (1982): Ergebnisse einer Befragung: Hausaufgaben im Geographieunterricht. In: Praxis Geogr. 12, H. 9, S. 9–14.

Catling, S. J. (1978): The child`s spatial conception and geography education. In: Journal of Geography 77, Nr.1, S. 24–28.
Chauncey, H. u. J. E. Dobbin (1968): Der Test im modernen Bildungswesen. Stuttgart.
Claaßen, K. (1996): Das Erstellen einer schriftlichen Lernkontrolle. In: Praxis Geographie 26, H. 3, S. 4–8.
Claaßen, K. (Mod.) (1996): Schriftliche Lernkontrollen. Praxis Geographie 26, H. 3.
Cloß, H.-M. u. P. Gaffga (Hrsg.) (1984): Schule und Museum. Trier.
Coburn-Staege, U. (1995): Interkulturelle Erziehung in einer multikulturellen Gesellschaft. In: Praxis Geogr. 25, H. 7/8, S. 12–15.
Colditz, M. (1992): Regionen und Themen im Geographieunterricht Sachsen-Anhalts. In: Zeitschr. für den Erdkundeunterricht 44, H. 4, S. 154–158 u. H. 10, S. 346–350.
Coppes, K. M. (1970): Partnerarbeit im Unterrichtsgeschehen der Grund- und Hauptschule. Weinheim.
Cube, F. v. (1970): Kybernetische Grundlagen des Lernens und Lehrens. Stuttgart.
Cube, F. v. (1980): Die kybernetisch-informationstheoretische Didaktik. In: Westermanns Pädagogische Beiträge, S. 120–124 (auch in: H. Gudjons u. a. (Hrsg.), S. 47–60).
Czapek, F.-M. (1996): Schriftliche Arbeiten und schriftliche Lernkontrolle im Erdkundeunterricht. In: Praxis Geographie 26, H. 3, S. 8–10.

Daum, E. (1985): Plädoyer gegen Lernzielorientierungen. In: Geogr. im Unterricht 10, H. 5, S. 42–44.
Daum, E. (1988): Lernen mit allen Sinnen. Zur Konkretisierung eines handlungsorientierten Unterrichts. In: Praxis Geogr. 18, H. 7/8, S. 18–21.
Daum, E. (1991): Im Chaos gibt es keine Orientierung. In: geogr. heute H. 96, S. 45–46.
Deiters, J. (1978): Stadtentwicklung. Braunschweig (= Westermann Planspiel).
Der Bundesminister für Umwelt, Naturschutz und Reaktorsicherheit (1993): Agenda 21. Bericht der Bundesregierung über die Konferenz der Vereinten Nationen für Umwelt und Entwicklung im Juni 1992 in Rio de Janeiro. Bonn.
Derschau, D. v. (Hrsg.) (1979): Hausaufgaben als Lernchance. Zur Verknüpfung schulischen und außerschulischen Lernens. München.
Desplanques, P. (coord./dir.) (1994): La géogra-

phie au collège et au Lycée. Profession Enseignant. Paris.

Deutscher Bildungsrat (1970): Empfehlungen der Bildungskommission, Strukturplan für das Bildungswesen vom 13.2.1970. Stuttgart.

Deutscher Bildungsrat (Hrsg.) (1969): Einrichtung von Schulversuchen mit Gesamtschulen. Empfehlungen der Bildungskommission. Stuttgart.

Diehl, A. (1993): Erfahrungsbericht über Computereinsatz im Geographieunterricht. In: Geogr. und ihre Didaktik 21, H. 3, S. 141–151.

Dietrich, G. (1970): Ozeanographie. Braunschweig (= Das Geogr. Seminar).

Döring, K. W. (1973): Lehr- und Lernmittel: Medien des Unterrichts. Zur Geschichte und Didaktik der materialen unterrichtlichen Hilfsmittel. Weinheim/Basel, 2. Aufl.

Dorn, W. u. W. Jahn (1966): Vorstellungs- und Begriffsbildung im Geographieunterricht. Berlin (Ost).

Downs, R. M. u. D. Stea (1982): Kognitive Karten. Die Welt in unseren Köpfen. New York (UTB 1126).

Einsiedler, W. u. R. Rabenstein (Hrsg.) (1985): Grundlegendes Lernen im Sachunterricht. Bad Heilbrunn.

Eisenhut, G., J. Heigl u. H. Zöpfl (1981): Üben und Anwenden. Zur Funktion und Gestaltung der Übung im Unterricht. Bad Heilbrunn.

Elsässer, P. u. a. (1983): Projekte in der Unterstufe. Der Erdkundeunterricht H. 45, Stuttgart.

Engelhard, K. (1974): Darstellung geographischer Arbeitsweisen im Erdkundeunterricht der Hauptschule. Landesinstitut für schulpädagogische Bildung-Lehrerfortbildung NRW, Düsseldorf, S. 40–59.

Engelhard, K. (1986): Medienerziehung. Das Diagramm. Das Kartogramm. Zahl und Statistik. In: A. Brucker (Hrsg.).

Engelhard, K. (1987a): Wissenschaftspropädeutische Ausbildung – unterrichtliches Zielfeld der gymnasialen Oberstufe. In: K. Eckart u. a. (Hrsg.): Festschrift für Heinrich Kellersohn zum 65. Geburtstag. Berlin/Vilseck, S. 22–33.

Engelhard, K. (1987b): Allgemeine Geographie und Regionale Geographie. In: Geogr. Rundschau 39, H. 6, S. 358–361.

Engelhard, K. (1987c): Zum Stand der Diskussion um die wissenschaftstheoretischen Grundlagen der Fachwissenschaft Geographie und deren Bedeutung für die Wissenschaftspropädeutik im Geographieunterricht. In: Schulgeographie H. 64, S. 9–22.

Engelhard, K. (1987d): Das Abitur aus der Sicht der Hochschule. In: Geogr. und Schule H. 45, S. 23–25.

Engelhard, K. (1988): Wissenschaftspropädeutische Ausbildung. Auftrag und Problem des Geographieunterrichts in der Sekundarstufe II. In: Praxis Geogr. 18, H. 7/8, S. 34–37.

Engelhard, K. (1994): Interkulturelles Lernen: Aspekte und Thesen. In: Institut für Auslandsbeziehungen Stuttgart (Hrsg.): Interkulturelle Kommunikation und interkulturelles Training. Stuttgart, S. 27–32.

Engelhard, K. (1995): „Eine Welt“ oder „Keine Welt“ ist keine Alternative. In: J. Bünstorf u. E. Kroß (Hrsg.), S. 107–118.

Engelhard, K. (Mod.) (1977): Medien in der Unterrichtspraxis. Beih. Geogr. Rundschau 7, H. 4.

Engelhard, K. (Mod.) (1980): Medien im Lernprozeß. Praxis Geogr. 10, H. 2.

Engelhard, K. u. I. Hemmer (1989): Der unterrichtliche Lernprozeß zwischen Lebenspraxis und Wissenschaftsorientierung. In: Geogr. und Schule H. 57, S. 26–33.

Engelhardt, W. (1977a): Zur Entwicklung des kindlichen Raumfassungsvermögens und der Einführung in das Kartenverständnis. In: W. Engelhardt u. H. Glöckel (Hrsg.), S. 118–128.

Engelhardt, W. (1977b): „Mental map“ – eine neue Perspektive. In: W. Engelhardt u. H. Glöckel (Hrsg.), S. 148–159.

Engelhardt, W. (1981): Das Planspiel: Eine Unterrichtseinheit „Abenteuerspielplatz für Zwölfeichen? In: H. Schrettenbrunner u. a., S. 34–80.

Engelhardt, W. (1991): Lernen mit allen Sinnen im Erdkundeunterricht. In: geogr. heute 12, H. 96, S. 4–7.

Engelhardt, W. u. H. Glöckel (Hrsg.) (1977): Wege zur Karte. Bad Heibrunn.

Ernst, E. (1970): Lernziele in der Erdkunde. In: Geogr. Rundschau 22, H. 5, S. 186–194.

Ernst, E. (Hrsg.) (1971): Arbeitsmaterialien zu einem neuen Curriculum. Beih. zur Geogr. Rundschau 1, H. 1.

Ernst, E. u. G. Hoffmann (Hrsg.) (1978): Geographie für die Schule. Braunschweig.

Ernst, M. (1992): Bilingualer Sachfachunterricht. Ein Beitrag der Geographie zur interkulturellen Erziehung. In: Geogr. Rundschau 44, H. 11, S. 672.

Ernst, M. (1995): Bilingualer Fachunterricht in Deutschland. Überblick zur Problematik mit Adressen- und Literaturhinweisen. In: Zeitschr. für den Erdkundeunterricht 47, H. 9, S. 359–362.

Fahn, H. J. (1982): Formen und Probleme der mündlichen Leistungsmessung im Geographieunterricht. In: Geogr. im Unterricht 7, H. 4, S. 137–142.

Fahn, H.-J. (1995): Klassenfahrten – Höhepunkte im Schülerleben. In: Zeitschr. für den Erdkundeunterricht 47, H. 5, S. 216–221.

Fast, K. (1992): Museumspädagogik – die Praxis. In: Museumsmagazin 5, S. 148–158.

Ferras, R., M. Clary et G. Dufau (1993): Faire de la géographie. Paris.

Fichtinger, R., R. Geipel u. H. Schrettenbrunner (1974): Studien zu einer Geographie der Wahrnehmung. Stuttgart (= Der Erdkundeunterricht, H. 19).

Fick, K. E. (1978): Kategoriale Länderkunde statt aleatorischer Geographie. In: Frankfurter Beiträge zur Did. der Geogr. Bd. 2, S. 7–25.
Fien, J. a. R. Gerber (eds.) (1988): Teaching geography for a better world. New York.
Fien, J. u. F. Slater (1981): Exploring Values and Attitudes Through Group Discussion and Evaluation. In: Classroom geographer, S. 22 ff.
Finke, L. (1994): Landschaftsökologie. Braunschweig, 2. Aufl. (= Das Geogr. Seminar).
Firges, J., A. Hüttermann u. H. Melenk (1990): Geographie und fremdsprachliche Landeskunde. In: Geogr. und Schule 12, H. 66, S. 42–45.
Fischer, P. (1986): Der 16-mm-Unterrichtsfilm. In: A. Brucker (Hrsg.), S. 293–307.
Flake, J. L. (1996): The World-Wide-Web and Education. In: Computers in the School. H. 1/2, S. 89–100.
Flath, M. u. G. Fuchs (Koord.) (1994): Die Erde bewahren – Fremdartigkeit verstehen und respektieren. Gotha (= 1. Gothaer Forum zum Geographieunterricht).
Flath, M. u. G. Fuchs (Koord.) (1995): Fachdidaktische Standorte. Theoretisches Erbe und aktuelle Positionen (in den neuen und alten Bundesländern). Gotha (= 2. Gothaer Forum zum Geographieunterricht).
Flath, M. u. G. Fuchs (Koord.) (1996): In Systemen denken lernen – Fachdidaktische Aspekte für den Geographieunterricht. Gotha (= 3. Gothaer Forum zum Geographieunterricht).
Fliedner, D. (1993): Sozialgeographie. Berlin/New York.
Fliri, F. (1972): Statistik und Diagramm. Braunschweig, 2. Aufl. (= Das Geogr. Seminar: Praktische Arbeitsweisen).
Foley, M. a. J. Janikoun (1992): The Daily Practical Guide to Primary Geography. Cheltenham.
Fölling-Albers, M. (1995): Schulkinder heute. Auswirkungen auf Unterricht und Schulleben. Weinheim/Basel, 2. Aufl.
Fraedrich, W. (1982): Entwicklungsländer. Ein Trainingskurs für das Geographie-Abitur. München.
Fraedrich, W. (1983): Lernerfolgskontrolle im Erdkundeunterricht der Sekundarstufe I. In: Geogr. im Unterricht 8, H. 11, S. 428–432.
Fraedrich, W. (1986): Arbeitstechniken im Geographieunterricht. Köln.
Fraedrich, W. (Hrsg.) (1983): Lernerfolgskontrolle. Geogr. im Unterricht 8, H. 11.
Fraedrich, W. (Hrsg.) (1986): Leistungsmessung. geogr. heute 7, H. 44.
Frank, H. (1969): Kybernetische Grundlagen der Pädagogik. Baden-Baden.
Frankenberg, P. (1987): Stand der geographischen Klimaforschung. In: Geogr. Rundschau 39, H. 5, S. 244–252.
Frey, K. (1982): Die Projektmethode. Weinheim.
Frey, K. u. A. Frey-Eiling (1992): Allgemeine Didaktik. Zürich.
Fridrich, Chr. u. N. Weixlbaumer (1995): Wahrnehmungsgeographie konkret. In: Praxis Geogr. 25, H. 7/8, S. 65–67.
Friedrich, V. (1991): Erdkunde auf Englisch. Chancen und Probleme bilingualen Unterrichts. In: geogr. heute 12, H. 95, S. 42–43.
Friese, H. W. (1978): Staaten und Regionen in der modernen Schulgeographie. Versuch einer fachdidaktischen Standortbestimmung. In: Hefte zur Fachdidaktik der Geogr. 2, H. 4, S. 3–24.
Friese, H. W. (1979): Deutschland im geographischen Unterricht. Eine Standortbestimmung 1979. In: Geogr. und Schule 1, H. 1, S. 5–9.
Friese, H. W. (1981): 10 Thesen zur Behandlung Europas im Geographieunterricht. In: Geogr. Rundschau 33, H. 4, S. 168.
Friese, H. W. (1994): Zur Entwicklung des Geographieunterrichts in Deutschland. In: Zeitschr. für den Erdkundeunterricht 46, H. 10, S. 400–404.
Friese, H. W. (Hrsg.) (1973): Grund- und Leistungskurse in der gymnasialen Oberstufe. Beispiele geographischen Unterrichts. Beih. Geogr. Rundschau 3, H. 3.
Friese, H. W. (Hrsg.) (1979): Schriftliche Abiturprüfung in Geographie. Aufgabenstellung und Leistungsbewertung. München.
Friese, H. W. (Mod.) (1981): Abitur. Praxis Geogr. 11, H. 11.
Fritz, G. (1975): Gruppendynamisches Training in der Schule. Heidelberg.
Fritz, J. (1980): Satire und Karikatur. Braunschweig.
Fuchs, G. (1980a): Zeitungsberichte im Erdkundeunterricht. Der Erdkundeunterricht, H. 33.
Fuchs, G. (1980b): Zeitungsberichte im Unterricht. In: Praxis Geogr. 10, H. 2, S. 54–58.
Fuchs, G. (1983): Das Topographie-Problem im heutigen Geographieunterricht als Folge des fachdidaktischen „Maßstabwechsels". Aspekte und Vorschläge. In: W. Eriksen (Hrsg.): Studia Geographica. Festschrift Wilhelm Lauer zum 60. Geburtstag. Colloquium Geographicum Bd. 16, Bonn, S. 377–392.
Fuchs, G. (1985): Topographie. Terra Tips. Fachfragen Erdkunde Nr. 1, Stuttgart.
Fuchs, G. (1995): Fachdidaktische Perspektiven auf „Europa". In: J. Bünstorf u. E. Kroß (Hrsg.), S. 97–107.
Fürstenberg, M. u. H. Jungfer (1980): Evaluation und Revision der RCFP-Unterrichtseinheiten. Der Erdkundeunterricht H. 34, Stuttgart.

Gaebe, W. (1987): Verdichtungsräume: Strukturen und Prozesse in weltweiten Vergleichen. Stuttgart (= Teubner Studienbücher Geographie).
Gaebe, W. u. H. Hendinger (1980): Industriegeographische Forschung und didaktische Umsetzung ihrer Ergebnisse. In: Praxis Geogr. 19, H. 7, S. 282–287.
Gaffga, P.: Projektarbeit im ehemaligen Kupferbergwerk Fischbach (Nahe). In: Geogr. und Schule 16, H. 92, S. 12–17, 1994.
Gagné, R. M. (1980): Die Bedingung des mensch-

lichen Lernens. Hannover, 5. neubearbeitete Aufl.
Gärtner, W. (1996): Experimente mit Turbinen. In: Praxis Geogr. 26, H. 11, S. 34–35.
Geibert, H. (1980): Der Globus in der Orientierungsstufe. In: Praxis Geogr. 10, H. 8, S. 350–355.
Geibert, H. (Hrsg.) (1990): Das Schulbuch im Erdkundeunterricht. geogr. heute 11, H. 83.
Geiger, M. (1978a): Schulrelevante Arbeitsweisen der physischen Geographie, dargestellt an Beispielen der Klimageographie. In: Hefte zur Fachdid. der Geogr. 2, H. 1, S. 60–80.
Geiger, M. (1978b): Das Luftbild im Geographieunterricht. In: Haubrich, H. u. G. Ketzer (Hrsg.), Audiovisuelle Medien im Geographieunterricht, Stuttgart.
Geiger, M. (1986a): Luftbild und Luftbildfilme. In: A. Brucker (Hrsg.), S. 46–61.
Geiger, M. (1986b): Die räumlichen Bedingungen des Menschen. Folgerungen für die Lehrpläne der Sekundarstufe I. In: Geogr. Rundschau 38, H. 11, S. 595–601.
Geiger, M. (1986c): Klimadiagramme im Geographieunterricht. In: Praxis Geogr. 16, H. 7/8, S. 56–60.
Geiger, M. (1990): Räumliche Bezugsebenen des Geographieunterrichts. Ein Plädoyer für den fortgesetzten Maßstabswechsel. In: Praxis Geogr. 20, H. 4, S. 14–17.
Geiger, M. (1995): Zukunftsorientierte Erziehung für die „Eine Welt". In: Praxis Geogr. 25, H. 4, S. 10–12.
Geipel, R. (1969): Die Geographie im Fächerkanon der Schule. In: Geogr. Rundschau 21, H. 2, S. 41–45.
Geipel, R. (1976): Didaktisch relevante Aspekte der Geographie aus Sicht der Sozialgeographie. In: L. Bauer u. W. Hausmann (Hrsg.), S. 50–59.
Geipel, R. (Hrsg.) (1975): Das raumwissenschaftliche Curriculumforschungsprojekt. Ergebnisse einer Tagung in Tutzing. Stuttgart (= Der Erdkundeunterricht, Sonderheft 3).
Geography Education Standards Project (1994): Geography for Live. Washington.
Gerber, R. a. J. Lidstone: on behalf of the IGU Commission Geographical Education (ed.) (1992 ff.): IGREE/ International Research in Geographical and Environmental Education. Bundoora/Australia.
Gerling, W. (1965): Der Landschaftsbegriff in der Geographie. Kritik einer Methode. Würzburg.
German, R. (1979): Einführung in die Geologie. Geowissenschaften S II, Stuttgart.
Giese, E. (1978): Räumliche Diffusion ausländischer Arbeitnehmer in der Bundesrepublik Deutschland 1960–1976. In: Die Erde 109, S. 92–110.
Ginzel, H. (1980): Medienverbund – Begriff und Zielsetzung. In: Praxis Geogr. 10, H. 2, S. 66–70.
Giolitto, P. (1992): Enseigner la géographie à l'école. Paris.
Glanz, F. u. D. Krumbholz (1991): Die Förderung von Selbständigkeit und Schöpfertum durch Planspiel und Projektunterricht. In: Zeitschr. für den Erdkundeunterricht 43, H. 1/2, S. 48–54.
Gold, J. R., A. Jenkins e. a. (1991): Teaching Geography in Higher Education. Oxford.
Gold, V. (1991): Gruppenarbeit: Nein! Oder doch? Oder wie oder was ...? Zehn paradoxe Verschreibungen zur Festigung schulischer Moral. In: Praxis Geogr. 21, H. 7/8, S. 4.
Gold, V. (1995/1996): Psychologisches Arbeiten im Erdkundeunterricht. In: Zeitschr. für den Erdkundeunterricht 47, H. 12, S. 494–522 u. 48, H. 1, S. 24–31.
Göller, H. u. C. Leusmann (1989): Eine Matrix zentraler Inhaltsbereiche als Kern eines Lehrplans für das Fach Erdkunde in der Sekundarstufe I. In: Geogr. und Schule 11, H. 57, S. 39–43.
Göppner, H. (1987): Überlegungen zur mündlichen Abiturprüfung. In: Geogr. und Schule H. 45, S. 2–3.
Gore, A. (1994): Wege zum Gleichgewicht. Ein Marshallplan für die Erde. Frankfurt/M.
Grau, W. (1986): Die Gesteinssammlung. In: A. Brucker (Hrsg.), S. 440–455.
Graves, N. J. (ed.) (1982): New Unesco Source Book for Geography Teaching. Paris.
Graves, N. J. (ed.) (1984): Research and Research Methods in Geographical Education. London.
Graves, N. J. u. a. (1982): Geography in Education now. London.
Grell, J. u. M. Grell (1979): Unterrichtsrezepte. München.
Gross, D. (1994): Ökologische Bildung, Wertevermittlung und Handlungsorientierung im geographischen Unterricht. Veröffentlichung des Verbands Deutscher Schulgeographen e. V./ Landesverband Berlin.
Grünewälder, K.-W. (1993): Zum Umgang mit der Zukunft und Zukunftsvisionen im Geographieunterricht. In: Praxis Geogr. 23, H. 2, S. 4.
Grünewälder, K.-W. (Mod.) (1990): Regionale Geographie in der Diskussion. Praxis Geogr. 20, H. 4.
Grupp-Robl, S. (1992): Exkursionen – ja, bitte! In: Zeitschr. für den Erdkundeunterricht, 44, H. 11, S. 395–397.
Gudjons, H. (1986): Handlungsorientiert Lehren und Lernen. Bad Heilbrunn.
Gudjons, H. (1987a): Handlungsorientierung als methodisches Prinzip im Unterricht. In: Westermanns Päd. Beiträge, H. 5, S. 8–13.
Gudjons, H. (1987b): Schritte zum handlungsorientierten Unterricht. In: Westermanns Päd. Beiträge, H. 5, S. 36–39.
Gudjons, H. (1992): Handlungsorientiert Lehren und Lernen. Schüleraktivierung, Selbsttätigkeit, Projektarbeit. Bad Heilbrunn, 3. Aufl.
Gudjons, H. (Mod.) (1995): Leistung beurteilen. Pädagogik 47, H. 3.
Gudjons, H. u. a. (Hrsg.) (1980): Didaktische Theorien. Aufsätze aus der Zeitschrift Westermanns Päd. Beiträge. Braunschweig.
Gümbel, G. (1977): Der Sachunterricht in der

Grundschule – Entwicklungen, Ansätze und Konzepte. In: D. Haarmann u. a. (Hrsg.).
Günther, R. (1986): Zensuren im Mündlichen. In: geogr. heute H. 44, S. 34–35.

Hacker, H. (1980): Das Schulbuch. Funktion und Verwendung im Unterricht. Bad Heilbrunn.
Hacking, E. (1992): Geography into Practice. Harlow.
Haenisch, H. (1982): Lehrpläne auf dem Prüfstand. Paderborn.
Haggett, P. (1983): Geographie. Eine moderne Synthese. New York.
Hahn, R. (1974): Die neuen Lehrpläne – eindeutige Rampenstruktur oder beginnende Verwirrung? In: Geogr. Rundschau 26, H. 10, S. 402–407.
Hahn, R. (1976): Stadt – Vorzugsraum oder Krisengebiet? Arbeitsmaterialien Geographie S II, Stuttgart.
Hahn, R. (1981): Der Vergleich im Erdkundeunterricht – Klischees verstärkend oder Struktur- und Systemeinsicht bewirkend? In: Geogr. u. Schule 14, S. 11–17.
Hahn, R. (1997): Globalisierung und Regionalisierung der Wirtschaft – neue Aspekte für den Erdkundeunterricht. Anmerkungen zur Diskussion um die „Eine-Welt-Idee“ und „In Systemen denken lernen“. In: Internationale Schulbuchforschung 19, H. 1, S. 67–85.
Haidl, M. u. M. Schreiner (Hrsg.) (1976): Handreichungen für das Schulpraktikum. München.
Hambloch, H. (1982): Allgemeine Anthropogeographie. Eine Einführung. Wiesbaden, 5. Aufl.
Hambloch, H. (1983): Kulturgeographische Elemente im Ökosystem Mensch-Erde. Eine Einführung unter anthropologischen Aspekten. Darmstadt.
Hansen, J. (1937): Zehn Thesen für einen nationalpolitischen Erdkundeunterricht. Frankfurt/M.
Hansen, W. (1965): Die Entwicklung des kindlichen Weltbildes. München, 6. Aufl.
Hantschel, R. u. E. Tharun (1980): Antropogeographische Arbeitsweisen. Das Geograpische Seminar, Braunschweig.
Hard, G. (1973): Die Geographie. Eine wissenschaftstheoretische Einführung. Berlin.
Hard, G. (1988): Umweltwahrnehmung und mental maps im Geographieunterricht. In: Praxis Geogr. 18, H. 7/8, S. 14–17.
Hard, G., F. Jessen u. M. Schirge (1984): Umweltwahrnehmung in der Stadt. In: H. Köck (Hrsg.), 1984a, S. 113–165.
Harms, H. (1895): Fünf Thesen zur Reform des geographischen Unterrichts. Wiederabdruck in: A. Schultze (Hrsg.) (1996), S. 68–71.
Harnisch, G. (1983): Erziehung der Gefühle. Essen.
Hart, R. A. u. G. T. Moore (1973): The development of spatial cognition – a review. In: Downs, R. M. u. D. Stea (eds.), Image and Environment, London.
Hartke, W. (1959): Gedanken über die Bestimmung von Räumen gleichen sozialgeographischen Verhaltens. In: Erdkunde 8, S. 426–436.
Hasse, J. (1980): Wahrnehmungsgeographie als Beitrag zur Umwelterziehung. In: Geogr. Rundschau 32, H. 3, S. 99–113.
Hasse, J. (1984a): Erkenntnisprozesse im Geographieunterricht. Oldenburg.
Hasse, J. (1984b): Die Fähigkeit des Schülers zu chorologischer Theoriebildung. In: H. Köck (Hrsg.), S. 238–284.
Hasse, J. (1988): Heimat – der Lernende in seiner Umwelt. Zwischen Emotion und Kognition – ein fachdidaktisches Dilemma? In: Praxis Geogr. 18, H. 7/8, S. 26–29.
Hasse, J. (1989): Projekt und Geographieunterricht. In: geogr. heute 10, H. 75, S. 4.
Hasse, J. (1989/1990): Plädoyer für eine Didaktik des Ephemeren. In: Geogr. und ihre Didaktik 17, H. 4, S. 197–209 u. 18, H. 1, S. 33–42.
Hasse, J. (1990): Kinder und Jugendliche heute. Eine geographiedidaktische Fragestellung? In: Praxis Geogr. 20, H. 6, S. 6–8.
Hasse, J. (1991): Beiträge zu einer postmodernen Geographiedidaktik. In: Ch. Vielhaber u. H. Wohlschlägl (Hrsg.): Fachdidaktik gegen den Strom. Wien.
Hasse, J. (1992): Heimat: ein Gegenstand politischer Ästhetik für den Sachunterricht. In: Geogr. und ihre Didaktik 20, H. 1, S. 1–19.
Hasse, J. (1993): Ästhetische Rationalität. Oldenburg.
Hasse, J. (1993): Heimat und Landschaft. Wien.
Hasse, J. (1994a): Die Suche nach dem richtigen Weg in der Erdkunde. In: Geogr. und ihre Didaktik 22, H. 3, S. 144–160.
Hasse, J. (1994b): Erlebnisräume. Wien.
Hasse, J. (1995): Bildung für einen intelligiblen Menschen? In: GW-Unterricht, Nr. 59, S. 92–95.
Hasse, J. u. W. Isenberg (Hrsg.) (1991): Die Geographiedidaktik neu denken. Perspektiven eines Paradigmenwechsels. Osnabrück (= Osnabrücker Studien zur Geographie, Bd. 11).
Hasse, J. u. W. Isenberg (Hrsg.) (1993): Vielperspektivischer Geographieunterricht. Osnabrück (= Osnabrücker Studien zur Geographie, Bd. 14).
Hassenpflug, W. (1989): Vorschlag zum Aufbau einer Medien- und Materialien-Datenbank mit Hilfe eines PC's. In: Geogr. und ihre Didaktik 17, H. 2, S. 91–99.
Hassenpflug, W. (1996a): Informationstechnologien, insbesondere Fernerkundungen als Basis der Modernisierung des Erdkundeunterrichts. In: Geogr. und ihre Didaktik 24, H. 3, S. 113–123.
Hassenpflug, W. (1996b): Satellitenbilder im Erdkundeunterricht. In: geogr. heute 17, H. 137, S. 4–11.
Haubrich, H. (1978): Analyse geographischer Planspiele. In: Tagungsber. und wiss. Abh. des 41. Dt. Geographentags Mainz 1977, Wiesbaden.

Haubrich, H. (1979): Zur Reform des geographischen Curriculums, eine Zwischenbilanz. In: Geogr. Rundschau 31, H. 12, S. 505–512.
Haubrich, H. (1980): Zur Theorie und zum Einsatz geographischer Planspiele. Braunschweig.
Haubrich, H. (Mod.) (1983): Spiele. Praxis Geogr. 13, H. 10.
Haubrich, H. (1984): Geographische Erziehung für die Welt von morgen. In: Geogr. Rundschau 36, H. 10, S. 520–526.
Haubrich, H. (1988): Internationale Verständigung durch geographische Erziehung. In: Praxis Geogr. 18, H. 7/8, S. 30–33.
Haubrich, H. (1989): Internationale Erziehung im Geographieunterricht. In: Geogr. und ihre Didaktik 17, H. 4, S. 15–22.
Haubrich, H. (1990a): Die Menschenrechte im Geographieunterricht. In: Geogr. und Schule 12, H. 65, S. 15–21.
Haubrich, H. (1990b): La formation des enseignants de la géographie en République Fédérale Allemande. In: L. Marbeau (Hrsg.): Recherches d'Institut National de Pédagogique. Paris.
Haubrich, H. (1991b): Nationale Identifikation und internationale Verständigung. In: F. Becks u. W. Feige (Hrsg.): Geographie im Dienste von Schule und Erziehung. Nürnberg.
Haubrich, H. (1991c): Centralisation or Decentralisation of Geography Curricula. In: Geography, London, No 332, Vol 76 (3).
Haubrich, H. (1992): Wahrnehmungsgeographische Aspekte schulischer Kartenarbeit. Kognitive und affektive Weltkarten. In: F. Mayer (Hrsg.): Schulkartographie. Wiener Symposium 1990. Wien, S. 37–51 (=Wiener Schriften zur Geographie und Kartographie Bd. 5).
Haubrich, H. (1993a): Weltuntergang oder Neue Weltordnung. In: geogr. heute 14, H. 107, S. 4–9.
Haubrich, H. (1993b): Tragfähige Entwicklung der Erde/Sustainable Development. In: geogr. heute 14, H. 107, S. 43–47.
Haubrich, H. (1993c): Zur globalen Dimension geographischer Erziehung. In: D. Barsch u. H. Karrasch (Hrsg.): 49. Deutscher Geographentag Bochum. Stuttgart, Bd. 3, S. 208–219.
Haubrich, H. (1994a): Miteinander sprechen. In: geogr. heute 15, H. 122, S. 52–53.
Haubrich, H. (1994b): Spielen. In: geogr. heute 15, H. 123, S. 50–51.
Haubrich, H. (1994c): Europa-Visionen. In: geogr. heute 15, H. 123, S. 38–41.
Haubrich, H. (1994d): Globale Aspekte der geographischen Erziehung. In: M. Flath u. G. Fuchs (Koord.), S. 52–63.
Haubrich, H. (1994e): Projekte. Schule neu gestalten. In: geogr. heute 15, H. 126, S. 40–43.
Haubrich, H. (1994 f.): Tests I: Physische Geographie. In: geogr. heute 15, H. 125, S. 2–48.
Haubrich, H. (1995a): Selbst- und Fremdbilder von Ländern und Völkern. Ein Beitrag zur internationalen Verständigung. In: geogr. heute 16, H. 133, S. 42–47.
Haubrich, H. (1995b): Tests II: Kulturgeographie. In: geogr. heute 16, H. 132, S. 4–45.
Haubrich, H. (1995c): Vortragen und Erklären. In: geogr. heute 16, H. 133, S. 46–48.
Haubrich, H. (1995d): Medien auswählen. In: geogr. heute 16, H. 129, S. 44–46.
Haubrich, H. (1995e): Bilder interpretieren. In: geogr. heute 16, H. 127, S. 50–51.
Haubrich, H. (1996a): Internationale Zusammenarbeit in geographischer Forschung und Erziehung. In: Regio Basiliensis 37, H. 2, S. 71–82.
Haubrich, H. (1996b): Weltbilder und Weltethos. In: geogr. heute 17, H. 145, S. 4–9.
Haubrich, H. (1996c): Standards geographischer Bildung. In: geogr. heute 17, H. 142, S. 46–48.
Haubrich, H. (1996d): Gruppenarbeit. In: geogr. heute 17, H. 137, S. 46–48.
Haubrich, H. (1997): „State-of-the-Art" der geographischen Erziehung und Bildung 1997. In: Geogr. und ihre Didaktik 25, H. 1.
Haubrich, H. (Hrsg.) (1982): Geographische Erziehung im internationalen Blickfeld. Braunschweig.
Haubrich, H. (Hrsg.) (1984): Perception of people and places through media. Freiburg.
Haubrich, H. (Hrsg.) (1987): International Trends in Geographical Education. Freiburg.
Haubrich, H. (Hrsg.) (1988–1996): Newsletter of the IGU, Commission Geographical Education. Freiburg.
Haubrich, H. (Hrsg.) (1994): International Charter on Geographical Education. (Übersetzungen in 21 Sprachen), Nürnberg (= Geographiedidaktische Forschungen Bd. 24) (siehe auch: Kommission Geogr. Erziehung … 1993).
Haubrich, H. (Red.) (1996): Geowissenschaften in Lehrerbildung und Schule. Terra Nostra, Schriften der Alfred-Wegener-Stiftung 96/10.
Haubrich, H. u. H.-J. Engelhard (1996): Simuland. Nürnberg.
Haubrich H. u. U. Schiller (1996): Europawahrnehmung Jugendlicher. Eine Befragung Studierender in 21 europäischen Ländern mit geographiedidaktischen Konsequenzen. Freiburg.
Hausmann, W. (1961): Exemplarischer Erdkundeunterricht in der Mittelschule. In: Pädagogische Handreichungen für die Mittelschule, Paderborn, S. 11–22.
Hausmann, W. (1973): Lernzielorientierter Erdkundeunterricht. In: Akademiebericht Nr. 14, Dillingen.
Hausmann, W. u. D. Richter (1980): Didaktische Einführung in den Diercke Weltatlas. In: Diercke Handbuch, Braunschweig, 2. Aufl, S. 23–27.
Havelberg, G. (1980): Medien als unterrichtstechnologische Innovation? In: Praxis Geogr. 10, H. 2, S. 51–53.
Havelberg, G. (1984): Geographieunterricht im Spannungsfeld zwischen pädagogischer Zielnotwendigkeit und Sachanspruch. Berlin (= Geographiedid. Forschungen Bd. 11).

Havelberg, G. (1990): Ethik als Erziehungsziel des Geographieunterrichts. In: Geogr. und Schule 12, H. 65, S. 5–14.
Heiland, H. (1979): Motivieren und Interessieren. Probleme der Motivation in der Schule. Bad Heilbrunn.
Heilig, G. (1984): Schülereinstellungen zum Fach Erdkunde. Geographiedidaktische Forschungen Bd. 10, Berlin.
Heilig, G. (1986): Erfahrung und Theorie – Eckpfeiler eines an wissenschaftlichen Prinzipien orientierten Geographieunterricht. In: H. Köck (Hrsg.) (1986a), S. 183–196.
Heimann, P. (1962): Didaktik als Theorie und Lehre. Darmstadt.
Heimann, P., G. Otto u. W. Schulz (1969): Unterricht – Analyse und Planung. Hannover, 4. Aufl.
Heineken, E. u. H. Ollesch (1992): Gesellschaftlich bedingte Verzerrungen kognitiver Landkarten. Topographie der ehemaligen DDR und BRD in der Vorstellung von Oberschülern aus ehemals Ost- und Westberlin. In: Internationale Schulbuchforschung 14, S. 157–172.
Heinritz, G. u. R. Wiessner (1994): Studienführer Geographie. Braunschweig (= Das Geogr. Seminar).
Hemmer, I. (1992): Untersuchungen zum wissenschaftspropädeutischen Arbeiten im Geographieunterricht der Oberstufe. Nürnberg (= Geographiedidaktische Forschungen Bd. 21).
Hemmer, I. (1995): Geographie – kein Fach für Mädchen? In: Geogr. und ihre Didaktik 23, H. 4, S. 211–225.
Hemmer, I. u. M. Hemmer (1995): Was interessiert Jungen und Mädchen im Erdkundeunterricht? Erste Ergebnisse einer Pilotstudie. In: Praxis Geogr. 25, H. 7/8, S. 78–79.
Hemmer, I. u. M. Hemmer (1996a): Schülerinteresse am Erdkundeunterricht – grundsätzliche Überlegungen und erste empirische Ergebnisse. In: Geogr. und ihre Didaktik 24, H. 4, S. 192–204.
Hemmer, I. u. M. Hemmer (1996b): Welche Themen interessieren Jungen und Mädchen im Geographieunterricht? Ergebnisse einer empirischen Untersuchung. In: Praxis Geogr. 26, H. 12, S. 41–43.
Hemmer, I. u. M. Hemmer (1997): Welche Länder und Regionen interessieren Mädchen und Jungen? Ergebnisse einer empirischen Untersuchung. In: Praxis Geogr. 27, H. 1, S. 40–41.
Hendinger, H. (1970): Ansätze zur Neuorientierung der Geographie im Curriculum der Schularten. In: Geogr. Rundschau 22, H. 1, S. 10–18.
Hendinger, H. (1973): Lernzielorientierte Lehrpläne für die Geographie. Probleme ihrer Entwicklung am Beispiel der Sekundarstufe I. In: Geogr. Rundschau 25, H. 3, S. 85–93.
Hendinger, H. (1978): Transfer und eigene Urteilsbildung als abiturbezogene Leistungsforderung im Fach Geographie. In: Tagungsbericht u. wiss. Abhandl. zum 41. Deutschen Geographentag Mainz 1977.
Hendinger, H. u. H. Schrand (Hrsg.) (1981): Curriculumkonzepte in der Geographie. Beiträge zur Gestaltung des geographischen Curriculums. Köln.
Hennings, W. (1992): Die Herausforderung der Postmoderne. In: Geogr. und ihre Didaktik 20, H. 1, S. 19–32.
Hentig, H. v. (1993): Die Schule neu denken. München/Wien.
Hentig, H. v. (1996): Bildung. München.
Hentig, H. v., u. a. (1970): Wissenschaftsdidaktik. In: Neue Sammlung 10, H. 5, S. 13–40.
Herbig, M. (1976): Praxis lernzielorientierter Tests. Studien zur Lehrforschung Bd. 15, Düsseldorf.
Hermann, K. (1995): Multimedia in der Gestaltungstechnik – Gedanken zu einer zukünftigen fachdidaktischen Ausbildung. In: Die berufsbildenden Schulen, H. 11, S. 366–369.
Heß, G. (1995): Die Gestaltung von Software für den Erdkundeunterricht: Beobachtungen aus den Jahrgangsstufen 3–5. In: Geogr. und ihre Didaktik 23, H. 1, S. 1–9.
Hettner, A. (1927): Die Geographie. Ihre Geschichte, ihr Wesen und ihre Methoden. Breslau.
Hettner, A. (1929): Der Gang der Kultur über die Erdkunde. Leipzig/Berlin.
Hettner, A. (1932): Das länderkundliche Schema. In: Geogr. Anzeiger 33, S. 1–6.
Heursen, G. (1996a): Die Sache vertreten. Wissenschaftsorientiertes Lernen in der Bildungsgangdidaktik. In: Pädagogik 48, H. 5, S. 44–48.
Heursen, G. (1996b): Didaktische Prinzipien. Hilfen zum Umgang mit didaktischer Vielfalt. In: Pädagogik 48, H. 2, S. 48–52.
Heymann, D. v. (1994): Sollen unsere Kinder auch noch fernsehen lernen? In: PH-Freiburg 1, S. 11 f.
Hinrichs, B. u. E. Mülstegen (1992–1996): Schriftliche Arbeiten im Geographieunterricht. Köln, 4 Bände.
Hinrichs, E. (1951): Lehrbeispiele für den erdkundlichen Unterricht im 5. und 6. Schuljahr. Braunschweig.
Hinrichs, E. (1970): Schule – Schüler – Schulatlanten. Ein Plädoyer für den Stufenatlas. In: E. Hinrichs (Hrsg.), Der Atlas im Erdkundeunterricht. Stuttgart, S. 3–15 (= Der Erdkundeunterricht H. 11).
Hoffmann, G. (1971): Strukturplan zum Lehrplan des Landesverbandes Bremen (Auszug). In: E. Ernst (Hrsg.), S. 28–30.
Hoffmann, R. (1990): Globale Probleme im regionalgeographischen Unterricht. In: Zeitschr. für den Erdkundeunterricht 42, H. 6, S. 211–216 u. H. 7, S. 255–262.
Hoffmann, R. (1995): Auf der Suche nach „Leitbildern" für den Geographieunterricht: Gedanken über aktuelle Diskussionen zum Geographieunterricht. In: Zeitschr. für den Erdkundeunterricht 47, H. 3, S. 132–136.

Hofmeister, B. (1994): Stadtgeographie. Braunschweig, 6. Aufl. (= Das Geogr. Seminar).
Hofmeister, B. (1996): Die Stadtstruktur. Ihre Ausprägung in den verschiedenen Kulturräumen der Erde. Darmstadt, 3. Aufl. (= Erträge der Forschung 132).
Hofmeister, B. (1982): Die Stadtstruktur im interkulturellen Vergleich. In: Geogr. Rundschau 34, H. 11, S. 482–488.
Höllhuber, D. (1975): Die Mental Maps von Karlsruhe. Karlsruher Manuskripte z. Math. u. Theor. Wirtsch.-u. Sozialgeogr. 11, Karlsruhe.
Hollunder, R. (1976): Sozialformen des Lehrens und Lernens, H. 1: Gruppenunterricht. Würzburg.
Hölscher, P. (Hrsg.) (1994): Interkulturelles Lernen. Projekte und Materialien für die Sekundarstufe I. Frankfurt/M.
Huber, M. (1995): Der regional-thematische Ansatz im Fachlehrplan für Erdkunde an bayrischen Gymnasien – Weg oder Irrweg? In: M. Flath u. G. Fuchs (Koord.), S. 33–45.
Hübner, H. J. u. M. Nickel (1975): Der Arbeitsprojektor im Erdkundeunterricht. Stuttgart (= Der Erdkundeunterricht, H. 21).
Huckle, J. (Hrsg.) (1982): Geographical Education, Reflection and Action. Oxford.
Hülsewede, M. (1974): Gegenwärtige Positionen der Medienpädagogik. In: A. Diel (Hrsg.): Kritische Medienpraxis, Köln.
Huppertz, N. u. J. Krauss (1994): Audio-Video-Disco? Ich höre! Ich sehe! Lerne ich? In: PH-Freiburg H. 1, S. 8 f.
Husa, K., Chr. Vielhaber u. H. Wohlschlägl (Hrsg.) (1986): Beiträge zur Didaktik der Geographie. Wien (= Festschrift Ernest Troger, Bd. 2).
Husén, T. (ed.) (1994): The International Encyclopedia of Education. Second Edition, New York.
Hüttermann, A. (1990): Die Renaissance der Wandkarte. In: Geogr. und ihre Didaktik 18, H. 3, S. 117–129.
Hüttermann, A. (1998): Kartenlesen – (k)eine Kunst. München.
Huwendiek, V. (1994): Didaktisches Denken und Handeln. In: G. Bovet u. V. Huwendiek (Hrsg.): Leitfaden Schulpraxis. Berlin, S. 91–156.

Ingenkamp, K. (1989): Diagnostik in der Schule. Beiträge zu Schlüsselfragen der Schülerbeurteilung. Weinheim/Basel.
Ingenkamp, K. (Hrsg.) (1989): Die Fragwürdigkeit der Zensurengebung. Weinheim, 8. Aufl.
Ittermann, R. (1989): Abbau von Vorurteilen durch den Geographieunterricht? Zur Notwendigkeit eines interkulturellen Unterrichts. In: Praxis Geogr. 19, H. 11, S. 6–9.
Ittermann, R. (1992): Projektlernen im Nahraum – Prinzipien, Modelle, Hilfen. In: Praxis Geogr. 22, H. 7/8, S. 4.

Jank, W. (1994): „Veränderte Kindheit" – unveränderte Didaktik? In: Mitteilungen des Bundesarbeitskreises der Seminar-und Fachleiter e. V., Jg. 1994, H. 3/4, S. 12–38.
Jank, W. u. H. Meyer (1991): Didaktische Modelle. Frankfurt/M.
Jansen, U. (1977): Probleme einer Schülerexkursion. In: Beih. Geogr. Rundschau 7, H. 2, S. 80–86.
Joerger, K. (1980): Lernanreize. Königstein (= Scriptor Ratgeber Schule, Bd. 4).
Jonas, F. (1970): Erdkunde und politische Weltkunde. Kamps pädagogische Taschenbücher, Bd. 46, Bochum o. J.
Jonas, H. (1979): Das Prinzip Verantwortung. Versuch einer Ethik für die technologische Zivilisation. Frankfurt/M.
Juchelka, R. (1996): Im Netz der Dateninfobahn. In: geogr. heute 17, H. 138, S. 48–51.
Jüngst, P., H. Schulze-Göbel u. H. Wenzel (1976): Der geographische Beitrag zum Lernfeld Sozialisation in einem gesellschaftskundlichen Lernbereich. Grundprobleme, Lernziele und Unterrichtsansätze. In: Geogr. Rundschau 28, H. 11, S. 465–472.

Kahl, H. (1993): Lernkontrollen – ein wichtiger Bestandteil des Unterrichtsprozesses. In: Zeitschr. für den Erdkundeunterricht 45, H. 12, S. 435–441.
Kaiser, A. (1995): Einführung in die Didaktik des Sachunterrichts. Hohengehren.
Kaminske, V. (1985): Schulbücher und Lehrpläne unter dem Gesichtspunkt der Hierarchisierung. In: Geogr. und ihre Didaktik 12, H. 1, S. 16–32.
Kaminske, V. (1993a): Überlegungen und Untersuchungen zur Komplexität von Begriffen im Erdkundeunterricht. München (= Münchener Studien zur Didaktik der Geogr. Bd. 4).
Kaminske, V. (1993b): Die Stufung geographischer Inhalte nach ihrer Komplexität – ein Operationalisierungsansatz. In: Geogr. und ihre Didaktik 21, H. 4, S. 198–216.
Kaminske, V. (1994): Begriffslisten als Rahmen für ein Grundwissen – wichtig oder nicht? In: Geogr. und ihre Didaktik 22, H. 1, S. 20–26.
Kaminske, V. (1996): Der Wahrnehmungsgeographische Ansatz als Unterrichtsleitlinie. In: GW-Unterricht Nr. 62, S. 33–42.
Kaminske, V. u. D. Höllhuber (1979): Erfahrungen mit einem Simulationsspiel. Gegenwärtige Veränderungen der landwirtschaftlichen Betriebssituation in der Bundesrepublik Deutschland. In: Geogr. Rundschau 31, H. 2, S. 81–82.
Kamm, H. u. E. H. Müller (1980): Hausaufgaben – sinnvoll gestellt. Freiburg, 4. Aufl.
Kattmann, U. (1977): Die Entwicklung von ethnischen Vorurteilen bei Schülern und Möglichkeiten ihrer unterrichtlichen Beeinflussung. In: Die Deutsche Schule 69, S. 401–412.
Katzenberger, L. F. (Hrsg.) (1972/73/75): Der Sachunterricht der Grundschule in Theorie und Praxis. 3 Bände. Ansbach.
Keller, G. (1985): Lehrer helfen lernen. Donauwörth.

Kent, W. A., D. Lambert, M. Naish a. F. Slater (eds.) (1996): Geography in Education: Viewpoints on Teaching and Learning. Cambridge.

Ketzer, G. (1978): Der 16-mm-Tonfilm. In: H. Haubrich u. G. Ketzer (Hrsg.): Audiovisuelle Medien im Geographieunterricht.

Ketzer, G. (1980): Didaktische Innovationen beim geographischen Unterrichtsfilm. In: Praxis Geogr. 10, H. 6, S. 246–251.

Kilchenmann, A. (1973): Regionale Geographie heute. In: Rundbrief der Bundesanstalt für Landeskunde und Raumordnung, H. 12, S. 5–33.

Kirchberg, G. (1976): Zum Stand der Lehrplanrevision Erdkunde. In: L. Bauer u. W. Hausmann (Hrsg.), S. 351–358.

Kirchberg, G. (1977a): Der Lernzielbereich „Topographie" im geographischen Lehrplan. Versuch der Strukturierung einer vernachlässigten Lehrplansäule. In: Hefte zur Fachdid. der Geogr. 1, H. 3, S. 25–44.

Kirchberg, G. (1977b): Informelle Tests im Geographieunterricht. In: Geogr. im Unterricht 2, H. 5, S. 142–150.

Kirchberg, G. (1980a): Rampenstruktur und Spiralcurriculum der Geographie in der Sekundarstufe I. Ein Beitrag zur Lehrplansituation in den Bundesländern. In: Geogr. Rundschau 32, H. 5, S. 256–264.

Kirchberg, G. (1980b): Topographie als Gegenstand und Ziel des geographischen Unterrichts. In: Praxis Geogr. 10, H. 8, S. 322–329 und 367.

Kirchberg, G. (1980c): Das Arbeitsbuch. In: Praxis Geogr. 10, H. 2, S. 78–84.

Kirchberg, G. (1981): Leistungsbeurteilung bei Klausuren. Praxis Geogr. 11, H. 11, S. 420–423.

Kirchberg, G. (1982a): Hausaufgaben und Geographieunterricht. Theorie und Praxis einer vernachlässigten Lernchance. In: Praxis Geogr. 12, H. 9, S. 2–8.

Kirchberg, G. (1982b): Lehrpläne für die Sekundarstufe I – ein Kompromiß zwischen divergierenden Anschauungen? In: Bremer Beiträge zur Geogr. u. Raumplanung H. 2, Bremen, S. 261–267.

Kirchberg, G. (1983): Ein Lehrplankonzept an brüchigem Faden. In: Geogr. Rundschau 35, H. 2, S. 81.

Kirchberg, G. (1984): Topographie und Orientierung. Aspekte zu einem unverzichtbaren Lernbereich des Geographieunterrichts. In: Praxis Geogr. 14, H. 4, S. 6–8.

Kirchberg, G. (1986): Vergleichen im Geographieunterricht. In: Praxis Geogr. 16, H. 11, S. 6–11.

Kirchberg, G. (1988): Topographielernen von Fall zu Fall. Das Beispiel In Salah in Algerien. In: geogr. heute 9, H. 58, S. 29–25.

Kirchberg, G. (1989): Duden-Abiturhilfen Erdkunde, USA-UdSSR. Mannheim.

Kirchberg, G. (1990a): Die Lehrplanentwicklung im Erdkundeunterricht der Bundesrepublik Deutschland seit 1970. In: Zeitschr. für den Erdkundeunterricht 42, S. 166–177.

Kirchberg, G. (1990b): Duden-Abiturhilfen Erdkunde, Entwicklungsländer. Mannheim.

Kirchberg, G. (1990c): Europa im Geographieunterricht. Didaktische Überlegungen vor einer neuen Etappe der europäischen Integration. In: Geogr. Rundschau 42, H. 4, S. 225–228.

Kirchberg, G. (1990e): Die Entwicklung des Unterrichtsfaches Geographie in den letzten zwei Jahrzehnten in der Bundesrepublik Deutschland. In: E. Popp u. H. Wohlschlägl (Hrsg.), S. 50–65.

Kirchberg, G. (1991a): Europa – eine Herausforderung für den Geographieunterricht. In: Zeitschr. für den Erdkundeunterricht 43, H. 12, S. 410–414.

Kirchberg, G. (1991b): Schriftliche Lernkontrollen im Geographieunterricht. In: Praxis Geogr. 21, H. 1, S. 4–7.

Kirchberg, G. (1992a): Thesen zur didaktischen Struktur der Lehrpläne für den Geographieunterricht in der Bundesrepublik Deutschland. In: Zeitschr. für den Erdkundeunterricht 44, H. 1, S. 2–5.

Kirchberg, G. (1992b): Die Lehrplanentwicklung Geographie in Rheinland-Pfalz von 1972 bis 1992. In: H. P. Brogiato u. H.-M. Cloß (Hrsg.), Bd. 2, S. 397–414.

Kirchberg, G. (1993): Die Bedeutung des Geographieunterrichts als Dienstleistungsfach für andere Unterrichtsfächer. In: Geogr. und Schule 15, H. 84, S. 29–34.

Kirchberg, G. (1994): Veränderte Jugend – Herausforderung an die Geographiedidaktik. In: Mitteilungen des Bundesarbeitskreises der Seminar- und Fachleiter e. V., Jg. 1994, H. 1, S. 69–71.

Kirchberg, G. (1995): Europa in deutschen Geographieschulbüchern. In: F. Pingel (Hrsg.): Macht Europa Schule? Die Darstellung Europas in Schulbüchern der Europäischen Gemeinschaft. Frankfurt/M., S. 63–79 (= Studien zur Internationalen Schulbuchforschung Bd. 84).

Kirchberg, G. (1997): Lernen für Europa. Thesen und Materialien für den Geographieunterricht. In: Praxis Geogr. 27 (im Druck).

Kirchberg, G. (1998a): Veränderte Jugend – unveränderter Geographieunterricht? Aspekte eines in der Geographiedidaktik vernachlässigten Problems. In: Praxis Geogr. 28 (im Druck).

Kirchberg, G. (1998b): Neue Impulse für die Geographielehrpläne vor der Jahrtausendwende. In: Zeitschr. für den Erdkundeunterricht 50 (im Druck).

Kirchberg, G. (Mod.) (1986): Vergleichen. Praxis Geogr. 16, H. 11.

Kirchberg, G. (Mod.) (1991): Schriftliche Lernkontrollen. Praxis Geographie 21, H. 1.

Kirchberg, G. u. K. Walter (1994): Duden-Abiturhilfen Erdkunde, Geozonen und Landschaftsökologie. Mannheim.

Kirchberg, G. u. D. Richter (1990): Geographieunterricht – eine fachdidaktische Positionsbestimmung. In: Die Höhere Schule H. 7, S. 179–183.

Kirchberg, G. u. D. Richter (Hrsg.) (1982): Geographie in der Kollegstufe. Braunschweig.

Klafki, W. (1964a): Didaktische Analyse als Kern der Unterrichtsvorbereitung. In: H. Roth u. A. Blumenthal (Hrsg.): Didaktische Analyse. Hannover, S. 5–34.

Klafki, W. (1964b): Das pädagogische Problem des Elementaren und die Theorie der kategorischen Bildung. Weinheim, 4. Aufl.

Klafki, W. (1975): Studien zur Bildungstheorie und Didaktik. Weinheim, 10. Aufl.

Klafki, W. (1976): Aspekte kritisch-konstruktiver Erziehungswissenschaft. Weinheim.

Klafki, W. (1980a): Die bildungstheoretische Didaktik im Rahmen kritisch-konstruktiver Erziehungswissenschaft. Oder: Zur Neufassung der Didaktischen Analyse. In: H. Gudjons u. a. (Hrsg.), S. 11–26.

Klafki, W. (1980b): Unterrichtsplanung im Sinne kritisch-konstruktiver Didaktik. In: König, E. u. a. (Hrsg.), S. 11–48.

Klafki, W. (1985): Neue Studien zur Bildungstheorie und Didaktik. Weinheim, Basel.

Klafki, W. (1990): Allgemeinbildung für eine humane, fundamental-demokratisch gestaltete Gesellschaft. In: Bundeszentrale für politische Bildung (Hrsg.): Umbrüche in der Industriegesellschaft. Herausforderungen für die politische Bildung. Bonn, S. 287–310 (= Schriftenreihe Band 284).

Klafki, W. (1991): Neue Studien zur Bildungstheorie und Didaktik. Weinheim/Basel, 2. Aufl.

Klauer, K. J. (1989): Zensierungsmodelle und ihre Konsequenzen für die Notengebung. In: R. S. Jäger, R. Horn u. K. Ingenkamp (Hrsg.): Tests und Trends. 7. Jahrbuch der Pädagogischen Diagnostik. Weinheim/Basel, S. 40–68.

Klingsiek, G. (1997): Spielen und Spiele im Geographieunterricht. In: Praxis Geogr. 27, H. 5, S. 4–10.

Klink, H.-J. u. E. Mayer (1996): Vegetationsgeographie. Braunschweig, 2. Aufl. (= Das Geogr. Seminar).

Klippert, H. (1996): Planspiele. Weinheim.

Kloß, B. (1994): Computerprogramme für den Erdkundeunterricht. In: Zeitschr. für den Erdkundeunterricht 46, H. 4, S. 178–184.

Klug, H. u. R. Lang (1983): Einführung in die Geosystemlehre. Darmstadt.

Klüter, H. (1987): Räumliche Orientierung als sozialgeographischer Grundbegriff. In: Geogr. Zeitschrift 75, S. 86–98.

Knab, D. (1969): Curriculumforschung und Lehrplanreform. In: Neue Sammlung, S. 169 ff.

Knapp, A. (1996): Lernzirkel. In: W. Potthoff: Lernen und Üben mit allen Sinnen – Lernzirkel in der Sekundarstufe I. Freiburg.

Kneip, P. u. G. Rohwer (1992): Geographiedidaktik zwischen „Aufklärung“ und „Postmoderne“. Aktuelle Perspektiven in der geographiedidaktischen Diskussion. In: H. P. Brogiato u. H.-M. Cloß (Hrsg.), Teil 2, S. 385–396.

Knübel, H. (1957): Exemplarisches Arbeiten im Erdkundeunterricht. In: Geogr. Rundschau 9, H. 3, S. 56–61.

Knübel, H. (1979): Die Arbeit in Grund- und Leistungskursen für Geographie. In: Praxis Geogr. 9, H. 6, S. 254–257.

Knübel, H. (Hrsg.) (1980): Exemplarisches Arbeiten im Erdkundeunterricht. Braunschweig.

Koch, P. M. u. K. Gretsch (1994): Qualitative Methodik in der Sozialgeographie. Der Mensch im Raum – der Raum für den Menschen. In: Standort 18, H. 2, S. 26–27.

Koch, R. (1980): Geographie in Schulfunksendungen der ARD. In: Geogr. im Unterr. 5, H. 11, S. 500–504.

Köck, H. (1978a): Wissenschaftsorientierter Geographieunterricht: Zum Beispiel durch Modellbildung. In: Geogr. u. ihre Didaktik 6, H. 2, S. 43–77.

Köck, H. (1978b): Geographie in der Zeitung. In: Hefte zur Fachdid. der Geogr. 2, H. 2, S. 63–83.

Köck, H. (1980): Theorie des zielorientierten Geographieunterrichts. Köln.

Köck, H. (1981): Zur Frage der Induktion und Deduktion in Geographie und Geographieunterricht. In: W. Sperling (Hrsg.), S. 13–40.

Köck, H. (1984a): Zum Interesse des Schülers an der geographischen Fragestellung. In: H. Köck (Hrsg.), S. 37–112.

Köck, H. (1984b): Schüler und geographische Begriffe. In: H. Köck (Hrsg.), S. 166–237.

Köck, H. (1985): Durch modellorientierte zur synergetischen Raumbetrachtung. Ein Ansatz zur Ökonomisierung der geographischen Raumkognitation. In: Geogr. und Schule 7, H. 34, S. 34–36.

Köck, H. (1986): Axiomatische Leitsätze für den Geographieunterricht. In: H. Köck (Hrsg.) 1986a, S. 165–180.

Köck, H. (1991): Didaktik der Geographie – Methodologie. München.

Köck, H. (1992): Geographie – Schlüsselfach mit Schlüsselfunktionen. Zum Profil des modernen Geographieunterrichts. In: geogr. heute 13, H. 99, S. 48–49.

Köck, H. (1993a): Geographieunterricht – Schlüsselfach. In: Geogr. und Schule 15, H. 84, S. 2–4.

Köck, H. (1993b): Raumbezogene Schlüsselqualifikationen – Der fachimmanente Beitrag des Geographieunterrichts zum Lebensalltag des Einzelnen und Funktionieren der Gesellschaft. In: Geogr. und Schule 15, H. 84, S. 14–22.

Köck, H. (1994): Zum Profil des modernen Geographieunterrichts – eine aufklärende und zugleich programmatische Positionsbestimmung. In: Internat. Schulbuchforschung 16, H. 3, S. 309–331.

Köck, H. (1996): Das Bild der Öffentlichkeit vom Geographieunterricht. Eine Untersuchung in den alten Bundesländern. In: Praxis Geogr. 26, H. 12, S. 38–40.

Köck, H. (Hrsg.) (1981a): Begriffsbildung. Geogr. und Schule 3, H. 11.

Köck, H. (Hrsg.) (1981b): Der Vergleich. Geogr. und Schule 3, H. 14.
Köck, H. (Hrsg.) (1984a): Studien zum Erkenntnisprozeß im Geographieunterricht. Köln.
Köck, H. (Hrsg.) (1984b): Das erdräumliche Kontinuum. Geogr. und Schule 6, H. 31.
Köck, H. (Hrsg.) (1986a): Theoriegeleiteter Geographieunterricht. Vorträge des Hildesheimer Symposiums 6. bis 10. Oktober 1985. Lüneburg (= Geographiedidaktische Forschungen Bd. 15).
Köck, H. (Hrsg.) (1986b): Grundlagen des Geographieunterrichts. Köln (= Handbuch des Geographieunterrichts Bd. 1).
Köck, H. u. G. Meier-Hilbert (1977): Anwendung statistischer Verfahren im Geographieunterricht der Sekundarstufe I und II. In: Hefte zur Fachdidaktik der Geogr. 1, H. 2, S. 68–123.
Köck, P. (1974): Didaktik der Medien. Donauwörth.
Köhler, F. (1976): Medien im Lehr- und Lernprozeß. Stuttgart.
Köhler, P. (1994): Geographie im Bundesland Thüringen – eine Bewertung des vorläufigen Lehrplans. In: Zeitschr. für den Erdkundeunterricht 46, H. 1, S. 16–18.
Kolb, A. (1962): Die Geographie und die Kulturerdteile. In: Festschrift für H. v. Wissmann, Tübingen, S. 42–49.
Kolb, A. (1963): Ostasien. China – Japan – Korea. Geographie eines Kulturerdteils. Heidelberg.
Koller, A. (1994): Praxis des Computereinsatzes im Geographieunterricht. In: Geogr. und Schule 16, H. 88, S. 23–27.
Kommission Geographische Erziehung der Internationalen Geographischen Union (IGU) (1993): Internationale Charta der geographischen Erziehung. In: Geogr. und Schule 15, H. 84, S. 40–44 (siehe auch: H. Haubrich (Hrsg.) 1994).
Kösel, E. (1973): Sozialformen. Ravensburg.
Kosmella, Chr. (1979): Die Entwicklung des „länderkundlichen Verständnisses". Harms Pädagogische Reihe Bd. 87, München.
Krappmann, L. (1973): Soziologische Dimensionen der Identität. Stuttgart.
Krathwohl, D. R. (1972): Der Gebrauch der Taxonomie von Lernzielen in der Curriculumkonstruktion. In: F. Achtenhagen u. H. Meyer (Hrsg.): Curriculumrevision – Möglichkeiten und Grenzen. München, S. 75–97.
Krathwohl, D. R. u. a. (1964): Taxonomy of Educational Objectives. New York.
Krathwohl, D. R., B. S. Bloom u. B. B. Masin (1975): Taxonomie von Lernzielen im affektiven Bereich. Weinheim.
Krebs, N. (1952): Vergleichende Länderkunde. Stuttgart.
Kreibich, B. (1977): Stadtplanung aus Schülersicht. Stuttgart (= Der Erdkundeunterricht, Sonderheft 5).
Kreibich, B. u. a. (1979): Umweltbegriff, Wahrnehmung und Sozialisation. Stuttgart (= Der Erdkundeunterricht, H. 30).
Kremb, K. (Mod.) (1981): Lernort Museum. Praxis Geogr. 11, H. 9.
Kremb, K. (Mod.) (1984): Betriebserkundung. Praxis Geogr. 14, H. 1.
Kreuzer, G. (Hrsg.) (1980): Didaktik des Geographieunterrichts. Hannover.
Kroß, E. (1974): Die Erkundung in Nahraum. Beih. Geogr. Rundschau 4, H. 1, S. 26–31.
Kroß, E. (1979): Industriegeographie in der S I – ein Strukturierungsvorschlag. In: E. Kroß u. a., S. 161–173.
Kroß, E. (1986): Eine Wende in der Geographiedidaktik? Anmerkungen zum Schulgeographentag in Braunschweig. In: Schulgeographie. Mitteilungen des Landesverbandes Nordrhein-Westfalen im Verband deutscher Schulgeographen e. V., H. 63, S. 5–10.
Kroß, E. (1988): Die Fallstudie im Unterricht. In: geogr. heute 9, H. 58, S. 4–10.
Kroß, E. (1989): Wissen und Einstellungen deutscher Schüler zu Lateinamerika. In: geogr. heute 10, H. 70, S. 44–47.
Kroß, E. (1991): Außerschulisches Lernen und Erdkundeunterricht. In: geogr. heute 12, H. 88, S. 4–9.
Kroß, E. (1992): Von der Inwertsetzung zur Bewahrung der Erde. Die curriculare Neuorientierung der Geographiedidaktik. In: geogr. heute 13, H. 100, S. 57–62.
Kroß, E. (1994a): Die Erde bewahren – die neue Leitidee für den Geographieunterricht. In: M. Flath u. G. Fuchs (Koord.), S. 16–23.
Kroß, E. (1994b): Diskussionsbeitrag. In: M. Flath u. G. Fuchs (Koord.), S. 69.
Kroß, E. (1995): Global lernen. In: geogr. heute H. 134, S. 4–9.
Kroß, E. u. J. v. Westrhenen (Hrsg.) (1992): Internationale Erziehung im Geographieunterricht. Nürnberg (= Geographiedidaktische Forschungen Bd. 22).
Krüger, W. (1969): Die Karikatur als Medium der politischen Bildung. Opladen.
Kühn, O. (1994): Laßt Kinder fernsehen. In: PH-Freiburg 1, S. 10 f.
Kultusministerium Nordrhein-Westfalen (Hrsg.) (1993): Richtlinien und Lehrpläne für die Realschule in Nordrhein-Westfalen. Frechen.
Kultusministerkonferenz (Hrsg.) (1978): Empfehlungen zur Arbeit in der gymnasialen Oberstufe. Beschluß der KMK vom 2. 12. 1977. Neuwied.
Kultusministerkonferenz (Hrsg.) (1992): Einheitliche Prüfungsanforderungen in der Abiturprüfung Geographie vom 1.12.1989. Neuwied.
Küppers, W. (1976): Zur Psychologie des Erdkundeunterrichts. In: Beih. Geogr. Rundschau 6, H. 1, S. 13–19.

Lange, A. (1996): Kinderalltag in einer modernisierten Landgemeinde. In: M.-S. Honig, H. R. Leu u. U. Nissen (Hrsg.): Kinder und Kindheit. Juventa-Verlag, Weinheim/München, S. 77–97.

Lauer, W. (1995): Klimatologie. Braunschweig, 2. Aufl. (= Das Geogr. Seminar).
Lautensach, H. (1953): Über die Begriffe Typus und Individuum in der geographischen Forschung. In: Münchener Geogr. Hefte 3, S. 5–33.
Lauterbach, R. (1992): Von der Heimatkunde zum Sachunterricht: Erinnerungen für die Zukunft. In: R. Lauterbach, W. Köhnlein u. a. (Hrsg.), S. 83–106.
Lauterbach, R. u. B. Marquardt (Hrsg.) (1982): Sachunterricht zwischen Alltag und Wissenschaft. Frankfurt/M.
Lauterbach, R., W. Köhnlein u. a. (Hrsg.) (1992): Brennpunkte des Sachunterrichts. Kiel (IPN).
Lefrancois, G. R. (1994): Psychologie des Lernens. Berlin u. a., 3. Aufl.
Lehmann, O. (1964): Das Experiment im Geographieunterricht. Berlin (Ost).
Leser, H. (1978): Landschaftsökologie. UTB 521, Stuttgart, 2. Aufl.
Leser, H. (1980): Geographie. Das Geographische Seminar, Braunschweig.
Leser, H. (1984): Zum Ökologie-, Ökosystem- und Ökotopbegriff. In: Natur und Landschaft 59, S. 351–357.
Leser, H. (1995): Geomorphologie. Braunschweig, 7. Aufl. (= Das Geogr. Seminar).
Leser, H. (Hrsg.) (1994): Ökologie & Umwelt. Westermann Lexikon. Braunschweig.
Leusmann, C. (1976): Die Bestimmung geographisch-inhaltsstruktureller Einstellungsdimensionen von Schülern am Gymnasium. In: H. Schrettenbrunner u. a.: Quantitative Didaktik der Geographie. Teil I. Stuttgart, S. 87–98 (= Der Erdkundeunterricht H. 24).
Leusmann, C. (1977): Schülereinstellungen zum Fach Erdkunde, zu Unterrichtsstoffen und zu fachspezifischen Erarbeitungsformen. In: Quantitative Didaktik der Geographie. Braunschweig, S. 145–180 (= Geographiedidaktische Forschungen Bd. 1).
Leusmann, C. (1979): Zur Bedingtheit der Einstellungsdimension von Schülern zum Schulfach Erdkunde. In: Geogr. u. ihre Didaktik 7, H. 3, S. 114–140.
Lichtenberger, E. (1986): Stadtgeographie – Perspektiven. In: Geogr. Rundschau 38, H. 7–8, S. 388–394.
Lichtenberger, E. (1991): Stadtgeographie. Band 1: Begriffe, Konzepte, Modelle, Prozesse. Stuttgart (= Teubner Studienbücher Geographie).
Lohmann, H. (1981): Geographie im Museum. In: Praxis Geogr. 11, H. 9, S. 342–355.
Löttgers, R. (1979): Provokative Thesen als Unterrichtsmotivation. In: Geogr. im Unterr. 4, H. 7, S. 241–244.
Ludäscher, P. (1997): Multimedia und Internet in der Geographie. Chancen und Probleme durch neue Informations- und Kommunikationstechnologie. In: Praxis Geogr. 27, H. 1, S. 43–45.
Mager, R. F. (1972): Lernziele und Programmierter Unterricht. Weinheim. Neuausgabe unter dem Titel: Lernziele und Unterricht, Weinheim.
Mai, U. (1991): Die Wahrnehmung des Fremden: Über Möglichkeiten und Grenzen des Verstehens. In: J. Hasse. u. W. Isenberg (Hrsg.), S. 65–75.
Maier, J., R. Paesler, K. Ruppert u. F. Schaffer (1977): Sozialgeographie. Das Geographische Seminar, Braunschweig.
Manthey, R. (1993): Streit in Alpina. Ein Planspiel im Unterricht. In: Praxis Geogr. 23, H. 2, S. 30.
Marsden, B. (1995): Geography 11–16 Rekindling Good Practice. London.
Marsden, B. a. J. Hughes (eds) (1994): Primary School Geography. London.
Martin, F. (1995): Teaching Early Years Geography. Cambridge.
Martus, R. u. F. Sauerwein (1979): Experimente zur Klimageographie. In: Praxis Geogr. 9, H. 4, S. 193–195.
Mayr, A. (1996): Regionale Geographie. In: H. Haubrich (Red.), S. 99–103.
Meiers, K. (1994): Sachunterricht. Überlegungen, Anregungen, Hilfen für die Praxis. Zug, 2. Aufl.
Meincke, R. (1995a): Das Selbstverständnis des Geographieunterrichts in den neuen Bundesländern. In: M. Flath u. G. Fuchs (Koord.) 1995, S. 15–22.
Meincke, R. (1995b): Spiele im Geographieunterricht. In: Zeitschr. für den Erdkundeunterricht 47, H. 6, S. 273–283.
Meister, H. (1977): Förderung schulischer Lernmotivation. Düsseldorf.
Melchert, H. (1980): Zensurenarithmetik. In: Neue Unterrichtspraxis 13, H. 6, S. 316–320.
Mensching, H. (1972): Länderkunde-Regionalgeographie. Eine kritische Betrachtung über eine Zeitströmung der Geographie. In: Würzburger Geogr. Arbeiten, H. 37, S. 53–65.
Menzel, P. (1995): So lebt der Mensch. Hamburg.
Mérenne-Schoumaker, B. (1994): Didactique de la géographie. Tome 1: Organiser les apprentissages. Paris.
Meyer, E. (1966): Möglichkeiten der inneren Differenzierung durch geeignete Arbeitsformen. In: Die Schulwarte, H. 3/4.
Meyer, E. (1981): Gruppenunterricht. Hannover.
Meyer, E. (1983): Frontalunterricht. Frankfurt/M.
Meyer, H. (1975): Trainingsprogramm zur Lernzielanalyse. Frankfurt/M., 2. Aufl.
Meyer, H. (1993): Unterrichtsmethoden. I. Theorieband, II. Praxisband, Frankfurt/M.
Meyer, H. u. H. Oestreich (1973): Anmerkungen zur Curriculumrevision Geographie. In: Geogr. Rundschau 25, H. 3, S. 94–103.
Mietzel, G. (1993): Psychologie in Unterricht und Erziehung. Göttingen, 4. Aufl.
Mittelstädt, F.-G. (1980): Wissenschaftspropädeutik oder „Justitiabilität“? Probleme der Konzeption schriftlicher Abiturprüfungsaufgaben. In: Geogr. u. ihre Didaktik 8, H. 4, S. 210–212.

Mittelstädt, F.-G. (1993/94): Mündliche Abiturprüfungen in Geographie – auch eine didaktische Herausforderung. In: Geographie und Schule 15, H. 86, S. 27–37 und 16, H. 87, S. 34–38.

Möller, C. (1973): Technik der Lernplanung. Weinheim, 4. Aufl.

Möller, C. (1975): Techniken der Klassifizierung und Hierarchisierung von Lernzielen. In: K. Frey (Hrsg.): Curriculumhandbuch, Bd. 2, München, S. 411 ff.

Möller, C. (1980): Die curriculare Didaktik. Oder: Der lernzielorientierte Ansatz. In: Westermanns Pädagogische Beiträge, S. 164–168.

Mosimann, Th. (1996): Geoökologie und Geographie in der Schule. In: H. Haubrich (Red.), S. 83–88.

Müller-Hohenstein, K. (1991): Die Landschaftsgürtel der Erde. Stuttgart, 2. Aufl. (= Teubner Studienbücher Geographie).

Naish, M. C. (ed.) (1992): Geography and Education. National and International Perspectives. London.

Naish, M. C. (1982): Mental development and the learning of geography. In: N. J. Graves (ed.): New Unesco Source Book for Geography Teaching. Harlow/Paris, S. 16–54.

Nauck, J. (Hrsg.) (1993): Offener Unterricht. Ziele, Praxis, Wirkungen. Braunschweig 1993 (= Braunschweiger Arbeiten zur Schulpädagogik Bd. 10).

Nave-Herz, R. (1994): Familie heute. Wandel der Familienstrukturen und Folgen für die Erziehung. Darmstadt.

Nebel, J. (1992): Start in die Kartenwelt. Lehrerheft. Braunschweig.

Neber, H. (Hrsg.) (1974): Entdeckendes Lernen. Weinheim.

Neef, E. (1956): Die axiomatischen Grundlagen der Geographie. Geogr. Berichte 1, S. 85–91.

Neef, E. (1967): Anwendung und Theorie in der Geographie. Petermanns Geogr. Mitteilungen 111, S. 200–206.

Neef, E. (1967): Die theoretischen Grundlagen der Landschaftslehre. Gotha/Leipzig.

Neef, E. (1969): Der Stoffwechsel zwischen Gesellschaft und Natur als geographisches Problem. In: Geogr. Rundschau 21, H. 12, S. 453–459.

Neubauer, W. (1982): Einführung in die Medienerziehung. Köln.

Neuhaus-Simon (1987): Das pädagogische Verständnis der Grundschule heute. In: Die Grundschule, H. 1, S. 8–12.

Newig, J. (1986): Drei Welten oder eine Welt: Die Kulturerdteile. In: Geogr. Rundschau 38, H. 5, S. 262–267.

Newig, J. (1993): Die Bedeutung des Prinzips „Vom Nahen zum Fernen“ zur Strukturierung des Erdkundeunterrichts. In: Zeitschr. für den Erdkundeunterricht 45, H. 1, S. 28–32 u. H. 2, S. 72–76.

Newig, J. (Mod.) (1980): Unterrichtsfilm. Praxis Geogr. 10, H. 6.

Newig, J., K. H. Reinhardt u. P. Fischer (1983/84): Allgemeine Geographie am regionalen Faden. In: Geogr. Rundschau 35, H. 1, S. 38–39. Diskussionszusammenfassung Geogr. Rundschau 36, H. 1, S. 41–44.

Niedersächsisches Kultusministerium (Hrsg.) (1993): Rahmenrichtlinien für Gesellschaftslehre für die Integrierte Gesamtschule. Hannover.

Niemz, G. (1976): Lehrwerksbezogene lernzielorientierte Tests zur Lernerfolgsmessung und Leistungsbeurteilung. In: H. Schrettenbrunner u. a.: Quantitative Didaktik der Geographie, Teil 1. Stuttgart, S. 12–28 (= Der Erdkundeunterricht H. 24).

Niemz, G. (1979a): Aspekte des Experimenteneinsatzes im Geographieunterricht. In: Praxis Geogr. 9, H. 4, S. 158–163.

Niemz, G. (1979b): Ausgewählte Experimente zum Thema „Umweltsicherung“. In: Praxis Geogr. 9, H. 4, S. 200–202.

Niemz, G. (1994): Lernerfolgsfeststellung und -beurteilung im Geographieunterricht. In: Zeitschr. für den Erdkundeunterricht 46, H. 7/8, S. 292–297 und H. 9, S. 353–359.

Nolzen, H. (1979): Hydrologische Experimente und Experimentfilme im Geographieunterricht. In: Praxis Geogr. 9, H. 4, S. 172–181.

Nolzen, H. (1987): Der Computer als Medium im lehrergeleiteten Geographieunterricht – am Beispiel des Programms Föhn. In: Geogr. und Schule 9, H. 50, S. 22–28.

Nuhn, H.-E. (1995): Partnerarbeit als Sozialform des Unterrichts. Weinheim/Basel.

Oerter, R. u. L. Montada (Hrsg.) (1995): Entwicklungspsychologie.Weinheim, 3. Aufl.

Oeser, R. (1987): Untersuchungen zum Lernbereich „Topographie“. Lüneburg (= Geographiedidaktische Forschungen Bd. 16).

Oswald, K. (1990): Zur Berücksichtigung frauenspezifischer Belange in der Lehrplanarbeit im Fach Geographie. In: Geogr. und ihre Didaktik 18, H. 1, S. 24–33.

Otremba, E. (1976): Allgemeine Agrar- und Industriegeographie. Stuttgart, 3. Aufl.

Otto, G. (1985): Medien der Erziehung und des Unterrichts. In: Enzyklopädie Erziehungswissenschaft Bd. 4, Stuttgart, S. 74–107.

Otto, G. (1992): Geographieunterricht aus der Sicht der ästhetischen Erziehung. In: geogr. heute 13, H. 100, S. 52–55.

Otto, G. (1993): Medien verheddern sich biographisch. In: G. Otto (Hrsg.): Unterrichtsmedien, S. 2–3 (= Friedrich Jahresheft XI).

Otto, G. (1993): Wie Zeitungen gemacht werden. In: G. Otto (Hrsg.): Unterrichtsmedien, S. 40 ff. (= Friedrich Jahresheft XI).

Otto, G. (1995): Acht Erleichterungen für Lehrerinnen und Lehrer. In: Deutsche Lehrerzeitung, Ausgabe 28/29, S. 11.

Palmer, J. (1994): Geography in the Early Years. London.
Palmer, J. a. P. Nal (1994): The Handbook of Environmental Education. London.
Partzsch, D. (1964): Zum Begriff der Funktionsgesellschaft. In: Mitteilungen des Deutschen Verbandes für Wohnungswesen, Städtebau und Raumplanung 4, S. 3–10.
Passarge, S. (1919/20): Die Grundlagen der Landschaftskunde. Ein Lehrbuch und eine Anleitung zu landeskundlicher Forschung und Darstellung. Hamburg, Bd. I–III.
Passarge, S. (1929): Beschreibende Landschaftskunde. Hamburg, 2. Aufl.
Patten, H.-P. (1990): Ohne Ecken und Kanten. Wie man Schulbuchtexte im Unterricht lesen sollte. In: geogr. heute 11, H. 83, S. 22–27.
Peter, A. (1980): Arbeit mit Klarsichtfolien in Schülerhand. In: Praxis Geogr. 10, H. 2, S. 59–63.
Peter, A. (Mod.) (1988): Klausuren mit Karten. Praxis Geographie 18, H. 11.
Petersen, J. , G.-B. Reinert u. E. Stephan (1990): Hausaufgaben. Ein Überblick über die Diskussion für Elternhaus und Schule. Frankfurt/M.
Peterßen, W. H. (1973): Zur Erfassung situativer Voraussetzungen für didaktische Entscheidungen. In: Die Deutsche Schule, H. 3, S. 173–180.
Peterßen, W. H. (1991): Handbuch Unterrichtsplanung. Grundfragen, Modelle, Stufen, Dimensionen. München, 4. Aufl.
Peterßen, W. H. (1997): Methoden-Lexikon. In: Lernmethoden, Lehrmethoden. Wege zur Selbstständigkeit. Seelze (= Friedrich Jahresheft XV), S. 120–128.
Piaget, J. u. B. Inhelder (1971): Die Entwicklung des räumlichen Denkens beim Kinde. Stuttgart.
Pietrusky, U. (1986): Das Falschfarbenbild. In: A. Brucker (Hrsg.), S. 71–87.
Pilzecker, B. (1996): Fremdsprachiger Fachunterricht im Rahmen des bilingualen Unterrichts. In: Praxis des neusprachl. Unterrichts 43, H. 1, S. 9–16.
Pohl, B. (1987a): Computereinsatz im Erdkundeunterricht. Entwicklung in der BRD. In: Praxis Geogr. 17, H. 5, S. 10.
Pohl, B. (1987b): Software für den Geographieunterricht. In: Geogr. und Schule 9, H. 50, S. 17–22.
Pohl, B. (1996): Internet für Geographen. In: Geo-Computer, H. 25, S. 13–28.
Pohl, B. (1996): Suche im Internet. In: Geo-Computer, H. 26, S. 12–18.
Pollex, W. (1972): Ein Strukturschema für schulgeographische Inhalte. In: Geogr. Rundschau 24, H. 12, S. 484–491.
Pollex, W. (1987): Die Komplexität der Kulturerdteile, ein fachdidaktisches Problem. In: Geogr. Rundschau 39, H. 1, S. 59–61.
Pollex, W. (1996): Die Medienvielfalt in der Erdkunde ist nicht zu meistern. In: Zeitschr. für den Erdkundeunterricht 48, H. 5, S. 210–215.
Popp, E. u. H. Wohlschlägl (Hrsg.) (1990): Schulgeographie in Mitteleuropa. Mitteleuropäisches Geographiedidaktik-Symposium 1988 in Salzburg. Wien 1990 (= Beiträge zur Lehrerfortbildung, Bd. 33).
Popp, K. (1979): Das Luftbild als Unterrichtsprojekt in Klasse 11. In: Der Erdkundeunterricht H. 29, S. 5–42.
Popp, K. (1993): Computereinsatz im Geographieunterricht. In: Zeitschr. für den Erdkundeunterricht 45, H. 6, S. 227–233.
Popper, K. R. (1974): Objektive Erkenntnis. Hamburg.
Potthoff, W. (1992): Grundlage und Praxis der Freiarbeit. Freiburg.
Preis, H. (1977): Zur Anwendung mathematisch-statistischer Verfahren in der Geographie unter Berücksichtigung entwicklungspsychologischer Aspekte. In: Hefte zur Fachdid. der Geogr. 1, H. 2, S. 15–30.
Protze, N. (1996): Zur Bedeutung von regionaler Geographie in der Schule. In: H. Haubrich (Red.), S. 113–115.
Protze N. u. M. Colditz (1991): Neue Rahmenrichtlinien Geographie in Sachsen-Anhalt. In: Zeitschr. für den Erdkundeunterricht 43, H. 9, S. 324–325.
Pütz, G. (1987): Wissenschaftspropädeutik – didaktischer Leitaspekt der gymnasialen Oberstufe. In: Schulgeographie, H. 64, S. 23–36.

Raabe, J. (Hrsg.) (1996): RAAbits Geographie. Heidelberg.
Rack, E. (1994): Ausgewählte Software für den Geographieunterricht. In: Geogr. und Schule 16, H. 88, S. 28–29.
Radiophoner Schulfunk: (www.sdr.de).
Rasch, A. (1995): Lernen an Stationen. Möglichkeiten selbstbestimmten Arbeitens im Erdkundeunterricht. In: Praxis Geogr. 25, H. 7/8, S. 58–61.
Rauch, H. (1985): Modelle der Wirklichkeit. Simulationen dynamischer Systeme mit dem Microcomputer. Hannover.
Rauch, M. (1976): Unterrichtsmodell Einführung in das Kartenlesen. Stuttgart (= Der Erdkundeunterricht, Sonderheft 4).
Rauin, U. u. a. (1996): Lehrpläne und alltägliches Lehrerhandeln. In: Die Deutsche Schule 88, H. 1, S. 66–79.
Raum, B. (1993): Die Pläne für den Geographie- bzw. Erdkundeunterricht in den östlichen Bundesländern Deutschlands im Spiegel fachdidaktischer Positionen. In: Zeitschr. für den Erdkundeunterricht 45, H. 3, S. 115–119 u. H. 4, S. 139–147.
Rauschelbach, B. (1994): Methoden der Angewandten Geographie. In: Standort 18, H. 1, S. 5–6.
Rawling, E. M. a. R. A. Daugherty (eds.) (1996): Geography into the Twenty-first Century. Chichester.
RCFP-Forschungsstab des Zentralverbandes der

Deutschen Geographen (Hrsg.) (1978): Das raumwissenschaftliche Curriculum-Forschungsprojekt. Erfahrungen und Ergebnisse der Entwicklungsphase 1973–1976. Braunschweig, 1996.

RCFP-Lenkungsausschuß (Hrsg.) (1975): Das raumwissenschaftliche Curriculum-Forschungsprojekt. Forschungskonzepte und Unterrichtsmodelle. Stuttgart (= Der Erdkundeunterricht, Sonderheft 3).

Reimers, M. (1986): Die Abiturklausur. In: geogr. heute 7, H. 44, S. 27–29.

Reimitz, K. (1994): Einführung der Höhenlinien mit dem Sandkasten. In: Praxis Geogr. 24, H. 7/8, S. 14–16.

Reinfried, S. (1994): Erfahrungen mit projektorientiertem Lernen im Geographieunterricht – Ein Bericht über Projektarbeit zum Thema „Landschaftsökologie am Beispiel der Gemeinde Einsiedeln." In: Geogr. und Schule 16, H. 92, S. 3–11.

Reinhardt, K.-H. (1980): Der Sandkasten in Erziehung und Unterricht. In: Lehrmittel aktuell 6, H. 2, S. 30–35.

Reinhardt, K.-H. (1986): Der Sandkasten. In: A. Brucker (Hrsg.), S. 324–334.

Remplein, H. (1957): Die seelische Entwicklung des Menschen im Kindes- und Jugendalter. München.

Rhode-Jüchtern, T. (1994): Den Raum in Netzen erzählen. In: GW-Unterricht Nr. 53, S. 11–17.

Rhode-Jüchtern, T. (1996a): Biophilie- und Cockpit-Hypothesen – geographische Leseübungen zur Ökobilanz. In: Geogr. und ihre Didaktik 24, H. 2, S. 70–89.

Rhode-Jüchtern, T. (1996b): Den Raum lesen lernen. Perspektivenwechsel als geographisches Konzept. München.

Rhode-Jüchtern, T. (1996c): Welt-Erkennen durch Perspektivenwechsel. In: Praxis Geogr. 26, H. 4, S. 4–9.

Richter, D. (1976): Lernzielorientierter Unterricht und Säulenmodell. Zum vertikalen didaktischen Gefüge physisch-geographischer Lerninhalte im lernzielorientierten Erdkundeunterricht der Sekundarstufe I. Geogr. Rundschau 28, H. 6, S. 235–241.

Richter, D. (1977b): Der Lernzielbereich „Sich orientieren" im Geographieunterricht der Sekundarstufe I. In: Geogr. im Unterr. 2, H. 2, S. 42–47.

Richter, D. (1978): Das Lernfeld „Naturbedingungen" im lernzielorientierten Geographieunterricht der Sekundarstufe I (Klassen 5–10). In: Hefte zur Fachdid. der Geogr. 2, H. 1, S. 81–103.

Richter, D. (1980a): Geofaktoren und Zonen. Braunschweig (= Westermann-Colleg Raum und Gesellschaft).

Richter, D. (1980b): Geographische Bildung und lernziel-thematisch-orientierter Geographieunterricht in der Bundesrepublik Deutschland und Intensivierung der Behandlung Polens. In: Internationale Schulbuchforschung 2, H. 3, S. 26–45.

Richter, D. (1993): Geographie als erdwissenschaftliches Zentrierungsfach – Leistung und Bedeutung. In: Geogr. u. Schule 15, H. 84, S. 22–28.

Richter, D. (1996a): Das Lernfeld „Wetter und Klima" im Geographieunterricht. In: H. Haubrich (Red.), S. 73–76.

Richter, D. (1996b): Gesellschaftswissenschaften contra Geowissenschaften? In: Geogr. und Schule 18, H. 100, S. 9–14.

Richter, D. (1996c): Notwendigkeit und Grenzen des Geographieunterrichts in Deutschland. Fünf Thesen zur Identitätskrise der Geographie. In: Zeitschr. für den Erdkundeunterricht 48, H. 4, S. 167–171.

Richter, D. u. W. Hausmann (1974): Der neue Diercke Weltatlas im lernzielorientierten Geographieunterricht. Braunschweig.

Richter, K. (1993): Leistungskontrolle im Geographieunterricht. In: Zeitschr. für den Erdkundeunterricht 45, H. 12, S. 429–434.

Riedwyl, H. (1975): Graphische Gestaltung von Zahlenmaterial. Bern/Stuttgart (= UTB 440).

Ringel, G. (1993): Projekte – eine Möglichkeit der Gestaltung eines handlungsorientierten Erdkundeunterrichts. In: Zeitschr. für den Erdkundeunterricht 45, H. 10, S. 322–327.

Robinsohn, S. B. (1967): Bildungsreform als Revision des Curriculum. Berlin.

Robinsohn, S. B. (Hrsg.) (1974): Curriculumentwicklung in der Diskussion. Düsseldorf.

Rohr, H.-G. v. (1990): Angewandte Geographie. Braunschweig (= Das Geogr. Seminar).

Rohwer, G. (1996): Interkulturelles Lernen im Geographieunterricht. In: geogr. heute 17, H. 141, S. 4–10.

Rohwer, G. (Hrsg.) (1996): Interkulturelles Lernen. geogr. heute 17, H. 141.

Rolff, H.-G. u. P. Zimmermann (1993/1997): Kindheit im Wandel. Eine Einführung in die Sozialisation im Kindesalter. Weinheim/Basel, 3. Aufl./5. Aufl.

Rollett, B. (1978): Lernpsychologische Untersuchungen als Grundlage geographiedidaktischer Planungen. In: H. Schrettenbrunner u. a.: Quantitative Didaktik der Geographie – Teil II. Stuttgart, S. 39–55 (= Der Erdkundeunterricht H. 28).

Roloff, E.-A. (1972): Politische Didaktik als kritische Sozialwissenschaft. In: Beilage zur Wochenzeitung Das Parlament, Bd. 10, S. 32–38.

Rommel, M. (1995): Das Mögliche und das Unmögliche in der Politik. In: G. Würtele (Hrsg.): Agenda für das 21. Jahrhundert. Politik und Wissenschaft auf dem Weg in eine neue Zeit. Frankfurt/M.

Rost, D. H. (1977): Raumvorstellung. Psychologische und pädagogische Aspekte. Weinheim.

Roth, H. (1966/1976): Pädagogische Psychologie des Lehrens und Lernens. Hannover, 9. Aufl./15. Aufl.

Roth, H. (Hrsg.) (1969/1974): Begabung und Lernen. Stuttgart, 2. Aufl./9. Aufl.

Roth, L. (Hrsg.) (1969): Beiträge zur empirischen Unterrichtsforschung. Hannover.

Rother, E. F. (Hrsg.) (1972): Audio-visuelle Mittel im Unterricht. Stuttgart, 2. Aufl.

Rother, L. (1995): Interkulturelles Lernen im Geographieunterricht. In: Praxis Geogr. 25, H. 7/8, S. 4–11.

Ruhren, N. v. d. (1993): Klausur- und Abiturtraining Geographie 1: Stadt/Raumordnung. Köln.

Ruppert, H. (1982): Bevölkerungsentwicklung und Mobilität. Braunschweig (= Westermann-Colleg Raum und Gesellschaft).

Ruppert, H. (1987): Der Vergleich im Erdkundeunterricht. In: geogr. heute 8, H. 51, S. 4–7.

Ruppert, H. (Hrsg.) (1987): Der geographische Vergleich. geogr. heute 8, H. 51.

Ruppert, K. u. F. Schaffer (1969): Zur Konzeption der Sozialgeographie. In: Geogr. Rundschau 21, H. 6, S. 205–214.

Ruprecht, H. (1970): Lehren und Lernen mit Filmen. Bad Heilbrunn.

Rütter, A. (1984): Befragung von Referendaren. Reutlingen (unveröff. Manuskript).

Saarinen, Th. M. u. Ch. MacCabe (1990): The world image of Germany. In: Erdkunde 44, S. 260–267.

Salzmann, W. (1981): Experimente im Geographieunterricht. Zur Theorie und Praxis eines lernzielorientierten geographischen Experimentalunterrichts. Köln. (= Duisburger Geogr. Arbeiten H. 3).

Sander, H.-J. (1995): Zum Standort der Fachdidaktik Geographie in der Sekundarstufe I u. II. In: J. Bennack (Hrsg.): Taschenbuch Sekundarschule. Hohengehren.

Saunder, H. N. (1978): Das Helios-Planetarium im Unterricht. Berlin.

Schäfer, G. (1984): Die Entwicklung des geographischen Raumverständnisses im Grundschulalter. Berlin (= Geographiedidaktische Forschungen Bd. 9).

Schäfer, K.-H. u. K. Schaller (1971): Kritische Erziehungswissenschaft und kommunikative Didaktik. Heidelberg.

Schaffer, F. (1970): Zur Konzeption der Sozialgeographie. In: D. Bartels (Hrsg.), S. 451–456.

Schamp, E. W. (1983): Grundsätze der zeitgenössischen Wirtschaftsgeographie. In: Geogr. Rundschau 35, H. 2, S. 74–80.

Schätzl, L. (1993): Wirtschaftsgeographie 1: Theorie. Stuttgart, 5. Aufl.

Schiefele, H. (1978): Lernmotivation und Motivierungen. München, 2. Aufl.

Schiefele, H. u. D. Ulich (1976): Einführung in die Erziehungswissenschaft. Studienhefte zur Erziehungswissenschaft, H. 2, München, 3. Aufl.

Schlüter, O. (1906): Die Ziele der Geographie des Menschen. München/Berlin.

Schmidt, A. (1962): Über die Fragestellung im Erdkundeunterricht. In: Päd. Rundschau.

Schmidt, A. (1972/76): Der Erdkundeunterricht. Bad Heilbrunn, 4. Aufl./5. Aufl.

Schmidt, H. (1986): Versuch einer Bestandsaufnahme veröffentlichter Klausuren nach 1980. In: Praxis Geogr. 16, H. 4, S. 34–37.

Schmidtke, K.-D. (1977): Geographische Modelle im Sandkasten oder der Wiederbelebungsversuch eines traditionellen Arbeitsmittels. In: Geogr. im Unterr. 2, H. 9, S. 293–299.

Schmidtke, K.-D. (1987): Geographieunterricht – nicht so eng gesehen. Köln (= Schulgeogr. in der Praxis Bd. 10).

Schmidtke, K.-D. (1995): Experimente. Köln.

Schmidt-Walther, P. (1984): Schüler erkunden Verkehr. Praxis Geogr. 14, H. 3.

Schmidt-Wulffen, W. (1991): Geographieunterricht 2000. Was lernen? Was (wie) unterrichten? In: Ch. Vielhaber u. H. Wohlschlägl (Hrsg.): Fachdidaktik gegen den Strom. Wien.

Schmidt-Wulffen, W. (1994): „Schlüsselprobleme" als Grundlage zukünftigen Geographieunterrichts. In: Praxis Geogr. 24, H. 3, S. 13–15.

Schmidt-Wulffen, W. (1997): Jugendliche und „Dritte Welt": Bewußtsein, Wissen und Interessen. In: GW-Unterricht Nr. 66, S. 11–20.

Schmiedecken, W. (1980): Schulgeographisch relevante Arbeitsweisen der Landschaftsökologie, erläutert an einer Fragestellung des Komplexes „Wasser und Wald". In: Geogr. u. Schule 2, H. 8, S. 19–33.

Schmithüsen, J. (1942): Vegetationsforschung und ökologische Standortlehre in ihrer Bedeutung für die Geographie der Kulturlandschaft. In: Zeitschr. der Gesellsch. f. Erdkunde zu Berlin, S. 113–157.

Schmithüsen, J. (1964): Was ist eine Landschaft? In: Erdkundliches Wissen, H. 9, S. 7–24.

Schmithüsen, J. (1970a): Anfänge und Ziele der neuzeitlichen geographischen Wissenschaft. In: Moderne Geographie in Forschung und Unterricht. Auswahl Reihe B, Nr. 39/40, Hannover, S. 9–20.

Schmithüsen, J. (1970b): Die Aufgabenkrise der Geographischen Wissenschaft. In: Geogr. Rundschau 22, H. 11, S. 431–437.

Schmithüsen, J. (1976): Allgemeine Synergetik. Grundlagen der Landschaftskunde. Berlin/New York.

Schmitthenner, H. (1951): Zum Problem der Allgemeinen Geographie. In: Geographica Helvetica 6, S. 123–136.

Schnass, F. (1925): Zehn Thesen für den Erdkundeunterricht. In: Pädagogische Warte, S. 714 ff.

Schöller, P. (1970): Gedanken zum Geographieunterricht der Schule aus der Sicht der Universität. In: Geogr. Rundschau 22, H. 9, S. 361–363.

Schöller, P. (1977): Rückblick auf Ziele und Konzeptionen der Geographie. In: Geogr. Rundschau 29, H. 2, S. 43–38.

Schöller, P. (1978a): Aufgaben der heutigen Länderkunde. In: Geogr. Rundschau 30, H. 8, S. 296–297.

Schöller, P. (1978b): Einleitung zu „Ostasien". In: P. Schöller, H. Dörr u. E. Dege (Hrsg.):

Fischer Länderkunde, Bd. 1. Frankfurt/M., S. 11–15.
Schönwiese, C.-D. (1994): Klimatologie. Stuttgart.
Schramke, W. (1986): Heimwärts und schnell vergessen? Reform, „Wende“ und neue heile Welt der Geographiedidaktik in der Bundesrepublik Deutschland. In: K. Husa u. a. (Hrsg.), S. 113–128.
Schrand, H. (1977): Der Sachtext. In: Beih. Geogr. Rundschau 7, H. 4, S. 148–152.
Schrand, H. (1978): Geographie in Gemeinschaftskunde und Gesellschaftslehre. Braunschweig (= Geographiedid. Forschungen, Bd. 3).
Schrand, H. (1979): Probleme und Möglichkeiten geographiedidaktischer Strukturgitter. In: E. Kroß u. a., S. 10–27.
Schrand, H. (1986): Der Sachtext. Stehbilder (Dia, Transparentbild). In: A. Brucker (Hrsg.).
Schrand, H. (1989): Zur Lage der Geographiedidaktik Ende der 80er Jahre. In: Geogr. und Schule 11, H. 57, S. 2–11.
Schrand, H. (1990): Zur möglichen Stellung der Länderkunde in künftigen Lehrplänen. In: Praxis Geogr. 20, H. 4, S. 30–34.
Schrand, H. (1992): Erdkunde vor Ort als didaktisches Prinzip. In: geogr. heute 13, H. 104, S. 2–5.
Schrand, H. (1993): Geographiedidaktik – am Ende postmodern? Plädoyer für eine aufklärungsorientierte Geographiedidaktik. In: J. Hasse u. W. Isenberg (Hrsg.): Vielperspektivischer Geographieunterricht. Osnabrück, S. 21–25.
Schrand, H. (1994): Geographieunterricht in einer unübersichtlichen Welt – eine neue Herausforderung. In: GW-Unterricht Nr. 53, S. 1–10.
Schrand, H. (1995a): Das Selbstverständnis des Erdkundeunterrichts in den alten Bundesländern. In: M. Flath u. G. Fuchs (Koord.), S. 23–27.
Schrand, H. (1995b): Von der „Sackgasse des Singulären“. Anmerkungen zum Exemplarischen Prinzip im Geographieunterricht. In: J. Bünstorf u. E. Kroß (Hrsg.), S. 53–63.
Schrand, H. u. H.-H. Walter (1980): Das Bild im Geographieunterricht. In: Praxis Geogr. 10, H. 2, S. 84–91.
Schreiber, Th. (1981): Kompendium Didaktik Geographie. München.
Schreier, H. (1994a): Der Gegenstand des Sachunterrichts. Bad Heilbrunn.
Schreier, H. (1994b): Sachunterricht zwischen den Ansprüchen von Affirmation und Kritik. In: R. Oberliesen (Hrsg.): Heimatkunde – Sachunterricht wohin? Hamburg, S. 3–12.
Schrettenbrunner, H. (1969): Schülerbefragung zum Erdkundeunterricht. In: Geogr. Rundschau 21, H. 3, S. 100–106.
Schrettenbrunner, H. (1978): Konstruktion und Ergebnisse eines Tests zum Kartenlesen (Kartentest KAT). In: H. Schrettenbrunner u. a.: Quantitative Didaktik der Geographie – Teil II. Stuttgart, S. 56–75 (= Der Erdkundeunterricht, H. 28).
Schrettenbrunner, H. (1979): Überblick über psychologische Untersuchungen zum Raumverständnis. In: Geogr. u. Schule 1, H. 2, S. 32–34.
Schrettenbrunner, H. (1982): Veränderungen im Erdkundeunterricht, dargestellt an Schulbuchtexten der letzten 30 Jahre. In: Pädagogische Welt.
Schrettenbrunner, H. (1991): Software für den Geographieunterricht. In: Praxis Geogr. 21, H. 9, S. 48.
Schrettenbrunner, H. (1992a): Atlas – Karte – Computer. In: Geogr. und Schule 14, H. 80, S. 23–51.
Schrettenbrunner, H. (1992b): Die Diffusion von Software für den Geographieunterricht. In: Geogr. und ihre Didaktik 20, H. 3, S. 138–146.
Schrettenbrunner, H. (1994): Bearbeiten von geographischer Software – Lerneffekte von Schülern. In: Geogr. und Schule 16, H. 88, S. 18–22.
Schrettenbrunner, H. (1995): Computersoftware für den Geographieunterricht. In: Praxis Geogr. 25, H. 3, S. 4–9.
Schrettenbrunner, H. (1996): Software für Geographie. Nürnberg.
Schrettenbrunner, H. (Mod.) (1987): Computer im Erdkundeunterricht. Praxis Geogr. 17, H. 5.
Schrettenbrunner, H. (Hrsg.) (1997): Internet. geogr. heute 18, H. 152.
Schrettenbrunner, H. u. J. v. Westrhenen (eds.) (1992): Empirical Research and Geography Teaching. Utrecht/Amsterdam.
Schrettenbrunner, H. u. a. (1981): Geographieunterricht 5–10. München.
Schröder, H. (1974): Psychologie und Unterricht. Theorie und Praxis der Schulpsychologie, Bd. 11. Weinheim, 3. Aufl.
Schulte, T. J. u. P. Reimann (1996): Schneller schlauer. In: Computer-Technologie H. 9, S. 178–186.
Schulte, T. J. u. P. Reimann (1996): Virtuell lehren leicht gemacht? In: Computer-Technologie H. 1, S. 270–278.
Schultze A. (1996): Wege in die Geographiedidaktik. In: A. Schultze (Hrsg.), S. 11–67.
Schultze, A. (1970): Allgemeine Geographie statt Länderkunde! Zugleich eine Fortsetzung der Diskussion um den exemplarischen Erdkundeunterricht. In: Geogr. Rundschau 22, H. 1, S. 1–10.
Schultze, A. (1979): Kritische Zeitgeschichte der Schulgeographie. In: Geogr. Rundschau 31, H. 1, S. 2–9.
Schultze, A. (1988): Modelle im Geographieunterricht zur Ergänzung des exemplarischen Ansatzes. In: geogr. heute 9, H. 58. S. 50–54.
Schultze, A. (1996): Denken in Modellen. Zum Umgang mit Umweltkomplexität im Geographieunterricht. In: M. Flath u. G. Fuchs (Koord.), S. 69–78.
Schultze, A. (Hrsg.) (1976): Dreißig Texte zur Didaktik der Geographie. Braunschweig, 5. Aufl.
Schultze, A. (Hrsg.) (1996): 40 Texte zur Didaktik der Geographie. Gotha.

Schulz, W. (1980a): Alltagspraxis und Wissenschaftspraxis in Unterricht und Schule. In: E. König u. a. (Hrsg.), S. 45–77.
Schulz, W. (1980b): Die lehrtheoretische Didaktik. In: Westermanns Pädagogische Beiträge, S. 80–85 (auch in: H. Gudjons u. a., S. 29–45).
Schulz, W. (1981): Unterrichtsplanung. München/Wien/Baltimore, 3. Aufl.
Schulz, W. (1988): Die Perspektive heißt Bildung. In: B. Otto u. M. Sauer (Hrsg.): Bildung. Die Menschen stärken, die Sachen klären. Friedrich Jahresheft VI, S. 6–12.
Schulz, W. (1990): Selbständigkeit – Selbstbestimmung – Selbstverantwortung. In: Pädagogik 42, H. 6, S. 34–40.
Schwarz, U. (1985): Üben und Wiederholen im Geographieunterricht. In: Praxis Geogr. 15, H. 7, S. 48–49.
Schwarz, U. (1986): Üben und Wiederholen. In: geogr. heute 7, H. 44, S. 12–15.
Schwarz, U. (1993): Lernkontrollen. In: Praxis Geographie 23, H. 7/8, S. 70–72.
Schwegler, E. (1968): Eine neue Konzeption für den Erdkundeunterricht. In: Geogr. Rundschau 20, H. 1, S. 1–9.
Sebba, J. (1995): Geography for All. London.
Sedlacek, P. (1994): Wirtschaftsgeographie. Eine Einführung. 2. Aufl. (1. Aufl 1988).
Seifert, V. (1985): Regionalplanung. Braunschweig (= Das Geogr. Seminar).
Semmel, A. (1977): Grundzüge der Bodengeographie. Stuttgart (= Teubner Studienbücher Geographie).
Semmel, A. (1984): Bodengeographie als geographische Disziplin. In: Geogr. Rundschau 36, H. 6, S. 318–324.
Shell, A. (1995): Bildungsrundfunk. Frankfurt/M.
Sick, W.-D. (1983): Agrargeographie. Das Geographische Seminar, Braunschweig.
Sitte, Ch. (1994): Englisch als Arbeitssprache in „Geographie und Wirtschaftskunde“. In: GW-Unterricht Nr. 54, S. 91–104.
Sitte, W. (1995): Computerfortbildung für GW-Lehrer im Institut für Geographie der Universität Salzburg. In: GW-Unterricht Nr. 59, S. 41–45.
Slater, F. (1976): Die Entwicklung von geographischen Fragestellungen bei Jugendlichen. In: H. Schrettenbrunner u. a., Quantitative Didaktik der Geographie, Teil I. Stuttgart (= Der Erdkundeunterricht, H. 24), S. 99–109.
Slater, F. (1993): Learning through Geography. Indiana.
Soostmeyer, M. (1985/86): Grundlagen des Lehrplans für den Sachunterricht in der Grundschule in Nordrhein-Westfalen. In: Sachunterricht und Mathematik in der Primarstufe, S. 436–442/S. 2–7.
Speichert, H. (1985): Richtig üben macht den Meister. Reinbek.
Sperling, W. (1970): Einige psychologische und pädagogische Fragen der Einführung in das Kartenlesen und -verstehen. In: E. Hinrichs (Hrsg.): Der Atlas im Erdkundeunterricht. Der Erdkundeunterricht, H. 11, S. 41–50.
Sperling, W. (1972): Kind und Landschaft. Der Erdkundeunterricht H. 5, Stuttgart, 2. Aufl.
Sperling, W. (1977): Geographie und Geographieunterricht in der DDR. München.
Sperling, W. (1978): Arbeitsmappen und Schülerarbeitshefte. In: Geographiedidaktische Quellenkunde, Duisburg.
Sperling, W. (1980): Das Problem: Geographie in der Krise. In: J. Birkenhauer, W. Sperling u. a., Länderkunde – Regionale Geographie. Harms Pädagogische Reihe Bd. 88, München, S. 5–40.
Sperling, W. (1982): Geographieunterricht in der DDR. In: H. Haubrich (Hrsg.), S. 77–82.
Sperling, W. (1986): Wandkarte, Schulwandkarte. In: A. Brucker (Hrsg.), S. 145–160.
Sperling, W. (1992): Nähe und Ferne – eine Frage des Maßstabs. In: geogr. heute 13, H. 100, S. 63–69.
Sperling, W. (Hrsg.) (1981): Theorie und Geschichte des geographischen Unterrichts. Braunschweig (= Geographiedid. Forschungen Bd. 8).
Spethmann, H. (1928/1972): Dynamische Länderkunde. Berlin/Nachdruck Darmstadt.
Spethmann, H. (1931): Das länderkundliche Schema in der deutschen Geographie. Berlin.
Squires, D. und A. McDougall (1996): Software evaluation: a situated approach. In: Journal of computer Assisted Learning, H. 3, S. 146–161.
Staats, H. (1979): Schülerexkursionen. Ein Arbeitsmittel in der gymnasialen Oberstufe. In: Praxis Geogr. 9, H. 3, S. 115–124.
Stark Verlag (Hrsg.) (ab 1979): Abituraufgaben Bayern und Baden-Württemberg. Freising, jährlich.
Stehle, L. (1994): Mode oder Notwendigkeit. Kritische Anmerkungen zum Computereinsatz im Geographieunterricht. In: Geogr. und Schule 16, H. 88, S. 34–36.
Stein, Ch. (1979): Sedimentationsexperimente im Erdkundeunterricht. In: Praxis Geogr. 9, H. 4, S. 182–185.
Stein, Ch. (1981a): Einstieg mit originalen Gegenständen. In: Praxis Geogr. 11, H. 8, S. 326–327.
Stein, Ch. (1981b): Der Einstieg im Geographie-Unterricht. In: Praxis Geogr. 11, H. 8, S. 298–304.
Stein, Ch. (1985): Von Landnutzungs- und Klimazonen. Einführung des Walter-Lieth´schen Klimadiagramms in Klasse 7. In: Praxis Geogr. 15, H. 11, S. 18–20.
Stein, Ch. (1986): Originale Gegenstände. In: A. Brucker (Hrsg.), S. 432–439.
Stein, Ch. (1994): Leitbilder für ökologisches Lernen. In: Praxis Geogr. 24, H. 3, S. 40–44.
Stein, Ch. (Mod.) (1981): Einstieg. Praxis Geogr. 11, H. 8.
Steindorf, G. (1991): Grundbegriffe des Lehrens und Lernens. Bad Heilbrunn, 3. Aufl.
Steiner, A. A. (1969): Massenmedien in Unterricht und Erziehung. Frankfurt.
Steiner, G. (1988): Lernen. Zwanzig Szenarien aus dem Alltag. Bern/Stuttgart/Toronto.

Steiner, M. (1993): Learning from Experience: World Studies in the Primary Curriculum. Stoke-on-Trent.

Stewig, R. (1977): Der Orient als Geosystem. In: Schriften des Deutschen Orientinstituts, Opladen.

Stöber, G. (1996): „Fremde Kulturen" und Geographieunterricht. In: Internationale Schulbuchforschung 18, H. 2, S. 175–210.

Stonjek, D. (1978): Schulfunk – das vergessene Medium im aktuellen Erdkundeunterricht. In: Hefte zur Fachdid. der Geogr. 2, H. 2, S. 41–62.

Stonjek, D. (1988): Medien in der Geographie. In: Geogr. und ihre Didaktik 16, H. 3, S. 125–135.

Stonjek, D. (1993): Die kritische Auswahl von Bildern für den Erdkundeunterricht. In: Praxis Geogr. 23, H. 7/8, S. 67–69.

Stonjek, D. (1994): Altersdiagramme – von falsch bis richtig. In: Praxis Geogr. 24, H. 7/8, S. 24–26.

Stonjek, D. (Hrsg.) (1985): Massenmedien im Erdkundeunterricht. Geographiedid. Forschungen Bd. 14, Lüneburg.

Storkebaum, W. (1990): Länderkunde als curricularer Baustein. Anmerkungen zur Regionalgeographie. In: Praxis Geogr. 20, H. 4, S. 8–12.

Strauch, F. (1996): Päläontologie als zukunftsrelevante Disziplin in Bildung und Ausbildung. In: H. Haubrich (Red.), S. 45–48.

Strittmatter, P. u. R. Riemann (1990): Die Funktion von bildhaft-räumlichen Vorstellungen beim Erwerb geographischen Wissens. In: Geogr. und ihre Didaktik 18, H. 2, S. 80–88.

Strobl, J. u. A. Koller (1995): Das Internet und Materialien für GW. In: GW-Unterricht Nr. 59, S. 47–54.

Stroppe, W. (1981): Zur methodischen Grundlegung und unterrichtspraktischen Anwendung des Vergleichs im Geographieunterricht der Sekundarstufe I. In: Geogr. u. Schule 14, S. 17–29.

Stückrath, F. (1968): Kind und Raum. München, 3. Aufl.

Sturm, B. (1982): Differenzierung von Sek. I-Hausaufgaben. In: Praxis Geogr. 12, H. 9, S. 26–29.

Sutor, B. (1974): Plädoyer für einen pluralen Ansatz in den Curricula politischer Bildung. In: Schriftenreihe der Bundeszentrale für politische Bildung, H. 100, S. 11–20.

Taschner, W. (1993): Computer im Unterricht. Reinbek.

Temlitz, K. (1985): Stadt und Stadtregion – Neubearbeitung. Braunschweig, 3. Aufl. (= Westermann-Colleg Raum und Gesellschaft).

Theißen, U. (1986): Arbeitsmittel. In: H. Köck (Hrsg.), S. 247–287.

Theißen, U. (Hrsg.) (1996): Folien und Transparente. geogr. heute 17, H. 140.

Thiel, S. (1973): Lehr- und Lernziele. Workshop Schulpädagogik, Mat. 2, Ravensburg.

Thiele, D. (1984): Schulatlanten im Wandel. Geographische Atlanten für die Sekundarstufe an den Schulen der Bundesrepublik Deutschland 1949–1981. Geographiedid. Forschungen Bd. 13, Berlin.

Thiemann, F. (1990): Räume für Kinder. In: Praxis Geogr. 20, H. 6, S. 9–11.

Thiemann, F. (1995): Enteignungen. Vier Studien über die räumliche Organisation des Kinderlebens. In: Pädagogik 47, H. 2, S. 42–45.

Thiersch, G. (1963): Zeichnen im Erdkundeunterricht. Der Erdkundeunterricht H. 3, Stuttgart.

Thomale, E. (1972): Sozialgeographie. Marburger Geographische Schriften 53.

Thöneböhn, F. (1990): Das Geographiebuch. Bedeutung, Gestaltung und Verwendung. In: geogr. heute 11, H. 83, S. 4–10.

Thöneböhn, F. (1995a): Curriculare Regulative des Lehrplans Erdkunde für die Realschule in Nordrhein-Westfalen. In: Geogr. und ihre Didaktik 23, H. 2, S. 91–107 u. H. 3, S. 130–144.

Thöneböhn, F. (1995b): Der Lehrplan Erdkunde für die Realschule in Nordrhein-Westfalen: Ein allgemeingeographisch-thematisch orientiertes Konzept. In: M. Flath u. G. Fuchs (Koord.), S. 60–73.

Tilbury, D. a. M. Williams (eds) (1996): Teaching Geography. London.

Tillmann, K.-J. (Mod.) (1996): Lehrpläne – Fessel oder Hilfe. Pädagogik 48, H. 5.

Trinko, K. (1990): Computer und GW. In: GW-Unterricht Nr. 39, S. 92–94.

Trinko, K. (1990): Terra-Computergeographie mit dem Schulcomputer. In: GW-Unterricht Nr. 37, S. 60–68.

Tröger, S. (1993): Das Afrikabild bei deutschen Schülerinnen und Schülern. Saarbrücken (= Sozialwiss. Studien zu internationalen Problemen 186).

Tröger, S. (1994): Überleben auf dem Krisenkontinent. Ein Thema für den Erdkundeunterricht. In: Praxis Geogr. 24, H. 2, S. 4–9.

Troll, C. (1939): Luftbildplan und ökologische Bodenforschung. In: Zeitschr. der Gesellsch. für Erdkunde zu Berlin, H. 7/8, S. 241–298.

Tütken, H. (1981): Wissenschaftsorientierung und Lebensorientierung – eine Scheinalternative. In: Pädagogische Rundschau, S. 123–146.

Uhlig, H. (1970): Organisationsplan und System der Geographie. In: Geoforum 1, S. 19–52.

Uppendahl, H. u. a. (1978): Die Karikatur im historisch-politischen Unterricht. Freiburg/Würzburg.

Vaugien, M. (1991): Contribution à la didactique de la géographie: pour une éducation géographique. Marseille.

Vaupel, D. (1996): Wochenplanarbeit in einem Gymnasialzweig. In: Die Deutsche Schule 88, H. 1, S. 98–110.

Vecchis, G. D. (ed.) (1991): The Teaching of Geography in a Changing Europe. Roma.

Verband Deutscher Schulgeographen (Hrsg.) (1971): Geographie in der Kollegstufe. Empfeh-

lungen der Arbeitsgruppe „Lehrpläne“. In: Geogr. Rundschau 23, H. 12, S. 481–492.
Verband Deutscher Schulgeographen (Hrsg.) (1973): Vereinheitlichung der Lehrpläne auf Bundesebene. In: Geogr. Rundschau 25, H. 3, S. 122–123.
Verband Deutscher Schulgeographen e. V. (Hrsg.) (1975): Empfehlungen zu Lehrplänen für den Geographieunterricht in den Klassen 5–10. In: Geogr. Rundschau 27, H. 8, S. 350–358.
Verband Deutscher Schulgeographen e. V. (Hrsg.) (1982): Lehrplankonzeption 5–10. In: Geogr. Rundschau 34, H. 11, S. 534.
Verband Deutscher Schulgeographen e. V. (1995): Geographische Bildung und Umwelterziehung – eine Forderung unserer Zeit: Ein bildungspolitisches Positionspapier zur Standortbestimmung des Geographieunterrichts in der Bundesrepublik Deutschland. Hannover.
Vielhaber, Ch. u. H. Wohlschlägl (1986): Ziellose Orientierung? Ein Bericht zum Stand der Fachdidaktik des Schulfachs „Geographie und Wirtschaftskunde“ in Österreich. In: K. Husa u. a. (Hrsg.), S. 129–158.
Vogel, A. (1974): Artikulation des Unterrichts. Ravensburg.
Vogel, H. (1974/75): Unterrichtsformen I und II. Ravensburg.
Voigt, H. (1980): Geoökologische Schüleruntersuchungen – Theorie und Praxis geographischer Feldarbeit im Unterricht. Paderborn.
Volkmann, H. (1978): Die Funktion des Schulbuches im lernzielorientierten Unterricht. In: Hefte zur Fachdid. d. Geogr. 2, H. 3, S. 29–43.
Volkmann, H. (1982): Die Zeitung. Öffentlicher und privater Meinungsträger. In: Praxis Geogr. 12, H. 3, S. 4–10.
Volkmann, H. (1986): Das Bild im Schülerbuch. Die Zeitung. Das Schülerbuch. In: A. Brucker (Hrsg.).
Volkmann, H. (1990): Themen und Konzepte einer regionalen Geographie – notwendige Elemente einer allgemeinen Grundbildung. In: Didaktik der Geographie – Kontinuität und Wandel. München, S. 33–63 (= Münchner Studien zur Didaktik der Geographie Bd. 1).
Volkmann, H. (1992): Handlungsorientierung im Erdkundeunterricht. In: geogr. heute 13, H. 100, S. 70–75.
Volkmann, H. (1994): Handelnder Umgang mit Medien im Geographieunterricht. In: Praxis Geogr. 24, H. 7/8, S. 4–8.

Wagner, H. (1997): Veränderte Kindheit – veränderte Raumwahrnehmung? Über die Rolle neuer Medien in Geographieunterricht und Kinderzimmer. In: Geogr. und ihre Didaktik 25, H. 1, S. 1–19.
Wagner, H.-G. (1994): Wirtschaftsgeographie. Braunschweig, 2. Aufl. (= Das Geogr. Seminar).
Wagner, J. (1955): Der erdkundliche Unterricht. Hannover.
Walford, R. (1996): The simplicity of Simulation. In: P. Bailey (ed): Geography Teachers' Handbook. Sheffield, S. 139–145.
Walford, R. a. P. Machon (eds) (1994): Challenging Times: Implementing the National Curriculum in Geography. Cambridge.
Wallrabenstein, W. (1993): Offene Schule – Offener Unterricht. Ratgeber für Eltern und Lehrer. Reinbek.
WDR (Hrsg.) (1995): ARD Radio und Fernsehen für die Schule. Köln.
Weber, R. (1993): Bilingualer Erdkundeunterricht und Internationale Erziehung. Nürnberg (= Geographiedidaktische Forschungen, Bd. 23).
Weichhart, P. (1975): Geographie im Umbruch. Ein methodologischer Beitrag zur Neukonzeption der komplexen Geographie. Wien.
Weigt, E. (1972): Die Geographie. Braunschweig, 5. Aufl. (= Das Geogr. Seminar).
Weinert F. E. u. a. (Hrsg.) (1976): Pädagogische Psychologie. Bearb. Neuausgabe der Studienbegleitbriefe zum Funkkolleg Pädagogische Psychologie. 6 Bde., Weinheim/Basel.
Weixlbaumer, N. (1989): Umweltwahrnehmung – Die Welt in unseren Köpfen. In: GW-Unterricht Nr. 34, S. 1–12.
Weizsäcker, E. U. v. (1990): Erdpolitik. Darmstadt.
Wellenhofer, W. (1975): Theorie und Praxis psychomotorisch-instrumentaler Lernziele. Donauwörth.
Wellenhofer, W. (1991): Grundlagen einer modernen Arbeitsblatt-Praxis: Ziele, Konzeptionen, Möglichkeiten, Grenzen. München.
Weller, F.-J. (1996): Fremdsprachiger Sachfachunterricht in bilingualen Bildungsgängen. In: Praxis des neusprachl. Unterrichts 43, H. 1, S. 73–80.
Wendel, H.-H. (Mod.) (1982): Geographieunterricht und Presse. Praxis Geogr. 12, H. 3.
Wendeler, J. (1969/81): Standardarbeiten. Verfahren zur Objektivierung der Notengebung. (Neuausgabe unter dem Titel: Lernzieltests im Unterricht), Weinheim/Basel.
Wenzel, H.-J. (1982): Karikatur. In: Metzler Handbuch für den Geographieunterricht, Stuttgart, S. 121–128.
Weschenfelder, W. u. W. Zacharias (1992): Handbuch Museumspädagogik. Düsseldorf, 3. Aufl.
Wieczorek, U. (1992): Geographie als Systemanalyse. In: Geogr. und ihre Didaktik 20, H. 2, S. 65 ff.
Wiegand, P. (1992): Places in the Primary School. London.
Wiegand, P. (1993): Children and Primary Geography. London.
Wilhelm, F. (1993): Hydrogeographie. Braunschweig, 2. Aufl. (= Das Geogr. Seminar).
Williams, M. (ed.) (1996): Understanding Geographical and Environmental Education. The Role of Research. London.
Wimmer, F. M. (1994): Interkulturelles Lernen. In: Praxis Geogr. 24, H. 3, S. 24–27.

Wimmers, R. (1990): Handlungsorientierter Geographieunterricht. In: Geogr. und Schule 12, H. 67, S. 40–44.
Winkel, R. (1980): Die kritisch-kommunikative Didaktik. In: Westermanns Päd. Beitr., S. 200–204.
Winkel, R. (1984): Die zehn Fragen der kritisch-kommunikativen Didaktik. In: Westermanns Päd. Beitr., H. 4, S. 190–196.
Winkeler, R. (1979): Hausaufgaben in der Schulpraxis. Ravensburg, 2. Aufl. (= Workshop Schulpäd. 21).
Winkler, A. (1977): Die Motivation im Erdkundeunterricht. In: Geogr. im Unterr. 2, H. 8, S. 239–243 u. H. 9, S. 273–277.
Wirth, E. (1970): Zwölf Thesen zur aktuellen Problematik der Länderkunde. In: Geogr. Rundschau 22, H. 11, S. 444–450.
Wirth, E. (1979): Theoretische Geographie. Stuttgart.
Wocke, M. F. (1958): Exemplarischer Erdkundeunterricht. Begriffsbildung und Praxis. In: Die Deutsche Schule 66, S. 163–171.
Wocke, M. F. (1962): Heimatkunde und Erdkunde. Hannover, 5. Aufl.
Wöhlke, W. (1969): Die Kulturlandschaft als Funktion von Veränderlichen. In: Geogr. Rundschau 21, H. 8, S. 258–307.
Wohlschlägl, H. u. Ch. Sitte (Hrsg.) (1986): Geographie und Wirtschaftskunde-Unterricht in Österreich Mitte der achtziger Jahre (Festschrift Wolfgang Sitte). GW-Unterricht Nr. 23, Wien.

Zeiher H. (1995): Die vielen Räume der Kinder. Zum Wandel räumlicher Lebensbedingungen seit 1945. In: U. Preuss-Lausitz u. a.: Kriegskinder – Konsumkinder – Krisenkinder. Zur Sozialisationsgeschichte seit dem 2. Weltkrieg. Weinheim/Basel, 4. Aufl., S. 176–195 (1. Aufl. 1983).
Zeiher, H. u. H. Zeiher (1994): Orte und Zeiten der Kinder. Soziales Leben im Alltag von Großstadtkindern. Weinheim/München.
Zentralverband der Deutschen Geographen (Hrsg.) (1980): Basislehrplan Geographie. Empfehlungen für die Sekundarstufe I. Würzburg (auch in: Geogr. Rundschau 32, H. 12, S. 548–556).
Ziegenspeck, J. (1976): Zensur und Zeugnis in der Schule. Hannover, 2. Aufl.
Zimbardo, Ph. G. (1995): Psychologie. Berlin u. a., 6. Aufl.
Zingelmann, K. (1977): Geographie der Wahrnehmungen in der Schule. In: Frankf. Beitr. zur Did. der Geogr. Bd. 1, S. 114–119.

Registerbegriffe

(Bearbeitung: D. Richter)